高等学校教材

Yuanyang Yunshu Yewu

远洋运输业务

(第四版)

胡美芬　王义源　编著

人民交通出版社

内 容 提 要

《远洋运输业务》(第四版)是在1985年第一版、1992年第二版和1996年第三版的基础上,重新修订出版的。全书着重阐述远洋运输业务的基本理论,介绍远洋运输从业人员从事具体工作时应该熟悉掌握的业务知识和基本技能,评析国际航运业界处理相关业务的习惯做法及其法理依据。本次修订,既增补了近年来我国新颁布实施的相关法律、法规及其主要内容,也根据当前集装箱运输发展、运价制度变革和船舶代理业发展的实际情况对相关章节作了较为全面的修改。同时,为使读者更便于理解和掌握各章节的内在联系,对一些章节的内容和顺序作了适当删节和重新安排。全书共八章,内容包括:远洋运输综述、传统班轮运输业务、集装箱运输业务、提单及提单业务、租船运输业务、远洋运价、船舶代理业务和货运事故的处理等。另附有多个附件。

《远洋运输业务》(第四版)主要是为各类高校的国际航运、海船驾驶、运输经济和管理、外贸运输和国际物流等专业编写的教科书。由于其内容深入浅出、条理清晰又结合实际,因而亦可用作相关高职、中专的专业参考教材,同时还可作为外贸运输、航运代理和国际物流企业培训业务干部的教材,或供有关业务人员自学参考。

图书在版编目(CIP)数据

远洋运输业务/胡美芬,王义源编著.—4版.—北京:人民交通出版社,2005.12
ISBN 978-7-114-05857-8(重印2007.7)

Ⅰ.远… Ⅱ.①胡…②王… Ⅲ.远洋运输-运输业务 Ⅳ.F550.74

中国版本图书馆CIP数据核字(2005)第143128号

高等学校教材
书　　名:远洋运输业务(第四版)
著 作 者:胡美芬　王义源
责任编辑:蔡培荣
出版发行:人民交通出版社
地　　址:(100011) 北京市朝阳区安定门外外馆斜街3号
网　　址:http://www.chinasybook.com
销售电话:(010) 64981400,59757915
总 经 销:北京交实文化发展有限公司
印　　刷:北京武英文博科技有限公司
开　　本:787×1092　1/16
印　　张:28.25
字　　数:712千
插　　页:2
版　　次:1985年6月　第1版　1992年12月　第2版
　　　　　1996年3月　第3版　2006年1月　第4版
印　　次:2023年1月　第16次印刷　累计第31次印刷
书　　号:ISBN 978-7-114-05857-8
定　　价:45.00元

前　言

作为高等学校教材的《远洋运输业务》自1985年第一版出版以来，历经20年，先后修订过三版、印刷15次，累计出书近7万册，已被众多大专院校用作相关专业的教科书及相关行业培训业务人员的教材，也已成为航运从业人员案头常备、据以处理实际业务问题的工具书。可见教材的适用性，其深度和广度已得到业界的广泛认同。可以预料，伴随我国海运教育事业的发展以及国际海上运输从业人员的日益增多，对本教材的需求必将不断增加。

在新旧世纪交替的年代里，尤其是加入WTO后，处于改革开放中的我国国际航运市场的开放程度，大体上已相当于海运发达国家的水平。机遇和挑战，一方面加快了我国法制建设的步伐，继《中华人民共和国海商法》生效并贯彻实施之后，相继颁布实施了一系列规范国际海上运输活动，保护公平竞争，维护国际海上运输市场秩序，保障国际海上运输各方当事人的合法权益的法律和法规；另一方面也促使我国航运业在大力调整产业结构、船队结构和航线结构，拓宽业务经营范围的同时，适应世界经济全球化的新形势，拓展跨国经营，建立全球运输网络，提供全球承运服务的需要出发，在进一步发展集装箱运输的基础上，使单一的海上运输向综合运输发展，进而向现代物流业转化的趋势变得更为明朗，也为国际航运业的发展奠定了方向。

《远洋运输业务》第三版中，虽然已对教材的内容作了较大范围的修订与补充，但是时过境迁，现有内容显然已不能充分反映我国航运业发展变化的新情况，特别是第三版除结合了《中华人民共和国海商法》外，对后来相继颁布实施的一系列有关国际航运方面的新法律、法规及其适用方面的有关内容均未涉及；对船舶代理、无船承运人、多式联运方面的内容也较少涉猎。凡此种种都足以说明按照"科学发展观"和"推陈出新、与时俱进"的要求，有必要对《远洋运输业务》第三版作再次修订和补充。

修订前，编者曾再次向使用过本教材的大专院校师生和企业中从事实际业务的工作人员征询修订及补充的意见和建议。修订时，既参考了这些宝贵的意见和建议，对一些章节的内容作出必要的删节和重新安排，也尽量将所能掌握和理解的法律、法规和惯例的精神贯彻、融入相关章节的内容之中。此外，还根据航运业发展的实践和趋势，重新编写了与集装箱运输、多式联运及船舶代理业务相关章节的内容。总之，务求新版教材的内容既能比较真实、正确地反映我国远洋运输业的现状，又能具有一定的前瞻性。

最后，还应该说明的是，《远洋运输业务》一书原由王义源教授负责统编定稿。由于王老已寿届八秩，虽然体力尚健，才思亦较敏捷，还能操作电脑快捷的撰写书稿，但王老自认为，毕竟已退休多年，与业务实际已较少接触，况且年事已高，对新生事物的敏感和接受程度必然已远不如中青年一代，因而决定自本教材第四版起改由胡美芬副教授负责教材修订的统编定稿工作。对于这项决定，王老除对后继有人深表欣慰外，还表示，只要一息尚存，愿为今后继续修订新版贡献自己的余生。

本教材在修改编写中，曾得到中国远洋运输(集团)总公司和中国海运(集团)总公司的各级领导及业务人员的指导和支持，在此谨致谢意。限于编者水平，教材中难免存在疏漏和失误之处，敬请读者不吝批评和指正。

编　者

二〇〇五年六月

目　　录

第一章　远洋运输综述

第一节　远洋运输的概念

一、沿海运输、远洋运输和第三国运输

“远洋运输”，顾名思义应该是指使用船舶跨洋过海运送旅客或货物的运输。其实，这里所说的“跨海越洋”只不过是相对于“沿海近洋”而言的从地理概念上的，即运输所涉及的地域和运输距离方面，而不是从运输业务关系的特点方面对“远洋运输”作出的解释。显然，这种理解是不够全面的。

水路运输是5种运输方式中使用船舶通过水路运送旅客或货物的一种运输方式，而水路运输又可因经由通路的不同，再细分为内河运输和海上运输。海上运输根据参与业务活动各方所属国籍和调整各方法律关系所适用法规的不同又可区分为沿海运输和远洋运输。通常都把国内沿海港口间的海上运输称为沿海运输，而将本国港口与外国港口之间，或外国港口与外国港口之间的海上运输称为远洋运输。

之所以要将海上运输区分为沿海运输和远洋运输，就是因为不论是参与业务活动的各关系方所属的国籍，或调整各方法律关系所适用的法规，两者都不相同。比如沿海运输的当事人双方，即承运人和托运人双方，通常都是其住所或主要营业场所在同一国家境内的自然人或法人；调整承托运双方法律关系所适用的法规，则是通过国内立法公布实施的或由政府主管机关制订并颁布实施的法律或规章，如我国交通部颁布的《水路货物运输规则》。而远洋运输的承运人和托运人则大都是分处于不同国家或地区的自然人或法人；调整承托双方法律关系所适用的法规则是相关的国际公约或通过国内立法使相关的国际公约在本国生效的海商法或海上货物运输法，如海牙规则或《中华人民共和国海商法》(以下简称《海商法》，见附件1)。一般地说，适用于沿海运输，用以调整各关系方法律关系的法规，对承运人责任的要求，都要比适用于远洋运输的国际公约或法规的规定更为严格。关于承运人的责任基础，在大多数情况下，适用于沿海运输的法规都采用严格的过失责任制，而适用于远洋运输的国际公约或法规则采用不严格的过失责任制。这也就是《海商法》第二条规定：“本法所称海上运输，是指海上货物运输和海上旅客运输，包括海江之间、江海之间的直达运输”和“本法第四章海上货物运输合同的规定，不适用于中华人民共和国港口之间的海上货物运输”的原因所在。

由此可见，同属海上运输范畴的远洋运输和沿海运输的区别，主要在于远洋运输是具有国际性的国际间的运输，而不在于运输距离的远近。据此，可以把远洋运输定义如下：远洋运输(ocean shipping)是指船舶所有人或承运人提供船舶，在本国港口与外国(或特定地区)港口之间，或外国(或特定地区)港口与外国(或特定地区)港口之间运送旅客或货物，并收取运费的运输。正是由于远洋运输独具国际性的特点，所以也可以把远洋运输称为国际航运(international shipping)。

明确了远洋运输的定义,也就界定了远洋运输和沿海运输的区别,确定了远洋运输是由本国港口与外国(或特定地区)港口之间的运输和外国(或特定地区)港口之间的运输等两类运输组成的。后者在习惯上被称为第三国运输。

通常情况下,一个国家,特别是发展中国家,都是以服务于本国的进出口贸易为主要目的而开始建立和发展本国的远洋船队的。但是,对于一国的船队(fleet)而言,即使本国进出口货载全部都交由其运输,也可能因货源在方向或时间上的不平衡,而形成船舶闲置或亏舱运营,造成运力的损失,最终导致运输成本上升,市场竞争能力下降,甚至使运输业务经营难以继续维持。更何况,在国际航运市场竞争非常激烈的情况下,为了使本国的远洋运输船队得以生存并谋求发展,几乎每一个国家都要为本国远洋运输船队采取货载保护政策,或者硬性规定某些物资必须由本国船队承运;或者以贸易协定方式约定两国进出口贸易中应由本国船队承载货物的份额;或者洽订贸易合同条款时争取以 FOB 价格条件成交,这时,再想将本国进出口的全部货载交由本国的远洋船队运输,事实上也是不可能的。因此,在保护主义思潮泛滥的现实情况下,要使已具有一定规模的本国远洋运输船队的业务经营得以维持并取得发展,除必须采取措施,或通过政府间协定,或通过贸易合同,在两国间的进出口贸易总量中,尽量争取扩大应由本国安排船舶承运货载的份额外,还应进入国际航运市场,参与市场竞争,积极争揽第三国货载,扩大第三国运输的规模,这才是提高船舶营运率和载重量利用率,降低运输成本,增强市场竞争能力,进而扩大经营范围,实行规模经营,实现规模效益所必须采取的措施。

所谓第三国运输,通常是指本国船舶在国际航线上完成的外国(或特定地区)港口之间的运输,即与本国进出口货载无关的运输。不过,也常有这种情况:在以 FOB 价格条件出口货物、由国外买方负责租船订舱时,出口国的远洋运输船舶经营人或承运人在国际航运市场上,又将这批本来可能要由外国船舶承运的本国出口货载揽回,仍由本国的远洋运输船舶承运,对于这些从国际航运市场上揽回的本国出口货物的运输,习惯上也称为第三国运输,计入本国远洋运输的运输总量。

二、远洋运输业及其构成

作为一种行业的远洋运输业,是由一些与远洋运输有关的子行业构成的。通常人们都认为,远洋运输业就是单纯经营国际航线上的船舶运输的行业。其实,这种理解是片面的。以经营国际航线上的船舶运输为主业的行业,如船公司或船舶经营人,是船舶营运业,而船舶营运业只是远洋运输业的主要行业,也就是说主要的子行业之一,而绝不能说它就是远洋运输业。

就当今世界已形成的构成远洋运输业的诸多子行业的业务形态而言,除主要经营国际航线上的船舶运输业务的船舶营运业外,本身拥有船舶,但并不自行经营运输,而将船舶用于出租的船舶租赁业;本身没有货物或船舶,而以代办或代理本来应由货主或船公司自行办理的业务为经营内容的货运代理业或船舶代理业;以及以促使订舱、租船或买卖船舶交易的成交,作为交易双方的媒介,以代为洽谈生意为主要业务的经纪人(broker)行业;乃至港口的装卸、理货、驳运、仓储业等,都是构成远洋运输业的子行业。

在当前的远洋运输业中,上述构成远洋运输业的各个子行业,有的是专营的,也有的是兼营的。不论是专营或兼营,作为一项独立的业务,不少航运国家都以法令规定了构成远洋运输业的子行业的种类,及其经营的业务内容和法定地位。这些行业的种类及其业务内容大体包括:

1. 船舶营运业

船舶营运业是指作为船舶经营人(operator)的船舶所有人或承租人,以自有船舶或租用的船舶经营国际航线上客、货运输的行业。他们所经营的既可能是定期、定线的班轮运输，也可能是不定期、不定线，追随货源而安排就航航线的航次租船运输。

在远洋货物运输中，不论是班轮运输或租船运输，作为船舶营运业从业者的船舶经营人，都以承运人的身份，按照提单条款或航次租船合同的约定承揽货物运输，并按承运货物的数量计收运费，从将货物装船开始，到将货物卸下船舶时为止，在整个运输期间，对货物的灭失或损坏承担赔偿责任。班轮运输承运人签发的提单和船舶所有人(俗称船东)与承租人签订的航次租船合同都是具有承揽货物运输性质的运输合同。

2．船舶租赁业

船舶租赁业是指船舶所有人(或承租人)本身并不经营船舶的营运业务，而根据租船合同的约定，在约定的期间将自有的船舶(或以定期租船或光船租船的形式承租的船舶)出租(或转租)给承租人，供承租人使用，并按照租船时间、船舶吨位和约定的租金率计收租金的行业。

严格地说，船舶租赁只不过是一种特定财产的租赁，承租人以定期租船或光船租船形式租用船舶期间，既可以以船舶经营人的身份将租用的船舶用于经营班轮运输，承揽件杂货或集装箱运输；也可用以经营不定期船运输，以航次租船的方式，承揽大宗货运输；还可以以“二船东”的身份，将船舶转租。

与班轮运输提单和航次租船合同不同，船舶所有人与承租人签订的定期租船合同并不具有承揽货物运输的性质，只能算是一种财产租赁合同，但是，考虑到作为财产租赁合同标的的船舶毕竟是海上运输工具的这一特点，各个国家制定海商法或海上货物运输法时，通常都分别为海上货物运输合同和船舶租赁合同规定相应的条款。比如，我国《海商法》第四章关于“海上货物运输合同”的规定，就是适用于提单和航次租船合同的条款，而第六章关于“船舶租用合同”的规定，则是适用于定期租船合同和光船租船合同的条款。

3．海运经纪人及代理业

海运经纪人、船舶代理人和货运代理人都是通过船、货双方，或其中一方的委托，由接受委托的第三方按照委托的要求，在授权范围内，代办与海上货物运输有关的业务和手续，并按约定的比例或规定的费率计收相应的佣金(commission)或代理费的行业。

(1)海运经纪人

经纪人，按照我国国家工商行政管理总局2003年修订并颁布实施的《经纪人管理办法》第二条的规定：“本办法所称经纪人，是指依照本办法的规定，在经济活动中，以收取佣金为目的，为促成他人交易而从事居间、行纪或者代理等经纪业务的公民、法人和其他经济组织”。

在远洋运输中，有关货物的订舱和揽载，托运和承运，船舶的租赁和买卖等项业务，虽然常由交易双方直接洽谈，但由海运经纪人作为媒介代办洽谈的作法已成为传统的习惯，尤其是在船舶的租赁和买卖业务的洽谈中都离不开海运经纪人的参与。

海运经纪人(ship broker)又称船舶经纪人或航运经纪人，以收取佣金为目的，以中间人的身份介入有关海上货物运输交易的磋商、谈判，促使成交，并代办相应手续。根据海运经纪人的业务内容再细分，则可分为船舶买卖经纪人和船舶货运代理经纪人。前者主要从事新船及二手船买卖的中介业务，而后者则以从事海运船舶租赁的中介业务和承运海上货物运输的代理业务为主。实际上，许多海运经纪人都同时兼营着这两类业务。

海运经纪人都很熟悉国际航运市场的行情，精通船舶买卖、租赁和大宗货的托运和揽货业务，有丰富的专业知识和经验，在一项交易的整个过程中能起着“桥梁”、“平衡点”和中间人作用，对促成交易常起着关键作用。海运经纪人一般都与船舶所有人、船舶经营人和货主有着广泛而又密切的联系，一些大的海运经纪人更与世界范围的国际航运市场建立并保持互通信息的关系，能经常掌握货源、运力及行情变动情况，所以一项交易的交易双方委托海运经纪人介入交易后，海运经纪人能够“一手托两家”，以合理的价格和条件促成交易，而交易双方也可因经纪人的介入而减少许多事务上的繁琐手续。

(2)船舶代理人

船舶代理是指船舶代理机构或代理人接受船舶所有人(船公司)、船舶经营人、承租人或货主的委托，在授权范围内代表委托人(被代理人)办理与在港船舶有关的业务、提供有关的服务或完成与在港船舶有关的其他经济法律行为的工作。而接受委托人的授权，代表委托人办理在港船舶有关业务和服务，并进行与在港船舶有关的其他经济法律行为的法人和公民，则是船舶代理人。一个船舶所有人，无论资金有多么雄厚，也不可能在其自己所拥有或经营的船舶可能停靠的港口普遍设置分支机构。因此，委托当地的代理人代办船舶在港的一切业务，就成为普遍采用的最经济和最有实效的办法。委托船舶代理人可以更有效地安排和处理船舶在港的一切业务。

通常将代办船舶在港业务的代理人统称为船舶代理人(ship's agent)，而将为船舶经营人(或承租人)代办船舶在港业务的代理人称为船舶经营人(或承租人)代理人(operator's agent)；为船舶所有人代办船舶在港业务的代理人称为船舶所有人代理人(owner's agent)。如果再细分，在船舶经营人代理人中，将专为船舶经营人代办揽货业务的称为揽货代理人(booking agent)；只代办在装货港接受、保管货物和将货物装船的称为装船代理人(shipping agent)；只代办在卸货港卸货、保管货物和向收货人交付货物的则称为卸货代理人(landing agent)。同样，船舶所有人代理人也可细分为只为船舶代办如补充燃料、淡水和给养，以及代办修船、船舶检验等船舶本身固有业务的管理代理人(husbanding agent)，和接受了作为船舶出租人的船舶所有人的委托，为保护船舶所有人利益，对由承租人负责装卸的船舶在港装卸过程中进行监督的监督代理人(supervisory agent)或保护代理人(owner's protective agent)。

(3)货运代理人

货运代理一词是由英文“Freight Forwarding“翻译而来，我国商务部2004年修订并发布执行的《国际货物运输代理业管理规定实施细则》规定：

“国际货物运输代理企业(以下简称国际货运代理企业)可以作为进出口货物收货人、发货人的代理人，也可以作为独立经营人，从事国际货运代理业务。

国际货运代理企业作为代理人从事国际货运代理业务，是指国际货运代理企业接受进出口货物收货人、发货人或其代理人的委托，以委托人名义或者以自己的名义办理有关业务，收取代理费或佣金的行为。

国际货运代理企业作为独立经营人从事国际货运代理业务，是指国际货运代理企业接受进出口货物收货人、发货人或其代理人的委托，签发运输单证、履行运输合同并收取运费以及服务费的行为”。

货运代理人对应“Freight Forwarder”或“forwarding agent”，法文是“transitaire”，在港台和东南亚地区也称为运输行或报关行(custom broker)。许多国家都有专门的货运代理行业协会，世界性国际货运代理行业组织是著名的“菲亚塔”——国际货运代理人协会联合会(International Federation of Freight Forwarders Association，FIATA是其法文缩写)。“菲亚塔”把货运代理定义为：“根据客户的指示，为客户的利益而揽取货物的人，其本人并非承运人。货代也可以这些条件，从事与运送合同有关的活动，如储货、报关、验收、收款”。

综合“菲亚塔”和我国上述法规的有关内容，可以概括地说，货运代理人是指接受货主或承运人的委托，在授权范围内，代表货主办理进出口货物的报关、交接、仓储、调拨、检验、包装、租船订舱等项业务，或向承运人提供承揽货载的服务，并在提供这类服务后收取佣金或代理费的机构或个人。

海上货运代理是随着国际贸易所涉及的国家和地区的不断扩大，海上货物运输量的日益增加而产生和发展的。海上货物运输环节多、业务范围广，任何一个货主或船公司都很难亲自处理好每一环节的具体业务；而且限于人力和物力，也不可能在世界范围广设分支机构。在这种情况下，如果将有关业务委托代理人办理，对货主来说，有利于贸易合同的履行，对承运人来说，则无疑扩大了揽货网络，增加了货源。而货运代理人则通过提供代理服务可获得一定数额的佣金或代理费。当然，货运代理人也可以以自己的名义承运货主托运的货物，然后再以托运人的身份向承运人托运，以谋取差价收入，但这时，其身份就类似于无船承运人了。

作为代理人，不论是货运代理人还是船舶代理人，都只能在授权范围内行事，只要不是越权代理，就可不对代理行为的后果承担责任，而由委托人负责。但是，如果货运代理人以自己的名义承运货主托运的货物，然后再以托运人身份向承运人托运，以谋取差价收入，则必须对货主承担货物灭失或损坏的赔偿责任。

4. 无船承运人及多式联运经营人

当前，世界各国中，除美国已明确了无船承运人（ non - vessel operating common carrier, NVOCC ）的概念，对于无船承运人还没有一个统一的理解。不过，与美国已明确的概念相对照，欧洲国家一般采用的多式联运经营人（multi - model transport operator, MTO）的概念，实质上可以说与无船承运人的概念大体相同。

在我国，虽然相关的海运法规没有直接明确规定无船承运人的概念，但 2002 年我国政府以国务院令颁布实施的《中华人民共和国国际海运条例》（以下简称《海运条例》）及随后由交通部制订的《中华人民共和国海运条例实施细则》却为“无船承运业务”作出了定义解释，并规定：“……无船承运业务，是指无船承运业务经营者以承运人身份接受托运人的货载，签发自己的提单或者其他运输单证，向托运人收取运费，通过国际船舶运输经营者完成国际海上货物运输，承担承运人责任的国际海上运输经营活动”，而这里所提到的“无船承运业务经营者”实质上也就是通常所说的无船承运人。至于所谓多式联运经营人，现在尚未生效的《联合国国际货物多式联运公约》（以下简称《多式联运公约》）把多式联运经营人定义为：“多式联运经营人是指其本人或通过其代表订立多式联运合同的任何人，他是事主，而不是发货人的代理人或代表或参加多式联运的承运人的代表人或代表，并且负有履行合同的责任”。而我国交通部、铁道部 1997 年联合颁布实施的《国际集装箱多式联运管理规则》（以下简称《多式联运管理规则》）则将多式联运经营人定义为：“国际集装箱多式联运经营人（以下简称联运经营人），是指本人或者委托他人以本人名义与托运人订立一项多式联运合同并以承运人身份承担完成此项合同责任的人”。如果将《海运条例》中关于“无船业务经营者”的规定与《多式联运公约》及《多式联运管理规则》中关于多式联运经营人的规定对比，可以说，在我国也基本认同无船承运人实质上就是多式联运经营人的观点。

无船承运业务经营者，或者说无船承运人必须依据国家相关法令，经过规定的申报程序、提单登记和交纳一定数额的保证金等手续后，才能取得经营多式联运业务并签发多式联运单据的资格。美国法律规定了无船承运人的权利和义务及其管辖规则，而我国除了在《海商法》的“多式联运合同的特别规定”一节中对多式联运和多式联运经营人的定义以及多式联运经营人的责任作了一般的规定外,《多式联运管理规则》和《海运条例》又先后分别对包括申请经营多式联运业务和无船承运业务的企业,即多式联运经营人和无船承运业务经营者应具备的条件和申请、审批的程序等项内容在内的有关多式联运管理的事项,以及多式联运经营人和无船承运人的责任作出了较为详尽的规定。

多式联运经营人和无船承运人是货运代理人发展到一定阶段而形成的产物。在我国,《海运条例》颁布并实施以前,有关多式联运业务主要是通过货运代理人的经营活动体现的,因此,在人们的概念中两者常被混淆。实际上,只要对比《国际货运代理业管理规定实施细则》中关于货运代理人的规定,和《海运条例》中关于"无船承运业务经营者"(无船承运人)的规定,或《多式联运管理规则》中关于多式联运经营人的规定,就不难发现两者的区别。

《国际货运代理业管理规定实施细则》将国际货运代理企业分为"作为代理人从事国际货运代理业务"的企业和"作为独立经营人从事国际货运代理业务"的企业,前者可以说是典型的货运代理人,而后者则可以理解为多式联运经营人或无船承运人。

就货运代理人而言,其主要特点是:接受进出口货物的托运人、发货人和收货人的委托,在授权范围内代理与进出口货物运输有关的业务并收取代理费或佣金,只要在授权范围内行使代理权,没有疏忽或过失行为,不需对行事的后果承担责任;而就多式联运经营人(或无船承运人)和《国际货运代理业管理规定实施细则》规定的"作为独立经营人从事国际货运代理业务"的货运代理人而言,其主要特点则是:为了赚取运费差价,以承运人的身份,全程承运货主托运的进出口货物,收取全程运费,签发提单或多式联运单据,并就运输全程对货主承担责任,然后以托运人的身份向各运输区段的实际承运人托运自己所承运的货物。

5. 其他与远洋运输有关的辅助行业

远洋运输是一个多环节的生产过程,为了顺利地完成从承运人在装货港接受货物时开始,到在卸货港向收货人交付货物时为止的整个运输生产过程,除了需要由船舶营运业的从业者,即船舶经营人或船公司,利用自有或租用的船舶完成货物的运送过程外,如果得不到包括装卸业、仓储业、理货业和驳运业等的辅助行业配合,想要顺利地完成整个运输生产过程,将是不可思议的。

装卸、理货、仓储和驳运都是港口的支柱行业,它们各自从事的业务内容和责任如下:

1)装卸业

装卸业是接受货主或船舶经营人的委托,专门从事在装货港将货物装船或装上其他运输工具,或在卸货港将到港货物从船舶或其他运输工具上卸下的服务行业,通常将经营装卸业务的从业者称为装卸经营人或装卸业者(stevedore)。

装卸经营人对于所在港口经常装卸的货物的包装、性质以及装卸方法都富有经验,对各种类型的船舶也都深有了解,能参与制定装卸作业计划,委托人对他们的装卸技术也有所信任。但是,由于装卸和积载的质量对于船舶和货物的安全有密切的关系,所以,原则上这种作业都是在船长的监督和指挥下进行的。如果由于装卸人员的故意、过失、疏忽、不熟练、使用装卸工具不当,或违反船长指挥而造成船舶货物的损坏或人身伤亡,装卸经营人应负赔偿责任。

远洋运输中,除另有约定外,装卸工作一般都由承运人负责,由承运人委托装卸经营人完成装船和卸货工作。这是因为,从将货物装上船舶时开始,至将货物从船上卸下时为止,货物的运输安全都必须由承运人负责,而且承运人所计收的运费中,通常也都包括了货物的装卸费。至于装船的开始时间和卸货的终止时间,即承运人责任的起止时间,国际航运习惯都承认:在装货港,船上的起货机或岸壁装卸机械的吊钩将船边的货物吊起,吊钩吃力的一瞬间,承运人即开始对货物运输承担责任;在卸货港,船上的起货机或岸壁的装卸机械将船上的货物卸至岸壁,摘除吊钩时起,承运人对货物运输所承担的责任即告终止。以此为分界点,对于装船前和卸货后的货物灭失或损坏,承运人都不负责。

货物装卸过程中,因装卸人员的疏忽或过失造成的货物灭失或损坏,照理讲应由装卸经营人负责赔偿。但是,由于货物装卸工作是承运人通过与装卸经营人签订协议,委托装卸人完成的,装卸经营人只根据协议对承运人负责,与货主间并没有任何索赔和赔偿的协议关系。因此,一旦发生因装卸人员的疏忽或过失而造成的货物灭失或损坏,只要损失发生在承运人应对货物运输承担责任的期间,而且又不属于承运人的免责范围,习惯上都先由承运人对货主作出赔偿,然后再根据与装卸经营人签订的协议,向装卸经营人追赔。

2)理货业

理货业是接受货主或船舶经营人的委托,在港口分别为开航前或到达目的港后的船舶进行货物清点、交接、衡量散装货物重量、检查货物损坏程度和原因并作出公证等项作业的行业。理货业的从业人员通常被称为理货人(tally man or checker)。

理货通常是由货主或承运人(船公司)各自委托,即分别由站在货主的立场(dock side)的理货人和站在承运人(船公司)立场(ship side)的理货人会同进行的。在代表双方的理货人的会同确认下,才能证明货物交接的正确性。由于这种正确交接的证明有较强的公证性,所以不但理货人要有较全面的知识,掌握熟练的方法,而且必须具有诚实、公正的品质。

3)仓储业

在集装箱运输已经普及,甚至较之传统班轮更为红火的现实情况下,与海运相关的仓储业,实际应该包括为传统的远洋运输进出口货物提供堆存保管服务的港口仓储业,和具有仓储业性质,为集装箱货物运输的空箱和重箱提供堆存保管及其他相关服务的集装箱场站业。

(1)港口仓储业

港口仓储业是指提供海运货物仓库保管、存货管理以及货物整理、分装、包装、分拨等服务,并按照货物的堆存保管期及数量,以及为货物提供的服务事项计收堆存费及其他服务费用的行业。

港口是水陆交通的枢纽,而港口仓库和堆场则是海运货物的集散场所。因此,与商品流通过程中仓储业经营人所经营的的仓库、堆场不同,港口仓库和堆场的经营人除按照货主要求,为库存货物提供通常仓储业者所能提供的一般服务外,只能为到港待运货物提供短期的堆存、保管服务。这是因为,缩短货物库存时间,加快货物周转,对缩短车船在港停留时间,扩大港口通过能力,防止港口堵塞是至关重要的。

传统的海上运输中,承运人对货物运输承担责任的期间,通常都从货物装船开始,到将货物卸下船舶为止,因而货物的堆存保管费通常都由货主承担。为了促使货主采取措施,尽量缩短货物的在港库存时间,关于货物堆存保管费的计收,一般都在免费保管期(进口货 4 天)之后,按规定的累进费率逐日计算,合计收取。

(2)集装箱场站业

集装箱场站业是指为集装箱空箱提供堆存、保管、清洗、修理、收发服务,以及为集装箱整箱货或拼箱货提供存储、集拼、分拨等项服务并收取相应费用的行业。

集装箱货物有整箱货和拼箱货之分,货运站就是以按照多式联运经营人的委托,接受并保管多式联运经营人或其代理人承运的拼箱货,将货物装箱,并签发表明已接受货物的单据——场站收据;或接受集装箱船舶卸下的由若干票拼箱货装成的整箱,进行拆箱,分票保管,并向收货人交付货物为主要经营项目的行业。而集装箱堆场则是以按照委托人的委托，接收、堆存保管、清洗、修理和发放空箱；或验收、堆存保管重箱，签发有关单证，并将重箱装车或装船为主要经营内容的行业。

4)驳运业

这里所说的驳运业，是指船舶不能靠岸而浮泊于水上进行装卸作业时，为所装卸的货物提供船岸间往返运输服务的行业。驳运作业可以说是装船前和卸货后货物搬移过程的延伸，按照承运人只在装船后至卸货前的一段时间对货物运输承担责任的原则，对于驳运过程中发生的货物灭失或损坏当然不能承担责任。

关于通过驳运对远洋运输船舶进行装卸作业时，如何判定承运人承担运输责任的起止时间的问题，习惯的作法是：驳船靠上远洋运输船舶，系妥第一根缆绳时，承运人对货物运输承担责任的时间开始；驳船解开最后一根缆绳，离开远洋运输船舶时，承运人对货物运输承担责任的时间终止。

三、远洋运输的特点

作为海上运输重要组成部分的远洋运输，除了具有与沿海运输相同的，与陆上运输和航空运输相区别的特点外，还具有区别于沿海运输的独特的特点。沿海运输主要从事国内的运输，其活动范围比较狭窄，航行距离较短，运输风险相对也较少，经营几乎不受国际航运市场的影响。而远洋运输则主要从事国际间的运输，通常都要远涉重洋，不但活动范围广阔，航行距离长，运输风险更大，而且其活动要受有关国家法令、规章或国际公约的约束，经营也要受国际航运市场的影响。这些特点可以归纳为以下两个方面：

1. 海上危险

与沿海运输相比，在遭遇海上危险的可能性和可能造成损失的程度方面，远洋运输所显现的特点主要表现在：

(1)遭遇海上危险的可能性大

由于远洋运输船舶经常都是长时间地远离海岸在漫无边际的海洋上航行，也由于海洋环境复杂，气象多变，随时都可能遇上狂风巨浪、暴雨、雷电、海啸、浮冰等人力不可抗御的海洋自然灾害的袭击，因而使远洋运输船舶在从事运输的过程中遭遇海上危险的机会要比沿海运输遭遇的机会大得多，尤其是需要经过一些世界上有名的风暴区域时，更是每时每刻都可能遭受这些来自自然的灾害袭击。

(2)造成的损失巨大

远洋运输船舶一旦遭遇海上危险，给船舶和货物造成的损失往往是十分巨大和惊人的。这是因为一艘远洋运输船舶的规模较大，一次载运货物数量之多，是任何其他运输工具都无法比拟的。尤其是那些大型船舶，本身造价就很高，所载货物也很多，一旦发生损失，数额将十分巨大。而且遭遇危险时得到外来力量援救的及时性差，或者根本无法得到援救而使已经遭遇的危险和遭受的损失进一步扩大。

另外，如果油船遭遇事故，除了油船本身及所载的货油损失外，还会因货油漏入海洋而造成严重的海洋环境污染，其后果和损失更是惊人，甚至难以估计，尤其是那些超大型油船发生事故的后果更为严重。例如1967年3月18日利比里亚籍12万吨级油船“托利·康荣”号在英吉利海峡七石礁附近触礁沉没事件，在当时就已成为有史以来最为严重的一起海洋油污事故。它所载运的11.8万t原油有8万t流入海洋，使英、法两国沿岸300km^{2}海域受到严重污染，仅为清除油污所动员的人力、物力就花费800万美元之巨。

(3)为适应海上危险而发展起来的一些比较特殊的制度

面对客观存在而且经常发生的海上危险，人们通过长期的海洋运输的实践，在总结航海事故的发生和处理结果的经验和教训的基础上，逐渐形成并发展了为各方面普遍接受，至今仍被沿袭适用的、一系列的能防止和减少海上事故发生；能分散风险；在发生事故并带来损失时，能得到一定的经济补偿的，适应海上危险多发性的特点，对远洋运输事业的发展能起到一定促进作用的比较特殊的制度。这些制度包括共同海损制度、海上保险制度、海上救助制度、承运人责任限制制度和船舶所有人责任限制制度等。

2．国际性

与沿海运输相比，远洋运输的另一方面的特点是它的国际性。远洋运输的业务经营就是适应这种国际性的特点而形成的。它主要表现在：

(1)对国际航运市场的依存性

一个国家的远洋运输船舶，主要是承担本国进出口货物的运输。可是，由于进、出口货运量的不平衡，运输季节的不平衡，产、销地区的不平衡，而使船舶的运力经常不能得到充分的利用。因此，为了更充分地利用船舶的运力，以取得更好的营运经济效益，就需要使自己的船队进入国际航运市场，承揽其他国家的货载，积极开展第三国运输。但国际航运市场(特别是不定期船市场)中汇集着众多的船舶经营人，他们之间为争揽货载经常展开激烈的竞争。在这个市场上，对运力的供给与需求的平衡关系，左右着运价或租金水平的变动，任何个别的船舶经营人都不可能对市场的运价或租金水平的变动给予很大的影响。相反，其经营活动却不得不适应这个市场的行情变化。这就需要经常地对国际航运市场进行系统的调查研究，了解各条航线上船舶的就航情况及其变化趋势，以及国际政治经济形势的变动情况。在这个基础上，通过对市场变化的分析和预测，掌握和运用市场的变化规律，从而不失时机地确定自己的经营方针和应采取的对策。同时还要通过合理经营，不断改进和革新技术，改善运输组织工作，努力降低运输成本，提高运输服务质量，以加强自身的竞争能力，使自己的航运企业在激烈的国际竞争环境中求得生存和发展。

(2)主要货运单证的国际通用性

远洋运输的货运单证繁多，作用各异。虽然各个国家、港口或船公司所使用的货运单证并不完全一致，但因为远洋运输船舶航行于不同国家的港口之间，作为划分各方责任和业务联系主要依据的货运单证，当然需要适用于不同国家和港口的有关规定和习惯。在单证的内容和编制方法上，不仅要符合本国法令的规定和业务需要，而且也必须适应国际公约或有关国家的法令或习惯要求，使之能为各个国家的各个关系方所承认和接受。所以，就一些主要的货运单证而言，在名称、作用和记载的内容上常常是大同小异，或是完全一致，可以在国际间通用的。

(3)适用法规的国际统一性

远洋运输是属于国际间的运输，在运输中常会发生各种事故或争议。这些问题的发生不会仅限于本国的水域范围之内，纠纷或争议的各方也可能分属不同的国家。于是，在处理这些问题时，就有适用哪一个国家的法律规定的问题。有时同一案件按不同国家的法律来处理就可能得出完全不同的结果。为此，国际航运界长期以来一直都在谋求制定一系列能为各国接受，并共同遵守的国际公约，各个国家在批准这些国际公约的同时，也相应地进行国内立法并适时修订，以求得国际上的统一。

当然，在一个国家需要制定本国有关国际航运方面的法律规章时，对已经生效的国际公约以及国际惯例,也要给予应有的考虑和重视,以适应国际运输的需要。比如我国并不是海牙规则的缔约国,可是,在1993年7月1日实施《海商法》前,我国承运人所签发的提单,比如中国远洋运输(集团)总公司(以下简称中远集团)的提单,通常都列有"承运人的权利、义务、赔偿责任和免责,统一按照1924年统一提单若干法律规定的国际公约,即海牙规则办理"表明本提单适用海牙规则规定的条款。不仅如此,就是我国制定的《海商法》的第四章关于"海上货物运输合同"的条款,也在很大程度上参照了海牙规则的规定,有的条款甚至和海牙规则的规定完全相同,其主要原因无非就是适应远洋运输的国际性的特点,要使我国远洋运输所适用的法规与国际间通用的法规尽可能一致。

第二节　远洋运输发展的历程及其在经济发展中的作用

一、国际海上运输的发展沿革

远洋运输,作为独立的经济部门,是从古代的航海贸易活动中分离出来,并随着贸易的发展而发展起来的。

早在公元前3000年,就已经出现了海上运输。当然,那时的航运规模很小,而且仅限于某些近海区域。到公元前2000年,地中海的海上贸易运输有了某些发展,已有从地中海到大西洋东岸及北欧的贸易海运航路。

最初的海上运输是与贸易结为一体的。船长除了驾驶船舶负责船舶的航行外,还要亲自经营货物的买卖。这时的航海贸易的特征是"船货一体",贸易商人本身就是船舶所有人,以私人承运人(private carrier)的身份,用自有的船舶,甚至自任船长,从事商品的买卖和运输活动。其规模不大,活动范围不广,技术水平也较低。船舶用木质材料建造,船舶的航行也主要以人力或风力驱动。

随着世界经济的发展,18世纪末,以蒸汽机的发明及其在工业生产中的推广使用为标志的资本主义历史上的第一次技术革命,大大地推动了社会生产力的发展。资本家为了追逐利润,不断地扩大生产,因此仅仅依靠国内的原料供应和销售市场已远远不能满足需要,必须打破一切地域和国家的界限,到国外去寻找原料和开辟新市场。随着国际间的交易更加频繁,贸易量激增,对海上运输也提出了新的要求。

与此相适应,作为海上运输工具的船舶,事实上已经与第一次技术革命产生连锁反应。1807年,美国人罗伯特·富尔敦(Robert Fulton)以蒸汽机为船舶动力,制造了第一艘蒸汽机船"克莱蒙托"(Clermont)号,以机械动力代替了风力在哈德逊河上用32h完成了从美国纽约城(New York City)至阿尔巴尼(Albany)之间241km的试验性航行,证明了将蒸汽机用于船舶动力的可能性。1807年,由美国奥列弗·斯蒂文斯设计、并于1808年完工的"长命鸟号"蒸汽机船航行于纽约与费城之间,成为世界上最早使用蒸汽机船进行的沿海运输。

1819年,美国的蒸汽机帆船"萨瓦那"号用了27天的时间将棉花从美国运至英国利物浦港。这虽然是最早使用蒸汽机船进行横跨大西洋的运输。但是,由于当时的蒸汽机需耗用大量的燃料,致使船舶载重量中的大部分用于载运航次所需的燃料,而且在27天(648h)中有548h利用风帆航行。1827年,英国建造的"库拉科"(Curacao)号蒸汽机帆船在荷兰及荷属圭亚那之间进行邮件运输,但在多大程度上仍需使用风帆助航,因缺少记载,情况不明。直至1833年,加拿大的"威廉王"(Royal William)号从魁北克到新斯科台半岛(Nova Scotia)及英国的韦特岛(Isle of Wight)才全程使用蒸汽动力。这是全程使用蒸汽动力横跨大西洋的开始,进一步揭开了国际航运史的新篇章。

18世纪末至19世纪初,欧洲实现工业革命,不但使商品生产得到极大的发展,贸易不断扩大,而且也使船舶技术设备和航海技术达到了一个新的水平。与此同时,船舶技术设备和航海技术的发展,反过来又促进了生产和贸易的发展。此时,海上运输已具备了逐渐从原来的航海贸易中分化出来的条件,成为一个独立的经济部门。海上运输中不仅出现了作为商业行为承运他人货物的公共承运人(public carrier or common carrier),而且也从不定期船的船舶营运方式中分化出被称之为班轮运输(或称定期船运输)的定班定线航行的船舶营运方式,虽然这时的海上运输仍以不定期运输为主。

最初,蒸汽机船的船体都是用木材建造的。1820年前后,因供应造船用的木材比较紧张,英国的船主开始考虑使用更能耐久的材料建造船舶。1837~1838年,"通用轮船公司"(General Steam Navigation Co.)在利物浦建造了世界上第一艘只有580总吨、功率为132.4kW(180马力)的小型铁质蒸汽机船"彩虹"(Rainbow)号,接着又在1839年开工、1843年下水建成了3270总吨、88m×15.5m×9.89m的"大不列颠"(Great Britain)号,这是当时最大的铁质船舶,显示出与木质船相比更大的优越性。到19世纪60年代,铁质材料已普遍用于建造蒸汽机船和帆船。使用结果证明,与同型的木质船舶相比,铁质船舶的重量可减轻1/4,可以积载更多的货物,尤其是对需要装载大量燃料的蒸汽机船来说,用铁质材料建造船舶更为有利。

1860年前后,蒸汽机船出现不久,很快的就在经营班轮运输的流线型帆船班轮公司和汽船班轮公司之间引发起一场为争揽货载而进行的激烈的运价战。"交战"双方经过多个回合的压价竞争,终于认识到长此以往,必将两败俱伤,于是像班轮公会这样的以垄断航线货载、维持高水平运价为目的,具有严重排他性的航运垄断组织就应运而生了,从此班轮运输也就进入了被一些海运强国所控制的班轮公会垄断经营的时代。

1856年卑斯麦(Sir Henry Bessemer)发明了转炉炼钢法后,开始了利用钢材代替铁质材料建造船体的时代,于1873年建造了最早的钢质船舶"瑞德塔特"(Redoutalte)号,1879年钢质蒸汽机船"鹿特玛哈那"(Rotomahana)号就航,从此,海上运输进入了钢铁船舶时代。

1897年,鲁道夫·狄塞尔(Rudolf Diesel)发明的柴油机(内燃机的一种)在德国实现了实用化。1902~1903年,制造成功了最早的船用内燃机。由于内燃机船不仅具有燃料费用省、续航能力强的优点;而且具有发动简单、节省时间,所需机舱人员少、节省人力,动力装置体积小、重量轻、节省舱容、载货能力大,营运效率高等优点,所以当内燃机船一出现,很快就引起航运界的重视,成为航运界的宠儿。

进入20世纪后,随着船舶技术和航海技术的发展,以及国际间贸易的进一步扩展,世界各国开始显示出意图通过本国的立法来保护本国航运的倾向。

第一次世界大战后,对石油的需求迅猛增加,油船运输得到了飞速发展。由于石油运输所具有的量大和液体散装的特定条件,使油船运输有可能并有必要与干货船运输并列,成为不定期运输的一种特殊形态。

第二次世界大战后,随着重工业、化学工业以及近代科学技术的发展,运输技术也不断变革。同时也为了对付运输的激烈竞争,海上运输船舶朝着大型化、专用化方向发展,各种专用船舶在海上运输中所处的地位日益重要。不论是石油工业、钢铁工业或炼铝工业等,都需要使用大型专用船舶来运送其大量的原料及制品。虽然船舶的大型化和专用化可以为这些大工业提供廉价的运力,但是为了不使运费开支因航运市场价格的变动而有过大的波动,这些工业企业常以自有船舶,或以长期租船(定期或航次租船)或长期包运租船的形式租用船舶来运输自有的原材料或制品。于是在海洋运输领域中又出现了“工业承运人”(industrial carrier),并逐渐成为一支重要力量。而以这些形式经常向“工业承运人”出租船舶的船公司,便成为“独立船东”(independent carrier)了。

1950~1973年,继第一次世界大战前较长的经济增长期之后,世界经济进入了第二次黄金增长期。在此期间,伴随全球贸易量的增长,国际航运也进入了繁荣昌盛的新时期。到了20世纪60年代,在国际海上运输的组织方式上,又出现了一种与传统海上运输方式不同的新型的运输方式,这就是集装箱运输。1966年4月,美国海陆运输公司(Sea Land Service Inc.)开辟了北美东岸—欧洲的集装箱运输航线。从此,国际间的海上运输开始进入集装箱运输的新时代。由于集装箱运输具有高效率、优质量和低成本的特点,很快就被许多国家的船公司采用。进入70年代后,又建造了一些大型、高速的集装箱船投入营运,使国际间的海上集装箱运输在很短的时间内得到迅速发展,很快就在发达国家之间,乃至于发展中国家的一些主要班轮航线的运输中基本取代传统杂货班轮运输,而成为定期船运输的主要形式。而且在世界已经形成的主要集装箱运输航线上,已普遍采用4000~5000个标准载箱量,甚至更大型的新一代的集装箱船从事营运。

集装箱运输的快速发展,需要班轮运输突破传统的竞争体制。于是,在集装箱班轮运输的经营中,从20世纪80年代到20世纪末就先后出现了协议协商组织(Stabilization Agreements Organization)、联营体(Consortium or Consortia)和战略联盟(Strategic/Global Alliances)等或者能满足经营集装箱运输所需巨额资金,或者能为集装箱船舶提供货载,甚至能扩大航线网络,适应集装箱运输发展需要的新型班轮运输竞争体制,而班轮公会对会员公司的控制和对班轮运输的影响则日渐衰微。

进入21世纪,经历了1997年东南亚金融危机和2001年“9·11”事件冲击的国际航运业的业务经营逐渐从谷底走向复苏,进入第三个发展的黄金时期。这一时期不但世界商船队的规模呈现增长趋势,而且世界海运船队的平均船龄也逐年降低。据我国交通部《2003年中国航运发展报告》援引ISL统计资料表明,“截至2003年7月,世界300总吨以上商船规模总计8.36亿载重吨,其中集装箱船、液化气船增长高于平均水平”,见表1-1。同时,《2003年中国航运发展报告》还根据联合国《2003世界海运回顾》说明,“截至2003年12月31日,世界海运船队平均船龄为12.6年”。

2003年7月世界商船队规模(按300总吨以上船舶统计)　　表1-1

船　型	载重吨(1 000DWT)	占世界船队比重(%)	较上见同期增长率(%)
油船	317 101	37.9	2.6
化学品船	8 544	1.0	0.4
液化气船	20 065	2.4	4.5
散货船	288 427	34.5	1.7
兼用船	12 366	1.5	-8.7
集装箱船	87 685	10.5	9.5
杂货船	96 164	11.5	0.5
客船	5 879	0.7	3.3
总计	836 231	100.0	2.5

资料来源:引自交通部《2003年中国航运发展报告》。

当前,从海洋运输走向综合物流,已是国际航运企业发展的大方向,世界许多大的航运集团都已把现代物流作为发展方向。

伴随经济全球化的进一步发展、贸易不断增加,跨国公司大量涌现,对航运企业拓展跨国经营并提供全球承运服务的要求越来越高,原来各种运输方式的承运人互不相干、各自为战的传统方式,已远不能适应全球贸易对运输的要求。航运业在经历了散货船舶大型专业化和集装箱化革命之后,正进入现代物流时代。21世纪新的运输模式将打破传统的各种运输方式之间的各自为战的局面,强调各种运输方式之间的整合和集成。各种运输方式的转换、衔接,将主要由一个承运人组织完成。海上运输的承运人,将不单是货物"港到港"的承运人、组织者,而且必将是一个"门到门"、"点到点"的承运人、组织者。

总之,今天的海洋运输已经成为一个十分重要的经济部门。它是随着世界经济、贸易的发展而逐渐发展起来的。从19世纪下半叶海上运输从帆船时代进入了机器动力时代起至今,海运技术已经发生了巨大的变革。可以预料,随着世界经济、贸易的发展,科学技术的进步和货流结构的变化,以及现代科学技术在海上运输生产中的应用,海上运输将会随之产生更大的变革。

二、我国远洋运输的发生和发展

我国的海上运输有着悠久的历史。根据20世纪70年代我国考古学者在浙江省余姚县的河姆渡遗址中发现的柄叶连体木桨,经放射性碳素断代,年代约为公元前5000年至公元前3300年,这说明当时我国已有舟楫之便。不仅如此,从近代日本出土文物分布地址考证,证实早在春秋战国时期,从春秋到战国,就有燕人和齐人先后开辟了从山东和辽东经朝鲜半岛到日本,和经对马岛到日本北九州的两条航线。如果说这两种说法还只是考古发现和后人考证得出的不足为凭,那么有史可证的是:公元前221年秦始皇统一中国后,出于政治、军事和经济上谋求向海外发展的原因,在位12年中曾四次巡海,并病逝于第四次巡海回程途中。虽然就向海外发展而言,秦始皇壮志未酬,但是,两次派方士徐福"遣振男女三千人,资之五谷种种百工而行"(《史记》)东渡"寻仙",而徐福却"得平原广泽,止王不来"(《汉书》),却是见诸史册的我国古代航海的实录。据此,说徐福是中国第一位有姓名见诸史册的首次率领庞大的中国船队驶向遥远异域,开创中国古代远洋事业的航海家,也就成为不争的事实了。

1. 我国古代的远洋运输

从汉代到满清王朝覆灭,前后贯穿了近两千年的封建社会远洋运输的发展历程,其实就是海上丝绸之路的兴衰过程。

(1)初期发展的远洋运输

汉朝取代秦王朝后,随着社会经济的发展和航海、造船方面的技术进步,不仅水上运输已逐渐成为我国古代的主要运输方式之一,而且在两汉时期就开辟了东至朝鲜和日本、中经已程不(古国,在今斯里兰卡境内)和安息(今伊朗)、西达大秦(古罗马帝国东部)被后人称誉为"海上丝绸之路"的海上贸易航路,为往来学者、使臣和商贾提供了便利,海外贸易远及红海西南沿岸。

汉代,我国的造船和航海技术已有了长足的进步。在造船方面,当时已设置了专司造船的机构,不但造船的数量已达相当的规模,就是造船的质量也具有了一定的标准。据《南州异物志》记载,汉代船舶"船大者长二十丈,高去水三二丈,望之如阁道,载六七百人,物出万斛"。据考证,当时的一尺等于今天的0.23m,一斛约合现在的27kg(54市斤),照此估算,一艘长达46m

以上、载重量约为 270t 的海船，应该说已经具备了远洋航行的条件；而在航海技术方面，除汉代天文学的成就为后来的航海天文导航技术的应用提供必要条件，功不可没外，在逐步完善风帆和平衡舵的基础上，利用季节风的规律行船的航海技术，也为船舶跨海越洋长距离地进行远洋运输创造了先决条件。

汉初，虽然已经建立了统一王朝，但是经过连年混战，民不聊生，社会经济凋蔽，经过文帝、景帝，社会才趋于稳定。汉武帝时，经济有了新的增长，为了恢复沿海运输航路和开辟远洋运输航线，从公元前 110 年至公元前 89 年，21 年间汉武帝曾先后七次巡海，萌生"扬威异域"的念头。

关于开辟远洋运输航线，打通海上丝绸之路的想法，一开始汉武帝设定的目的港就很明确，要从海上经由印度，沟通与罗马的贸易交往。于是在西汉时期，除了继续维持战国时期即已存在的从山东和辽东经朝鲜通日本的航线外，又新辟一条史称"徐闻、合浦南海道"的从徐闻、合浦经印度东岸的康契普拉姆(黄支国)，到斯里兰卡(已程不国)的航线。到东汉时期，除继续沿用这条通向西方，并未直接到达罗马的"徐闻、合普南海道"外，又新辟一条从永昌郡经河运至掸国(今缅甸)出海，直通罗马的远洋航线。

汉代是我国远洋运输发展初期，其标志就是在这一时期里形成了海上丝绸之路。因此，也可以说，这一时期是海上丝绸之路的形成时期。此后，伴随社会经济的发展和造船、航海技术的进一步的进步，到唐宋两代，海上丝绸之路也就从形成期进入繁荣期了。

(2)日渐繁荣的远洋运输

唐宋两代前后约 700 年期间是我国古代远洋运输事业逐渐走向繁荣的时期，其具体表现既反映在造船、航海技术的进一步提高和海外通路的扩展；也反映在涉外港口的增设和扩充，而更为重要的是将航海贸易纳入国家监管范围并课征税赋，使航海贸易有序发展。

关于造船，这一时期的主要成就之一是大型海船的船模放样造船和定型生产。放样造船，先造小，而后仿样放大，解决了造船工匠技艺不熟练的问题；而定型生产则是批量生产的必要条件。如当时就有了"木兰舟"、"神舟"和"客舟"等已定型的海船。其中，"神舟"是出海使臣专用座船，而"客舟"则是使团的随行人员的座船。至于"木兰舟"则是一种巨型远洋海船。据宋代《岭外代答》记载，"言舟之大者，莫木兰若也"，其"帆若垂天之云，舵长数丈，一舟数百人"，"盖其舟大载重，不忧巨浪，而忧浅水"。

在航海技术方面，唐宋时期重大的成就主要有三项，即：海洋潮汐的研究；航海图的绘制和指南针在航海中的应用。海洋潮汐的研究有助于航海者准确掌握潮汐规律性，确保船舶进出港和靠泊的安全；航海图的实用，则使航海者在茫茫大海中摆脱朦胧状态，提高认识和驾驭海洋的能力。至于将指南针应用于航海，"舟师识地理，夜则观星，昼则观日，阴晦观指南针"(《萍洲可谈》)，则更是海上导航所必需，因而可以说，这几项技术成就必然是促成这一时期海上丝绸之路日趋繁荣的重要原因之一。

唐朝"贞观之治"，兴国安邦，政通民富，水运发达，设置具有现代海关性质的"市舶司"管理对外贸易，并向来往商船征税，这说明当时的海上贸易已很发达。

宋朝，在经济上虽有所发展，但军事力量较弱，每年须向辽、金等邻边政权输币纳款，负担很重。为了缓解因土地征敛过重而引发的国内矛盾，朝廷采取了加重国内商税的办法。其结果是促进了海外贸易的发展。尤其是南宋时期，朝廷偏安于东南一隅，北方被辽、金割据，原来通往国外的陆上交通被切断，于是海上航线就成为当时偏安东南地区的宋王朝与西亚等地区进行贸易联系的主要通路，海上运输有了进一步发展，航线开辟、港口扩建、航运管理等都提高到了一个新的水平,海上丝绸之路也呈现一派繁荣景象。

唐宋时期开辟的远洋运输航线遍及亚非各地。在唐代,除与周边国家、地区间的航海贸易外,还通过被称为"广州通海夷道"的从广州出发,经南洋各地和斯里兰卡及印度西岸,最终可到达东非坦桑尼亚的达累斯萨拉姆,航程历时近半年的、长距离的远洋航线,与非洲各地进行通商贸易。到了宋代,海船到达的国家和地区更多,活动所涉及的地域更广泛。当时与中国交往最为密切的国家"莫如大食国,其次阇婆国,其次三佛齐国(苏门答腊岛东部)"(《岭外代答》)。由于这些国家都在亚非航路沿线,所以亚非航线也就成为宋代航海贸易的最主要通道。这条航路基本上仍沿唐代的"通海夷道"到达波斯湾各地后,继续西行,远达红海和非洲东岸。

(3)远洋运输的鼎盛期

从元代到郑和下西洋活动终止的的明代中期,在150多年里,中国的远洋运输经历了一段为期不算太短的鼎盛时期。

元代建立了地跨欧亚的帝国,为了联系海外交通、支持海上军事活动和大规模的海漕运粮的需要而大量建造江海船舶,在造船工艺和规模上都极大的超过了前代的水平,如元代的四桅远洋海船就是继承宋代造船技术造成的具有四桅十三舱可挂十二帆的,"每船舶上,至少应有水手二百人,盖船甚广大,足载胡椒五、六千担,无风之时行船用橹"(《马可·波罗行记》)的大型远洋船舶。

元朝,基于其扩张主义政策的要求,一开始就非常关注海外贸易,几乎完全取消了历朝以"纳贡"和"回赐"为主要形式的所谓"朝贡贸易",而代之以以商品交易为主的"市舶贸易"。为此,沿袭"亡宋市舶则例"制订了比宋朝更为严格的市舶制度,在庆元(宁波)、泉州、广州等港口分设市舶司,并以泉州和广州为主要港口,与东南亚、印度半岛、波斯湾、阿拉伯半岛和非洲东岸各国往来,频繁地进行海外贸易。

明朝初期,废除了元朝的工役制度,生产力进一步解放,造船业得到更大的发展。1405~1433年,朝廷曾派三宝太监郑和率领"宝舡六十三号,大者长四十四丈四尺,阔一十八丈;中者长三十七丈,阔一十五丈"(明尺)的庞大船队七次出使"西洋"(明朝时把现今的加里曼丹岛以西的地区称为"西洋",以东的地区称为"东洋"),历时28年,先后到达过30多个国家和地区,最远曾到达非洲东岸、红海和伊斯兰教圣地麦加。郑和每次出航,都有船数十艘,随行人员逾万,并携带大量金银、丝绸、瓷器、铜铁器等物,换回当地的特产如椰子、胡椒、丁香、象牙、苏木以及为帝王采办的珊瑚、宝石、珍奇禽兽等。

明朝郑和七下西洋是世界航海史上的伟大壮举,其规模之大、时间之长、范围之广,都是空前的。他不但比欧洲几个著名航海家的航海历史事件发生的时间早得多,而且其规模更是他们无法比拟的。这充分显示了当时中国在经济、文化和航海、造船方面都居于世界领先地位,使木帆船航运达到鼎盛时期,创造了中国封建时代航海事业的光辉顶点。自此以后则逐渐衰落。

(4)远洋运输的停滞期

其实,历代封建王朝中开海和禁海的斗争是永远存在的。明初,商品经济的新发展,明显地冲击了封建制度赖以生存的小农经济,开始冲破统治者的限制和垄断,于是禁海锁国的舆论重新抬头,终于在郑和最后一次下西洋的活动结束后,朝廷便以"防倭"为借口,宣布实施"海禁"政策。到了清代,清朝政府为维护其统治,基本上沿袭明朝的"海禁"政策,"海禁",竟残酷到"空其地而徙其民,寸板不准下海"。虽然清康熙年间曾一度宣布废止"海禁"令,并以广州、漳州(今福建漳浦)、宁波、云台山(今江苏连云港市)为对外贸易港口,允许外国商船前来交易;

在闽、粤、江、浙四省设海关管理来往商船，负责征收赋税。但后来又重申“海禁”令，停止与南洋（指东南亚地区）的贸易，限制汉人出外贸易，严格管制来中国贸易的外国商船。总之，限制与禁止对海外贸易的趋势越来越严。1757年甚至下令关闭了除广州以外的所有口岸。这种闭关锁国的政策，直到鸦片战争发生为止毫无变化。

2. 旧中国的远洋运输

1840年鸦片战争爆发，英国用大炮轰开我国的大门后，侵略者蜂涌而入，使中国沦为半殖民地，帝国主义列强控制了中国的水运事业，不仅我国的海关及引航权都掌握在帝国主义侵略者手里，就是港务管理、航道疏浚、航标设置和管理权也都为“洋人”所控制，使中国有海无防，航权丧失。英、法、德、日、美等国的炮舰曾长驱直入重庆、泸州等地，横行肆虐川江。当时，除在华的洋商拥有少数船舶行驶于沿海航线和中日间短途远洋航线外，来华开辟定期航线的船公司则有大英轮船公司（peninsular & Oriental Steam Navigation Co.）和法国邮轮公司（Messageries Imperials），我国的远洋运输事业几乎完全为洋商所控制。

中国自办的近代轮船运输业始于1873年初（同治11年12月19日），当天，“官督商办”的轮船招商局（1932年改为国营）在上海成立。它比航运发达国家落后半个多世纪。创办初期，因创办主管经验不足，特别在不平等条约的羁绊下，困难重重，发展迟滞。

轮船招商局成立后，除经营长江及沿海运输外，同时积极开辟远洋航线。首先，在东南亚方向，1873年8月初招商局成立不久，即以新购二手旧船伊顿轮首航神户、长崎，成为中国远洋运输业经过长期衰落后，开辟的第一条远洋航线。同年年底，伊顿轮又驶往吕宋等地，开辟了兼营客货运输的远洋航线，并在当地筹办揽货事宜。

1880年前后，招商局在继续经营中日航线的同时，在东南亚航向上又进一步扩大了经营远洋运输的地域范围，先后派船往返于越南、吕宋、暹罗、新加坡、槟榔屿及印度等国家和地区，从事着远洋运输的经营。但是，由于日本、吕宋等国都实行航运保护政策，而新加坡和槟朗屿又地处欧亚通路的要冲，面对来自西方船队的激烈竞争，以招商局的资金、经验、船队规模和管理水平确实难以应对。在经营难以为继的情况下，除中国—越南的航线因运费收入较为丰厚，得以继续经营外，其他往来于东南亚航线的船舶不得不先后撤出营运。

其次，在美洲、欧洲方向，1879年招商局曾派船试航檀香山，1880年又先后开辟了至旧金山的中美航线和开往伦敦的中英航线。对于这些远洋航线的开通，当时海外侨胞无不欢欣鼓舞。可是，由于帝国主义嫉恨中国商船向远洋航线发展，对招商局开辟远洋航线，不仅洋商或公开反对、抵制，或暗中作梗，地方当局更不择手段地对到达外国港口的中国船舶进行排斥，或高额征税，或任意提高规费，甚至强行规定搭乘招商局轮船的旧金山当地的华工、华侨不得重返该埠。种种卑劣手段，无所不用其极。在这种排挤、打压和极不公平待遇下，招商局不得不相继从所经营的远洋航线中退出。1884年中法战争爆发，航行于远洋航线的招商局船舶不堪法国军舰的骚扰、恫吓，纷纷停航，招商局经营的包括东南亚航线在内的全部远洋航线都被切断，中国的远洋运输再次受到沉重的打击。

鸦片战争后，中国的航运业尤其是远洋运输业，由于外国的控制与掠夺和国内外战争频繁一直处于萎缩不前的状态。虽然当时也有以张謇、卢作孚、虞洽卿等为代表的民族资本家经营的大达轮船公司、民生实业公司、三北轮埠公司以及其他民族航运企业与帝国主义者相抗衡，但有的民族资本家，如以“实业救国”著称的张謇所经营的只是江河运输的企业；卢作孚所经营的民生实业公司也只是以长江运输为其主业，并未涉足远洋运输；而虞洽卿等所经营的三北轮埠公司，虽然是当时国内最大的民营航运企业之一，而且也已涉足东南亚航线的远洋运输，但毕竟实力有限，只能步履艰难地惨淡经营，更何况其他实力还不如三北公司的中小型航运公司，在内外交迫的形势下，想要维持自己的存在已很困难，当然更谈不上发展了。

1911年，辛亥革命成功，孙中山先生曾在《建国方略》中勾画了水运事业建设蓝图，但因当时的历史原因而无法实现。

1914年爆发的第一次世界大战给我国的远洋运输的发展带来了难得的机遇。战争期间，商船损失严重、船只短缺、运费高涨，刺激了远洋运输的发展。当时，旅居海外的华侨、华商和香港、厦门、上海的中国商人为了便于华侨聚居地与祖国之间的联系，趁战时西方列强无暇顾及东方之机，纷纷办起了远洋运输企业，从事这些地区间的远洋运输业务。与此同时，一些原来经营国内航线业务的中国航商也开始兼营南洋群岛一带的远洋货运业务，一时间中国远洋运输事业显得大有生机。但是好景不长，欧战结束后，西方势力卷土重来，日本在华势力尤为膨胀，包括远洋运输在内的中国航运业仍继续为外商所垄断。

1937年抗日战争爆发，8月11日，淞沪之战开始前两天，国民党政府即密令中国各航商，或将所有船舶尽速驶入长江；或改驶南方港口或外国港口；或暂时转移中立国国籍。不久，日本政府又公然宣布所谓"遮断航行"通告，对中国东南沿海港口进行全面封锁。于是，在八年抗战其间，除为数不多的被转移为中立国国籍、悬挂外国旗的中国船舶，如招商局的船舶和一些外国船舶，如太古、怡和等公司的船舶尚能继续维持进出中国港口的远洋运输外，中国的远洋运输业几乎完全停顿。

抗战胜利后，长期侵略中国的帝国主义列强取消了对华的不平等条约，中国收回了包括航权在内的所有主权，在接收敌伪船舶和向国外订购大批船舶的基础上，包括远洋运输在内的中国航运业呈现了前所未有的繁荣局面。但是，腐败、独裁的国民党政府在政治上排除异己、专制独裁；军事上扩张军备、全面发动内战；经济上横征暴敛、搜刮民财，导致国民经济全面崩溃。为了发动内战，国民党军事当局竟强行征用民间船舶，当时，中国最大的航运企业招商局的运输船舶竟有近80%被征用，其他民营航运企业的船只也都随时被征用，致使正常的运输全被打乱，战后中国远洋运输业的短暂繁荣也被扼杀。

新中国成立前夕，江海船队大部分被劫去台湾，留在大陆的仅有一些江轮和残破不堪的航运设备，海上运输特别是远洋运输几乎是一片空白。

3. 新中国远洋运输的蓬勃发展

新中国成立以后，党和政府对海运事业十分重视，在恢复和发展我国沿海运输的同时，就致力于我国远洋运输的建设。为了尽快恢复经济和开展对外贸易，冲破国民党的军事封锁和帝国主义的对华禁运，1950年9月，交通部、外贸部联合在天津建立中国国外运输公司（后改称中国对外贸易运输公司）租用外籍商船开展对外贸易运输。同期，国家采取"争取、团结、扶助"的方针和一系列优惠政策，鼓励海外侨商投身祖国的海运事业，1950年就有21艘共13.04万载重吨的商船参加外贸物资的运输。

1951年6月15日，中国和波兰两国政府本着平等、互利、合作的原则，组建了"中波海运公司"，后改称中波轮船股份有限公司。这是中国第一家中外合资企业，公司股金双方各半。组建时共拥有10艘共10万载重吨的远洋运输船舶。在长达1.25万 n mile的航线上，中、波两国船员，冲破美蒋集团的军事骚扰和劫持，坚持外贸物资运输，为发展两国的远洋运输事业和增进友好合作关系作出了贡献（1978年，公司股东会议决定，如一方不主动提出解散，公司将长期存在下去），也为后来我国远洋船队的建设奠定了基础。

为加快我国远洋船队的组建，以适应我国大规模经济建设的需要，1958年交通部远洋运输局成立;同时在广州设立交通部远洋运输局驻广州办事处,积极开展工作。

1961年4月27日,中国远洋运输总公司成立。这是新中国第一家国际航运企业。同日,也成立了中国远洋运输公司广州分公司(今广州远洋运输公司)。翌日,第一艘悬挂五星红旗的"光华"轮满载着全国人民的重托,从广州的黄埔港启航,驶往印度尼西亚的雅加达。这是一个令炎黄子孙高兴和骄傲的日子,标志着新中国的远洋船队的诞生并走向世界。不久,上海在1964年4月1日、天津在1970年10月1日、青岛在1976年7月1日、大连在1978年1月1日分别成立上海、天津、青岛和大连远洋运输公司,共同肩负着组织我国对外贸易的海上运输任务。

20世纪70年代以前,由于我国的远洋船队还弱小,还不适应我国对外贸易和经济建设发展的需要,仍要花费大量外汇租用外国船舶,我国的对外贸易运输这时仍以租用外轮为主。为此,在1970年2月召开的全国计划工作会议上,周恩来总理发出了力争在1975年外贸运输方面基本结束租用外轮局面的伟大号召。自此以后,举国上下为壮大我国的远洋运输船队进行了不懈努力,使得我国的远洋运输船队在70年代有了较快的发展,到1975年实现了基本结束依靠租用外轮承运我国进出口货物的局面。

从80年代起,我国实行改革开放政策,这使中国的远洋运输事业更富有生机和活力。中国远洋运输公司从国家的襁褓中跃入国际航运洪流中,向着经营的国际化和现代化迅速迈进。中国远洋运输公司针对当时国际航运市场的形势,不失时机地采取各种方式,及时订购一批各类新型船舶,以充实船队的技术实力,并相应淘汰一些技术状态落后的老旧船舶,使船队更能适应我国社会主义建设对运输的需要,也使中国远洋运输公司的远洋船队能更好地开拓国际航运市场。

随着我国经济改革的深入和地区对外贸易的发展,一些省、自治区、直辖市也纷纷建立各种形式的远洋运输企业。目前,全国获准从事国际间海上运输的船公司(包括中外合营公司)已有200多家,改革开放的20多年来,中国远洋运输公司不仅在激烈的国际竞争环境中巩固了作为我国对外贸易海上运输主力军的地位,而且还相继在连云港、深圳、厦门建立远洋运输公司,同时还为繁荣和振兴地方的远洋运输事业作出了积极的贡献,先后和地方合营建立了江苏、浙江、江西、河北、湖南、海南等省的远洋运输公司。

进入90年代后,中国的远洋运输也随之迈进了发展的黄金时期。1993年2月16日,以中国最大的远洋运输企业——中国远洋运输(集团)总公司(以下简称中远集团)为核心,由中国最大的外轮代理企业——中国外轮代理总公司、中国最大的船舶燃料供应企业——中国船舶燃料供应总公司、中国最大的汽车运输企业——中国汽车运输总公司等大型企业组成的中国远洋运输集团,成为一个以运输为主业,多元化的跨国家、跨地区、跨行业的大型企业集团。

中远集团的建立,翻开了中国航运史崭新的一页,开创了中国远洋运输业的新纪元。中远集团成立后,开始实施以"下海、登陆、上天"为主要内容的发展战略,实现"海、陆、空"同步跃进。中远集团通过国内外独资及合营方式,经营着船队、船舶代理、燃物料供应、公路汽车运输以及货运、码头、金融、房地产、保险、船舶工业、宾馆、旅游等众多业务,以其充实的运力、多元化的业务、先进的技术为国内外各界提供良好的服务。

新中国的远洋运输业是在极度困难的条件下创建的。从中远集团的前身中国远洋运输公司1961创立到现在,中远集团已经走过了40多年的历程,经历了奠基、初创、发展和开拓几个时期的建设,从小到大,迅速发展。从创建时仅有4艘船舶、2.26万载重吨,到现在已经发展成为拥有和经营现代化船舶近600余艘、3000余万载重吨,年货运量超过2亿t的综合型跨国企业集团。作为以航运、物流为核心主业的全球性企业集团,中远集团在全球拥有近千家成员单位、7万余名员工。在中国本土,中远集团分布在广州、上海、天津、青岛、大连、厦门、香港等地的全资船公司经营管理着集装箱、散装、特种运输和油轮等各类型远洋运输船队;在海外,以日本、韩国、新加坡、北美、欧洲、澳大利亚、南非和西亚8大区域为辐射点,以船舶航线为纽带,形成遍及世界各主要地区的跨国经营网络。标有"COSCO"醒目标志的船舶和集装箱在世界160多个国家和地区的1300多个港口往来穿梭。

1997年初,异军突起,以上海、广州、大连三大海运公司为基础,吸收中海劳务和中交船业等公司组建的中国海运(集团)总公司(以下简称中海集团)的成立,为高速发展的中国远洋运输运输事业增加了一支新的生力军,也为我国的远洋运输事业迅速闯入世界前列平添了一份有生力量。

中海集团以中国海运(集团)总公司为核心企业,下辖集装箱运输、油运、货运、客运、特种货运输等五大专业船公司和下属一级企业——上海海运(集团)公司、广州海运(集团)公司和大连海运(集团)公司,并拥有综合物流、码头经营、金融投资、工程劳务、供应贸易、信息技术等陆岸多元产业及70余家境外企业。

和中远集团一样,中海集团也经历了艰苦创业、发展和取得实效的历程。1997年集团成立之初,这个名义上拥有251亿元总资产的大企业集团,实际上却是一个负债1.84亿元的"烂摊子":经营业务主要是上级主管部门下达的石油和煤炭沿海运输,远洋业务只是沿海运输的一种补充;既没有国际经营网络,集装箱运输更是一片空白。但是,按照"发展是硬道理"的思路,一开始,中海集团就始终坚持"一业为主,积极发展与主业相关产业"的战略,本着"航运为主,多元发展"的经营方针,在积极发展壮大油运、货运船队,形成了码头产业、现代物流、全球代理、工程劳务、信息技术等相关产业体系的同时,不断做强做大集装箱运输核心主业,使中海集团的集装箱运输实现了跨越式的发展。

1997~1998年,确认集装箱运输是未来发展方向的中海集团,决心不遗余力地发展集装箱运输,并把它做大做强。在没有集装箱船的情况下,集团通过自己的船厂将44艘散杂货船改造为集装箱船,迅速形成了初具规模的船队;1999年,中海集团从国外租赁了35艘集装箱船舶,同时加强与国际班轮公司在航线、舱位等方面的合作,当年3~11月,相继开辟了"远东—澳洲"、"远东—欧洲"、"远东—地中海"、"远东—美国"4条航线,形成了覆盖全球主要贸易区的远洋集装箱运输网络。一个船公司一年内连续开辟4条远洋干线,这在集装箱运输发展史上是绝无仅有的。

当前,中海集团的集装箱运输已实现了跨越式的发展,在集团所有的400余艘各种类型的船舶中,载箱量在4000TEU以上的大型集装箱船有68艘(其中包括10艘目前世界上最大、最先进的8500TEU集装箱船),近27万箱位,平均单船载箱能力达到5700TEU,在集团所开辟、经营的50余条内外贸兼有的集装箱班轮航线上,年运输量已超过350万TEU。可以说,经过数年的拼搏,中海集团集装箱船队的服务已遍及全球75个国家的165个港口,成为一支规模化、年轻化、大型化、具有较强竞争力的船队。

中远集团40多年的发展历程和中海集团7年中崛起的过程,从两个侧面反映了新中国远洋运输的发展历程,勾画出我国的现代远洋运输业从一无所有到跃居世界前列的轮廓。虽然说中国的远洋运输企业远不止中远集团和中海集团两家,但是在中国的远洋运输企业中,这两大集团的代表性却是无庸置疑的。这是因为,虽然伴随我国改革开放的深入发展,从事远洋运输的企业越来越多,但是,除中远集团、中海集团外,大部分企业规模偏小,许多公司都是单船公司,平均船舶运力还不足1万载重吨,所从事的也大都是距离相对较近的支线运输,不论船队规模或载货量与两大集团相比都是微不足道的。

2001年中国加入WTO,市场经济面临进一步的发展,国际贸易及相关行业的发展出现了前所未有的机遇与挑战并存的局面。我国政府除不失时机地致力于我国国际海运船队的结构性调整工作,在采取有效措施扩充我国液化天然气船、散化船,特别是大型油船船队规模的同时,大力发展集装箱运输,鼓励专业化运输,以迎接因入世而可能在日益扩大的全球进出口贸易总额中争取到的更大的货载份额外,更不遗余力地抓紧国际航运法制的建设,以规范市场行为,防止因市场对外开放而可能引发的无序竞争。

2001年12月5日,国务院第49次常务会议通过,并于2002年1月1日起施行的《中华人民共和国国际海运条例》(以下简称《海运条例》,见附件2),和2003年1月为配合《海运条例》实施,由我国交通部颁布,并于3月1日开始实施的《中华人民共和国海运条例实施细则》(以下简称《实施细则》),以及此后不久,即由交通部和商务部共同起草,2004年2月25日交通部和商务部联合发布,并于同年6月1日起实行的《外商投资国际海运业管理规定》等法规,都是我国加入世贸组织后,为监管国内外航运企业的经营活动,规范市场行为和规范并引导外商对海运业的投资行为而制定的法规。体现出政府对规范我国国际海上运输活动,维护国际海运市场秩序,保障国际海上运输各方当事人的合法权益的信心和决心。

伴随《海运条例》及其《实施细则》的全面实施,我国政府的交通主管部门对国际海运业的管理已从旧的管理制度实现了向新的管理体制的转变。市场主体都已按新的模式、新的体制纳入政府的管理体系中。比如,据交通部《2000年中国航运发展报告》统计,2000年,在中国境内登记注册从事国际海上运输的航运公司有290家,而《2003年中国航运发展报告》却记载了"自2002年1月1日《海运条例》颁布实施以来,已有近217家国际船舶运输企业依照《海运条例》的有关规定取得了《中华人民共和国国际船舶运输经营许可证》(以下简称《经营许可证》"

《海运条例》规定,"经营国际船舶运输业务,应当具备下列条件:(一)有与经营国际海上运输业务相适应的船舶,其中必须有中国籍船舶;(二)投入运营的船舶符合国家规定的海上交通安全技术标准;(三)有提单、客票或者多式联运单证;(四)有具备国务院交通主管部门规定的从业资格的高级业务管理人员"。这对保证航运企业的经营、管理水平都是有益的。如上所述,在2000年以前,并没有相关的法规明确地规定从事国际海上运输的航运公司必须具备的条件,已登记注册从事国际海上运输的290家航运公司中,就难免会有鱼目混珠的航运公司混迹其中,而到2003年取得《经营许可证》的国际船舶运输企业217家,则是严格管理后的产物。

不仅如此,《海运条例》等法规的颁布和实施,还明确地界定了国际班轮运输市场上4个主体,即:国际班轮运输业务经营者(海运承运人)、船舶代理业务经营者(船舶代理人)、国际货运代理业务经营者(货运代理人)和无船承运业务经营者(无船承运人)的职责,确立了无船承运业务经营者的法律地位。据《2003年中国航运发展报告》记载:"自《海运条例》颁实施2年来,全国登记无船承运人企业1102家,其中境外企业183家,境内企业919家",而在此之前,除一些为谋取运费差价而以承运人的身份从货主那里承运货物并签发提单,然后再以托运人的身份向海运承运人托运货物,从事着并不规范的无船承运业务的货运代理人外,真正依法登记,取得无船承运业务经营资格的无船承运业务者,其实并不很多。

由此可见,我国海运法律、法规的建设和健全,为我国国际海运业的健康发展提供了良好的环境保障。

三、远洋运输的重要性

历史的经验证明,一个国家的远洋运输发展是和这个国家的经济、文化、技术的进步,乃至于国力的兴衰密不可分的。反过来也可以说,远洋运输的发展,促进和扩大对外经济和文化交流,也必然会促进国民经济发展和社会文明的进步。我国的经验如此,世界上一些海运发达国家的经验亦莫不如此。

海洋面积占地球表面积的2/3,并把陆地分隔成几块,使得各块陆地之间只有通过空中或海上交通才能相互沟通,实现各块陆地上人们之间的往来和物资的交流。由于海洋运输具有运量大、成本低、能耗省、利用天然水域等优点,在5种运输方式中从来就占有非常重要的地位。尤其是各块陆地间的国家之间的货物运输,实际上是以远洋运输为主要的运输方式。因此,远洋运输在一个国家的国民经济发展中起着相当重要的作用。

1. 远洋船队是保证本国外贸运输独立自主的坚强后盾

过去,国际航运完全被西方航运发达的资本主义国家所垄断,国际航运垄断资本操纵着国际航运市场,通过抬高运价和拒绝出租船舶来打击航运不发达国家的对外贸易,损害、甚至扼杀这些国家的民族经济。世界上许多已经争取民族独立和社会革命的国家,都经历了反对国际航运垄断和争取外贸运输独立自主的长期而艰苦的斗争。在此过程中,航运不发达国家普遍认识到,只有发展本国的商船队,才是摆脱西方航运发达国家控制的根本出路。新中国诞生初期,也曾遭到以美国为首的西方资本主义国家的封锁、禁运,资本主义国家的航商抬高运价,妄图利用经济手段,扼杀刚刚诞生的人民政权。当时,虽然依靠中波海运公司、华侨航商和一些友好国家的航运公司对国际航运垄断资本的高昂运价进行了斗争,使高运价得到一定程度的回落,但由于当时我国的远洋船队弱小,不能满足我国外贸运输的需要,仍需租用大量外轮。因此使大量的外汇流入西方航商手中。经过几十年的努力,随着我国远洋船队的逐渐壮大,才使对外贸易运输需要逐渐得到满足。到1975年,我国远洋船队承运的外贸货物运量已占应承运份额的70%以上,从而基本结束了我国以租用外轮为主的局面,有力地保障并促进了我国对外贸易的发展。在需要从国际市场上租用外轮时,也增强了向外国船东还价的实力。

另外,几十年的经验证明,凡发生紧张状态的水域,国外船东常拒绝在这些地区接受货物承运或只肯以高价承运。而对战略物资的运输,则只能依靠配备本国船员的本国远洋船舶来完成。就是美、日等国家也都从保障外贸运输的安全这样的政策高度,强调发展以本国船舶为核心的商船队的必要性。因此,我国远洋船队即使已跃居世界前列,获得令世人瞩目的发展,在保障我国外贸运输独立自主方面,仍肩负着光荣和重要的职责。

2. 远洋运输是国家外汇收入的重要来源之一

国际贸易中海运货物一般都采用CIF(到岸价格)和FOB(离岸价格)等价格条件成交。按照CIF价格条件,货价包括运费,由卖方派船将货物运至目的港;按照FOB价格条件,货价内则不包括运费,由买方派船到装货港装运货物。由于外贸货物运费的支出一般占外贸进出口总额的7%~10%,因此,贸易双方从维护本国权益出发,一般对出口货物都力争以CIF价格条件成交,而对进口货物则争取以FOB价格成交。就我国而言,如果出口货物能争取以CIF价格成交,由我方派船承运,除了可取得货款外,还可取得运费收入。同理,进口货物如以FOB价格成交,由我方派船前往发货港装运货物,则可节省国家外汇支出。这对国家整体上增加外汇收入或减少外汇支出有利。

除此以外,远洋运输船队除了承担本国的外贸进出口运输外,还可把运力投入国际航运市场，积极开展第三国的运输，这不仅能充分利用船队的运力，而且还能直接为国家创造外汇收入。这时的远洋运输，实际就是一种“无形贸易”，或者也可以说是无形产品——运输劳务的输出。它是构成国家外汇收入的重要来源，对于平衡国家的外汇收支有着重要的意义。

因此，世界各国，特别是沿海各国都十分重视建立自己的远洋船队，发展本国的远洋运输业。一些航运发达国家，如挪威、丹麦等国船队的运力，主要是从事第三国货物的运输，外汇运费的收入则是构成这些国家国民经济的重要支柱。

3. 发展远洋运输业有利于改善国家的产业结构和技术结构

远洋运输业是沿海国家不可缺少的骨干产业之一。它的发展，可同时促进和带动本国其他产业和科学技术的发展，并为扩大职工就业创造有利的条件。远洋运输是依靠航海活动实现的，航海活动的基础是造船工业和航海技术。造船工业是一项综合性的产业，它的发展又可带动钢铁工业、船舶技术设备工业、仪器仪表工业的发展，使原来比较薄弱的一些产业得以充实，并促进整个国家的产业结构得以改善。

随着远洋航海活动范围的扩大，也会促使航海科学研究水平进一步提高，使征服海洋的科学技术不断发展。

此外，远洋运输业的发展，除带动修造船业外，也为今后建立大规模的拆船业提供条件，报废旧船拆解后的废钢，不仅可以出口外销，同时也可为钢铁厂冶炼粗钢和特种钢提供廉价的原料，从而节省铁矿石和能源的消耗。

4. 远洋运输船队是国防的重要后备力量

战时，远洋运输船队历来都被用作军事后勤中重要的运输工具。远洋船队的强大与否，是国防力量强弱的重要标志之一，有时，它对战争的胜负起着举足轻重的作用。因而美、英等国都把本国的商船队称为“除陆、海、空军之外的第四军种”。

我国为数不多的远洋船舶，早在建国初期在打破以美国为首的帝国主义对我国的军事和经济的封锁方面；六、七十年代在援越和援助柬埔寨抗击美国侵略的斗争中，以及在支援第三世界各国人民抗击帝国主义和霸权主义的斗争中，都曾作出了自己应有的贡献。

当前，我国的远洋船队已有了相当的规模，并将进一步发展和实现现代化，这对我国的国防力量的增强，无疑将起到更重要的作用。

第三节　远洋运输船舶的营运方式

远洋运输是随着航海贸易的发展而发展起来的。所以，远洋运输船舶的营运方式必须与贸易对运输的要求相适应。为了适应不同货物和不同贸易合同对运输的不同需要，也为了合理地利用远洋运输船舶的运输能力，并获得最佳的营运经济效益，国际上普遍采用班轮运输和租船运输这两大类船舶营运方式。

一、班轮运输

1. 班轮运输的概念

班轮运输（liner shipping）又称定期船运输。是指船舶按事先制定的船期表（时间表）在特定的航线上，以既定的挂靠港口顺序，经常地从事航线上各港间的船舶运输。

班轮运输是在工农业生产发展，产品的品种和数量增多，运输量激增的条件下，为适应批量小，收、发货人（单位）多，市场性强，对运输的送达速度和运送的规律性有较高要求的工业制成品、半制成品、生鲜食品以及各种高价货物等的运输需求而发展起来的船舶营运方式。而这些种类多、价值不同、包装各异的货物通常被称为件杂货。

就直观而言,班轮运输最明显的特点就是货载的零星、多样和运行的定期、定班。正是根据这两个最明显的特点,通常又有两种对班轮运输进行分类的方法:

(1)按定期、定班是否严格区分

按定期、定班是否严格区分,班轮运输可分为严格的班轮和不严格的班轮。前者也称核心班轮,即船舶严格按照预先公布的船期表(service schedule)运行,到离港口的时间是固定不变的,也就是所谓真正的定线定期班轮运输。这是班轮运输的主要形式。但是,船舶在海洋上航行,难免会受到天气或人为因素的影响,除了一些工作人员素质非常高,经验非常丰富,工作组织非常缜密、有效的大型班轮船公司,有可能保证做到定期、定线外,一般的班轮公司,就很难做到。不过,与传统的件杂货班轮运输不同,集装箱班轮运输因其干线航程长、挂靠港少、装卸效率高、在港停泊时间短等优点,在确保船期的准确率方面要比传统班轮高得多,在大多数情况下,实际船期与船期表的差异很小,甚至可以以小时计。

另一种是定线但不一定严格定期,虽有船期表,但船舶到离港口的时间可有一定的伸缩性;也有固定的始发港和终到港,但中途挂靠港则视货源情况可能有所增减的,这就是所谓定线不严格定期的班轮运输。

(2)按装卸、积载和运送货物的方法区分

按装卸、积载和运送货物的方法区分,班轮运输可分为传统的件杂货班轮运输(简称传统的班轮运输)和集装箱班轮运输(简称集装箱运输)。

属于件杂货的货物都是可以以件为单位计数的零星货物。在传统的班轮运输中,对这类货物,都是一包一件进行装卸、堆码积载和装船运送的,其装卸效率自然很低,船舶在港停泊时间当然也就很长,而集装箱运输则改变了这种不利局面。

集装箱运输以箱为单元,将原来以件为单元的零星货物集零为整地装入集装箱,然后进行装卸、堆码保管、装船运输既保证了货运质量,又节省人力、减轻劳动强度、提高装卸效率,还便于进行多式联运、实行“门到门”运输。

正是因为集装箱运输较之传统的班轮运输有着无可比拟的优越性,随着集装箱种类的日益增多,货物适箱的范围日益扩大,使集装箱班轮运输持续发展,而传统的班轮运输则日渐萎缩。

2. 班轮运输的出现和发展

19 世纪以前的航运业是以木质帆船运输为主的。国与国之间的贸易规模较小,贸易与航运合为一体很难分开。通常船长既是船东,又是贸易商,即使是作为雇员的船长也常是船舶所运载货物的合伙经营人。在这种情况下,货主用自己的船舶将属于自己的货物从起运地运至目的地出售后,再购买当地的物产运回原地或其他地点销售。这种使用自有的船舶,自任船长,运送属于自己的货物或属于合伙经营人的国际贸易货物的承运人称为私人承运人(private carrier)。

私人承运人经营的航线和发船间隔完全取决于贸易的需要,没有固定的规律。直到 18 世纪末叶,因人口和工场的数量有所增加,农业生产技术的改进,以及煤炭用于工业燃料等原因所导致运量的急速增加,才使贸易与航海相脱离,出现了专门以承运属于他人的货物为主要经营业务的公共承运人(public carrier, common carrier)。但是,这时船舶所载运的货物仍以可以整船装运的大宗货物为主,航行的航线和发船间隔都视货源情况,也不固定。因而,最初的船舶运输都是以不定期船营运方式从事经营的，直到1818年，才第一次出现了班轮运输的营运方式。

班轮运输的出现和发展，与经济的发展、技术的进步以及国内和国际运河的开通有着密切的关系。促成班轮运输的出现和发展的历史原因主要是：

①大规模的商品生产促进了国际贸易的发展，为班轮运输准备了充足的货源。

18世纪末和19世纪初，首先在英国，随后在欧洲其他国家发生了工业革命，蒸汽机被广泛地应用在各个工业生产部门中，以机械生产代替手工操作，使生产急剧发展，原来以手工操作的工场、作坊，逐渐被转变成使用机械生产的工厂，其规模也不断扩大。随着生产的发展，一方面产品不断增加，另一方面对原料的需求也不断增加。在这种情况下，原来的国内市场已远不能适应这种推销产品和供应原料的需要，必须向世界其他地方寻找商品销售地和原料供应地，这样就促进了国际间的贸易发展。19世纪后半叶，是资本主义生产急剧发展的时期，也是国际贸易迅速增长的时期。1840～1900年的60年间，国际贸易额增长了9倍多。特别是1848年在加利福尼亚，1851年在澳大利亚先后发现了大金矿后，使世界的黄金供给来源大幅度增加，这不但有力地刺激了工业生产活动，而且也迅速地促进了国际间的贸易。

由于金矿的发现，引起了从欧洲向美洲和澳大利亚的大量移民。1825～1834年，从欧洲向美洲的移民，年平均约32000人，1835年以后的10年间，年平均移民达71000人。而澳大利亚的人口在1849年只不过26.5万人左右，到1851年已达40万人，至1861年更增至117万人左右。其中，从欧洲至澳大利亚的移民每年约有10万人。

工业的发展和人口的增加，不仅使工业发达国家需要确保本国产品的海外市场，并依靠海外进口的原料和粮食，而且每年还要运送10万人左右的移民和因此而增加的邮件运输。这样，在一些航线上就出现了经常而又稳定的货源，为班轮运输的出现和发展提供了必要的条件，终于在19世纪的最后20年内，使包括旅客、邮件和货物运输在内的班轮运输，从原来只是单一的不定期船运输的海运船舶营运方式中分化出来，形成班轮和不定期船两种并存的船舶营运方式。

其实，班轮运输早在1817～1818年就已经在美国出现了。当时，不仅由于大量移民的增加而扩大了美国的进出口贸易量，而且由于在拿破仑战争(1796～1815年)中美国保持中立，避免了战争的损害，因而有能力进一步发展海运。在此期间，美国建造了比当时英国和法国更快、更易于操纵的流线型帆船，结果，几乎所有横渡大西洋的邮件、旅客的运输都为美国船舶所垄断。1817年10月下旬，纽约城各报都刊登了用4艘帆船(Pacific号、Amity号、James Monore号和与Pacific号同型的Courier号)在纽约与利物浦间进行定期班轮运输的广告。接着，1818年1月1日Courier号从利物浦，1月5日James Monroe号从纽约开航。这样，就揭开了世界定期班轮运输史上有名的，由黑球班轮公司(Black Ball Line)所经营的班轮运输的序幕。同时，班轮运输方式的出现，也标志着在从私人承运人向公共承运人发展的过程中，公共承运人开始占有支配的地位。其后，又先后有红星班轮公司(Red Star Line，1821)、燕尾班轮公司(Swallow Tail Line，1822)和戏剧班轮公司(Dramatic Line，1836)等经营从美国各港至伦敦、勒阿弗尔、利物浦港等的班轮运输航线。

19世纪后半叶，班轮运输得到了进一步的发展。一方面，固然是因为这一时期正处于资本主义生产急剧发展的时期，也是国际贸易迅速增长的时期，而国际贸易的迅速发展所形成的海上经常的和稳定的货流，为海上运输特别是为班轮运输准备了货源条件；另一方面，也因为作为船舶的动力，蒸汽机已被广泛应用于船舶，为班轮运输的发展提供了技术条件。

②作为动力装置的蒸汽机被广泛应用于船舶所引起的海上运输技术的革命,也为班轮运输的发展提供了技术条件。

虽然在帆船时代就已经出现了班轮运输,至19世纪中叶,作为帆船精华的"加里福尼亚"号快速帆船的日平均速度也已达到200n mile。但是它也具有不可克服的缺点,那就是帆船常受风向、风力以及季节的影响,不能经常保持一定的航速。无风时,它几乎可以数日内无法移动;而逆风时,则只能迂回航行。至于早期的蒸汽机船,虽然存在着燃料费用过高,而且与已达到最高技术水平的快速帆船相比,速度也瞠乎其后。但是,蒸汽机船的航行,通常不受风向和风力的影响,可以按照既定的航向航行,使一定期间内所完成的航次数明显增加,不仅运输能力数倍于帆船,而且不受季节的影响,可以进行有规律的运输。这样,也就可以根据预期的时间安排货物的装运与交付。因此,蒸汽机船的出现和被广泛的应用,以及船舶技术的不断发展,成为班轮运输发展的重要因素。

早在1807年,美国就建造了第一艘航行于内河的以机械动力代替风力的蒸汽机船,其后从1819年美国的"萨瓦那"号以蒸汽机与风帆相结合的方式完成的横跨大西洋的运输,到1833年"威廉王"号全部用蒸汽动力完成横跨大西洋的运输,又经过多次试验性的运输。证明了在燃料耗费过多的条件下,以小型船舶从事长距离的远洋运输是不经济的。

1838年,英国建造了"大西方"(Great Western)号及其他3艘1340GT,72m长,551.6kW(750马力)的适用于跨洋航海班轮的蒸汽机船。与帆船相比,这些船舶横渡大西洋所需的时间从23天缩短为15天;在回程中,由于受海流和风的影响,帆船回程需要43天以上,而这些船舶却只用和去程一样多的时间。"大西方"号的成功,在极大程度上证明了蒸汽机船的实用价值,也为日后班轮运输的发展奠定了基础。1840年,"库纳德班轮公司"(Cunard)成立,在英国政府的强有力的支持下,使用4艘平均1139GT,544.4kW(740马力)的木质蒸汽机船开辟了最早的从波斯顿经哈里法克斯至利物浦的横跨大西洋的班轮航线。自此以后,蒸汽机船逐渐取代帆船,成为航运的主要工具。到1893年,在世界船舶的统计中,终于出现了蒸汽机船的数量超过了帆船的数量(见表1-2)。

1870~1900年世界主要航运国家拥有的蒸汽机船在全部商船吨位中所占比重 表1-2

年份	蒸汽机船在商船吨位中所占的比重(%)	蒸汽机船运输能力在全部商船运输能力中所占的比重(%)	年份	蒸汽机船在商船吨位中所占的比重(%)	蒸汽机船运输能力在全部商船运输能力中所占的比重(%)
1870	12.5	30.0	1890	45.7	71.7
1880	25.5	50.2	1900	63.9	84.1

在船舶动力发生变革的同时,造船材料也发生了变革。

船舶动力由风力发展到使用蒸汽动力,船体建造材料也由木质发展到使用铁质,进而使用钢质的变化,使船舶在航速、结构强度、积载能力和航行率等方面都有了很大程度的提高,为安全、迅速的班轮运输提供了必要的技术条件。

③苏伊士运河的通航和先进通信工具的应用,又为班轮运输的发展创造了有利的条件。

1869年,连接地中海与红海的苏伊士运河的通航,不仅改变了原来自英国到印度的船舶只能绕道非洲南端好望角的海上航路,使从欧洲至亚洲的距离缩短了20%~40%,而且在自西向东的航向上,蒸汽机船可以在比较短的距离内到达燃料补充港口,补充所需燃料,从而减少了船用燃料的储备,使可以载货的舱位有所扩充。这样,不仅缩短了船舶运输的周转期,而且也大大地降低了运输成本,使本来比较高的班轮运费能大幅度的降低,在经济上也为班轮运输的发展创造了有利的条件。

另外,先进通信工具的使用,也为班轮运输的进一步完善和发展创造了有利的条件。1847年初,英国和法国之间敷设了35km的海底电缆,1858年又开通了英国和美国之间横跨大西洋的电讯线路,1902年在太平洋也敷设了海底电缆网。海底电缆的发明,使海运经营发生了显著的变化。

过去,船舶一旦离港,在抵达目的港之前,船舶经营人(船公司)就很少有可能和船长保持联系。因此,船舶经营人对于船舶返航的揽货,以及下一航次的安排,不得不听任船长或代理人的安排。在这种情况下,船舶经营人除了在船舶离港前笼统地指示船长在一定的期间内返航,以便接受下一航次任务外别无他途。而海底电缆的发明和新的通信工具的应用,则根本改变了这种状况,通过各港的代理人,船舶经营人可以随时给船长必要的指示和掌握船舶的动态,及时作好各项准备。这样,也就为能够充分发挥班轮运输的特点提供了必要的条件。

19世纪后期,是海上运输中逐渐形成班轮运输这一船舶营运方式的重要时期。以后,世界经济贸易的发展和加工制造业的迅猛扩张,为班轮运输提供了种类庞杂、数量充沛的件杂货的货源,使班轮运输得到了更为迅速的发展。

尽管如此,在传统的班轮运输得到迅速发展的同时,人们也发现了传统的班轮运输的装卸效率低、装卸速度慢、船舶在港停泊时间过长的缺陷。于是,经过反复的探索、实践,终于在1966年4月,在纽约—欧洲航线上出现了使用集装箱装载件杂货的集装箱班轮运输。从此班轮运输进入了一个历史的新纪元。

3. 组织班轮运输必须具备的条件

船舶经营人(船公司)组织班轮运输时,除已确知航线上有足够且稳定的货源外,为使船舶能在按预先制定的船期表运行的前提下尽可能多地装载货载,使船舶运力得到充分利用,并满足各种货物对运输的要求,还必须具备其他一些条件,这些条件主要有:

(1)要有技术性能高、设备齐全的船舶。

为了保证船期,经营班轮运输时就需要有一些质量较好、船速较高的船舶;为满足各种不同货物对运输的要求,特别是为满足如冷藏货、贵重货、危险货、重大件货和少量液体散装货物等特钟货物对特殊运输的要求,也就要求船舶的设备比较齐全,例如需要有冷藏舱、贵重物品舱室能装运液体散货的深舱和负荷量较大的装卸设备等;为了便于不同港口各种货物的装载与分隔,保证货物的运输质量,船舶的货舱应有多层甲板,以适应各种货物对运输的要求。

(2)有技术和业务水平较高的船员

为船舶配备技术和业务水平较高的船员不仅是航行安全的需要,而且是确保所载货物安全的需要。班轮船舶承运的主要是件杂货,品种繁多,货物的特性和包装形式差异很大,挂靠港口较多,装卸作业频繁,通常每船一个航次载运数百票甚至上千票货物,而且又分属许多不同的货主,对货物在舱内的积载和保管都有非常丰富具体的不同要求,稍有不慎,就可能造成货损、货差事故。所以,为了安全地积载、保管和照料货物,也需要为船舶配备受过专门训练、货运技术和业务水平较高的船员,特别是需要配有经验丰富的船长和大副。

(3)有一套适于接收和交付小批量货物的货运程序

班轮所承运的货物种类多、批量小,而且分属许多不同的货主,为确保经常而又稳定的货源,经营班轮的船公司除必须定期在公开的媒体上公告船期外,还必须在航线两端及中途挂靠港口和这些港口的腹地设置揽货分支机构、营业所,或委托代理人从事揽集货载的工作。此外,班轮运输中,作为承运人的船公司不可能与每一个托运人分别签订运输合同,明确约定承托运双方的权利、义务和责任,也不可能与每个货主逐票商定运费。为此,经营班轮运输的船公司在业务实践中，就必须掌握和善于运用已经成型的一套诸如提单条款的制定、提单的签发和转让、运价本的制定及报备，以及对货物灭失或损坏的索赔和理赔的程序等适应班轮运输营运特点的制度和法规。至于在货物交接方面，在货主多、货物批量小，为避免装卸过程的中断，不可能要求每个发货人都将货物送至船边等待装船，也不可能要求每个收货人都在船边提货的情况下，要使班轮运输的各个环节环环相扣、顺畅有序、责任分明，就需要建立一套不同于其他种船舶营运方式的交接制度和与之相适应的商务作业程序。

4. 班轮运输的营运特点

班轮运输，尤其是集装箱运输需要大量的资金。经营班轮运输除在资金需求、技术装备、机构设置、运输组织和人员配备等方面有其特殊要求，形成了不同于不定期船的特点外，在营运组织方面也有其区别于其他船舶营运方式的特点。其中，最主要的特点主要是：

(1)班轮运输是按照提单条款组织运输的

班轮运输中，货物装船前承运人和货主之间并不以而书面签订运输合同或租船合同，而是根据订舱时的口头约定将货物装船，货物装船后，再由船公司或其代理人签发详细记载了有关承运人、托运人或收货人的权利、义务、赔偿责任和免责条款的提单，并以此为依据处理运输中有关的问题。所以班轮运输也被称为提单运输。

(2)班轮运输是按照事先公布的运价本计收运费的

虽然在运输实际中对于批量较大的件杂货或集装箱货物采用议价商定货物运价的情况越来越多，但是，作为一项基本制度，在一般情况下，班轮运输还是按照事先公布的运价本(tariff)规定的运价计收运费的。

班轮运价本一般都以活页装订，运价本一经公布，在相当长的期间将保持不变，对于个别运价事项的变动则可以以更替活页的形式予以修订。如果因某些特殊原因导致短期内运输收入减少或运输成本增加，则可以以加收附加费(surcharge or additional)的办法减少损失。

班轮运价本规定的运价都包括了货物的装卸费，即承运人收取运费后，所有装卸货物的费用和责任都由承运人承担。

(3)承运人负责货物的装卸工作

班轮运输中，除另有约定外，货物的装卸工作应由承运人负责。这是因为，承运人负有履行货物运输的义务，而所谓货物运输则是指包括自货物装上船舶开始至卸离船舶为止的一段时间。

(4)在装货港仓库接受货物和在卸货港仓库交付货物

除承运像危险货物、鲜活货物、易腐货物和活动物那样的特种货物或批量较大的货物，有时根据协议可允许托运人在船边交货和收货人在船边提货，即通常所说的“现装”和“现提”外，班轮运输中一般都要求托运人将货物送至承运人指定的码头仓库，由仓库经营人代表承运人接受货物和将货物卸至码头仓库后，收货人在码头仓库提取货物。也就是说，承运人是在装货港指定的码头仓库接受货物，并在卸货港的码头仓库向收货人交付货物。

(5)承运人和托运人之间没有关于装卸时间的约定

因为班轮运输的货物装卸工作是由承运人负责进行，所以承运人与货主之间就没有必要约定货物的装卸时间，也不需计算滞期费和速遣费。仅约定托运人或收货人须按照船舶的装卸速度交货或提取货物，否则，应赔偿船方因降低装卸速度或中断装卸作业所造成的损失。

5. 班轮运输的优点

班轮运输方式的出现是比较晚的，但它发展迅速，很快便成为一种主要的船舶营运方式。

这是因为班轮运输对货主来说有如下一些优点：

(1)能及时、迅速地将货物发送和运达目的港

由于班轮运输是按照预先公布的船期和在固定的航线上营运的，而且船舶的航速也较快，所以能够及时而且迅速地将货物发送和运达至目的港，并且能预知货物运抵目的港的时间，这样能保障市场对货物的需要，减少资金的积压，加速资金的周转。这一点对货主来说是非常有利的。

(2)特别适应零星小批量的件杂货对运输的需要

因为班轮船舶是经常在固定航线上有规则地从事运输的，所以即使是零星小批货物，货主也能随时向船公司托运，而不需要集中成大批量的货物后再交付运输。这样，对货主来说，就能节省货物等待运送的时间和仓储费用。

(3)能满足各种货物对运输的要求，并能较好地保证货运质量

由于用于班轮运输的船舶的技术性能较好，设备较齐全，船员的技术业务水平也较高，所以既能满足各种货物对运输的要求，又能对货运质量有所保障。

(4)负责转运工作，有利于扩大贸易网

经营班轮运输的船公司在中转换装港负责代办二程船的托运转运和中转换装工作，这既有利于扩大对外贸易的贸易区域范围，又可减少货主在中转换装港的驻在人员和经费支出，这对货主来说，无疑是非常有利的。这是经营班轮运输的船公司为了争揽更多的货载、提高经营效益、为货主提供方便的运输服务所采取的重要措施。

二、租船运输

1. 租船运输的概念

租船运输又称不定期船运输(tramp shipping)，是相对于班轮运输，即定期船运输而言的另一种远洋船舶营运方式。它和班轮运输不同，没有预先制定的船期表，航线、停靠港口也不固定，具有“漂泊流浪”的特点。船舶的营运是根据船舶所有人(或船舶经营人)与需要船舶运输的货主双方事先签订的租船合同(charter party)来安排的，故称为租船运输。概而言之，租船运输中，船舶就航的航线，运输货物的种类以及装货港、卸货港或中途停靠的港口都须根据货主的要求而定。

租船运输的营运组织工作比较简单，主要是根据承租人的要求来安排运输。通常由货主租用整船来运输自己的货物，而且根据承租人的不同要求，又可采取不同的租船方式。

租船运输是一种既没有事先制定的船期表，也没有固定的航线和挂靠港，而是追随货源，按照货主对运输的要求安排船舶就航的航线，组织货物运输的船舶营运方式。所以，租船运输又称不定期船运输。

2. 租船运输的经营方式

租船运输的经营人既可能是将自有船舶用于租船运输的船舶所有人；也可能是将以定期租船或光船租船形式租用的船舶用于租船运输的船舶经营人。

当前，国际上主要的租船运输的经营方式有航次租船、定期租船、光船租船和包运租船 4 种。其中最基本的租船运输的经营方式是具有运输承揽性质的航次租船。

在航次租船的情况下，船长由船舶所有人任命，船舶由作为船舶所有人代表的船长管理，船舶的营运调度仍由船舶所有人负责，船舶仍归船舶所有人占有和支配。在这个意义上，航次

租船运输和班轮运输一样,都是以承揽货物运输为目的的船舶营运方式。

与航次租船不同,定期租船虽然也由船舶所有人任命船长,船舶也由作为船舶所有人的代表的船长管理,船舶所有人仍可通过船长对船舶行使占有权。但是,由于定期租船在租期内将船舶交给承租人使用,由承租人负责营运调度,揽货订舱不再是船舶所有人的职责,因而定期租船是否具有承揽运输的性质,在国际航运界的认识上是存有分歧的。比较普遍的认识是:定期租船中,船舶所有人将船舶交给承租人使用,非常类似财产租赁。但也有人认为,在定期租船中,船舶所有人仍对船舶拥有占有权,对驾驶和管理船舶负有责任,当承租人本身就是货主时,船舶所有人就是承运人,是可以理解的。这时,定期租船具有运输承揽的性质,也是可以理解的。就是在承租人用定期租船承揽第三者的货载时,在国际上也有不少判例和仲裁案例认为:作为共同承运人,船舶所有人对承运的货物仍承担部分责任和风险。这就是说,定期租船至少也部分的体现了承揽运输的性质。

尽管如此,就性质而言定期租船和航次租船毕竟还是有区别的。因而在有关运输合同的法律规定方面,通常各国的海商法都对定期租船合同另作专门的规定。

与航次租船和定期租船不同,光船租船是在租船期间船舶所有人将一艘空船交给租船人使用,船长由承租人任命。这就意味着,在租期内船舶所有人不但将对船舶的支配权转让给承租人,就是船舶所有人对船舶的占有权,也转让给承租人。因此,可以说光船租船是一种财产租赁。

至于后来兴起的包运租船,在船舶所有人对船舶的占有权和支配权方面,与航次租船非常类似,所不同的只不过是在船舶的营运调度方面,船舶所有人有更大的灵活性而已。

由于船舶所有人对船舶是否拥有占有权和支配权的不同,在上述各种租船运输的经营方式中,船舶所有人在与船员的雇佣关系、对货主保证船舶适航责任和对第三者的法律关系等方面是有所差异的。现将各种租船运输经营方式的基本概念及其特点分述如下。

1)航次租船

(1)航次租船的概念

航次租船(voyage charter, trip charter)又称航程租船或程租船,是指由船舶所有人负责提供一艘船舶在指定的港口之间进行一个航次或几个航次运输指定货物的租船。

航次租船是租船市场上最活跃,且对运费水平的波动最为敏感的一种租船方式。在国际现货市场上成交的绝大多数货物(主要包括液体散货和干散货两大类)都是通过航次租船方式运输的。

航次租船的"租期",或者说完成一个航次或几个航次所需的时间,取决于完成航次运输任务的时间。任务完成,航次结束,"租期"即终止。虽然航次租船并不规定完成一个航次或几个航次所需的时间,但在航次租船下,船舶所有人对完成一个航次所需的时间是最为关心的,他特别希望缩短船舶在港停泊时间。而承租人与船舶所有人对船舶的装卸速度又是对立的,所以在签订租船合同时,除了对其他必要的事项,如船舶概况、船舶位置、装卸港口、受载期和解除合同日、货物、运费及其支付、装卸费分担、船舶所有人责任等等作出约定外,双方还需要谈判约定船舶的装卸速度(或装、卸货物所需的时间)以及装卸时间的计算办法,并相应地规定滞期/速遣费率及滞期/速遣费的计算方法。

(2)航次租船的形式

航次租船中,因租船人对货物运输的需要,而可能按需要完成的航次数约定航次租船合同, 因此,按需要完成的航次数划分,航次租船可分为下列 3 种形式:

①单航次租船(single trip charter):指船舶所有人与承租人双方约定,只需完成一个单程航次的租船。船舶所有人负责将指定的货物从一个港口运往另一个港口,货物运到目的港卸货完毕后,船舶所有人的合同义务即告结束。单航次租船是航次租船的基本形式,也是对运输市场的费率波动最为敏感的租船形式 。

②往返航次租船(return trip charter):指船舶所有人与承租人双方洽租一个来回程航次的租船。同一艘船舶在完成一个单航次后,紧接着在原卸货港或其附近港口装货,运回原装货港或其附近港口卸货后,航次租船才告完成,船舶所有人的合同义务才能结束。由于对一个承租人(货主)来说,不大可能既有去程货载,又有回程货载,所以这种租船形式较为罕见。不过,在一个货主有去程货载,而另一个货主同时有回程货载时,两个货主可能联合起来向船舶所有人按往返航次洽租船舶。在这种情况下,因为船舶所有人在回程货载上有了保证,可避免回程空航,因而常愿在运费方面给承租人以一定的优惠。

③连续单航次或连续往返航次租船(consecutive single or continuous return voyage charter):指船舶所有人与承租人双方洽租连续完成几个单航次或几个来回程航次的租船。在这种情况下,同一艘船舶在同方向、同航线上连续完成规定的两个或两个以上的单航次或来回程航次运输后,航次租船才告结束,船舶所有人的合同任务也在这个时候才能结束。

这种连续航次租船可以按每个单航次各订一个租船合同,也可以只订一个包括各个单航次或往返航次的租船合同。在只订一个包括各个单航次或往返航次的租船合同的情况下,合同中须订明船舶第一个航次的受载日期和连续的航次数。当然也可以为后续航次规定受载日期,以防止船舶所有人延误。

在连续单航次租船中,如果不影响下一航次的受载期,船舶可以承揽回程货载,否则就须空驶至原装货港继续装运,直至完成规定的航次数为止。

(3)航次租船的特点

航次租船具有承揽运输的性质,已如前述。它的特点主要表现在:

①船舶的营运调度由船舶所有人负责,船舶的燃料费、物料费、修理费、港口费、淡水费等营运费用也由船舶所有人负担。承租人按合同规定将货物装上船舶后,即可在卸货港等待提货;

②船舶所有人负责配备船员,负担船员的工资、伙食费;

③航次租船的“租金”通常称为运费(freight),运费按货物的数量及双方商订的费率计收;

④在租船合同中需要订明货物的装、卸费由船舶所有人或承租人负担;

⑤在租船合同中需要订明可用于装、卸的时间及装、卸时间的计算办法,并规定延滞费和速遣费的标准及计算办法。

2)定期租船

(1)定期租船的概念

定期租船(time charter, period charter)又称期租船,是指由船舶所有人按照租船合同的约定,将一艘特定的船舶,在约定的期间,交给承租人使用的租船。这种租船方式不以完成航次数为依据,而以约定使用的一段时间为限。在这个期限内,承租人可以利用船舶的运载能力来安排运输货物;也可以用以从事班轮运输,以补充暂时的运力不足;还可以以航次租船方式承揽第三者的货物,以取得运费收入。当然,承租人还可以在租期内将船舶转租,以谋取租金差额的收益。

关于租期的长短,完全由船舶所有人和承租人根据实际需要洽商而定。租期可长、可短,少则几个月，多则一二年，或更长的时间。

定期租船也常用于运输承租人自有的货物。一些大的综合性企业或实力较强的贸易机构，常有量大、经常性的原料、产成品或商品需要运输。为了使这些货载的运输不受或少受市场运价波动的影响，除使用自有船舶外，一般都通过定期租船方式进行运输。由于这些企业或贸易机构通常都掌握和控制了一定数量的货载，对租金水平高低进行讨价还价的实力较强，常能在租船市场上以较低的租金取得所需的运力，从而能以较低的运输费用完成原料、产成品或商品的运输。

(2)定期租船的特点

如前所述，定期租船是一种介乎承揽运输和财产租赁之间的租船形式，因而它既具有承揽运输的特点，也具有财产租赁的特点，具体地说，定期租船的主要特点有：

①船长由船舶所有人任命，船员也由船舶所有人配备，并负担他们的工资和给养，但船长应听从承租人的指挥，否则承租人有权要求船舶所有人予以撤换；

②船舶的营运调度由承租人负责，并负担船舶的燃料费、港口费、货物装卸费、运河通行费等与营运有关的费用，而船舶所有人则负担船舶的折旧费、维修保养费、船用物料费、润滑油费、船舶保险费等船舶维持费；

③租金按船舶的载重吨、租期长短及商定的租金率计算；

④租船合同中订有关于交船和还船，以及关于停租的规定；

⑤较长期的定期租船合同中常订有"自动递增条款"(escalation clause)以保护船舶所有人，用以弥补租期中因部分费用上涨而使船舶所有人的盈利减少或发生亏损的损失。由于租金一经确定，通常在租期内不再变动，如果合同中订有"自动递增条款"，在规定的费用上涨时，按约定，租金即可按相应的比例提高。

3)光船租船

(1)光船租船的概念

光船租船(bare boat,demise charter)又称船壳租船。这种租船不具有承揽运输的性质，它只相当于一种财产租赁。光船租船是指在租期内船舶所有人只提供一艘空船给承租人使用，而配备船员，供应给养，船舶的营运管理以及一切固定或变动的营运费用都由承租人负担。也就是说，船舶所有人在租期内除了收取租金外，不再承担任何责任和费用。

(2)光船租船的特点

虽然光船租船与定期租船同样是具有财产租赁性质的租船，但在具体的营运细节方面仍各有特点。就光船租船而言，可区别于定期租船的特点主要有：

①船舶所有人只提供一艘空船；

②全部船员由承租人配备并听从承租人的指挥；

③承租人负责船舶的经营及营运调度工作，并承担在租期内的时间损失，即承租人不能"停租"；

④除船舶的资本费用外，承租人承担船舶的全部固定的及变动的费用；

⑤租金按船舶的装载能力、租期及商订的租金率计算。

光船租船方式起源于战时政府对船舶的征用，战后把这种方式沿袭下来，但国际上以这种方式达成交易的租船合同并不多。不过，近年来，光船租船有所增加，主要原因在于船舶信贷(又称融资租赁或租购方式：lease purchase)的发展和使用方便旗日益普遍等。光船租船的租期一般都比较长，国际上办理光船租船业务时，通常附有某项财政优惠条件(with a financial flavor),最常见的是“购买选择权租赁条件”(leasing with option to purchase)即承租人在合同规定的租期届满时,享有购买该船舶的选择权(the option to purchase the vessel at the end of the leasing period)。如果当事人双方同意以这种“附带条件”办理光船租船,通常都事先确定租期届满时的船舶价格,并将船价按租期平均分摊,承租人除按期支付租金外,还应支付这部分平均分摊的船价(实际上常将这部分船价计入按期支付的租金中)。因此,实质上是“分期购买(purchase on instalmet)”。这可为那些有能力长期租用船舶,但缺少足够的资金投资建造船舶或一次付款买船的承租人,提供通过租船购买船舶的机会,使他从原来的承租人的地位随着船舶所有权的逐步转移而成为船舶所有人。

当然,一些不愿经营船舶运输业务,或者缺乏经营管理船舶经验的船舶所有人也可将自有的船舶以光船租船的方式出租。虽然这样的出租利润不高,但船舶所有人可以取得固定的租金收入,对回收投资是有保证的。

4)包运租船

(1)包运租船的概念

包运租船(contract of affreightment,COA)是20世纪70年代发展起来的一种租船方式。这种租船方式所签订的合同称为“包运租船合同”,或称“运量合同”(quantity contract,volume contract)。包运租船是指船舶所有人以一定的运力,在确定的港口之间,按事先约定的时间、航次周期,每航次以较均等的运量,完成全部货物运输的租船方式。

(2)包运租船的特点

包运租船区别于其他租船方式的特点主要有:

①包运租船合同中不确定船舶的船名及国籍,仅规定船舶的船级、船龄和船舶的技术规范等,船舶所有人只须比照这些要求提供能够完成合同规定每航次货运量的运力即可,这对船舶所有人在调度和安排船舶方面是十分灵活、方便的;

②租期的长短取决于货物的总量及船舶航次周期所需的时间;

③船舶所承运的货物主要是运量特别大的干散货或液体散装货物,承租人往往是业务量大和实力强的综合性工矿企业、贸易机构、生产加工集团、大型钢厂或大石油公司;

④船舶航次中所产生的时间延误的损失风险由船舶所有人承担,而对于船舶在港内装、卸货物期间所产生的延误,则通过合同中订有的“延滞条款”的办法来处理,通常是由承租人承担船舶在港的时间损失;

⑤运费按船舶实际装运货物的数量及商定的费率计收。通常按航次结算。

从上述特点可见,包运租船在很大程度上具有“连续航次租船”的基本特点。因此,国际航运界的一些人士认为,包运租船是航次租船派生出来的一种租船方式。

对船舶所有人来说,包运租船的货运量大,而且在较长时间内能保证船舶有比较充足的货源,使运费收益有较稳定的保障。另外,包运租船中,船舶运力的安排,完全由船舶所有人灵活控制,在保证按合同规定完成货运任务的前提下,只要船舶所有人对船舶的调度管理得当,就有可能利用中间航次的裕余时间装运这些货载,从而获得额外的收益。

对承租人来说,包运租船不但能在较长的时间内满足货物对运输的需要,而且在很大程度上能摆脱因租船市场行情的变动而受到的影响,不必担心有无运力将货物运往最终市场的问题。

除上述各种租船方式外,近年来,国际上还发展起来一种介于航次租船和定期租船之间的租船方式,即航次期租船(time charter on trip basis,TCT)。航次期租船又称日租租船(daily charter)。它是一种以完成一个航次运输为目的,但租金按完成航次所使用的日数和约定的日租金率计算。在装货港和卸货港的条件较差,或者航线的航行条件较差,难于掌握一个航次所需时间的情况下,这种租船方式对船舶所有人比较有利。因为采用这种租船方式可以使船舶所有人避免因难以预测的情况而使航次时间延长所造成的船期损失。

当承租人以上述航次租船、定期租船和光船租船 3 种租船方式中的任何一种方式租用船舶后,都有权将租用的船舶向第三者出租。这就是通常所说的转租(subletting)。一般将从承租人手中租入船舶的第三者称为再租船人,而将转出租人,即原来的承租人,称为"二船东"。

承租人将自己租入的船舶转租给第三者是国际航运界所允许的做法,除租船合同中明确规定不允许承租人转租外,船舶所有人一般无权限制承租人的转租行为。

转租也是以签订租船合同的方式进行的。承租人与再租船人签订的租船合同为第二租船合同。在发生索赔事件时,再租船人不但可以根据第二租船合同,视承租人为船舶所有人向其索赔,而且也可以直接向原来的船舶所有人索赔。但是,原来船舶所有人所负担的责任仅以原来的租船合同所规定的责任为限。

三、各种营运方式的比较

因船舶的营运方式不同,船方与货方(或租方)所承担的责任和费用也不相同。为便于说明,现将远洋船舶不同营运方式的比较列表说明(见表 1-3)。

船舶不同营运方式的比较 表 1-3

项目		远洋运输船舶									
营运方式		定期船(班轮)		不定期船							
				航次租船		期租船		光船租船		包运租船	
经营管理	任命船长	船舶所有人任命		船舶所有人任命		船舶所有人任命		承租人任命		船舶所有人任命	
	承运人	船舶所有人		船舶所有人		承租人		承租人		船舶所有人	
	承运货物	部分舱位订舱		整船或部分舱位		整船舱位		整船舱位		整船舱位	
运费		根据运价表按货物数量计收		根据租船合同协议费率按货物数量计收		根据租船合同协议按租期计收		根据租船合同协议按租期计收		根据租船合同协议费率按货物数量计收	
营运费用的分担		船舶所有人负担	承租人负担	船舶所有人负担	承租人负担	船舶所有人负担	承租人负担	船舶所有人负担	承租人负担	船舶所有人负担	承租人负担
		船员工资、伙食		船员工资、伙食	* 装卸费	船员工资、伙食	燃料	折旧	船员工资、伙食	船员工资、伙食	* 装卸费
		维护和修理		维护和修理	* 垫舱物料	维护和修理	港口费	* 保险	维护和修理	维护和修理	* 垫舱物料
		物料供应及装备		物料供应及装备		物料供应及装备	装卸费	* 检验	物料供应及装备	物料供应及装备	
		润滑油		润滑油		* 润滑油	洗舱费	佣金	润滑油	润滑油	
		淡水		淡水		淡水	垫舱物料		淡水	淡水	

续上表

项目		远洋运输船舶									
营运方式		定期程（班轮）		不定期船							
				航次租船		期租船		光船租船		包运租船	
经营管理	任命船长	船舶所有人任命		船舶所有人任命		船舶所有人任命		承租人任命		船舶所有人任命	
	承运人	船舶所有人		船舶所有人		承租人		承租人		船舶所有人	
	承运货物	部分舱位订舱		整船或部分舱位		整船舱位		整船舱位		整船舱位	
运费		根据运价表按货物数量计收		根据租船合同协议费率按货物数量计收		根据租船合同协议按租期计收		根据租船合同协议按租期计收		根据租船合同协议费率按货物数量计收	
营运费用的分担		保险		保险		保险	压舱物		*保险	保险	
		检验		检验		检验	*淡水		*检验	检验	
		经常费用		经常费用		经常费用	代理费		经常费用	经常费用	
		折旧		折旧		折旧	*索赔的一部分		燃料	折旧	
		燃料		燃料		佣金			港口费	燃料	
		港口费		港口费		索赔			装卸费	港口费	
		装卸费		*装卸费					洗舱费	*装卸费	
		洗舱费		洗舱费					垫舱物料	洗舱费	
		垫舱物料		*垫舱物料					压舱物	*垫舱物料	
		压舱物		压舱物					代理费及佣金	压舱物	
		代理费及佣金		代理费及佣金					索赔	代理费及佣金	
		索赔		索赔						索赔	

注：有*号的应根据租船合同条件办理。

第二章 传统班轮运输业务

第一节 班轮运输的货运程序

班轮运输(liner)又称定期船运输，是指在特定的航线上，按照公布的船期表进行规则的、反复的航行和运输的船舶营运方式。由于班轮运输以非特定的众多货主为服务对象，承运他们需要运输的货物，经营班轮运输的船公司需要在船舶就航的航线两端及其挂靠港口和腹地的货物集中地设立机构揽集货载。此外，班轮运输承运货物的批量小、货主多、挂靠港口多、装卸作业频繁、出现货损和货差的情况比较复杂，为使货物装卸、运输的过程能顺利进行并防止或减少差错，在多年的业务实践中已逐渐形成了一套与之相适应的货运程序。

一、揽货和订舱

1. 揽货和订舱的概念

班轮运输的货运程序是从揽货或订舱开始的。

揽货又称揽载(cavassion)，是指从事班轮运输经营的船公司为使自己所经营的班轮运输船舶能在载重量和舱容上得到充分利用，力争做到"满舱满载"，以期获得最好的经营效益而从货主那里争取货源的行为。

揽货的实际成绩如何，直接影响到班轮公司的经营效益并关系着班轮经营的成败。所以，任何一家经营班轮运输的船公司都要特别注意在其所经营的班轮航线上揽集货载的工作。

为了揽货，班轮公司首先要为自己所经营的班轮航线，船舶挂靠的港口及其到、发时间制定船期表分送给已经建立起业务关系的原有客户，并通过各种传媒广泛宣传，使其他潜在的货主都能了解公司经营的班轮运输航线及船期情况，以便联系安排货运，争得货源；其次还要在航线两端和挂靠港口及其腹地的货物集中地设置自己的分支机构、营业所或委托代理机构进行揽货的具体工作。

订舱(booking)是托运人(shippers)或其代理人向承运人(carrier)，即班轮公司或它的营业所或代理机构等申请货物运输，承运人对这种申请给予承诺的行为。与租船运输不同，班轮运输中承运人与托运人之间通常是以口头或订舱函电(booking memo)进行预约的。只要船公司对这种预约给予承诺，并在舱位登记簿(space book)上登记，即表明承、托双方已建立了有关货物运输的关系，并着手开始货物装船承运的一系列准备工作。

一般，在国际贸易中，出口商总是力争以 CIF 价格条件成交。在这种情况下，出口商须承担出口货物的托运工作，将货物运交国外的进口商，所以订舱工作多数在装货港或货物输出地由出口商办理。但是，如果出口货物是以 FOB 价格条件成交，则订舱工作就可能在货物的输入地或卸货港由进口商办理。这样的订舱称为卸货地订舱(home booking)。

2. 揽货和订舱时应注意的事项

由于班轮承运的货物绝大部分是件杂货(也可以装载在集装箱里运输)，而且需要在几个挂靠港口进行装、卸作业，因此船公司在揽货和接受订舱时应注意下列几个问题：

(1)船舶舱位的分配

揽货订舱前，船公司首先应参考过去的实际情况，预先将就航于该航线上的各船舶舱位在各装货港间进行适当的分配，定出限额。各装货港的营业所、代理机构只能在所分配的船舶舱位范围内安排货载。当然，也会有个别港口由于情况发生变化，出现所分配的船舶舱位不敷使用或过剩的情况，这时船公司应根据所掌握的货源情况在各装货港之间及时进行调整，以多补少，使船舶舱位得到充分和合理的利用。

(2)订舱货物的性质、包装和重量

承揽货载时，必须对各票货物的性质、包装和每件货物的重量等情况给予充分的注意。因为不同的货物对运输和保管常有不同的要求，而且装运不同的货物在积载上常有各种限制或规定(货物忌装)，不能同舱装载；装运长件货物(lengthy cargo)时，常受船舶舱口尺寸的限制；装运重件货物(heavy cargo)时，要考虑船舶和装货港、卸货港的装卸机械能力等，凡此种种都应予以充分的注意。

(3)港口有关法规和规章

由于国际贸易货物的装货港、卸货港及通过(过境)港常分于不同国家，所适用的法律规定或港口当局的规章和管理办法等不尽相同。因而常会出现这样的情况，即根据装货港的法规允许装船出口的货物，而按卸货港的法规却禁止进口，或者对于装运某种货物的船舶禁止或限制入境。特别是装运危险货物时，这种情况常有发生。因此，船公司在承揽货物时，必须对航线上有关国家的法律规章和港口习惯或管理办法有所了解，以免日后发生不必要的麻烦。

二、装船

1. 直接装船

所谓装船(loading)通常是指托运人将其托运的货物送至码头承运船舶的船边并进行交接，然后将货物装到船上的作业。如果船舶是在锚地或浮筒作业，托运人还应负责使用自己的或租用的驳船将货物驳运至船边办理交接后将货物装到船上。这种由货主直接将货物送至船边装船的形态通常被称为直接装船或现装。

然而，在班轮运输中，不但所承运的货物种类繁多、性质各异、包装形态多样，而且这些货物又分属不同的托运人，货物的卸货港也不一样。如果要求每个托运人都将自己托运的货物直接送到码头船边，就会因种种原因不能按规定的先后次序送到船边，而使装货现场十分混乱，影响装货效率，延长船舶在港的停泊时间，延误船期。因此，对班轮运输中的件杂货一般都不采用直接装船的形式。而对一些特殊的货物，如危险品、冷冻货、鲜活货、贵重货或者批量较大的同类货物，则可在事先商定后，由托运人将货物直接送至船边，或使用托运人的驳船将货物送到船边直接装船。

2. 集中装船

班轮运输中，为了提高装船效率，减少船舶在港停泊时间，不致延误船期，通常都采用集中装船的方式进行装船作业。

所谓集中装船，是指由船公司在各装货港指定装船代理人，在各装货港的指定地点(通常是码头仓库)接受托运人送来的货物，办理交接手续后，将货物集中并按货物的卸货次序进行适当的分类后再进行装船。船公司指定接受货物的地点通常是码头仓库，也可以是装卸公司的仓库，一俟船舶到港靠泊后，即按大副编制的装卸计划先后次序将货物从仓库运至船边装船。这种装船方式又称为“仓库收货,集中装船”。

如果船舶系靠在浮筒或在锚地作业,船公司或他的代理人则用自己的或租用港口的驳 船将货物从仓库驳运至船边再装船。

应该指出,在普通杂货班轮运输的情况下,装船都应是在船边进行的,作为承运人的船公司的责任也是从装船时开始的。这一点,不论是直接装船或集中装船都没有什么区别。也就是说,不论在什么情况下,托运人都应承担将货物送到船边的义务。在集中装船的情况下,也只不过是由船公司指定的装船代理人代托运人将货物从仓库送至船边的一系列作业而已。因此,船公司与托运人之间的责任界限和装船费用的分担仍然以船边货物挂上吊钩为界。即仓库保管费用,驳船费用以及其他将货物送至船边所需的费用都由托运人负担。即使在使用船公司或装船代理人的驳船将货物送至船边的情况下,这种责任分担界限和费用分担原则也没有改变。与此相对,有关装船准备和装船用具的费用以及装船费用,原则上都应由船公司负担。至于在特殊情况下,如装载笨重货物时使用浮吊所支付的费用,或托运人超出常规要求使用某种装货工具所发生的费用应由谁来负担,则根据双方的特别约定来决定。

3. 装船代理人

如前所述,班轮装船通常是采用仓库收货、集中装船的形式进行的。在这种情况下,船公司和托运人之间就介入了一个由船公司指定并受船公司委托代行收货、保管和装船业务的代理人,这就是装船代理人(shipping agent)。

装船代理人可以由船舶代理人(ship's agent)兼营,也可以由装卸公司兼营。由装卸公司兼营能更有利于装船作业的顺利进行。在我国,装船代理人一般由装卸公司兼营。

站在托运人的立场上看,把货物交给船公司指定的装船代理人,如同把货物交给船公司一样,交货后的一切风险都应由船公司负担。但是,根据提单及有关海上运输法规(如我国《海商法》)的规定,对于普通船舶的件杂货运输,船公司的责任是从本船船边装货时开始的。除非另有约定,即使是在仓库收货,集中装船的情况下,这种责任界限并没有改变。即船公司的责任期间并没有前延至仓库收货时。虽然装船代理人接收货物之后便产生了像船公司所应负担的那种责任,但实际上船公司和装船代理人各自对托运人所应承担的责任仍存在着一定的界限,即根据船公司和装船代理之间的特约,在船边装船以前属于装船代理人的责任。

三、卸货

1. 卸货的一般形态

卸货(discharging)的一般形态正好与装船相反,是指将船舶装运的货物在卸货港从船上卸下,并在船边交给收货人或代其收货的人和办理货物的交接手续。

船公司在卸货港的代理人根据船舶发来的到港电报,一方面编制有关单证,联系安排泊位和准备办理船舶进口手续,约定装卸公司,等待船舶进港后卸货;另一方面还要把船舶预定到港时间(estimated time of arrival, ETA)通知收货人,以便收货人及时作好接收货物的准备工作。虽然船公司或其代理人应按提单上记载的“通知人”(notify party)发出通知,但是这种到船通知并不是船公司或其代理所应承担的法定义务。他们之所以要逐个发出通知,只不过是为了使货物交付及收取到付运费等工作能够及时顺利地进行。通常的做法是在有关的航运报刊上公告船舶的到港时间即认为已经履行了发出到船通知的责任。

与装船时一样,如果各个收货人都同时来到码头船边接收货物,同样会使卸货现场十分混乱,影响卸货效率,延误船舶在港的停泊时间。因此,对普通班轮运输的货物一般都不采用这种卸货和交付的方式。

2. 集中卸货

班轮运输中，为了使分属众多收货人的各种不同的货物能在船舶有限的停泊时间内迅速卸完，通常都采用集中卸货的办法，即由船公司所指定的装卸公司作为卸货代理人（landing agent）总揽卸货和接受并向收货人交付货物的工作。也就是说，船舶到港后，先将货物卸至码头仓库，进行分类后再向收货人交付，因而这种方式也称为“集中卸货，仓库交付”。

卸货代理人也可以由船舶代理人兼营。在卸货和交付货物的过程中，所有准备库场，安排驳船和装卸工人，在船舶到港后开启舱盖，指派起货机手和应由船方进行的有关卸货准备工作，以及将货物移至岸上指定地点进行分类保管，并代表船公司根据提货单（delivery order）向收货人交付货物等项作业，都由卸货代理人准备和履行。

如果装卸公司同时兼营货物的进口报关业务，在将货物搬入保税区域（仓库）后，应随即附上必要的单证，向海关申请进口报关（import declaration），经海关查验放行后，再行办理货物交付手续。

在正常的情况下，卸货当然应该在提单上记载的卸货港进行。但是由于战争、冰冻、港口罢工等特殊原因，船舶仍前往原定的卸货港卸货已成为不可能，或者将使船舶处于不安全状态，这种情况下，根据提单中的规定，船公司有权决定将船舶驶往能够安全到达的附近港口进行卸货。

关于船公司的责任，即使在集中卸货的条件下，也是以船边为界，即货物脱离本船的吊钩时，船公司的责任即告终止。由于是以船边为责任界限，所以卸货费用（landing charge）原则上也按这样的分界线来划分。即船公司只负担货物的卸船费用，在此后的驳船费、岸上搬运费以及仓储保管费等由收货人向装卸公司或卸货代理人或其他业务代办人支付。可见，卸货代理人、收货人、船公司三者之间的相互关系也和前述装船代理人、托运人、船公司之间的关系一样，这里不再赘述。

3. 误卸

卸货时，船方和装卸公司应根据载货清单和其他有关单证认真卸货，避免发生差错。然而，在班轮运输中，由于同时装运分属不同货主和不同卸货港的货物，而这些货物中又有许多包装、标志或形态十分相似的货物，加上可能出现标志不清、单证填写不正确等情况，因此要在船舶停泊较短的时间内迅速将货物卸下，有时难免会发生将本应在其他港口卸下的货物卸在本港，或本应在本港卸下的货物遗漏未卸的情况。通常将前者称为溢卸（overlanded），后者称为短卸（shortlanded），并将溢卸和短卸统称为误卸（mislanded）。

船公司或其代理人如果发现溢卸或短卸货物，应立即向到达本港以前的各挂靠港口的船公司的代理人发出货物查询单（cargo tracer），在调查清楚的基础上，有溢卸货物的港口应及时将溢卸的货物运回原定的卸货港。

关于因误卸而引起的货物延迟损失或货物的损坏责任问题，一般在提单条款中都有规定。通常规定，因误卸而发生的补送、退运的费用由船公司负担，但对因此而造成的延迟交付或货物的损坏，船公司不负赔偿责任。如果误卸是因标志不清、不全或错误，以及因货主的过失造成的，则所有补送、退运、卸货和保管的费用都由货主负担，船公司不负担任何责任。

四、交付货物

交付货物通常是指在卸货港或目的地，承运人或承运人的代理人将承运的货物交给收货人或收货人的代表的行为。除多式联运外，在“港到港”的海上货物运输中，虽然说货物多半是在卸货港的仓库或堆场交付给前来提取货物的收货人或其代表的，但是从汉堡规则第4条第2款关于“根据在卸货港适用的法律或规章将货物交给必须交付的当局或其他第三方”时，承运人的责任期间即告终止的规定，和其后的一些法规，如《联合国国际货物多式联运公约》作出的类似规定，以及我国1997年10月1日起施行的《国际集装箱多式联运管理规则》第22条关于“交付是指按多式联运合同将货物交给收货人或根据交付地适用的法律或贸易作法将货物置于收货人的支配下、或必须交给的当局、第三方”的规定看，实际交付货物的地点并不一定都在卸货港的仓库或堆场。

不论在什么地点交付货物，都必须符合一定的法定程序，否则承运人将承担相当严重的法律责任。

1. 交付货物的基本程序

海上货物运输中，“凭单交货”是交付货物的最基本的原则，即“以提单交换货物”是承运人的法定义务，如果不是“以提单交换货物”，而是出现通常所说的“无单提货”，那么承运人必须承担由此引起的法律责任。

在班轮运输的情况下，按正常操作程序，货物装船后，船公司都向托运人签发提单，船公司把货物交付给收货人时，必须收回提单才能把货物交给收货人。也就是说，收货人在提取货物时，必须在提单上背书(endorsement)签章，表明已经接受了船公司交付的货物，并将提单向船公司在卸货港的代理人交出后才能得到货物。如果不是以提单交换，即使是真正的收货人，船公司或其代理人也没有交付货物的义务。

在实际业务中，收货人提取货物的具体过程是，收货人将经过背书的一份正本提单提交给船公司在卸货港的代理人，经代理人审核无误后，收回提单，另行签发提货单(delivery order)交给收货人，然后收货人再凭提货单前往码头仓库提取货物，并与卸货代理人办理交接手续。

船公司的代理人与收货人办理以提单换取提货单的交付货物手续时，除要求收货人必须交出提单外，还必须要求收货人付清运费(到付运费)和其他应付的费用(如船公司或其代理人垫付的保管费、搬运费以及共同海损分摊和海难救助费等)。只有收货人付清了所有费用后才能向其签发提货单。如果收货人没有付清上述费用，船公司有权根据提单上的留置权条款的规定，暂时不交付货物，直至付清各项应付的费用后才交付货物。如果收货人拒绝支付应付的各项费用而使货物无法交付的，船公司还可以经法院批准，对卸下的货物进行拍卖，以拍卖所得的货款抵偿应向收货人收取的费用。

2. 特定情况下交付货物的程序.

除在正常情况下承运人或承运人的代理人应该按照上述基本程序完成交付作业外，实际业务中也常会出现一些需要按照国际惯例或特殊规定办理货物交付手续的情况，这些特定的情况主要有：

(1)货主选择卸货港交付货物

货主选择卸货港交付货物(optional delivery)是指货物装船时货主尚未确定具体的卸货港，待船舶开航后再由货主选定对自己最方便或最有利的卸货港，并在这个最后选定港口卸货和交付货物。在这种情况下，提单上的卸货港一栏内须记明两个或两个以上将被选择的卸货港的名称。如“选择神户/横滨”(option Kobe/Yokohama)或“选择伦敦/鹿特丹/汉堡”(option London/Roterdam/Hamburg)。而且，货物的卸货港也只能在提单上所写明的港口中选择。

货主采用选择卸货港交付货物时，必须在办理货物托运时提出申请，而且还必须在船舶自装货港开航后，抵达第一个选卸港前的一定时间以前(通常为24h或48h)，把决定了的卸货港通知船公司及船公司在被选定卸货港的代理人，否则船长有权在任何一个选卸港将货物卸下，并认为船公司已履行了对货物运送的责任。

这种在货主选择的卸货港卸下和交付的货物称为“选港货”(option cargo)。为了满足货物选卸的要求，使选卸成为可能，在积载时需对这些货物的装舱位置给予特别安排，这就难免给积载工作造成一定的困难，因而船公司对装运选港货要增收一定的附加费用，这项附加费用称为选择卸货港附加费。

因提单上已明示了卸货港的范围，即使船公司已签发了两份以上的正本提单，收货人在办理提货手续时，只要能交出其中的一份正本提单即可办理提货手续。因而选择卸货港交付货物的程序与正常情况下交付货物的基本程序并没有什么不同，只要提交一份正本提单即可换取提货单，据以提取货物。

(2)变更卸货港交付货物

变更卸货港交付货物是指在提单上所记载的卸货港以外的其他港口卸货和交付货物。

变更卸货港即货物装船后经货主要求而改变原定的卸货港。变更卸货港的申请通常都由收货人提出。如果收货人认为将货物改在提单上所载明的卸货港以外的其他港口卸货并交付对其更为方便或有利时，可以向船公司提出变更卸货港的申请。但是，这种变更卸货港的申请必须在船舶抵达原定卸货港之前或到达变更的卸货港(需提前卸货)之前提出，并且所变更的卸货港必须是在船舶该航次停靠港口的范围之内。

船公司接到收货人提出变更卸货港的申请后，必须根据本船的积载情况，考虑在装卸上能否实现这种变更。比如是否会发生严重的翻舱、捣载情况，在变更的卸货港所规定的停泊时间内能否来得及将货物卸下，以及是否会延误本船的开航时间等情况后，才能决定是否同意收货人的变更申请。

船公司接受了收货人变更卸货港的申请后，因这种变更而发生货物的翻舱、捣载费，装卸费以及因变更卸货港的运费差额和有关手续费等费用，均应由收货人负担。

变更卸货港交付货物与一般情况下货物的交付不同，为了避免在原定卸货港和变更后的卸货港两地同时有人要求提取货物可能引起的争议，习惯上都要求收货人办理提货手续时，必须向船公司在变更后的卸货港的代理人交出全套正本提单才能办理提货手续。这是与正常情况下收货人只交出一份正本提单即可办理提货手续不同之处。

(3)凭保证书交付货物

虽然规定收货人要取得提货单提取货物应以正本提单交换为前提条件。但是，在班轮运输中，有时因提单邮寄延误而出现提单到达的时间迟于船舶到港的时间(特别是装货港与卸货港间距离较短)的情况；或因提单遗失或被窃；或者是当船舶到港时，作为押汇的跟单票据的提单已到达进口地银行，只因为汇票的兑现期限的关系，收货人暂时还拿不到提单，因而造成船舶虽已到港，而收货人尚未收到提单的局面。在这种情况下，收货人就无法凭提单换取提货单提取货物。这时，根据惯例，常由收货人要求银行或其他担保方为其开具保证书(又称保函，letter of guarantee，L/G)，以保证书交换提货单，然后持提货单提取货物。这种交付货物的方式，称为凭保证书交付货物(delivery against letter of guarantee, L/G)。

为了方便，船公司都印有一定格式的保证书。虽然它们的形式和词句不完全相同，但一般的内容都包括：收货人保证在收到提单后立即向船公司或他的代理人交回全套正本提单，承担应由收货人支付的运费及其他费用的责任；承担因未交提单而提取货物所产生的一切损失的责任，并表明对于上述保证内容由有关担保方与收货人一起负连带责任。

凭保证书交付货物只是为了收货人和船公司双方的便利,使货物的交付工作能迅速完成而采用的一种商业习惯做法。在船公司实际收回提单以前,虽然他可以根据保证书将因凭保证书交付货物而发生的损失转嫁给收货人或担保单位。但作为违反运输合同的义务,船公司对正当的提单持有人仍负有赔偿一切损失责任的风险。因此,船公司一定要尽可能地早日收回提单。在实际工作中通常都规定收货人交回提单的一定期限。收货人也应在提单到达、支付货款取得提单后,立即将全套正本提单交给船公司或其代理人换回保证书。这时就恢复了正常的交付货物的形式。这就是通常所说的"解除保证"。

如果提单已经遗失,致使这种解除保证无法实现时,则应根据该国的法律规定,经过公告形式,宣布该提单失效,或经法院的免除效力的判决,才能做到解除保证。

使用保证书交付货物时,值得船公司或其代理人注意的是,近些年来,国际航运中的诈骗活动不断增加,船公司或其代理人必须弄清楚提取货物的人确实是有权支配货物的人,以及要求提取货物的人提供可靠的担保或相应数额的保证金,并承担船公司不凭提单交货可能产生的一切损失。否则,船方不宜轻易决定凭保证书交付货物。

第二节　班轮运输的主要货运单证

运输是一种多环节、环环相扣,各个生产作业环节先后有序、紧密衔接的生产过程。从安全、效率和管理的需要考虑,海上货物运输,特别是班轮运输中,从揽货订舱开始,到办理货物承托运手续、将货物装船、卸船,直至货物交付的整个过程,为了使各个作业环节能够承前启后、井然有序不间断地进行,并能清晰地界定相邻环节货物交接的责任,经过多年实践,已形成一系列法律承认、习惯接受,沿用至今仍将有效的货运单证。尽管金融、贸易、通关,以及货运等单证的"无纸化"已成为必然趋势,但其基本内容和作用,应与现行货运单证并无两样。

货运单证既是航运中各个相关的业务部门间联系某项业务或通知某些事项而缮制的单证;也是各个作业环节证明货物交接并区分交接责任的证据,同时还是海关等监管部门对进出口船舶和货物进行监督管理的单证。其中,有的要受到有关的国际公约或国内立法的制约并按其要求而编制;有的是按照海关、港口或地方主管当局的要求,为满足对进出口船舶和货物的监管需要而缮制;而更多的则是多年习惯形成并被普遍接受的单证。尽管这些单证种类繁多,而且因国家、地区的规定和习惯的差异而有所差异,但按照能在国际航运中通用的要求,就主要单证的内容、形式和作用而言基本上还是一致的。现将国际上通用的以及我国航行于国际航线船舶所使用的主要单证分述如下。

一、装船单证

1. 托运单(booking note, B/N)

托运单(有时用"委托申请书"代替)是指由托运人根据买卖合同和信用证的有关内容向承运人或其代理人办理货物运输申请的书面凭证。承运人或其代理人对该单的签认,即表示已接受这一托运申请,承运人与托运人之间对货物运输的合同关系即告建立。

其实,在班轮运输的情况下,托运人只要口头或通过函电向船公司或其代理人预订舱位,船公司对这种预约表示承诺,运输关系即告建立,并不需要什么特定的形式。但是,国际航运界的习惯做法则是托运人或其代理人与船公司或其代理人约定所需的舱位后,再以书面的形式向船公司或其代理人提交详细记载有关货物情况及对运输要求等内容的托运单。船公司或其代理人接受承运后，便在托运单上编号并指定装运的船名，将托运单留下，副本退还托运人备查。

托运单的主要内容包括：托运人名称，收货人名称，货物的名称、重量、尺码、件数、包装式样、标志及号码，目的港，装船期限，信用证有效期，能否分批装运，对运输的要求及对签发提单的要求等。托运单的格式见表 2-1。

海运出口托运单 表 2-1

托运人
Shipper ______________________

编号
No. ______________ 船名
S/S ______________

目的港
For ______________________

<table>
<tr><td rowspan="2">标 记 及 号 码
Marks & Nos.</td><td rowspan="2">件 数
Quantity</td><td rowspan="2">货 名
Description of goods</td><td colspan="2">重 量 公 斤
Weight Kilos</td></tr>
<tr><td>净
Net</td><td>毛
Gross</td></tr>
<tr><td></td><td></td><td></td><td></td><td></td></tr>
<tr><td colspan="3"></td><td colspan="2">运费付款方式</td></tr>
<tr><td colspan="3">共 计 件 数 （大 写）
Total Number of Packages in Writing</td><td colspan="2"></td></tr>
</table>

<table>
<tr><td rowspan="2">运费计算</td><td colspan="4"></td><td>尺 码
Measurement</td><td colspan="2"></td></tr>
<tr><td colspan="7"></td></tr>
<tr><td>备注</td><td colspan="7"></td></tr>
<tr><td>台头</td><td>ORDER OF</td><td>可否转船</td><td></td><td>可否分批</td><td colspan="3"></td></tr>
<tr><td rowspan="2">通知</td><td rowspan="2"></td><td>装期</td><td></td><td>效期</td><td></td><td>提单张数</td><td></td></tr>
<tr><td>金额</td><td colspan="5"></td></tr>
<tr><td>收货人</td><td></td><td>银行编号</td><td></td><td>信用证号</td><td colspan="3"></td></tr>
</table>

制单 月 日

2. 装货单（shipping order，S/O）

装货单(俗称下货纸)是由托运人按照托运单的内容填制,交船公司或其代理人审核并签章后,据以要求船长将货物装船的承运凭证。

但是,托运人凭船公司或其代理人签章后的装货单要求船长将货物装船之前,还必须先到海关办理货物装船出口的报关手续,经海关查验后,在装货单上加盖海关放行图章,表示该票货物已允许装船出口,才能要求船长将货物装船。故此时的装货单习惯上又称为"关单"。船长或大副亦只能依据"关单"接受货物装船承运。

可见,经船公司或其代理和海关签章的装货单,既是托运人办妥货物托运和出口手续的证明,又是船公司下达给船长接受货物装船承运的命令。货物装船时,托运人或其代理人必须向船长或大副提交这一单证。同时船方还要详细核对实际装船货物的情况是否与装货单上记载的内容相一致。

对于价值较高的货物或其他特种货物,也常以不同颜色(比如红色)的装货单来与一般的装货单相区别,以便引起装船时的特别注意。

装货单是国际航运中通用的单证,多数是由三联组成,称为"装货联单"。我国目前在各港使用的装货联单的组成不尽相同,但是主要是托运单、装货单和收货单。第一联是托运单留底(counter foil),用于缮制其他货运单证;第二联是装货单(shipping order),作用如上述;第三联是收货单(mate's receipt),是船方接受货物装船后由大副签发给托运人的收据。除这三联外,根据业务的需要,还可增加若干份副本(copy),如在我国就增加两联副本供计算运费和向付费人收取运费时作通知用。

装货单上除应记载托运人名称、编号、船名、目的港及货物的详细情况等与托运单相同的内容外,还有在货物装船后由理货人员填写的货物装船的日期,装舱位置,实装货物数量以及理货人员的签名等项内容。装货单的格式见表2-2。

装货单的流转程序是:船公司或其代理人接受货物托运后,将确定的载运船舶的船名及编号填入托运单,然后将装货联单发给托运人填写,填妥后交回船公司的代理人。经代理人审核无误后签章留下留底联,将装货单和收货单(第二、第三联)交给托运人前往海关办理出口货物报关手续,经海关审核准予出口,在装货单上加盖海关放行章,便可凭以要求船长将货物装船承运。

装货单一经承运人签章后,船、货双方都应受其约束,如果发生货物退关造成损失时,应由责任方承担责任。如果需要修改装货单上所记载的内容,应及时编制更正单分送有关单位作相应的更正;如果整票货物退关,除发更正单外,还要收回原装货单注销。

承运人签发装货单后,船、货、港各方均需要有一定的时间用来编制装货清单、积载计划,办理货物报关、查验放行,货物集中等装船的准备工作。因此,对某一具体船舶来说,在装货开始之前的一定时间应截止为该船本航次签发装货单。具体的截止时间,视各港具体情况而定。若在截止签发装货单日之后,再为该船本航次签发装货单,则称为"加载"。"加载"通常是为了满足紧急任务、特殊情况或信用证到期等原因的需要。一般只要还没有最后编妥积载计划,或积载计划虽已编妥,但船舶的舱位尚有剩余,并且不影响原积载计划的执行时,应设法安排这种"加载"。

当每一票(每一装货单)的货物全部装上船后,现场理货人员即核对理货计数单的数字,在装货单上签注实装数量、装舱位置、装船日期并签名,再由理货长审查和签名,证明该票货物如数装船无误,然后连同收货单一起送交船上大副,大副审核属实后在收货单上签字,留下装货单,将经大副签字的收货单退给理货长转交给托运人或其代理人。

装 货 单 表 2-2

SHIPPING ORDER

托运人
Shipper ______________________________

编号 船名
No. ______________ S/S ______________

目的港
For ______________________________

兹将下列完好状况之货物装船后希签署收货单

Receive on board the undermentioned goods apparent in good order and condition and sign the accompanying receipt for the same.

标记及号码 Marks & Nos.	件数 Quantity	货名 Description of goods	重量公斤 Weight Kilos	
			净 Net	毛 Gross
共计件数（大写） Total Number of Packages in Writing				

日期 时间
Date ______________ Time ______________

装入何舱
Stowed ______________________________

实 收
Received ______________________________

理货员签名 经办员
Tallied By ______________ Approved By ______________

3. 收货单(mate's receipt: M/R)

(1)收货单的概念

收货单是指某一票货物装上船舶后,由船上大副代表船方签署给托运人的作为证明船方已收到该票货物并已装上船舶的凭证。所以,收货单又称为“大副收据”。托运人取得了大副签署的收货单后,即可凭以向船公司或其代理人换取正本已装船提单。

收货单是前述装货联单的第三联,它除了增加大副签署一栏外,其所记载的内容和格式与装货单完全一样。为了便于与装货单相识别,常用淡红色或淡蓝色制成并在左侧纵向增加一较宽的线条。收货单的格式见表 2-3。

收 货 单 表2-3

MATE'S RECEIPT

托运人
Shipper ____________________

编号 船名
No. ______________ S/S ______________

目的港
For ______________

下开完好状况之货物业已收妥无损

Received on board the following goods apparent in good order and condition:

标记及号码 Marks & Nos.	件数 Quantity	货名 Description of goods	重量公斤 Weight Kilos	
			净 Net	毛 Gross
共计件数(大写) Total Number of Packages in Writing				

日期 时间
Date ______________ Time ______________

装入何舱
Stowed ____________________

实 收
Received ____________________

理货员签名 大 副
Tallied By ______________ Chief Officer ______________

(2)收货单的批注

如前所述,在传统班轮运输中,船公司对货物承担责任是在货物装船时开始的。因此,在货物装船时,大副必须认真核对装船货物的实际情况是否与装货单上记载的情况相符合,货物的外表状况是否良好,有无标志不清、水渍、油渍或污渍情况,数量(件数)是否短缺,货物损坏情况与程度,以及应急修理的事实等。如有这些情况,大副在签署收货单时应将货物的实际状况明确、具体、如实地记载在收货单上。这种在收货单上记载有关货物外表状况不良或缺陷情况的说明就是"批注"。因为是由大副在签署收货单时在收货单上所作的批注,所以习惯上称为"大副批注"。收货单有了大副的批注,这张收货单便称为"不清洁收货单"(foul receipt)。反之,称为"清洁收货单"(clean receipt)。

货物装船时，如发现外表状况不良或存在缺陷，承运人可以拒绝将这些有缺陷的货物装船，或要求托运人（或发货人）予以调换。如果托运人不愿调换或实际上已不可能调换，而又要将货物装船，此时，大副就应在收货单上如实地加以适当的批注，以使船方在一定程度上可以减轻或免除赔偿责任。也就是说，只要交付货物时的损坏状况与这类批注所记载的缺陷与状况相符，船公司就可以不承担责任。

然而，收货单上有了批注，最终将要转批到提单上去，使提单成为"不清洁提单"，从而影响托运人以提单向银行结汇的可能，这显然对托运人不利。因此，大副在收货单上批注时应防止两种倾向：其一是不管货物是否良好，件数是否正确，一概不加批注，这样势必使船公司承担本来不应承担的责任；其二是不问是否有损坏或短缺，为减轻船公司的责任，吹毛求疵地尽量多作一些批注，这样又将给托运人增加许多不必要的麻烦，也影响船方的声誉。为此，大副在收货单上作批注时应注意如下问题：

①首先应认真检查货物的外表状况和核对收货单上记载的货名、标志、件数、目的港、收货人、装船日期、装舱位置与实际装船货物是否相符；

②需要批注时，应坚持实事求是的原则，既不夸大，又不缩小；

③批注的内容要具体、明确、肯定，切忌含糊不清、模棱两可，不能使用"许多"、"一些"、"少量"、"部分"、"相当一部分"等不定量词；

④对价值不同的货物批注时宽严程度应有所区别，贵重货物、高价货物应从严掌握，反之可适当宽松些；

⑤既要考虑托运人的具体情况，又要严防有的托运人投机取巧；

⑥对货物包装脆弱，不适于远程海上运输或有些货物装船时损坏虽不严重，但肯定会进一步扩展的必须加以批注；

⑦不重复提单中已有的免责内容，更不能与提单条款有矛盾。例如有不少提单的条款中都规定了类似"本提单内关于木材装船时外表状况良好的任何记载，并不表示承运人承认木材没有沾污、裂缝、洞孔或碎块，承运人对上述木材沾污、裂缝、洞孔或碎块不负责任"措辞的免责条款。因此，在装运木材时如发现有上述情况就无须在收货单上再作批注；

⑧不应将毫无实际意义的内容批注在收货单上，如"新箱"、"新袋"、"牢固适航纸箱 "、"货物清洁装船"、"离开机舱积载"、"装水线下"、"为便于交货的特殊积载"、"勿用手钩"、"注意操作"、"不能倒置"、"小心玻璃"、"在发货人码头装货"、"驳船卸载"、"卖方（买方）投保"等，不但不能说明问题，反而会引起争议的词语，不应在收货单上出现；

⑨书写（打印）时字迹要清晰、容易辨认。

关于常用的大副批注可参见本书附件"大副批注常用术语选"和"大副收据常见批注用语"。

4．提单（Bill of Lading，B/L）

提单是船公司或其代理人签发给托运人，证明货物已经装上船舶并保证在目的港凭以交付货物，可以转让的证券。提单的形式参见附件3、4、5、6。

托运人将货物交付装船后，大副经验核无误，即在收货单上签字确认，然后将收货单退回给托运人。托运人即可凭大副签字确认货物已经装上船舶的收货单到船公司或其代理人处，付清运费（预付运费）换取经船公司或其代理人签字的一份或数份正本已装船提单。托运人取得正本已装船提单后，即可持提单及其他有关单证到银行办理结汇，取得货款。如果收货单上附有关于货物状况的大副批注时，船公司或其代理人需将大副批注如实地转批于提单上。

提单在班轮运输中是一份非常重要的单证。它既具有规定船公司作为承运人的权利、义务、责任和免责的运输合同的作用,又是表明承运人收到货物的货物收据,也是提单持有人转让货物所有权或凭以提取货物的物权凭证。

关于提单及提单业务的具体问题将在第四章中详细叙述。

5．装货清单(loading list,L/L)

装货清单是船公司或其代理人根据装货单留底联,将全船待装货物分卸货港按货物性质归类,依挂靠港顺序排列编制的装货单的汇总单。

装货清单是船舶大副编制船舶积载图(stowage plan)的主要依据。这份单证的内容是否正确,对积载的正确、合理具有十分重要的影响,因此,大副应对此单证给予足够的重视。

装货清单又是供现场理货人员进行理货、港方安排驳运、进出库场以及掌握托运人备货及货物集中情况等的业务单据。如有增加或取消货载的情况发生,则船公司或其代理人应及时填制"加载清单"(additional cargo list)或"取消货载清单"(cancelled cargo list)并及时分送船舶及有关单位。

装货单的内容包括装货单号码、货名、件数及包装、毛重、估计立方米及特种货物对运输的要求或注意事项的说明等。装货清单的格式见表 2-4。

装 货 清 单 船名 页数

Loading list of s.s./m.v."　　" Page No.______

表 2-4

关单号码 S/O No.	件数及包装 No.of Pkgs	货　　名 Description	重量公吨 Weight in Metric tons	估计立方米 Estimated Space in cu.M.	备　　注 Remarks

6．载货清单(manifest,M/F)

载货清单是一份按卸货港顺序逐票列明全船实际载运货物的明细表。它是在货物装船完毕后,由船公司的代理人根据大副收据或提单编制的,编妥后再送交船长签认。

载货清单又称"舱单"。其内容除应逐票列明货物的详细情况(包括提单号、标志和号数、货名、件数及包装、重量、尺码)外,还应记明货物的装货港和卸货港。在该单的上方还记有装运船舶的船名及船长名、开航日期等项内容。载货清单的格式见表 2-5。

出口载货清单 表2-5

EXPORT MANIFEST

船名 m.v.________ 航次 Voy.________ 船长 Captain________ 从 From________ 到 to________

开航日期 Sailed________ 页 数 Sheet No.________

提单号码 B/L No.	标志和号数 Marks & Numbers	件数及包装 No. of Packages	货名 Description of Goods	重量 Weight 公斤 Kilos.	收货 Consignees	备注 Remarks

载货清单是国际间通用的一份十分重要的单证。船舶办理出口(进口)报关手续时,必须递交一份经船长签字确认的载货清单。它是海关对出口(进口)船舶所载货物出(进)国境实施监督管理的单证。如果船舶货舱内所载运货物没有在载货清单上列明,海关可按走私论处,有权依据海关法进行处理。

根据船舶办理出口和进口报关的不同,向海关递交的载货清单可分为在装货港装货出口时使用的"出口载货清单"(export M/F);在卸货港进口时使用的"进口载货清单"(import M/F)和"过境货物载货清单"(through cargo M/F)。如果船舶在港口没有装货出口,在办理出口报关手续时,船舶也要向海关递交一份经船长签名并注明"无货出口"(export cargo nil)字样的无货出口载货清单。反之,船舶没有载货进口,则向海关递交一份由船长签名并注明"无货进口"(import cargo nil)字样的载货清单。

载货清单也可作为船舶载运所列货物的证明，是随船单证之一。因此，船舶装货完毕离港前，船长应主动向船公司的代理人索取若干份随船同行，以备中途挂靠港口或到达卸货港时办理进口报关手续时使用。若船舶到达卸货港时，卸货港的船舶代理人尚未接到装货港船舶代理人寄送的有关货运资料时，还可将随船所带的载货清单或复制件分送港口有关部门作为安排卸货应急之用。

7. 载货运费清单(freight manifest，F/M)

载货运费清单简称运费清单或运费舱单。它是由船公司在装货港的代理人按卸货港及提单顺号逐票列明的所载货物应收运费的明细表。它是船舶代理人向船公司结算代收运费明细情况的单证，是船公司营运业务的主要资料之一。该单也可直接寄往卸货港船公司的代理人处供作收取到付运费或处理有关业务之用。

载货运费清单的内容除包括载货清单上记载的内容外，增加了计费吨、运费率、预付或到付的运费额等项内容。由于载货运费清单上包括了载货清单上应记载的内容，故也可以代替载货清单作为船舶出口、进口报关及在卸货港安排卸货应急之用，还可作为查对全船有关航次装载货物情况之用。因此，当前不少国家的港口，为了简化制单工作，常将"载货清单"和"载货运费清单"两单合并使用。作为载货清单使用时，则不把该单上有关运费计收的栏目填上；而作为运费清单使用时，再将有关运费计收的栏目填入具体内容。载货运费清单的格式见表2-6。

出口载货运费清单 表2-6

EXPORT FREIGHT MANIFEST

船名 m.v.______ 航次 Voy.______ 船长 Captain______ 从 From______ 到 to______

开航日期 Sailed______ 页数 Sheet No.______

提单号码 B/L No.	标志和号数 Marks & Numbers	件数及包装 No. of Packages	货 名 Description of Goods	重量 Weight 公斤 kilos.	发货人 Shippers	收货人 Consignees	运费吨 Scale Tons		运费 Freight			备 注 Remarks
							立方公尺 Cu.M.	公吨 Metric Tons	费率 Rate	预付 Prepaid		

8. 危险货物清单(dangerous cargo list)

危险货物清单是专门列出船舶所载运全部危险货物的明细表。

为了确保船舶、货物、港口及装卸、运输的安全，包括我国港口在内的国际上很多国家的港口都专门作出规定，凡船舶载运危险货物都必须另外再单独编制危险货物清单。该单常用具有警示性的颜色(如红色)并附加特别标志制成，以便于识别，也是为了让有关部门及人员在装卸作业和运输保管中特别注意,以确保安全。

危险货物清单记载的内容除装货清单、载货清单所应记载的内容外,特别增加了危险货物的性能和装船位置两项。危险货物清单的格式见表2-7。

危险品清单　　表2-7

DANGEROUS CARGO LIST

船名 m.v.________ 航次 Voy.________ 从 From________ 到 to________ 页数 Sheet No.________

提单号码 B/L No.	件数及包装 No. of Packages	货　名 Description of Goods	重量(公斤) Weight Kilos.	货物性能 Nature of Goods	装船位置 Where Stowed	备　注 Remarks

通常各港口的海事部门都规定,装运危险货物的船舶都必须向当地的海事部门申请派员监装或监卸。我国交通部颁布实施的《船舶装载危险货物监督管理规则》第4条也规定“船舶载运进口或过境危险货物,应在预定抵港3天前(航程不足3天者在驶离出发港前)直接或通过代理人向所抵港港务监督报告所载危险货物(包括集装箱内所装危险货物)的品名、数量、性质、包装和装载位置,办理进口签证,经批准后,才得进港、起卸或过境”。同一规则第5条又规定“船舶装载出口爆炸品、压缩气体…… 一级遇水燃烧物品、一级腐蚀物品以及其他与上述物品性质、危害程度相当的物品,应在装货3天前直接或通过代理人到港务监督办理‘船舶装载危险货物准单’,经批准后,方可装船”。监装合格后,海事部门签发“危险货物监装证书“(或称“危险货物安全装载证书”—— dangerous cargo safe stowage certificate)。这也是船舶载运危险货物时必备的单证之一。

从船舶、货物、港口和人身安全考虑,危险货物清单不仅是船舶、货物进出口报关和船舶配积载所必需的单证,而且也是向装货或卸货港口的海事部门申报、申请监装或监卸所必需的单证,更是载运危险货物的船舶在指定的地点和泊位进行装卸作业前,船港双方据以按照危险货物的性能和要求,认真做好准备工作所必需的单证。

9. 货物积载图(stowage plan)

货物积载图是以图示的形式来表示货物在船舱内的装载情况,使每一票货物都能形象具体地显示其在船舱内的位置。

货物积载图可分为计划积载图和实际积载图。

在货物装船以前由大副根据船公司或其代理人送来的装货清单上记载的货物资料作成的积载图,实质上就是计划的积载图,或称货物积载计划(cargo plan),即用图示形式表明拟装货物的计划装舱位置的货物受载计划。这样,可以使港口和装卸公司、理货人员等有关方按照这一计划的要求来安排装船作业,使装船工作有条不紊地进行。因此,它是装船作业中一份十分重要和必备的资料。

然而,在实际装船过程中,往往会因各种客观原因无法完全依照计划装载。常见的原因有:因货物的实际尺码与原提供的资料不一致,以致不得不改变原来计划积载的舱位;因某些货物未能按时集中,为使装船作业不致中断和影响船期,必须临时改变部分原定计划安排的积载顺序;或者原来的计划货载有所变动,或临时增加新的货载等。这些原因都会使货物实际在舱内的积载位置与原定的计划不一致。因此,当每一票货物装船后,理货长都应重新标出货物在舱内的实际装载位置,并注明卸货港名、装货单(提单)号、货名及数量,最后再重新绘制一份货物在舱内的"实际积载图"。

当然,在装船过程中对原来计划的某一些改变,原则上都应征得船长或大副的同意方可实施,理货长及其他人员无权随意更改原定的积载计划。

实际积载图不仅是船方运送、保管货物的必备资料,也是卸货港安排卸货作业和现场理货的重要依据。

10. 剩余舱位报告(space report)

为了使船舶舱位得到充分利用,在各挂靠港口装船完毕后,船上看舱人员应实地测量舱位的利用及剩余情况。之后,船长应将经计算得出的各货舱的剩余舱位电告船公司及船公司在下一挂靠港口设置的分支机构或揽货机构,或船公司的代理人,使之能够作好补充货载的揽货及装船准备。

由于班轮运输实行的是航线运价,只要装卸两港在同一航线上,不论两港间的距离远近,同一运价等级的货物运价都是相同的,如果在整个航次的各个挂靠港之间始终使船舶的舱位得到充分利用,保持满舱或满载,将会极大地提高航次收入。因此,为了使航次中船舶舱位得以充分利用,船长及时地缮制并传递剩余舱位报告是非常必要的。剩余舱位报告的格式见表2-8。

剩余舱位报告 表2-8

船名________ 船长________

港口________ 大副________

日期________

舱　号	舱　容 (m^3)	前港占用舱容 (m^3)	本港占用舱容 (m^3)	剩余舱容 (m^3)

二、卸货单证

在卸货港，船公司的代理人除根据船公司或船公司在装货港的代理人寄来的或由船舶带来(在航线较短的情况下)的一些装船单证，预先安排船舶进口报关、卸货、理货作业准备外，和货物装船时由大副签发收货单作为船方收到货物的凭证一样，在卸货时，船方、装卸公司或收货人之间也需要相互签认一种可以作为证明船方与装卸公司或收货人交接货物实际情况的单证。

在不同的国家和港口，用以证明卸货时所交接货物实际情况的单证名称有所不同，比如在国外，有的称为过驳清单(boat note，B/N)，有的称为卸货报告(outturn report)，有的还可能称为货物确卸报告(definite outturn report)，或卸货记录(discharging statement)。而在我国，则按照货物残损和溢短情况分别编制出货物残损单和货物溢短单等等，但就单证的编制方法而言，它们都是理货人员根据理货记录或日报汇总编制并经大副或船长签字确认的；而就单证所包含的内容而言，也不论单证的名称如何，除包含了货运单证通常都应记载的诸如船名、装货港、卸货港、提单号、货物名称、标志、件数及包装等事项外，都繁简不一地包括了能如实反映卸货过程及所卸货物实际状况的内容，如卸货日期、舱口号、卸货方式(kind of delivery —— 指直接卸岸入库或驳卸入库或直接装车)、实卸数量(total delivery)、溢/短卸数量、货损数量和备注(或批注)等项。

按照惯例，船舶到达卸货港，船公司都要委托理货公司代表船方理清货物数量，分清货物残损，并依据理货结果，办理交接、签证手续，提供有关理货单证。我国过去是由中国外轮理货公司统一承担这一工作的。如今，我国外轮理货行业也已实行多家经营。尽管引入竞争机制，但作为理货公司，基本业务和工作规范仍是相似的。它们的主要业务是接受船公司的委托代表船方理清货物数量、分清货物残损等，并向船公司提供各种理货单证。货物残损单和货物溢短单这两种重要的卸船理货单证，就是用来证明到港船舶卸货时所交接货物实际情况和区分交接责任的。

1. 货物残损单(damage cargo list)

货物残损单是在卸货过程中，发现受损货物时使用的，作为卸货交接证明的单证。

从《中国外轮理货公司业务章程》第10条关于“在船舶卸货过程中，如发现船上货物或集装箱有异状、残损、铅封断失、融化、冻结、凝固、粘连以及装舱混乱、隔票不清等情况时，理货人员通知船方验看确认，编制现场记录，提请船方签字”的规定和《中国外轮理货公司理货规程》(以下简称《理货规程》第17条关于“在全船理货结束时，对进口货物，理货组长应根据现场记录，汇总编制货物残损单，各一式七份，经船方签字后，提供船方、仓库、海关、外代、外运、船公司各一份”的规定不难看出，货物残损单是理货组长汇总全船的现场记录编制而成的，而现场记录则是记载进出口货物原残、混装及货物在装卸作业过程中出现的各种现场情况的原始记录。特别是进口卸货时，在打开舱口后发现货物装舱混乱、隔票不清或发现有残损等情况，理货人员随即通知船方验看并作出记录，经船方签认后才开始卸货。此后，在卸货过程中又发现新的情况时，亦立即通知船方会同验看再作出记录和签认。因此，伴随卸货的进程，用现场记录对随时发现的货物残损或可能形成残损的情况随时记录、随时签认，既可以及时解决对货损情况认识的分歧，避免待卸货完毕，最后一起签认时发生争执，也保证了货物残损单的正确无误。其格式见表2-9。

2. 货物溢短单(overlanded/shortlanded cargo list)

货物残损单 表 2-9

DAMAGE CARGO LIST

编号:
No.

船名: Vessel: 航次: Voy. 泊位: Berth: 国籍: Nationality:

开工日期: 年 月 日 Tally Commenced on: ,20 制单日期: 年 月 日 Date of list ,20

提单号 B/L No.	标 志 Marks	货 名 Description	货损件数和包装 p'kgs. & Packing Damaged	货 损 情 况 Condition of damage

理货组长: Chief Tally: 船长/大副: Master/Chief Officer:

货物溢短单是我国港口在卸货过程中,发现所卸货物多于(溢余)或少于(短缺)载货清单所记载的数量时使用的,作为卸货交接证明和区分交接责任的单证。

货物溢短单是根据理货计数单汇总编制的。《理货规程》第 17 条规定:"在全船理货结束时,对进口货物,理货组长应根据计数单和舱单,汇总编制货物溢短单;…… 各一式七份,经船方签字后,提供船方、仓库、海关、外代、外运、船公司各一份"。由此可以认定,货物溢短单是理货组长在全船卸货完毕时,按每票货物汇总该票货物的全部理货计数单,得出各该票货物的实际卸货数量,逐票与载货清单核对无误后,以理货计数单为原始记录编制而成的。

理货计数单是追随装卸货物的进程,舱口理货员登记每关(每吊)货物实际数字的原始记录。从《理货规程》第 13 条关于"在工班理货结束时,理货员应在结算计数单数字后,提请仓库或收发货人签字。如双方数字不符时,应当班查清,报告理货组长,不得随意更改计数单数字"的规定也可以看出理货计数单所记载的卸货数量的正确性是有所保证的,因而根据理货计数单编制的货物溢短单所汇总的卸货数量的准确性也是有保证的。

由于每票货物的卸货数量必须在整票货物卸完后才能将所卸货物的数量与载货清单所记载的该票货物数量对比,确定是否溢余或短缺。因此在卸完整票货物之前,只有按工班结算理货计数单,将计数单所记录的当班卸下的货物数量与仓库或堆场当班收到的货物数量核对,才能保证记录正确无误,而《理货规程》所规定的要对计数单的数字"提请仓库或收发货人签字"和"如双方数字不符时,应当班查清"正是保证计数单记录正确必不可少的措施。当然也是使货物溢短单汇总的卸货总量与实际相符的有力保证。货物溢短单的格式如表 2-10 所示。

货物溢短单

表 2-10

编号:

No.

OVERLANDED/SHORTLANDED CARGO LIST

船名: Vessel: 航次: Voy. 泊位 Berth 国籍: Nationality:

开工日期: 年 月 日 Tally Commenced on: ,20 制单日期: 年 月 日 Date of List: ,20

提单 B/L No.	标志 Marks	货名 Description	舱单记载件数和包装 P'kgs. & Packing on Manifest	溢卸件数和包装 P'kgs. & Packing overlanded	短卸件数和包装 P'kgs. & Packing shortlanded
总 计 Total					

理货组长: Chief Tally: 船长/大副: Master/Chief Officer:

货物残损单和货物溢短单都是日后收货人向船公司提出损害赔偿要求的证明材料之一,也是船公司处理收货人索赔要求的原始资料和依据之一,但必须经船方(船长或大副)的签认才有效。所以船方在签字时应认真核对,情况属实才给予签认。若对残损或溢短情况持有不同意见时,最好能当时根据现场情况与装卸、理货人员协商,尽可能取得一致的意见。经协商仍不能取得一致意见时,也可在单证上作出适当的保留批注。

虽然货物残损单上关于货损情况的批注和货物溢短单中关于溢卸或短卸数量的记录,都是由理货组长根据现场记录中关于货物情况的批注或汇总理货计数单记录卸货总数,使之与载货清单记载的数量对比后作出,而不像在装货港装货那样,由大副在收货单上作出批注。但是关于货物残损或溢短情况的批注方法与前述收货单的批注方法大体相同,不但要记载货损的种类,而且还要明确记载损坏的程度、数量,是否进行了临时修补,以及货物状态等。因为船公司的责任期间是从货物装船时起到卸离船舶时为止,所以收货单和货物残损单或货物溢短单是证明船方责任起止的重要证据。如果收货单和货物残损单或货物溢短单上的批注一致,则可以证明船方在运输过程中没有给货物造成损害。假如在此以后发现了未经批注的货物损坏情况,除非属于特殊原因,否则所有这些卸货后发现的损坏或灭失都不属于船公司的责任。当然,另有特约者除外。

三、交付单证

提货单(delivery order, D/O)提货单是收货人或其代理人据以向现场(码头、仓库或船边)提取货物的凭证。

虽然收货人或其代理人提取货物是以正本提单为交换条件，但在实际业务中采用的办法则是由收货人或其代理人先向船公司在卸货港的代理人交出正本提单，再由船公司的代理人签发一份提货单给收货人或其代理人办理货物进口报关手续，然后再持提货单前往码头仓库（仓库交货）或船边（船边交货）提取货物。

船公司在卸货港的代理人在签发提货单时，首先要认真核对提单和其他装船单证的内容是否相符，然后才详细地将船名、货物名称、件数、重量、包装标志、提单号、收货人名称等填入提货单上，并由船公司的代理人签字交给收货人到现场提货。若同意收货人在船边提货亦应在提货单上注明。

提货单的性质与提单完全不同，它只不过是船公司或其代理人指令码头仓库或装卸公司向收货人交付货物的凭证而已，不具备流通及其他作用。为了慎重，一般都在提货单上记有"禁止流通"（non negotiable）字样。提货单的格式见表2-11。

进口货物（现提/出库）凭单　　　　No.　　表2-11

<table>
<tr><td colspan="3">进口船名</td><td colspan="2">航次</td><td colspan="2">起运港</td><td colspan="4">填单日期20　年　月　日</td><td>到船日期20　年　月　日</td></tr>
<tr><td rowspan="2">收货人</td><td colspan="4">名称（全名）</td><td colspan="2">货物流向</td><td colspan="4">出货日期20　年　月　日</td><td>进仓日期20　年　月　日</td></tr>
<tr><td colspan="4">地址电话</td><td colspan="3">开户银行
账　　号</td><td colspan="3">出货工具</td><td>停泊　码头/浮筒　第　号　仓库/堆场</td></tr>
<tr><td rowspan="2">运输标志</td><td rowspan="2">提单或运单号码</td><td rowspan="2">标志</td><td rowspan="2">货名</td><td rowspan="2">件数</td><td rowspan="2">包装</td><td colspan="2">重量吨</td><td colspan="2">体积吨</td><td rowspan="2">工作过程</td><td rowspan="2">附注</td></tr>
<tr><td>公吨</td><td>公斤</td><td>公吨</td><td>公斤</td></tr>
<tr><td></td><td></td><td></td><td></td><td></td><td></td><td></td><td></td><td></td><td></td><td></td><td></td></tr>
<tr><td></td><td></td><td></td><td></td><td></td><td></td><td></td><td></td><td></td><td></td><td></td><td></td></tr>
<tr><td></td><td></td><td></td><td></td><td></td><td></td><td></td><td></td><td></td><td></td><td></td><td></td></tr>
<tr><td></td><td></td><td></td><td></td><td></td><td></td><td></td><td></td><td></td><td></td><td></td><td></td></tr>
<tr><td colspan="4">共　计</td><td></td><td></td><td></td><td></td><td></td><td></td><td></td><td></td></tr>
</table>

货物现提记录

20　　年　　月　　日至　　月　　日栈费已付

<table>
<tr><td colspan="2">现提日期</td><td rowspan="3">货　名</td><td colspan="6">现提数量</td><td colspan="6">尚存数量</td><td rowspan="3">现提工具号数</td><td rowspan="3">收货人签章</td><td rowspan="3">发货人签章</td></tr>
<tr><td rowspan="2">月</td><td rowspan="2">日</td><td rowspan="2">件数</td><td rowspan="2">包装</td><td colspan="2">重量吨</td><td colspan="2">体积吨</td><td rowspan="2">件数</td><td rowspan="2">包装</td><td colspan="2">重量吨</td><td colspan="2">体积吨</td></tr>
<tr><td>公吨</td><td>公斤</td><td>公吨</td><td>公斤</td><td>公吨</td><td>公斤</td><td>公吨</td><td>公斤</td></tr>
<tr><td></td><td></td><td></td><td></td><td></td><td></td><td></td><td></td><td></td><td></td><td></td><td></td><td></td><td></td><td></td><td></td><td></td><td></td></tr>
<tr><td></td><td></td><td></td><td></td><td></td><td></td><td></td><td></td><td></td><td></td><td></td><td></td><td></td><td></td><td></td><td></td><td></td><td></td></tr>
<tr><td></td><td></td><td></td><td></td><td></td><td></td><td></td><td></td><td></td><td></td><td></td><td></td><td></td><td></td><td></td><td></td><td></td><td></td></tr>
<tr><td></td><td></td><td></td><td></td><td></td><td></td><td></td><td></td><td></td><td></td><td></td><td></td><td></td><td></td><td></td><td></td><td></td><td></td></tr>
<tr><td></td><td></td><td></td><td></td><td></td><td></td><td></td><td></td><td></td><td></td><td></td><td></td><td></td><td></td><td></td><td></td><td></td><td></td></tr>
<tr><td colspan="3">共　计</td><td></td><td></td><td></td><td></td><td></td><td></td><td></td><td></td><td></td><td></td><td></td><td></td><td></td><td></td><td></td></tr>
</table>

装卸区签单章　　　　仓库长章　　　　收货人章　　　　•不按时到达提货造成等工损失货主应负责任•

收货人在指定的码头仓库或堆场提货时，如发现货损货差，货主应要求港方做货运记录或商务记录，以确认交货时存在的货运质量问题，分清双方的责任。

四、班轮运输的货运流程

班轮货运及主要货运单证在装货港和卸货港流转过程见图2-1。为方便叙述，现结合该图说明如下（数序同图）：

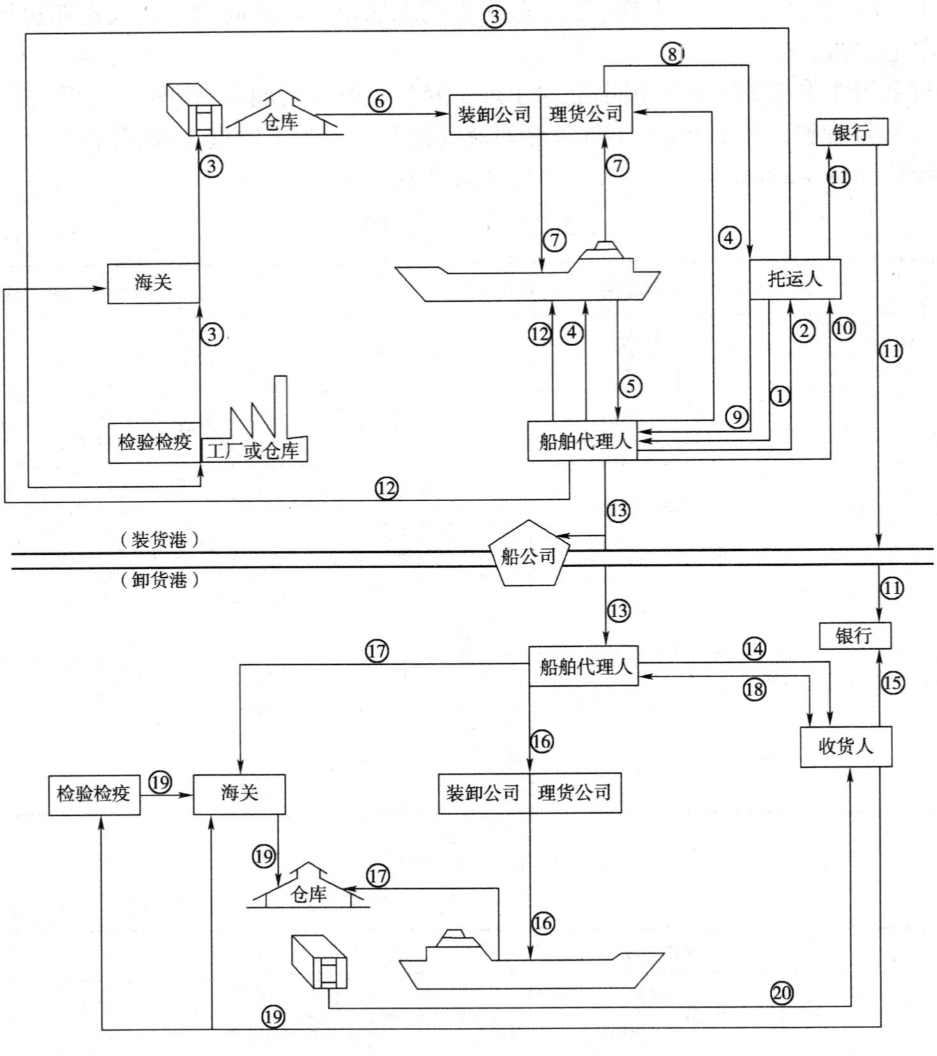

图2-1　班轮货运及主要货运单证流程示意图

（图注同正文数序）

①托运人或其代理人向船公司在装货港的代理人（也可直接向船公司或其营业所）提出货物装运申请，递交托运单(booking note，B/N)，填写装货联单(S/O)；

②船公司在装货港的代理人同意承运后，指定船名，核对S/O与托运单上的内容无误后，签发S/O，将留底联和运费通知联留下后，S/O和其余各联退还给托运人，以便托运人办理货物出口报关及将货物及时送至指定的码头仓库；

③托运人或其代理人持S/O及有关单证向海关办理货物出口报关、验货放行手续，海关在S/O上加盖放行图章后，货物准予装船出口；

④船公司在装货港的代理人根据 S/O 留底联编制装货清单(L/L)送船舶及理货公司、装卸公司;

⑤大副根据 L/L 编制货物积载计划(cargo plan)交代理人分送理货、装卸公司等以便按计划装船;

⑥托运人将经过检验及检量的货物送至指定的码头仓库准备装船;

⑦货物装船后,理货长将 S/O 交大副(如果货物装船过程中发现受损货物,理货组长应如实在 S/O 中作出批注),大副核实无误后留下 S/O 签发收货单(M/R);

⑧理货组长将大副签发的 M/R 转交给托运人;

⑨托运人持 M/R 到船公司在装货港的代理人处付清运费(预付运费情况下)换取正本已装船提单(B/L);

⑩船公司在装货港的代理人审核无误后,留下 M/R 签发 B/L 给托运人;

⑪托运人持 B/L 及有关单证到议付银行结汇,取得货款,议付银行将 B/L 及有关单证邮寄开证银行;

⑫货物装船完毕后,船公司在装货港的代理人编妥出口载货清单(M/F)送船长签字后向海关办理船舶出口报关手续,并将 M/F 交船随带,船舶启航;

⑬船公司在装货港的代理人根据 B/L 副本(或 M/R)编制出口载货运费清单(F/M)连同 B/L 副本、M/R 送交船公司结算代收运费,并将卸货港需要的单证寄给船公司在卸货港的代理人;

⑭船公司在卸货港的代理人接到船舶抵港电报后,通知收货人船舶到港日期,做好提货准备;

⑮收货人到开证银行付清货款取回 B/L;

⑯船公司在卸货港的代理人根据船公司在装货港的代理人寄来的货运单证,编进口载货清单及有关船舶进口报关和卸货所需的单证,联系装卸公司、理货公司,以便安排泊位,做好接船及卸货准备工作;

⑰船舶抵港后,船公司在卸货港的代理人随即办理船舶进口报关的各项手续,船舶靠泊后即开始卸货;

⑱收货人持正本 B/L 向船公司在卸货港的代理人处办理提货手续,付清应付的费用(如到付运费)后,换取代理人签发的提货单(D/O);

⑲收货人向海关办理货物进口手续,支付进口关税;

⑳收货人持 D/O 到码头仓库或船边提取货物。

在实际操作中,第③环节通常与第④、⑤、⑥3 个环节同时进行。

在海关允许货物进口预报关的情况下,第⑱、⑲2 个环节可以提前到第⑰环节之前,这样,海关在码头上对货物进行现场查验后即可正式放行,可以大大缩短货物进港到最终提货的时间。

第三节 班轮公会

航运经营具有很强的竞争性,在某一航线上同时有几家船公司经营班轮运输时,竞争尤为激烈。在这种情况下,各船公司常以降低运价的手段来争揽货载。但是,运费收入是船公司最主要的收入来源,无节制地降低运价,势必减少船公司的收入,有时甚至会动摇船公司的经营基础。因此，作为一种维护船公司自身利益的手段，在19世纪后半叶，就出现了由在同一航线上经营班轮运输的船公司组成的以垄断航线经营为目的的班轮公会（conference，shipping ring）组织。以后有了很快的发展，在国际间的主要航线上，几乎都存在着这种航运垄断组织。

一、班轮公会的概念

班轮公会又称航运公会，俗称水脚公会，但一般对航运公会的理解，其范围较班轮公会又广泛一些，即航运公会一般又包括由船东组成的船东垄断组织。

班轮公会是指由两家以上在同一航线上经营班轮运输的船公司，为避免相互间的竞争，维护共同利益，通过在运价和其他经营活动方面签订协议而组成的国际航运垄断组织。

自从船舶营运方式中出现了班轮运输这一营运方式后，经营班轮运输的船公司数量激增，船公司之间为了获得大量货载而发生了激烈的竞争。当时表现得最为突出的是1860年以后出现的流线型帆船班轮公司与汽船班轮公司之间的竞争。为了竞争的需要，帆船班轮公司将运价大幅度下降，这不仅加强了其与汽船班轮公司的竞争能力，而且也确实承揽了大批货载。面对这种境况，汽船班轮公司的生存受到了极大的威胁，为了生存，汽船班轮公司不得不采取相应的对策，同样采取更低的运价争揽货载的办法来接受帆船班轮公司的挑战。于是双方展开了运价战，经过多个回合的较量，双方终于认识到长此以往，势必两败俱伤。于是班轮公会这样的航运垄断组织就应运而生了。这种由在特定航线上的班轮公司通过协议组成的班轮公会，不仅可以缓和班轮公司之间的矛盾，使运价维持在一定水平，避免因竞争而蒙受损失，而且可以凭藉公会的集团实力来排挤、打击经营同一航线的公会以外的其他班轮公司，直至把他们挤垮或退出这条航线为止。一些航运大国也常通过对班轮公会的控制，实现其瓜分世界航运市场的目的。

虽然班轮运输和不定期船运输都各有其公会组织，但是世界上大多数航运公会都是专门经营班轮运输的公会。世界上第一个班轮公会是1875年由P&I、B.I.等7家英国船公司在印度加尔各答贸易中成立的“加尔各答班轮公会”（Calcutta Conference）。它专门经营从英国至加尔各答班轮航线。参加该公会的班轮船公司在签订的协议中，规定了每一家船公司可在该航线上派船的艘次数，并制定了一个用来约束参加公会的各个船公司由英国任何港口至印度加尔各答或相反航程的最低运费率。

此后，班轮公会的组织发展很快，世界各航线都有班轮公会成立，其中较有代表性的是“远东班轮公会”即“远东水脚公会”（Far Estern Freight Conference，F.E.F.C.）。它正式成立于1887年，会址设在英国的伦敦，是一个相当庞大的国际航运垄断组织。会员公司包括英国、瑞典、挪威、丹麦、荷兰、德国、美国、法国、日本等28个国家的40家船公司。成员虽多，但实权却操纵在英国的班轮公司手中，以P&O和蓝烟囱为主。远东班轮公会的前身是“中国班轮公会”（China Conference）。它是在1879年8月由英国的HOLTE GLENA，CASTLES，P&O和法国的MESSAGEERIES MARITIME等班轮公司达成协议组成的。

班轮公会最先创建于英国，这些公会都属于“封闭式公会”（close conference），它们的主要特点是拒绝其他班轮船公司自由加入公会；采用延期回扣制和以“战斗船”作为对外竞争手段。因此，即使在当时的资本主义体制下，这种垄断组织的垄断性，就已经受到人们的非议、指责和攻击。面对这种不满，1906年英国曾设置“皇室委员会”（Royal Commission on shipping Ring）对公会的实际情况进行调查。1916年，英国又设置了“帝国海运委员会”（Imperial Shipping Commission）进行了同样的调查。两次调查都认为公会的组织并不存在所谓垄断的弊害，并且认为政府不必以立法手段对它加以限制。

当然,这只是作为航运大国英国的看法。相反,以维护货主利益为主的美国,对此却持相反的态度。1913 年美国下议院海运、渔业委员会(Committee on Merchant and Fisheries House of Representatives)对此也作了调查,在该委员会所作的报告中认为:延期回扣制度和战斗船的做法是有害的,应该公开公会的运价本,并将它置于政府监督之下。这一意见后来被明文规定在 1916 年的航运法(Shipping Act)之中。其后,在 1920 年和 1936 年的"商船法"中,也继承了这种看法,明文禁止以延期回扣制、战斗船、差别待遇等方式对违反公会协议者进行报复。而且规定,在进出美国的航线上不允许建立"封闭式公会",所有公会都必须是可以自由加入或退出的"开放式公会"(open conference),并以"合同费率制"代替延期回扣制。

第二次世界大战后,因受美国法规的影响,日本的"海上货物运输法"也严禁使用延期回扣制、战斗船,限制加入公会和超过一定限度的合同费率制等差别待遇。

但是,班轮公会是具有国际性的组织。如果对班轮公会单纯采用禁止的办法,其结果将会导致再次出现激烈竞争,运费也将剧烈波动,这对于货主并不是很有利的。因此,美国在 1961 年、日本在 1959 年都修改了有关法规。美国的"海上货运法"中原则上承认了双重运价制(dual rate system)。日本的"海上货物运输法"也部分修改和删除了原来的禁令,在一定程度上承认班轮公会的经营活动。

为了维护托运人的利益,以班轮公会为谈判、协商对手的托运人协会可能发生的作用越来越为人们所重视。由贸易协会、商业团体、生产者和进口商组成的国际性的、地区的和国家级的托运人协会纷纷建立,协调托运人之间的活动及就托运人所关心的问题与班轮公会进行谈判、协商的活动越来越经常,托运人协会的意见也越来越为班轮公会所重视,这不能不对班轮公会的业务活动起着重要影响,在削弱班轮公会垄断方面也已经起到重要作用。

班轮公会是按照特定的航线划分和组织的。参加班轮公会的一些船公司,实际上常常同时经营着几条班轮航线,因而这些船公司也就可能同时是几个班轮公会的会员。所以各班轮公会之间也常有密切的联系。同时,在许多情况下,某一公司也可能同时在几个班轮公会中起着决定性的作用。这种错综复杂的关系,常常引起各班轮公会之间的利害冲突。不仅如此,即使在同一公会内部,各个会员公司之间也常矛盾重重。比如远东班轮公会,不仅在会员之间互有矛盾,就是欧洲大陆的会员与英国会员之间,以及欧洲会员与日本会员之间也存在着地区性的矛盾。这说明班轮公会的建立,表面上是为了缓和矛盾,避免竞争,实际上由于资本主义追求利润的本质,表面上会员公司都遵守公会的规定,但暗中却以明折暗扣的方法来争夺货载,维护自己的利益。

班轮公会都订有公会规则(conference rule),并都按照规则规定组成了作为公会执行机构的公会总部(conference office)。各个班轮公会的执行机构的内部组织并不完全相同,但它们都对外保密。

各个班轮公会共同遵守的原则是:公会的业务经营应根据由会员公司代表参加的会员大会作出的决议,由作为公会执行机构的公会总部具体执行。如果公会所涉及的地区比较广泛,有时还设置地区分部(local office)。

另外,为了维护公会的正常工作秩序,公会的规则中还订有有关公会经费的分担、保密、纠纷的处理、罚款、代理人等方面的规定。

在公会规则中,特别能反映公会性质的规定是关于加入公会条件的规定。以欧洲船公司为中心的班轮公会一般都对参加公会的资格定出种种限制条件,规定除非要求加入的船公司具有一定的资格和经营上有实际的成绩,并得到会员公司的同意,否则不得参加。但是,以美国为中心的班轮公会,因为美国强调禁止垄断,认为如果对加入公会加以限制,就会妨碍自由竞争。因此,规定班轮公司只要每月可开航一个正规班次就可以自由加入公会。通常对于具有前一类性质的公会称为"封闭式公会",而对于具有后一类性质的公会则称为"开放式公会"。

二、班轮公会的主要业务

根据班轮公会达成的协议,各航线的货源情况的不同,各个班轮公会的业务内容是有所不同的。但就其主要业务而言,可分为两个方面:一个方面是属于限制和调节班轮公会内部会员相互间的竞争的业务活动;另一个方面则是为了防止或对付来自公会外部的竞争,以达到垄断航线货载目的的业务活动。除此以外,为了适应国际航运业竞争日益激烈的新形势,加强公会内部团结,防止分裂,一些班轮公会还采用了一些新的措施。现分述如下:

1. 限制或调节内部竞争的业务措施

为了防止班轮公会内部会员间的相互竞争,班轮公会采取的业务措施主要有:通过共同制定所控制航线的运价,使参加公会的各班轮公司在收取运费上趋于一致,避免相互间为争夺货载而采取压低运价的手段,并便于垄断航线货源;统一安排营运,统一分配航次和分配货载。当然,这些措施既可单独采用,也可结合采用,这要取决于会员公司间如何达成协议。协议一经成立,公会作出的规定,会员公司就必须遵守,无权自行变更,否则将会受到制裁。

班轮公会在限制或调节公会会员间相互竞争方面所实行的主要业务措施有:

(1)协定费率

航运竞争的结果,必然导致运价的下跌。因此,在参加公会的会员公司之间确定一个为全体会员公司所共同遵守的运费率,是所有班轮公会都须采用的一项业务措施。

协定费率既可以是规定一个固定费率,也可以是规定一个最低的费率。前者称为固定费率协定(fixed rate agreement),后者称为最低费率协定(minimum rate agreement)。固定费率协定是参加班轮公会的会员公司协议为某一航线制定一个固定的运费率,所有会员公司都必须遵守,按照这个统一的运费率计收运费,不得有任何增减。最低费率协定是参加班轮公会的会员公司协议为某一航线制定一个最低的运费率,所有会员公司只能按高于或等于这一最低运费率计收运费,不得以低于这一最低运费率的运价计收运费。

最低费率协定实际上是一种承认了所谓"差别费率"的协定。这是因为考虑到参加班轮公会的会员公司的船舶设备、航速、船舶的性能等情况可能有所不同,而允许各会员公司以所规定的最低费率为下限来制定各自不同水平的运价。对于性能、设备优良的船舶,可以按较高的运价承运货物,反之则运价可较低。

班轮公会通常都将按货物等级分列的协定费率记载于被称为公会运价本(conference tariff)的小册子上。通常所说的费率本费率(tariff rate),就是指这种记载于公会费率本中的费率,有时也把这种费率称为公会费率(conference rate)。

当然,协定费率不可能包括所有全部货种,有时也根据航线的具体情况,将某些特定的货种从费率本中排除。这种未包括在费率本中的货物,一般称为议价货物(open cargo)。对于这种货物,参加班轮公会的会员公司可以自行规定费率,也可以由特定的人员随时决定费率。这种费率就是通常所说的议价费率(open rate)。

(2)统一安排营运

所谓统一安排营运,实际上是作出一些规定对会员公司的营运加以种种限制。这些限制主要有：

①限制航次及挂靠港口。在公会控制的航线上，分别规定各会员公司在一定时期内投入营运的船舶艘次数和一个航次的靠港数，并制定船期表，各会员公司都必须遵守。

②限制货载。关于限制货载的办法主要有两种：一种是分别为各会员公司划定装货区域（或港口），如远东班轮公会规定将北欧港口划归挪威、瑞典、丹麦的会员公司装货；各会员公司都可前往西欧港口装货，但规定蓝烟囱公司无权去安特卫普港等；另一种办法是规定各会员公司在一定时期内货载的分配数额，并为此项分配额规定一定的伸缩百分比，伸缩限度内的实际装货量将作为下期分配比例的依据。这种限制货载数量的办法常用于整批货物的运输。

(3)统筹分配收入

统筹分配收入(pooling)或称公摊制。这是一种将运费收入的全部或部分集中于公会，然后按预先规定的分配比例在各会员间分配，以平衡各会员公司的利益，并对某些为公会利益作出某些牺牲的会员船公司给予一定的补偿。

具体的作法是以会员公司交出的全部或部分运费收入汇集成统筹分配收入的基金或公摊基金，经一定期间，将此基金按过去的实绩所预先协定的会员公司的分配比例在期末进行分配。通常各会员公司交出的作为基金的运费收入是指扣除必要的经营成本以后的纯收入。

构成基金的运费收入，可能是所运输的所有货种的运费收入。但是，根据竞争程度的不同，也可能只是限定于特定货物的运费收入，或在特定港口装船的货物的运费收入。通常称这种特定的货物为统筹货物(pool cargo)，而称这种特定的港口为统筹港口或公摊港口(pool port)。

伴随统筹分配收入或公摊制，就产生了公会内各公司之间运费收入的摊出或补偿问题。一般超过了对其所规定的货载配额的“超载户”，要将其超收的运费(扣除成本)上缴，用以补偿未达到所规定货载配额的“亏载户”的损失。统筹分配收入或公摊协定一般以一年为期，对各公司的货载配额也每年调整一次，在下一年的协定中，应将“超载户”的货载配额调高，而对“亏载户”的配额则予以调低。

(4)统一经营

统一经营是一种为了防止无谓的竞争而采取的比统筹分配收入的办法更强有力的措施。

统一经营的办法是，参加班轮公会的会员公司，就各该航线的经营问题缔结统一经营的协议，将各该航线的经营业务分别委托给班轮公会中几个会员公司经营，并于期末由所有会员公司按事先约定的比例分摊班轮公会的盈亏。

实行统一经营不仅可以防止无谓的竞争，而且也能节约经费开支，实现经营合理化。

2. 防止或对付外来竞争的业务措施

为了达到防止或对付外来竞争的目的，班轮公会常采用的措施有：

(1)延期回扣制

延期回扣制(deferred rebate system)是班轮公会早期采用的方法，其后主要在以欧洲为中心的班轮公会(亦即“封闭式公会”)中使用。

延期回扣制是班轮公会为争揽货载而采用的一种特殊的回扣制度。回扣制度的一般做法是：货主与公会签订所谓“忠诚信约”(loyalty contract)，在一定期间内，货主将自己的货物全部交由经营某一班轮航线的班轮公会运输，即所谓对公会“忠诚”，这样在计算期(account period)届满时，可按整个计算期间所支付的运费总额的一定比例从班轮公会取得回扣(rebate)。但是，在延期回扣的情况下，货主欲取得本期应得的回扣，还必须在下一计算期内将自己的货物也交给公会承运。也就是说，货主必须在与这一个计算期相连续的下一个延续期间（period of deferment）内，同样表示出对这一班轮公会的“忠诚”，即同样将自己的全部货物交由这一公会运输时，才能取得上一计算期内应得的全部回扣。通常的做法是，在第一个计算期届满时，货主只能取得回扣的半数，另一半回扣则在延续期届满后才能取得。延期回扣的回扣率由托运人与班轮公会商定，并不公开，一般为公会运价的9.5%～12.5%。

延期回扣制在连续的两段期间都约束着货主。在这两段期间内，只要货主有一次将货物交给公会以外的船舶运输，就将被剥夺享受回扣的权利。

美国和日本都认为这种制度不利于正常交易的进行，所以都在法律中禁止采用这种制度。不过后来日本修改了海上货物运输法，规定在对货主没有不适当的约束的情况下，可以采用这一制度。

(2)合同费率制

在“开放式公会”中一般都采用合同费率制。正如上述，合同费率制实际上是延期回扣的代替方式。

班轮公会与各货主集团之间，常常以合同的形式约定，如果货主将所有的货物全部交由班轮公会所属的船舶运输，则班轮公会可以保证供应所需的运力，而货主则可以享受特别低廉的公会运价，或享受运价不变的待遇。通常将包含这些内容的合同称为“全部交运合同”或“保护合同”（exclusive partronage contract）。在全部交运合同中规定的适用于这种合同的特别运价就是合同费率（contract rate）。

与合同费率相对，班轮公会为未与其签订这种全部交运合同的货主，即非合同货主（non contract shipper）所规定的费率为“非合同费率”（non cantract rate）。

合同费率制（contract rate system），也叫做双重费率制（dual rate system）。在这种制度下，公会的费率本中分别规定了合同费率和非合同费率。对于与班轮公会约定了将全部货物交由班轮公会所属船舶运输的合同货主，按照合同费率计收运费；而对于未与班轮公会缔结合同的非合同货主，则按照非合同费率计收运费。如果班轮公会发现合同货主将自己的货物交由公会以外的船舶运输时，则货主须按照规定向班轮公会支付罚款。

在法律规定不允许采用延期回扣制的情况下（如美国），采用合同费率制是班轮公会与非会员公司竞争的最好方法。但是，这一制度是否与禁止采用延期回扣制的国家的有关禁止垄断的法律相抵触，常常是有争议的问题。结果往往以合同费率制的合同内容如何来判定是否合法。

合同费率制的合同内容中最成问题的是合同费率与非合同费率的差率（spraed）以及违约罚款的费率。日本的公平交易委员会在1950年曾规定差率应在9.5%以内，违约罚款费率应在合同费率的50%以下。1951年美国曾对合同费率制作出违法的判决。这一判决作出后，立刻成为争论的焦点。于是1961年美国将所谓“波那法案”立法化，在一定条件下，原则上承认合同费率制的合理性，并且规定合同费率和非合同费率的差率应在15%以内，违约罚款额应在实际损失额的范围之内。

除了双重费率制外，有些航线的班轮公会为了更进一步排挤非会员公司的船舶，在原来的合同费率中又追加了新的条款，形成所谓三重费率制（three tier rate system）。这种三重费率制是由合同费率、非合同费率和特别合同费率等三种费率组成的。使用三重费率制的目的是为了防止缔结了双重费率合同的合同货主以FOB价格条件出口货物（因为以FOB价格条件出口货物时将由买方指定装运船舶）。也就是说，在双重费率合同中另外追加禁止合同货主以FOB

价格条件出口货物的条款。条款规定,如果合同货主在一定的期限内不以 FOB 价格条件出口货物,则可适用低于原定合同费率的特别合同费率。一般合同费率比非合同费率低 10%左右,而特别合同费率则比非合同费率低 20%左右。

除上述明文规定的延期回扣和合同费率外,各公会为了争夺货载,还向货主提供名目繁多、花样百出的暗扣。据美国国会一次听证会的调查材料,这些暗扣从香槟酒餐会到现金回扣,不下 100 余种。

(3)安排战斗船

安排战斗船(fighting boat)是班轮公会与非会员船舶进行竞争的一种相当原始的方式。当公会所经营的航线上出现了非会员公司的船舶进行营运时,班轮公会即按照与非会员公司所属船舶相同的开航时间和靠港派出战斗船,以低于非会员船公司所属船舶的运费率接受货载。经过压价、再压价多次反复的较量,直至对方无法维持,被迫退出在该航线上的营运,或接受公会的条件时,战斗船才退出竞争。至于战斗船在竞争中所产生的一切损失,则由公会成员共同承担。

3. 加强公会内部团结、防止分裂的新措施——"运价动议制"(rate initiative)和"独立行动权制"(independent action)

自从班轮公会在世界班轮运输中占有统治地位后,几乎垄断了世界班轮货运量的 90%。但是,1975 年以后,由于资本主义航运业陷入长期性危机,使国际班轮市场上的竞争变得非常激烈;集装箱运输经营的集团化,加强了与班轮公会抗衡的力量;托运人组织的纷纷成立,提高了托运人的谈判地位;"班轮公会行动守则公约"的通过和生效,也在一定程度上限制了班轮公会的活动。种种原因使班轮公会的统治地位受到了动摇。这时,不但大量的非会员船公司的船舶涌入班轮公会所经营的航线,而且有许多颇具影响的会员船公司退出公会,或者独立进行竞争,或者另行组织运费协定(rate making agreement),其结果,不但使一些班轮公会几乎处于瓦解状态,而且在一些航线上出现了使班轮公会失控的公会、运费协定和会外船的三重结构。

为了缓和内部矛盾,争取退会船公司重返公会,更有力地应付会外船公司的挑战,并加强公会的谈判实力,各班轮公会都采取了一些过去没有采用过的变通办法。除采用各种新的运价体系外,在决定运价的生效方面,从过去"多数表决原则"逐渐过渡到"遵重少数原则"。于是,出现了以欧洲为中心的班轮公会所采用的"运价动议制"和以美国为中心的班轮公会所采用的"独立行动权制"。

(1)运价动议制

运价动议制是以欧洲为中心的班轮公会所采用的,在决定运价方面给会员公司以较大权限的办法。当班轮公会以外的会外船大幅度降低运价,导致班轮公会在该航线上承运的份额下降至 70%以时,任何一个会员船公司都可提出设定新运价的动仪。但是,这种制度只是作为对会外船进行竞争的变通措施。作为条件,只有在提出动议后,有另外一二家会员公司给予附议,同意采用后经过 30 天,新运价才生效并对全体会员公司有约束力。

(2)独立行动权制

独立行动权制是以美国为中心的班轮公会所采用的,在决定运价方面给会员公司以更大权限的办法。即允许会员船公司独立设立与公会原则规定的内容和期限不同的运价,并在发出通知后不多于 10 个日历天生效。1998 年美国"航运改革法(Ocean Shipping Reform Act, OS-RA)"对班轮公会的权利又作出进一步限制,将公会成员采取独立行动的生效时间由不多于 10 个日历天改为不多于 5 个日历天,这意味着公会成员可以更快地采取"独立行动"。

为了避免滥用这一权限，有的公会规定，这种运价要经公会会员船公司3/4多数票表决通过，并且要有另外一个会员船公司予以实际采用才能生效。

尽管为了加强公会的团结、避免分裂，班轮公会作了很大的让步，既采用了类似运价动议制或独立行动权制等比较灵活的设定运价的办法，在准入条件与管理机制方面也日趋弹性化，使公会的凝聚力有所恢复，一些已退会的船公司又重新返回班轮公会。但是传统的班轮公会毕竟是一种具有卡特尔性质的国际航运垄断组织，公会通过固定费率、货载分配等政策取得高额利润的做法，实质上是以减少产量、抬高价格、降低社会总效益为代价的，更何况自20世纪80年代航线稳定协商组织（Stabilization Agreements Organization）的出现，继而联营体（Consortium or Consortia）的组成，到1996年初战略联盟（Strategic/Global Alliances）的形成，在班轮运输经营模式的变革中，从各种经营模式所取得的成效看，也反映出班轮公会这一模式既不能满足船舶日益大型化的资金密集型的集装箱班轮运输对巨额资金及充足货源的需求，更与全球经济一体化的条件下，一些大的跨国集团对集装箱班轮运输的需求格格不入。时至今日，班轮公会除在促进航线的稳定发展，维持规范的业务，维护会员公司的利益等方面还具有一定的影响力外，再想凭借其固定费率、货载分配政策获取高额利润已相当困难。据此，如果说班轮公会的功能将日益削弱，恐怕并不是杞人忧天。

三、班轮公会行动守则公约

1．联合国班轮公会行动守则公约的制定

在历史上，由世界上大多数国家对属于世界性的总政策达成协议是不多见的。而对于某一特定的行业的具体业务的做法及其准则作出详细的建议，并最终达成协议就更难能可贵了。由此可见1974年4月6日，联合国贸易和发展会议的72个成员国对《班轮公会行动守则公约》（Convention on a Code of Conduct for Liner Conference，1974）进行投票表决，并最终以60票赞成、7票反对、5票弃权获得通过的重要意义了。

第二次世界大战后，越来越多的中小国家取得了民族解放和国家独立，使世界政治、经济形势发生了深刻的变化。进入20世纪60年代后，为了发展民族经济，维护国家权益，发展中国家进一步地团结起来不断在政治、经济各方面进行反对帝国主义、殖民主义和霸权主义的斗争。在国际经济领域的斗争中，发展中国家强烈要求改变旧的经济体系，建立新的世界经济秩序，他们在斗争中形成的“七十七国集团”，更在这些斗争中发挥了主力军的作用。

在国际航运领域里，发展中国家强烈反对发达国家所控制的班轮公会的种种做法。他们认为班轮公会把运价订在有利于工业国而不利于原料出口国，有利于发达国家而不利于发展中国家的水平上是尤其不合理的。他们要求制定一个相应的公约来改变或者至少约束班轮公会的种种不合理的做法和不公平的现象。根据这种要求，“七十七国集团”在1972年4~5月间在智利的圣地亚哥召开的第三届联合国贸易和发展会议（United Nations Conference on Trade and Development，UNCTAD）上提出了一个“班轮公会行动守则公约草案”。联合国大会在1972年12月19日相应地作出了第3035号决议，提请联合国秘书长在1973年的尽可能早的时间，在联合国贸易和发展会议主持下召开全权代表会议来审议通过一个关于班轮公会行动守则的公约，或任何其他具有法律约束力的多边文件。贸易和发展会议经过1973年10月和1974年3月的两届会议，于1974年4月6日在日内瓦制定并通过了《班轮公会行动守则公约》（以下简称《守则公约》）。

《守则公约》的通过，体现了在政治、经济利益和观点存在着巨大差异的发展中国家和发达国家,特别是海运业在其国民经济中有着重要影响的发达国家之间的妥协。尽管《守则公约》在许多方面保护了发展中国家的利益,而《守则公约》的最后通过也将适用于发达国家。但是,由于《守则公约》在“公会的活动和作用”方面所反映的观点,反映了大多数国家,甚至可以说是世界性的观点,最终还是迫使某些发达国家不得不作出一些让步。

在通过《守则公约》的会议上,投票赞成的国家除许多发展中国家外,还包括前苏联在内的东欧国家和澳大利亚、比利时、法国、德国、日本、西班牙和土耳其7个“经济合作与发展组织”(Organization for Economic Cooperation and Development,OECD)国家。OECD组织的另外5个成员国,包括加拿大、希腊、意大利、荷兰和新西兰则投了弃权票。至于投反对票的国家则有丹麦、芬兰、挪威、瑞典、瑞士、英国6个欧洲国家和美国等。这些国家投反对票的理由,除瑞士出于坚持一贯不参加国际公约的立场和是一个高价值商品出口国,运价的高低对其国民经济不会有多大影响这一理由外,另外5个欧洲国家投票反对的理由是,他们担心《守则公约》对第三国参加运输的限制可能会潜在地有害于他们的国有船队。

至于美国,虽然《守则公约》中的货载分配原则有利于美国船队,但是,从反托拉斯原则以及美国所采用的通过政府补贴和将政府物资优先安排本国船舶运输以促进本国船队发展的政策考虑,美国还是投了反对票。这不仅反映了美国海运政策的独特个性,而且也说明美国是确实投票反对《守则公约》的惟一国家。

2. 班轮公会行动守则公约的内容

《守则公约》分7个部分共54条条文和1个附件。综观全文,可以说《守则公约》对班轮公会的存在并不是持否定的态度,而是“希望改进班轮公会制度”,其措辞也是留有余地的。这一方面反映《守则公约》本身是一个妥协的产物;另一方面也反映对公会制度的改善只能是逐步的,只能通过《守则公约》的实施,使班轮公会逐渐调整到《守则公约》所确立的原则上去。《守则公约》的主要内容包括:

(1)制定公约的目标和原则

《守则公约》一开始就阐明了各缔约国所同意的,在《守则公约》内反映的基本目标:“便利世界海洋货运的有秩序扩展;促进适应贸易需要的、定期的和有效率的班轮服务;保证班轮航运的提供者和使用者之间的利益的均衡”。为了实现这些目标,各缔约国还同意遵守以下原则:“公会的各种办法不应对任何国家的船东、托运人或对外贸易有任何歧视;公会与托运人组织、托运人代表和托运人就共同关心的事项进行有意义的协商,如经请求,有关当局亦可参加;公会的活动如与关系方面有关,公会应向他们提供有关其活动的资料,并应公布有关其活动的有意义的情报”。

将《守则公约》所规定的条文精神与上述目标和原则结合起来看,就可以看出发展中国家在反对航运大国垄断班轮运输,重整国际航运秩序和消除种种不公平现象方面的强烈愿望已得到广泛的认同,国际航运大国垄断班轮运输的基础已经开始动摇。

(2)班轮公会的定义

《守则公约》在定义一章中将班轮公会定义为:“两个或两个以上使用船只的运输商的团体,这些运输商在特定的地理范围内,在某一条或数条航线上提供运送货物的国际班轮服务,并在一项不论何种性质的协定或安排的范围内,按照划一的或共同的运费率及任何其他有关提供班轮服务的协议条件而经营业务”。这就是说,《守则公约》所承认的班轮公会必须具备下述几个条件:

①在确定的航线上经营班轮运输;

②两个或两个以上的船公司受约于一项协定或类似的协定；

③有一个统一的费率本。

事实上，现在的几乎所有的班轮公会组织都符合这一规定。因此，都应该认为是公约所承认的班轮公会。

(3)关于会员资格

关于航运公司加入班轮公会的条件，《守则公约》中虽然没有涉及“开放式公会”和“封闭式公会”的词句，但是从《守则公约》既没有为航运公司加入班轮公会设置种种限制，也不承认航运公司可以无条件加入班轮公会的规定看，它是趋向于采用介乎“开放式公会”和“封闭式公会”之间的公会制度的。《守则公约》第一篇第二章第1条第1款规定：“任何国家的航运公司都有权成为承运其国家对外贸易货物的公会的正式成员”。但是，同条第2款又规定：“申请参加公会的航运公司应提出证据，证明其有能力和愿望，按照公会协议的规定，在公会营运范围内，长期地经营定期的、适当的和有效率的航运服务”。并且“保证遵守公会协议的一切条款”。“并应于公会协议中有此规定时，提出财务担保，以便在以后退会、会籍中断或被开除会籍时，能够履行未清偿的债务”。不仅如此，就是对于不是任何航线上的国家的航运公司在入会问题上，也规定只要符合上述第2款所定标准的规定并且遵守《守则公约》规定的涉及第三国航运公司的关于货载份额的规定，也有权成为该公会的正式成员。不过，在这种情况下的入会，《守则公约》所规定的要求要更严格一些，即按照同条第3款的规定，在审查这些航运公司的入会申请时，还要考虑“公会经营航线的现有货运量及其增长的展望”和“公会经营的航线对现有和预期的货运量是否有足够的舱位”等。这就意味着当航线上的运力过剩时，第三国船队将会被排斥于公会之外。在这一点上，又有些类似“封闭式公会”的规定。

(4)货载分配的准则

《守则公约》第一篇第二章第2条中，对货载分配时应遵守的准则规定为：“被接纳为会员的任何航运公司，应在公会所经营的航线范围内享有航次和装货的权利”，“公会实行公摊制度时，在公摊制度的范围内参加货载承运的所有会员公司都有权参加该航线的公摊”，“两国之间的对外贸易由公会承运其货载时，这两国的国家航运公司集团参加承运彼此间对外贸易的，由公会承运的货物，在运价和数量上享有同等的权利”，“倘有第三国的航运公司参加该航线的货载承运，它们有权获得运费和数量中的一个相当大的部分，例如百分之二十”。

这就是有名的“四四二”(40∶40∶20)货载分配原则。根据这一原则，它明确了在班轮公会服务的航线上，公会揽运的货载，由航线两端国家，即贸易双方当事国的会员航运公司各自承运40%，其余20%由第三国会员公司承运。这样，既以具体的规定维护所有参加公会的航运公司在航次和装货安排上应享有的权利，纠正过去公会内部以强凌弱、以大欺小的实力政策；也维护了发展中国家船公司载运本国进出口货载的当然权利，为建立和发展发展中国家的班轮船队提供有利的条件。

(5)关于公会协议

《守则公约》第二章第3条对公会作出协议的程序规定：“一项公会协议所包含的作出决定的程序，应以全体正式会员公司一律平等的原则为基础；这些程序应保证表决规则不致妨碍公会的正常工作和航运服务，并应规定将以一致赞同作出决定的事项。但是，没有经过两国的国家航运公司的同意，不能对公会协议中规定的有关这两国间贸易方面问题作出决定”。

另外，《守则公约》第二章第6条规定：“所有的公会协议以及公摊、靠港和航次权利的协议和修正，或其他直接有关及影响这种协议的文件，都应在接到请求时，提供给其货载由公会承运的国家及其航运公司为公会会员的国家的有关当局”。

这些规定说明了在发展中国家的共同努力下,传统航运大国已不得不对发展中国家要求在公会内部享有平等权利的强烈愿望作出让步,同意所有参加公会的会员公司都享有平等权利的原则。这也是发展中国家在建立航运新秩序的斗争中所取得的巨大胜利。

(6)关于忠诚信约

忠诚信约是托运人与班轮公会会员协议,将由他掌握运输的货物全部交由该会员公司运输,如违反约定,则须按约定支付赔偿金或违约金。而班轮公会的会员公司则将适用于该托运人的运费率规定在适用于其他托运人运费率的一定百分比之内。

《守则公约》第一篇第三章第7条规定:“为公会会员的航运公司有权与托运人订立并维持忠诚信约,其形式和内容由公会与托运人组织或托运人代表协商议定”,并规定“这种信约应以契约制或任何其他合法制度为基础”。

作为忠诚信约中规定的班轮公会和托运人的权利和义务,公约第7条第2款规定:“不论签订何种忠诚信约,都应将适用于忠诚托运人的运费率规定在适用于其他托运人的运费率的一定百分比之内”,“托运人应对根据有关购买合同条件由其掌握或由其分支公司或子公司或运输代理人掌握运输的货物承担责任,但托运人不得用规避、隐瞒或中间人的手法,企图违反忠诚信约,转移货物”,“如订有忠诚信约,合同内应明确规定赔偿金或违约金及(或)罚金的范围,但公会会员公司得决定征收较低额的违约金或放弃征收违约金”。

从这些规定看,似乎只要遵守某些规定,《守则公约》并没有禁止使用延期回扣。但是可以看出《守则公约》更倾向于承认以合同费率制作为班轮公会会员公司兜揽货载的手段,同时也规定了在采用合同费率制的条件下,托运人享有以低于通常的运费率交运货物的权利,但托运人也负有将其所掌握的货载交由班轮公会会员公司运输的义务。如果托运人违反信约,则应负违约责任。

(7)关于协商及解决争议

《守则公约》第一篇第三章第7条要求班轮公会建立能使托运人组织、托运人代表或在可能情况下与托运人在广泛的范围内,就共同关心的问题进行协商的机构。并规定:“此种协商应根据上述任何一方的请求随时举行”。“有关当局如提出要求,应有权充分参加此种协商,但他们的参加并不意味着具有作出决定的作用”。关于可作为协商的主题和在属于公会活动范围内可作为协商的主题,则在同条第2款和第3款作了具体的规定。

另外,《守则公约》第二篇第六章“解决争议的规则和机构”一章中,在第23~46条还规定了有关各方对《守则公约》条款的适用或实行发生争议时,解决争议及国际强制调解的程序。由于这些规定与欧洲船东协会/欧洲国家托运人协会(CENSA/ESC)有关班轮公会行动准则的规定非常相似,而且更详细一些。因此,欧洲船东协会的成员国都明确地表示他们的政府同意《守则公约》的规定。

(8)关于运费率

《守则公约》第一篇第四章第12条规定:“运费率应当在商业上可行的范围内尽量确定在最低水平,同时应当使船东能有合理的盈利;班轮公会的营运成本,原则上应按船舶的往返航程估计,去程和回程视为一个航程。在适用时,去程和回程应分开考虑;运费应考虑到除别的因素外,货物的性质,货物的体积与重量的相互关系,以及货物的价值”。

广大的发展中国家在向班轮公司托运进出口货物时,常常感到不少船公司把运费率定在一个不是商业上可行的水平上,船东的盈利已经高到不合理的程度。特别是在一些因没有能力建立自己的船队，而又不能因没有自己的船队而不进行贸易的国家和地区，除接受班轮公司的高运价外，别无它途。因此迫切希望能将运价控制在一个合理的水平上。《守则公约》的规定体现了要求尽量减少这种不公平现象的愿望。

另外，有些原料本身价值很低，相比之下运价却很高，使托运人可能要把货款的大部甚至极大部分用来支付运费，这当然也是不合理的。所以《守则公约》规定："在确定特定货物的促进贸易性运费率或特别运费率时，应考虑到包括公会承运其货载的国家，特别是发展中国家和内陆国家在内这些货物的贸易情况"。

关于运费率的调整，《守则公约》第四章第 14 条规定："公会应将其实行全面提高运费率的意图至少于 150 天前或依照区域惯例及(或)协议通知托运人组织或托运人代表及(或)托运人，并于有此要求时通知公会经营其货运的各国有关当局。通知时应说明提高的幅度，实行的日期以及提高运费率的理由，公会对根据本守则生效的运费率进行任何的全面提高时，应订明最低限度的适用期，但应预先计入关于附加费和关于因外汇汇率变动而导致的运费率调整的规定"。这就是说，公会要提高运价时，至少须在 5 个月前通知托运人或托运人组织。通知的内容应包括提高的幅度，实行的日期以及提价的理由，使托运人有时间去认真考虑提价对他将要进行的贸易可能造成的影响和应采取的对策。如果托运人认为公会提出的提价理由不充分时，也有时间去向公会申诉，提出自己的看法，以争取双方的意见能有所接近。

虽然《守则公约》为班轮公会的提价规定了提价通知的期限，但是如果运费的变动过于频繁或运费率虽不变动，但班轮公会却以特殊情况为理由，利用附加费可以比较方便的变动的特点来变相增加运费的做法，对托运人来说也是非常不利的。为此，《守则公约》对调整运价的时间间隔和附加费的收取和取消也做了相应的规定。

关于运价调整的间隔，《守则公约》规定："一次运费率的全面提高的生效日，与依照第 14 条第 1 款就下一次运费率的全面提高发出通知之日，两者之间的间隔最短不得少于 10 个月"。这就是说，一次新的运价的调整，至少须在上次提价生效 10 个月以后才再考虑。

关于限制班轮公会以种种借口增加附加费来变相提高运费率的问题，《守则公约》规定："公会因费用的突然增加或异常增加或收益减少而收取的附加费，应视为临时性质。上述附加费应随着所面临局势或条件的改善而减少，并应在促使其收取此项费用的局势或条件不再存在时立即撤销"。

总之，制定运费率从来就是班轮公会用以排挤非会员船公司、垄断货源、追求高额利润的有力武器。《守则公约》在运费率方面所作的种种限制，使班轮公会的活动不得不有所节制，这显然是发展中国家在建立航运新秩序的斗争中所取得的又一成果。

(9)关于战斗船

《守则公约》禁止过去出现过的派战斗船与非公会船舶进行竞争的做法。第 18 条规定："公会会员不得在公会营运的航线上使用战斗船驱逐非公会会员的航运公司，以达到排除、防止或减少竞争的目的"。

(10)关于生效条件

《守则公约》第二篇第 49 条规定了两个生效条件：其一是至少有 24 个国家参加；其二是参加的国家须有定期航线的班轮，其杂货船吨位须占世界杂货船吨位的 25%。至 1983 年 4 月 6 日，已有 58 个国家履行了批准加入的手续，其杂货船吨位也占世界杂货船总载重吨位的 28.67%。按照具备以上两个条件"之日算起 6 个月后开始生效"的规定，这个在世界班轮运输中具有重要意义的公约，终于在 1983 年 10 月 6 日正式生效。

从《守则公约》的内容，以及《守则公约》获得通过并最终生效的整个过程看，可以说它是一份具有重大意义的国际公约。它是在赞同班轮公会继续存在的前提下，以有利于班轮运输的充分合理化和使运力供求平衡为目标，通过忠诚信约和货载公摊协议，以及强制性协商为基础的协商制度，在谋求班轮公会和托运人之间的利益均衡方面，走出了重要一步的国际公约。它的通过和生效也体现了世界大多数国家在寻求能使班轮运输有效运行的模式方面所做的积极努力。在通过《守则公约》的会议上，72 个国家中虽然有 7 个国家投票反对，但这 7 个国家中，除美国和瑞士基于政策和法律的原因，对《守则公约》持反对态度投票反对外，其他如丹麦、芬兰、挪威、瑞典、英国等 5 国，也支持强有力的班轮公会，所反对的只不过是关于货载公摊的规定而已。所以，在允许批准国家作出保留加入公会的条件下，尽管许多批准国家在各个方面作出保留，但最终还是参加了公约，使这一公约得以生效。

我国从支持发展中国家的正义立场出发，对《守则公约》的制定、通过和生效始终作出了积极的努力，并率先在 1980 年 9 月 23 日批准加入这一公约。不过，在我国的远洋运输企业没有加入任何一个班轮公会，因此在不涉及履行《守则公约》条款的任何具体义务方面也做了保留。

第三章　集装箱运输业务

第一节　集装箱运输的概况

一、国际海上集装箱运输的发展概况

追溯集装箱运输发展的历史，集装箱的使用，首先是从铁路、公路运输开始的。19世纪，美国铁路曾用集装箱装载木材进行运输。英国铁路也使用过集装箱进行货物运输。20世纪50年代中期，美国的铁路运输公司为对付因公路运输的迅速发展而引起的竞争，以铁路运输和公路运输相结合的方式，采用了将载有集装箱的半挂车装载于铁路平板车辆上的“驮背”运输(Piggy back transport)形式，开始了“门到门”的运输。

海上集装箱运输开始于军事物资的运输。第二次世界大战中，美国军队利用集装箱在海上进行军事物资的运输，证明使用集装箱能够大量、迅速和安全地运输货物。战后，各国的经济得到恢复和发展，国际贸易量大幅提高，集装箱运输方式也逐渐为海运和空运所采用。1956年4月，美国海陆公司(Sea Land Service Inc.)的前身，泛大西洋轮船公司将一艘T-2型油船改装，设置了用以在甲板上装载集装箱的平台，一次载运16个集装箱航行于纽约—休斯顿航线，经过3个月的试运，证明效果良好，每吨货物的装卸费用从原来平均5.83美元下降至0.15美元，为普通货船装卸费用的1/37。

泛大西洋轮船公司在试运集装箱取得成功的基础上，决心以更完美的方式从事国内航线的海上集装箱运输。1957年10月，泛大西洋轮船公司又将一艘C-2型货船改装成滚装船，航行于波多黎各航线，从而出现了专用集装箱船。

1960年4月，当集装箱运输的优越性得到普遍认同后，为了更充分地显示经营集装箱联运的特点，泛大西洋轮船公司改名为海陆运输公司。1961年5月，这个公司开始了经由巴拿马运河的纽约—洛杉矶—旧金山的集装箱运输，以后又开辟了阿拉斯加航线，从而奠定了在国内航线进行集装箱运输的基础。

1966年4月，海陆运输公司又以经过改装能载运226个35ft集装箱的全集装箱船航行于纽约—欧洲航线。于是在国际航线上出现了集装箱运输。

比海陆运输公司稍晚一些，本来以经营国内航线运输为主的马托松轮船公司(又译麦逊轮船公司，Matson Navigation Co.)在自己所经营的美洲沿岸—夏威夷航线上，用货船“马祥”号，将8ft×8ft×24ft集装箱装载于舱面试运集装箱，一举获得成功。在此基础上，马托松公司既致力于促进干线运输的集装箱化，大力发展自己的集装箱船队，又致力于主要港口间放射状支线运输(feeder service)的开发，建立了使用驳船在夏威夷诸岛间运输集装箱的所谓“夏威夷诸岛间集装箱驳运系统”(Inter Hawaiian Island Container System)和以小型集装箱船为中心的支线运输网，使集装箱货物从各地向主要港口集中，以进一步加速集装箱船的周转。

尔后，1967年9月，马托松轮船公司又派船航行于日本—北美太平洋岸航线。从此揭开

了在太平洋航线上进行集装箱运输的序幕。

在美国船舶所有人的集装箱船活跃于大西洋和太平洋的启发下,日本和欧洲各国的班轮公司也开始大量建造中型集装箱船,建立集装箱船经营体制,进入经营集装箱运输的行列,继美国之后,相继在联接日本、欧洲、美国、澳大利亚等地区的主要航线上开展集装箱运输。至70年代初,已有10余条主要航线基本实现了集装箱化。1971年底约有160余艘,约277万载重吨的全集装箱船就航。再加上半集装箱船在内,每年运输集装箱的能力约为128万TEU。

1971年末,51139总吨,航速为26kn,可装载1950个TEU的大型、高速集装箱船“镰仓丸”就航于远东欧洲航线。接着,1972年海陆公司也将全长288m,可装载1968TEU约9.8万kW(12万马力)和航速为33kn的超大型、超高速的全集装箱船投入营运。以此为开端,日、英、德等3个国家的三家船公司的联营组织——Trip Group,丹麦、荷兰、法国、瑞典、挪威等国船公司的联营组织——Scanduch Group和美国的海陆公司等相继将大型高速集装箱船投入营运。从此,集装箱运输从载箱量约为700TEU,航速22~23kn的第一代集装箱船时代进入了与第一代集装箱船相比,载箱量高达3倍,航速也快3~5kn的第二代集装箱船时代。这时的集装箱运输,就船型而言,已以高速的、载箱量为2000TEU的全集装箱船为主;就运输距离而言,已从单一联接大洋对岸港口的跨洋运输延伸到跨越两个大洋的运输;就运输路线而言,既形成了集装箱支线运输网,也出现了陆桥运输。这时,不但海运发达国家尽力扩大本国的集装箱船队,就是发展中国家也开始建立本国的集装箱船队,而集装箱船公司之间的联合经营也开始盛行。在这种情况下,1971年以后至80年代初的一段期间内,世界集装箱船舶的艘数和载运能力都有了大幅度的增长。据统计,至1980年1月1日止,全世界共有各种类型的集装箱船1418艘,载运能力约为109万TEU。其中,绝大部分集中于海运发达国家,约占总载运能力的80%。前苏联约占4%,发展中国家约占11%。到1983年底,仅总登记吨在3000t以上、载箱量在150TEU以上的吊装式和滚装式的全集装箱船即已达779艘,载箱能力916416TEU,计1742.7万载重吨。

20世纪80年代,世界集装箱运输又有了新的发展。其中最重要的标志是环球航线的开辟。1984年,长荣公司先后投入了以“长圆轮”和“长智轮”为代表的22艘载箱量为1800TEU、航速为20kn的集装箱船,投入环球运输,分东西双向发船,7天对开一班,运营取得了巨大成功。当时,美国班轮公司(USL)紧随其后也开辟了环球航线,所不同的是使用11艘航速为18kn、载箱量当时最大(4500TEU)的集装箱船,实行环球单向航行。为了提高大船的装载率,USL为环球航线安排了较多的靠港,以致降低了货物送达速度,造成货主不满,同时,单向行驶也产生了严重的空箱调运问题,最终造成竞争不利,被迫于1987年宣布破产。

以开辟环球航线为开端,世界海上集装箱运输产生了明显的变化。由于先后两次石油危机和第一代集装箱船已进入更新时期的影响,在此期间,出现了以节省能源和提高运输效率为主要目标的第三代集装箱船。出于节能的考虑,第三代集装箱船的航速有所降低,一般为20kn左右;而从提高营运效率考虑,一方面使船员有所精简,另一方面则大幅度地提高载箱能力。一般的载箱能力在3000TEU左右,而且所载运集装箱的规格已不再局限于国际标准化组织推荐的规格,开始采用45ft和48ft的集装箱。在运输组织方面,为充分发挥集装箱运输的优势,不仅码头的集装箱装卸设施日趋大型化、高速化、自动化,而且也使多式联运有了一定程度的发展。这一时期的世界集装箱运输可以说已从普及、发展,进入成熟时期。

当时,在世界范围内,所有的集装箱船主要分布于远东/北美,远东/欧洲、地中海,北美/欧洲、地中海,澳大利亚,中东,中南美,非洲和印度8条航线上。其中尤以远东/北美,远东/欧洲、地中海，北美/欧洲、地中海3条航线更为集中。而长荣公司环球航线设计了“太平洋—巴拿马运河—大西洋—地中海—苏伊士运河—印度洋—太平洋”环绕地球的航行轨迹，通过东行和西行两个不同方向的穿梭航行，使各主要港口的集装箱货物能及时运往目的港，同时也减少了集装箱的空箱回运。

进入90年代，世界经济的全面复苏对航运市场产生了积极的作用。集装箱运输市场上，各条航线的货运量均表现出强劲的增长势头。到1994年11月1日止，集装箱船运力已达5715艘，410万TEU。虽然货运量及集装箱船仍集中于远东/北美，远东/欧洲、地中海，以及北美/欧洲、地中海等三大主干航线的格局并未改变，但是各大船公司投入营运的船舶趋向于大型化的倾向已日益明显。世界集装箱运输三大干线中，远东/北美航线的距离约为7000n mile，远东/欧洲航线约11000n mile，北美/欧洲航线约4000n mile，这3条航线运量充沛，最适于使用大型集装箱船，因而集装箱班轮公司通常首先在这些航线上使用大型集装箱船，以增强竞争力。

截至2004年年底，世界格栅式全集装箱船队运力已远远超过700万TEU，而且与前几年一样，运力仍然以每年10%左右的速度增长。由于运力增长过猛，有些国家和地区港口已出现拥挤和“压船”现象，尤其是美国和欧洲的港口集装箱处理能力难以满足集装箱贸易增长的要求。但在同时与此形成对照的是，亚洲特别是中国的港口能力增长迅速，东西方港口能力的差距在扩大。

总体上看，由于世界范围内国际贸易量的持续增长，集装箱运输需求旺盛，运力供给配合迅速，集装箱运输发展前景看好。

我国的集装箱运输也是首先从铁路运输，继而在国内航线试运后才逐渐发展起来的。为了适应对外贸易发展的需要，1973年，中国外轮代理公司、中国远洋运输总公司和中国对外贸易运输总公司共同出面，与日本新和海运株式会社、日新仓库株式会社协商，于同年9月在上海—日本横滨、大阪、神户等港之间开始用普通杂货船捎运小型集装箱的试运工作。首航，日轮载运8ft×8ft×10ft的集装箱21个，8ft×8ft×8ft的集装箱13个，共34个集装箱至上海，停靠在上海港第九作业区。在1.5h的时间内，将34个集装箱全部卸下，卸货、拆箱时间平均为每箱12min，箱货完好无损。同年10月，又在天津—横滨、大阪、神户等港间进行小型集装箱试运。自1973年9月至1975年底，历时2年零3个月的试运期间，中日双方共派船89个航次，载运集装箱2399个，运货7503t，其中进口40个航次，共运箱1204个，出口49个航次，共运箱1195个。通过这个阶段的试运，既为我国开展国际集装箱运输积累了经验，也锻炼了业务人员组织管理集装箱运输的能力。在此基础上，中日双方共同表示要创造条件，进一步使用20ft和40ft大型国际标准集装箱进行海上运输的意向。

1974年1月，天津出口商率先使用8ft×8ft×20ft国际标准集装箱装载出口货物。

1977年，我国交通部成立集装箱运输筹备小组，着手在上海、天津和青岛港配备必要的集装箱吊装机械、吊具和运输车辆。与此同时，作为我国国际集装箱运输主力的中国远洋运输总公司也开始购置集装箱船，发展集装箱船队，培训业务人员，进行运输组织的筹备工作。1977～1980年，中远系统先后购置了7047载重吨的“平乡城”半集装箱船和8艘新滚装船，以及3艘二手滚装船和8艘半集装箱船，共5353TEU箱位，形成了初具规模的集装箱船队。关于开辟集装箱运输航线，从1978年交通部和对外贸易部组织有关单位落实中国—澳大利亚航线班轮开航准备工作，同年9月26日，上海远洋运输公司以“平乡城”载箱162个首航墨尔本，取得成功，正式开辟了中国—澳大利亚集装箱定期班轮航线。此后，新辟国际集装箱航线逐年增加。

1981～1985年的"六五"期间，中远系统的集装箱船队得到了第二次发展，在购置半集装船的同时，致力于发展全集装箱船队。到"六五"期末，共拥有各类集装箱船51艘，5.6万TEU箱位。1981年2月15日，上海远洋运输公司派船从天津新港和上海港装运582个集装箱和351个托盘首航美国，2月28日到达旧金山港卸货，开辟了中国/美西航线。以后又相继开辟的航线有经巴拿马运河到休斯敦、查尔斯顿的中国/美东航线（1982年）；上海、天津、黄埔经香港至伦敦、鹿特丹、安特卫普、汉堡的中国/欧洲航线（1983年）；香港、黄埔至美西海岸的香港/美西航线（1985年）。

1986～1990年的"七五"发展期间，中远系统除新增国产小型集装箱船外，还从国外购进5艘载箱量为1414TEU箱位的全集装箱船。面对国际航运市场船舶继续向大型化发展的趋势，在进一步意识到增加大型集装箱船对促进对外贸易、开拓国际市场和扩大环球航线的重要意义之后，1988年，中国远洋运输总公司开始在英国、德国订造5艘2700TEU箱位的第三代全集装箱船，并着手订购3500TEU箱位的大型集装箱船，为开辟环球航线作准备。到1990年"七五"期末，中远系统已拥有各类集装箱船99艘10.58万TEU箱位。这一时期中远又相继开辟了上海、天津至新加坡、曼谷的中国—东南亚航线（1986年）；天津至地中海的中国—地中海航线（1986年）。

另外，中远还分别开辟了国内其他集装箱港口至香港、日本的具有支线运输性质的集装箱近洋航线。在不断开辟集装箱国际航线的同时，中远又在1990年前后开辟了上海、天津、青岛、大连之间的沿海支线。至此，中远系统已初步形成以中国港口为中心，连接世界各主要港口的集装箱运输网络。

"八五"期间，中远系统的集装箱运输更进入了新的发展阶段。1993年2月16日，中国远洋运输（集团）总公司（以下简称中远集团）成立。为改变集装箱分散经营体制为集中经营，相继又在集团下组成了集装箱运输总部。集装箱运输管理体制的改革，使中远集团对原由所属广州、上海、天津3家远洋运输公司管理，并已具有一定规模的集装箱船队得以统一经营，对运力作出科学、合理、全面的安排，真正实现规模经营效益，进一步提高中远集装箱班轮的市场竞争能力。1994年底至1995年初，新建的3500～3800TEU的第四代集装箱船投入营运。"八五"期间，随着集装箱船队规模的扩大，中远集团在扩大经营范围、开拓市场、开辟新航线方面又作了不懈的努力。到1995年底，中远集团已拥有中国—美东，中国—美西，中国—澳大利亚、新西兰，中国—南非、南美，中国—南美西岸，中国—西北欧，中国—地中海，中国—波斯湾，中国—日本，中国—韩国，上海—香港—新加坡，沿海港口至香港，以及沿海支线，长江内河支线和珠江三角洲航线等集装箱班轮运输干、支线近60条，形成了以中国—美东，中国—美西，中国—南美西和中国—西欧等航线为东西干线，以中国—澳大利亚、新西兰航线为南北干线，以香港、新加坡和日本的港口为连接点，以及以近洋支线配套的纵横交叉的环球集装箱运输网络，不论在船队规模和航线分布方面，都确定了中远集团集装箱运输实力跻身世界前列的地位。

在中远集团致力于发展集装箱船队、开辟新航线的同时，中海集团和中国对外贸易运输总公司也发展了具有相当规模的集装箱船队。地方交通部门也先后购置各种类型的集装箱船舶，开辟各港至日本、香港等地的近洋航线。1995年底时，全国参加集装箱运输的船公司近150家，拥有集装箱船318艘，载箱能力近22万TEU，从我国港口通往世界各地区港口的集装箱航线约有1100条，月安排航班约1200个。到2000年底，我国集装箱运输船队规模已达到35万TEU箱位，位于世界前列。其中中远集团和中海集团的集装箱船队均在世界20大集装箱班轮公司之列，中远排名当年第六位。

近10年来，由于中海集团的迅速崛起和中远集团的继续努力，使我国大陆的国际集装箱运输又有了可喜的发展。

中远集装箱运输有限公司（以下简称“中远集运”）2004年完成集装箱运输量462万TEU，比上年增长14%；其中完成重箱量350万TEU，同比增长16%；准班率95.5%、营运率99%。中远集运目前拥有120余艘全集装箱船，总箱位逾30万TEU；据《国际集装箱化》统计，截至2004年底，中远集装箱运输有限公司运力规模在世界班轮公司中位居第七位，拥有5000TEU型以上超巴拿马型集装箱船19艘，其中5艘7500TEU超巴拿马型全集装箱船，是当今世界最先进的船舶。另外，公司还订造了8艘世界上最大的集装箱船，载箱量达到10000TEU，并将于2007年陆续交付。目前，公司经营着60多条国际航线及数10条国内航线。

中海集装箱运输有限公司（以下简称“中海集运”）1997年成立，当时只拥有15艘小型集装箱船，总运力只有6000TEU，经营着6条近洋航线和国内沿海航线。经过7年的时间，形成了码头产业、现代物流、全球代理、工程劳务、信息技术等相关产业体系，集装箱运输已经跨入世界10大班轮公司之列，成为国家重要骨干船队之一。2004年年底中海集运集装箱运力已达27万TEU，经营着44条国际航线、19条国内航线（含支线），成为我国排名第二、世界排名前列的大型集装箱班轮公司。1997～2004年的7年间，中海集运运力年均增速高达53.7%，是全球增长速度最快的集装箱班轮公司。按照中海集运制定的船队快速扩张计划，在2004～2007年间，还将新增37艘集装箱船，其中2004年有5艘8100TEU、2006年3艘9600TEU、2007年4艘9600TEU集装箱投入营运。到2007年，集装箱船队规模可达到43.4万TEU。

以上这些，都奠定了中国集装箱船队在世界航运业中的地位。

在发展集装箱运输的过程中，专用码头和泊位的建设是不容忽视的重要一环。1975年，交通部决定在天津港建设我国沿海第一座集装箱专用码头，同时对上海港军工路四、五号通用杂货泊位进行改造，使之成为半集装箱泊位。1976年开始，先后开工建设天津港四港池集装箱码头和黄埔新港集装箱码头。1980年又开始建设上海港张华浜集装箱码头。自此以后，贯穿整个“六五”期间，通过国家投资和利用世界银行贷款、日本海外协力基金及其他外国政府的低息贷款又相继为上述已建和在建的集装箱码头，以及青岛、大连、厦门等港口的集装箱装卸、搬移机械和电子计算机设备进行配套和技术改造，使我国第一批建设的集装箱码头形成了一定的规模能力。到“六五”期末，我国共建成13个专用集装箱泊位，设计能力为105万TEU。“七五”期间，根据我国集装箱运输发展的需要，我国又继续建设了南京，连云港、厦门、福州、张家港、秦皇岛、营口等中小集装箱专用泊位，并根据集装箱船舶向大型化发展的趋势，开始在宁波、蛇口建设可靠泊第三代集装箱船的深水集装箱泊位。与此同时，我国的外经贸系统也建设了可装卸集装箱的泊位5个。至此，初步形成了我国大、中、小相结合的集装箱港口布局。“七五”期末，我国开展集装箱运输的港口已遍布沿海及长江、珠江水系。1990年末，沿海及长江，珠江已有集装箱专用泊位19个，年通过能力150万TEU左右。1990年共完成国际集装箱港口吞吐量156万TEU，1113万t。

1991～1995年的“八五”发展计划期间，我国的集装箱运输又有了新的发展，集装箱专用码头和泊位数和港口吞吐量都有了新的增长，仅“八五”期末的1995年，中央和地方在一年内就投资建设了集装箱码头泊位10个，新增能力100余万TEU。截止1995年年底，开展集装箱业务的港口已有50多个，除吞吐量名列前10名的上海港（152.65万TEU）、天津港（70.2万TEU）、青岛港（60.30万TEU）、广州港（53.2万TEU）、大连港（37.1万TEU）、厦门港（30.97万TEU）、珠海港（27.46万TEU）、宁波港（16万TEU）、福州港（15.0万TEU）和南京港（14.5万

TEU)外,沿海的丹东、营口、秦皇岛、龙口、威海、连云港、南通、张家港、温州、海门、泉州、湄州、汕头、深圳、赤湾、蛇口、海口、三亚、湛江、北海、防城等港口和长江干线的江阴、扬州、镇江、芜湖、九江、黄石、武汉、岳阳、沙市、重庆等港,以及珠江水系的中山、江门、新会、三埠、佛山、三水、肇庆、南海、莲花、新塘、梧州等港都开展了集装箱运输。

1995年末,全国各港拥有集装箱专用码头泊位52个,设计能力达到533万TEU。当年全国国际集装箱港口吞吐量达620万TEU。

"九五"期末,2000年全国进出境集装箱量达到2546万TEU,比"八五"末增长近1.3倍。港口集装箱吞吐量达到2500万TEU,比"八五"末增长2.7倍。

21世纪的头几年,由于我国对外贸易的迅猛发展,中国集装箱运输成为世界市场关注的焦点。外贸的快速增长以及结构的日趋优化,为集装箱运输需求的持续上升提供了稳定的货源保障。2004年中国集装箱运量占世界总量的近1/4,在亚欧航线上,中国出口市场份额占到48%。中国港口集装箱吞吐量占全球的1/8。我国大陆拥有的1430个港口,3.4万个生产泊位中,集装箱码头泊位所占数量逐年上升。

经过近20年的发展,我国大陆集装箱港口吞吐量在1986~2004年的18年间,年均增长率近30%。2004年全国港口集装箱吞吐量完成6180万TEU,同比增长27.0%。上海港、深圳港全年集装箱吞吐量完成1455.7万TEU、1361.5万TEU,位居当年世界集装箱港口排名第三、第四。此外,青岛、天津、宁波等港口也已进入世界集装箱港口排名前20位,广州、厦门也进入了世界集装箱港口排名前30位。我国2003和2004已连续2年集装箱吞吐量位居世界第一。预计到2010年我国港口集装箱吞吐量将达到15000万TEU。

2004年世界十大集装箱港口见表3-1。2004年我国内地沿海十大集装箱港口见表3-2。

2004年世界十大集装箱港口

表3-1

排名	港口	吞吐量(万TEU)	比上年增长%	排名	港口	吞吐量(万TEU)	比上年增长%
1	香港	2 193	7.3	6	高雄	971	9.85
2	新加坡	2 130	16	7	鹿特丹	820	16
3	上海	1 455	29	8	洛杉矶	730	1.98
4	深圳	1 365	28.22	9	汉堡	700.4	14.1
5	釜山	1 143	10	10	安特卫普	613.1	10.1

2004年我国内地沿海十大集装箱港口

表3-2

排名	港口	吞吐量(万TEU)	比上年增长%	排名	港口	吞吐量(万TEU)	比上年增长%
1	上海	1 455	72.29	6	广州	330.82	19.5
2	深圳	1 361.52	28.2	7	厦门	287.17	23.2
3	青岛	513.97	21.3	8	大连	221.12	32.4
4	宁波	400.55	44.5	9	中山	92.15	22.1
5	天津	381.40	26.5	10	福州	70.80	18.6

今后,集装箱运输仍是我国交通运输发展的重点。我国港口集装箱吞吐量将继续保持强劲增速。远洋船队的规模将继续保持在全球班轮的前列。船队的结构不断优化,船舶将向大型化、快速化方向发展。沿海港口要重点建设一批能停靠现代化集装箱船舶的专用泊位,内陆地区和主要交通运输通道旁,还将建设一批大型集装箱运输中转场站。铁路、公路和水路的集疏运和内贸集装箱运输的作用将进一步发挥,港口集疏运系统也将更加完善。

二、集装箱运输发展的趋势

1. 集装箱运输的优越性。

集装箱运输与传统件杂货运输相比具有许多优势,这是集装箱运输获得迅速发展的主要原因。自从1966年美国海陆公司以“费尔兰德”(Fair Land)轮投入北大西洋航线营运,揭开国际海上集装箱运输的序幕以来,近40年,不论在航线、集装箱船舶、集装箱、集装箱码头,以及经营类型等方面都有了显著的革新与进展,以集装箱进行货物运输,已成为国际班轮航线上占有支配地位的运输形式。集装箱运输之所以能如此迅速的发展,是和集装箱运输具有其他运输形式所无法比拟的优越性分不开的。具体地说:集装箱运输的优越性主要表现在:

(1)运输效率高

货物运输和装卸是物流的两个重要环节。如何使件杂货的运输和装卸实现快速周转和高效作业,一直是人们关心的问题。而集装箱运输则较好地解决了这一问题。

集装箱运输是实现全部机械化作业的高效率的运输形式。在件杂货进入运输之前,将不同形状、尺寸的货物装入具有标准规格的集装箱内,使作为运输、装卸、搬运、对象的大小不一、形状各异的件杂货实现标准化。这样,就为实现高效的机械作业创造了最为必要的条件,使通过机械化作业,大大地提高装卸效率、减少船舶在港停伯的时间成为可能。所以,海陆运输公司一开始国际海上集装箱试运时,就得到当时正苦于无法解决装卸效率过低,停泊时间占航次时间比重过高,致使班轮经营处于逆境的船舶经营人的重视,认为这是最适于大量、迅速运输件杂货的运输形式。以后,为适应集装箱船的装卸需要,出现了专用码头和专用机械,使装卸效率更为提高,船舶在港停泊时间更为缩短,运输船舶大型化和高速化所提高的运输效率,再不会为装卸效率过低所抵销。于是,集装箱专用船日益向大型化、高速化发展。这样,不仅因船舶运输能力大为提高,所需配备船员人数减少,而使船舶经营人受益,而且也因其高效、低成本、迅速和安全的运输服务,而受到货主欢迎。

(2)运输质量好、费用低

集装箱运输能简化货物包装,减少货损、货差,保证货运质量。集装箱的箱体坚固、密封,既能防止恶劣天气对箱内货物的侵袭,又有利于防止盗窃。而且在运输、装卸、搬运过程中,与外界接触的是箱体而不是货物,因而货物破损事故大为减少。对货物包装的要求也就可以不必像传统杂货运输时那样严格。

另外,集装箱运输的费用也要比传统的散件运输低得多。在发达国家,由于多采用高效的机械化作业,使昂贵的人工费用大为降低,从而使集装箱运输的费用低于传统的散件运输,是可以理解的。至于在发展中国家中,虽然因机械设备等投资高,而人工费用相对低廉,集装箱运输费用并不一定比传统的散件运输低廉,但是,如从总费用分析比较,由于加快货物送达速度,减少货损、货差,节省包装费用和仓储费用,集装箱运输的全程费用仍比较低廉。更何况,当前国际贸易合同中,已普遍要求采用集装箱运输,这就使发展中国家致力于发展集装箱运输成为必要。

(3)便于开展多式联运

集装箱运输最适于组织多式联运。集装箱作为运输单元,由一种运输方式换装到另一种运输方式进行联运时,只需搬移集装箱而不需移动箱内货物,这就大大地简化和加快了换装作业。另外,由于集装箱具有坚固和密封的特点,一国的口岸监管单位检验加封放行后,另一国家的口岸监管单位只须验封,即可转关放行。这样就有可能通过国际运输中各国法规的统一

（制定国际公约）。简化货物过境报关手续，而使迅速、安全、价廉的"门到门"的运输成为可能。

2. 集装箱运输的发展趋势

随着技术的进步和集装箱船公司间竞争的激化，各集装箱船公司为了维持并扩大自己承运的份额，战胜竞争对手，无不以降低运输成本，为货主提供方便、价廉的运输服务为中心，致力于运输组织的改进。从当前的情况看，今后在运输组织工作方面，以下几种动向是必须注意的。

(1)联合与兼并将对市场产生持续影响

20世纪90年代后半期的市场竞争被赋予了"全球化背景下的大竞争"的特征。为了削减成本和提高服务质量，各行业内部展开了大规模的联营与兼并，产生了许多产业巨头和大型跨国公司，海运业也不例外。特别是在班轮运输业，货主全球化的运输服务需求要求船公司进行兼并重组，扩大规模。随着货物在全球范围的流动，要求船公司提供覆盖范围广阔、班期密集、费用较低的运输服务。为此，自1995年全球联营体(The Global Alliance)成立开始，船公司之间相继组成了多个联营体，以适应市场要求、发挥规模优势、提高服务质量。

开展集装箱运输需要巨额投资和充足的货源。为了解决资金的困难，缓和船公司之间对货载的竞争，虽然早在90年代初，一些在同一航线上经营集装箱运输的船公司，就已经按照共享舱位的原则建立合作关系。或者组成联营集团，实行统一经营；或者通过协议，实行共同配船、协调配船，或舱位互租。但经过数年运作之后，许多公司渐渐感到这种合作关系仍不够灵活，不能适合世界经济集团化，国际贸易多样化的发展趋势。于是，纷纷打破旧的合作关系，组成新的联营体。这种新的联营体的特点就是将原来的联营范围由单一或部分航线的联营，改为全球航线的联营，从而形成全球联营体。

90年代中后期，是联营体发展的高峰期，当时世界范围内形成了5大班轮联营体。由于联营体所具有的实力和经营的灵活性，使联营体在一些主要航线上占有绝对的优势。相比之下，对于运力较少的船公司来说，限于实力，不论在挂靠港范围或派船密度上都无法与联营体抗衡。

1997年联营体又再次进行了分化组合，为谋求稳定的收益和长远的发展，船公司之间由联营走向了合并，于是，诞生了铁行渣华(1996年成立)和马士基海陆(1999年成立)两大航运业巨头。

据悉，马士基兼并海陆未久又将在2005年有新的兼并举措，其他大型船公司也纷纷仿效，多起合并事件以及相继成立的多个联营体(以Conference，Pool等形式)都是顺应了这一历史趋势。这种趋势甚至已经影响到散货运输市场。

面对国际海运界近年来此起彼伏的兼并重组浪潮，人们终于意识到兼并与联营已成为船公司发展壮大的必要手段。兼并与联营给船公司带来了许多实际利益：有利于船公司降低成本，增强市场竞争力和提高服务质量；能产生一定的规模效应，降低成本，增加赢利；有利于船公司优化船队结构和资产结构，增加现金流，降低负债率；有利于船公司灵活安排运力，提高服务质量；有利于人力资源的合理配置等。

从当前发展态势来看，兼并与重组浪潮方兴未艾，并呈现以下几个特点

①强强联合。过去，企业间的兼并和规模的扩大，往往以强弱兼并为主。而目前这股兼并浪潮则是强强联合，已从你死我活的竞争转向握手言欢的合作伙伴。合并目的主要是与国际竞争对手一争高下，增强国际竞争力。

②大而专。企业间的兼并目标和方式正在从"多元化"、"大而全"的全能企业目标转向"大

而专"的"巨无霸"企业,集中经营核心业务。管理也在朝着大权集中、小权分散的方向来调整管理体制,发挥下属部门的创造力,以适应市场千变万化的形势。

③兼并得到政府的鼓励和支持。兼并浪潮的主体是企业、公司和银行。兼并成为结构改革调整的重点,涉及到经济和社会的方方面面,关系到国家的经济发展和提高综合国力等重大问题。

在"竞争激烈,留强汰弱"的竞争时代,兼并与联营成了把企业做强做大的一种必要手段。兼并正以它的诸多好处为寻求突破的企业所接受和采用。

尽管国际航运市场仍有少数独立承运人存在,甚至有一些正处于成长期的大型船公司因不愿受联营体的约束而未组成或参加联营体,但是,随着形势的发展,最终可能也会走上联营或兼并的道路。

(2)集装箱船继续向大型化发展的趋势

20世纪80年代中期,具有4000TEU载箱能力的集装箱船被当时认为是超大型船舶。但是在今天,要想在世界主要集装箱干线上立足,没有这类大型集装箱船几乎已无法生存。实际上,现在的干线主力船型早已经被载箱能力5000~6000TEU的船舶所取代。新的、更大型的船舶不断涌现,能载运10000TEU的船舶已在建造中。

集装箱船舶的大型化,在降低运输成本,增强市场竞争能力等方面的作用,是早为事实所证明的。但是,集装箱船舶的大型化是否有极限的问题,却一直是集装箱船的经营者、船舶设计者和制造者,甚至港口和货主所关心的问题。应该说,在集装箱运输发展的初期,由于受到巴拿马运河通航条件的限制,以及码头装卸设备的力臂长度和揽货条件的限制,才有所谓巴拿马极限型船舶(长950ft或300m,宽160ft或32.3m)的说法。但是集装箱主干航线大部分不受运河通行条件的限制;尤其是干线上一些大型的集装箱码头,为适应大型集装箱船舶停靠及在港装卸的需要,已在装卸机械和设备上不断更新升级;此外集装箱联营体的出现也使大型集装箱船的揽货压力分解,因此,出于市场竞争的需要,集装箱班轮公司投建大型集装箱船的热情始终不减。对于集装箱船舶大型化问题的分析,详见本章第二节。

(3)箱型将日益向大型化、专用化发展

据分析,制造40ft集装箱的成本,仅比20ft集装箱多50%,装卸费与装卸两个20ft集装箱大体相等,但装卸时间只需一半。有些国家与地区,以自然箱为单位收取装卸费及内陆运费,这些都助长了大型箱的发展。据报道,2004年年底,40ft集装箱已经在全球集装箱总箱量中占了六成。此外,20世纪80年代初45ft集装箱开始应用于海上运输,45ft集装箱具有显著的优势,它比40ft的普通集装箱(高箱)增加了13%的容积,比40ft长、8ft高的标准集装箱增加了28%以上的容积。由于很适合日本出口到美国的大量低密度货物的运输,因此首先在美国/日本贸易航线上普遍使用。随后,在欧美贸易中也逐渐被少量应用。到80年代末,由于集装箱经营者、托运人和收货人都意识到45ft集装箱对于很多货物的运输节省了可观的成本,于是45ft集装箱在许多欧洲航线中有了明显的增长。

目前,据有关资料显示,全球已有17万只45ft集装箱在使用中。

45ft集装箱相对于40ftTEU和20ftTEU,在效率和效益方面都有着强大的优势。实践证明了45ft集装箱对数量巨大、密度低的货物运输来说是一个有效的、并已被广泛接受的工具。随着中国制造业的迅速崛起,大批量进出口的组装件和成品,都十分适合用45ft集装箱运输。在我国主要港口装卸的集装箱货物中,45ft集装箱的使用已占有一定比例。

可见,随着大型和超大型集装箱船的出现,以及干线枢纽港专用码头的集装箱装卸机械设备日益大型化、高速化和自动化的趋势，不但40ft的大型集装箱的使用越来越普遍，在集装箱货物中，40ft集装箱所占的比重越来越大，而且有些船公司为了充分利用集装箱船的载运能力，自行使用45ft或48ft集装箱。为此，多年来一些发达国家已多次在国际标准化组织会议上，提出修改集装箱规格标准的建议。其建议内容就是增大集装箱的尺寸和总重。虽然因为集装箱尺寸和重量的改变对运输基础设施、运输工具和装卸机械有直接影响，一些国家，尤其是发展中国家无力承担改进这些设施和设备所需的资金，而使建议受到搁置；但是，从集箱船舶日趋大型化，以及货运量增长的趋势看，集装箱的大型化的倾向，似已成为必然的趋势。

即使在国际标准化组织尚未对集装箱规格标准作出修订，45ft集装箱的使用范围还受到一定限制的情况下，40ft集装箱在整个集装箱运量中所占的比重已越来越大，这也足以说明集装箱的大型化事实上已成为集装箱运输发展的客观需要。此外，为了扩大适箱货物的范围，扩大集装箱货源，近年来冷藏、罐状、开顶等特种货物的专用箱也有增长的趋势。

由于我国的贸易航线范围和数量日益加大，我国港口、航运以及道路设施建设和技术改造等方面都应对上述趋势加以注意。全球17万只45ft集装箱一旦进入标准化系列，必然会对我国的道路、桥梁、码头、航道、货运站、仓库等基础设施以及车辆、船舶、吊装机械等各种设备的标准提出严峻的挑战。我国的物流业，特别是行业管理部门，应该未雨绸缪，从硬件和软件方面做好充分的应对准备。

(4)枢纽港地位不断加强

在集装箱运输中连接海上干线与水陆支线，具有良好的自然条件、很强的集装箱装卸堆存和集疏运能力的大型港口，一般被称为枢纽港。

由于船舶大型化和支线运输的发展，使连接干线和支线的集装箱中转港的地位日益突出。近年来，世界上集装箱吞吐量位居前列的港口，很多是凭借独特的地理位置和自由港等有利于吸引国际货物中转的政策，稳定了世界级大港的地位。就亚太地区来看，香港、新加坡、釜山、高雄等均是本地区最重要的集装箱中转港。香港集装箱吞吐量多年稳居世界第一，主要是我国大陆进出口货物在香港的大量中转。新加坡则主要通过辐射到马来西亚、印度尼西亚、泰国和菲律宾等国的众多集装箱支线，保持着吞吐量中占60%~70%的中转量。釜山、高雄是远东到北美航线上的2个转运基地，有不少船公司在那里有自己的集装箱专用码头，因此，中转港的地位和作用也日益加强。我国大陆集装箱港口中，上海和深圳两港在集装箱国际中转方面，近年来已有较大增长，随着上海国际航运中心建设的实质性启动，洋山港的建成和自由港政策的实施，上海可望在不久的将来，跻身于国际集装箱枢纽港的行列。

集装箱枢纽港既是主干航线上大型集装箱船的挂靠港，同时又是支线集装箱船的中转港，而且这些港口的吞吐量中，大部分是需要支线船运输的中转货物，这充分显示了枢纽港在干线与支线衔接中的重要作用。

此外，随着干线船大型化的不断发展，支线运输的环境也将随之改变。今后，主干航线将开辟在长距离的若干大的洲际港口之间，而支线运输在不断网络化和系统化的同时，其承运份额将不断增加。有一些船公司在航线布局上重视干支线的配合，但也有许多船公司不自己经营支线，而是交由第三者进行商业性经营或是合作经营，这将促使干线与支线运输的分化日趋明显，同时，支线运输的竞争也将会日趋激烈。

(5)多式联运将日益完善

集装箱运输的优势之一是有利于组织多式联运。发展多式联运的关键在于：拥有完善的内陆集疏运网络和正规化、现代化、国际化的多式联运经营管理系统。因此，一些发达国家在发展集装箱运输的同时，为了开展多式联运，一方面大力发展港口基础设施和集装箱运输船队，致力于配套建设，使船队、专用码头、内陆集疏运网络相互配套，以形成日益完善的多式联运系统；另一方面也特别重视管理，在国际组织中积极活动，拟订与国际集装箱运输有关的国际公约，并通过国内立法，完善集装箱运输的规章制度，在全球建立物流和多式联运经营的网络，以期通过经营管理的改善，提高运输服务质量，在日益激烈的竞争中，巩固和提高企业的地位和声誉。至于发展中国家，虽然限于财力、物力、人力条件，多式联运业务起步较晚，还处于发展价段，但形势所迫，仍应吸取发达国家发展集装箱运输和多式联运的经验，力求软、硬件配套，以适应世界交通运输集装箱化，多式联运各环节配套成龙的潮流。

(6)信息管理实现现代化

现代管理已进入信息时代，集装箱运输也不例外。尤其是电子数据交换(EDI)已开始在航运界发挥日益重要的作用。集装箱运输有关单位之间，依靠电子计算机和通讯网络，实现信息自动交换和自动处理，将可使集装箱运输的复杂的纸面单证逐步为电子单证所取代，各种手续也可以大大简化，同时实现了对集装箱动态信息进行有效跟踪，从而大大提高了运输效率和运输服务质量。虽然当前世界集装箱的电子数据交换技术仍在发展，但可以预料，这是集装箱运输管理现代化的发展方向。

第二节　集装箱运输设备和设施

一、集装箱

1．集装箱的概念

集装箱(container)又称“货箱”，在东南亚和我国港台地区也称“货柜”。按英文原文的字面涵义理解，可以把它看作是“容器”，但并不是所有的容器都可以称为集装箱。国际标准化组织104技术委员会(International Organization for Standardization Technical Committee 104，ISO/TC104)根据保证集装箱在装卸、堆放和运输过程中的安全需要，在货物集装箱的定义中，提出了作为一种运输设备的货物集装箱所应具备的基本条件。也就是说，只有具备这些条件的“容器”才能算作集装箱。这些基本条件是：

①能长期反复使用，具有足够的强度；

②途中转运不用移动箱内的货物，可以直接换装；

③可以进行快速装卸，并可从一种运输工具直接方便地换装到另一种运输工具；

④便于货物的装满和卸空；

⑤具有 $1m^3$(即 $35.32ft^3$)以上的容积。

据此，国际标准化组织又进一步将通常被称之为杂货集装箱的通用干货集装箱定义为：“用于运输和储存若干单元货物、包装货或散货的风雨密型方形集装箱；它可以限制和防止发生货损货差；可脱离运输工具，作为单元货物进行装卸和运输，无需捣装箱内货物。”

除ISO/TC104外，其他国际组织和公约，如联合国经济委员会(ECE)和1977年9月生效的国际集装箱安全公约(CSC)也都作出类似的规定。我国国家标准《集装箱名词术语》，对集装箱所作的定义也参照了ISO/TC104的描述。总之，对集装箱的要求不外乎集装箱的结构附件和固定属具必须能在承受通常应力的情况下，进行不间断的运输时，不会产生永久变形。

2. 集装箱标准化

集装箱标准化是指为了使作为共同运输单元的集装箱，在多种方式的运输中具有通用性和互换性；提高集装箱运输的安全性和经济性；为集装箱的运输工具、装卸设备的选型、设计和制造提供依据；使集装箱运输成为相互衔接配套、专业化、高效率的运输系统，而为集装箱的各种基本技术条件，即尺寸、结构、试验方法等建立标准并执行的状态。

因使用的范围不同，集装箱标准有国际标准、国家标准、地区标准和公司标准之分。

集装箱运输的开始阶段，各国和各个船公司使用的都是按照自定标准制造的集装箱，规格极不统一。比如海陆公司开始试运集装箱时，使用的是 8ft × 8ft × 35ft、载重 25t 的集装箱；而马托松公司使用的则是 8ft × $8\frac{1}{2}$ft × 24ft、载重 22.5t 的集装箱。集装箱规格的不统一，既影响了在多式联运中各种运输工具间的交换使用，也影响了装卸效率。为了解决这些实际存在的问题，1961 年美国标准化协会（American Standardization Association，ASA）向 ISO 提出制定集装箱标准的建议。同年 6 月，ISO 在纽约成立了专门研究国际集装箱各种技术参数和规格的技术委员会，即 ISO/TC104，并以 ISO/TC104 为中心开展集装箱标准化工作。

ISO/TC104 成立后，首先对集装箱规格、尺寸等基础标准进行研究，并于 1964 年 7 月颁布了世界上第一个集装箱规格尺寸的国际标准，此后，又相继制订了箱型技术标准、零部件标准及名词术语、标记代码、操作方法等标准。到 2002 年，ISO/TC104 共颁布了 27 项国际集装箱标准和技术文件。以下是有关集装箱箱型规格方面的标准化工作进程。

1961 年 9 月在纽约召开 ISO/TC104 第一次会议，确定委员会的审议对象主要是铁路、公路、海上运输使用的集装箱而不考虑航空运输；

1962 年 9 月在日内瓦召开第二次会议，批准了 8ft × 8ft × 20ft 型集装箱；

1964 年 7 月在汉堡召开的第三次会议上制定并公布了第 1 系列（1A ~ 1F）6 种和第 2 系列（2A ~ 2C）3 种共 9 种集装箱标准规格；

以后，在 1965 年 9 月在海牙召开的第四次会议和 1967 年 6 月在莫斯科召开的第五次会议上先后采纳和批准了美国建议的 MH_5 型角件，和 ISO 推荐的角件标准草案，开始了集装箱系列标准化的工作；

1967 ~ 1968 年，美国国会就集装箱标准化问题多次展开争论；

1969 年 10 月，ISO/TC104 在莫里斯城召开第六次会议，批准了在第 1 系列中增加一种尺寸为 8ft × $8\frac{1}{2}$ft × 40ft 的 1AA 型集装箱；

1970 年在莫斯科会议上又增加了第 3 系列（3A ~ 3C）3 种集装箱标准规格；

1972 年在巴黎召开的第七次会议上，批准了在第 1 系列、第 2 系列和第 3 系列的集装箱上加脚注；

1974 年 10 月，在东京召开的第八次会议上，将第 2 系列降格为技术报告；

1976 年 5 ~ 6 月，在华盛顿召开第九次会议，会上将第 3 系列降格为技术报告；

1978 年 6 月，在热那亚召开第十次会议，驳回 35ft 型集装箱并将集装箱标准基本冻结。

此后，时隔 10 余年，于 1991 年在汉城召开的十六次会议上，又增加了 1AAA 和 1BBB2 种新箱型。

经过多次修订变化，到目前，作为国际标准化组织推荐使用的国际标准集装箱箱型共 13 种（见表 3-3）。

国际标准集装箱现行箱型系列表 表 3-3

<table>
<tr><th rowspan="2">集装箱
箱　型</th><th colspan="4">长度(L)</th><th colspan="4">宽度(W)</th><th colspan="4">高度(H)</th><th colspan="2">总重</th></tr>
<tr><th>mm</th><th>公差
mm</th><th>ft　in</th><th>公差
in</th><th>mm</th><th>公差
mm</th><th>ft</th><th>公差
in</th><th>mm</th><th>公差
mm</th><th>ft　in</th><th>公差
in</th><th>kg</th><th>lb</th></tr>
<tr><td>1AA</td><td>12192</td><td>0
−10</td><td>40</td><td>0
−3/8</td><td>2438</td><td>0
−5</td><td>8</td><td>0
−3/16</td><td>2591</td><td>0
−5</td><td>8　6</td><td>0
−3/16</td><td>30480</td><td>67200</td></tr>
<tr><td>1A</td><td>12192</td><td>0
−10</td><td>40</td><td>0
−3/8</td><td>2438</td><td>0
−5</td><td>8</td><td>0
−3/16</td><td>2438</td><td></td><td>8</td><td></td><td>30480</td><td>67200</td></tr>
<tr><td>1AX</td><td>12192</td><td>0
−10</td><td>40</td><td>0
−3/8</td><td>2438</td><td>0
−5</td><td>8</td><td>0
−3/16</td><td><2438</td><td></td><td><8</td><td></td><td>30480</td><td>67200</td></tr>
<tr><td>1BB</td><td>9125</td><td>0
−10</td><td>29 11 1/4</td><td>0
−3/8</td><td>2438</td><td>0
−5</td><td>8</td><td>0
−3/16</td><td>2591</td><td>0
−5</td><td>8　6</td><td>0
3/16</td><td>25400</td><td>56000</td></tr>
<tr><td>1B</td><td>9125</td><td>0
−10</td><td>29 11 1/4</td><td>0
−3/8</td><td>2438</td><td>0
−5</td><td>8</td><td>0
−3/16</td><td>2438</td><td>0
−5</td><td>8</td><td>0
−3/16</td><td>25400</td><td>56000</td></tr>
<tr><td>1BX</td><td>9125</td><td>0
−10</td><td>29 11 1/4</td><td>0
−3/8</td><td>2438</td><td>0
−5</td><td><8</td><td>0
−3/16</td><td><2438</td><td></td><td><8</td><td></td><td>25400</td><td>56000</td></tr>
<tr><td>1CC</td><td>6058</td><td>0
−6</td><td>19 10 1/2</td><td>0
−1/4</td><td>2438</td><td>0
−5</td><td>8</td><td>0
−3/16</td><td>2591</td><td>0
−5</td><td>8　6</td><td>0
−3/16</td><td>24000</td><td>52920</td></tr>
<tr><td>1C</td><td>6058</td><td>0
−6</td><td>19 10 1/2</td><td>0
−1/4</td><td>2438</td><td>0
−5</td><td>8</td><td>0
−3/16</td><td>2438</td><td>0
−5</td><td>8　6</td><td>0
−3/16</td><td>24000</td><td>52920</td></tr>
<tr><td>1CX</td><td>6058</td><td>0
−6</td><td>19 10 1/2</td><td>0
−1/4</td><td>2433</td><td>0
−5</td><td>8</td><td>0
−3/16</td><td><2438</td><td></td><td><8</td><td></td><td>24000</td><td>52920</td></tr>
<tr><td>1D</td><td>2991</td><td>0
−5</td><td>9 9 3/4</td><td>0
−3/16</td><td>2438</td><td>0
−5</td><td>8</td><td>0
−3/16</td><td>2438</td><td>0
−5</td><td>8　6</td><td>0
−3/16</td><td>10160</td><td>22400</td></tr>
<tr><td>1DX</td><td>2991</td><td>0
−5</td><td>9 9 3/4</td><td>0
−3/16</td><td>2438</td><td>0
−5</td><td>8</td><td>0
−3/16</td><td>2438</td><td>0
−5</td><td><8</td><td></td><td>10160</td><td>22400</td></tr>
<tr><td>1AAA</td><td>12192</td><td>0
−10</td><td>40</td><td>0
−3/8</td><td>2438</td><td>0
−5</td><td>8</td><td>0
−3/16</td><td>2896</td><td>0
−5</td><td>9　6</td><td>0
−3/16</td><td>30480</td><td>67200</td></tr>
<tr><td>1BBB</td><td>9125</td><td>0
−10</td><td>29 11 1/4</td><td>0
−3/8</td><td>2438</td><td>0
−5</td><td>8</td><td>0
−3/16</td><td>2896</td><td>0
−5</td><td>9　6</td><td>0
−3/16</td><td>25400</td><td>56000</td></tr>
</table>

这个推荐的系列标准是为装运干货而使用的具有气密、水密性的集装箱编制的。系列标准中有关货运集装箱的种类、外部尺寸和最大载重量经有关国家承认后,即应执行。而其他方面,如结构、强度和试验方法的标准及其细节,则由有关国家自行研究制定。

关于集装箱的内部尺寸,因为内部尺寸常因制造集装箱的原材料及其结构形式的不同而有所差异,所以为集装箱规定的内部尺寸标准,指的只是最小尺寸。只要各国制造的集装箱的外部尺寸符合国际标准,即可认为是国际标准集装箱。

最早的国际标准集装箱第 1 系列标准的各箱型的宽和高是相同的,所以常以箱的长度为标准来称谓不同箱型的集装箱。比如人们通常把长度为 20ft 的集装箱,也就是 1C 型集装箱,称之为 20ft 集装箱。为了便于统计集装箱船舶载箱量、港口集装箱吞吐量、集装箱保有量,一般以 20ft 集装箱为一个计算单位,即将其他箱型换算成 20ft 的集装箱。这就是通常所说的标准箱(TEU, Twenty – foot Equivalent Unit)。常用集装箱的换算规则如下:40ft 集装箱 = 2TEU,30ft 集装箱 = 1.5TEU,20ft 集装箱 = 1TEU,10ft 集装箱 = 0.5TEU。有时,为了方便统计,也将 40ft 集装箱称为 FEU(Forty – foot Equivalent Unit)。未经换算的集装箱自然个体则被称为自然箱(Unit)。

国际标准化组织是一个非政府间组织,它所制定的各种标准只是一种推荐各国政府使用的标准,并不带有强制性。随着集装箱运输的发展,各国在制定有关集装箱的安全、结关、检疫等方面的规则或规定时,大都参考国际标准化组织所规定的标准;在各国讨论和制定有关集装箱运输的国际公约时，也都希望以国际标准化组织的规定为依据。这就使各国的集装箱标准呈现出统一的趋势。

我国的集装箱标准化工作开始于20世纪80年代。1978年我国正式申请加入ISO组织，并被批准为ISO成员。1980年3月，在国家标准局的领导下，成立了“全国集装箱标准化技术委员会”，在国际上对口国际标准化组织第104技术委员会（即ISO/TC104）。1980年10月，全国集装箱标准化技术委员会首次组团以正式成员的身份赴悉尼参加ISO/TC104第11次全会。此后，我国一直积极参加ISO/TC104组织的年会，参与各项议案草案等的投票事宜。不过，我国参与ISO/TC104的各项活动基本上还处于为出台的各项标准草案投票和参加相关年会，实质性参与较少。

如今，我国的集装箱生产和运输在国际上已占有重要地位，到2004年年底，集装箱产销量已经连续12年位居世界第一，世界上90%以上的集装箱都是中国制造。

尽管我国是集装箱生产和运输大国，但集装箱生产和集装箱运输的技术水平相对落后，特别是标准化工作更落后于发达国家，没有应有的国际地位。我国在集装箱国际标准的制修订上基本没有发言权。随着以关税为壁垒的贸易壁垒的减弱，技术法规、标准、合格评定、认证等技术壁垒已成为多边贸易中最隐蔽、最难对付的一种非关税壁垒。1980年生效实施的《贸易技术壁垒协定》（GATT/TBT），更促使世界上各国家积极研究国际标准，努力提高本国的技术水平，使本国标准向国际标准靠拢。积极采用国际标准，与国际接轨，是目前以及未来很长一段时间内的发展趋势。

目前，全国集装箱标准化技术委员会受国家标准化委员会的委托由交通部归口管理。成立至今的25年里，委员会做了大量卓有成效的工作，使我国的集装箱标准从无到有并逐渐与国际接轨。至2004年年底，在全国集装箱标准化技术委员会的组织下，54项集装箱国家标准的制修订工作已顺利完成，并可望在不远的将来形成我国自己的集装箱标准体系。今后委员会除了进一步做好集装箱标准化技术工作，还将加强在集装箱运输标准化技术方面的工作，加强装备和运输技术标准的制修订，使我国集装箱标准化水平进一步提高。

3. 集装箱标志

1）标志的一般内容

在国际间流通的集装箱必须有相应的标志，以便海关或其他有关方面对它进行监督和管理。一般地说，每一个集装箱均须在适当和明显部位涂刷包括下列内容的永久性标志：

①集装箱所有人的代码（Owner Code）；

②序号（Serial Number）和核对数字（Check Digit）；

③国名代码（Country Code）；

④规格尺寸（Size）和箱型代码（Type Code）；

⑤最大重量（Max. Gross Weight）和箱重（Tare Weight）。

1972年集装箱海关公约规定，集装箱所属国家的名称用全称，或国际公路运输中标示机动车辆登记国别的识别符号表示，每一国家可依照自己的法律，对在集装箱上使用的本国国名或识别符号作出规定。集装箱所有人或经营人可用自己名称的起首字母标示，只要这个起首字母能构成一个固定的标志即可。但图案或旗帜之类的符号不能使用。

2）国际标准化组织关于集装箱标志的规定

1968年，国际标准化组织规定了集装箱标志的位置和项目：

（1）在门的右上角标示

①集装箱所有人的代码、序号和核对数字；

②国名代码、规格尺寸和箱型代码；

③最大总重和箱重。

(2)在前端壁标示

集装箱所有人的代码、序号和核对数字。

(3)在右侧壁和左侧壁标示

①集装箱所有人的代码、序号和核对数字；

②国名代码、规格尺寸和箱型代码。

(4)在顶壁标示

集装箱所有人代码、序号和核对数字。

标志所用字母的高度应不小于10cm,字母的宽窄和笔划粗细应和高度相适应。标志要具有耐久性,颜色要与集装箱的颜色有所区别。

另外,在两侧的右下角应设置标签夹。在标签夹的上部还应有一个到达地表示板。

4. 集装箱的种类

在集装箱运输发展过程中,因所装货物的性质和运输条件不同而出现了不同种类的集装箱。其中应用最广的是按用途对集装箱进行的分类。

1)普通货物集装箱(general cargo container)

除了不能装载需要温控的货物、液态或气态货物、散货、汽车、活动物等特种货物之外适合于装载其他各种普通货物的集装箱。

(1)杂货集装箱(dry cargo container)

杂货集装箱是通用集装箱(general purpose container)的俗称,也称为干货集装箱。这是一种除冷冻货、活动物、植物外,不需要调节温度,且在尺寸、重量等方面均适宜装于箱内的货物的要求,最常被这类货物使用的标准集装箱。一般称为通用集装箱的就是这种集装箱。这种集装箱适用于各种干杂货,包括日用百货、食品、机械、仪器、家电用品、医药及各种贵重物品等。在集装箱中,这种集装箱所占的比重最大,国际标准化组织建议的标准集装箱的系列,指的都是这种集装箱。这种集装箱的式样很多,使用时应注意所用集装箱的内容积和最大负荷。使用20ft和40ft集装箱时,尤需注意这一点。

(2)敞顶集装箱(open top container)

又称开顶箱。这是一种顶部敞开、没有箱顶、须使用起重机将重货从顶部装入箱内,或从顶部将货物吊出,将货物装入后,再用防水篷布遮盖顶部,以防货物受损的集装箱。这种集装箱适于装载玻璃板、钢铁制品、机械设备等高度较高的重货。有时也用来代替尚未得到有关公约批准的箱型装载货物。为了使货物在运输中不发生移动,箱内底板两侧常相对埋入几个索环,用来穿过绳索,捆绑箱内货物。

在各种集装箱中,敞顶集装箱是使用得较少的一种。这一方面因为装、拆箱效率较低,另一方面也因为在没有月台、叉式装卸车、起重机械等设备的货主仓库,货主常无法自行装箱和拆箱,尤其是对于较重的货物更是如此。但是装运玻璃等货物很适合使用敞顶集装箱。

(3)台架式集装箱(platform based container)

这是一种没有箱顶和箱壁、箱端壁也可卸下、只留箱底和四角柱来承受货载的集装箱。如果将四角柱拆下,也可作平台集装箱使用。这种集装箱主要用于不适于装入杂货集装箱或敞顶集装箱内的长大件、超重件、轻泡货、重型机械、钢材、钢管、裸装设备等,重、大和形状不一的货物。

因为这种集装箱只以箱底承受货物的重量，需要强度较高的箱底，所以箱底板较厚，集装箱自重也较重，这样就相对限制了集装箱可供使用的高度和载重，另外，又因为这种集装箱不具有密闭性，所以在海上运输中，必须将这种载货集装箱积载于舱内；在集装箱堆场堆放时，也必须用篷布覆盖。当然，对于使用这种集装箱的货物来说，也就需要在防水、防潮、防碰撞等方面加强货物本身的包装，以确保货物的安全。

2)保温集装箱(thermal container)

保温集装箱是一种所有箱壁都用导热率低的材料隔热，用以运输需要冷藏和保温的货物的集装箱。它一般包括3种类型。

(1)冷藏集装箱(refrigerated container)

这是用来运输冷冻货物，主要是冷冻食品，能保持所定温度的保温集装箱。因制冷源的不同，冷藏集装箱又有两种；箱内附有制冷机组的，称为内置式机械冷藏箱；箱内未附有制冷机组，只在前端设有冷气吸入口和排气口，由船上制冷装置和固定管路供应冷气的，称为外置式机械冷藏箱。现在普遍采用的是内置式机械冷藏箱。

尽管购置冷藏集装箱，特别是内置式机械冷藏箱的费用常数倍于普通集装箱；装箱前须检验冷冻装置，检验、清洗、维修等营运费用较大；航线上来回程冷冻货源不平衡，且集装箱船上装载冷藏集装箱的箱位也很有限，但是，由于一些航线冷藏货源增长，使冷藏集装箱运输受到了越来越多的关注。

(2)隔热集装箱(insulated produce container)

这是一种主要用于载运水果、蔬菜等类货物，可使货物保持鲜度，防止箱内温度上升的集装箱。通常用干冰制冷，保温时间约72h。

(3)通风集装箱(ventilated container)

这是一种为装运不需要冷冻，且具有呼吸作用的水果蔬菜等类货物，而在端壁上开有通风口的集装箱。有时可由设有通风孔的冷藏集装箱代替使用。

3)特种集装箱(special container)

特种集装箱泛指为适应特种货物运输的需要，而在集装箱的结构和设备方面进行了特殊设计和装备的集装箱。这种集装箱因所适用的货物种类不同，而有许多种类，严格地说保温集装箱也是一种特种集装箱。这里主要介绍其中常用的两种特种箱：

(1)散货集装箱(solid bulk container)

这是用以装载大豆、大米、麦芽、面粉、饲料以及水泥、化学制品如塑料粒子等散装粉粒状货物的集装箱。使用这种集装箱可以节约数量可观的包装费用，并提高装卸效率。

这种集装箱有多种式样，最常见的是铝制的和钢制的两种。为了便于清扫和洗涤，箱的内底板大多用玻璃钢制造，侧壁的内衬板一般用刨平的木板。这样的结构能提高卸货时的滑溜效果。

散货集装箱的箱底，有做成漏斗形的。这样，在卸货时可以使货物从漏斗的口门自动流出。

散货集装箱也有从箱门处流出卸货的。为了防止开门时货物急剧倾出造成危险，一般将内侧箱门分上下两半开启，并在箱门上设置许多小开口，卸货时只须打开下半部的门，货物就能自动缓慢的流出。

某些国家对一些需要进行植物检疫的货物，规定了非常严格的检疫制度。比如对于进口粮食,有的就要求在港外锚地进行熏蒸消毒。因此,就要求在散货集装箱上设置投入熏蒸药物的开口,以及熏蒸气体排出口,并且要求这种集装箱在熏蒸时能保持完全气密。

(2)罐状集装箱(tank container;liquid bulk container)

这是一种适用于装载酒类、油类、化学品等液体货物的集装箱,具有适于装载液体货物的特殊结构和设备。装货时,货物由液罐顶部的装货孔进入;卸货时,货物由排出孔靠重力作用自行流出,或由顶部装货孔吸出。

除上述一些特种用途的集装箱外,还有一些适用货类的范围更为狭窄的特种集装箱,如:专供用于载运汽车的分两层载货的汽车集装箱(car container);可通风并带有喂料、除臭装置,以铁网或铁栏为侧壁的,用于运输活牲畜的牲畜集装箱(live stock container);备有二层底,用以贮存渗漏液体,专运生皮等带汁液,有渗漏性货物的兽皮集装箱(hide container)等。此外,还有以运输超重、超长货物为目的,需要时可以把两个集装箱联接起来使用,扩大承载面积和承受重力,甚至可加倍装入一个集装箱所能装载的重量或长度的平台集装箱(plat container)。

二、集装箱货物

装载于集装箱内进行海、陆、空运输的货物称为集装箱货物。需要运输的货物中,从技术上讲,不能使用集装箱的很少,但是,从经济性考虑,有些货类并不一定适于集装箱化,比如钢材、无包装卡车等,一般都是成批进出口的,而且运量较大,如采用专用船或特种船运输反而更为经济;有些货类,虽然可以集装箱化,但是如果未能适应货类的特性,选用适合的箱型,也会造成浪费,甚至损失。

1. 集装箱货物的分类与集装箱的选用

集装箱货物有多种分类方法,常用的是按适于集装箱化的程度分类和按货物的性质分类。而按货物的性质分类,更便于集装箱的选用。

1)按适于集装箱化的程度对集装箱货物的分类

所谓适于集装箱化的程度是指将货物装载于集装箱中进行运输,在技术上是否可能和经济上是否合理的程度。据此,集装箱货物可分为:

(1)最适宜货物(prime suitable containerizable cargo)

属于这一类的货物一般都是价值较高,海运运价也较高,且易于破损和被盗的货物。酒类、医药用品、针织品、小五金、电视机、电脑、摄影器材及其他光学仪器和各种小型电器等都属于这类货物。

(2)适宜货物(suitable containerizable cargo)

属于这一类的货物,其本身价值并不很高,海运运价也比最适宜货物低一些,货物破损和被盗的可能性较小。具体地说,这类货物包括纸浆、电线、电缆、铅丝,以及袋装面粉、咖啡等。此外,属于这类的货物也包括生皮、碳精等易成为赔偿对象的货物。

(3)临界货物(marginal containerizable cargo)

这类货物虽然在技术上将它们装入集装箱是可能的,但是因为它们本身的价值和海运运价都较低,受损和被盗的可能性也很小,将它们装入集装箱进行运输,经济效益并不显著,而且它们的形状,重量和包装也难于实现集装箱化。属于这类的货物如钢锭、生铁、原木等。

(4)不适宜货物(unsuitable containerizable cargo)

属于这一类的货物有的是因货物的物理性质而不能装入集装箱内;有的是在大量运输时,使用专用船运输(如使用散货专用船运输大批量的散货;使用滚装船运输大批量的无包装卡车等)反而能提高运输效率的货物。如废钢铁、长40ft以上的桥梁、铁塔、大型发电机等钢铁结构件,都属于此类货物。

2)按货物的性质对集装箱货物的分类

按货物性质对集装箱货物进行分类,对正确选用集装箱是非常必要的。按货物的性质分类,集装箱货物可分为:

(1)杂货(general cargo)

杂货是从适应货物的性质考虑,在积载和保管方面并不需要特殊安排的货物的总称。按照货物的包装形式和性质再区分,这类货物又可细分为清洁货物(clean cargo)、污秽货物(dirty cargo)和易碎货物(breakable cargo)。

①清洁货物。这是指本身清洁、干燥,对积载和保管没有什么特殊要求,与其他货物混载不会使其他货物受损的货物,如纺织品、纺织制品等。

②污秽货物。这是指本身具有可能渗出液汁、扬散、撒落、散发恶臭等性质,与其他货物混载,可能使其他货物发生湿损、污损、串味、虫蛀等损害的货物。如可能渗出液汁的生皮;极易撒落和飞扬货粉的水泥、碳黑;易粘附于其他货物而使其他货物遭受污损的油脂、沥青;生虫的椰壳、牛骨、干生皮、发出恶臭和异味的生皮、胡椒、樟脑等都属于这类货物。

③易碎货物。这是指运输中极易遭受破损的货物,如玻璃器皿等。

(2)特种货物(special cargo)

这是指根据货物的性质、种类、容积、长度、重量和形状,在积载和保管方面需要特殊处理的货物。属于这一类的货物包括:

①冷藏货物(refrigerated cargo)。这是指需要冷冻或保温,以防止腐烂变质的货物。鱼类、肉类、奶油、干酪等需要冷冻运输的货物和水果、蔬菜等需要保温运输的货物,都属于这类货物。

②动物和植物(livestock and plants)。这是指家畜和其他活动物以及花卉、树苗等植物。

③笨重货物(heavy cargo)。这是指单件重量或长度超过规定的笨重长大件货物。

④贵重货物(valuable cargo)。这是指较稀缺而价格昂贵的货物,如稀缺金属、名贵字画、古玩等。这种货物大都是易碎货物,稍有损伤,可能会造成巨大经济损失,因此在积载和保管方面要给予充分注意。

⑤危险货物(dangerous cargo)。这是指具有易燃性、爆炸性、腐蚀性和遇水或空气会产生危险的货物和有毒及有害的其他货物。

⑥易腐货物(perishable cargo)。这是指运输中因通风不良、高温、高湿等原因而易于腐败变质的货物。

⑦散货(bulk cargo)。包括散装干货和散装液体货物。前者指谷类、盐、煤炭、矿石等无特殊包装的散装运输的货物;后者则指未装于罐、桶、瓶、坛等容器内的散装运输的流体或半流体的货物。至于盛装于罐、桶、瓶、坛等容器内的液体货物,通常都作杂货处理。

3)集装箱的选用

集装箱货物运输中,为了船、货、箱的安全,必须根据货物的性质、种类、容积、重量、形状来选择适当的集装箱。否则,不仅对需要充分固定的货物不能采用适当的固定方法,如支撑、绑扎、填塞等方法,使货物在箱内固定,防止移动,而且也会因选用不当而导致货损。

当前,适应不同货物特性的需要,集装箱的箱型和种类已有多种,按性质分类的集装箱货物与按用途分类的各种集装箱的配伍已有一定的规律可循。现将集装箱货物与通常可选用的集装箱列于表 3-4。

集装箱货物与集装箱的选用　　表 3-4

货物分类	可选用的集装箱
清洁货物	杂货集装箱,通风集装箱,敞顶集装箱,冷藏集装箱
污秽货物	杂货集装箱,通风集装箱,敞顶集装箱,冷藏集装箱
易碎货物	杂货集装箱
易腐货物	冷藏集装箱,通风集装箱,隔热集装箱
冷藏货物	冷藏集装箱,通风集装箱,隔热集装箱
动物和植物	牲畜集装箱,通风集装箱
笨重货物	敞顶集装箱,平台集装箱,框架集装箱
危险货物	杂货集装箱,框架集装箱,冷藏集装箱
散　货	罐状集装箱,散货集装箱
贵重货物	杂货集装箱

4)集装箱数量的确定

一般在订舱时,每一票货物所需集装箱的箱型、数量就应确定。前面对各种货物适于使用的集装箱箱型和种类已有了解,以下则是确定集装箱个数的方法。在计算集装箱所需个数前,先要判定这批货物是重货还是轻货,再求出每一个集装箱的最大载货重量和有效容积,最后算出该批货物所需集装箱的数量。

以下是根据我国国家标准 GB/T 1413—1998《系列 1 通用集装箱最小内部尺寸和门框开口尺寸》,经过计算和处理后列出的常用集装箱的最小内部尺寸、门框开口尺寸和最小内容积见表 3-5。

常用集装箱的最小内部尺寸、门框开口尺寸和最小内容积　　表 3-5

集装箱型号	最小内部尺寸(mm)			最小门框开口尺寸(mm)		最小内部容积(m^3)
	长度	宽度	高度	高度	宽度	
1AAA	11998	2330	2655	2566	2286	74.221
1AA	11998		2350	2261		65.695
1A	11998		2197	2134		61.418
1CC	5867		2350	2261		32.125
1C	5867		2197	2134		30.033
1D	2802		2197	2134		14.343

所谓轻货、重货是相对于集装箱的单位容积能承载的重量而言的。货物的密度是货物单位容积的重量。而把集装箱的最大载货重量除以集装箱的容积,就得到集装箱的“单位容重”。集装箱的自重和内容积因受制造时的工艺、材料和其他因素的影响存在差异,使每个集装箱的最大载重和内容积也出现微小的不同。

要使集装箱的容积和重量都能满载,就要求货物的密度等于集装箱的单位容重。实际上,集装箱装货后,箱内的容积或多或少会有浪费,这是在装货时货物包装之间的空隙和对箱内货物必要的加固支撑所致。因此,集装箱内实际利用的有效容积为集装箱容积乘以箱容利用率。箱容利用率一般取80%,装箱技术好的可以达到85%以上,有些货物如箱包类箱容利用率更高。现以一组集装箱平均最大载货重量和集装箱容积数据,以20ft、40ft杂货集装箱和20ft敞顶集装箱、架式集装箱为例,列出集装箱的单位容重见表3-6。

集装箱的单位容重

表3-6

集装箱种类	最大载货重量(kg)	集装箱容积(m^3)		单位容重(kg/m^3)	
		箱容利用率为100%时	箱容利用率为80%时	箱容利用率为100%时	箱容利用率为80%时
20ft杂货箱	21790	33.2	26.6	656.3	820.4
40ft杂货箱	27630	67.8	54.2	407.5	509.4
20ft敞顶箱	21480	28.4	22.7	756.3	945.4
20ft台架箱	21230	28.5	22.8	744.9	931.1

如前所述,应用货物密度和集装箱的单位容重可以衡量装箱货物是"重货"还是"轻货"。例如,如果货物的密度为200kg/m^3,小于40ft杂货箱在箱容利用率为80%时的单位容重509.4kg/m^3,可以判断它是轻货,适于使用40ft杂货箱或其他大容积集装箱;如果货物的密度为700kg/m^3,介于20ft杂货箱与40ft杂货箱在80%箱容利用率时的单位容重509.4kg/m^3和820.4kg/m^3之间,则可以判断它是重货,适于使用20ft杂货箱;如果货物的密度大于820.4kg/m^3,即大于20ft杂货箱在80%箱容利用率时的单位容重820.4kg/m^3,可以判断它是高密度货物,在使用20ft杂货箱时要注意防止超重,不能为充分利用箱容而违反安全原则。

在具体计算时,如果货物是重货,则用货物总重量除以集装箱的最大载货重量,得出该批货物所需集装箱的数量;如果货物是轻货,则用货物总体积,除以集装箱的有效容积,求得该批货物所需集装箱的数量。如果货物密度等于箱的单位容重,则无论按重量计或容积计,均可求得需要集装箱的个数。

如果一时不能判定某种货物是重货还是轻货,可先按容积来计算,求出每个集装箱的最大可能装载件数,用件数乘上每件货物的重量,再与该集装箱的最大载货重量相比较,如果小于集装箱的最大载货重量,则可用该重量来除以该批装箱货物的总重量求出所需集装箱的个数。如果箱内所装件数的总重量大于集装箱的最大载货重量,则以集装箱的最大载货重量来除以该批装箱货物的总重量,求得所需要的集装箱数。

此外,如果集装箱是拼箱货,那么装箱时应尽可能地轻重搭配,尽量使集装箱的装载量和容积都能满载,但必须注意混装在一起的货物性质和包装要相容。当然,巧妙地进行搭配装载,提高集装箱的装载率,减少集装箱的使用量,无论对承运人还是货主来说,都是十分有利的。

实际工作中,除了考虑集装箱的容积和载重是否可以容纳下所托运的货物,还要考虑尽可能地节约运费。通常船公司确定的运价表中,一个40ft箱的运费是20ft箱的1.7倍。如果货物装一个20ft箱不行,而使用两个20ft箱或一个40ft箱都可以装下,那么,应首先选择使用一个40ft箱。

以下是计算集装箱数量的几个例题:

【例1】 有一批出口机电产品共60件,用小木箱包装,毛重36060kg,体积28m^3。已知按80%箱容利用率计算的单位容重20ft为820.4kg/m^3、40ft为509.4kg/m^3;集装箱的内容积20ft为33.2m^3、40ft为67.8m^3;集装箱的自重是:20ft杂货箱2210kg、40ft杂货箱2850kg、20ft敞顶箱2520kg、20ft台架箱2770kg。请选择最佳集装箱种类及箱型并计算所需箱量。

解:(1)货物的基本情况:

小木箱装的机电产品属于普通件杂货

$$货物密度=\frac{36060}{28}=1288(kg/\ m^3)$$

1288 > 820 > 509

∴属于高密度货物,即重货

首先考虑使用小容积的集装箱

(2)选用集装箱种类及箱型:

20ft 杂货集装箱

$$载重=总重-自重=24000-2210=21790(kg)$$

(3)所需集装箱数:

$$箱数=\frac{货物重量}{集装箱载量}=\frac{36060}{21790}=1.65(个)$$

取整后确定的集装箱数量为 2 个

答:这批货物应选择 2 个 20ft 的普通杂货集装箱。

【例 2】 有一批出口五金工具需从上海运往德国不来梅(BREMEN)。货主提供的资料显示,其中有不同名称、规格和型号的工具共 450 箱,毛重 30512kg,体积 $32m^3$。

(1)分别从货物性质、适箱程度及装箱特点看,这是什么货?

(2)应选用什么种类的集装箱?

(3)选择最佳箱型并计算数量。

解:(1)货物的基本情况:

五金工具属于普通件杂货,从性质和状态分析为适箱货

$$货物密度=\frac{重量}{体积}=\frac{30512}{32}=953(kg/m^3)$$

953 > 820.4 > 509.4

∴属于高密度货物,即重货

应考虑使用小容积的集装箱

(2)选用集装箱种类及箱型:

20ft 杂货集装箱

$$载重=总重-自重=24000-2210=21790(kg)$$

(3)所需集装箱数:

$$箱数=\frac{货物重量}{集装箱载量}=\frac{30512}{21790}=1.4(个)$$

取整后确定的集装箱数量为 2 个

答:这批货物应选择 2 个 20ft 的普通杂货集装箱。

【例 3】 有一批出口纺织品需从上海运往澳大利亚墨尔本(Melbourne)。货主提供的资料显示,其中有:童装短裤 50 箱,毛重 612kg;女式长裤 75 箱,毛重 1350kg;男式上装 200 箱,毛重 1540kg;男式短裤 525 箱,毛重 4940kg。该批货物总共 $52m^3$。

(1)分别从货物性质、适箱程度及装箱特点看,这是什么货?

(2)应选用什么种类的集装箱?

(3)写出选用箱型及数量。

解:(1)货物的基本情况:件杂货中的清洁货,最适箱货

$$货物总的重量 = 612 + 1350 + 1540 + 4940 = 8442(kg)$$

$$货物总的体积 = 52(m^3)$$

$$货物密度 = \frac{重量}{体积} = \frac{8442}{52} = 162.35(kg/m^3)$$

$162.35 < 509 < 820$

∴属于低密度货物,即轻泡货

考虑使用大容积的集装箱

(2)选用集装箱种类及箱型:

选用40ft杂货集装箱

$$集装箱的有效内容积 = 内容积 \times 有效利用率$$

$$= 67.8 \times 80\% = 54.24(m^3)$$

(3)所需集装箱数:

$$箱数 = \frac{货物总体积}{集装箱有效内容积} = \frac{52}{54.24} = 0.96(个)$$

取整后确定的集装箱数量为1个

答:这批货物应选择1个40ft的普通杂货集装箱。

2. 集装箱货物的流通途径

1)集装箱货物的典型流通途径

集装箱运输是将散件货物(break bulk cargo)汇总成一个较大的成组单位,使用像集装箱专用列车(container unit train)或大型集装箱船那样的适于大量运输的运输工具进行的运输。集装箱运输的货物流通途径与传统的货物运输有所不同。它们的区别主要在于,集装箱运输不像传统的运输方式那样,仅以港口作为货物的交接换装地点,而是在内陆腹地设立一个或几个作为第一个货物交接点的内陆站(inland depot),将集中于内陆站的集装箱用集装箱专用列车或拖挂车,通过铁路或陆路,运至作为第二货物交接点的装货港的集装箱码头,装上集装箱船。在卸货港也是用集装箱专用列车或拖挂车,通过铁路或陆路,将从集装箱船上卸下的集装箱运至内陆站,分运至货主仓库。当然,港口的集装箱码头也可兼有内陆站的功能,从货主手中接受货主送来的由货主自行装箱的货物,或在集装箱码头内、外附设的集装箱货运站接受不能装满整箱的小批量货物,将分属于不同货主的运往同一目的地的货物拼装在一个集装箱内,送交集装箱码头装船运至卸货港。

上述集装箱货物的流通途径表明集装箱运输是以装卸两港的集装箱码头为中心,从内陆的起运点向装港的集装箱码头集中,和从卸港的集装箱码头向内陆到达点疏散的呈放射状的运输。所以,集装箱运输,尤其是集装箱多式联运是一种运输总距离最短的运输形式。

集装箱货物的典型流通途径如图3-1所示。

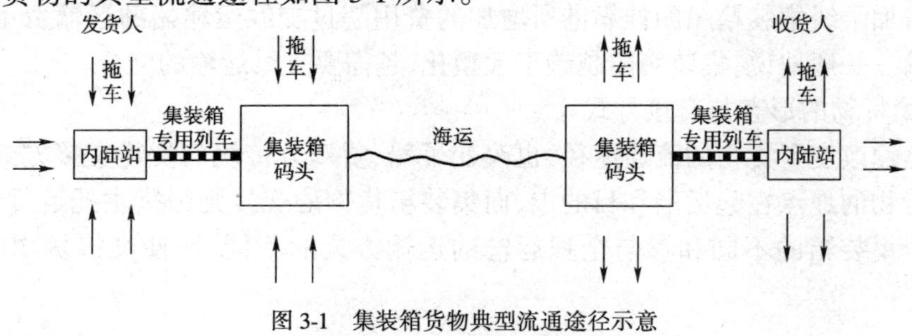

图3-1 集装箱货物典型流通途径示意

2)集装箱的干线运输和支线运输

集装箱货物的流通途径,也就是集装箱货物联运经由的线路。在集装箱联运体制建成前后,货物运输经由的线路发生了明显的变化。

在集装箱联运体制建立之前,内陆货物可以经由沿海任一港口出运海外,虽然货主也会选择合理路线,经由就近的港口出运货物,但是有时也会因货流过于集中,使线路发生堵塞而不得不改由其他港口出运,尤其是对于有共同腹地的相邻港口而言,更会出现任选出运港口的情况。因此,在传统的运输中,各沿海港口与内陆起点之间的货物流通途径呈现了相互交叉的网状形态。可是集装箱多式联运出现后,情况就改变了。这一方面因为从加速集装箱的周转、提高其航行率考虑,航次中尽量减少挂靠港是非常必要的;另一方面也因为建设集装箱码头需要巨额投资,一个国家即使在沿海有许多良港,也不可能普遍建设集装箱码头。更何况从减少集装箱船的挂靠港考虑,也没有必要。所以,在实现集装箱化后,只能将集装箱货物集中于设置于各地的内陆站或货运站,用陆上运输工具或小型集装箱船或驳船,运至设有集装箱码头的港口,再在设有集装箱码头的港口,将从各地集中来港的集装箱装上大型专用集装箱船运输出口。于是集装箱货物的流通途径就形成了以集装箱枢纽港为中心,向内陆和沿海各港辐射的形态。因此,就在集装箱运输中形成了干线运输和支线运输。

(1)干线运输

干线运输是指使用大型集装箱船舶,在各设有集装箱码头的枢纽港之间,载运集装箱的跨越海洋的运输。干线运输是构成海上集装箱运输的主体。一般地说,干线运输的运输距离都较长、挂靠港较少,而且班期准确。在大陆桥运输中,海运区段的运输任务,主要是由干线运输承担的。

(2)支线运输(feeder service)

支线运输是指为了减少集装箱船的挂靠港,通过陆路或海路向集装箱枢纽港集中集装箱的运输。

广义地说,就集装箱多式联运而言,从起运地通过陆路向枢纽港集中集装箱的运输或从枢纽港向内陆疏运集装箱的陆路运输也属于支线运输。但是,狭义地说,就海上集装箱运输而言,所谓支线运输,应该只是指从附近的港口向集装箱枢纽港集中集装箱或反向的运输。

在一些大陆国家,沿海港口有广阔的腹地,以集装箱专用列车联接集装箱内陆站与集装箱码头,在两者之间进行往返运输是没有什么问题的。但是,在海岸线较长,而内陆腹地狭窄的国家,或象日本那样的岛国,主要工业城市都位于海岸沿线附近,就缺乏使用集装箱专用列车联接内陆站和集装箱码头的条件。于是,为了装载其他沿海港口或岛屿的集装箱货载,就可能采用两种不同的方法:一种是增加集装箱船的挂靠港,派船到这些集装箱货载并不多的港口装载集装箱货载;另一种方法是使用小型集装箱船或驳船,将集装箱运往设有集装箱码头的枢纽港集中。在这两种办法中,究竟采用哪一种办法更有利,则要看采用哪种办法更能使费用节省一些。如果增加干线集装箱船的挂靠港所增加的费用超过支线运输船的运输费用,当然应该开发支线运输。一般地说,集装箱船越趋于大型化,越需要支线运输的配合。

3. 集装箱货物的形态与交接方式

集装箱运输改变了货物的流通途径,也改变了船、货双方传统的货物交接方式。原来船、货双方交接货物的地点在起运港和目的港,而集装箱货物的交接则因货主托运货物的批量是否能装满一个集装箱的不同和参与全程运输的运输方式的不同,而使交接货物的地点有所不同。

1)集装箱货物的形态

在集装箱运输中,货物与集装箱结合的形态有两种,即所谓的整箱货(full container cargo load,FCL)和拼箱货(Less than container cargo load,LCL)。这是按照货主托运货物的批量是否能够装满一个集装箱来区分的。整箱货是指货主托运货物的批量较大,足以装满一个集装箱的货物。整箱货通常只有一个发货人和一个收货人。货物由发货人自行装箱、办理货物出口报关手续,经海关检验后,由海关对集装箱施加铅封。拼箱货则是货主托运货物的批量较小,不足以装满一个集装箱,须由集装箱货运站将分属于不同货主的同一目的地的货物合并装箱,经海关检验后,由海关对集装箱施以铅封的货物。

2)货物交接方式

作为集装箱货物,整箱货与拼箱货的货物流通途径大体相同,所不同的只是承运人与货主之间的货物交接地点,由于承运人对集装箱货物的责任是从接收到交付,因此交接地点决定了承运人与货方划分责任、风险和费用的方式。

集装箱货物的交接地点主要是在集装箱堆场(CY,container yard)和货运站(container freight station,CFS),也可以在货主工厂或仓库(Door),只有特殊情况下会在船边或吊钩下(ship's rail or hook/tackle)。集装箱堆场,是交接和保管空箱和重箱的场所,货运站则是交接和保管拼箱货并可进行集装箱装拆箱作业的场所。

因此,在集装箱运输中,整箱货和拼箱货的典型交接方式有以下9种:

(1)“门到门”(door to door)

托运人在工厂或仓库,将由他负责装箱并经海关铅封的集装箱交承运人验收。承运人接受整箱货后,负责将货物运至收货人的仓库或工厂,原箱交货。只有在一个托运人、一个收货人,而且货主托运的是整箱货的条件下,才能进行“门到门”运输,实行“门到门”的货物交接方式。

“门到门”运输交接方式的特点是:在全程运输中,集装箱可以从一种运输工具直接方便的转换到另一种运输工具,箱内货物无须移动;货物装箱后,从发货人仓库经由内陆和海上运输,再经由内陆运到收货人的仓库,可以由一个承运人负全程责任;载运集装箱的专用列车和专用船舶周转快,货物在途中时间可大大缩短。

采用这种交接方式必须具备一定的条件。首先要有配套成龙的专用设备;其次还要有内陆集装箱集散运输的专用工具;再次是途经的公路桥梁要有相应的负荷能力,隧道要有相应的高度。

由于存在着这些限制条件,也由于不少国家在政治、经济和法律方面存在着种种差异和限制,所以在国际集装箱运输中,真正做到“一票到底”的“门到门”运输,难度还是较大的。

(2)“门到场”(door to CY)

承运人在发货人的工厂、仓库接受由发货人装箱、并经海关铅封的集装箱,并负责将集装箱运至目的港集装箱码头的集装箱堆场,在集装箱堆场原箱交付给收货人或代收货人接受集装箱的其他运输方式的承运人。在采用“门到场”交接方式的情况下,运至目的港集装箱堆场以前的,包括陆路运输和海路运输在内的各区段的运输均由承运人负责。但由集装箱堆场至目的地的陆路或水路运输则由货主自行负责。和“门到门”货物交接方式一样,只有整箱货才能实行“门到场”的货物交接方式。

(3)“门到站”(door to CFS)

这是承运人在发货人的工厂、仓库接受由发货人装箱并经海关铅封的整箱货物,负责将整箱货运至目的港的集装箱货运站拆箱后，分别向不同的收货人交付货物的集装箱货物交接方式。在一个托运人将分属于两个或两个以上的收货人的货物拼装在一个集装箱内，按整箱货托运，运到目的港的集装箱货运站，各收货人凭单分别向货运站提货时，多采用这种货物交接方式。

(4)"场到门"(CY to door)

这是承运人在起运港的集装箱堆场接受由发货人装箱并经海关铅封的整箱货物，负责将整箱货运至收货人的工厂、仓库，原箱交货的货物交接方式。在这种货物交接方式下，承运人不负责由发货人工厂、仓库至集装箱堆场之间的内陆运输。

(5)"场到场"(CY to CY)

这是承运人在起运港的集装箱堆场接受由发货人装箱并经海关铅封的整箱货物，负责将整箱货运至目的港的集装箱堆场，原箱交货的货物交接方式。在"场到场"的货物交接方式下，在起运港，由发货人将集装箱货物送至集装箱堆场；在目的港，由收货人在集装箱堆场整箱提货。承运人只负责海运区段的运输，而起运港以前和目的港以后的内陆运输，则由货主自行负责。在发展海上集装箱运输的初期，这是使用得比较普遍的交接方式。

(6)"场到站"(CY to CFS)

这是承运人在起运港的集装箱堆场接收经海关铅封的整箱货，原箱运至目的港的集装箱货运站，分别向两个或两个以上的收货人交付货物的货物交接方式。和"门到站"交接方式一样，在一个发货人将分属于两个或两个以上的收货人的货物拼装于一个集装箱内，按整箱货托运时，多采用这种交接方式，所不同的只是从发货人工厂、仓库送交集装箱堆场的运输由发货人负责而已。由于承运人接收的是已经装入箱内并加封的货物，这种交接方式可能加重承运人对货物完好交付的责任，在实践中应谨慎使用。

(7)"站到门"(CFS to door)

这是承运人从起运港的集装箱货运站，将集装箱货物运至收货人的工厂、仓库的货物交接方式。在由两个或两个以上托运人将不足整箱的货物托运给同一收货人时，一般都在货运站将货物拼箱，并经海关监装、铅封后，按整箱货运至收货人的工厂、仓库。

(8)"站到场"(CFS to CY)

这是承运人从起运港的集装箱货运站将集装箱运至目的港的集装箱堆场的货物交接方式。在两个或两个以上的发货人托运属于一个收货人的货物时，可采用这种货物交接方式。货物在货运站拼箱以及海关在货运站监装和铅封。

(9)"站到站"(CFS to CFS)

这是托运人将小批量不足整箱的货物送到起运港的集装箱货运站，由集装箱货运站接受货物后，将分属于不同托运人和收货人，但目的港或目的地相同的货物拼装于一个集装箱内，经海关监装、铅封后，送交起运港的集装箱堆场装船运至目的港装卸作业区的集装箱货运站拆箱，各收货人分别提取货物的货物交接方式。这种交接方式是集装箱运输中，拼箱货的最典型的交接方式。

4. 集装箱货物的装箱

集装箱货物既可能由货主(发货人)装箱，也可能由承运人委托的集装箱货运站装箱。不论由谁装箱，都应根据运输货物的种类、包装、性质和对运输的要求，选择适用的集装箱，采用适当的装箱方法。

(1)装箱前的检查

为了装箱货物的安全，货物装箱前，须对集装箱进行缜密的检查。检查重点应在：

①外部检查。即从集装箱的上、下、左、右、前、后6个方面对集装箱的外表状况进行详细查看。检查集装箱的外部是否有损伤、变形，或破裂情况。如有，即须作出修理部位的标示。

②内部检查。即对集装箱的内部，从上、下、左、右、前、后6个方面详细查看。查看是否有漏水、漏光、污点和水渍等情况。如有，也须作出修理部位标示。

③箱门检查。检查箱门是否完好，是否水密，门锁是否完好，以及箱门是否能270°开启。

④清洁检查。在对集装箱内部检查时，还须仔细查看箱内是否有残留物、污染、异味、水湿。如果箱内有裸露金属部件，还须检查是否有锈蚀情况。

⑤附属件的检查：即对附属件及附属件与集装箱联接部位的牢固程度进行检查。

凡是在检查中发现集装箱存在上述问题或缺陷的，应要求调换，承运人有义务提供适于载货和运输的状态良好的集装箱。

(2)货物装箱的一般要求

集装箱运输可以减少货损事故，但是如果装箱不当，也会导致货损事故的发生。许多事实证明，装箱不当不仅会造成货损，严重的甚至会损坏运输工具和装卸设备，导致人身伤亡。为此，货物装箱时，须满足以下要求：

①重不压轻，根据货物包装强度确定箱内堆码层数；

②均衡地分布箱内货物的重量；

③货物堆码整齐、紧密，货物与货物之间须使用清洁、干燥的物料衬垫、隔离；对笨重货物还须支撑、绑扎固定；

④采取措施，防止拆箱时，箱门附近的货物倒塌。

三、集装箱船

1. 集装箱船的分类

从广义上说，可以载运集装箱的船舶都可以说是集装箱船。在这个意义上，它既包括专用于载运集装箱的全集装箱船，也包括虽然没有为装运集装箱而配置特殊设备但却用来装运集装箱的普通船舶。因此，如果按照船舶的设计，集装箱船可分为：

(1)普通货船(conventional ship)

这是指在普通货船上装运集装箱，在同一货舱内与普通杂货混装在一起的船舶。所以，这种船舶又称为混载型(combination type)船舶。这种船舶的特点是大舱口，平舱盖，舱盖上也可以装载集装箱，并备有换装的专门设备。

(2)半集装箱船(semi-container ship)

这是指将某些特定船舱作为集装箱专用舱的船舶。通常将这种专用舱设计在船体中央部位。虽然这种船舶的营运效率要比专用型的全集装箱船低得多，但是在一些集装箱货物较少的航线上，这种船舶在适应货源方面比全集装箱船更具有灵活性。如果从广义上理解，半集装箱船还包括为装运集装箱而装备特殊装置、或可拆卸的简单绑扎装置的，能在舱内混装集装箱和其他货物的混载型船舶，以及预先设计的，为了装运集装箱，能随时改变部分船舱或全部船舱结构的所谓兼用型(convertible type)船舶。不过，就载箱能力而言，半集装箱船毕竟要比全集装箱船小得多。这种船舶的货舱并不是为装运集装箱而设计的，装运集装箱时，其舱容利用率难免要打一个折扣。更何况未经过改装，舱面上也不宜积载集装箱，更不能多层积载。所以这种半集装箱船的载箱能力是很有限的，只有在支线运输中才能较好地发挥作用。

（3）全集装箱船（full container ship）

这是指所有船舱都设计为只能装运集装箱，而且舱面也能堆码数层集装箱的船舶。它包括运用船上或岸上起重机械，将集装箱垂直装上、卸下的所谓吊上、吊下型（lift on/lift off：Lo/Lo）的船舶和利用船侧、船首或船尾的开口斜坡，将集装箱连车带箱水平方向拖进或拖出的所谓滚装型（roll on/roll off：Ro/Ro）的船舶。其中，吊上、吊下型船舶都采用格栅（cell）构造，甲板也能承受装载数层集装箱的重量。而滚上、滚下型船舶则具有多层甲板，并具有适当的绑扎设备使之能积载集装箱和车辆。在目前，广泛使用的集装箱船舶绝大部分是格栅式全集装箱船，滚装船因其经济性较差，一般只在船队中占有较小份额。

2. 集装箱船的分代和主要船型

在海上集装箱运输发展的不同阶段，集装箱船舶的载箱量、吨位和船型尺度呈现出不断升级换代的情况。

全集装箱船从出现到实现高速化、大型化，大致经过几个阶段；从第一代到第四代甚至第五代，先后形成在尺度、航速，载箱量方面各具特色的船型。

在集装箱海上运输发展初期的船型，主要是载箱量 300～1000，航速 20kn 左右，大多数是由普通船舶改装而成。集装箱试运取得成功后，为适应海上集装箱运输发展需要，接着便出现了载箱量 700～1500TEU，航速 22～26kn，船上不设起重设备的全集装箱船。

进入 70 年代以后，跨越大洋的长距离国际集装箱运输得到发展，参与集装箱运输的国家和地区，已从欧美、日本、澳大利亚，逐步扩展到东南亚和中东地区。集装箱运输进入高速发展时期。为适应集装箱运输发展的需要，出现了载箱量更大，通常可达 2500～3000TEU；航速更高，甚至高达 33kn 的集装箱船。

80 年代，一方面因为 80 年代初世界经济衰退的影响；另一方面也因为经历了集装箱运输高速发展的阶段后，集装箱货运量的增长，已从原来依靠提高集装箱化的比例转向尽力扩大适箱货范围，以增加集装箱货运量的正常途径，使世界集装箱货运量的增长速度相对减缓。从而也使集装箱运输进入稳定发展时期。于是出现了以降低运输成本，提高航运企业经济效益为主要目的的大型集装箱船。此时的集装箱船航速虽相对降低，但载箱量却继续增大，载箱量达到或超过 4000TEU 的船舶不断涌现。

经过一段稳定发展时期，随着九十年代中期世界经济的复苏，海上集装箱运输的需求不断增长。世界集装箱运输业的强劲发展，有力地刺激了各大船公司订造新船的欲望。1995 年海运联盟出现后，掀起了集装箱船舶大型化发展的浪潮。据统计，1995 年世界超巴拿马型集装箱船为 32 艘，2004 年已多达 539 艘，运力占全球集装箱船舶总运力的 41.2%。1996 年马士基“Regina”号问世，使 5000TEU 级向 7000TEU 级发展迈出了坚实的一步。在以马士基为首的大型班轮公司的带动下，世界各大船公司纷纷订造 6000TEU 以上的船舶，通过订购更大的船舶增强竞争力。目前投入世界主要航线运营的集装箱船已从载箱量 4000TEU、5000TEU，发展到了 6500TEU 和接近 10000TEU 的巨型规模。

按照目前比较通行的分代方法，以船舶载箱量为标志，第一代载箱量 700～1000TEU，载重量约 10000t，船舶尺度长约 150m、宽约 22m、吃水 8～9m；第二代载箱量 1000～2000TEU，载重量约 15000～20000t，船舶尺度长 175～225m、宽 25～30m、吃水 9.5～10.5m；第三代载箱量 2000～3000TEU，载重量约 30000t，船舶尺度长 240～275m、宽约 32m、吃水 10.5～12m；第四代载箱量 3000～4000TEU，载重量 40000～50000t，船舶尺度长 275～295m、宽约 32m、吃水 11.5～12.5m；第五代载箱量 4000TEU 以上，载重量 50000～75000t，船舶尺度长 280～300m、宽约32.2～39.4m、吃水

11.5~13.5m。近来也有人将载箱量6000TEU以上的称为第六代集装箱船。

而以船体尺度能否通过巴拿马运河为标志，比较典型的分法是有四种船型：第一类是巴拿马型(panama)，或称(次巴拿马型)，船舶尺度(长、宽、型深)小于巴拿马运河极限尺度，第1、2、3代集装箱船均属此类；第二类是巴拿马极限型(panamax)，尺度300m×32.3m×12m，接近运河极限尺度，可以通过运河，最大载箱量4500TEU，是第4代集装箱船的主要船型；第三类是超巴拿马型(post-panama)，不能过巴拿马运河，载箱量超过4000TEU，主要是船体宽度超过巴拿马运河船闸的极限宽度，也有长度超过巴拿马运河船闸的极限长度者，后者因造价较高，为数不多；第四类是特超巴拿马型(super post-panama)，载箱量6000TEU以上，宽度、长度均超过巴拿马运河的船闸尺度，只能在太平洋或大西洋对岸行驶，或经苏伊士运河在远东与欧洲间航行。

尽管随着船舶的大型化，对港口建设、运输组织和其他方面都提出了许多新的课题，但是，早在2000~2001年，理论上已出现载箱量高达18154TEU，船舶尺度为400m×60m×35m，吃水21m的马六甲海峡概念船(TOP MALACCA；Malaccamax)。2003年10月，英国劳氏船级社提出，集装箱船载箱量达到12500TEU级是可行的。有关集装箱船舶大型化的报道最近又有新突破，即荷兰一所大学确认建造18000TEU级集装箱船是可行的，原来认为其吃水深度需18m以上，现在看来水深18m就可满足要求。如果某一天有人提出建造20000TEU级，甚至20000TEU级以上集装箱船具有可行性的观点，那也不足为奇。可以说，人们对以造大船来降低单位运输成本的梦想一直没有放弃。

现行和设想中的大型集装箱船舶参数见表3-7。

现行和设想中的大型集装箱船舶参数 表3-7

船公司	载箱量(TEU)	总长(m)	型宽(m)	型深(m)	吃水(m)	甲板载箱(列)
马士基海陆	4000	292.0	32.2	21.4	3.5	13
美国总统	4300	275.1	39.4	23.6	12.5	16
中远集运	5250	280.0	39.8	23.6	14.0	16
现代商船	5551	274.7	40.0	24.2	14.0	16
马士基海陆	6000	318.2	42.8	21.0	14.5	17
马士基海陆	6600	347.0	42.8	24.4	14.5	17
铁行渣华	6674	299.9	42.8		14.0	17
赫伯罗德	7500	320.0	43.0			17
马士基海陆	8770	345.0	45.3	27.0		18
无	12000	400.0	50.0	30.0		19
无	13000	380.0	55.0		14.5	24
无	15000	400.0	69.0		14.0	28
海峡概念型	18154	400.0	60.0	35.0	21.0	24

3. 集装箱船的积载

1)集装箱积载位置的表示

和普通货物装船一样，集装箱也须按照事先编制的积载计划顺次地积载于指定的舱位。

集装箱运输中,集装箱船上堆放集装箱的位置称为箱位。在船上,这些箱位是以空间坐标表示的。以堆放一个集装箱的位置为单位,从前至后称为“跨位”(bay),从左至右称为“幅位”(row)。由于一个箱位上可堆码数层集装箱,而每一个集装箱即使堆放于高层,也应有它固定的位置,所以对于集装箱船的每一箱位,又须分为若干个层次,从船底自下而上,每一层称为一个“层次”(tier)。为了表明集装箱在集装箱船上的堆放位置,对于集装箱船上箱位的“跨位”“幅位”和“层次”都定有编号。以 20 ft 集装箱的箱位编号为例,从船首到船尾,分别以 01、03、05……编号来表示每一个“跨位”(如为 40ft 集装箱则以 02、04、06……表示);对于“幅位”,则以船舶中部为界线,左舷自右向左用 02、04、06……表示,右舷则自左向右用 01、03、05……表示。如果装载集装箱的列数为单数,则中间一列用 00 表示。为了不使积载于舱内的集装箱层次与积载于甲板上的集装箱层次相混淆,对于积载于甲板上的集装箱层次可另按 X2、X4、X6……编号。因此,每一个装载于集装箱船上的集装箱,都可用 6 位数字表示它装载的位置,即用第一、二位数字表示“跨位”,第三、四位数字表示“幅位”,最后两位数字表示“层次”。比如集装箱的堆放位置记为“030206”,即表示将 20ft 集装箱堆放于第二“跨位”、左舷一侧舱内第一“幅位”的第三层位置上。

2)集装箱的装船

集装箱运输具有的运量大、装卸速度快、运输距离长和可将集装箱积载于甲板上的特点,使集装箱在装船、卸下,以及积载等方面,均有区别于普通货物运输的要求。

(1)关于看舱、理货

集装箱运输中,挂靠港少,集装箱的装卸数量相对集中,装卸速度快,停港时间短。在较短的时间内装卸数量较多的集装箱,看舱、理货的疏忽或失误很容易发生。而看舱、理货的疏忽或失误,常是导致集装箱货物发生货损、货差的重要原因之一。因此在集装箱装卸过程中必须特别加强看舱和理货工作。装卸前,船方和集装箱码头须事先将积载计划和集装箱装卸作业计划交给看舱、理货人员。在装卸过程中,看舱、理货人员须不间断地逐个检验装上或卸下的集装箱的外表状况、箱号和铅封,查明箱门是否紧闭,铅封是否有损坏迹象,集装箱的积载位置是否和积载计划的安排相符等。对于冷藏集装箱,还要查明是否已接通电源。如果是危险货物的集装箱,还要查明是否已按《危规》要求将这类货物隔舱或分隔积载,以及在集装箱上是否已粘贴或作出《国际危规》规定的标志。对于看舱、理货中发现的问题,须及时通知船方值班人员,以便作出现场处理,如果发现集装箱破损,特别是内装危险货物集装箱的破损,应要求重新调换集装箱。此外,为了判明发生事故的原因,分清责任,看舱、理货人员还应随时作好包括开工、停工,以及装卸过程中发现的各种不正常情况在内的各种记录,必要时还须得到船方的签认。

(2)关于装卸和积载

货物装箱后,在搬运、装卸过程中,可能会发现某些已装满货物的集装箱发生角柱、箱门或框架变形,衬板、底板磨损,箱壁断裂,以及不密封等损坏情况。这些损坏固然有的是因为货物装箱不当,比如箱内货物绑扎不牢固,隔衬不完全,或重量分布不均衡等原因所造成的;有的是因为在内陆运输或在堆场堆码中处理不当,如将内装货物的重箱装载于长度不够的内陆运输车辆上,或紧固装置未能将集装箱紧固于内陆运输车辆上,或堆码时将内装货物的重箱堆码于不平整的地面,或堆码时,上层和下层集装箱未码齐等原因所造成的。但是,装卸和积载不当,也常成为造成集装箱损坏的重要原因。

因此,在集装箱装卸搬运过程中应注意:起吊时应使集装箱两端保持平衡,吊具不能偏离箱体重心,吊钩不能单钩起吊,和从集装箱顶部起吊时,应使用吊架或其他类似工具;起吊后,集装箱悬空时,应防止与架空的障碍物碰撞;使用叉车搬运集装箱时须将货叉对准集装箱的叉槽,并不能用叉车搬运不带叉槽的集装箱。

为了船、货的共同安全,除了按上述适当和谨慎地装卸集装箱外,装船积载时还须注意:

①船舶的稳性要求。全集装箱船在装运集装箱时有相当一部分集装箱是装载于甲板上的,而且甲板积载可达数层。这样就会使集装箱船舶稳性升高,而稳性的大小,与船舶的安全航行有着密切的关系。如果积载时不考虑船舶的稳性高度,就有可能使船舶倾复。所以,在集装箱船上积载集装箱时,在船舶的稳性方面应满足国际海事组织(IMO)提出的要求。一般地说,应视航线的长短和港口要求,将船舶稳性高度保持在0.6~1.2m之间。

②船舶的倾斜平衡。虽然为了消除单边装卸或装卸重大件时可能产生的船舶的不平衡,或使船舶的扭力矩超过限度,在设计和制造集装箱船时,已为船舶设计了压载水舱以调节船舶的平衡和消除船舶的扭力矩,但是,这种调节毕竟是有一定限度的。因此,积载集装箱时,应加强与港方联系,合理地制定积载计划,事先作出安排,使船舶保持平衡,尽量减少船舶的扭力矩。如果出现船舶倾斜或扭力矩超过限度,则应及时通过调整压载水来保持船舶的平衡。

③危险货物集装箱的积载。积载危险货物集装箱时,应根据危险货物的性质,按照国际海事组织(IMO)颁布的《国际海运危规》(简称《国际危规》)要求,将装有危险货物的集装箱隔舱或间隔积载;或装于舱内,或积载于甲板上;或积载于水线下部位;或须冷藏;或须通风;或禁止通风,以确保船货安全。

四、集装箱码头

1. 集装箱码头的功能及其必要条件

集装箱码头(container terminal)是专供停靠集装箱船舶,装卸集装箱的港口作业场所,是海上运输和陆路运输的连接点。在这里,一方面接受(发送)由铁路或公路运来的集装箱,一方面向(从)集装箱船装(卸)集装箱。另外,它还具有集装箱的贮存、以及空箱修理、保养、清洗等各种功能。在集装箱运输中,集装箱码头具有非常重要的作用。从提高装卸效率、加快换装速度及船舶、车辆和集装箱的周转考虑,特别是从集装箱船舶日益大型化、高速化和集装箱的装卸量既大又集中的情况考虑,只有为集装箱码头配备大型的、高效率的装卸机械和其他各种现代化设备,并建立一套十分严密的组织管理体系,才能确保以最少的人力、物力消耗,安全迅速地完成集装箱的装卸、换装和集中、疏运任务。所以,尽管因集装箱码头的设置地点或选用的作业方式不同,而使其规模大小、通过能力有所差异,但是,通常每个集装箱码头都必须具备下列各项基本条件:

①位于海、河岸壁,集装箱船能安全地进出、靠离和系泊,并能装备进行集装箱装卸作业所需的大型门式起重机的某一地势开阔的地点。

②具有进行集装箱装卸、交接、保管和分类所必需的场地,而且具有为移动集装箱而需用的机械设备,以及为实施管理和保管所需设施和相应的组织机构。

③由于集装箱码头的装卸效率是集装箱运输能否获得成效的关键所在,所以集装箱码头应具有迅速、正确地将集装箱装上集装箱船,或将卸下的集装箱迅速、正确地向陆上运输工具交付的能力;而且还应具有在装卸、交接当时,直接地对集装箱状况进行检查,或确认有无瑕疵的设施和相应的组织机构。

④为了能迅速、正确地处理集装箱码头所通过的大量集装箱,码头须具有正确识别每个集

装箱并且在整个作业过程中能够以最合理的流程进行操作的能力。除集装箱码头应具备的上述条件外,作为海上运输与内陆运输的交接点,尤其重要的是必须始终和内陆运输保持畅通。因而,集装箱码头必须与四通八达的公路运输网和有充分运输能力的铁路线相连接。

2．集装箱码头装卸系统

装卸工艺系统(cargo handling system)简称装卸系统,实际上是指装卸作业使用的主要机械的组合。集装箱码头所采用的装卸系统主要有三种,即海陆公司首创在世界各地普遍采用的,将从船上卸下的集装箱直接卸在底盘车上进行运输、保管的所谓底盘车系统;马托松公司首创的将集装箱堆放在堆场内,并堆成几层保管,而在堆场内则使用跨运车移动集装箱的所谓跨运车系统;以及在堆场内使用大型龙门起重机将集装箱堆码数层的所谓龙门起重机系统。由上述这几种主要的堆场或水平机械与岸边装卸桥组成的不同的装卸机械组合方式被称为各种不同的装卸工艺系统。

(1)底盘车系统(Chassis System)

这种装卸系统又称海陆方式。它是将船上卸下的集装箱直接放在底盘车上,用牵引车拖至集装箱堆场编排成列。在进行陆上运输时,底盘可直接与卡车连接,不需要堆场内的辅助机械。因此,这种系统最适于"门到门"的运输。其缺点是每个集装箱都要配备一辆底盘车,且在堆场堆存时,又不能堆码数层,需用较大的场地面积和巨额的设备(底盘车)的投资。不过,这种系统除装卸船舶使用的装卸机械外,不需要使用特殊的装卸机械,因机械故障而引起的装卸中断较少,而且进行陆路运输时,不需要再进行一次装车作业,效率较高。这些都是它比其他种作业方式优越的地方。

(2)跨运车系统(Straddle Carrier System)

这种装卸系统又称马托松方式。它使用跨运车这一多用途机械进行集装箱在堆场内的移动、堆码和将集装箱装载于底盘车或内陆运输车辆上。跨运车是一种横跨式的自行机械,通常具有可堆码三层大型集装箱的能力。在欧洲港口的一些集装箱码头,跨运车系统非常盛行,跨运车的堆码层数也不断增高。

跨运车系统的作业程序是:将集装箱从船上卸下,直接放在码头岸壁后,用跨运车将集装箱移至集装箱堆场堆码存放。交付时,也使用跨运车将集装箱移至集装箱堆场的转运地点,装在底盘车或内陆运输车辆上。出口时,程序与此相反。

跨运车系统的优点是:①跨运车在集装箱堆场内可以以最高时速为24km的速度自由运行,在用于移动或堆码集装箱时,极富机动性,能适应码头作业量变化进行灵活的安排;②采用这种作业方式不象底盘车系统那样,将集装箱逐个装于每个底盘车上,只须将从船上卸下的集装箱卸于岸壁,即可用跨运车直接搬运至集装箱堆场,并直接堆码,其机械搬运效率明显高于底盘车系统;③在集装箱堆场内,可将集装箱堆码三层或更高,与底盘车系统相比,码头所需面积可大为减少。

但是,这一系统也有缺点,那就是:跨运车的造价很高,而且液压部件多,维修时需要相当的时间和费用,它的投资和折旧费、维修费都比较高。此外,从开展"门到门"运输的要求看,这种系统在操作时须先将集装箱移至集装箱堆场,然后再装上底盘车或其他内陆运输工具,在装卸上增加了操作环节,这也是较底盘车系统不利的一点。

(3)龙门起重机系统(Transtainer System or Gantry Crane System)

龙门起重机又称门式起重机,简称龙门吊,是一种安装在集装箱堆场内,专用于堆码集装箱的大跨度的起重机械。龙门起重机分为轮胎式和轨道式两种。轮胎式龙门起重机(Rubber-tired gantry crane,RTG)一般在跨度之间可以堆放9列以上5层高的集装箱,而轨道式龙门起重机(Rail mounted gantry crane, RMG)工作区域的箱堆列数和层高更大。由于这种装卸机械只能沿着行走线路或轨道作前后方向的移动,所以,从船边到龙门起重机间的水平移动,还须使用堆场的底盘车或平板卡车,只有在集装箱堆场进行搬运或堆码时才使用龙门起重机。在向内陆承运人交付集装箱时,也使用龙门起重机,将集装箱直接装上内陆运输车辆。

与底盘车系统和跨运车系统相比,这一系统有其优点和缺点。其优点是:①龙门起重机作业区域相对比较固定,机械修理费用较低,虽然开始时需要相当的投资,但其维修费用较低;②因为龙门起重机只是在一定的场所按一定方向移动,动作较单一,所以可以较容易地以电子计算机进行自动控制,从而实现自动化;③在跨运车系统中,考虑到跨运车运行的需要,在集装箱堆放的行距间须留有1m左右的运行通道,而龙门起重机系统下,则不需要这种间距,而且它的堆码高度可达5层以上,因而可大大地提高场地的使用率。这也是亚洲港口的集装箱码头较多采用这一系统的一个主要原因。

但是,这一系统也有其缺点,那就是:①龙门起重机在一定的时间内只能连续地处理一定的作业量,而不能适应作业量的增加相应地提高作业能力。比如在内陆运输车辆集中到达堆场的时段,难免会增加到港车辆的待时;②龙门起重机是一种自重很大的大型机械,对地面的承受能力要求较高,在以填海造陆方法来扩建集装箱码头的情况下,为了提高龙门起重机运行通道的地面承受能力,不但需要较多的投资,而且也会增加维修费的开支,对于这点不能不给予注意。

(4)跨运车—龙门起重机混合系统(Straddle Carrier – Transtainer System)

混合系统采用多种机械组合,船边的装卸由岸边装卸桥承担;进口集装箱的水平运输、堆码和交货装车由跨运车负责完成;出口集装箱的堆场与码头前沿之间的水平运输由集装箱半挂车完成,堆场的装卸和堆码由轨道式龙门起重机完成。

可见,混合系统下进口集装箱的操作类似跨运车系统,出口集装箱的操作类似龙门起重机系统。由于混合系统有利于充分发挥各种工艺系统的优点,避免不足,使机械的配置和利用更趋合理,因此,目前已有一些新建的高效率集装箱码头采用了这一系统,以便实现大型集装箱船的快速装卸。但是,这种混合系统的投资巨大,作业现场的组织管理要求较高。

3. 集装箱码头的主要设施

集装箱码头是联接水、陆运输的枢纽,是各种运输方式间换装集装箱货物的缓冲地,也是承运人和托运人或收货人之间,或各种运输方式之间交接集装箱货物的交接点。集装箱码头的主要任务是组织各种装卸机械在各个不同的运输环节中迅速、有效的进行集装箱的装卸和换装作业,妥善地保管和交接集装箱和货物。在到港车、船、货的作业既量大、又集中的情况下,为了加快车船、货的周转,保持港口畅通,集装箱码头不但需要配备各种现代化的设备,而且要有分工明确的组织机构和设施,以及严密有序的组织管理程序。当前,大型集装箱码头的主要设施一般都包括:

(1)泊位(berth or pier)

泊位是指在码头内,给船舶停靠的岸壁线与对应水域构成的区域。泊位的长度、水深需根据港口类型、码头种类和将要停靠的船舶的种类与大小而定。为了使大型集装箱船能靠岸停泊,泊位的水深至少要保持船舶吃水加富裕水深后的深度。至于泊位的长度,为了使集装箱船的前后缆绳从船首和船尾部将船舶系于泊位的系缆柱(bollard or mooring bitt)上,其长度需大于集装箱船的全长。当前的一些具有300m长度并设置有系缆柱的码头泊位,只不过能系泊长度约260m左右的集装箱船。如果船舶全长为290m,则系缆柱就须设置在码头泊位延长线的外端约10%的位置上。

(2)码头前沿(apron)

前沿是指码头岸壁线,从泊位岸壁到堆场前(防汛墙)之间的码头区域。这里,安装着大型岸边装卸桥,进行集装箱船岸间的装卸。由于装卸桥自身重量很大并且需要经常移动,所以要求前沿地基特别坚固,通常在施工时都对地基进行特殊加强。码头前沿宽度一般为30~60m,以满足堆放船舶舱盖板和保证足够的陆运机械通道,确保集装箱装卸桥的作业效率。

(3)集装箱堆场(Container Yard,简称:CY)

堆场是指集装箱码头内,所有堆存集装箱的场地。习惯上,根据所处位置和用途不同将堆场分成两个部分,即前方堆场和后方堆场。

①前方堆场(Marshalling Yard)。又称"出口箱区"、"临时堆场"、"过渡堆场"、"编排场"、"调度场"等。它位于码头前沿和后方堆场之间,为加快船舶装卸作业效率,用于临时堆放集装箱。其主要作用是:船舶到港前,预先堆放将装船出口的集装箱并按装船次序进行编排;卸船时,临时堆存卸船进口的集装箱。前方堆场的面积在堆场总面积中所占比例较大,具体划分则根据集装箱码头所采用的装卸工艺系统不同而定,同时也因堆放层数的不同而有差异。

②后方堆场(Back-up Yard)。是指贮存和保管空、重箱的场地,是码头堆场中除前方堆场以外的部分。包括中转箱堆场、进口重箱堆场、空箱堆场、冷藏箱堆场、危险品箱堆场等。

事实上,后方堆场同前方堆场并没有严格明显的分界线,仅仅是地理位置上的相对概念。

集装箱后方堆场是船公司或其代理人调集、贮存集装箱,和船公司接受重箱、货主提取空箱及收货人提取重箱和拆箱后退回空箱的场地。

在实际业务中,人们通常将出口箱放在码头堆场的前方,中间放中转箱,而将进口箱、冷藏箱、危险品箱、空箱放在码头堆场的后方。在码头计算机系统很完善的条件下,特别是在应用无线终端设备(Radio Digital Terminal,RDT)实现堆场管理实时控制(Real-time Control)的码头,在堆场功能划分上,采用了更灵活的方式,甚至进出口集装箱混堆,仅将重箱置于靠前位置,空箱放于堆场后方。

上述两种堆场的地面上,都画有以一个20ft集装箱箱底为标准大小的长方形格子用于准确堆放集装箱,通常称之为:场箱位(Slot)。每个箱区的两端,都标有对应的编号,通常称之为箱区号(Yard Area Number)。堆存在堆场上的集装箱,其位置都有惟一编码标识,通常称之为"场箱位号"(Yard Number)。场箱位号(又称"箱位号")是由分别代表箱区号、行号、列号和层号的一组(六位或七位)代码组成。

堆场上设有照明设备、道路、交通标识和标牌、排水沟、CCTV设备、冷藏箱供电架等设施,不能有妨碍码头作业或降低码头效率的任何建筑物。

(4)集装箱货运站(container freight station,CFS)

集装箱货运站主要是为拼箱货(LCL)进行装箱和拆箱作业,并对这些货物进行贮存、防护和收发交接的作业场所,码头内俗称仓库。其实它同传统的仓库不同,是一个主要用于装、拆箱作业的场所,而不是主要用于保管货物的场所。

集装箱货运站一般建于码头后方,侧面靠近码头外公路或铁路的区域,尽可能保证陆运车辆不必进出码头堆场,而直接进出货运站。

集装箱货物的装箱或拆箱作业既可由货主或其代理人完成,也可由船公司或他的代理人

(货运站经营)完成。前者称为堆场货物(CY cargo),后者则称为货运站货物(CFS cargo)。在前者的情况下,货主或他的代理人将整箱货物装箱,在集装箱堆场交接的是整箱货物。而后者则是在货物零星、不足整箱时,货主将不足整箱的货物送交货运站,由作为船公司代理人的货运站拼箱。

一般情况下,集装箱货运站是接受船公司的委托,代船公司接受不足整箱的零星货物拼箱,或将拼装的整箱货拆箱,向收货人交付不足整箱的零星货物,并完成货物的临时保管等辅助作业。通常为了能使货物在卡车和集装箱之间尽快地移动,也为了拼装货物的方便,货运站的结构与普通仓库不同。它设置多处进出通道,以便卡车和集装箱的进出;它还设置与卡车或底盘车上的集装箱的高度相同的高床式平台,以便于货物的装箱和拆箱。

当然,集装箱货运站并不一定设置在集装箱码头内。另外,也不一定设置在码头附近地区。通常只要设置在货源集中,能顺利地来往于集装箱堆场的地点即可。在集装箱码头远离市区时,也可以设置在与码头有一定距离的市区内。不过,如果承托双方货物交接方式是 CFS 交或接,那么集装箱货运站与集装箱堆场之间的短途运输费用应由船公司负担,因此,对于两者间距离过远的情况,还是应尽量避免。

近年来,随着集装箱化的发展,竞争促使市场细分不断深入,专业化分工也不断发展。在一些大型集装箱港口,随着集装箱码头吞吐量的增加,船公司开始将自己的空箱集中到指定的码头外堆场进行专业化管理,同时也出现了专业化的进口拆箱分拨和出口装箱的码头外货运站,形成了将码头内货运站和空箱堆场移至码头外的趋势。通常将这种码头以外的堆场和货运站称为场站(Depot)。

(5)控制室(Control Tower)

中心控制室又称控制中心、控制塔、指挥塔(室),是集装箱码头各项作业的指挥调度中心,它的作用是充分发挥码头各生产要素的作用,监督、调整和指挥集装箱码头各项作业计划的执行。一般将其设置在码头办公楼的最高层,可以看到整个码头上各作业现场的地方。

控制室内装有电子计算机系统、测风仪及气象预报系统,并配有用于指挥码头现场作业的无线对讲机(VHF),用于监控码头作业现场的闭路电视(CCTV)和望远境,以及用于对内对外联系的电话、传真机等设备,是码头现场作业的中枢机构。

(6)检查口(Gate House)

俗称道口,又称检查桥、闸口、大门等,是集装箱码头的出入口,集装箱和集装箱货物的交接点,因而也是区分码头内外责任的分界点。由于道口是集装箱进出码头的必经之口,因此,在道口处不但要检查和交接集装箱及其货物的有关单证,而且还要确认交接的事实和交付的对象,办理集装箱和货物的交接责任,检查有关箱号、铅封号、集装箱箱体和货物的外表状况等,如发现异常情况,应采取措施并明确责任。

道口业务员编制的有关集装箱交接的单证,对集装箱的盘存管理非常重要。

道口一般设置在集装箱码头的后方,出于保证码头机械、船舶积载的安全性和海关监管需要,还设有地磅(Truck Scale,又称地秤、地衡),另外还配有计算机、IC 卡机、收放栏杆、探视器、CCTV 和箱号自动识别系统等设备。

(7)维修车间(Maintenance Shop)

又称修理车间(Repair Shop),它是对集装箱和集装箱装卸专用机械进行检查、修理和保养的地方。集装箱维修车间对于确保装卸机械的维修质量,使各种机械处于完好备用状况,提高集装箱码头效率和充分发挥集装箱运输的优越性都起着十分重要的作用。

修理车间一般设置在不影响集装箱码头作业的码头后方或在保养区附近,配有行车、车床、焊接和切割机、工作台、空气压缩机、修理坑道和配件库等设施设备。

(8)办公楼(Administration Building)

办公楼是码头日常管理机构所在地。为方便与口岸机构、货主、船公司及其代理等的联系,也有这些机构的现场分支在此驻扎。

五、集装箱运输的关系方

随着集装箱运输逐步地发展、成熟,与之相适应的有别于传统运输形式的管理方法、组织机构、以及与集装箱运输有关的当事人也相应地出现并发展起来,形成了一系列与集装箱运输特点相适应的组织机构。

1. 海上集装箱运输承运人

是指在海上集装箱运输中,与托运人签订运输合同的承运人;而在集装箱多式联运中,则是指与托运人签订运输合同,除自行完成海运区段的运输任务并承担责任外,也对运输全程承担责任的多式联运经营人。作为海上集装箱运输的承运人,或作为多式联运经营人的船公司与传统运输形式下作为承运人的船公司,在企业的经营管理方面有很多的不同。其中主要的不同点是:

(1)集装箱船公司大多采用联合经营的形式

开展集装箱运输既需要巨额的投资,也需要充足而且稳定的货源。独家经营时,不但财力有限,而且货源也常受到限制。为了缓和船公司之间的货源竞争的矛盾和解决资金不足的困难,一些船公司常以不同的形式进行联合经营。最常采取的联营形式是航线联营。目前,世界各条航线都有各种联营体存在,不仅有大公司之间的联营,也有小公司参加联营。

(2)承运人的责任随交接方式的不同而向不同的两端延伸

与传统的海上货物运输中承运人的责任期间不同,如果海上集装箱承运人所经营的只是海上集装箱运输,那么,在整箱货的情况下,承运人的责任期间从在起运港的集装箱堆场接受集装箱货物时起,至在卸货港将集装箱货物交付给收货人或内陆运输承运人时止。在拼箱货的情况下,承运人的责任期间从在起运港的货运站接受货物时起,至在卸货港货运站将货物交付给收货人时止。如果海上集装箱运输承运人也经营集装箱多式联运,则作为多式联运经营人,其责任期间应与所采用的交接方式相适应或者在起运港向集装箱的内陆起运地延伸(如door to CY),或者在卸货港向内陆到达地延伸(如 CY to door),或者既在起运港向集装箱的内陆起运地延伸,也在卸货港向内陆到达地延伸(如 door to door)。

(3)关于世界范围的货运代理和多式联运经营网络的建设

集装箱运输的优势之一是便于组织多式联运。从尽力满足货主日益增长的简化手续,加快货物送达速度,减少货损事故和扩大自己的业务范围考虑,一些较大型的集装箱船公司无不致力于多式联运业务的开展,为此,在国家大力发展港口基础设施和海运船队,使海运船队、专用码头、内陆集疏运网络相互匹配,形成日益完善有效的多式联运综合运输系统的条件下,经营多式联运的集装箱船公司更应重视管理,建立和健全与有关集装箱运输的国际公约、国内立法和国际惯例相适应的规章制度。此外,还需要在世界范围内建立船舶代理或揽货代理和多式联运经营的网络以通过经营管理的改善和提高运输服务质量,来提高公司的声誉和地位,在激烈的市场竞争中,能占有更大的运输份额。

(4)业务经营管理有两套系统

一套是传统的货运订舱、单证签发等货运商务系统;另一套则是集装箱的经营管理系统。而后一管理系统是否能卓有成效的工作,也直接关系到集装箱运输的经营效果。在实际营运中,前者可委托传统的代理人办理,而后者则须成立专门的部门来负责此项工作。集装箱是流动的运输设备。其流动性大,流动面广。在这种情况下,如果用人工来追踪管理这些集装箱将是因难的。世界上大多数船公司为了有效地利用归他们所控制的集装箱,加速随运输工具到达不同地方的集装箱的周转,及时调整箱、货之间的供求关系,都已借助电子计算机对于集装箱进行跟踪管理。

2. 多式联运经营人

多式联运经营人(multi - modal transport opertor,MTO)又称多式联运承运人(combined transport operator,CTO),在美国也被称为无船承运人(non - vessel operating carrier,NVOC)。是指在以两种或两种以上运输工具接续完成的全程运输中,作为全程运输的组织者,以其后续运输区段或以前的各运输区段的承运人为转包承运人或协同履行合同人,共同完成全程运输,并对运输全程承担责任的承运人。

多式联运经营人是由过去的货运代理人逐步形成发展起来的。按照有关海上运输的国际公约和各国海商法的规定,传统的看法是,承运人必须是船舶所有人或实际控制船舶的船舶经营人。例如光船租船或定期租船的承租人都可以和托运人签订运输合同而成为承运人。因此,作为承运人的必要条件,就是他必须掌握运输工具。以此类推,在集装箱运输中,特别是多式联运中,作为对全程运输承担责任的内陆运输承运人,掌握内陆运输工具,虽然他们并不掌握船舶,但他们可以把海运区段的运输,通过转包运输合同由海上承运人负责完成。因此,陆上运输的承运人,作为多式联运承运人签发多式联运提单或其他单证也是可以理解的。至于货运代理人,在集装箱运输问世以前,他们的主要业务范围本来就已经包括:既可接受货主委托,代办货物报关、交接、仓储、调拨、检验、保险、包装、转运、租船、订舱和托运等,并以货主代理人的身份对货主负责,也可接受车、船等运输部门的委托代办揽货、订舱、承运、单据处理和其他服务等与运输有关的业务。集装箱运输问世后,具有货运代理性质的从事集装箱拆箱业务、中转站和内陆站的经营人日渐增多,原来的货运代理也将所经营的业务扩大到这些范围。这些业务的经营人只要能签发多式联运提单或其他单据,使之成为多式联运经营人也是顺理成章的。不过,作为多式联运经营人,应按所在国的法律规定,在政府运输主管部门登记,并在其监督下进行活动。

多式联运经营人中,除经营集装箱运输的船公司外,其他的多式联运经营人其实都是无船承运人(NVOCC,non - vessel operating carrier)。这些无船承运人与船公司的关系是:当他们仅把货物交给船公司办理托运时,他们和船公司之间无疑是货方和船方的关系。但是,在这种情况下,无船承运人不是真正的货主,实际上他只不过是货运代理而已。对真正的货主来说,他是承运人,而对船公司来说,他又是托运人。不过,当无船承运人有权签发多式联运提单或其他多式联运单据时,他又成为承运人,而船公司则成为实际承运人了。

3. 集装箱出租公司

这是随着集装箱运输发展而兴起的一种新行业。它专门经营集装箱的出租业务。

集装箱租赁业务兴起于20世纪60年代末。由于集装箱租赁可以使船公司节省因集装箱闲置而发生的非生产时间的损失和管理费用的支出;可以减少集装箱的自然耗损;也可以避免因货物流向、流量的不平衡而发生的空箱运输;并减少生产投资,所以很快的得到发展。

1)集装箱的租赁方式

通常集装箱有以下 3 种租赁形式:

(1)定期租赁

即租用一定期间的租赁。租赁时间可长可短,短者 6 个月,长者可达 5 年,甚至更长。长期租赁视租期届满后对集装箱所有权的处理方法的不同,又可分为金融租赁(又称融资租赁)和实际使用期租赁两种。在前者情况下,租期届满,集装箱即无偿或作价归租箱人所有;而在后者情况下,租期届满,租箱人将集装箱归还给出租人,集装箱仍归出租人所有。

(2)程租

即租用一个单航次或往返航次,或连续几个单航次或往返航次的租赁。这种租赁的租金一般都按天数计算,通常都约定最少的使用天数,一般约定不得少于 30 天,也有按航程约定一个包干租金的。在来回程货载不平衡的航线上常采用这种租赁形式。不过,在单航次租箱中,如果交箱地的租箱市场行情高于还箱地的行情,则租箱人除须按约定支付租金外,还须额外支付提箱费和还箱费。

(3)活期租赁

又称灵活租赁。它是集装箱租赁公司与租箱人之间签订协议,在规定的租期内租箱人租用集装箱的数量除须保持最低的限额外,可根据租箱人的实际需要随时增减的租箱方式。对于租箱人来说,活期租赁兼有长期租赁和程租租赁的优点。这种租箱的租期通常为一年,在大量租用集装箱的情况下,租箱人通常都可享受租金回扣的优惠,租金水平甚至可与长期租赁的租金水平相类似。在集装箱货物运量较大,且来回程货运量不平衡的航线上,船公司常采用这种租箱方式。活期租赁的租箱合同中,一般都订有租箱人每月提箱和还箱的数量及地点的约定。租金按使用集装箱的天数计算。此外,还订有有关租箱人使用出租公司其他有关设备的约定。

2)租箱合同的主要条款

和租船一样,租用集装箱也用双方约定的租箱合同(container lease agreement)规定租赁公司和租箱人双方的权利义务、赔偿责任和免责。虽然租箱合同的格式并没有统一的规定,但是,租箱合同中一般都应包括有关交箱、还箱、损坏修理责任,租箱人的权利和义务、租金支付、保险、转租和集装箱标志的更改等方面的条款。

(1)交箱条款

交箱条款是集装箱出租公司应在规定的时间、地点,将符合合同条件的集装箱交给租箱人的约定。关于交箱期,一般均在 7 ~ 30 天之间规定一段较长期间。这样,既使租箱人在提箱的日期方面有较大的灵活性,又可使出租公司避免延误交箱的责任。关于交箱量,通常有两种约定方法:一种是约定最低提箱量,在交箱期间,出租公司必须按约定的最低提箱量交箱;另一种是实际提箱量,也就是说租箱人既可以多提,也可以少提集装箱,出租公司的交箱量由租箱人决定。关于交接时集装箱的状况,通常都约定须以交接箱时双方签署的设备交接单来表明所交接集装箱的实际状况。为简化手续,还约定设备交接单由代租箱人接送集装箱的卡车司机和集装箱码头的交接箱的管理人员或门卫代表双方签署。他们签署的设备交接单与双方本人的签署具有相同的效力。

(2)还箱条款

还箱条款约定,租箱人应在租期届满后,按合同约定的时间、地点,在集装箱外表状况完好的条件下将集装箱归还给出租公司。关于还箱时间,租箱合同中常订有提前终止条款(early termination clause)。如果订有这样的条款,租箱人可在约定的还箱期前,提前终止租箱,将集装箱退还给出租公司,否则须补交自合同签订日起至租箱期满日止的追加租金。关于还箱地点,合同一般都约定,应在租箱合同规定的地点,或经集装箱出租公司确认的地点还箱。就租箱人而言,他当然希望将最终用箱地点订为还箱地点。关于还箱时的集装箱状况,合同都规定,应在集装箱外表状况完好的条件下还箱。如果还箱时集装箱有损坏情况,出租公司或其代理人须立即通知租箱人,并作出修理估价单;如果租箱合同中订有损害修理条款(damage protection plan,DPP);则修理费由出租公司负担,否则由租箱人负担。此外,租箱合同中通常还规定,超过规定的还箱期30天后,租箱人未还箱,则出租公司可视为集装箱已全损,要求租箱人按合同约定支付赔偿金,在出租公司未收到赔偿金前,租箱人仍须按天支付租金。

(3)损害修理责任

通常,租箱合同都规定集装箱修理费用由租箱人负担。但是,如果合同中订有损害修理条款,则还箱时租箱人无须对集装箱的损坏承担责任。不过,在订有损害修理条款的情况下,租箱人除须支付租金外,还须支付DPP费用,而这种费用不论在租期内集装箱是否有所损坏,均不退还。在订有损害修理条款的条件下,集装箱出租公司所负担的集装箱损坏修理费,一般都规定为低于集装箱本身价值的一个限定数额,而且也规定,这种修理费用不包括共同海损分摊、对第三者的民事损害责任,以及有关箱内货物的责任。如果集装箱部分损坏的修理费用超过规定的限额,则超过部分由租箱人负担。

(4)租箱人的义务

租箱合同中,关于租箱人的义务,一般都规定:租箱人应该按规定的时间和方式支付租金,以及除租金和DPP费用以外的其他有关费用;在租箱期内,租箱人应遵守本国或其他有关国家有关集装箱的法律、法令、法规的规定,承担有关罚款、费用和损失,并在租箱期内与出租公司共同承担国际集装箱安全公约规定的检验和修理责任;在租箱期内,租箱人应按规定使用集装箱,不得超负荷装载或长期堆放有损箱体的货物,并应对包括集装箱的清洗 、防污、油漆和更换必要的部件在内的维修和保养承担责任;在租箱期内,租箱人须对集装箱的全损和灭失承担责任,对于对第三者造成的责任的损害也须承担责任;同时,租箱人还须对他的代理人或雇佣人对集装箱造成的损害承担责任。除此以外,租箱合同中一般还规定,租箱人对于即使是不可抗力,如战争、内乱、政府限制、公敌行为、劳资纠纷、水灾、自然灾害等所造成的集装箱损坏、扣押或没收也不能免责。

(5)租金支付

关于租金支付条款,租箱合同中应对租期、租金及支付方式、交箱和还箱的手续费等作出约定。

①租期。习惯上都以交箱日至还箱日的一段期间作为租期,即租箱人提箱时起租,还箱时租期截止。在长期租箱的条件下,还箱的时间按合同约定;活期租箱还箱的时间以租箱人将集装箱退还给出租公司的集装箱堆场的时间为准。还箱时,租箱人应按合同规定的时间,向出租公司发出还箱通知。租箱人无权任意延长租期。

②租金。租金按每天每箱计算,即从租箱人提箱的当日起算,至还箱的次日截止。超过还箱期的,超期租金按合同约定另行支付。通常为正常租金的一倍。在长期租赁或租箱合同中未订有损害修理条款的情况下,如果集装箱有所损坏、原则上应在损坏修复后才能还箱。但如在合同中订有提前终止条款,则只要租箱人支付提前终止费用,在集装箱进入出租公司委托的集装箱堆场后,租期即告终止。提前终止费一般相当于5~7天的租金。

③租金支付方式。关于租金支付方式主要有两种约定方法，既可约定按月支付，也可约定按季支付。租箱人应在收到出租公司发出的租金支付通知后30天内支付租金。如延误支付，应按合同约定的费率支付滞纳金。

④交、还箱手续费。交、还箱手续费是租箱人支付给出租公司，用以抵偿出租公司在集装箱堆场发生的诸如装卸车费、单证费等各项费用。这种费用既可按当地的集装箱堆场规定的费率支付，也可按合同约定的费率支付。

(6)保险条款

这是租箱合同中有关出租公司向租箱人提供集装箱损害修理保险的条款，是租箱合同的重要条款之一。虽然这一条款常约定出租公司只对租箱人租用的集装箱本身的损害负责，而对于集装箱中装载货物的损害和集装箱运输中涉及第三者的损伤或损害并不负责。但是，在保险公司的集装箱保险以集装箱本身的保险为基本险，兼保货物损害赔偿责任和第三者赔偿责任保险的条件下，经过特约，出租公司也可能同意扩大集装箱损害修理保险范围。其具体做法通常是，先针对集装箱本身的损害扩大保险的范围，然后再适当的扩展其他险别的承保，以扩充其补偿的范围，减轻租箱人可能承担的风险。集装箱损害修理保险，既可采用有限额保险方式，即出租公司有限度的承担集装箱损坏的修理费，如果损坏修理费超过投保的限度，其超过部分由租箱人自负；也可采用全值保险方式，即出租公司按合同规定的承保金额全额负担集装箱损坏的修理费，不过，其最高限额为赔偿全损。当然，在采用上述两种方式中的任何一种方式时，都可能有免赔额的规定，比如有的合同就规定对于250美元以下的损害修理费免赔。

(7)转租

在活期租箱的租赁方式下，租箱人可以将所租用的集装箱转租，而无须办理退租和起租手续。通常的做法是，原租箱人可以与转租的租箱人直接办理集装箱的交接，然后由出租公司的代理人、原租箱人和转租的租箱人及时将交接证明、有关转租集装箱的箱号等寄交出租公司。

(8)设备标志的更改

租箱实务中，出租公司一般都会接受租箱人提出的修改集装箱原有的标志，增加租箱人所需要标志的要求。在这种情况下，租箱合同中一般都规定，在租箱人还箱时，必须恢复集装箱的原有标志。如果这种恢复工作由出租公司完成，其费用仍应由租箱人负担。

4. 集装箱码头

集装箱码头是接受船公司的委托，在集装箱运输中，提供装卸等服务并具体地办理除揽货和运送以外众多业务的机构。集装箱码头主要办理下述业务：

①对整箱货(包括由集装箱货运站完成拼装的整箱)进行交接、存贮和保管；

②安排集装箱船的靠泊、装卸和编制积载计划；

③缮制有关货运单证；

④缮制并签署集装箱及载运工具的出入及流转单证；

⑤联系及办理集装箱及其载运工具、装卸机械的检查、维修及空箱的清扫，空、重箱的熏蒸消毒等；

⑥空箱的收、发、贮存和保管；

⑦安排空、重箱在场地的堆码和编制场地分配计划；

⑧提供冷藏集装箱所需的电源；

⑨向船公司报告到港集装箱船的动态；

⑩向有关方结算费用。

5. 集装箱货运站

集装箱货运站是集装箱运输中，接受船公司的委托，代办不足整箱的拼箱货的交接、装箱和拆箱等业务工作的业务部门。它可代表船公司办理以下业务：

①拼箱货的理货和交接；

②检验货物的外表状况，验收货物，并签发场站收据，发现货物有异状时，在场站收据上作出相应的批注；

③拼箱货的配箱、积载和装箱；

④联系海关监装；

⑤货物装箱后在箱门上施加铅封；

⑥进口货箱的拆箱、卸货、保管和交付；

⑦办理各项单证的缮制、签发和流转；

⑧向有关方结算费用。

第三节　集装箱运输的货运程序

一、集装箱出口货运程序

集装箱运输的出口货运程序与传统的班轮运输的出口货运程序大体相同，所不同的只不过是增加了发放和接受空箱和重箱、集装箱的装箱和拆箱等作业程序，改变了集装箱货物的交接方式，和修订与补充了一些与作业程序和交接方式相适应的单证而已。具体地说，集装箱运输的出口货运程序主要包括：

1. 订舱或托运

根据贸易合同和信用证有关条款的规定，作为发货人的出口商（在 FOB 价格条件下，也可能是作为收货人的进口商）应在正式办理托运手续之前，选定班期适当的船舶，填制订舱单或托运单向船公司或其代理人，或多式联运经营人申请订舱或托运，以满足按时将集装箱货物运至目的地的要求。船公司或其代理人或多式联运经营人，根据货主的订舱申请，考虑航线、船舶、港口条件、运输时间以及运输条件能否满足货方的要求后，确定是否能接受订舱和托运的要求。通常，对于批量较小的一般集装箱货物可填写托运单，直接向船公司或其代理人或多式联运经营人办理托运手续，而对于较大批量或需要特种运输设备的集装箱货物，则宜先向船公司或其代理人预约订舱，取得订舱确认后，再办理托运手续。

2. 承运

承运，可以说是对订舱或托运要求的书面确认。对于申请订舱并得到船公司或船公司的代理人对订舱要求作出承诺的货物，货主或货运代理人在交运集装箱货物前还须填制集装箱货物托运单向船公司或其代理人办理托运，以得到对订舱的确认。船公司或其代理人审核托运单；对于经过订舱的货物，还须与订舱单核对，确认无误后，在装货单（场站收据副本〈1〉）上签章，以表明承运货物，然后将装货单退还给货主或货运代理人。货主或货运代理人即可持装货单向海关办理货物出口报关手续。而船公司或船公司的代理人则在承运货物后，根据订舱单或托运单缮制订舱清单或预配清单分送集装箱码头或集装箱堆场，据以准备空箱的发放和重箱的交接、保管以及装船工作。

3. 发放空箱

通常,集装箱是由船公司向货主无偿提供用于装运货物的。在整箱货的情况下,船公司或其代理人在接受订舱、承运货物后,即签发集装箱发放通知单,连同集装箱设备交接单一并交给托运人或货运代理人,便于货方据以到集装箱堆场或内陆站提取空箱。而在拼箱货的情况下,则由集装箱货运站提取空箱。不论是由货主或集装箱货运站提取空箱,都须事先缮制设备交接单(出场)。提取空箱时,在集装箱码头的门卫处,由门卫会同提取空箱的卡车司机代表集装箱堆场及集装箱使用人对集装箱及其附属设备的外表状况进行检查,然后分别在设备交接单上签字,各执一份。

4. 货物装箱

货主或货运代理人托运的货物既可能是整箱货,也可能是拼箱货。在整箱货的情况下,由货主自行办理货物出口报关手续,在海关派员监装下自行装箱,并缮制装箱单。在拼箱货的情况下,由集装箱货运站将分属于不同货主但流向相同的零星货物装箱,拼装为整箱货物。其具体的程序是:货主将不足整箱的货物连同事先缮制的场站收据,送交集装箱货运站;集装箱货运站核对由货主缮制的场站收据和送交的货物,接受货物后,在场站收据上签收。如果接受货物时,发现货物外表状况有异状,则应在场站收据上按货物的实际情况作出批注。集装箱货运站将拼箱货物装箱前,须向海关办理货物出口报关手续,并在海关的监督下将货物装箱,同时还应从里到外按货物装箱顺序,编制装箱单。

5. 整箱货的交接和签收

不论是由货主自行装箱的整箱货物,或由集装箱货运站拼装的整箱货物,最终都须送交集装箱码头堆场等待装船。在整箱货的情况下,发货人将自行装箱并施加铅封的重箱,连同按装箱顺序缮制的装箱单和事先缮制的设备交接单(进场)以及场站收据,通过内陆运输送交集装箱码头堆场,集装箱码头道口业务员会同内陆运输的卡车司机对进场的重箱检验后,双方签署设备交接单,集装箱堆场则在核对订舱清单、场站收据和装箱单后,接收货物并在场站收据上签字,然后将经过签署的场站收据退交发货人凭以换取待运提单。在拼箱货的情况下,除由集装箱货运站装箱,并负责缮制装箱单和设备交接单等有关集装箱的货运单证外,其他程序与整箱货相同。

6. 换取提单

发货人收到经集装箱货运站或集装箱堆场的经营人签署的场站收据后,即可凭场站收据向承运人要求换取待运提单或其他多式联运单证,然后根据信用证规定的条件去银行结算货款。

7. 装船

集装箱进入集装箱码头堆场后,码头根据待装船集装箱货物的流向和装船顺序编制集装箱装船计划或积载计划,在船舶到港前将待装船的集装箱移至集装箱前方堆场,按顺序堆码于指定的箱位,船舶到港后,即可顺次装船。

集装箱装船后,船公司的代理人缮制出口载货清单,向海关办理船舶出口报关手续;船舶开航后,缮制载货运费清单,连同其他有关货运单证寄交目的港的船公司的代理人,据以事先做好船舶到港后的卸货与交付的准备,以及向目的港的船公司代理人拍发货载电报等程序,均与传统的班轮运输大体相似,此处不再赘述。

以上所述是集装箱出口货运的一般程序。对于运往北美的集装箱货物,从 2002 年 12 月开始,按美国 AMS(Automated Manifest System)的要求,承运人必须在货物装船前 24h 将舱单

(载货清单)以电子数据方式递交美国海关,以便美国海关在货物装船前预先评价用海运集装箱走私武器的风险。通过舱单申报的有关船舶运输和货物的内容必须非常具体、明确,除了通常出现在舱单或提单上的一些内容外,还必须提供船舶去美国前离开的最后一个港口、船舶预计到达美国第一个港口的日期、提单中托运人的准确名称和地址、提单上的收货人或货主或作为第一通知方的货主的代表的名称和地址等。而对于货物则必须提供详细准确的名称,诸如"General Cargo","Consolidated Cargo","Personal Effects","Chemicals","GDSM(General Department Store Merchandise)","Mail Order Merchandise","FAK(freight all kinds)"等笼统的记载均不被接受。货物数量的记载不可以出现"STC(said to contain)"的用词,并要按最初外包装的数量申报。

AMS还规定,除非获得美国海关签发的卸货许可证,进港的任何船舶不得进行卸货。海关有权根据合理判断,决定是否签发卸货许可证。

美国的做法虽然是出于"9.11"恐怖袭击事件后,保障美国国土安全的需要,但对整个世界航运带来的影响是巨大的。2004年4月开始,加拿大也开始执行ACI(Advance Commercial Information),同样要求装船前24h申报舱单。类似的24h舱单预申报制度还有可能推广到欧盟等其他地方。

二、集装箱出口货运主要单证

与传统件杂货的货运单证相比,集装箱运输的出口货运单证既有不同之处,也有相同之处。如在集装箱运输中,以场站收据(D/R)代替传统运输中的收货单(M/R);为办理货物进出口报关和货物交接等手续,须由装箱人缮制装箱单;为办理集装箱及其附属设备的交接,须缮制集装箱设备交接单;为便于箱体报关,对全船所载运的集装箱须制作集装箱清单等,是两者不同之处。但是,两者所使用的载货清单和载货运费清单等,不论作用、内容,甚至单证的名称都相差无几,这又是它们相同之处。一般地说,除了与传统班轮运输相类似的货运单证外,属于集装箱运输所特有,而且能反映集装箱运输特点的出口货运单证主要有:

1. 集装箱发放通知单(container release order)

集装箱发放通知单又称空箱提交单(equipment despatch order),是船公司指示集装箱堆场将空集装箱及其他设备提交给本单持有人的书面凭证。在集装箱运输中,通常由船公司提供空集装箱,借给发货人或集装箱货运站,供发货人或集装箱货运站将货物装箱。但是,一个集装箱的造价是相当高的,为了集装箱的安全,船公司不能只靠简单的口头指令,命令集装箱堆场将空集装箱交给发货人或集装箱货运站使用。为此,船公司须根据订舱清单或预配清单向发货人或集装箱货运站签发集装箱发放通知单,并通知集装箱堆场。在货主或集装箱货运站向集装箱堆场提取空箱时,须出示这种单证。而集装箱堆场只向持有本单证的人发放空箱。集装箱发放通知单一式三份,由船公司签发,除自留一联备查外,分送发货人或集装箱货运站及集装箱堆场各一联。集装箱发放通知单的格式见表3-8。

2. 集装箱设备交接单(equipment interchange receipt)

集装箱设备交接单简称设备交接单(equipment receipt,E/R),是集装箱所有人(船公司)或集装箱经营人委托集装箱码头,堆场与货方或集装箱货运站(即用箱人)交接集装箱或冷藏集装箱,或特种集装箱及电动机等设备的凭证。设备交接单的格式见表3-9。

设备交接单分进场设备交接单和出场设备交接单,各有三联,分别为箱管单位(或船公司)联,码头,堆场联和用箱人、运箱人联。

集装箱发放通知单　　　　表 3-8

CONTAINER RELEASE ORDER

请凭签发的集装箱发放通知单办理集装箱及集装箱设备发放手续。

PLEASE RELEASE THE SPECIFIED CONTAINER & CONTAINER EQUIPMENT AGAINST THIS CONTAINER RELEASE ORDER

<table>
<tr><td colspan="4">用箱人/运箱人(CONTAINER USER/HAULIER)</td><td colspan="4">提箱地点(PLACE OF DELIVERY)</td></tr>
<tr><td colspan="4"></td><td colspan="4"></td></tr>
<tr><td colspan="2">船名/航次(VESSEL/VOYAGE NO.)</td><td colspan="2">提单号(B/L NO.)</td><td colspan="2">集装箱经营人(CONTAINER OPERATOR)</td><td colspan="2">集装箱号(CONTAINER NO.)</td></tr>
<tr><td colspan="2"></td><td colspan="2"></td><td colspan="2"></td><td colspan="2"></td></tr>
<tr><td>铅封号(SEAL No.)</td><td>尺寸(SIZE)</td><td>类型(TYPE)</td><td>状态(STATUS)</td><td colspan="4">运载工具牌号(TRUCK, WAGON, BARGE NO.)</td></tr>
<tr><td></td><td></td><td></td><td>□重箱 □空箱
FULL EMPTY</td><td colspan="4"></td></tr>
<tr><td colspan="2">发往地点
(DELIVERED TO)</td><td colspan="2">返回地点
(PLACE OF RETURN)</td><td colspan="2">免费使用期限
(FREE TIME PERIOD)</td><td colspan="2">外运签章
ISSUED BY</td></tr>
<tr><td colspan="2"></td><td colspan="2"></td><td colspan="2">月　日至　月　日</td><td colspan="2" rowspan="3">……年……月……日</td></tr>
<tr><td colspan="6">出场目的(PURPOSE OF GATE-OUT)</td></tr>
<tr><td colspan="6">□拆箱 DEVANNING　□重箱装船 FULL FOR LOADING　□检验 INSPECTION　□起租 ON-HIRE　□堆存 STORAGE　□熏蒸 FUMIGATION
□装箱 VANNING　□空箱装船 EMPTY FOR LOADING　□修理 REPAIRING　□退租 OFF-HIRE　□清洗 CLEANING　□</td></tr>
</table>

设备交接单的各栏分别由作为箱管单位的船公司或他的代理人,用箱人,运箱人和码头、堆场的经办人员填写。船公司或他的代理人填写的栏目有:用箱人/运箱人,提箱地点、船名/航次、集装箱的类型及尺寸、集装箱状态、免费使用期限和进(出)场目的等。由用箱人、运箱人填写的有:运输工具牌号;如果是进场设备交接单,还须填记来自地点、集装箱号、提单号、铅封号等栏目。至于须由码头、堆场填写的则有:集装箱进出场日期、检查记录;如果是出场设备交接单,还须填记提箱地点和集装箱号等栏目。

设备交接单的流转过程是:

①由箱管单位填制设备交接单交用箱人、运箱人;

②由用箱人、运箱人到码头、堆场提箱或还箱时出示设备交接单,由经办人员对照设备交接单,检查集装箱的外表状况后,双方签字,码头、堆场留下箱管单位联和码头、堆场联,将用箱人、运箱人联退还给用箱人,运箱人;

③码头、堆场将留下的箱管单位联退还给船公司或其代理人。

集装箱发放/设备交接单 表 3-9

EQUIPMENT INTERCHANGE RECEIPT OUT 出场

NO.

用箱人/运箱人(CONTAINER USER/HAULIER)	提箱地点(PLACE OF DELIVERY)

发往地点(DELIVERED TO)	返回/收箱地点(PLACE OF RETURN)

船名/航次(VESSEL/VOYAGE NO.)	集装箱号(CONTAINER NO.)	尺寸/类型(SIZE/TYPE)	营运人(CNTR.OPTR.)

提单号(B/L NO.)	铅封号(SEAL NO.)	免费期限 (FREE TIME PERIOD)	运载工具牌号 (TRUCK, WAGON, BARGE NO.)

出场目的/状态 (PPS OF GATE－OUT/STATUS)	进场目的/状态 (PPS OF GATE－IN/STATUS)	出场日期(TIME－OUT)
		月 日 时

出场检查记录(INSPECTION AT THE TIME OF INTERCHANGE)

普通集装箱 (GP CONTAINER)	冷藏集装箱 (RF CONTAINER)	特种集装箱 (SPECIAL CONTAINER)	发电机(GEN SET)
□正常(SOUND) □异常(DEFECTIVE)	□正常(SOUND) □异常(DEFECTIVE)	□正常(SOUND) □异常(DEFECTIVE)	□正常(SOUND) □异常(DEFECTIVE)

(1)外代留底

损坏记录及代号 (DAMAGE & CODE)	BR 破 损 (BROKEN)	D 凹 损 (DENT)	M 丢 失 (MISSING)	DR 污 箱 (DIRTY)	DL 危 标 (DGLABEL)

左侧 (LEFT SIDE)

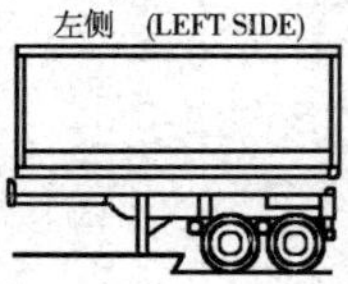

右侧 (RIGHT SIDE)

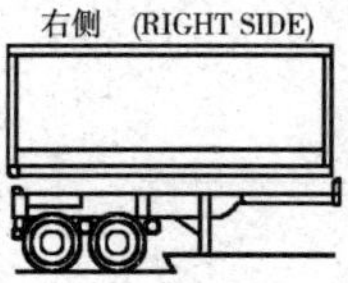

前部 (FRONT)

集装箱内部(CONT AINER INSIDE)

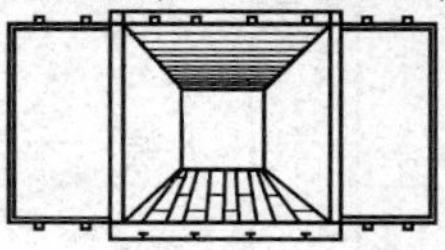

顶 部 (TOP)

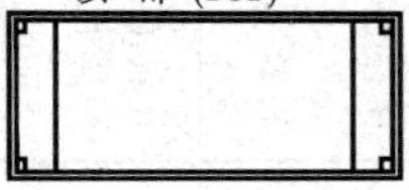

底 部 (FLOOR BASE)

箱 门 (REAR)

如有异状,请注明程度及尺寸(REMARK).

除列明者外,集装箱及集装箱设备交接时完好无损,铅封完整无误。

THE CONTAINER/ASSOCIATED EQUIPMENT INTERCHANGED IN SOUND CONDITION AND SEAL INTACT UNLESS OTHERWISE STATED

用箱人/运箱人签署
(CONTAINER USER/HAULIER'S SIGNATURE)

码头/堆场值班员签署
(TERMINAL/DEPOT CLERK'S SIGNATURE)

设备交接单既是分清集装箱设备交接责任的单证,也是对集装箱进行跟踪管理的必要单证。由于集装箱货物是按箱交接的,在集装箱外表无异状,铅封完好的情况下,它实际也是一种证明箱内货物交接无误的单证。

3. 装箱单(container load plan, CLP)

装箱单是按装箱顺序(自里至外)记载装箱货物的具体名称、数量、尺码、重量、标志和其他货运资料的单证。对于特种货物还应加注特定要求,比如对冷藏货物要注明对箱内温度的要求等。装箱单的格式见表 3-10。

表 3-10

CONTAINER LOAD PLAN
装 箱 单

Reefer Temperature Required.冷藏温度 ℃ ℉			
Class 等级	IMDG Page 危规页码	UN NO. 联合国编号	Flashpoint 闪点
Ship's Name/Voy No. 船名/航次			
Container No. 箱号			
Seal No. 封号			
Cont.Size 箱型 20' 40' 45'		Cont.TYPE.箱类 GP = 普通箱 TK = 油罐箱 RF = 冷藏箱 PF = 平板箱 OT = 开顶箱 HC = 高箱 FR = 框架箱 HT = 挂衣箱	
ISO Code For Container Size/Type. 箱型/箱类 ISO 标准代码			
Packer's Name/Address. 装箱人名称/地址 TEL NO. 电话号码			
Packing Date.装箱日期			
Packed BY:装箱人签名			

Port of Loading 装港	Port of Discharge 卸港	Place of Delivery 交货地	SHIPPER'S/PACKER'S DECLARATIONS:We hereby declare that the container has been thoroughly cleaned without any evidence of cargoes of previous shipment prior to vanning and cargoes has been properly stuffed and secured.		
Bill of Lading No. 提单号	Packages & Packing 件数与包装	Gross Weight 毛 重	Measurements 尺 码	Description of Goods 货 名	Marks & Numbers 标 志
Front 前 Door 门					
Received By Dray-man 驾驶员签收及车号	Total Packages 总件数	Total Cargo Wt 总货重	Total Meas. 总尺码	Remarks:备注	
Received By Terminals/Date Of Receipt 码头收箱签收和收箱日期		Cont.Tare Wt 集装箱皮重	Cgo/Cont Total Wt 货/箱总重量		

集装箱装箱单的用途很广。它既是集装箱船舶进出口报关时向海关提交的载货清单的补充资料,也是向承运人提供箱内所装货物的明细清单;既是装、卸两港的集装箱码头编制装、卸船计划的依据,也是集装箱船舶计算船舶吃水和稳性的数据来源。当发生货损时,还是处理索赔事故的原始依据之一。

装箱单一式五联,其中,码头、船代、承运人各一联,发货人/装箱人共二联。整箱货的装箱单由发货人缮制,而拼箱货的装箱单则由作为装箱人的集装箱货运站缮制。

发货人或货运站将货物装箱,缮制装箱单一式五联后,连同装箱货物一起送至集装箱堆场。集装箱堆场的业务人员在五联单上签收后,留下五联单中的码头联,船代联和承运人联,将发货人/装箱人联退还给发货人或集装箱货运站。发货人或集装箱货运站除自留一份发货人/装箱人联备查外,将另一份发货人/装箱人联寄交给收货人或卸箱港的集装箱货运站,供拆箱时使用。

对于集装箱堆场留下的三联装箱单,除集装箱堆场自留码头联,据以编制装船计划外,还须将船代联及承运人联分送船舶代理人和船公司,据以缮制积载计划和处理货运事故。

有的国家,如澳大利亚,对动植物检疫的要求非常严格。在这种情况下,在装箱单上就须附有申请卫生检疫机关检验的申请联。

申请联的申请检验事项中,与货运有关的内容包括包装用料及货物本身是否使用了木材,如已使用了,是否已经过防虫处理的说明。如果已经过处理,则就货物而言,应将发票、海运单证和熏蒸证书一并寄交收货人;就集装箱而言,应连同集装箱适航证书一并寄交卸货港的船公司代理人。

总之,装箱单的内容记载得准确与否,与集装箱货物运输的安全有着非常密切的关系。

4. 场站收据(dock receipt,D/R)

场站收据又称港站收据,或称码头收据。是指船公司委托集装箱堆场、集装箱货运站或内陆站在收到整箱货或拼箱货后,签发给托运人证明已收到货物,托运人可凭以换取提单或其他多式联运单证的收据。其格式见表 3-11。

场站收据是十联式集装箱出口货运套单(简称出口十联单)中的三联。其中,正本场站收据一联;场站收据副本①——装货单一联,场站收据副本②——大副联一联。

“出口十联单”包括:集装箱货物托运单二联,即货主留底联和船代留底联;运费通知二联,即运费通知①联及运费通知②联;正本场站收据一联;场站收据副本①,即装箱单(包括缴纳出口货物港务费申请书附页)一联;场站收据副本②,即大副联一联;货代留底一联;配舱回单二联,即配舱回单①及配舱回单②各一联。

包括场站收据及其副本在内的“出口十联单”各联的流转过程是:

①托运人填制集装箱货物托运单等一式十联,委托货运代理人代办托运手续;

②货运代理人审核托运单接受委托后,将货主留底联退还给托运人备查;

③货运代理人持剩余的九联托运单至船公司或船公司的代理人处办理货物托运;

④船公司或船公司的代理人审核托运单,对照订舱清单或预配清单,确认无误后,在场站收据副本①——装货单上盖章,确认订舱,承运货物,留下船代留底、运费通知①和运费通知②等三联后,将包括经船公司或船公司代理人签章的装货单在内的其余六联退还给货运代理人;

⑤货运代理人留存货代留底联,据以缮制提单和其他货运单证;

⑥货运代理人根据船公司或船公司代理人退回的配舱回单①联缮制货物流向单;

⑦货运代理人持经船公司或船公司的代理人签发的场站收据副本①——装货单和船公司或其代理人退回的正本场站收据及场站收据副本②——大副联,随同出口货物报关单和其他有关货物出口的单证一起到海关办理货物出口报关手续;

表 3-11

∇

Shipper(发货人)　Nos.

Consignee(收货人)

Notify Party(通知人)

Pre – carriage by (前程运输)　Place of Receipt(收货地点)

Ocean Vessel(船名) Voy. No. (航次) Port of Loading(装货港)

D/R No. (编号)

场站收据

DOCK RECEIPT

Received by the Carrier the Totailumber ofcontainers or other packages or units stated below to be transported subject to the terms and conditions of the Carrier's regular form of Bill of Lading (for Combined Transport or Port to Port Shipment) which shall be deemed to be incorporated herein.
Date (日期):

场站章

Port of Discharge(卸货港)　Place of Delivery(交货地点)　Final Destination for the Merchan's Reference(目的地)

Partieulars Furnis Lsed by Merchants (托运人提供详细情况)

Container No. (集装箱号)	Seal No.(封志号) Marks & Nos. (标记与号码)	No of containers or p'kgs (箱数或件数)	Kind of Packages; Description of Goods (包装种类与货名)	Gross Wight 毛重(公斤)	Measurement 尺码(立方米)
TOTAL NUMBER OF CONTAINERS OR PACKAGES(IN WORDS) 集装箱数或件数合计(大写)					

Container No. (箱号)　Seal No. (封志号)　Pkgs(件数)　Container No. (箱号)　Seal No. (封志号)　Pkgs(件数)

Received (实收)　By Terminal Clerk. (场站员签字)

FREIGHT & CHARGES	Prepaid at (预付地点)	Payable at (到付地点)	Place of Issue (签发地点)
	Total Prepaid (预付总额)	No of Or iginal B(s)/L (正本提单份数)	BOOKING (订舱确认) APPROVED BY

Service Type on Receiving	Service Type on Delivery	Reefer Temperature Required (冷藏温度)	°F	℃
□ – CY □ – CFS. □ – DOOR	□ – CY, □ – CFS, □ – DOOR			

TYPE OF GOODS (种类)	□ Ordinary. (普通)	□ Reefer. (冷藏)	□ Dangerous. (危险品)	□ Auto (裸装车辆)	危险品	Class Property. IMDG Code page: UN No.
	□ Liquid. (液体)	□ Live Animal (活动物)	□ Bulk. (散货) □	________		

⑧海关审核有关报关单证,同意出口,在场站收据副本①——装货单上加盖放行章,然后将经海关加盖放行章的装货单和大副联以及正本场站收据退还给货运代理人;

⑨货运代理人将集装箱或货物连同装货单、大副联和正本场站收据及配舱回单②等四联送交集装箱堆场或集装箱货运站;

⑩集装箱堆场或集装箱货运站验收集装箱或货物,如无异状,则在正本场站收据及配舱回单②上签章后,退还给托运人或货运代理人;如集装箱或货物的实际状况与场站收据或配舱回单②的记载不符,则须在正本场站收据和配舱回单②上作出批注,退还托运人或货运代理人,而托运人或货运代理人则须根据配舱回单②的批注,修改已缮制的提单;

⑪集装箱堆场留下装货单,集装箱装船后将大副联交船方大副;

⑫托运人或货运代理人持正本场站收据和事先缮制的提单至船公司或船公司的代理人处,办理换取提单手续,船公司或船公司的代理人收回场站收据,签发提单。

5.危险品清单(dangerous cargo list)

这是集装箱内装危险货物的汇总清单。危险货物的托运人在托运危险货物时,必须根据有关危险货物运输和保管的规章,如《国际海运危规》,事先向船公司或船公司的代理人提交危险品清单。

危险品清单一般须记载以下一些主要内容:船名/航次;船籍;装货港;卸货港;提单号;货名;危险等级与类别、《国际海运危规》页码、联合国编号;件数及包装;货重;集装箱号;铅封号;运输方式和装船位置等。

为了安排危险货物在集装箱堆场的堆存位置和装船的需要,托运人在将危险货物移入集装箱堆场和货运站时,都须提交危险品清单,由堆场经营人汇总交船方。此外,所有危险货物都必须粘贴规定的危险品标志,内装危险货物的集装箱也必须按规定张贴特制的危险品标签。危险品清单的格式见表3-12。

6. 冷藏集装箱清单(list of reefer container)

冷藏集装箱清单是装载冷冻货物或冷藏货物的冷藏集装箱的汇总清单。

冷藏集装箱清单应记载的内容主要包括:船名;船籍;船长姓名;装货港开航日期;装货港;卸货港,集装箱号码;铅封号;规格;运输方式;提单号;件号;货物名称;货物重量;箱重;总重;要求温度和装船位置等。

托运人托运冷冻货物或冷藏货物时,都应要求承运人在运输和保管过程中,将冷藏集装箱的箱内温度控制在一定范围之内,并且要求承运人在运输和保管货物方面承担高于普通货物的注意义务。托运人在托运这种货物时,向承运人和集装箱堆场提供冷藏集装箱清单,就是为了使承运人和集装箱堆场在货物的保管和温度的控制方面给予充分的注意。因此,托运人或集装箱货运站须逐箱地明细填列货物的名称和指定的温度范围等项内容,交集装箱堆场,由堆场业务员汇总交船方。

冷藏集装箱清单的格式见表3-13。

三、集装箱进口货运程序及单证

1. 集装箱进口货运程序

集装箱运输的进口货运程序也与传统的班轮运输的进口货运程序大体相同。即卸港的船公司代理人接到装港的船公司代理人寄来的有关货运单证后联系集装箱码头、堆场和货运站,为船舶进港和卸箱作好准备,船舶到港后,组织卸箱和集装箱在堆场的存放,或在集装箱货运站进行拆箱。

表 3-12

危险品清单
DANGEROUS CARGO LIST

Ship's Registry No.	Call Sign	Page Nr.	
Name of ship 船名/航次	Nationality of ship 国籍	Name of master	Date of sailing from port of loading
Port of loading 装货港	port of discharge 卸货港		

B/LNO. 提单号码	COMMODITY 货名	I M D G CODE 国际危规				NO. OF P'KGS 件数及包装	CARGO WT (KGS) 货重(公斤)	CONTAINER NO. 集装箱号	SEAL NO. 封志号	STATUES 运输方式	STOWAGE 装船位置
		CLASS 类别	LABEL 标贴	PAGE 页号	UN NO. 联合国编号						

PREPARED BY CHINA OCEAN SHIPPING AGENCY, SHANGHAI BRANCH ON……　　MASTER……

冷藏集装箱清单 表3-13

LIST OF REEFER CONTAINER

第 页 page Nr.

船名 Name of ship	船籍 Nationality of ship	船长姓名 Name of master	装货港开航日期 Date of sailing from port of loading
装货港 Pert of loading	卸货港 Port of discharge		

集装箱号 CONTAINER NO.	铅封号 SEAL NO.	尺寸 SIZE	状况 STATUS	提单号 B/L No.	件数 No. OF P'KGS	商品 COMMODITY	货重（公斤） CARGO WT (KGS)	皮重（公斤） TARE WT (KGS)	总重（公斤） TOTAL WT (KGS)	要求温度 TEMPERATURE REQUIRED	积载 STOWAGE

此外，船舶到港前，船公司在卸港的代理人应向收货人发出进口货物到货通知书，以便收货人事先做好提货前各项准备工作。收货人知道船舶即将到来后，应尽快到银行赎回正本提单，再凭提单和到货通知书，到船公司的代理人那里，办理提货手续，换取提货单。收货人或其代理人办妥货物进口报关等例行手续后，即可凭提货单到指定地点提取货物。在交付集装箱或货物时，集装箱堆场或货运站的经营人还须会同收货人或其代理人检查集装箱或货物的外表状况，双方在记载了交货时间、货物状况的交货记录上签字，作为交接证明，各执一份。

集装箱运输中，因为货物是连同集装箱一起办理交接的，所以，集装箱堆场经营人须事先缮制集装箱设备交接单（出场），在整箱货的情况下，与收货人办理集装箱进口重箱提运手续；而在拼箱货的情况下，则与集装箱货运站办理集装箱的交接。

有些情况下，货主因各种原因，未在规定的免费堆存期内前往指定的集装箱堆场或集装箱货运站提取货物，就需要向有关方面支付超期堆存费。

超期堆存费按天计算。整箱货的免费堆存期从卸下船舶时起算；拼箱货的免费堆存期则从到达货运站时起算。免费堆存期不包括星期日及节假日，但是，一旦进入滞期时间，便按连续计算，星期日及节假日也不除外。

免费堆存期长短视不同港口的规定，一般都不会很长。习惯上2、3、5、7天不等。装有不同货物的集装箱，其具体的免费堆存期也不同。如冷藏箱及散装液体货箱的免费堆存期为1～2天；对装载危险品的集装箱，通常要求收货人从装卸桥下直接提走，否则要支付较高的费用并承担相应的风险。

对超期堆存的集装箱，可能会进行转场处理，货主应对由此而产生的费用和风险负责。

2. 集装箱运输的进口货运单证

集装箱运输的进口货运单证，在名称和作用方面都有许多与传统件杂货班轮运输的相同，如进口载货清单、进口载货运费清单、提货单，以及其他一些由船公司或船公司代理人从装港寄来的，或随船携带的单证。以下有选择地介绍几种集装箱运输所特有的或最常用的进口货运单证。

(1)到货通知书（arrival notice）

到货通知书是船公司在卸货港的代理人在集装箱卸入集装箱堆场，或移至集装箱货运站，并办好交接准备后，用书面向收货人发出的要求收货人及时提取货物的通知。

到货通知书是集装箱进口五联货运套单中的一联。进口五联货运套单包括到货通知书一联，提货单一联，费用账单（一）及（二）各一联和交货记录一联。

进口五联货运套单由船公司的卸港代理人在船舶到港前填制。船舶抵港前，船公司在卸货港的代理人，根据装港的船公司或其代理人寄来的载货运费清单或提单副本上的有关货运资料，填制进口五联货运套单后，在集装箱卸船并做好交货准备后，将五联单中的第一联——到货通知书寄交收货人或通知人；收货人持正本提单和到货通知书至船公司在卸货港的代理人处，换取其余四联，即提货单、费用账单(一)和(二)及交货记录等单证；船公司在卸货港的代理人审核提单形式内容和是否已付清到付运费后，收回正本提单和到货通知书，在提货单上加盖专用章，连同五联单中的其他三联，即费用账单(一)和(二)及交货记录换发给收货人；收货人持费用账单(一)、(二)和交货记录，以及加盖了船公司在卸货港的代理人的专用章的提货单共四联，随同进口报关单和其他进口报关所需单证，到海关办理货物进口报关手续，海关核准放行，即在提货单上加盖海关放行章，然后将提货单，费用账单(一)和(二)，以及提货单共四联退还给收货人；收货人即可持这四联单证至集装箱堆场或集装箱货运站办理提货手续。交货记录经码头受理台盖章，提货完毕后，货主在交货记录上签字，然后留码头备查。

由于国际贸易中卖方在将货物交付承运人后有义务通知买方，而班轮都有预先公布的船期表，因此收货人应时时注意船期动态，必要时也可以进行电话咨询，到货通知书只不过是船公司为使货运程序能顺利完成而发出的单证，因此，对于这个通知的发出是否及时，以及收货人是否收到这个通知，作为承运人的船公司并不承担责任。也就是说，承运人并不承担因通知不着而引起的责任风险。到货通知书示例见表 3-14。

到 货 通 知 书

表 3-14

ARRIVAL NOTICE

您单位下列进口货物已抵港，请速凭正本提单并背书后来我公司办理提货手续。

<table>
<tr><td rowspan="2">收货人</td><td colspan="3">名称</td><td colspan="4" rowspan="2">收货人开户
银行与账号</td></tr>
<tr><td colspan="3">地址</td></tr>
<tr><td colspan="2">船名</td><td>航次</td><td colspan="3">起运港</td><td colspan="2">目的地</td></tr>
<tr><td colspan="2">提单号</td><td colspan="3">交付条款</td><td colspan="2">到付海运费</td><td></td></tr>
<tr><td colspan="2">卸货地点</td><td colspan="2">到达日期</td><td colspan="2">进库场日期</td><td colspan="2">第一程运输</td></tr>
<tr><td colspan="2">标记与集装箱号</td><td>货 名</td><td colspan="2">集装箱数或件数</td><td colspan="2">重 量(KGS)</td><td>体 积(m^3)</td></tr>
<tr><td colspan="2"></td><td></td><td colspan="2"></td><td colspan="2"></td><td></td></tr>
</table>

特此通知　　　　交付收货人

中国上海外轮代理公司

年　月　日

注意事项：

1. 凭本通知书和正本提单(加盖公章)速来我公司进口部门办理提货手续；如提取私人行李另须携带本人护照或代办委托书及身份证。为方便各环节业务，请最好携带您公司业务章前来办理提货手续。
2. 如需委托我公司代办报关转运，请随带有关单证及钱款，派员前来我司委托，如有不清，请洽我司电话：63295286，63295284
3. 在必要情况下，我公司接受暂凭银行担保函替代正本提单办理提货手续。
4. 根据海关规定，货物到港(站)14 天内未能及时向海关申报，由此引起的海关滞报金，由收货人承担。根据上海市疏港法规定，货物到港(站)10 天内未能及时提取货物，由此引起的港口疏港所发生的费用等，由收货人承担。货物抵港三个月不提取，将作无主货处理。
5. 本通知书所列到达日期系预报日期，不作为申报进境计算滞报金、滞箱费起算之日凭据。
6. 本通知书依据提单与舱单上提供的“收货人”及地址投递，由于英文翻译中文所发生的人名地名不一致，我司不承担由此产生的损失，希请谅解。
7. 我公司地址：上海市中山东一路 13 号 3 楼　邮编：200002　电话：63290088　电报：PENAVICO　传真：63291519　电传：33052 PENAVCN

目前，在实际业务中，各公司的货运工作已经不完全使用统一的做法，由于邮寄比较慢而且根据英文货运单证翻译的地址也不一定确切，很多情况下，到货通知书已经不发，代之以电话通知或传真发送，如果没有电话或传真，也可以不发。正如前面所述，在贸易合同下，卖方在货物装船后，有义务向买方发出货物已装船通知，收货人只要自己有足够的重视，一般不会发生提不到货的情况。

(2)提货单(Delivery Order)

提货单是收货人用正本提单换取的提货凭证，不得买卖转让。由于提货单是根据提单内容与到货通知等成套填制，所列的船舶预计到港时间可能会有变化，因此，不作为申报进境和滞报金(海关)、滞箱费(船公司)、疏港费(码头)等起算的依据。进口集装箱货物提货单示例见表 3-15。

进口集装箱货物提货单 表 3-15

DELIVERY ORDER

致________________港区、场站

下列货物已办妥手续，运费结清，准予交付收货人。

<table>
<tr><td colspan="2">收货人名称</td><td colspan="3">收货人开户
银行与账号</td></tr>
<tr><td>船名</td><td>航次</td><td colspan="2">起运港</td><td>目的地</td></tr>
<tr><td>提单号</td><td>交付条款</td><td colspan="2">到付海运费</td><td></td></tr>
<tr><td>卸货地点</td><td>到达日期</td><td colspan="2">进库场日期</td><td>第一程运输</td></tr>
<tr><td>标记与集装箱号</td><td>货 名</td><td>集装箱数或件数</td><td>重 量(KGS)</td><td>体 积(m³)</td></tr>
<tr><td></td><td></td><td></td><td></td><td></td></tr>
<tr><td colspan="3" rowspan="2">船代公司重要提示：
(1)本提货单中有关船、货内容按照提单的相关显示填制；
(2)请当场核查本提货单内容错误之处，否则本公司不承担由此产生的责任和损失；(Error And Omission Excepted)
(3)本提货单仅为向承运人或承运人委托的雇佣人或替承运人保管货物订立合同的人提货的凭证，不得买卖转让；(Non - negotiable)
(4)在本提货单下，承运人及雇佣人的任何行为，均应享受承运人享有的免责、责任限制和其他任何抗辩理由；(Himalaya Clause)
(5)本提货单所列的船舶预计到港时间，不作为申报进境和计算滞报金、滞箱费、疏港费等起算的依据，货主不及时换单和提货造成的损失，责任自负；
(6)本提货单中的中文译文仅供参考。
中国上海外轮代理公司
地址：上海市中山东一路 13 号 3 楼 (盖章有效)
电话：63290088；传真：63291519 年 月 日</td><td>收货人章</td><td>海关章</td></tr>
<tr><td rowspan="2">检验检疫章</td><td rowspan="2"></td></tr>
<tr><td colspan="3">注意事项：
1. 本提货单需盖有船代放货章和海关放行章后方始有效。凡属法定检验、检疫的进口商品，必须向检验检疫机构申报。
2. 提货人到码头公司办理提货手续时，应出示单位证明或经办人身份证明。提货人若非本提货单记名收货人时，还应当出示提货单记名收货人开具的证明，以表示其为有权提货的人。
3. 货物超过港存期，码头公司可以按《上海港口货物疏运管理条例》的有关规定处理。在规定期间无人提取的货物，按《海关法》和国家有关规定处理。</td></tr>
</table>

收货人在要求码头或场站交货之前必须先办理进口报关放行等手续。码头受理提货时，还要核算到港后可能发生的有关费用。收货人缴清发生的费用后，码头留下提货单联和费用账单(二)(蓝色)，并将费用账单(一)(红色)和交货记录盖章后退还收货人。收货人持经过码头盖章后的交货记录提货，提货完毕后，在交货记录上签字。

提货人到码头公司办理提货手续时，应出示单位证明或经办人身份证明。如果提货人不是提货单上记名的收货人，还应出示提货单记名收货人所开具的证明或授权，以表示其为有权提货的人。

收货人由于疏忽等原因不及时换单和提货造成的损失，将由其自行承担。如果货物超过港口规定的免费堆存期，收货人就将支付额外的堆存费；如果货物在码头上滞留过久，超过港口管理部门规定的期限，码头可以按港口货物疏运管理条例等有关规定处理；如果货物在进口后规定的一段时间，如按我国《海关法》规定满 3 个月，无人提取，则作为无主货，由码头报海关根据相应的规定处理。

(3)交货记录(delivery record)

交货记录是一式五联到货通知书中的一联。它是集装箱堆场或集装箱货运站在向收货人交付货物时，用以证明双方间已进行货物交接和载明货物交接状态的单证。

收货人持费用账单(一)、(二)和交货记录，以及船公司在卸货港的代理人签发、并经海关加盖放行章的提货单等四联单证至集装箱堆场或集装箱货运站，堆场或货运站经营人核单后，留下用作放货依据的提货单联和据以结算费用的费用账单(一)和(二)联，在交货记录联上加盖场站印章，将交货记录退还给收货人，在收货人实际提取集装箱货物时，堆场或货运站的发货人员即凭收货人所持有的交货记录发放集装箱货物。收货人提货完毕，在交货记录上签收，交货记录由集装箱堆场或货运站留存。

交货记录是集装箱进口五联货运套单中的最后一联。在船公司在卸货港的代理人缮制到货通知书时，除"进库场日期"一栏外，其余与到货通知书相对应的栏目，均可复写填制。至于交货记录联的"交货记录"部分的所有栏目，则在集装箱堆场或货运站的发货人员与收货人在验收集装箱和货物时，按实际情况填写，并由发货员和提货人签名。如果交付时发现集装箱或货物有异状，则须在"交货记录"的"备注"栏作出批注。

交货记录的格式见表 3-16。

(4)卸货报告或拆箱报告(outturn report or unstuffing report)

卸货报告或拆箱报告是集装箱堆场或货运站在交付货物后，将交货记录中记载的批注，按不同载货的船名，分船编制的表明交货状态的批注汇总清单。

在集装箱堆场或货运站完成了整箱货或拼箱货的交付后，须及时汇集交货记录上所作的批注，缮制卸货报告或拆箱报告送交船公司。以后，如果收货人对货物的灭失或损坏提出索赔时，卸货报告就是船公司理赔的重要依据。

不过，有些船公司并不要求集装箱堆场或货运站提交这一单证，而以交货记录作为理赔的依据。

(5)待提箱报告或待提货报告(report of undelivery container or report of undelivery cargo)

待提箱报告或待提货报告是集装箱堆场或货运站编制并送交船公司的，表明经过一段时间尚未能疏运的，仍滞留在堆场或货运站的重箱或货物的书面报告。据此，船公司可向收货人发出催提货物的通知，以利疏港和加速集装箱的周转。

交 货 记 录 表 3-16

港区、场、站 NO.

收货人	名称	收货人开户
	地址	银行与账号

船名	航次	起运港	目的地
提单号	交付条款	到付海运费	
卸货地点	到达日期	进库场日期	第一程运输

标记与集装箱号	货 名	集装箱数	件 数	重 量(KGS)	体 积(m^3)

交 货 记 录

日期	货名或集装箱号	出库数量			操作过程	尚存数		经手人签名	
		件数	包装	重量		件数	重量	发货员	提货人

备注	收货人章	港区场站章

其实,集装箱堆场或货运站向船公司送交待提箱报告或待提货报告和船公司向收货人发出催提通知,只不过是为尽快地疏运集装箱及货物和加快集装箱的周转而采取的必要措施之一,他们对此并不承担责任。承运人在提单上一般都设有专门的条款,规定如果收货人未在要求的时间内及时提取货物,所发生的费用和风险将由货方承担。在船公司向收货人发出的到货通知书中,通常也都有关于提取货物的期限和对不按时提取的货物将按规定进行处理的规定。比如,在我国,对于到达上海港的集装箱货物,在到货通知书上就明确规定:“根据海关规定,货物到港(站)14 天内未能及时向海关申报,由此而引起的海关滞报金,由收货人承担。根据上海疏港法规定,货物到港(站)10 天内未能及时提取货物,由此引起的港口疏港所发生的费用等,由收货人承担。货物抵港 3 个月不提取,将作无主货处理。”

第四章 提单及提单业务

第一节 提单的概念

一、提单的法律概念

提单(Bill of Lading,B/L)是国际海上货物运输,尤其是件杂货班轮运输中一种最重要的单证。1993 年 7 月 1 日起施行的《中华人民共和国海商法》(以下简称《海商法》)第 71 条规定:“提单,是指用以证明海上货物运输合同和货物已经由承运人接收或者装船,以及承运人保证据以交付货物的单证。提单中载明的向记名人交付货物 ,或者按照指示人的指示交付货物,或者向提单持有人交付货物的条款,构成承运人据以交付货物的保证”。可以说,这一条规定已经相当明确地说明了提单的定义和主要功能。

提单一经承运人签发,即表明承运人已将货物装上船舶或已确认接管货物,保证将按照提单条款规定的权利、义务、责任和免责运输货物,并保证在目的港以本提单相交换,将货物交付给合法的提单持有人。货主接受提单后,除了受提单条款的约束外,不但可以用提单在目的港提取货物,而且可以用提单办理押汇,从银行那里取得货款或贷款,或将提单转让。

早在中世纪,在欧洲就已经出现了提单。不过,那时的提单形式非常简单,只不过是承运人收到货物后开具的一张收据;而在目的港,收货人也只不过是凭他持有的这张收据提取货物而已。当时,关于承运人与货主之间的权利和义务,只是按照双方达成的口头或书面的协议办理,而且这种协议也很简单。由于这时的海上运输业还不很发达,而且海运法规也很不完善。所以,在权利方面,承运人占有绝对的优势,而托运人则不得不迁就承运人所提出的种种不公平的条件,在海上运输中要承担比承运人大得多的风险。

随着国际贸易和海上运输业的发展,以及各种海上运输法规与国际公约的出现和完善,现代提单的概念和功能都有了重要的改变。不仅对于已装船货物,承运人负有签发提单的义务,而且根据托运人提出的要求,即使货物尚未装船,只要货物已在承运人掌管之下,承运人也有签发一种被称为“收货待运提单”的义务。至于提单的功能方面,也从原先只用来表示货物已装船的收据功能,扩大为既用作表示货物已装船和货物已在承运人掌管之下的收据,也用作代表物权的有价证券,并且还被用作证明运输合同已经存在的单证。

二、提单的功能

虽然传统观念都认为提单具有证明运输合同、货物收据和物权凭证等三项功能,但是应该承认,其中除证明运输合同和货物收据等两项功能已基本得到业界的认同外,关于物权凭证的功能还颇多争议,现分述如下。

1. 提单是海上货物运输合同成立的证明

虽然提单上印就的条款规定了承运人与货物关系人之间的权利、义务,而且提单也是法律承认的处理有关海上货物运输争议的依据,因而常被人们认为提单本身就是运输合同。但是,提单本身究竟是不是运输合同,在理论界曾有过长期的争议。

按照严格的法律概念,提单并不具有作为经济合同应具备的基本条件:它不是双方意思表示一致的产物,约束承托双方的提单条款是承运人单方拟定的;它履行在前,而签发在后,早在签发提单之前,承运人就已经开始了接受托运人托运的货物和将货物装船的有关各项货运工作。因此,如果说提单本身就是运输合同,倒不如说提单只是运输合同已存在的证明更为合理。事实上,从海上货物运输的特点看,早在托运人提出订舱要求,承运人对此表示承诺的时候,运输合同即已经成立,承、托双方就是根据这种约定来安排货物运输的,如果产生争议,当然也应以这种约定作为处理的依据。承运人签发提单,只不过是证明这种承托和委托关系的存在而已。

英国是传统上认为提单是运输合同成立的证明的国家,许多案例都是根据这样的认识作出判决的,英国法院主张,提单只是一种合同成立的证明。如果在签发提单之前,承托双方另有约定,而这种约定又不同于提单条款规定的内容,那么,就应以提单签发前双方的约定为准。如果提单签发前,双方并无任何约定,在托运人接受提单时又未提出任何异议,这时才可将提单条款推定为合同条款的内容,从而约束承托双方,提单才能从运输合同成立的证明,转化为运输合同的本身。其理由是,提单毕竟不同于运输合同,运输合同在签发提单前就已经存在,而提单是在货物装船后或承运人接管货物后签发的,而且是由承运人单方签字后交给托运人的,如果在此之前不存在任何运输合同,只要托运人认为他不能接受提单上所列的条款,或提单上没有列入他想列入的条款,而时间上又允许的话,他就完全可以将货物撤回。此时,提单条款并不能作为合同条款而对他产生约束力。但是,如果在此之前,承托之间已存在运输合同,则不论提单条款如何规定,承运人与托运人都应按照合同约定进行货运的有关活动。至于在签发提单之前,承运人与托运人之间并无任何约定,托运人接受提单时又未提出任何异议,提单从运输合同成立的证明转化成为运输合同本身的情况下,尽管因海上运输的特点,决定了托运人并没有在提单上签字,但是,因为提单毕竟不同于一般合同,英国1855年提单法和1924年海牙规则都对提单的合同性质,作出了关于在不违背法律和规则的条件下,提单条款具有法律效力的特殊规定。所以,不论提单持有人是否在提单上签字,提单条款对他们都具有约束力。

2. 提单是证明承运人已接管货物和货物已装船的货物收据

除了证明承运人已接管货物的、被称为“收货待运提单”的单证具有明显的货物收据的功能外,“已装船提单”也明显地具有货物收据的作用。这是因为货物装船后,负有监督装货责任的大副要签发载明了货物名称、数量、重量、外表状况、标志、装船时间、装舱位置等项内容的,即俗称的大副收据(mate's receipt),而提单是根据大副收据签发的,它的正面记载了大副收据上所记载的内容。虽然大副收据是船方收到货物的原始收据,但托运人最终所取得的并不是大副收据,而是提单。因而提单实际上取代了大副收据,而说明承运人已按提单上所记载的内容收到了货物,日后也将按这些记载在目的港交付货物。

提单作为货物收据,不仅证明收到货物的种类、数量、标志、外表状况,而且证明收到货物的时间,即货物装船的时间。

本来,签发提单时,只要能证明已收到货物和货物的状况即可,并不一定要求已将货物装船。但是,由于国际贸易中已习惯地将货物装船作为卖方已将货物交付给买方的象征。于是,货物装船时间,也就意味着卖方的交货时间。作为履行贸易合同的必要条件,如果未将货物按时装船,银行是不会接受这种提单结汇货款的。因此,用提单来证明货物的装船时间是非常必要的 。

提单一经承运人签发,即意味着承运人已按提单上所列内容收到了托运的货物。但是,对于这种作为收据的法律效力,历来是有分歧的。

一些海运国家则认为,承运人签发的提单只是按照提单上的记载收到货物的初步证据,又称表面证据。即使提单上记载的内容与货物的实际情况不符,只要承运人能充分举证证明确实没有收到货物,或所收到的货物数量或外表状况与提单上的记载情况不相符,仍可否定提单的证据效力。

另有一些主要货主国家对于提单的证据效力偏重于最终证据,或称绝对证据,即反证无效。他们认为,即使提单上的记载有误,承运人也要对此负责。

此外,还有第三种的观点,认为在承运人与托运人之间,提单的证据效力应该是初步证据。但作为第三者的提单持有人和收货人是在相信提单上记载内容的前提下接受提单的,从有利于国际贸易的开展和维护提单的信誉出发,既然承运人已按提单上的记载收到货物,当然应该对提单上的记载承担责任,即使提单上的记载有误,所产生的争议也理应由承运人和托运人解决,而作为第三者的提单持有人和收货人既然已兑付了全部货款,当然应该按照提单上的记载内容坚持其权利。也就是说,提单对于包括收货人在内的第三者来说,它应具有最终证据的效力。基于这种认识,我国《海商法》第 77 条专门就提单上有关货物记载事项的证据效力作出了明确的规定:"除依照本法第 75 条的规定(按:关于批注的规定)作出保留外,承运人或者代其签发提单的人签发的提单,是承运人已经按照提单所载状况收到货物或者货物已经装船的初步证据;承运人向善意受让提单的包括收货人在内的第三人提出与提单所载状况不同的证据,不予承认"。

3. 提单是承运人保证凭以交付货物和可以转让的物权凭证

通常,人们都认为,对将货物交给承运人运输的托运人而言,提单具有货物收据的功能。但是,对于托运人以外的第三者来说,他们并不是凭藉提单所具有的货物收据的功能,而是根据提单的物权凭证的功能,在目的港以提单相交换来提取货物的。这是因为按照商务惯例,一般而言,谁持有提单谁就拥有货物的所有权,提单的转让就表明了货物所有权的转移;习惯上人们几乎都承认,在合法地取得提单的条件下,提单的持有人就是物权的所有人。

本来,早期的提单并不具有物权凭证的功能,它除了在目的港用以提取货物外,不能随意转让。这样,就给国际贸易带来很大的不便。1794 年英国法院在 Lick Barrow 诉 Mason 一案中首次确认提单具有被国人译为"物权凭证"的所谓"document of title" 的功能,使提单具有了"物权凭证"的功能。其后,为了便于国际贸易的开展,1855 年英国又通过了"提单法",规定,除非在提单中指明,提单的物权可以不经承运人的同意而转让给第三者,进一步就用法律的形式,将提单的可转让性固定下来,确立了提单的物权凭证的功能。对此,尽管不断有司法理论界人士以属于普通法系的英国法并不存在物权法律制度,普通法系的财产权和大陆法系的物权也属于两种不同的理念为由,提出用大陆法的物权理念来理解英国法中被中文译为"物权凭证"的"document of title",纯属"张冠李戴"、不足为凭的质疑,但是,在长期、反复地以讹传讹,习惯思维已接受某一习以为常的观点的情况下,想在航运业务实践中,改变在人们头脑中久已形成的"提单就是一种物权凭证;提单的转移就意味着物权的转移;提单的合法受让人或提单持有人就是提单上所记载货物的合法所有人"的观念是非常困难的。

提单具有物权凭证的功能,使提单所代表的物权可以随提单的转移而转移,提单中所规定的权利和义务也随着提单的转移辐转移。即使货物在运输过程中遭受损坏或灭失,也因货物的风险已随提单的转移而由卖方转移给买方,根据1893年英国的《货物买卖法》和国际贸易惯例,只能由买方向承运人提出赔偿要求。当然,买方能否得到赔偿,还取决于有关海上货物运输的法律、国际公约和提单条款的规定。

应该指出,虽然提单的物权凭证的功能在航运业务实践中已为习惯所接受,但是在司法和理论界却仍然存在着不少争议,特别是如果承认提单具有物权凭证的功能,那么,在司法实践中,对于"无单放货"的索赔诉讼,法院就必然会面对应该按照侵权诉讼还是按照违约诉讼作出裁决的两难局面。为此,司法理论界的有识之士在对提单是一种权利凭证的观点已取得共识的基础上,先后对提单的凭证功能提出了包括物权凭证说,所有权凭证说,抵押权凭证说和可转让的权利(债权)凭证说在内的四种学说,其中与物权凭证说相对立的是可转让的权利,即债权凭证说。

债权凭证说认为提单是产生于货物运输环节中的单证,提单的定义及性质只能决定于与提单有关的国际公约或国内立法,在大多数情况下,提单的持有和转让与货物所有权的拥有和转移是完全脱节的,提单的转让只是转让货物的推定占有,并不带来货物所有权的必然转移;即使在国际贸易的运转过程中,提单也完全没有成为物权凭证的必要。因此,把提单说成是物权凭证是一场历史的误会。提单作为海上货物运输单证之一,除了是海上货物运输合同以及货物已经由承运人接收或装船的证明外,它只能是一种可转让的权利(或债权)凭证,即据以向承运人提取货物的凭证。

将提单理解为债权凭证,把提单权利的相对人局限为签发提单的承运人,是司法理论界对提单性质的研究从对表面现象的解释向纵深理论的探索,取得实质性进步的体现。近年来,包括我国司法理论研究者在内,已有越来越多的学者倾向于提单的债权性观点,尤其是我国的最高法院在一起"无单放货"案件中,改判一审、二审的侵权定性,终审作出违约认定,更在很大程度上显示出这种观点已得到司法界的认可。

三、提单的分类

随着国际贸易和海上运输的发展,提单的种类越来越多,但大体上可从以下不同角度进行分类。

1. 按货物是否已装船划分

(1)已装船提单(on board B/L or shipped B/L)

整票货物已全部装进船舱或装在舱面甲板上,承运船舶的大副验收并签发收货单后,根据托运人的要求,由承运人、装运船舶的船长或经承运人授权的代理人签发的载明装运船名和装船日期的提单,称为已装船提单。在国际贸易中,按照国际金融市场和银行业务的惯例,出口人(卖方)向银行结汇(议付货款)所提交的提单,必须是已装船提单。这是因为,货物装船意味着卖方将货物交付给买方,而卖方交付货物后才能取回货款则是天经地义的。

(2)收货待运提单(receipt for shipment B/L)

简称待运提单或备运提单。是在托运人已将货物交给承运人,承运人已接管等待装船的货物后,向托运人签发的提单。由于这些货物尚未装船,所以提单上并未载明装运船舶的船名和装船日期。正是由于提单上并未载明装运船舶的船名和货物的装船日期,对货物能否及时装船没有确切的保证,所以在跟单信用证支付方式下,银行一般都不肯接受这种提单。

当货物装船后,承运人在收货待运提单上加注装运船舶的船名和装船日期后,待运提单即可成为已装船提单。

2. 按对货物的外表状况是否有不良批注划分

(1)清洁提单(clean B/L)

这是指货物装船时,货物的外表状况良好,对提单上所记载的“外表状况明显良好”(in apparent good order and condition)没有作相反的批注,或其他有碍结汇的词句或批注的提单。出口人(卖方)向银行办理结汇时,都规定必须提交这种清洁提单。

(2)不清洁提单(foul B/L)

这是指承运人在提单上加注了有关货物及包装状况不良或存在缺陷等批注的提单。在国际贸易中,银行是拒绝出口人(卖方)以不清洁提单办理结汇的。在这种情况下,按照习惯的变通办法是由托运人出具保函,要求承运人不将大副在收货单上所作的有关货物外表状况不良的批注转批到提单上,而根据保函签发清洁提单,以使出口人能完成结汇工作。应该指出,这种做法掩盖了签发提单时货物的真实情况,承运人将面临承担由此而产生责任的风险。

3. 按提单中收货人栏的填写方式划分

(1)记名提单(straight B/L)

这是指在提单上的收货人栏中具体写明收货人名称的提单。记名提单上所记载的货物只能由提单上特定的收货人提取。记名提单不能背书转让,可以避免在转让过程中可能带来的风险,但也失去了它代表货物可转让流通的便利,银行通常不愿意接受这种提单作为议付的单证。

(2)指示提单(order B/L)

这是在提单上的收货人栏中只填写“凭指示”(to order)或“凭某人指示”(order of ×××)字样的提单。按照表示指示人方法的不同,指示提单又可分为托运人指示提单,记名指示人提单和选择指示人提单。如果在收货人栏内只填记“指示”字样,则称为托运人指示提单。这种提单与在收货人栏中填记“托运人指示”(to order of shipper)的托运人指示提单一样,在托运人(卖方)未指定收货人或受让人之前,货物所有权仍属于卖方,在跟单信用证支付方式下,托运人就是以议付银行或收货人为受让人,通过转让提单而取得议付货款的。如果收货人栏内填记“×××指示”,则称为记名指示提单;如果在收货人栏内填记“×××或指示”,则称为选择指示人提单。记名指示提单和选择指示人提单中指名的“×××”既可以是银行的名称,也可以是托运人。

(3)不记名提单(blank B/L;open B/L;bearer B/L)

这是指在提单上收货人栏内只填写“提单持有人”或将这一栏空出,不填写任何名称的提单。这种提单不需要任何背书手续即可转让,或提取货物,流通极为简便。

虽然不记名提单的转让或提货手续极为简便,但如果发生提单被窃或遗失,然后再转入善意的第三者手中时,极易引起纠纷。所以在跟单信用证支付方式下,也极少采用这种提单。

4. 按运输组织形式(运输方式构成)的不同划分

(1)直达提单(direct B/L)

也称“港到港”提单(port to port B/L),这是指由承运人签发的,货物从装货港装船后,中途不经过换船直接运达卸货港的提单。就集装箱运输而言,为港到港的海运集装箱所签发的提单,也是直达提单。

(2)转船提单(transhipment B/L;through B/L)

也称联运提单。是指货物在起运港装船后,船舶不直接驶往货物的目的港,需要在其他中途港口换船转运往目的港的情况下承运人所签发的提单。所谓联运,一般的理解是,既包括不同的运输方式之间的接续运输,也包括同一种运输方式但不同的运输工具之间的接续运输,如海船转海船的运输,而这里所说的联运则是特指海船转海船的联运,因此,所谓联运提单,或转船提单也特指的是海船转海船的提单,即海-海联运提单。

(3)多式联运提单(combined transport B/L)

这种提单在美国称"intermodal transport B/L ",在其他地区也有称为"multimodal transport B/L"的。它是指需经过不同运输工具完成全程运输所签发的提单。即全程运输由干线集装箱船、支线集装箱船以及航空、铁路、公路、内河等运输方式下的不同运输工具协同完成全程运输时所签发的提单。由于这种提单主要用于集装箱多式联运 ,所以习惯上又将多式联运提单泛称为集装箱提单。

其实,所谓多式联运提单只不过是多种"证明多式联运合同以及证明多式联运经营人接管集装箱货物(以下简称货物)并负责按合同条款交付货物"的多式联运单据中,专用于包含了海上运输的一种多式联运单据而已。因此多式联运提单既可由作为多式联运经营人的承担海运区段运输任务的承运人签发,也可由其他运输区段的承运人签发,甚至可由只经营集装箱货运中的揽货、装箱、拆箱、内陆运输及内陆站或中转站业务而不经营船舶营运的所谓多式联运经营人(combined transport operator)或在我国被称为无船承运业务经营者的无船承运人(non vessel operating common carrier,NVOCC) 签发。

多式联运涉及各种不同的运输工具,经营这些运输工具的承运人的责任和赔偿责任限额因分别受制于适用于各该区段的国际公约及有关国家相应的国内法而有所不同。因此,各区段的承运人和多式联运经营人对同一货物在不同的运输区段所承担的风险和责任以及赔偿责任限制也各不相同。

5. 按船舶营运方式划分

(1)班轮提单(liner B/L)

这是指由经营班轮运输的承运人或经其授权的代理人或船长签发给托运人的提单。在传统的件杂货班轮运输中所签发的件杂货提单就是班轮提单,而"港到港"的集装箱运输所签发的集装箱提单也是班轮提单。

班轮运输承运人通常都印备有自己的提单格式,托运人在办妥托运手续、货物装上船后缮制提单,交承运人、船长或其代理人签署。不论是由承运人本人、船长还是由其代理人签发提单,都必须有承运人名称。

(2)租船提单(charter party B/L)

又称租船合同下签发的提单,是指租船运输中,作为货主或作为承运人的承租人,在货物装船后要求船东或船长签发的提单。它是船东或船长根据租船合同签发的提单。通常在这种提单上都批注有"根据 × × 租船合同出立"。这种提单要受到租船合同的约束,不成为一个完整的独立文件。银行或买方接受这种提单时,往往要求卖方提供租船合同副本,以了解租船合同的全部内容 。

根据租船合同签发的提单所规定的承运人责任,一般应和租船合同中所规定的船东责任相一致。如果提单规定的责任大于租船合同所规定的责任,在承租人与船东之间仍以租船合同为准。但是,如果提单已转入第三者手中,则提单持有人或收货人与船东之间,应以提单条款的规定为准。不过,在船东对提单持有人或收货人作出赔付后,对于超出租船合同所规定的责任部分,可向承租人追偿。

根据租船合同签发的提单可以注明或不注明承运人的名称(见 UCP500)。如果承运人不能及时提供自荐的提单格式、要求使用无抬头的空白提单时,应将承运人全称,地址等缮制于提单的右上角空白处。

6. 按提单内容的繁简划分

(1)全式提单(long form B/L)

这是指详细列有承运人和托运人之间的权利、义务等条款的提单。由于条款繁多,所以又称繁式提单。在实际业务中所使用的,大都是这种提单。

(2)简式提单(short form B/L)

这是指提单上印明"简式(short form)"字样,而背面并没有列明承运人和托运人权利、义务的条款,只注明以承运人全式提单上所列条款为准的提单。

由于这种提单中没有列明承运人的权利、义务、责任和免责等条款,在一定程度上影响了它的流通性,所以有些信用证明确规定不接受这种提单。但是,如果信用证中没有明确规定不接受这种提单,银行一般都接受这种提单予以议付结汇。在这种情况下,提单上一般均加列"本提单货物的收受、保管、运输和运费等事项,均按本公司全式提单的正面、背面的铅印、手写、印章和打字等书面的条款和例外条款办理,该全式提单存本公司、分支机构或代理人处,可供托运人随时查阅"等字样。

7. 按签发提单的时间划分

(1)倒签提单(anti-date B/L)

这是指承运人或其代理人应托运人的要求,在货物装船完毕后,以早于该票货物实际装船完毕的日期作为提单签发日期的提单。因为这是托运人为了使提单上记载的签发日期符合信用证关于装运期的规定,以便能结汇,承运人应托运人要求而倒填日期签发的提单,所以称为倒签提单。

承运人签发倒签提单的做法,掩盖了提单签发时间的真实情况,将面临着要承担由此而产生责任的风险。特别是当市场上货价下跌时,收货人可以以"伪造提单"为由拒绝收货,并向法院起诉要求赔偿。因此,承运人应避免签发这种提单。不过,为了贸易的需要,根据一般商业习惯,在一定条件下,比如该票货物已全部装船完毕,且倒签的日期与实际装船完毕的日期间隔不长,在取得了托运人保证承担由此而引起的一切责任的保函后,承运人有时会同意签发倒签提单。

(2)顺签提单(post-date B/L)

近几年,在航运实践中又出现一种应托运人要求,为早已装船的货物签发日期滞后的提单的做法。

所谓顺签提单就是指货物装船完毕后,承运人或其代理人应托运人的要求,以晚于该票货物实际装船完毕的日期作为提单签发日期的提单。这是为了符合贸易合同或信用证关于装运期的规定,应托运人要求而顺填日期签发的提单,所以称为顺签提单。

承运人签发顺签提单的做法同样掩盖了提单签发时的真实情况,也将面临可能承担由此而引起责任的风险。

(3)预借提单(advanced B/L)

这是指在信用证规定的结汇期,即信用证的有效期即将届满,而货物尚未装船或尚未装船完毕的情况下,托运人为了能及时结汇,而要求承运人提前签发的已装船清洁提单。即托运人为了能及时结汇而从承运人那里借用的已装船清洁提单。

当托运人未能及时备妥货物,或船期延误,船舶不能按时到港接受货载,因而估计货物装船完毕的时间可能要超过信用证规定的结汇期时，根据一般商业习惯，托运人可能采用从承运人那里借出提单用以结汇的办法。承运人也可能会同意签发这种提单。当承运人签发这种提单时，不仅同样掩盖了提单签发的真实情况，而且还将面临着承担比签发倒签提单更大的责任和风险。这一方面是因为货物尚未装船，货物未经大副检验而签发清洁提单，有可能增加承运人的货损赔偿责任；另一方面还因签发提单后，可能因种种原因而改变原定的装运船舶，或发生货物灭失、损坏，或退关，这样就会很容易地使收货人掌握预借提单的事实，以欺诈为由拒绝收货，并向承运人提出赔偿要求，甚至向法院起诉。更何况，不少国家的法律规定和判例表明，在签发预借提单的情况下，承运人不但要承担货损的赔偿责任，而且还会丧失享受责任限制和援用免责条款的权利。即使该票货物是因免责事项的原因而受损的，承运人也必须承担全部的赔偿责任。

和签发倒签提单一样，承运人同意了托运人要求而签发预借提单，同样必须取得托运人承诺保证承担由此而产生的一切责任的保函后才能签发。如果提单是由经承运人授权的代理人签发的，除了必须取得托运人出具的保函外，还必须另外征得承运人的同意才能签发预借提单。

8．其他各种特殊的提单

(1)舱面货提单(on deck B/L)

俗称甲板货提单。这是指将货物积载于船舶露天甲板承运，并在提单上注明“装于舱面”(on deck)字样的提单。

货物积载于舱面承运，遭受灭失或损坏的可能性很大，除商业习惯允许装于舱面的货物(如木材)，法律或有关法规规定必须装于舱面的货物(如某些危险品)，和承运人与托运人之间经协商同意装于舱面的货物外，承运人或船长不得随意将其他任何货物积载于舱面承运。如果承运人擅自将货物装于舱面，一旦遭受灭失或损坏，不但要承担赔偿责任，而且还将失去享受赔偿责任限制的权利。但是，如果签发的是表明承、托双方协商同意的，注有“装于舱面 ”字样的舱面货提单，而且实际上也是将货物积载于舱面，那么，只要货物的灭失或损坏不是承运人的故意行为造成的，承运人仍可免责。

(2)包裹提单(parcel receipt B/L)

这是指为以包裹形式托运的货物签发的提单。它是承运人根据贸易上的特殊需要而设定的一种提单形式。它只适用于小批量货物或行李，以及无商业价值的礼品和样品。对于这种提单，承运人一般都在货物的重量、体积和价值方面规定了限制条件。比如重量不得超过45kg(或 100lb)；体积不超过 0.15m^3(或 5ft^3)；价值在 10 英镑以下等。

对于包裹提单的货物，收取较低的运费，小量样品甚至可免费运送。这种提单不能转让，对货物的灭失，承运人也不承担赔偿责任。

(3)最低运费提单(minimum B/L)

这是指对每一提单上的货物按起码收费标准收取运费所签发的提单。

如果托运人托运的货物批量过小，按其数量计算的运费额低于运价表规定的起码收费标准时，承运人均按起码收费标准收取运费，为这批货物所签发的提单就是最低运费提单，也可称为起码收费提单。

(4)并提单(omnibus B/L)

这是指根据托运人的要求，将同一船舶装运的同一装货港、同一卸货港、同一收货人的两批或两批以上相同或不同的货物合并签发一份的提单。托运人为了节省运费，常会要求承运人将本应属于最低运费提单的货物与其他需另行签发提单的货物合并在一起只签发一份提单。

(5)并装提单(combined B/L)

这是指将两批或两批以上品种、质量、装货港和卸货港相同,但分属于不同收货人的液体散装货物并装于同一液体货舱内而分别为每批货物的收货人签发的,其上加盖有“并装条款”印章的提单。在签发并装提单的情况下,应在几个收货人中确定一个主要收货人(通常是其中批量最大的收货人),并由这个主要收货人负责分摊各个收货人应分担的货物自然损耗和底脚的损耗。

(6)分提单(separate B/L)

这是指承运人依照托运人的要求,将本来属于同一装货单的、标志、货种、等级均相同的同一批货物分开,而签发多份的提单。只有标志、货种、等级均相同的同一批货物才能签发分提单。否则会因在卸货港进行理货、分标志等必要作业事项而使承运人增加理货、分标志费用的负担。

(7)交换提单(switch B/L)

这是指在直达运输的条件下,根据托运人的要求,承运人承诺,在某一约定的中途港凭在起运港签发的提单换发以该中途港为起运港,但仍以原来的托运人为托运人的提单,并注明“在中途港收回本提单,另换发以该中途港为起运港的提单”或“switch B/L”字样的提单。

当贸易合同规定以某一特定港口为装货港,而作为托运人的卖方因备货原因,不得不在这一特定港口以外的其他港口装货时,为了符合贸易合同关于装货港的要求,常采用这种变通办法,要求承运人签发这种交换提单。

签发这种提单的货物在中途港并不换装,只不过由承运人在中途港的代理人收回原在起运港签发的提单,另签发以该中途港为起运港的提单而已。

第二节　有关提单的国际公约

提单是由各个船公司自行制定的,涉及各方面关系人利益的,具有法律效力的单证。提单一般由正面内容,即正面记载的事项和背面条款两部分组成。正面内容关系到提单的法定证据效力,而提单背面的条款则规定了包括承运人(carrier)、托运人(shipper)、收货人(consignee)、受货人(receiver)、提单持有人(holder of the B/L)和货物所有人(owner of the goods)等在内的与提单有关的关系人的权利、义务、责任和免责等与提单关系人有利害关系的条款。

由于提单的利害关系人常分属于不同的国籍,提单的签发地或起运港和目的港又常分处于不同的国家,而提单又是由各船公司根据本国有关法规自行制定的,其格式、内容和词句并不完全相同,一旦发生争议或涉及诉讼,就会产生提单的法律效力和适用法规的问题。因此,统一各国有关提单的法规,一直是各国努力追求的目标。当前已经生效,在统一各国有关提单的法规方面起着积极作用的有关提单或有关国际货物运输的国际公约,有简称为海牙规则的《统一提单若干法律规定的国际公约》(International Convention for the Unification of certain Rules of Law relating to Bill of Lading);对海牙规则的部分内容作了修改和补充,简称为维斯比规则,或者简称为“1968 年布鲁塞尔议定书”(The 1968 Brussels protocol)的《关于修订统一提单若干法律规定的国际公约的议定书》(protocol to amend the International Convention for the Unification of Certain Rules of Law Relation to Bill of Lading),和 1976 年由联合国贸易法律委员会草拟,1978 年经联合国在汉堡主持召开的外交会议审议通过的，简称为汉堡规则的《1978年联合国海上货物运输公约》(United Nations Convention of the Carreage of Goods by Sea,1978)。

一、海牙规则

1. 海牙规则成立的历史背景

最初，提单只是表明货物已经装船的收据，既没有关于提单应记载的事项及其法律效力的规定，也没有有关承运人责任的条款。关于承运人的责任，只按照当时存在于英、美等国的普通法(Common Law)中的一些默示规定的原则来处理，即承运人应默示保证：①签订合同时应保证船舶适航；②保证船舶合理速遣(reasonable despatch)；③保证船舶不发生不合理的绕航。

但是，到了18世纪，因货损和赔偿日益增多，承运人为了保护自己的利益，根据资产阶级民法的合同自由原则，开始在提单上加入了免责条款。其后，提单上的免责条款越来越多，到了19世纪80年代，提单上的免责条款竟多达六七十项，这不但引起货主的强烈不满，而且也动摇了提单的可信赖性，与英国1855年提单法中有关提单可作为流通凭证，在贸易中自由转让，以及有关提单持有人的权利、义务的规定也不相适应。于是出现了限制承运人在提单上任意增加免责条款，使提单规范化的要求。1893年，美国制定并通过了《哈特法》(Harter Act, 1893)，规定：

①在美国国内港口间，或美国港口与外国港口之间承运货物的船东应在提单上加注条款，表明可以使他免除对装船、积载、保管、照料货物的疏忽所负责任的条款均属非法，所订条款也属无效；

②在提单上加注的任何减少、减轻或避免船东在谨填处理使船舶适航方面所负责任的条款，均属无效；

③如果船东尽到谨慎处理使船舶适航和配备适当船员、装备和供应船舶的责任，那么，对在驾驶或管理船舶中的过失所导致的货物灭失或损坏，船东或他的代理人无须负责；

④因天灾、海上救助等方面的原因所引起的货物灭失或损坏，船东或他的代理人也无须负责；

⑤船东或船长或代理人有义务签发提单，并注明货物的主要标志、包数或件数或数量或重量，以及外表状况，而这个提单应作为收到提单上所载明货物的初步证据。从而确定了承运人应承担的最低限度的责任，并明确了提单的法定记载事项及其证据效力。

哈特法的成功，使新西兰、加拿大等本来法律体系上紧跟美国的英联邦国家也承认了哈特法的立法精神。对此，作为宗主国家的英国感到非常被动，尤其是第一次世界大战后，社会秩序和经济秩序非常混乱，在货运事故增多的情况下，英国政府深感有把统一提单的立法提到议事日程的必要。1921年在海牙举行的国际法协会的会议上，由有关各方组成的代表团草拟并通过了规则的主体，即1921年的海牙规则。以此为基础，在1922年10月于布鲁塞尔举行的讨论海事法律的外交会议上，与会代表作出决议，建议各国政府采纳这个规则，在稍作修改后使之国内法化。1923年10月，又在布鲁塞尔对这个规则继续作了一些修改，完成了海牙规则的制定工作。随后，1923年11月英国帝国经济会议通过决议，一方面建议各成员国政府和议会采纳这个修订后的规则使之国内法化；另一方面率先通过国内立法，使之国内法化，由此产生了1924年英国海上货物运输法(COGSA,1924)。这个法律在1924年8月获英皇批准。稍后，1924年8月25日，各国政府的代表也在布鲁塞尔通过了简称为海牙规则的《1924年统一提单若干法律规定的国际公约》。

海牙规则于1931年6月2日正式生效。欧、美许多国家都加入了这个公约。有的国家还通过国内立法使之国内法化；有的国家则根据这一公约的基本精神，另行制定相应的国内法；还有些国家虽然没有加入这一公约，但他们的一些船公司的提单条款也采用这一公约的精神。

所以,这一公约是海上货物运输中有关提单的最重要的和目前仍普遍被采用的国际公约。1936年,美国政府也以这一公约作为国内立法的基础制定了1936年美国海上货物运输法,并在很大程度上使之取代了原有的哈特法。

2. 海牙规则的主要内容

海牙规则全文共有16条,其中第1条至第10条是实质性条款,主要内容包括:

①关于承运人的责任期间。规定承运人对运输货物承担责任的期间是“自货物装上船舶开始至卸离船舶为止”。

②关于承运人的责任。规定承运人必须承担的责任是,在开航以前和开航当时谨慎处理使船舶适航;妥善地配备船员、装备船舶和配备供应品;使货舱、冷藏舱、冷气舱和该船其他载货处所适于并能安全收受、载运和保管货物;以及适当而谨慎地装载、操作、运送、保管、照料和卸下所运货物。

③关于承运人的免责。海牙规则规定了承运人对船长、船员在驾驶或管理船舶的过失;火灾;海上或其他通航水域的灾难、危险或意外事故;天灾;战争行为;公敌行为;政府依法扣押;检疫限制;托运人的过失;罢工、关厂、停工或劳动力受到限制;在海上救助或企图救助人命或财产;货物的固有缺点等17项的免责事项。其中最引起托运人不满的免责事项是航行过失免责,即承运人对船长、船员、引航员或承运人的雇佣人员在驾驶或管理船舶中的行为,疏忽或过失所引起的货物灭失或损坏,可以免除赔偿责任。

④关于承运人的赔偿责任限制。规定承运人对每件或每单位货物的赔偿限额为100英镑。

⑤关于诉讼时效。规定对货物灭失或损坏赔偿的诉讼时效“自货物交付之日或应交付之日一年以内”。

⑥关于公约的适用范围。规定“适用在任何缔约国所签发的一切提单”。

⑦关于公约适用的强制性。规定运输合同中凡是解除或减轻公约规定承运人责任的任何条款、约定或协议均属无效。

虽然从海牙规则的基本条款看,可以说基本上脱胎于哈特法,但从根据海牙规则制定的美国1936年海上货物运输法的规定看,它和哈特法仍有原则的区别。首先,在哈特法下,船东对提供一艘适航船舶负有绝对的义务,如果他要享受该法第3条规定的免责权利,就必须证明他已做到谨慎处理。否则,即使货物的灭失或损坏与船舶开航时不适航并没有因果关系,船东仍须负赔偿责任。而1936年海上货物运输法并不要求船东必须对提供一艘适航船舶负绝对责任,他只要做到谨慎处理使船舶适航就足够了。其次,在哈特法下,船东可以在运输合同中有效地订明赔偿责任限制金额和提出索赔请求时间的条款,只要这种限制合理即可。而1936年海上货物运输法则规定,如果这类限制条款与本法抵触则无效。

尽管海牙规则和根据海牙规则制定的1936年美国的海上货物运输法与哈特法存在着这样的原则区别,但是,英、美法院对哈特法条款所做的解释,对于美国1936年海上货物运输法和1924年海牙规则相应条款的解释仍然具有指导意义。

3. 海牙规则存在的主要问题

海牙规则生效以来,得到航运业界的普遍采用。虽然它在使有关提单的法律得以统一,对促进国际贸易、发展国际航运等方面起到了积极的作用。但是,限于制定和通过海牙规则当时的政治、经济和技术条件,以及当时承运人和货主之间力量对比的实际情况,在几十年的实践中,特别是第三世界国家在国际政治、经济社会中越来越占有重要地位之后,人们越来越多地发现它存在着许多问题,需要进行修订。这些问题归纳起来主要有:

(1)较多地维护了承运人的利益

从总体上说,海牙规则较多地维护了承运人的利益,在当时,实质上是维护了航运国家的利益,而在今天看来,实质上也就是维护了发达国家的利益,这和作为主要货主国的第三世界国家要求建立航运新秩序的呼声是很不适应的。

(2)在风险分担上很不均衡

海牙规则所遵循的是不完全的过失责任制。无论从承运人仅承担谨慎处理使船舶适航和管货的义务看,也无论从承运人享受航行过失免责条款的权利看,如果说在上个世纪20年代制定规则初期,限于当时的政治、经济条件和航海技术水平,作出这样的规定还情有可原的话,那么,时至今日,从当前航海技术已达到的水平考虑,这种风险分担的不均衡显然是不合理的,对货主来说也是不公平的。这也就是货主对海牙规则最不满意的问题关键所在。

(3)对有些条款的解释至今仍未统一

海牙规则在这方面存在的问题是很多的。比如"管理船舶"与"管理货物"的区别标准,"与货物有关的灭失或损坏"的含义;作为赔偿责任限制计算单位的"每单位"的解释等,都因没有统一的解释而常引起争议。

(4)未考虑集装箱运输形式的需要

集装箱运输方式的出现,带来了一系列的法律问题。但因制定海牙规则时,这种运输方式尚未出现,所以许多规定远远不能适应集装箱运输方式的需要也是理所当然的。

(5)赔偿责任限额过低

由于英镑的严重贬值,海牙规则在1924年规定的每件或每单位不超过100英镑的责任限额,到20世纪60年代后期只相当于原值的1/8左右;随着科学技术的进步,所运输的产品的价值也越来越高,尤其是那些高科技产品的价值更高,当这些产品损坏或灭失时,仍按几十年前制定的赔偿限额作出赔偿,显然失之过低,严重地损害了货主的利益。

(6)诉讼时效太短

海牙规则规定的诉讼时效为一年,时间太短,给货主带来很多不便。

4. 修改海牙规则的两种观点

从上述海牙规则存在的主要问题中不难看出,海牙规则已很不适应当今国际政治、经济和国际航运发展的需要,修改海牙规则已势在必行。

修订海牙规则的工作是从20世纪60年代开始的。当时,在第三世界国家的强烈要求和反复斗争下,虽然修改海牙规则的要求已为航运发达国家所接受,但是,对于应如何修改,却存在着两种不同的意见。

一种是以广大第三世界国家为代表的意见,他们从货主的地位出发,认为海牙规则过多的维护了承运人的利益,危害了第三世界国家的贸易和航运的发展,修改海牙规则也应在改变旧的经济体系,建立新的世界经济秩序的原则基础上进行,因而主张彻底修改海牙规则,取消不合理、不明确的条款,使货主和承运人能够真正公平地重新分配双方在海上运输中应承担的风险,建立国际航运新秩序,以利于促进第三世界国家的贸易和航运的发展。汉堡规则就是以这种思想为主导,在第三世界国家反复力争下,经过各国代表多次磋商,并在某些方面作出妥协后获得通过的。

另一种是以北欧国家和英国等航运发达国家为代表的意见,认为虽然有关提单法律的修订不能墨守陈规,但是,如果不顾现实情况,急于求成,也不易为各方所接受。更何况,不顾现实地修订,有可能冲击已经形成的国际航运习惯和现行的各种航运制度,反而会造成新的混乱。因而,他们主张折衷各方面的意见,只对海牙规则中明显不合理或不明确的条款作局部的修订和补充。维斯比规则就是以这种意见为基础获得通过的。

二、维斯比规则

1. 维斯比规则修订的简略经过

维斯比规则是以发达航运国家的意见为依据,为了解决实践中已经发现的海牙规则所存在的问题,在海牙规则基础上,对其中明显不合理或不明确的条款进行局部的修订、补充,以议定书的形式制定的有关提单的国际公约。

对海牙规则进行具体的修订工作,是由以探讨提高发展中国家的经济地位为目的而设置的联合国贸易和发展会议下设的国际海事委员会完成的。1963 年 6 月,这个委员会草拟了修改海牙规则的议定书草案,提交给 1967 年和 1968 年召开的海事法会议审议。经会议审议通过后,于 1968 年 2 月 23 日在比利时的布鲁塞尔召开的外交会议上通过,定名为《关于修订统一提单若干法律规定的国际公约的议定书》,并简称为“1968 年布鲁塞尔议定书”。在这次会议期间,与会代表前往参观了曾是 15 世纪有名的海法《维斯比海法》编纂地的维斯比城。所以,这个议定书也就又被称为“维斯比规则”。由于议定书对海牙规则没有进行根本性的修改,只是对海牙规则中明显不合理或不明确的条款作了修订、补充,仍保持原有的承运人责任制度。因此,议定书又常被称为“海牙——维斯比规则”。

维斯比规则已于 1977 年 6 月生效。目前已有英、法、丹麦、挪威、新加坡、瑞典等 20 多个国家和地区参加了这一公约。在此之前,英国还以这一公约作为国内立法的基础,制定了 1971 年海上货物运输法,并已生效。

2. 维斯比规则对海牙规则修订、补充的主要内容

维斯比规则共有 17 条条文,但只有前 6 条才是实质性的规定。

维斯比规则对海牙规则修改、补充的内容,主要包括如下几个方面:

(1)关于提单的证据效力

关于提单的证据效力,海牙规则(第 3 条第 3 款及第 4 款)规定,承运人收到货物之后,应托运人的要求签发给托运人的提单,这种提单是作为承运人依照规定所载内容“收到该提单中所载货物的表面证据”(或称初步证据)。维斯比规则在这里作了补充,明确规定:“当该提单已被转予诚实行事的第三方时,便不能接受与此相反的证据”。也就是说,维斯比规则肯定了提单对善意的第三者而言,具有最终证据的效力。

(2)关于承运人的赔偿责任限制

关于承运人的赔偿责任限制,维斯比规则将海牙规则规定承运人对货物灭失或损坏的赔偿限额,从按每件或每单位计算的单一办法,改为按每件、每单位或按毛重每公斤计算的双重办法,并规定每件或每单位 10000 金法郎或毛重每公斤 30 金法郎,以其高者为准。

为了解决集装箱运输出现后的损害赔偿问题,维斯比规则补充规定了计算集装箱货物赔偿限额的件数时,应以提单上列明的内装货物件数为准,如果未在提单上列明内装货物件数,则以每一集装箱为一件或一个单位。

另外,维斯比规则还对承运人丧失享受赔偿责任限制权利的条件作出规定:如经证明,货物的灭失或损坏是承运人蓄意造成,或者是承运人明知可能造成损害而轻率地采取的行为或不为所引起的,则承运人丧失享受赔偿责任限制的权利。

(3)关于侵权行为请求的权利

海牙规则中是没有关于侵仅行为的规定的。维斯比规则则规定,对承运人提起的任何有关货物灭失或损坏的诉讼,不论该诉讼是根据合同还是侵权行为,均适用本规则的有关规定。同时还规定,如果这种诉讼是对承运人的雇佣人或代理人(该雇佣人或代理人不是独立的订约人)所提起,该雇佣人或代理人便有权适用承运人按照本公约所可援引的各项抗辩和责任限制。

(4)关于规则的适用范围

关于适用范围,海牙规则规定只"适用在任何缔约国所签发的一切提单"。对此,维斯比规则将适用范围扩大到货物从一个缔约国港口起运的提单和运输合同中载明适用本规则,或使其生效的国内法的提单。

(5)关于诉讼时效

关于诉讼时效,维斯比规则仍保留了海牙规则中规定一年的诉讼时效,并作了补充规定,"在诉讼事由发生之后,得经当事方同意,将这一期限加以延长"。

三、汉堡规则

1. 制定汉堡规则的背景

鉴于海牙规则日益不能适应国际政治、经济形势发展的要求,也鉴于第三世界国家并不满足于维斯比规则对海牙规则所作的局部修改和补充,要求彻底修改海牙规则的呼声日益高涨,联合国贸易和发展会议的航运委员会在1969年4月的第三届会议上建立了国际航运立法工作组,并以提单及有关问题作为工作组的优先工作项目。此后,联合国贸易和发展会议秘书处编写了以"提单"为题的研究报告。分析了海牙规则及与提单有关的问题。此后,国际航运立法工作组研究了这个报告,决定:①应对海牙规则和维斯比规则进行修改,需要时也可以制定一项新的国际公约;②在审议修改上述规则时,应消除其含糊不明确之处,同时应建立船、货双方均衡地分担货运风险的货运责任制度。后来,按照国际组织的分工,联合国贸易和发展会议将继续研究海牙规则和维斯比规则,并将制定新公约的工作交给联合国国际贸易法律委员会办理。经过多年的艰苦工作,于1976年5月,这个委员会草拟了《联合国海上货物运输公约草案》。联合国于1978年3月6日至31日在汉堡召开的联合国海上货物运输外交会议对该"草案"进行审议。有78个国家派出了代表出席这次会议,经与会代表对"草案"逐条进行认真的审议后获得通过,正式定名为《1978年联合国海上货物运输公约》。由于这次会议是在汉堡召开的,所以这个公约又称为"汉堡规则"。

根据汉堡规则的生效条件规定:"本公约自第二十份批准书、接受书、认可书或加入书交存之日起满一年后的次月第一日生效"。汉堡规则自1978年3月31日获得通过,直至埃及递交了批准书后才满足生效条件,于1992年11月1日起正式生效。

汉堡规则不仅扩大了承运人在海上运输中的责任,而且对与国际航运有关的业务和法规,比如对共同海损理算业务、海上保险业务,以及与之有关的法规也会产生重要的影响和引起带有根本性的变革。

2. 汉堡规则的主要内容

汉堡规则全文共分7章34条条文。汉堡规则在制定中,除保留了维斯比规则对海牙规则修改的内容外,与海牙规则相比,作了许多带有根本性的修改,明显地扩大了承运人的责任。汉堡规则的主要内容包括:

(1)关于承运人的责任期间

汉堡规则第4条第1款规定:"承运人对货物的责任期间包括在装货港,在运输途中以及在卸货港,货物在承运人掌管的全部期间"。即从承运人接管货物时起到交付货物时止,与海牙规则和维斯比规则的规定相比,明显地向两端延伸了承运人的责任期间。

(2)关于承运人的责任基础

汉堡规则是以"完全过失责任制"为基础来规定承运人的责任的。改变了承运人的责任基础,也是汉堡规则根本修改海牙规则的核心问题。汉堡规则第5条第1款规定"除非承运人证明他本人,其雇佣人或代理人为避免该事故发生及其后果已采取了一切所能合理要求的措施,否则承运人应对因货物灭失或损坏或延迟交货所造成的损失负赔偿责任,如果引起该项灭失、损坏或延迟交付的事故,如同第4条所述,是在承运人掌管期间发生的"。这就是说,在汉堡规则下,货物的灭失、损坏或延迟交付所造成的损失,只要发生在承运人的责任期间,首先推定为承运人的过失而由承运人承担责任。如果承运人要免除责任,他应承担举证责任,证明他本人,其雇佣人或代理人都没有过失,而且为避免事故的发生及其后果也采取了一切所能要求的合理措施,否则,承运人就不能免责。完全过失责任制的推行,使汉堡规则完全删除了海牙规则所规定的17项免责事项,特别是删去了船长、船员、引航员或承运人的雇佣人在驾驶和管理船舶中的过失免责的条款。

(3)关于迟延交付货物的责任

迟延交付货物的责任在海牙规则和维斯比规则中都没有规定,这是汉堡规则(第5条第2款)中增加的规定,"如果货物未能在明确议定的时间内,或虽无此项议定,但未能在考虑到实际情况对一个勤勉的承运人所能合理要求的时间内,在海上运输合同所规定的卸货港交货,即为迟延交付"。对此,承运人应对因迟延交付货物所造成的损失承担赔偿责任。而且在第3款内还进一步规定,如果货物在(第2款)规定的交货时间届满后连续60天内仍未能交付,有权对货物的灭失提出索赔的人可以认为货物已经灭失。此外,汉堡规则还规定"承运人对迟延交付的赔偿责任,以相当于迟延交付货物应支付运费的2.5倍的数额为限,但不得超过海上货物运输合同规定的应付运费总额"。

(4)关于赔偿责任限额

关于赔偿责任限额,汉堡规则采用了与维斯比规则相同的计算赔偿责任限额的双重办法。在第6条第1款中规定,"承运人对货物灭失或损坏造成损失所负的赔偿责任,以灭失或损坏的货物每件或每其他货运单位相当于835记账单位或毛重每公斤2.5记账单位的数额为限,以两者中较高的数额为准"。这里所说的记账单位是指国际货币基金组织所规定的特别提款权(S.D.R)。该赔偿限额较之维斯比规则的规定提高了25%。

(5)关于提单的证据效力

汉堡规则关于提单的证据效力,在第16条中作出了与维斯比规则相同的规定。即承运人如签发了已装船提单,则为提单上所述货物已装船的初步证据,如果提单已转让给包括收货人在内的第三者时,则承运人提出的与提单记载内容相反的证据不予接受。这就是说,当提单转让给包括收货人在内的善意的第三者时,提单上的记载内容具有绝对证据的效力。

(6)关于保函的法律效力

海牙规则和维斯比规则都没有关于保函的规定。而汉堡规则第17条中对于保函的法律效力作出了明确的规定,托运人出具的保证向承运人赔偿的保函或协议,只对承运人有效,而对于收货人或受让提单的第三方均属无效。但是,如果承运人有意欺诈,则对托运人也无效,而且承运人不再享受责任限制的权利。

(7)关于诉讼时效

关于诉讼时效,汉堡规则规定的时间比海牙规则和维斯比规则规定的时间要长得多,在第20条规定:“有关货物运输的任何诉讼,如果在两年内没有提出司法或仲裁程序,即失去时效”。

上述几方面只不过是汉堡规则中的最主要内容。除此以外,汉堡规则还在承运人和实际承运人的责任、托运人对承运人或实际承运人或船舶所遭受损失承担责任的一般原则、托运人的保证责任、活动物和舱面货的运输、管辖权和仲裁条款等方面也都作出了与海牙规则不同的规定。

鉴于汉堡规则已经生效和我国已经加入了汉堡规则,我国在制定海商法时,充分考虑了当前国际航运的实践及其发展趋向,并结合我国的具体情况,在关于提单及有关国际货物运输的法律规定中,引入了包括汉堡规则在内的已经生效的国际公约中一些相关内容的规定。

第三节　提单的正面内容

通常,提单正面都记载了有关货物和货物运输的事项。这些事项有的是有关提单的国内立法或国际公约规定的,作为运输合同必须记载的事项,如果漏记或错误记载,就可能影响提单的证据效力;有的则是为了满足运输业务需要而由承运人自行决定,或经承运人与托运人协议,认为应该在提单正面记载的事项。前者称为必要记载事项,或法定记载事项,后者则称为一般记载事项。

一、必要记载事项及其证据效力

必要记载事项是按有关提单的国内立法或国际公约的规定,使提单具有证据效力,在提单正面必须记载的内容。

1. 必要记载事项的一般规定

各国有关提单的法规都对提单正面的必要记载事项作出规定。虽然各个国家的有关提单的法规对提单的法定记载事项的规定有简有繁,但是,从提单的证据效力和业务的需要考虑,各个国家有关提单的法规中对提单必须记载事项的规定又是基本相同的。如中国《海商法》第73条第1款规定:

“提单内容,包括下列各项:

①货物的品名、标志、包数或者件数、重量或者体积,以及运输危险货物时对危险性质的说明;

②承运人的名称和主营业所;

③船舶名称;

④托运人的名称;

⑤收货人的名称;

⑥装货港和在装货港接收货物的日期;

⑦卸货港;

⑧多式联运提单增列接收货物地点和交付货物地点;

⑨提单的签发日期、地点和份数;

⑩运费的支付;

⑪承运人或者其代表的签字。”

此外,本条第2款又规定:“提单缺少前款规定的一项或者几项的,不影响提单的性质;但是,提单应当符合本法第71条的规定”。由于本法第71条是关于提单的定义的条款,根据这一规定,如果把这11项逐项地和第71条所规定的提单的性质和作用相比,不难看出,除了在内陆签发多式联运提单的第3项船舶名称、签发海运提单的第8项接收货物地点和交付货物地点、及第10项运费的支付等三项可以缺少外,其他八项都是不可缺少的。

除上述各必要记载的事项外,如承运人与托运人协议,同意将货物装于舱面;或同意提高承运人的责任限额;或同意扩大承运人的责任;或同意放弃承运人的某些免责;或约定承运人在目的港交付货物的日期;或其他有关法律规定的事项等,都应在提单上载明。

关于提单上必要记载事项的证据效力,我国《海商法》第77条规定,承运人或其代理人签发的提单“是承运人已经按照提单所载状况收到货物或者已经装船的初步证据;承运人向善意受让提单的包括收货人在内的第三人提出与提单所载状况不同的证据,不予承认”。

2. 有关提单的国际公约对必要记载事项的规定

由于在法律上,提单具有货物收据和物权证明的功能,而这些功能是通过提单正面所记载的与货物有关的事项及其证据效力来体现的。在提单正面内容的必要记载事项中,有关货物的记载事项是否完备、正确,可以说是决定提单法律效力的最主要的内容。为此,有关提单的国际公约中对提单的法定记载事项及对这些记载事项的证据效力作了规定。

根据海牙规则第3条第3款的规定:

“在收到货物之后,承运人或船长或承运人的代理人,应依照托运人的请求发给托运人提单,其上载有:

①与开始装货前由托运人书面提供者相同的,为辨认货物所需的主要标志;

②由托运人书面提供的包数或件数,或者数量,或者重量;

③货物的表面状况。”

另外,海牙规则第3条第4款还规定:“这种提单应当作为承运人依照第3款①、②、③项所述收到该提单中所载货物的表面证据”。

海牙规则关于提单上有关货物的三项记载内容是承运人按照提单记载收到货物的表面证据的规定,除了表明记载错误或与货物实际情况不符时,承运人要免责必须承担举证责任外,对承运人的约束,其实是极为有限的。因此,对海牙规则作出修改的维斯比规则,虽然对海牙规则规定的必要记载事项未加以修改,但对这些记载内容的证据效力,却作了修订,规定:“……但是,当提单已经转让给善意的第三方时,与此相反的证据不予采用”。这段对海牙规则规定的证据效力所作出的补充文字,在法律上为承运人规定了一项义务,即对于善意的第三方,承运人应对提单上所记载的有关货物的事项负责,不能以事实上货物未装船来抗辩 。这样,提单上有关货物的记载就成为按照提单记载内容收到货物的最终证据了。不过,使提单具有最终证据效力的前提条件是,这个第三方的行为必须是诚实的(third party acting is good faith),在他接受提单时,是完全信任提单上有关货物的记载事项的。

汉堡规则对提单必须记载的内容作出了更为详细的规定,在第15条第1款中共列出了15项必须记载的事项。中国海商法第73条第1款及第2款中所列事项基本上已包括这些内容,这里不再逐一列出。汉堡规则第15条第3款还规定,“提单漏列本条所规定的一项或多项,不影响该单证作为提单的法律性质,但该单证必须符合第1条第7款规定的要求”。而第1条第7款则是关于“海上货物运输契约”定义的规定,按照这一条款的规定,只有“港到港”的运输和包括了海上运输的多式联运才能签发提单，因此仅就“港到港”运输的海运提单而言，如果将汉堡规则规定的15项必须记载的事项与我国《海商法》规定的11项内容一一对比，不难发现两者规定的必要记载事项的内容大体是相似的。

关于提单必要记载事项的证据效力，汉堡规则在第16条中作出了与维斯比规则相同的规定。即承运人签发的已装船提单，是提单上所述货物已装船的初步证据，当提单转让给包括收货人在内的善意的第三方时，提单上的记载内容具有最终证据的效力。

二、一般记载事项

一般记载事项也叫做任意记载事项。

提单的正面内容除必要记载事项外，还有一些以印刷、打印、手写或印章形式记载的事项，其内容一般不影响提单的法律效力，只不过是因承运人在业务上的需要，或为了进一步明确区分承运人与托运人之间的责任，或为了减轻或免除承运人的责任而加注的内容而已。其中，属于承运人因业务需要而记载于提单正面的事项，如航次顺号，船长姓名，运费支付的时间、地点、汇率，提单编号及通知人(notify party)等；属于区分承运人与托运人之间的责任而记载的事项，如关于数量争议的批注；属于为减轻或免除承运人的责任而加注的内容，如为了扩大或强调提单上已印妥的免责条款，对于一些易于受损的特种货物，承运人在提单上加盖的以对此种损害免除责任为内容的印章等。

此外，有些提单还以印刷条款的形式，将具有声明性质的，以承运人对提单正面记载的某些事项予以确认或免责和承、托运双方相互作出的承诺为内容的条款，列记于提单的正面。在提单正面记载的这种带有声明性质的、通常被称为确认条款和承诺条款的带有声明性质的常见条款就有如下三项，即：

“上列外表状况良好的货物(除另有说明者外)已装在上列船上并应在上列卸货港或该船能安全到达并永远保持浮泊的附近地点卸货”。

“重量、尺码、标志、号数、品质、内容和价值是托运人所提供的，承运人在装船时并未核对”。

“托运人、收货人和本提单的持有人兹明白表示接受并同意本提单和它背面所载的一切印刷 、书写或打印的规定、免责事项和条件”。

第四节　提单的背面条款

提单的背面印有各种条款。这些条款一般分为两类：一类属于强制性条款，其内容不能违反有关国家的海商法规、国际公约或港口惯例的规定，违反或不符合这些规定的条款是无效的。我国《海商法》第四章“海上货物运输合同”的第44条就规定：“海上货物运输合同和作为合同凭证的提单或者其他运输单证中的条款，违反本章规定的，无效”。海牙规则第3条第8款也作了关于“运输契约中的任何条款、约定或协议，凡是解除承运人或船舶由于疏忽、过失或未履行本条规定的责任与义务，因而引起货物的或与货物有关的灭失或损害，或以本规则规定以外的方式减轻这种责任的，都应作废并无效”的规定。这就是使有关提单的国际公约和国内立法强制适用于提单的强制性条款。各个国家根据海牙规则制定本国的海商法或海上货物运输法时，也都遵循这一强制性的原则。不过，不论是海牙规则或各国有关提单的法规，都未对承运人扩大责任或放弃某些免责的条款加以限制。

除强制性条款外，列记于提单背面的另一类条款，即上述法规、公约和惯例没有明确规定，允许承运人自行拟定的条款，都属于任意性条款。如根据海牙规则第6条关于"虽有前述各条规定，承运人、船长或承运人的代理人与托运人之间，仍可就承运人对任何特定货物所负责任和义务，及所享权利与豁免，或其对船舶适航的责任等，在不违反公共政策的前提下，自由订立任何协议。同样，就承运人的雇佣人员或代理人对海运货物的装载、操作、积载、运输、保管、照料和卸载的注意和谨慎问题，亦可自由订立任何协议"，的规定，和第7条关于"本规则中的任何规定，都不妨碍承运人或托运人就承运人或船舶对装载海运货物的船舶所载货物在装载前和卸载后所受灭失或损害，或在货物的保管、照料和收受方面的灭失或损害所应承担责任与义务，订立任何协议、规定、条件、保留或免责条款"的规定而订立的协议条款，就属于任意性条款。除此以外，承运人以另条印刷、刻制印章或打字、手写的形式在提单背面的印刷条款之外，加列的适用于某些特定港口或特种货物运输的条款，或托运人要求加列的条款等所有用以表明承运人与托运人、收货人、受货人、或提单持有人之间对承运货物的权利、义务、赔偿责任与免责，据以处理他们之间争议的条款，也都属于任意性条款。

现结合我国《海商法》及有关提单的国际公约中关于提单条款的规定，就提单背面的主要条款分述如下。

一、首要条款和提单的适用法

首要条款(paramount clause)是承运人按照自己的意志，印刷于提单条款的上方(通常列为提单条款第一条)，用以明确本提单适用法规的条款。

海牙规则第10条规定，"本公约各项规定，适用在任何缔约国所签发的一切提单"。显然，这种适用范围是很狭窄的。一般地说，提单都是在装货港签发的。可以设想，如果去程的装货港在一个缔约国，那么船公司所签发的提单当然可以适用海牙规则，可是，如果返程的装货港在一个非缔约国，那么，同样是这个船公司签发的提单就不能适用海牙规则。这样，就给承运人带来很多不便。为此，许多船公司都在提单条款中列有类似"本提单应依据1924年8月25日在布鲁塞尔签订的关于统一提单若干法律规定的国际公约，即海牙规则的规定而生效。该法应被认为已载入提单，而提单中所载任何内容，都不应被理解为承运人对该公约所规定的权利或豁免的放弃，或任何责任与义务的增加"词句的条款，使本公司所签发的提单都适用于海牙规则。

针对海牙规则适用范围过窄的问题，为了扩大有关提单的国际公约的适用范围，维斯比规则规定，"本规则适用于在一个缔约国签发的提单；或者在一个缔约国内某个港口起运的提单；或者载有首要条款，规定本提单受本公约或受使本公约生效的任何一个国家的立法所约束的提单"。

从维斯比规则关于适用范围的规定看，它对海牙规则的修改，其实是很有限的。这是因为维斯比规则关于其适用于在一个缔约国签发的提单的规定，本来就是海牙规则的规定；关于适用于起运港在一个缔约国的提单的规定，因为提单大多数都是在起运港签发的，所以和适用于在一个缔约国签发的提单的规定，也没有什么实质性的区别。如果说维斯比规则规定的适用范围比海牙规则的规定有所扩大的话，充其量也只不过是使早已为习惯所接受的以首要条款来扩大公约的适用范围的做法得到公约的承认而已。

关于适用范围，汉堡规则在第2条第1款中作了如下的规定：

"本公约的各项规定适用于两个不同国家间的所有海上运输合同，如果：

(a)海上运输合同所规定的装货港位于一个缔约国内,或

(b)海上运输合同所规定的卸货港位于一个缔约国内,或

(c)海上运输合同所规定的备选卸货港之一为实际卸货港,而且该港位于一个缔约国内,或

(d)提单或证明海上运输合同的其他单证是在一个缔约国内签发的,或

(e)提单或证明海上运输合同的其他单证规定,本公约各项规定或实行本公约的任何国家的立法,应约束该合同"。

从上述汉堡规则规定的适用范围看,它较之维斯比规则增加了(b)和(c)两项。由于在海上运输中,损害赔偿的请求,通常是由收货人在卸货港提出的,汉堡规则第21条规定了卸货港的法院有裁判管辖权,这样当卸货港不在缔约国内时,作为卸货港的法院,既便于适用公约,又保护了收货人利益,出于这样的考虑,汉堡规则增加了(b)和(c)两项标准,也就在这一点上扩大了适用范围。

我国承运人制订的提单中,首要条款都规定,提单适用我国《海商法》,有关提单的争议受我国法院管辖。

二、定义条款

定义条款是提单中或有关提单的法规中,对与提单有关用语的含义和范围作出释义的条款。

各船公司的提单中,一般都订有定义条款,对作为运输合同当事人一方的"货方"(merchant)的含义和范围作出规定,将"货方"定义为"包括托运人、受货人、发货人、收货人、提单持有人和货物所有人"。

虽然海牙规则的定义条款只对"承运人"、"运输合同"、"货物"、"船舶"和"货物运输"等与提单有关用语的含义和范围作了规定,并未涉及"货方"这一提单用语。但是,对于作为件杂货运输合同证明的提单来说,合同当事人的范围问题,应该说也是一个重要的问题。海牙规则只对合同当事人一方的承运人的含义和范围作了规定,却未涉及另一方当事人,不能不说是个欠缺。按照通常的理解,提单的当事人应该是承运人和托运人是毫无异议的。但是,从国际贸易的实际考虑,不论是以FOB还是以CIF或CFR价格成交的贸易合同,按照惯例,当货物在装货港装船越过船舷时,其风险和责任就转移到作为买方的收货人或第三方了。如果发生货物灭失或损坏,对承运人提出赔偿要求的就不再是托运人,而是收货人或第三方了。在这种情况下,如果按照通常的理解,只将托运人看作合同当事人的一方,就会出现收货人或第三方不是合同当事人,无权向承运人索赔的情况。为了解决这一矛盾,英国1855年提单法第1条规定,当提单经过背书转让给被背书人或收货人后,被背书人或收货人就应取代作为背书人的托运人的法律地位,而成为合同当事人的一方。据此,各船公司都在提单中将海牙规则定义条款中所没有规定的"货方"列为定义条款,以补充海牙规则关于合同当事人方面规定的不足。

三、承运人责任条款

由于提单的首要条款都规定了提单所适用的法规,而不论有关提单的国际公约或各国的海商法或海上货物运输法都规定了承运人的责任,因而凡是列有首要条款或类似首要条款的提单都不再以明示条款将承运人的责任列记于提单条款中。如果首要条款规定海牙规则适用于本提单,那么,海牙规则所规定的承运人责任,也就是签发本提单的承运人对货物运输应承

担的责任和义务。同样,首要条款规定我国《海商法》适用于提单,那么《海商法》规定的承运人责任,就是签发该提单的承运人对货物运输应承担的责任和义务。

1. 承运人的基本责任

关于承运人的基本责任,我国《海商法》第47条规定:"承运人在船舶开航前和开航当时,应当谨慎处理使船舶处于适航状态,妥善配备船员、装备船舶和配备供应品,并使货舱、冷藏舱、冷气舱和其他载货处所适于并能安全收受、载运和保管货物"。

第48条还规定,"承运人应当妥善地(properly)、谨慎地(carefully)、装载(load)、搬移(handle)、积载(stow)、运输(carry)、保管(keep)、照料(care for)和卸载(discharge)所运货物"。

上述关于承运人责任的条款规定与海牙规则第3条第1款和第2款关于承运人责任的规定完全相同。

从上述关于承运人基本责任内容的规定中,可归纳为承运人的基本责任是保证船舶适航的责任和管理货物的责任两方面。现就这两方的内容分述如下。

1)承运人有条件地保证船舶适航的义务

从表面上看,上述关于承运人保证船舶适航的义务(包括海牙规则的规定)是源出于哈特法的规定。但实质上与哈特法的规定有原则的区别。哈特法规定承运人保证船舶适航的义务是绝对的,而这里所规定的承运人保证船舶适航的要求是有条件的,而不是绝对的,具体表现在有关承运人保证船舶适航义务的叙述中有关于"谨慎处理"和"开航以前和开航当时"的规定。

(1)"谨慎处理"(due diligence)

"谨慎处理"是指在预定航次中,承运人考虑了已知的,或能合理预见的,包括货物性质在内的情况后所能采取的合理措施。在保证船舶适航义务中,这种"谨慎处理"之责的承担者,不仅包括承运人本人,而且也包括船长、船员以及承运人的代理人和雇佣人。

"谨慎处理"使船舶适航的规定,减轻了承运人保证船舶适航的义务。再结合我国《海商法》第51条第11款的规定(与海牙规则17项免责事项中的第16项同)"经谨慎处理仍未能发现的船舶潜在缺陷"所造成的货损,承运人也不承担责任,就更说明了承运人保证船舶适航的义务并不是绝对的。

(2)"开航以前和开航当时"(before and at beginning of the voyage)

这是谨慎处理使船舶适航的时间范围的规定。由于保证船舶适航不仅与航海安全有关,而且与装货时货物的安全有关。所以,所谓"开航以前和开航当时"应该理解为"至少"从装货开始至船舶启航时止的时间。

所谓开航以前的适航,是指使船舶具有能克服停泊中通常发生的海上危险的能力;而所谓开航当时的适航,则是指使船舶在装货港开航的当时,具有能够克服航次中通常所能预见的海上危险的条件。

因为货物开始装船,就有可能遭遇海上危险。所以,从开始装货就应使船舶适航,即应使船舶具备装载货物所必须的各种设备和人员,以及装货过程中安全地积载货物。这是使船舶适于并能安全收受、载运和保管货物的必要条件。又因海上危险多种多样,瞬息万变,有许多危险是难以预料的,因此,只要求在开航当时使船舶适航,使之具有能克服航次中通常所能预见的海上危险的条件也是合理的。基于以上见解,对于开航当时船舶的状态不能要求太高,只要在遭遇危险时,具有立即采取通常措施即可克服危险的能力,即可认为具有适航能力。

"在开航以前和开航当时使船舶适航",还意味着不能把开航以后的船舶不适航包括在适航责任之中，即航行中产生的船舶不适航不能算做承运人的责任。不过，这也绝不意味着承运人有在船舶不适航的状态下听之任之，继续航行的权利。只要有恢复船舶适航能力的机会，承运人就应尽力使船舶恢复适航能力，如果因承运人不能免责的原因而未予恢复，并继续航行，从承运人违反了管理货物责任中应承担的"适当和谨慎地运送"货物的义务这一点看，对因此所造成的货物损失还是要承担赔偿责任的。

此外，对于在每一个港口装船的货物来说，所谓"开航当时使船舶适航"还意味着只要在该批货物的装货港开航当时船舶适航，对该批货物而言，承运人即已尽到"开航当时使船舶适航"的义务。在此以后，在各挂靠港的"开航当时"船舶是否适航，则与该批货物无关。

关于保证船舶适航的时间范围的规定，进一步减轻了承运人"谨慎处理"、"使船舶适航"的义务。船舶开航后，只要承运人能举证证明他和他的船长、船员、代理人及雇佣人员在开航以前和开航当时已做到谨慎处理，就可对因船舶不适航而引起的任何货物的灭失和损坏不承担责任。

(3)船舶适航的内容

判定船舶是否适航的标准并不是绝对的、划一的，而是随着货物种类、船舶特点、航线情况的不同而有所不同。比如，装运粮食和装运煤炭对船舶适航的要求就不相同；船舶航行于北大西洋和航行于我国沿海对船体的强度和结构的要求也有很大差别。因此，只要能合理地满足预定航次的要求，即可认为已达到船舶适航的标准。尽管如此，作为判定船舶适航的标准，承运人至少要在狭义的适航能力，航海能力和适货能力等三个方面使船舶满足预定航次的要求。

①狭义的适航能力。承运人使船舶适航的内容之一是使船舶具有"狭义的适航能力"。所谓"狭义的适航能力"，除了是指承运人应使船舶本身的强度、结构能抗御特定航线和特定季节中将会遇到的各种可能情况的一般风险外，还指承运人应该适当和谨慎地积载货物，由于积载不当而危及船舶安全时，应该认为未使船舶具有狭义的适航能力，进而被视为未使船舶适航。

②航海能力。承运人应使船舶具备为完成预定航程所应具备的一切设备和条件。即承运人应该适当地配备船员，适当地装备船舶和适当地供应船舶。这里所说的"适当"，意味着应根据具体情况作出具体的分析。

承运人应适当地配备船员。这是指为了船舶的安全，承运人应为船舶配备符合1978年国际海事组织(IMO)通过的，我国已批准加入的《海员培训、发证和值班标准的国际公约》所规定的技术水平的船长和一定数量的船员。不过，承运人这种配备船员的责任也并不是绝对的。比如随着科学技术的发展，出现了自动化和半自动化的船舶，对配备船员的数量，和对船员的业务与技能就有了新的要求；又如，某些船舶在操纵和装载方面有特殊的要求，并附有相应的说明资料，这时，船公司就应及时将这些资料转交给船长，使船长掌握，否则船长虽持有相应的职务证书，也有可能被认为不适任。尽管如此，不论在任何情况下，船长和船员都须持有相应的职务证书，并且只能担任职务证书指定的职务，或担任低于职务证书指定的职务。

承运人应当适当地装备船舶。这是指为确保航行安全，承运人必须按照《国际海上人命安全公约》和本国政府有关规定的要求，为船舶装备规定的各种通信信号装置、救生设备及信号装置、引航员登船的绳梯和升降器、各种航海仪器设备，以及计划航海所必须的、足够的和最新的海图、航海指南、灯塔表、潮汐表、航行通告、及其他航海图书资料。远洋航行船舶还必须装备雷达、无线电测向仪、磁罗经或陀螺罗经、回声测深仪，以及能在无线电话频率(VHF)上进行搜索的无线电设备等。

此外，保证锚、舵、车叶的可靠性，也属于适当地装备船舶的范围。

当然，这里所说的装备船舶，不仅指船舶装备有上述设备，而且也包括承运人应采取一切合理措施，使各种设备能经常处于有效的工作状态。

承运人应适当地供应船舶。这是指承运人应充分地提供燃料、物料、润料、淡水和食品。其中，燃料的供应尤为重要。不过，考虑燃料的供应数量时，并不一定从全程需要量考虑，可以以途中加油港为分界点，将全程分为几个区段，按区段考虑燃油的需要量。所供应燃料的数量只要能满足到达加油港的正常消耗，再加上一个安全系数即可。只是这个加油港必须在航次开始前确定，不能在航程中任意选定。

③适货能力。承运人应在开航以前和开航当时谨慎处理，使货舱、冷藏舱、冷气舱和该船其他载货处所适于并能安全收受、载运和保管货物，就是《海商法》中对承运人保证使船舶适货(cargo worthiness)能力所提出的具体要求。如果船舶缺乏这种能力，就是不适航。

按照这个要求，承运人和船舶应根据不同货物的特性和它们对运输管理的要求对货舱及载货处所闻进行处理。比如，装运粮食应使货舱保持清洁、干燥、无异味、无虫鼠害；装运杂货应事先做好衬垫；装运重大件货时，货舱内应有固定货物的装置；装运冷藏(冷冻)货时，冷藏舱应保持清洁、无异味并使舱内温度符合所装冷藏货物的要求等等。

以上都是使船舶适航的具体内容。如果承运人或船舶在开航之前和开航当时没有做到谨慎处理，在上述内容中的某一方面未能使船舶适航，并由此而引起货物的灭失或损坏，承运人就应承担赔偿责任。相反，如果货损的发生与该不适航并没有因果关系，承运人就可以援引免责条款来保护自己。但是，他必须承担举证证明他和他的船员、代理人、雇佣人员都已尽到谨慎处理的责任。

2)承运人应妥善和谨慎地管理货物的义务

我国《海商法》第48条规定：“承运人应当妥善地、谨慎地装载、搬移、积载、运输、保管、照料和卸载所运货物”。这就是说，货物在装货港从装船时开始直至在卸货港卸货时止的各个作业环节，承运人都应承担妥善地和谨慎地管理货物的义务。

(1)“妥善”与“谨慎”的含义

“妥善”和“谨慎”是两个不同的概念。

“妥善”是指从装货到卸货的各个作业环节中，承运人应对每一个环节建立一套良好的工作系统。比如，欧洲一些班轮公司经常承运从北欧至远东地区的纸筒，装船时，当地气温可能较低，而航行途中要经过气温较高的地带，如果运输途中通风不良，常会因货舱内温度急剧变化而使纸筒表面产生大量汗湿，直接影响货物质量。在这种情况下，承运人要做到“妥善”地保管和照料货物，就必须建立一整套调节货舱内温、湿度的通风和更换压舱水的作业程序，按照制定的图表，定时定点地进行通风和调换压舱水，以调节舱内的温、湿度，使舱内的温、湿度逐渐变化，保证货物质量。

而所谓“谨慎”是指承运人应该采用通常合理的方法来处理货物。比如在货物的搬运、装卸过程中使用手钩，就不是通常合理的方法，如果使用了手钩，就不能算尽到“谨慎”的责任；再如，对已经发生的货损，即使承运人可以援引免责条款而不承担责任，但是，他如果没有采取可能的合理措施来防止损失扩大，也可以看作是没有尽到“谨慎”的责任，而须对扩大损失的部分承担赔偿责任。

(2)管货责任的内容

我国《海商法》第48条明确地规定了承运人管货责任的内容，即从装货到卸货，包括装载、操作、积载、运输、保管、照料和卸载客等七个作业环节中，都必须做到“妥善”和“谨慎”。否则，对任何一个环节中发生的货损都须负责。具体地说,在这七个环节中,承运人应分别就下述各项内容尽到"妥善"和"谨慎"之责。

①装载和卸载所运货物。承运人在履行这两项义务时应做到:根据货物的性质安排好装卸作业;保证装卸设备,如吊杆、起货机械、索具的安全使用;杜绝超负荷作业。

②搬移和积载所运货物。承运人在履行这两项义务时,一定要根据货物的性质做到:适应预定航次中预见的风浪,相应地加强对货物的绑扎强度;考虑货物的互抵性,防止货物间质量的相互影响;堆装时重不压轻,隔票清楚,堆码整齐。

③运输所运货物。承运人在履行这项义务时,应尽快地按预先公布的挂靠港顺序,直接地将货物运到目的港交付货物,不得无故绕航。

④保管和照料货物。保管的作用主要在于防止货物失窃、遗失;照料的作用则主要在于防止货物变质、受损。因此,承运人在履行这两项义务时,除了要采取措施加强管理,防止失窃和错装、漏装、错卸、漏卸外,要对特种货物采取特殊的防护措施,对普通货物也要适时观察,注意通风。

承运人对于管理货物没有尽到妥善和谨慎之责,不但会引起货物灭失或损坏,也会使船舶不适航而导致货物损失。比如超载或积载不当,都会使船舶不适航,严重的甚至会导致船舶倾覆。

2. 关于承运人迟延交付货物的责任

在国际海上货物运输中,首先在法规中作出规定承运人应当承担迟延交付货物责任的法规是汉堡规则。制定我国《海商法》时,考虑到我国国际海运的实际情况,也引入了汉堡规则中,关于货物未能在明确约定的时间内,在约定的卸货港交付货物,承运人应当承担迟延交付货物责任的所谓"约定迟延交付责任"部分。

关于承运人迟延交付货物的责任,我国《海商法》第50条是这样规定的:"货物未能在明确约定的时间内,在约定的卸货港交付的,为迟延交付。除依照本章规定承运人不负赔偿责任的情形外,由于承运人的过失,致使货物因迟延交付而灭失或者损坏的,承运人应当负赔偿责任。除依照本章规定承运人不负赔偿责任的情形外,由于承运人的过失,致使货物因迟延交付而遭受经济损失的,即使货物没有灭失或者损坏,承运人仍然应当负赔偿责任。承运人未能在本条第1款规定的时间届满60日内交付货物,有权对货物灭失提出赔偿请求的人可以认为货物已经灭失"。

本条第1款的规定是关于迟延交付的定义。迟延交付只有在运输合同中明确约定的交付货物时间内,货物未能在约定的卸货港交付的才能成立。对于此类迟延交付,给包括收货人在内的提单持有人造成损失,承运人应当负责赔偿。但是,如果运输合同中没有约定交付货物时间的,即使在运输合同范围内,承运人有违约行为而造成货物迟延到达,仍不能按迟延交付责任处理。

本条第2款和第3款则规定,承运人没有履行适航义务、管理货物和不得绕航义务或者由于承运人不能免责的事项致使货物不能在约定时间内交付,对此种迟延交付给收货人带来的损害,承运人应负责赔偿。但是,如果已经履行了上述义务,迟延交付的原因完全是由于我国《海商法》中所列明的某一项免责事项所造成的,承运人可以不予负责。

本条第3款提及的迟延交付可能造成的"经济损失",是指包括货物市场价格下跌损失、利息损失、工厂因停工待料遭受的损失以及其他损失等。对于前两项的损失一般都予以肯定,其他的经济损失一般不予认定。但国际上有人认为这类损失只要承运人能预计到的,均应负责这一点被称为“预期损失负责论”。

本条第 4 款则是规定，如果迟延交付时间届满 60 日，有权提取赔偿要求的人可以认为货物已经灭失而要求承运人赔偿。

四、承运人责任期间条款

各船公司的提单条款中都列有承运人对货物运输承担责任的开始和终止时间的条款，这就是责任期间条款(period of responsibility clause)。按照海牙规则第 1 条定义条款中对“货物运输”(carriage of goods)的定义规定为“包括自货物装上船舶开始至卸离船舶为止的一段时间”。由于承运人须对货物运输承担责任，所以提单中关于承运人的责任期间都作出了与海牙规则对“货物运输”定义内容相似的规定。不过，由于这种责任期间的规定与普通班轮运输现行的“仓库收货、集中装船”和“集中卸货、仓库交付”的货物交接方法不相适应，一些船公司为了争揽货载，也常将责任期间向两端延伸，并将延伸了的责任期间列记于提单条款之中。因此，针对这种情况以及集装箱运输出现后的实际情况，汉堡规则将承运人的责任期间扩展至“包括在装货港、在运输途中以及在卸货港、货物在承运人掌管下的全部期间”。这与海牙规则相比，无疑是延长了承运人的责任期间，加重了承运人的责任。

关于承运人的责任期间，我国《海商法》第 46 条中是将其分成集装箱运输和传统海上运输两种情况作出不同的规定的。

第一种情况是：“承运人对集装箱装运的货物的责任期间，是指从装货港接收货物时起至卸货港交付货物时止，货物处于承运人掌管之下的全部期间”。

第二种情况是：“承运人对非集装箱装运的货物的责任期间，是指从货物装上船时起至卸下船时止，货物处于承运人掌管之下的全部期间”。这一规定与海牙规则的规定是相同的，即承运人的责任期间是指在装货港货物起吊时开始至在卸货港货物脱离吊钩时为止。这就是有名的“钩至钩”原则。对于这种情况，按照本条第 2 款的规定，承运人在装船前与卸船后所承担的责任，可与托运人达成任何协议。但通常承运人都在提单条款上订明，对装船前卸船后的货物灭失损坏是不负赔偿责任的。

五、承运人免责条款

由于提单的首要条款中都已明确表明本提单所适用的法规，而有关提单的国内立法或国际公约又都有承运人免责事项的规定，所以，不论提单条款中是否列有免责事项条款的规定，承运人都能按照提单适用法规所规定的免责事项享受免责权利。

应该指出的是，承运人能够享受提单适用法规所规定的免责事项的权利，他首先要履行适用法规所规定必须履行的基本义务，即承运人应做到谨慎处理使船舶适航、管理货物和尽速地按照约定的或习惯的或地理上的航线将货物运往卸货港，并不得无故绕航的义务。而且还应负举证责任(火灾发生原因的举证责任除外)，证明他及船长、船员，他的代理人及雇佣人都做到谨慎处理，没有过失责任。

在以海牙规则或维斯规则为提单适用法的条件下，承运人可以按照海牙规则第 4 条第 2 款规定的 17 项免责事项享受免责权利。

我国《海商法》第 51 条参照海牙规则的 17 项免责事项经过合并、归纳后共规定了 12 项免责事项。对各项免责事项的理解与海牙规则的传统解释没有根本区别。

我国《海商法》所列出的 12 项免责事项大体可归纳为四类，即因除外危险而免责；因除外责任而免责;因托运人责任而免责和因货物本身性质而免责。

1. 因除外危险而免责

除外危险是指法律规定的对于所造成的货物灭失和损坏,承运人可以免责的危险。这种危险包括不能为人们所预测的,在合理谨慎情况下也不能为人们所预防的,可直接造成货物灭失或损坏的自然现象和人为原因造成的危险。我国《海商法》规定的12项免责事项中,属于这类危险的免责事项包括:

(1)"火灾,但是由于承运人本人的过失所造成的除外"(fire, unless causeed by the actual fault of the carrier)承运人在开航以前和开航当时做到了谨慎处理使船舶适航的前提下,只要不是承运人本人的过失或指使,或知情而不制止,承运人对于因原因不明或船员疏忽而引起的火灾所造成的货物灭失或损坏免责,而且可以对火灾发生的原因不负举证责任。如果要求承运人承担火灾损害责任,则应由索赔人负责举证证明引起火灾的原因是承运人的过失所致。这是参照汉堡规则制定的与"谁主张免责谁应举证"的原则相符的。

(2)"天灾,海上或者其他可航水域的危险或者意外事故"(Force majeure and perils, dangers and accidents of the sea or other navigable waters)

天灾,是指承运人和他的雇佣人无法预见和防止的自然现象,如地震、海啸、雷击等。对于因天灾造成的货物灭失或损坏,承运人可以免责。通常,承运人也应做无过失的举证。

海上或者其他可航水域的危险或者意外事故,一般指航海中与海有关的危险。它主要表现为意外的恶劣天气,海上风浪和航路上的危险。如海上暴风、狂浪、雾、冰山、水中漂浮物和海图上未标明的暗礁等。意外事故则通常是指被称为海难的船舶碰撞、搁浅、倾覆、沉没等。

在实践中,并不是所有海上或者其他可航水域的危险或者意外事故所造成的货物损失承运人都可免责。承运人要享受这项免责,还需负有举证责任,证明他和他的雇佣人没有过失,他们已履行了谨慎处理使船舶适航和管理货物的义务,货损完全是由于海上或者其他可航水域的危险或者意外事故所造成的。

(3)"战争或者武装冲突"(War or armed conflict)

通常把国际间公开宣战,明确表明战争的企图和采取恶意行动,企图发动战争看作是战争。但是,作为免责事项的战争,其含义却要更广泛一些,即只要是战争,不论交战国的一方是否船旗国,都被认为是战争行为。虽然并未公开宣战,如果两国之间或同一国内不同派别之间采用武力方式解决双方的矛盾争端,常称为武装冲突。不论战争或者武装冲突所造成的货物灭失或损坏,承运人均可免责。

另外,如果船舶在海上航行中,遭遇海盗的袭击或以暴力手段劫持船舶(即所谓公敌行为)致使货物受到损害,承运人也可以免责。

(4)"政府或者主管部门的行为、检疫限制或者司法扣押"(Act of the government or competent authorities, quarantine restrictions or seizure under legal process)

政府或者主管部门的行为,是指在船旗国与船舶挂靠港所在国之间的关系突然恶化,挂靠港所在国的政府或主管机关下令将对方船舶扣押,或不准船舶进出港口时,承运人对于因这种扣押所造成的货物灭失或损坏可以免责。不过这种"司法扣押"并不包括因承运人的商务纠纷而发生的当地法院依法对船舶的扣押,如果遇有此种情况,承运人应采取各种措施使船舶获释。

检疫,一般是指目的港对来自流行传染病的港口的船舶进行阻留,禁止旅客或船员登岸。对于因这种限制而造成的货物灭失或损坏,承运人可以免责。

(5)“罢工、停工或者劳动受到限制”(Strikes, stoppages or restraint of labour)

罢工、停工或者劳动受到限制都是无法预见和防止的,由此所造成的货物灭失或损坏都可归咎于人为的不可抗力造成的损害,对此,承运人享有免责的权利。

不过,对在罢工等延续的时间内,承运人仍负有妥善地和谨慎地保管和照料货物的义务。必要时,还可采取将船舶驶往“附近地点”(as near as)卸下货物的合理行动。

2. 因除外责任而免责

因海牙规则、维斯比规则实行的都是不严格的过失责任,即考虑到海上运输及其危险的特点,规定了承运人对某些因承运人或他的雇佣人的过失所造成的货物灭失或损坏也可免责。这种免责事项,就是通常所说的除外责任。我国《海商法》规定的 12 项免责事项中,属于这种除外责任的免责事项有:

(1)“船长、船员、引航员或者承运人的其他受雇人在驾驶船舶或者管理船舶中的过失”(Fault of the Master, crew members, pilot of servant of the carrier in the navigation of management of the ship)

这项免责就是通常所说的疏忽条款(negligence clause)。船舶在航行中发生了诸如碰撞、触礁、搁浅等事故时,即使这些事故是因船长、船员、引航员或承运人的受雇人员在驾驶船舶和管理船舶中的行为、疏忽或过失所造成的,承运人对因此而发生的货物灭失和损坏,也不承担赔偿责任。不过,承运人要求享受这项免责权利时,必须举证证明在配备船员方面,他已尽到谨慎处理之责。至于在开航前因管理船舶不善,致使船舶不适航所造成的货物灭失和损坏,承运人不能援引本项免责条款而免除责任。

(2)“在海上救助或者企图救助人命或者财产”(Saving or attempting to save life or property at sea)

这是使承运人对于因绕航而造成的货物灭失或损坏免责的条件之一。

所谓绕航是指没有按照运输合同中约定的航线,或习惯航线,或地理航线航行,使原定航次的性质发生变化。我国《海商法》第 49 条第 1 款规定“承运人应当按照约定的或者习惯的或者地理上的航线将货物运往卸货港”。也就是说承运人在承担货物运输责任时不能绕航。如果承运人实施了这一行为,即没有绕航,就说明承运人已按第 48 条规定尽到了妥善地、谨慎地“运输”货物的责任。

虽然承运人对船舶“不能绕航”承担义务,但这并不是绝对的。我国《海商法》第 49 条第 2 款又规定“船舶在海上为救助或者企图救助人命或者财产而发生的绕航或者其他合理绕航,不属于违反前款规定的行为”。之所以要把“在海上救助或者企图救助人命或者财产”列为承运人的免责事项,主要是因为“在海上救助或企图救助人命或者财产”完全是一种道义责任,承运人对因此而造成的货物灭失或损坏免责,是理所当然的。

(3)“经谨慎处理仍未发现的船舶潜在缺陷”(Latent defect of the ship not discoverable by due diligence)

“潜在缺陷”一般是指一个谨慎称职的人员,通过通常合理的方法检验仍不能发现的缺陷。

承运人要享受这项免责必须具备两个条件:其一是,承运人必须尽到谨慎处理的义务,而所谓承运人,应包括承运人的受雇人,如船长、船员、修理人员或检验人员等;其二是,缺陷的潜在性,如果缺陷是明显的,只是因为承运人和他的受雇人没有尽到谨慎处理的义务,或因这些人员的过失而未能发现这一缺陷,则这种缺陷就失去了潜在性了。对于这种缺陷所造成的货损,承运人就不再享受免责权利。

3. 因托运人过失而免责

属于这种免责事项的有：

1)"托运人、货物所有人或者他们的代理人的行为"(Act of the shipper, owner of the goods or their agent)

我国《海商法》第66条规定，"托运人托运货物，应当妥善包装，并向承运人保证，货物装船时所提供的货物的品名、标志、包数或件数、重量或者体积的正确性"；第67条又规定，"托运人应当及时向港口、海关、检疫、检验和其他主管机关办理货物运输所需要的各项手续，并将已办理各项手续的单证送交承运人"。这些都是托运人应履行的职责，如果托运人或他的代理人没有提供正确的货运资料和及时办妥应办的各项手续而造成的损失当然应由托运人负责。不仅如此，如果还使承运人利益受到损害的，托运人还应负赔偿责任。

2)"货物包装不良或者标志欠缺、不清"(Inadequacy of packing or insufficiency or illegibility of marks)

在一般情况下，货物包装不良，标志欠缺、不清都可归属于"托运人过失"。承运人对于因货物包装不良而造成的货物灭失或损坏可以免责。但是，如果从货物外表能观察到包装不良，而承运人却签发了清洁提单，那么，承运人就不能援引"包装不良"这一免责事项而受到保护。除非承运人能证明货物装船时无法用合理手段察觉包装存在缺陷。

"标志欠缺、不清"是造成错装、错卸、混票的主要原因。在货物的表面或包装上涂刷清晰、正确的标志是托运人的责任。在发生错装、错卸事故后，只要承运人能证明造成损失或发生额外费用是由"标志欠缺、不清"引起的，就能依据"标志欠缺、不清"这一免责事项而免责。不过，如果签发的是清洁提单，就不能以这一免责事项向包括收货人在内的第三方抗辩。

4. 因货物本身性质而免责

我国《海商法》第51条规定的免责事项中将"货物的自然特性或者固有缺陷"(Nature or inherent vice of the goods)也列为承运人的免责事项。据此，承运人可对因"货物的自然特性或者固有缺陷"造成的损失享有免责的权利。

关于货物"固有缺陷"造成的损失，包括造成的容积或重量的损耗，或其他损失。这里所说的容积或重量的损耗是指"正常损耗"(normal loss)。在装运散装货物时，对于散装货物一般都订有"正常损耗"的标准，在运输中，只要实际损耗数量不超过这种"正常损耗"，承运人就可免责。

至于"其他损失"则是指纯粹由于货物固有缺陷而引起的损失。因此，承运人要享受这项免责权利时，必须举证证明在船舶适航和管理货物方面已尽到了谨慎处理的责任，同时还要举证证明造成货物损失的其他原因都已被排除，货损完全是因货物本身固有缺陷造成的。

除上述4种类型的免责事项外，在免责事项中还有一项，即最后一项，又规定"非由于承运人或者承运人的受雇人、代理人的过失造成的其他原因"(Any other cause arising without the fault of the carrier or his servant or agent)。应该指出，这里所说的"其他原因"是指与上述免责事项属于同一性质或类似的事项，它并不包括更广泛的含义。承运人要援引这一项的免责权利时，他应承担举证证明有关的灭失或损坏既非由于承运人本人的过失或行为，也非承运人的代理人或受雇人的过失或行为所造成的。所以，承运人并不能因为援引这一免责事项而无限扩大自己的免责范围。

六、承运人赔偿责任限制条款

承运人的赔偿责任限制(limit of liability)是指已明确承运人对货物的灭失和损坏负有赔偿

责任应支付赔偿金时,承运人对每件或每单位货物支付的最高赔偿金额。

各国的海商法或海上货物运输法和有关提单的国际公约都有承运人赔偿责任限制的规定,各船公司的提单中也都根据所适用的法规订有承运人的责任限制条款。

有关提单的法规之所以要把承运人的赔偿责任限定在一定的水平上,一方面是为了减轻承运人的责任,避免承运人承担不堪负担的损失;另一方面也为了禁止承运人随意减轻应承担的赔偿责任。

海牙规则第4条第5款规定,“不论是承运人或船舶,对货物或与货物有关的灭失或损害,于每包或每单位超过100英镑或与其等值的其他货币时,在任何情况下,都不负责”。另外,海牙规则第9条规定,“本规则中所提及的货币单位,应为金价”。同条第2款又规定,“不以英镑作为货币单位的缔约国,得保留其将本公约中所指英镑数额以整数折合为本国货币的权利”。

海牙规则生效后,经过数10年的实施,除在其他方面存在的问题外,在赔偿责任限额的规定方面也日益暴露出一些问题。其中最引起货主不满意的是,在资本主义国家不断发生经济危机的情况下,几十年来,英镑不断贬值。据估计,1924年的100英镑的价值,到1968年已相当于当时800英镑的价值。在这样的英镑严重贬值的情况下,如果再以100英镑为赔偿责任限额,显然是不合理的,也违反了海牙规则第9条的规定。因此,以此为理由之一而提出修改海牙规则的呼声越来越高。也就因此,维斯比规则除了在其他方面作了部分修改和补充外,对于承运人的赔偿责任限额也作了修订,规定“除非托运人于装货前已就该项货物的性质和价值提出声明,并已载入提单,否则不论是承运人或是船舶,在任何情况下,对该项货物所遭受的,或与之相关的灭失或损害,于每件或每单位超过相当于10000金法郎,或按灭失或受损货物毛重计算,每公斤超过相当于30金法郎时(二者之中以较高者为准),都不负任何赔偿责任”。后来又通过“1979年议定书”将金法郎改用国际货币基金组织的记账单位,即特别提款权(S.D.R.)。并按1个特别提款权相当于15金法郎折算,将10000金法郎折算为6.67特别提款权,30金法郎折算为2特别提款权。

汉堡规则采用了维斯比规则关于计算赔偿限额的办法,并提高了承运人的赔偿限额,规定“承运人对货物灭失或损坏造成损失所负的赔偿责任,以灭失或损坏的货物每件或每其他货运单位相当于835记账单位或毛重每公斤2.5记账单位的数额为限,以两者中较高的数额为准”。

我国《海商法》关于承运人的赔偿限额的规定与维斯比规则的有关规定相同。中国海商法第56条规定:“承运人对货物的灭失或者损坏的赔偿限额,按照货物件数或者其他货运单位数计算,每件或者每个其他货运单位为666.67计算单位,或者按照货物毛重计算,每公斤为2计算单位,以二者中赔偿限额较高的为准。但是,托运人在货物装运前已经申报其性质和价值,并在提单中载明的,或者承运人与托运人已经另行约定高于本条规定的赔偿限额的除外。

货物用集装箱、货盘或者类似装运器具集装的,提单中载明装在此类装运器具中的货物件数或者其他货运单位数,视为前款所指的货物件数或者其他货运单位数;未载明的,每一装运器具视为一件或者一个单位。

装运器具不属于承运人所有或者非由承运人提供的,装运器具本身应视为一件或者视为一个单位”。

汉堡规则和我国《海商法》中所说的记账单位,指的都是特别提款权。

海牙规则缔约国的船公司,或使海牙规则适用于本公司所签发提单的船公司,都按照海牙规则的规定,规定了承运人的赔偿责任限额。比如美国海上货物运输法规定承运人的赔偿责任限额为每件或每一通常计费单位不超过500美元。日本海上货物运输法规定每件或每单位不超过10万日元。中国远洋运输公司提单在我国《海商法》颁布、实施之前则规定为“承运人对货物的灭失或损坏的赔偿责任应限制在每件或每一计费单位不超过人民币700元,但在承运人接受货物前托运人以书面申报的货价高于此限额,而又已填入本提单并按规定支付了额外运费者除外”。我国《海商法》实施之前,中远提单规定700元人民币的最高赔偿限额是在50年代按照当时的100英镑的价值折算的。而现行中远集团和中海集团的集装箱提单中,关于“港到港”货物运输的责任限额都按我国《海商法》的规定,每件或其他货运单位不超过666.67特别提款权,或毛重每公斤不超过2提款权,二者中以高者为准。

七、关于特定货物的条款

在海上货物运输中,除了运输一般的货物外,也常要运输一些具有特殊性质或对运输和保管有特殊要求的货物,如舱面货、活动物、危险货物和冷藏货、木材、钢铁、散装货以及重大件货物等。而海牙规则第6条又作了关于“虽有前述各条规定,承运人、船长或承运人的代理人与托运人之间,仍可就承运人对任何特定货物所负责任和义务,及所享权利与豁免,或其对船舶适航的责任等,在不违反公共政策的前提下,自由订立任何协议。同样,就承运人的雇佣人员或代理人对海运货物的装载、操作、积载、运输、保管、照料和卸载的注意和谨慎问题,亦可自由订立任何协议而且这种协议都具有完全的法律效力”的规定。所以在各船公司的提单中,为了明确承运人对运输这些特定货物时应承担的责任和享有的权利,或为了减轻或免除某些责任都在提单条款中对这些特定的货物都作出了免责的规定。如关于舱面货,提单条款中一般都规定承运人在舱面装载货物时,应当同托运人达成协议,或者符合航运惯例,或者符合有关法律、行政法规的规定。如果承运人依照这种规定将货物装载在舱面上,对由于此种装载的特殊风险造成的货物灭失或者损坏,承运人不负赔偿责任。反之,则应当负赔偿责任;又如对危险货物,一般也规定,托运人托运危险货物,应当依照有关海上危险货物运输的规定,妥善包装,作出危险品标志和标签,并将其正式名称和性质以及应当采取的预防危害措施书面通知承运人;托运人未通知或者通知有误的,承运人可以在任何时间、任何地点根据情况需要将货物卸下、销毁或者使之不能为害,而不负赔偿责任。托运人对承运人因运输此类货物所受到的损害,应当负赔偿责任。还规定,承运人知道危险货物的性质并已同意装运的,仍然可以在该项货物对于船舶、人员或者其他货物构成实际危险时,将货物卸下、销毁或者使之不能为害而不负赔偿责任。

我国《海商法》参照汉堡规则,以专门的条款对承运人对舱面货、危险货等特种货物的责任和免责作出了规定。

关于舱面货,我国《海商法》第53条规定“承运人在舱面上装载货物,应当同托运人达成协议,或者符合航运惯例,或者符合有关法律、行政法规的规定。

承运人依照前款规定将货物装载在舱面上,对由于此种装载的特殊风险造成的货物灭失或者损坏,不负赔偿责任。

承运人违反本条第一款规定将货物装载在舱面上,致使货物遭受灭失或者损坏的,应当负赔偿责任”。

关于危险货,《海商法》第68条规定“托运人托运危险货物,应当依照有关海上危险货物运输的规定,妥善包装,作出危险品标志和标签,并将其正式名称和性质以及应当采取的预防危害措施书面通知承运人;托运人未通知或者通知有误的,承运人可以在任何时间、任何地点根据情况需要将货物卸下、销毁或者使之不能为害,而不负赔偿责任。托运人对承运人因运输此类货物所受到的损害,应当负赔偿责任。

承运人知道危险货物的性质并已同意装运的,仍然可以在该项货物对于船舶、人员或者其他货物构成实际危险时,将货物卸下、销毁或者使之不能为害,而不负赔偿责任。但是,本款规定不影响共同海损的分摊”。

由于我国《海商法》参照汉堡规则的规定,在第 44 条规定了“海上货物运输合同和作为合同凭证的提单或者其他运输单证中的条款,违反本章规定的,无效。此类条款的无效,不影响该合同和提单或者其他运输单证中其他条款的效力”。因此,鉴于《海商法》对此情况的强制性规定,在适用我国《海商法》的提单中,承运人对类似这类特定货物运输的责任和免责的条款,也应按照《海商法》相关条款的规定,而不必另作约定。

八、索赔通知和诉讼时效

1. 索赔通知

索赔通知(notice of claim)也叫作货物灭失或损害通知(notice of loss or damage)。它是收货人用书面形式向承运人或他的代理人提出的表明货物的损坏情况,并提出保留索赔权利的书面声明。

(1)提出索赔通知的时间

关于提出索赔通知的时间,有关国际公约和各国海商法或海上货物运输法的规定并不完全一致。

海牙规则和维斯比规则都规定,在货物移交给收货人的当时,或移交前,收货人应将货物的灭失或损坏情况,用书面通知承运人或他的代理人。如果损坏不明显,也可在交付货物后 3 天内提出书面通知。如果没有提交这种书面通知,则这种移交将被认为承运人已按提单的记载交付货物的初步证据。

汉堡规则规定,除非收货人在不迟于货物移交给他之日后第一个工作日内将灭失或损坏的书面通知送交承运人,叙明灭失或损坏的一般性质,否则此种移交应作为承运人交付运输单证上所述货物的初步证据,或如未签发这种单证,则应作为完好无损地交付货物的初步证据。遇有不明显的灭失或损坏,则在货物交付给收货人之日后连续 15 天内未送交书面通知,也被认为承运人已完好交付货物的初步证据。

我国《海商法》第 81 条规定:“承运人向收货人交付货物时,收货人未将货物灭失或者损坏的情况书面通知承运人的,此项交付视为承运人已经按照运输单证的记载交付以及货物状况良好的初步证据”。“货物灭失或者损坏的情况非显而易见的,在货物交付的次日起连续 7 日内,集装箱货物交付的次日起连续 15 日内,收货人未提交书面通知的,适用前款规定”。

因此,各个船公司的提单都订有根据其适用的法规,规定收货人提交索赔通知时间的条款。

(2)索赔通知的证据效力

上述的有关国际公约及我国《海商法》都规定,提出索赔通知的证据效力只是初步证据。所以,即使收货人在规定的时间内未提交这种书面通知,也并不影响收货人日后(在规定的诉讼时效期限内)在举证证明承运人对货物灭失或损害负有责任的条件下提出索赔的权利。也就是说,虽然提单条款中作出了收货人提交索赔通知的规定,但它并不是确定收货人能否获得损害赔偿必须履行的义务。所以,有关的国际公约及中国《海商法》又都进一步作出了货物交付时，收货人已经会同承运人对货物进行联合检查或者检验的，无需就所查明的灭失或者损坏的情况提交书面通知的规定。

2. 诉讼时效

诉讼时效（time bar）是指对索赔案件提起诉讼的最终期限。从保全证据的方便考虑，有关提单的国际公约都对诉讼时效作了规定。海牙规则第3条第6款规定“除自货物交付之日或应交付之日一年以内已经提起诉讼外，在任何情况下，承运人和船舶都解除其对灭失或损害的一切责任”。这就是说，海牙规则明确规定了诉讼时效为一年。维斯比规则对海牙则规定的一年诉讼时效未作修改，但作了“在诉讼事由发生之后，得经当事方同意，将这一期限加以延长”的补充规定。汉堡规则则从索赔人的利益和方便考虑，将诉讼时效延长为二年。

《海商法》中关于诉讼时效的规定与海牙规则的规定相似。规定“就海上货物运输向承运人要求赔偿的请求权，时效期间为一年，自承运人交付或者应当交付货物之日起计算”。

第五节　集装箱提单

一、集装箱提单与多式联运单据

1. 集装箱提单的概念

集装箱提单，顾名思义是将货物装于集装箱内进行海运所签发的提单。

前已述及，按运输组织形式的不同，提单可区分为直达提单、转船提单（联运提单）和多式联运提单，因此，为集装箱运输所签发的提单，既可能是港到港的直达提单，也可能是海船转海船的转船提单或联运提单，还可能是海上运输与其他种运输方式接续完成全程运输的多式联运提单。虽然习惯上常将这三种提单统称为集装箱提单，甚至认为集装箱提单就是多式联运提单，但是，应该明确的是，集装箱货物运输并不一定都是多式联运，因而为集装箱运输所签发的提单也不一定都是多式联运提单。至于集装箱提单是否属于具有多式联运单据性质的多式联运提单则须决定于提单的“标题”，比如中国海运（集团）总公司（以下简称中海集团）和中国远洋运输（集团）总公司（以下简称中远集团）都以“‘港到港’或多式联运提单（Port-to-Port or Combined Transport Bill of Lading）”为提单的“标题”，表明本集装箱提单兼具直达提单和多式联运提单性质，而且都在提单中设置专门条款按“港到港”运输和多式联运运输分别为承运人规定了不同的责任。对此，中海集团的提单条款规定：“港到港运输：如果填注本提单正面第6、7栏（按：指船舶航次和装货港）但不填注4、5和9栏（按：指前一程承运人、接收货物地点，和交付货物地点），本提单就是“港到港”合同，承运人应自其在装货港收到货物之时起即作为承运人而对货物负责，直至在卸货港将货物交予货方或按当地法律或规章要求交予有关当局之时为止，二者之中以先发生者为准（Port-to-Port Shipment If boxes 6,7and 8 but not boxes 4,5 and 9 are filled in on the front of this Bill of Lading is a Port-to- Port contract. The Carrier shall be responsible the Goods as Carrier from the time when the Goods are received by the Carrier at the Port of loading until the time of wherever the vessel has been arrived for delivery thereof at the port of discharge to the Merchant or to the authority as required by local laws or regulations, whichever occurs earlier.）。”“联运运输：如果填注本提单正面第4、5和/或9栏，而且该栏中所述的地点或港口乃是除第7栏及第8栏（按：指装货港和卸货港）所列的地点和港口并已就联合运输支付运费，本提单就是联运运输。承运人负责安排或组织落实联合运输中的前一程运输以及（或）续程运输。……如果承运人就联运产生的任何索赔向货主赔付后，承运人自动以代位关系而取得或被赋予货方针对所有其他人包括前一程承运人或续程承运人或分立契约人就此项灭失或损害而享有的权利（Combined Transport If Box 4. Box 5 and/or Box 9 are filled in on the front of this Bill of Lading and the place(s) or port(s) indicated therein is/are place(s) or port(s) other than that indicated in Box 7and Box 8 and Freight is paid for combined transport this Bill of Lading is a document which servers as a combined transport contract. The Carrier undertakes to arrange or procure the pre-carriage and/or on-carriage segments of the combined transport.……If any payment is made by the Carrier to the Merchant in respect of any claim arising under the combined transport carriage the Carrier, the Carrier shall be automatically subrogated to or given all rights of the Merchant against all others including pre-carrier or on-carrier or Sub-contractor on account of such loss of damage. Nothing herein contained shall be deemed a waiver of any rights that the Carrier may have against a pre-carrier or on-carrier or Sub-contractor for indemnify or otherwise.)"。

同样，在这个问题上，中远集团的提单也规定了除提单正面内容的栏目编号有所不同外，内容几乎和中海集团的规定完全一样的条款。

2. 多式联运提单是一种特定的多式联运单据

其实，汉堡规则第1条第6款关于"'海上运输契约'是指承运人收取运费据以将货物从一个港口运往另一港口的契约；但是，对于既包括海上运输又包括某些其他运输方式的契约而言，只有在其涉及海上运输时，才应视为本公约所指的海上运输契约"的规定中，就已经明确地表明了只有包括了海上运输的多式联运契约，才属于海上运输契约，换言之，只有包括了海上运输的多式联运，才能签发多式联运提单。

除此以外，不论是有关提单的国际公约，如海牙规则，或国内立法，如中国《海商法》，以及有关多式联运的国际公约，如尚未生效的《联合国国际货物多式联运公约》(以下简称《多式联运公约》)，或国际组织制订的相关法规，如国际商会制定的《跟单信用证统一惯例》(以下简称《统一惯例》)、《国际商会联运单证统一规则》(以下简称《联运单证统一规则》)和《联合国贸易和发展会议/国际商会多式联运单证规则》(以下简称《多式联运单证规则》)，或国内法规，如我国铁道部和交通部制定的《国际集装箱多式联运管理规则》(以下简称《多式联运管理规则》)等大都只对多式联运合同和多式联运单据作出了定义解释，而没有对所谓集装箱提单或集装箱多式联运提单的涵义作出明确的界定。究其原因，无非是因为被泛称为集装箱提单的集装箱多式联运提单，实际上只不过是一种特定的多式联运单据而已。而关于多式联运单据的涵义，几乎所有有关多式联运的国际公约、规章或国内立法、规则都明确的作出了内容大同小异的定义。比如，《多式联运公约》将多式联运单证定义为："'多式联运单证'是指证明多式联运合同和多式联运经营人接管货物并保证按照该合同条款交付货物的单证"；《多式联运单证规则》将多式联运单证定义为："多式联运单证是指证明多式联运合同的单证，该单证可以在适用法律的允许下，以电子数据交换信息取代，而且 (a)以可转让方式签发，或者(b)表明记名收货人，以不可转让方式签发"；《联运单证统一规则》将多式联运单证定义为："联运单证(CT document)是指证明从事货物联运工作和/或组织货物联运工作合同的一种单证。单证正面应标有'可转让的联运单证，根据联运单证统一规则(国际商会第298号出版物)签发'，或'不可转让的联运单证，根据联运单证统一规则(国际商会第298号出版物)签发'字样"，而我国的《多式联运管理规则》则将多式联运单据定义为："国际集装箱多式联运单据(以下简称多式联运单据)，是指证明多式联运合同以及证明多式联运经营人接管集装箱货物(以下简称货物)并负责按合同条款交付货物的单据”。

对比各项法规为多式联运单据作出的定义，不难看出，除“港到港”的集装箱提单外，通常被泛称为集装箱提单的集装箱多式联运提单，其实就是多种多样的多式联运单据中特定的一种。

之所以说多式联运提单是一种特定的多式联运单据，是因为多式联运提单是在全程运输中包含了海上运输的多式联运情况下签发的，如果多式联运的运输全程中，没有包含海上运输，就不可能签发多式联运提单，并以多式联运提单作为“证明多式联运合同以及证明多式联运经营人接管集装箱货物并负责按合同条款交付货物”的单据。

基于这样的理解，参照相关国际公约或法规为多式联运单据规定的定义，可以将集装箱多式联运提单定义为：包含了海上运输的多式联运中，作为多式联运经营人的承运人签发的证明多式联运合同以及证明多式联运经营人接管集装箱货物并负责按合同条款交付货物的单据。

说被泛称为集装箱提单的集装箱多式联运提单只是一种以提单形式显现的多式联运单据，而其签发人也不再以海运承运人及其代理人为限，还可以从《多式联运统一惯例》的规定中得到证明。《多式联运统一惯例》第26条关于“多式联运单据”条款的规定，明确地规定了，“如信用证要求提供至少包括两种不同运输方式（即多式运输）的运输单据，除非信用证另有相反规定，否则，银行将接受”表面注明承运人的名称或多式联运营运人的名称，承运人或多式联运运输营运人或作为承运人或多式运输营运人的具名代理或代表，或船长或作为船长的具名代理或代表签字或以其他方式证实的运输单据，而“不论其称谓如何”。

尽管集装箱多式联运提单只不过是多式联运单据中一种特定的联运单据，但是在多式联运中，包含了海上运输的多式联运毕竟是大量存在的。为此，有必要对多式联运提单所适用的法规；作为多式联运提单签发人的多式联运经营人的责任；多式联运提单的内容及主要条款等项问题进行进一步的阐述。

二、有关多式联运的法规及多式联运经营人的责任类型

1．国际货物多式联运相关的法规

几乎所有与多式联运相关的法规都将国际货物多式联运定义为：“按照多式联运合同，以至少两种不同的运输方式，由多式联运经营人将货物从一国境内接管货物的地点运至另一国境内指定交付货物的地点”（见《联合国国际货物多式联运公约》）。由于国际多式联运涉及多种运输方式，而目前各运输方式所采用的责任制又各不相同，尤其是作为主要运输方式的海上运输所采用的还是不严格的过失责任制，使人们不能不感到建立一个国际公约使多式联运中各种运输方式的责任制度有所统一的必要。于是像国际海事委员会（CMI）、国际私法统一协会（UNIDROIT）、国际海事组织（IMO）和贸易和发展会议（UNCTAD）那样的一些国际组织，在制定多式联运的法规方面，都作出了很大的努力，先后草拟和制定了旨在制订国际货物多式联运公约的“巴格（Algot Bagge）草案”、“东京规则”和“TCM公约草案”。不过，这些草案和公约中，不论是“巴格草案”、“东京规则”，还是后来制定的以“东京规则”为基础，调整“巴格草案”和“东京规则”而形成的“TCM公约草案”，都因发展中国家的反对未获通过而成为废案。最终《联合国国际货物多式联运公约》（以下简称《多式联运公约》）虽在1980年5月获得通过，但因迄今未满足公约规定的“公约在30个国家批准或加入后12个月开始生效”的条件，而尚未生效。因此，截止至目前，国际间实际并没有统一的、具有强制适用性的有关国际货物多式联运的国际公约。

正是因为《多式联运公约》还在制订草案阶段就经过多次反复修订，始终未获通过，而集装箱运输，特别是集装箱多式联运已蓬勃开展，为了解决向银行结汇货款的需要，国际商会(ICC)于1975年，根据"TCM公约草案"对1973年的规则作了部分修订，形成了通称为"国际商会298号出版物"的《联合运输单证统一规则》。直到20世纪90年代，鉴于《联合国国际货物多式联运公约》迟迟未能生效，既担心因多式联运经营人的抵触心理而使它永远不能生效，也想证实所谓实施多式联运公约在理论上不会带来严重后果的论点是否属实，国际商会建议把《国际商会联合运输单证统一规则》与《多式联运公约》合并，制定新的规则，使之在《多式联运公约》生效之前，供当事人在多式联运合同中自愿选用，以暂时弥补适用公约的空缺。为此，联合国贸易和发展会议会同国际商会在对《国际商会联合运输单证统一规则》作出修订的基础上，共同制定了《1991年联合国贸易和发展会议/国际商会多式联运单证规则》。由于国际商会只是一个民间组织，所以这个规则只是一个供合同当事人双方自愿选用，并不具有强制适用性的规则。

在我国，关于多式联运的立法起步较晚，1993年7月1日起实施的中国《海商法》在第四章"海上货物运输合同"第八节"多式联运合同的特别规定"中仅对多式联运合同、多式联运经营人的责任期间及多式联运经营人的责任等作出了特别规定，其他问题则均未涉及。1997年我国交通部和铁道部在参照我国《海商法》和《联合国国际货物多式联运公约》，以及《多式联运单证规则》等国际惯例的基础上，联合制定并颁布实施了《国际集装箱多式联运管理规则》。规则从对多式联运及多式联运单证的管理，到多式联运单证的内容、转让、证据效力、托运人的责任，乃至多式联运经营人的责任、责任期间、责任基础、责任限制及责任限制权利的丧失，以及索赔及诉讼时效等各个方面都作了较为详尽的规定，从而使我国的多式联运经营有章可循和有法可依。

2. 多式联运经营人的责任基础

从数十年间对多式联运公约草案的反复修订到公约通过后迟迟未能生效的情况看，事关承托双方责任、风险合理分担的多式联运经营人的责任基础的选定问题是个关键。

关于承运人的责任基础，主要有两种三类责任制可供选用：

第一种是分割责任制。所谓分割责任制是指在运输全程中，承运人只对由自己履行的运输区段中所发生的货物灭失或损坏承担责任的责任类型。

在采用分割责任制的条件下，各运输区段的承运人只对发生于本区段的货物灭失或损坏，按照强制适用于各该运输区段的国际公约或国内法为承运人所规定的责任原则承担责任。在多种运输方式的接续运输中，这种责任制度对于集装箱本身的损坏或灭失是没有什么问题的，因为不难判断这种损害发生在哪一个运输区段。但是，对于箱内所装的货物来说，一旦发现数量短缺或损坏，就很难判断这种灭失或损坏的发生区段。对于这个问题，在采用分割责任制时，通常都把这种灭失或损坏看作是在海上运输区段中发生的，由海上运输区段的承运人按照适用于海上运输的责任原则承担责任。

由于多式联运中，多式联运经营人应对运输全程负责，所以在有关多式联运的国际公约或国内立法中，几乎不可能采用这种责任制。

第二种是单一责任制。单一责任制是指在运输全程中，由多式联运经营人就全程运输对货主承担责任的责任类型。

在单一责任制条件下，因各运输区段的责任内容不同，又可分为两类责任类型，即网状责任制(network liability system)和统一责任制(uniform liability system)

所谓网状责任制是指在运输全程中,由多式联运经营人就全程运输对货主承担责任,但是多式联运经营人在各个运输区段中所承担的责任内容并不相同,而须根据强制适用于各该运输区段的国际公约或国内法所规定的责任原则来确定。如在海上运输区段适用海牙规则,而在欧洲铁路运输区段 则适用国际铁路货物运输公约(CIM)等等。

在网状责任制下,对于发生区段无法明确的箱内货物的灭失或损坏,一般都把它看作是在海上运输区段发生的,可按照海上运输区段适用的责任原则来确定承运人的责任。

网状责任制早在 1945 年就由后来制定"巴格草案"的瑞典法官阿尔哥特·巴格提出,其后也曾被一些未获得通过的公约草案选用。1975 年修订的《联合运输单证统一规则》和 1991 年联合国贸易和发展会议和国际商会联合制定的《多式联运单证规则》都选用了网状责任制。我国《海商法》和《多式联运管理规则》中,关于多式联运经营人的责任基础,所采用的也都是典型的网状责任制。

而所谓统一责任制则是指在运输全程中由多式联运经营人按同样的责任原则对货主承担全程责任的制度。当货物发生灭失或损坏时,只要这种灭失或损坏是在所承运的运输全程中发生的,就不论发生在哪一个运输区段,也不论造成事故的是哪一个运输区段的哪一种运输方式,承运人都按照同样的责任原则承担责任。至于责任内容如何,则视运输合同的约定或制约运输合同的法规的规定而定。

不过,因为集装箱多式联运可能要经过几个不同的国家,也常常要由不同的运输工具和不同的承运人来完成某一区段的实际运输,承运人的责任也常常不能违反适用于各该运输区段的强制适用法规的规定,因此,在统一责任制中,运输合同就不得不按照各强制适用的法规中所规定的最高的责任原则来约定适用于各运输区段的责任内容。在这种情况下,多式联运经营人的责任就不免高于其他类型的责任制。于是,这也就成为多式联运经营人,特别是海运强国不愿采用同一责任制的重要原因了。

当前,有关多式联运的法规中,只有《联合国国际货物多式联运公约》采用了这种统一责任制,而且是经过了修改的统一责任制。之所以说公约采用的是经过修改了的统一责任制,其具体表现就在于,公约虽在原则上要求多式联运经营人对运输全程中发生于任何区段的货物灭失或损坏,都按照同样的责任原则,承担同样的赔偿责任,比如,关于赔偿责任限制,公约第 18 条第 1 款就规定:"如果多式联运经营人对货物的灭失或损坏造成的损失负赔偿责任,其赔偿责任以灭失或损坏的货物的每件或其他货运单位计不得超过 920 计算单位的数额,或按毛重每公斤计不得超过 2.75 计算单位的数额,以较高者为准"。但是,根据多式联运中是否包括了海上运输或内河运输区段,公约却又为多式联运经营人规定了不同的赔偿责任。如在同条第 3 款规定:"虽有本条第 1 款和第 2 款的规定,国际多式联运如果根据合同不包括海上或内河运输,则多式联运经营人的赔偿责任按灭失或损坏货物毛重每公斤不得超过 8.33 计算单位的数额为限"。此外,公约还规定,如果货物灭失或损坏发生在某一特定区段,而强制适用于该特定区段的国际公约或国内法所规定的责任限制高于公约的规定,多式联运经营人应按该强制适用的法规所规定的赔偿责任限制享受责任限制权利。

事实上,采用统一责任制的多式联运法规中,关于承运人的责任,除了规定较高的责任限额外,一般都采用除不可抗力外,不承认其他免责事项的所谓严格责任(strict liability)的责任制度。而《汉堡规则》就采用了严格责任制,因此,《汉堡规则》获得通过,加速了《多式联运公约》的制定过程,也在确定公约条款内容方面起了很大作用,事实上,公约中的不少条款承袭了《汉堡规则》的内容。

众所周知,《汉堡规则》从根本上改变了《海牙规则》的责任原则,极大地增加了承运人的责任。《多式联运公约》采用了与《汉堡规则》类似的责任基础,当然也极大的增加了多式联运经营人的责任。这恐怕就是公约获得通过后,经常会受到一些大的多式联运经营人,特别是一些由大的海运承运人发展起来的多式联运经营人的质疑,甚至有所诟病,而且从1980年公约获得通过后,历经20余年尚不能生效的原因所在吧。

三、集装箱多式联运提单的正面内容和背面条款

在我国,集装箱提单作为一种特定的多式联运单据,在单据的形式、内容,以及有关多式联运经营人和货主的权利、义务、赔偿责任和免责的条款等方面,受到《海商法》和《国际集装箱多式联运管理规则》的制约。

与传统的件杂货提单一样,集装箱提单也是由正面内容和背面条款两部分组成的。正面内容主要记载与货主的托运申报及多式联运经营人对申报所作的承诺相关的有关集装箱货物详细情况及对运输的要求等事项;而背面条款则须列明运输合同中当事人双方对各自在多式联运中的权利、义务、赔偿责任和免责的约定。

1. 集装箱提单的正面内容

和传统的件杂货班轮运输的提单一样,集装箱提单的正面内容也包括必要记载事项、一般记载事项和被称为提单正面条款(front page clause)的具有声明性质的条款等项内容。其中除一般记载事项因业务需要的不同,而使记载于不同提单上的一般记载事项有所不同外,按照有关提单的法规规定应该记载于提单正面的必要记载事项,以及通常都记载于提单正面的条款,大体都是相似的。

1)集装箱提单的必要记载事项

关于集装箱提单正面应记载的内容,我国《海商法》只在为传统提单规定的内容之外增列了"多式联运提单增列接收货物地点和交付货物地点"这一项内容,而在其他方面并无特别规定。

《联合国国际货物多式联运公约》中,关于多式联运单据列举了15项内容,包括:

"(a)货物品类、识别货物所必需的主要标志、对危险货物的危险特性的明确声明、包数或件数、货物的毛重或以其他方式表示的数量,所有这些事项由发货人提供;

(b)货物外表状况;

(c)多式联运经营人的名称和主要营业地;

(d)发货人名称;

(e)收货人的名称,如已由发货人指定;

(f)多式联运经营人接管货物的地点和日期;

(g)交货地点;

(h)在交付地点交货的日期或期间,如双方有明确协议;

(i)表示该多式联运单证为可转让或不可转让的声明;

(j)多式联运单证的签发地点和日期;

(k)多式联运经营人或经其授权的人的签字;

(l)如双方有明确协议,每种运输方式的运费,或者应由收货人支付的运费,包括用以支付的货币,或者关于运费由收货人支付的其他说明;

(m)预期经过的路线、运输方式和转运地点,如在签发多式联运单证时已经确知;

(n)第 28 条第 3 款所指的声明;

(o)如不违背多式联运单证签发的国家的法律,双方同意列入多式联运单证的任何其他事项。"

在我国的《国际集装箱多式联运管理规则》也列举了 11 项内容包括:

"1. 货物名称、种类、件数、重量、尺寸、外表状况,包装形式;

2. 集装箱箱号、箱型、数量、封志号;

3. 危险货物、冷冻货物等特种货物应载明其特性、注意事项;

4. 多式联运经营人名称和主营业所;

5. 托运人名称;

6. 多式联运单据表明的收货人;

7. 接受货物的日期、地点;

8. 交付货物的地点和约定的日期;

9. 多式联运经营人或其授权人的和签字及单据签发日期、地点;

10. 交换方式、运费的交付,约定的运达期限,货物中转地点;

11. 在不违背我国有关法律、法规的前提下,双方同意列入的其他事项。"

但是,《联合国国际货物多式联运公约》和我国的《国际集装箱多式联运管理规定》在规定了单据应包括的内容之后,又都规定了多式联运单据缺少所举事项中的一项或数项,并不影响该单据作为多式联运单据法律效力,但是应当能证明该单据具有证明多式联运合同,以及证明多式联运经营人接管集装箱货物并负责按合同条款交付货物的作用。

由此可见,虽然各个多式联运经营人所签发的集装箱提单,其正面记载的内容可以不完全一样,但就其基本内容而言,总不外乎诸如:联运经营人的姓名、地址;托运人、收货人的名称、地址;接受货物地点和交付货物地点;装货港、换装港和卸货港;装运船名和航次;识别货物的标志;有关货物的详细情况(件数、重量、尺码等)和集装箱的标志,号码和铅封号;货物外表状况;提单的签发份数和签发日期、地点和提单的签发人等能够起着"证明多式联运合同以及证明多式联运经营人接管集装箱货物并负责按合同条款交付货物"作用的事项。

2)集装箱提单的正面条款

像传统的提单一样,集装箱提单的正面也印刷了被称之为正面条款(front page clause)的,具有声明性质的表明提单正面记载的某些内容已得到承运人的确认和承托运双方相互作出承诺,以及承运人提请货主注意事项的条款。虽然各个承运人所签发集装箱提单的正面条款的内容并不完全一致,措辞也不尽相同,但是大体上总不外乎如下一些条款内容:

(1)确认条款

这是承运人表示在集装箱外表状况良好的条件下接受集装箱的条款。所谓"外表状况明显完好",其涵义是,只在采用通常可能合理的检验方法进行检验的条件下,未发现货物外表状况不良。对于需要采用特殊检验方法才能发现的外表状况不良,承运人则不负责任。因此,只要交付货物时集装箱外表状况良好,铅封完整,承运人对箱内货物的灭失或损坏可不承担责任。

验收货物并确认其外表状况是承运人的责任。因此所有承运人签发的集装箱提单都有关于确认货物外表状况的条款,而且其内容甚至措辞几乎都是相同的。比如,集装箱提单正面条款的第一句通常都是:"兹收到外表状况和条件明显良好(除另有说明者外)的本提单记载的下述总数集装箱或其他包件或单位的货物(Received in external apparent good order and condition except as otherwise noted, the total number of containers or other packages or units shown in this Bill of Lading receipt.)。”

不仅如此,有的提单还在确认货物的外表状况之后,继续以确认条款表明对负责将提单记载的货物从起运地运往目的地的确认。在这种情况下,有的提单就规定:“兹收到外表状况和条件良好(除另有说明者外)的下述总数集装箱或其他包件或单位的货物,依据本提单所列条款和条件,从收货地运往交货地(Received in apparent good order and condition except as otherwise noted the total number of containers or other packages or units enumerated below for transportation from the place of receipt to the place of delivery subject to the terms and conditions hereof.)。”

(2)不知条款

集装箱货物运输的整箱货常由货主自行装箱和施加铅封,承运人无法对提单上所记载的装箱货物件数和货物的质量进行检验,当然也就无法对箱内货物的件数和外表状况负责。因而在提单正面印刷不知条款,表明承运人无法对箱内货物进行适当的检验,不能对箱内货物的灭失或损坏承担责任的意愿,也是理所当然的。对此,中远集团和中海集团的集装箱提单都在提单的正面印刷了不知条款,规定:“提单记载的集装箱总数,或其他包件或单位数是托运人申报的,未经承运人适当地检验(The total number of containers or other packages or units shown in this Bill of Lading receipt ,said by the shipper to contain the goods described above. Which description the carrier has no reasonable means of checking and is not part of the Bill of Lading.)。”

传统的件杂货提单的正面也常印有这种不知条款。虽然在传统的班轮运输中,这种不知条款的法律效力是值得怀疑的,但集装箱运输中,在承运人没有适当的方法对货主装箱的货物进行检验的情况下,承运人以不知条款谋求自我保护,应该是理所当然,其效力是能够得到法律承认的。

(3)承诺条款

这是承托运双方表明承认提单是运输合同成立的证明,承诺按照提单条款的规定承担义务和享受权利的条款。虽然提单条款是承运人单方拟定的,但是只要货主接受了由承运人或他的代理人签发的提单,也就表明货主已向承运人作出承诺,同意接受条款的制约,对此,中远集团和中海集团的集装箱提单的条款都规定得比较简单,只规定,“货方同意接受本提单的条款或条件的制约,犹如提单是为本人签发的(The Merchants agree to be bound by the terms and conditions of this Bill of Lading as if each had personally signed this Bill of Lading.)。”

(4)签署条款

这是承运人表明签发正本提单的份数和各份正本提单具有相同效力的条款。对此,中远集团的集装箱提单的措辞是“承运人签发下述份数均属同一内容和日期的正本提单,必须提交、背书、签字其中一份正本提单提取货物后,其余各份即告失效(The carrier has issued the number of Bill of Lading stated below, all of this tenor and date, one of the original Bill of Lading must be surrendered and endorsed or signed against the delivery of the shipment and whereupon any other original Bill of Lading shall be void.),”中海集团的集装箱提单也包含了措辞虽不完全相同,但涵义相似的条款。

(5)已装运条款

是指在内陆某一地点接收货物时,把在内陆将货物装上运输工具视同在装货港将货物装船的条款。比如,中海集团的集装箱提单的正面就有一条被称为“已装运条款(on board clause or shipped on board clause)”的正面条款。这一条款规定:“当提单记载的接受货物的地点是内陆某一地点，而提单上又有‘装船’或‘已装船’或其他类似文字的批注时，就意味着为履行将货物从接收货物的地点运送至装货港的任务，已将货物装载于卡车、拖车、航空器或其他内陆运输工具(如有可能)上(When the Place of Receipt of the Goods an inland point and is so named herein, any notation of "ON BOARD""SHIPPED ON BOARD"or words to like effect on this Bill of Lading shell be deemed to mean on board the truck, trail car, air craft or other inland conveyance (as the case may be), performing carriage from the Place of Receipt of the Goods to the Port of Loading.)。"

承运人之所以要在集装箱提单的正面印刷这种"已装船条款"，主要因为在传统的班轮运输中，一般情况下，只有将货物装船，才能签发提单；向银行结汇货款则须凭已装船提单，而在集装箱运输中，尤其是在多式联运中，承运人可能在内陆某一地点接收货物，并在接管货物后即对货物的损害承担责任，在这种情况下，为了便于货款结汇，而将接管货物并装上运输工具视同将货物装船。

(6)其他条款

通常都认为提单的正面条款只不过是承运人为了保护自己而印刷于提单正面的具有批注性质的条款。其实并不尽然。有时承运人为了避免或减少不必要的纠纷或争议，也常在提单正面印刷一些提请货方注意的带有提示性的条款。比如，中远集团和中海集团的集装箱提单都有这种提示性的条款，规定："见提单背面条款第 4 条(条款在本提单背面，请仔细阅读)(SEE clause 4 on the back of this Bill of Lading < Terms continued on the back hereof, please read carefully. >)。"

由于述及的背面条款第 4 条是关于承运人责任的规定，对于在什么样的情况下承运人可以免责，货方必须心中有数，才能有针对性地通过投保货物险谋求避免可能发生的损失。因此，承运人通过正面条款对货方作出了必要的提示。

2. 集装箱提单的背面条款

在《多式联运公约》尚未生效的条件下，国内外的多式联运经营人(包括经营多式联运的船公司)所签发的集装箱提单的背面条款，除涉及海运部分仍适用海牙规则，并对海牙规则中已不能适应集装箱运输要求的部分内容作了局部修订外，一般都约定了关于多式联运承运人的责任。中远集团和中海集团的联运提单虽然在提单中并没有单独设置表明本提单所适用法规的首要条款，但是却都在有关法律及管辖权的条款中明确规定："本提单受中华人民共和国海商法管辖。本提单项下或与本提单的一切争议，均根据中华人民共和国的法律加以裁定(this Bill of Lading is governed by the Laws of People's Republic of China. All disputes arising under or in connection with this Bill of Lading shall be determined by Laws of People's Republic of China)。"

由于不论是《联合运输单证统一规则》或《多式联运单证规则》，还是我国的《海商法》和《多式联运管理规则》关于多式联运经营人的责任都采用网状责任制，因此如果货物的灭失或损坏发生于多式联运的某一运输区段的，多式联运经营人的赔偿责任和责任限额，将适用调整该区段运输方式的有关法律规定。

虽然说集装箱提单是一种特定的多式联运单据，但包括了海运区段的集装箱多式联运，在海运区段的接续运输毕竟还是班轮运输，因而集装箱提单的背面条款，保留了部分与传统的海运提单条款相同或相似的内容。此外，为适应集装箱运输的需要而修改或增列的条款主要有：

1)多式联运经营人的责任条款

(1)承运人的责任期间

在集装箱运输中，承运人往往需要在内陆某地接受和交付货物，或至少在起运港集装箱堆场接受货物和在卸货港的集装箱堆场交付货物。这样,原来海牙规则所规定的“钩到钩”的承运人责任期间,就与集装箱运输的需要不相适应了。对此,我国《海商法》规定,“承运人对集装箱装运的货物的责任期间,是指从装货港接收货物时起至卸货港交付货物时止,货物处于承运人掌管之下的全部期间”。《多式联运管理规则》则规定:“多式联运经营人对货物的责任期间:自接收货物起至交付货物时止。接收是指货物已交给多式联运经营人运送,并由其接管。交付是指按多式联运合同将货物交给收货人或根据交付地适用的法律或贸易作法将货物置于收货人的支配下、或必须交给的当局、第三方”。

中远集团和中海集团的集装箱提单条款虽然都没有明文规定承运人的责任期间,但是由于提单的管辖权条款中明确地规定了本提单受中国法律的管辖,所以承运人的责任期间应与《海商法》和《多式联运管理规则》的规定相一致。

(2)承运人的责任

我国的《海商法》和《多式联运管理规则》关于多式联运经营人的赔偿责任都采用了网状责任制,规定多式联运经营人应对全程运输负责,并规定,对于明确了发生区段的货物灭失、损坏或延迟交付,按适用于该区段的法律、法规的规定赔偿;对于不能明确发生区段的货物灭失、损坏或延迟交付,多式联运中包括海运的,按我国《海商法》规定赔偿。

在中远集团和中海集团集装箱提单的承运人责任条款中都包含了承运人对运输全程负责的涵义。这两种提单都规定:“承运人负责安排或组织落实联合运输中的前一程运输及(或)续程运输(The Carrier undertakes to arrange or procure the pre-carriage and/or on-carriage segments of the combined transport.)”。两种提单在灭失或损害条款中也都规定“本提单的条款应在任何时候对货物运输产生的任何责任加以管辖,不仅在运输中,而且在运输前和(或)运输后的阶段都是如此(The terms of this Bill of Lading shall at all times govern all responsibilities of the Carrier in connection with or arising out of the carriage of the Goods not only during the carriage, but also during the period prior to and / or subsequent to the carriage.)”。此外,还规定,“如果能对联合运输中发生灭失或损害的阶段加以确定,承运人的责任便应适用该阶段的国内法或国际公约。如果在联合运输中发生灭失或损害的阶段不能确定,货方和承运人经商订,货物的灭失或损害视为发生在承运人的船上(If the stage of the combined transport during which loss or damage occurred can be determined, the liability of the Carrier shall be governed by the national law(s) and/or international convention(s) applicable thereto. If the stage of the combined transport during which loss or damage occurred cannot be determined, the Merchant and the Carrier agree that it shall be deemed that the loss or damage occurred aboard the Carrier's Vessel.)。”

不过,关于延迟交付的责任,中远集团和中海集团的集装箱提单则明确的表明了对此不承担责任的意图,规定:“承运人不保证,货物在某一特定日期或时间,也不保证为满足某一特定市场,或为某一特定用途而自接货或装运地点起运,准时运抵卸货地点、目的地或转运到某一特定船舶或其他运输工具上(The Carrier does not undertake that the Goods will be transported from or loaded at the place of receipt or loading or will arrive at the place of discharge, distination or transshipment aboard any particular vessel or other conveyance at any particular date or time or to meet any particular market or in time for any particular use.)”,接着又规定:“承运人在任何情况下,不论是如何发生,对因延误造成的直接、间接或随之发生的灭失或损害概不负责(The Carrier shell in no circumstances arising whatsoever and howsoever arising be liable for loss and damage or any consequential loss or damage caused by delay.)”。

(3)承运人的赔偿责任限制条款

关于承运人的赔偿责任限制,中远集团和中海集团的集装箱提单的条款中都规定,除来自或途经美利坚合众国某一港口或地点的运输受1936年COGSA管辖,承运人、其受雇人、代理、分立契约人和船舶,在任何情况下,均对根据1936年美国COGSA规定的超过每件或每个货运单位的货物灭失或损害的赔偿限额以上的部分不负责任外,本提单应受《中华人民共和国海商法》管辖。而中国《海商法》则将承运人的赔偿责任限额定为每件或每其他货运单位不超过666.67特别提款权,或者毛重每公斤不超过2特别提款权,二者中以高者为准。

此外,为了不使提单条款的规定与适用于不同运输区段的强制性法规相冲突,中远集团和中海集团的集装箱提单的条款还规定:“如果除了中华人民共和国海商法和美国1936年COGSA外的其他法律强制适用本提单,承运人的责任将不超过该法所规定的每件或每个货运单位的货物灭失或损害赔偿限额,除非货主已经将货物的性质及价值于装运前加以申报,并已载入提单,并且货主已就此项申请的价值加付运费(If a legal regime other than the Maritime Code of the People's republic of China or US COGSA is compulsorily applied to this Bill of Lading, the liability of the Carrier, if any, shall not exceed the limits per Package or Shipping Unit prescribed therein, unless the nature and value of the Goods have been declared by the Merchant and clearly inserted in this Bill of Lading and the Merchant has paid additional Freight on such declared nature and value.)。”

2)承运人的运价本的条款

集装箱运输中,有关集装箱运输的专门用语,具体的交接方法、计费办法、货物禁运的规定,以及交货方式等等内容繁多,提单中无法一一列举,作出规定。为此,常需要另编运价本予以补充。各船公司一般都将运价连同与运价有关的条款装订成册,并明确规定,运价本是提单条款的组成部分。与此相对应,提单条款中也都作了相应的规定。对此,中远集团和中海集团的集装箱提单条款都规定:“承运人所使用的运价本的条款以及有关费用的其他要求等项,已被载入本提单。请特别注意运价本所载各项条款,包括但不限于免费保管期、集装箱和车辆的滞箱费等。……如果使用的运价本和提单不一致,应以提单为准(The terms of the Carrier's applicable Tariff and other requirements regarding charges are incorporated into this Bill of Lading. Particular attention is drawn to the terms contained therein, including, but not limited to free storage time, Container and vehicle demurrage, etc.……In case of any inconsistency between this Bill of Lading and the applicable Tariff, the Bill of lading shall prevail.)”。

3)分立契约、赔偿以及抗辩条款

集装箱运输中,经常采用由一个承运人就运输全程与托运人签订运输合同,并由这个与托运人签订运输合同的承运人就运输全程对托运人承担责任,而所有的各区段的接续运输,则由分别与该承运人就各该区段的运输签订转包合同的转包承运人按照转包合同的约定实际履行各该区段的运输,并对与托运人签订运输合同的承运人就各该区段的运输承担责任的所谓转包运输的形式。在这种情况下,承运人与托运人就全程运输签订合同时,就需要考虑两个问题:其一是,承运人不仅在进行转包运输的问题上须得到货方的同意,而且在作为多式联运经营人的承运人对全程运输负责的条件下,对所有发生于各个运输区段的货物灭失或损害,货方是否能对各运输区段的转包承运人索赔或提起诉讼的问题,也须取得托运人的保证;其二是,在包括转包承运人和其他转包人在内的分立契约人应享受的利益问题上,须与托运人作出约定。前者就是集装箱提单条款中的分立契约、赔偿以及抗辩条款所要解决的问题;而后者则是在传统的海运提单中已经列入的有关免责事项和责任限制的所谓“喜马拉雅条款”。

关于分立契约、赔偿以及抗辩条款,中远集团和中海集团的集装箱提单条款都规定:“承运人有权在任何时间以任何条件将运输的全部或其任何部分同任何分立契约人(或)以任何其他船舶或运输工具代替本船(The Carrier shall have the right at any time and on any terms whatsoever to sub-contract the whole or any part of the carriage with any sub-contractor and/or to substitute any other vessel or means of transport for the Vessel)。”并规定:“货主保证,不向承运人以外的由其履行或承办运输的任何人(包括但不限于承运人的受雇人、代理人或分立契约人)就货物或货物运输一事而提起向其所拥有或经营的任何船舶加诸任何责任的索赔或任何法律诉讼,不论此项责任是否由这些人引起的。即使如此,如果此项索赔或法律诉讼仍被提起,则货方保证就由此引起的后果包括法律费用,全部赔偿承运人(The Merchant undertakes that no claim or legal action whatsoever shall be made or brought against any person by whom the carriage is performed or undertaken < including but not limited to the Carrier' s servants, agents or Sub-contractors > other than the whatsoever in connect Carrier, which imposes upon any such person, or any vessels owned or operated by such person, any liability whatsoever in connection with the Goods or the carriage thereof whether or not arising out of negligence in the part of such person. Should any such claim or legal action nevertheless be made or brought, the Merchant undertakes to indemnity the Carrier against all consequences thereof including legal expenses in a full indemnity basis)”。

4)免除事项和责任限制条款

这就是通常所说的“喜马拉雅条款”。集装箱提单条款中的这一条款与传统海运提单类似条款的规定并没有什么不同,无非是在两个方面作出了规定:其一是,本提单的条款适用于有关货物灭失或损害的任何索赔诉讼,既适用于合同诉讼,也适用于侵权诉讼。其二是,如果索赔诉讼是对承运人的受雇人、代理人或分立契约人提起的,本提单适用于承运人的关于免责事项、抗辩及责任限制的规定,同样适用于承运人的受雇人、代理人或分立契约人,犹如此种条款是为这些人的利益而明文规定的。在这两个方面,中远集团和中海集团的集装箱提单都有相同的规定(具体条款见附件 2、3、4)。

5)舱面货选择条款

在传统的班轮运输中,承运人对于在提单正面注明并已按约定装载于甲板上的货物的灭失或损害可以免责,而集装箱运输中,特别是全集装箱船满载航行时,却约有 30% ~ 50% 的集装箱须积载于舱面。这时,在实际业务中,承运人就很难事先确定哪些集装箱载于舱面,而与托运人事先就将集装箱载于舱面的问题达成协议。为此,集装箱提单中须订有舱面货选择条款,以明确承运人对将集装箱载于舱面或舱内有选择权,而且装载于舱面的集装箱视同装载于舱内。对此,中远集团和中海集团的集装箱提单一方面在舱面货条款中将装入集装箱的货物从舱面货中除外,规定:“在本提单正面注明为约定装于甲板上的货物并已照装(装入集装箱的货物除外),以及所有活牲畜包括鱼及鸟类或植物,应一概由货方承担风险而运输(Goods < other than Goods stuffed in container> that are stated on the front of this Bill of Lading as contracted to stowed ‘on deck’ and are so carried, and all live animals, including fish and bird, or plants shipped hereunder, shall be carried solely at the risk of the Merchant.)”;另一方面又在承运人的集装箱条款中规定:“以件货形式接受的货物应由承运人装入集装箱,承运人有权将不论是否为承运人装箱的任何集装箱装于舱面或舱内。这样的货物都应分摊共同海损(Goods received in break bulk will be stuffed by the Carrier in Containers and the Carrier shall have the right to carry any Containers, whether or not stuffed by the Carrier on deck or below . All such Goods shall participate in General Average)”。

6)承运人的集装箱条款

集装箱运输中,通常都由承运人提供集装箱。但是,这里所说的提供,只是承运人将集装箱出借给货主使用,而不是放弃对集装箱的所有权。因此,在由承运人提供集装箱的情况下,承运人和货主之间将不可避免地面临两个问题:其一是,承运人除对使集装箱处于能充分地胜任货物运输的状态,和在集装箱的装船、积载、保管、运送、卸货和交接中给予充分注意负有义务外,对于货方掌管和控制集装箱期间所发生的集装箱的灭失和损坏,以及对第三者造成的损害是否也应承担责任;其二是,货主应在什么样的条件下,将使用后的集装箱送还给承运人。对于这两个基本问题,集装箱提单的背面条款一般均有明确规定。前者是承运人免责条款;而后者则是还箱条款。

(1)承运人免责条款

由于集装箱是承运人借给货主使用的,而在整箱货运输中,又都是由货主自行装箱的,因此,我国的《多式联运管理规则》第 18 条第 1 款明确规定:对于箱体、封志完好,货物由托运人装箱、计数、施封或货物装载于托运人的自备箱内“造成的货物灭失、损坏或对多式联运经营人造成损失,托运人应自行负责或承担赔偿责任”。与此相对应,中远集团和中海集团的集装箱提单既在货主装箱条款中规定:对因集装箱的装载方式不当;或货物不适于集装箱装载;或状态不良,且这种不适货或状态不良又是明显易见的等原因所造成的货物灭失或损害,“如果集装箱不是由承运人或其代表装箱,承运人对货物的灭失或损坏害不负责任,而且货主就承运人所发生的任何灭失、损害、责任或费用负责(If a Container has not been stuffed by or on behalf of the Carrier, the Carrier shall not be liable for loss of or damage to the Goods and the Merchant shall indemnify the Carrier against any loss, damage, liability or expense incurred by the Carrier)”;又在承运人的集装箱条款中规定“货主应就承运人的集装箱和设备在货主或代表货主的任何人看管期间所发生的一切灭失和损害负责。货主还应就在此期间发生的对他人的财物发生的灭失或损害或伤亡事故负责,而且货方应就上述期间因任何或所有索赔案件所引起的的一切费用包括法律费用赔付承运人,并使承运人免责(The Merchant shall be liable for any loss of or damage to Carrier's Containers and other equipment while in the custody of the Merchant or anyone acting on the Merchants behalf. The Merchant shall also be liable during such period for any loss of or damage to the property of others or for any injuries or death and the Merchant shall indemnify and hole the Carrier harmless against all damage whatsoever nature and howsoever arise, including, legal expenses, incurred from any and all such claims arising during such periods.)。”

(2)还箱条款

由于集装箱是货主向承运人借用的,使用后当然应将良好状态下的清洁集装箱及时归还承运人。对此,中远集团和中海集团的集装箱提单都相应的作出了规定:“如果承运人的集装箱和设备在前程运输或续程运输中使用,或在货主的营业地被开箱,货主应负责将空箱刷洗干净、不留异味后在运价本规定或承运人要求的时间内归还到承运人、其受雇人或代理人指定的地点。如果箱子未在上述时间内返还,货主应就未还空箱而引起的延误、滞期、损失或费用承担责任(If Carrier's Container and equiptment are used by the Merchant for pre-carriage or on-carriage or unpacked at the Merchant's premises, the Merchant is responsible for returning the empty Comtainers, with interiors brushed, clean and free of smell to the point or place designated by the Carrier, its servants or agents, within the time prescribed in the Tariff and/or required by the Carrier. Should a Container not be returned within the aforesaid time. The Merchant shall be liable for any detention, demurrage, loss or expenses which may arise from such non-return)”。

7)货主装箱条款

为了最大限度地发挥集装箱运输的优势,由货主自行装箱、整箱托运的方法,要比货主按件货托运零星货物,由承运人拼箱运输的方法更为理想。可是,这种既可能由货主自行装箱,也可能由承运人拼箱的做法,会产生许多海牙规则无法解释的问题。为了避免承担责任,进行集装箱运输时,承运人常在集装箱提单中,列入下列一些能对货主起到制约作用的条款。

(1)货主责任条款

货主(merchant)又称货方,比托运人的含义要广。关于这一用语,有关提单的国际公约或国内法并未涉及,因而也未对有关货主责任的问题作出规定。

不过,在一些承运人的提单条款中,通常都在定义条款中为所谓货主作出明确的定义,比如中远集团和中海集团的集装箱提单中都规定:“‘货主’包括发货人、托运人、受货人、收货人、货主、提单的合法持有人、提单的背书人、对货物或提单享有现有或未来利益的人,被授权代表前述任何一方行事的任何人(‘Merchant’ includes the consignor the shipper, the receiver, the owner of the Goods , the lawful holder or endorsee of this Bill of Lading, or any other person having any present or future interest in the Goods or this Bill of Lading, or anyone authorized to act on behalf of any of the foregoing.)。”

由于提单的定义条款将托运人包括在货主的定义之中,而像汉堡规则和我国的《海商法》及《多式联运管理规则》等有关提单的国际公约和国内法规却对托运人的责任有很明确的规定,比如我国的《海商法》和《多式联运管理规则》就在诸如托运人保证对提单正面记载内容的正确性负责;托运人对因托运人或其代表的疏忽或过失造成的货物灭失或损害,或对承运人或第三方造成的损害负责;托运人对因未遵照海关、港口及其当局的规章或要求办理规定的手续,取得规定的证书及单据,缴纳规定的税费而造成的损失负责等方面作出了规定。因此,一些船公司的集装箱提单就参照《海商法》和《多式联运管理规则》关于托运人责任的规定,制定出货主责任的条款。中远集团和中海集团的集装箱提单都有对应的内容,由于这与传统海运提单中的货主责任条款类似,在此将不予赘述。

(2)发货人检查集装箱责任的条款

这是指由承运人提供集装箱时,货主有义务事先对集装箱进行检查的条款。虽然承运人对于所提供的集装箱负有使其处于能充分地胜任货物运输状态的义务,但是发货人对承运人所提供的集装箱仍须承担检查的责任,否则,承运人不但对箱内货物的灭失、损坏不承担责任,就是对集装箱在货主看管期间,所涉及的箱体、货物和对第三方造成的损害也都要由借用集装箱的货主或他的代表负责,因此,在使用前,货主或他的代表应对集装箱的状况进行认真的检查。为此,中远集团和中海集团的集装箱提单都相应的作出了规定:“货主应该在装货前检验集装箱,集装箱的使用构成箱子适货并且表面无瑕疵的初步证据(The Merchant shall inspect Containers before stuffing them and the use of a Container shall be prima facie evidence of its being suitable and without defect)”。

(3)铅封完整交货条款

这是指在集装箱的铅封处于正常状态下交付时,即认为承运人已完全履行了义务的条款。当然,这一条款的规定,仅适用于整箱货的交接。比如,中远集团和中海集团的集装箱提单条款就规定:“如果承运人交付货主装箱的集装箱时铅封完整,这样的交付视为承运人已经完全履行了本提单项下的责任并且承运人对交付货物发生的灭失或短少不负责任(If a container stuffed by Merchant is delivered by the Carrier with its seal intact, such delivery shall, constitute full and complete performance of the Carrier's obligations hereunder and the Carrier shall not be liable for any loss or shortage of the Goods ascertained at delivery.)”。

(4)开箱检验货物条款

这是指承运人对装箱货物有检查权,为了检查箱内货物而开箱时,承运人对由此而产生的一切损害,均不负责的条款。

检验货物条款有两重含义。其一是,货主自行装箱,承运人对装箱货物的实际情况有所怀疑,或认为箱内货物积载不正常,有可能影响安全运输时,无需取得货主同意即可开箱检查,而所发生的费用则由货主负担;其二是,根据《集装箱海关公约》(CCC)的规定,海关有权检查集装箱。在由海关拆开铅封,开箱检验,再重新施加铅封的情况下,承运人当然不能对因此而发生的货物灭失,损坏和其他后果承担责任。

关于前者,中远集团和中海集团的集装箱提单条款规定,“承运人和/或与承运人订立运输分立契约的任何人或承运人委托的任何人都有权但非义务在任何时候打开集装箱或包装并检验货物。承运人对于由于开箱、拆包、检验或重新包装造成的货物的灭失或损害不负责任,并且承运人有权向货主追偿由于这样的开箱、拆包、检验和重新包装产生的费用(The Carrier and/or any person to whom the Carrier has sub-contracted the carriage or any person authorized by the Carrier shall be entitled, but under no obligation, to open any Container or Package at any time and to inspect the Goods, the Carrier shall not be liable for any loss or damage incurred as a result of any opening, unpacking, inspection or repacking. The Carrier shall be entitled to recover the cost of such opening unpacking inspection, and repacking from the Merchant.)”。而关于后者则规定:“如果在任何地方的港口当局的命令,集装箱必须被打开检验,承运人对于由于开箱、拆包、检验或重新包装造成的货物的灭失或损害不负责任,并且承运人有权向货主追偿由于这样的开箱、拆包、检验和重新包装产生的费用(If by order of the Authorities at any place, a container must be opened for inspection, the Carrier shall not be liable for any loss or damage incurred as a result of any opening, unpacking, inspection or repacking. The Carrier shall be entitled to recover the cost of such opening unpacking inspection, and repacking from the Merchant.)”。

(5)运输受货物状态影响条款

这是使承运人有权对不能被安全而妥善地进行运输或继续运输的货物作出妥善处理的条款。根据提单中的开箱检验货物条款承运人开箱检验货物后,只能得出两种结果,或者在各个方面都没有问题,而重新封箱;或者发现了如不妥善处理有可能危及货物安全运输或不能继续运输的情况。如果得出的是后一种结果,那么,为了船货的安全,授权承运人妥善地处理,或者通过合理的措施使集装箱货物能够安全地继续运输;或者中断运输是非常必要的,也是理所当然的。

由于并不是只有开箱检验才能确定货物状态是否会影响到货物的安全运输,因而中远集团和中海集团的集装箱提单中,关于这一条款的有效时限,都定为“不论何时”(anytime),规定:“如果不论何时发现,货物不能被安全而妥善地进行运输或继续运输,或承运人若不就货物或集装箱支付额外费用或采取措施便无法将货物安全而妥善地进行运输或继续运输,则承运人可在其完全自行决定认为最妥善的条件下,不对货主进行通知(但仅系作为其代理人除外)而采取任何措施并(或)支付额外费用,将货物进行运输或继续运输,并(或)将货物加以处置,以及(或)放弃这项运输并(或)将货物在任何地点存放岸上或船上,加以遮蔽或置于露天之下,此项放弃、存放或放置货物应视为根据本提单所进行的交付货物,货主应赔偿承运人就此发生的任何额外费用(If it appears at anytime that the Goods cannot safely or properly by carried or carried further, either at all or without incurring any additional expense or taking any measure(s) in relation to the Goods or the Container, the Carrier may without notice to the Merchant < but as the its agent only > take any measure(s) and/or incur any additional expense to carry or to continue the carriage thereof , and/or sell or dispose of the Goods, and/or abandon the carriage and/or store them ashore or afloat, under cover or in the open, at any place whichever the Carrier in the absolute discretion considers most appropriate. Which abandonment, storage, sale or disposal thereof shall be deemed to constitute due delivery under this Bill of Lading. The Merchant shall indemnify the Carrier against any additional expense so incurred.)”。

8)危险货物条款

与传统海运中承运危险货物的要求一样,集装箱运输中,在货主托运危险货物时也应保证做到:提供危险货物的详细情况;提供运输时应注意的事项和预防危险的措施;满足有关危险货物的运输、保管和装卸等方面的特殊要求;货物的包装外表应有清晰的、永久性的标志。

除此以外,在集装箱的外表也应按规定涂刷或粘贴与货物性质相应的危险品标签。

在提单中,对于托运人的要求,以及承运人对危险货物运输的免责问题都应作出明确的规定,这种规定与传统提单中关于危险货物运输的规定,差别不大,也应包括:要求货主对危险货物进行妥善包装的规定;要求货主准确地说明货物的性质、品名、标签及分类,以及使之无害的方法,并对其准确性负责的规定;要求货主在货物包件或集装箱的外表上标注清晰、永久性的标志的规定;承运人有权处理危险货物,使之无害,并对货物的灭失和损坏不承担赔偿责任的规定和托运人须对承运人所受的任何灭失、损坏或所负责任给予赔偿的规定等。中远集团和中海集团的集装箱提单条款从两个方面作了关于危险货物运输的规定:一是要求托运危险货物的货主准确地申报有关危险货物情况并对其准确性负责;二是在承运人对危险货物运输免责的各个方面作出了规定。由于这些规定的内容与传统海运提单并无大的区别,此处将不予赘述。

9)特殊、冷藏及加热集装箱条款

用以装载需要冷冻、保温或加热等特种货物的集装箱,在长途运输过程中,货物受损的风险要比普通货物受损的风险大得多,因而和其他特种货物的运输一样,在不违反法律规定,不影响社会公益的前提下,有关提单的法规都允许承运人和托运人对彼此之间的权利、义务、赔偿责任和免责在提单条款中另作约定。因此,集装箱提单中都专门设置了特殊、冷藏或加热集装箱条款。

相对而言,与普通货物集装箱的运输相比,特殊、冷藏或加热的集装箱运输毕竟要少的多,而且作为特种货物的运输,对运输条件的要求也更多和更严格一些,因而只有在满足承运人的要求,取得承运人同意的条件下才能承运,否则,仍应按普通集装箱货物装运。对此,中远集团和中海集团的集装箱提单,在特殊、冷藏或加热集装箱条款中,一开始就开宗明义地表明:“除非货主同承运人在运输前达成协议,同意将冷冻箱、冷藏箱用作货物运输并且在提单的正面注明,而且货主已事先正确地给予承运人货物的性质和保存货物的特定温度和/或所需尽到的特殊注意的书面通知,货方也根据运价本或约定支付了额外的运费,否则,此项货物应以普通的不通风集装箱装运(Unless the Merchant and the Carrier agree in writing before shipment that specially ventilated or heated Containers will be used to ship the Goods and such agreement is noted on the front of this Bill of Lading and the Merchant gives proper written notice to the Carrier of the nature of the Goods and the particular temperature range to be maintained and/or special attention required and the Merchant pays the extra Freight charged under the carrier's Tariff or as agreed, the Goods shall be carried in ordinary unventilated Container.)"。

运输冷藏、冷冻及需要保温、加热的货物,保证货物质量,防止货物灭失或损害的重要措施既在于货主将货物装箱前正确设定恒温、通风或其他控制装置,并将货物和集装箱的温度调至所需程度;也在于货主装箱时妥善积载,当然更在于集装箱、运输工具及其他设备等与控制温度有关设施的正常和有效的运转。

在托运整箱货,由货主自行装箱的情况下,关于货物装箱前正确设定恒温、通风或其他控制装置,并将货物和集装箱的温度调至所需程度,以及装箱时将货物妥善装箱积载,都应该由货主负责,如果因为货主没有做到这些要求,而造成货物的灭失或损害,承运人当然可以免责。据此,关于特殊、冷藏或加热集装箱运输,集装箱提单条款通常都从货主责任和规定温度的允许误差幅度等两个方面作出规定。中远集团和中海集团的集装箱提单的特殊、冷藏或加热集装箱条款就是先规定了货主责任,"如果冷藏集装箱由货主或货主的代表装箱,货主保证已由其正确设定恒温、通风或其他控制装置,而且在装箱前已将货物的温度以及集装箱的温度调至所需程度,并且在承运人接受货物之前已将货物在集装箱内妥善积载。如果这些要求未能完全作到,承运人对无论如何发生的货物的任何灭失或损害不负责任(In case of a refrigerated Container stuffed by or on behalf of the Merchant, the Merchant undertakes that its thermostatic , ventilating or any other controls have been correctly set by the Merchant and that the temperature of the Goods and the refrigerated Container has been brought to the required temperature level before stuffing and that the Goods have been properly stowed in the container before the receipt thereof by the Carrier if these requirements are not fully met the Carrier shall not be liable for any loss of or damage to the Goods howsoever arising.)";接着对规定温度的允许误差幅度做了规定,"如果已将建议的温度在提单正面标注,货主便应按此项注明的温度增加或减少 2℃的标准向承运人交付货物。承运人则应克尽职责,在对货物进行实际控制之时保持该项温度并可增减 2℃(If a suggested temperature is noted on the front of this Bill of Lading , the Merchant shall deliver the Goods to the Carrier at the noted temperature plus or minus 2℃ while the Goods are in its actual possession.)"。

至于提单中关于特殊、冷藏或加热集装箱运输为承运人责任设定的条款,除规定承运人应在进行运输之前或运输开始当时要将冷藏或加热集装箱保持在有效状态,和在实际控制货物时要对保持货物的温度尽到谨慎处理之责外,对于运输全程中因未妥善通风、制冷或加热,以及因任何相关设施、设备故障而造成的货物灭失或损害都可免责。比如,中远集团和中海集团的集装箱提单的特殊、冷藏或加热集装箱条款中就明确地规定了:"承运人并不保证在运输全程集装箱已妥善通风、制冷或加热。承运人对因集装箱、船舶、运输工具及任何其他设备的制冷装置、机器、绝缘及(或)任何或其他设备的潜在缺陷、全部或部分失灵或发生故障或停止运转而造成货物的任何灭失或损害,亦不负责,但承运人应在进行运输之前或运输开始当时克尽职责,将冷藏集装箱保持在有效状态(The Carrier does not warrant that the Container be properly ventilated refrigerated or heated throughout the carriage, nor shall the Carrier be liable for any loss of or damage to the Goods arising from any latent defects, any total or partial failure or breakdown or stoppage of the refrigerating machinery, plant, insulation and/or any apparatus of the Container, Vessel, conveyance and any other facilities, provided that the Carrier shall before or at the beginning of the carriage exercise due diligence to maintain the refrigerated Container in an efficient state.)”。

10)索赔通知及诉讼时效条款

按照我国《海商法》,关于索赔通知的时间规定是:如果“货物灭失或者损坏的情况非显而易见的,在货物交付的次日起连续七日内,集装箱货物交付的次日起连续十五日内,收货人未提交书面通知的,”即应视为承运人已按提单记载交付货物的初步证据;关于诉讼时效则规定:“就海上货物运输向承运人要求赔偿的请求权,时效期间为一年,自承运人交付或者应当交付货物之日起计算”。

根据《海商法》制定的《多式联运管理规则》对此作了更具体的规定,对索赔通知的时间规定:“货物灭失或者损坏的情况非显而易见的,整箱货物交付的次日起连续十五日内,货物拆箱交付的次日起连续七日内,收货人未提交书面通知的”,应视为承运人已按提单记载交付货物的初步证据;而对于诉讼时效则规定:“多式联运全程包括海运段的,对多式联运经营人诉讼时效期间为一年;多式联运全程未包括海运段的,按民法通则的规定,对多式联运经营人的诉讼时效期间二年”。

照理讲,集装箱运输的货物损害的发现和损害诉讼的提起都要比传统的件杂货班轮运输困难一些,因而索赔通知的提交时间和诉讼时效应该比较长一些,而汉堡规则和《多式联运公约》对此都较海牙规则的规定有所延长。只不过因为汉堡规则尚未被普遍采用,而《多式联运公约》又尚未生效,所以《海商法》和《多式联运管理规则》只延长了索赔通知的提交期间,而未改变诉讼时效。据此,中远集团和中海集团集装箱提单的索赔通知和时效条款中,关于索赔通知的规定是:“除非货物或损坏的通知在货物交付之前或之时书面交于卸港或交货地的代理,或如果灭失或损坏不明显,在交货之日后的 15 个连续日内提出上述书面通知,此项交付便应是承运人及(或)续程承运人按本提单所述状况交付货物的初步证据(Unless notice of loss or damage is given in writing to the Carrier or its agent at the Port of Discharge or Place of Delivery before or on the date of delivery of the Goods, or if loss or damage is not apparent ,within 15 consecutive days thereafter, such delivery shall be prima facie evidence of the delivery of the Goods by the Carrier and/or on-carrier in apparent good order and condition as described in this Bill of Lading.)”。而关于诉讼时效的规定则是:“除在交付货物或应交付货物之日起一年内提起诉讼,承运人、其受雇人、代理人及分立契约人应被解除一切责任(The Carrier, its servant and Sub-contractors shall be discharged from all liabilities whatsoever unless suit is brought within one year of the Goods from the date when the Goods should have been delivered.)”。

四、无船承运人提单

传统观念都认为提单只能由海运承运人或经承运人授权的代理人签发。但是,在包含了海上运输的集装箱多式联运中,除海运承运人及其代理人有权签发被泛称为集装箱提单的集装箱多式联运提单外,依法获准经营无船承运业务的无船承运业务经营者(或无船承运人:NVOCC)依法办理提单登记、交纳保证金(国外多用责任保险)后也可签发自己的提单,即无船承运业务经营者提单(NVOCC B/L)。

我国的多式联运和关于多式联运的立法起步较晚。《国际海运条例》颁布实施前,大多数从事无船承运业务经营的无船承运人都是由原来从事国际货运代理业务的代理人转化而来的,其中还有不少只是为了谋取运费差价,偶尔以承运人的身份承运货主的货物并签发提单,然后再以托运人的身份向海运承运人托运货物并接受由海运承运人签发的提单,从事着近似分割责任制的联运业务。在这种情况下,作为无船承运业务经营者的货运代理人没有自己制定的能适应自身经营特色、合法维护自己权益的提单,只是临时借用市场上流通的提单(通常都使用船公司的提单),在需要时签发,其身份很多情况下也是不明确的。

提单的签发及其条款内容毕竟事关签发人的权利和义务,而无船承运人所签发的多式联运提单,对于真正的货主和作为海运区段实际承运人的海运承运人来说,可以说就是一种通常所说的"背靠背合同",无船承运人一方面以承运人的身份签发多式联运提单,承运货主托运的货物,按照多式联运提单的条款规定承担货物运输责任;另一方面又以货主身份向海运承运人托运货物,接受海运承运人签发的海运提单,按提单条款的规定,承担托运人的责任,在一次全程货物运输中,就同一票货物而言,无船承运人同时要受到两个运输合同的约束。如果无船承运人不能将多式联运提单为自己规定的应向货主承担的责任通过海运承运人签发的海运提单转移给海运承运人,或者将本应由自己承担的责任过多的转嫁给海运承运人,也就是当按照多式联运提单条款规定的无船承运人对货主应承担的责任大于或小于海运提单为海运承运人规定的应对作为托运人的无船承运业务经营者承担的责任时,将会出现无船承运人和海运承运人之间责任分担不公平的情况,影响无船承运人和海运承运人经营多式联运业务的积极性。

因此,以"规范国际海上运输活动,保护公平竞争,维护国际海上运输市场秩序,保障国际海上运输各方当事人的合法权益"为目的的《国际海运条例》及其《实施细则》不但把向政府主管机关登记并获得批准作为无船承运业务经营者取得经营资格的必要条件,同时也把"办理提单登记"和"缴纳保证金"作为无船承运业务经营者取得经营资格的必要条件。

虽然《国际海运条例》已将"办理提单登记"列为无船承运业务经营者取得经营资格的必要条件,但是,不论是条例还是实施细则中都没有关于提单内容的具体要求。为此,协助无船承运业务经营者制定既能与经营特色相适应、又能兼顾各关系方利益,特别是多式联运海运区段的运输中各方利益的无船承运业务经营者提单,就成为落实条例及细则有关无船承运业务经营规定的必要举措之一。

在多式联运中,尤其是就多式联运中"港到港" 的海运区段的运输而言,海运承运人对于风险的处理、责任的规避与转移等事关切身利益的种种事项都已具有较丰富的理论知识和实践经验。相对之下,无船承运业务经营者却处于劣势。因此,制订无船承运业务经营者的提单时,最重要的是熟悉并掌握海运承运人签发的海运提单中关于免责的规定,否则,无船承运业务经营者就有可能在多式联运中承担本不应由自己承担的责任。

提单作为一种有价证券,在海运中具有非常重要的地位,往往是解决各种海事纠纷、风险的关键所在。《国际海运条例》规定,无船承运业务经营者必须将自己的提单(提单抬头为经营者公司名称)向国务院交通运输主管部门登记,并由后者在指定的网站公布。但在实践中,我国目前实际从事无船承运业务的经营者数量众多,有自己的提单的所占比例很少。许多经营者只是简单地拿一份市场上流通的提单(通常是船公司提单),将抬头改为自己公司名称就作为自己的提单,有的甚至连抬头都不改变就直接使用,这样既不利于保护经营者的合法权益,也妨碍了政府部门的行业管理。同时,无船承运人在签发提单时,往往照抄照搬实际承运人的提单条款,而不能根据自己的实际情况作出变更,一旦发生纠纷,就无法准确地界定承运人责任。

按照我国的法律,货代和无船承运人的根本区别就在于能否以自己的名义签发提单,没有取得无船承运人资质的货代签发自己的提单是违规的行为。但是,无船承运经营者的提单应该与自己的经营特色相吻合。上海航运交易所本着为会员单位提供服务的宗旨,按照"公开、公平、公正”的原则，为配合《国际海运条例》的实施，邀请中国海事仲裁委员会制订了既能适应我国无船承运业务经营者经营特色、又能均衡关系各方利益的无船承运业务经营者提单范本。这就是被称为“上海航运交易所格式(Shanghai Shipping Exchange Form)”的以“‘港到港’或多式联运提单(仅供集装箱运输使用)(PORT-TO-PORT OR COMBINED TRANSPORT BILL OF LADING < ONLY FOR CONTAINER TRANSPORTATION > .)”为标题的无船承运业务业务经营者提单。供无船承运业务经营者既可参考选用该范本，也可以结合具体情况重新制定。

现以上海航运交易所提供的多式联运提单范本(见表 4-1)为例，简要说明无船承运业务经营者提单应包括的主要内容：

上海航运交易所多式联运提单范本 表 4-1

This B/L for NVOCC carriage has registered with the M.O.C. of the P.R.C, and published on websites: www.moc.gov.cn and www.chineseshipping.com.cn. Registry NO.	B/L NO.

Shipper		(公司中英文名称) PORT-TO-PORT OR COMBINED TRANSPORT BILL OF LADING (ONLY FOR CONTAINER TRANSORTATION) Reccived in extemal apparent good order and condition except as otherwise noted. The total number of packages or units stuffed in the container, the description of the goods and the weights shown in this Bill of Lading and fumished by the shipper, and which the container has no reasonable means of checking and is not part of this Bill of Lading The shipper and the consignce and other merchants agree to be bound by the terms and conditions of this Bill of Lading as if cach had personally signed this Bill of Lading.	
Consignee			
Notify Party			
Pre-carriage by	Place of Reccipt		
Ocean Vessel	Port of Loading	Port of Discharge	Place of Delivery

PARTICULARS FURNISHED BY SHIPPER

Marks & Nos. Container scal No.	Number & kind of P'kgs	Description of P'kgs &-goods	Gross weight(kgs)	Measurment

FREIGHT AND CHARGES			Place and date of issue
RATE			
TOTAL	Prepaid	Collect	IN WITNESS whereof the number of original Bills of Lading stated above have been signed, one of which being accomplished, the other(s) to be void. 1 signed by ____________ as the carrier 2 signed by ____________ for and on behalf of the carrier (Note: 1, 2 are alternative, 1 shall apply unless 1 has been expressly abandoned.)
Declared value			
Number of original B/L			
For cargo Delivery, Please Contact:			

SSE

Shanghai Shipping Exchange Form

1．提单的正面内容

关于无船承运业务经营者提单的正面内容，就应记载的各个项目而言，与海运承运人签发的提单并没有很大的区别。不过，由于无船承运业务经营实践中常存在着“借用”他人提单的情况，而且也常有以货运代理人的身份代无船承运业务经营者签发提单的情况，致使发生争议后难以作出承运人的认定，因而在现实情况下，以“上海航运交易所格式”（以下简称“航交所格式”）为例可以看出，在提单的正面内容方面，它与海运承运人签发的提单的区别主要体现在与确认承运人有关的以下3个方面：

（1）关于无船承运业务经营者的“抬头”

所谓“抬头”，也就是无船承运业务经营者的名称。《国际海运条例》及其实施细则关于提单登记，都要求无船承运业务经营者必须在提单正面显示自己公司的名称，否则不予登记。因为这是事关确认承运人的问题，所以作为承运人的无船业务经营者必须遵守。考虑到这样的要求，“航交所格式”在提单名称的上方，留有可供选用者填记自己中英文名称的空档，并在格式最下方记有关于“保留所有权，非经上海航运交易所同意不得以任何形式复印提单的部分内容（All right reserved. No part of the this B/L may be reproduced in any form or by any means without the permission of SSE.）”的规定。无船承运业务经营者须经航交所同意才能选用“航交所格式”，冠以自己的中英文名称，使之成为自己的提单，办理提单登记。

（2）关于提单“登记号”

无船承运业务经营者将自用提单在主管机关登记并缴纳保证金后，才具有经营无船承运业务的资格，而提单登记并取得登记号，则是表示无船承运业务经营者已取得经营资格的证明之一。因此“航交所格式”不但在提单名称的上方留有空档供无船承运业务经营者填记公司的名称，而且在提单的左上方用一个方框载明“本提单已经按照我国法律规定，向我国交通主管部门登记，并在指定的两个网站 www.moc.gov.cn 和 www.chineseshipping.com.cn 上公布（This B/L for VOCC has Registered with the M.O.C. of the R.P.C., and published on websites: www.moc.gov.cn and www.chineseshipping.com.cn.）”，而且还要求无船承运业务经营者将提单的登记号记载于方框内的“登记号（Registry No.）”项下。这样，伴随主管机关对提单管理日趋完善，即使是对无船承运业务一无所知，对无船承运业务经营者并不熟悉的货主，通过提单的登记号，至少也可以了解该无船承运业务经营者是否已经取得合法经营资格，不但可以避免货主遭受损失，而且也有利于无船承运业务经营者树立自己的形象。

（3）关于提单的签发人

与海运承运人签发的提单不同，可为无船承运业务经营者选用的“航交所格式”，在提单的右下方“承运人签字”栏中列有两个签字选项，其中选项1为“承运人签字选项”；而选项2为“代理人签字选项”。并在本栏中以批注形式规定，“1、2为选项，除非明确的将1删除，否则将适用1（Note: 1,2 are alternative, 1 shall apply unless 1 has been expressly abandoned.）”。这就是说除非明确把第1个选项即将“承运人签字”这一选项划掉，否则，即使是以代理人的身份在第2个选项，即“代理人签字”选项中签字，也应视为是承运人签字，由签字人承担履行运输合同的责任。这样就不会发生因难以确定承运人而拖延索赔时间，甚至已超过时效，仍未能确定谁应对货物损失承担赔偿责任的问题。

2．无船承运业务经营者提单的背面条款

在我国，作为无船承运业务经营者提单的“航交所格式”和海运承运人签发的提单一样，都受到我国《海商法》的制约，因而它们的正面内容和背面条款的内容大体相同。以“航交所格式”为例，如果将无船承运业务经营者提单的条款作一简单归类，除具有承揽货物运输性质的运输合同共有的、内容基本相同的条款，如仲裁（Arbitration）条款、喜马拉亚条款（“航交所格式”中分列为雇佣人及其他人责任条款 < Liability of Servants and other persons > 和侵权行为条款 < Applicability to Action in Tort > ）、运费和费用条款（Freight and Charges）、留置权（Lien）条款和共同海损（General Average & Salvage）条款等条款外，大致可归纳为：①法律已经有强制性规定的条款；②适应集装箱运输特点而制定的条款：③形成无船承运业务经营者提单特色的条款。现分别对这 3 类条款简要说明如下。

(1)法律已经有强制性规定的条款

任何一种提单都在提单的背面条款中载明了具有首要条款性质的表明本提单所适用法规的条款，因而所适用法规中已有的强制性规定的条款当然也适用于该提单。由于这些强制性规定的条款已详细列记于所适用法律的条文中，为了压缩提单背面条款的篇幅，就不必在提单条款中重复列记。比如，“航交所格式”的背面条款中就以适用法（Applicable law）条款规定了“所有本提单项下或涉及本提单的争议，取决于《中华人民共和国海商法》（All disputes arising under or in connection with this Bill of Lading shall be determined by the laws of the People's Republic of China.）。”而我国《海商法》中关于承运人责任、责任期间和免责的规定都是强制性条款，所以“航交所格式”的背面条款中除在承运人责任（Carrier's Responsibility）条款中规定了“承运人的责任和义务应受制于《中华人民共和国海商法》（The Carrier's responsibility and liability shall be governed by the laws of P. R. China.）”，和“除非明确地承诺了交付时间，承运人将不保证到达时间。（The Carrier shall not guarantee the arrival time of the Goods unless the time of delivery has been expressly agreed.）”外，就再没有明示其他有关承运人责任和免责的条款了。

(2)适应集装箱运输特点而制定的条款

集装箱提单与普通件杂货提单的重要区别之一是前者增列了一些与集装箱运输特点相适应的、用以区分承托双方责任的条款。无船承运业务经营者作为承运人签发给货主的提单，实质上也是集装箱提单，因此，在一些能反映集装箱运输特点的条款方面也参照了海运承运人的集装箱提单条款。

“航交所格式”背面条款为适应集装箱运输特点而制定的条款，基本内容与海运承运人的集装箱提单极其相似，只不过条款名称不尽相同，措辞也比较简练而已。比如，“航交所格式”背面条款第 6 条分立契约（sub-contract）条款规定的“承运人有权在任何时间以任何条件将运输的全部或其任何部分分包给任何分立契约人（The carrier shall have the right at any time and on any terms whatsoever to sub-contract the whole or any part of the carriage with any Sub-contractor）”，就与前述中远集团和中海集团集装箱提单的分立契约、赔偿以及抗辩条款中分立契约部分规定的内容基本相同，只是因为海运区段运输中无船承运业务经营者并不是实际承运人，因而条款中并未涉及“以任何其他船舶或运输工具代替本船”的问题；又如，“航交所格式”背面条款中的承运人的集装箱条款（carrier's containers）、货主装箱的集装箱条款（merchant-stuffed container）、运输的方式及路线条款（Methods and Routs of Transportation）和检验货物条款（inspection of the goods）等，不仅条款的名称与海运承运人的集装箱提单相同，就是条款的内容也几乎完全一致。在此就不再赘述。

(3)形成无船承运业务经营者提单特色的条款

与海运承运人的集装箱提单相比，作为无船承运业务经营者提单范本的“航交所格式”的最为明显的特点就是对涉及货物的描述、提单记载事项的证据效力作了详细的规定。即货物的描述及货主责任条款（description of the goods and merchant's liability）。

考虑到无船承运业务经营者"一担挑两家",真正的货主并不直接面对海运承运人的经营特点,同时也考虑到在无船承运业务经营中,按照提单的记载向收货人交付货物是无船承运业务经营者必须尽到的义务,而提单纠纷中,很大一部分又是关于货物短缺及损坏情况的纠纷,因此,通过提单条款的规定引起货主和无船承运业务经营者对提单中关于货物描述正确性的关注是非常必要的。为此,"航交所格式"根据适用法的规定,再次强调了提单记载事项的证据效力,规定"提单中记载的货物信息是承运人接受货物的初步证据(The information of the goods in this Bill of Lading shall be prima facie evidence of the receiving by the Carrier of the goods)",同时还规定"除非在文本上或提单的正面另有类似'托运人衡重、装箱和计数、托运人装箱、计量和铅封'的批注或类似的表示,当提单已经转让正当的按照提单中所载货物情况行事的包括收货人在内的第三方时,则与此相反的证据便不予接受。(proof to the contrary shall not to be admissible when this Bill of Lading has been transferred to the consignee as a third party for valuable consideration who is in good faith has relied and acted thereon unless otherwise noted such as the indications of "Shipper's weight, load and count", "shipper packed, contained and sealed" or similar expressions has been made in the printed text or superimposed on the front of this Bill of Lading.)"。

另外,为了确保对货物描述的正确性,"航交所格式"不仅规定了"当货主或他的代表提供的货物信息记入提单,就被认为货主已对承运人接受货物时,所有有关货物的一般性质、标志、号码、重量、价值和数量,必要时货物的危险性质的正确无误作出了保证。(When the information of the goods for insertion in this Bill of Lading is furnished by the merchant or on his behalf the shipper shall be deemed to have guaranteed to the Carrier the accuracy, at the time the goods were received by the Carrier, of all particulars relating to the general nature of the goods, their marks, number, weight, volume and quantity and, if applicable, to the dangerous character of the goods.)",而且还规定"即使托运人已将提单转让,托运人也应对因信息不准确、不适当而引起的灭失、损坏和费用给承运人以赔偿。(The shipper shall indemnify the Carrier against all loss, damage and expense resulting from any inaccuracy or inadequate of such particulars, even if the Bill of Lading has been transferred by the shipper.)"

不仅如此,关于货主的责任,和海运承运人的提单一样,"航交所格式"也规定了"承运人对任何因货物包装的缺陷或不充分,或由托运人或由承运人以外的托运人的代表完成的不适当装箱或装入其他运输单位,或因托运人或他的代表提供的集装箱或其他运输单位的缺陷或不适当(如果是承运人提供的集装箱或其他运输单位,则应由托运人或他的代表进行明显地检验)而造成的所有灭失、损坏、和费用不承担责任。托运人对因此而造成的所有灭失、损坏、责任和费用应给承运人以赔偿。(The carrier shall not be liable for any loss, damage or expense caused by defective or insufficient packing of goods or by inadequate loading or packing within containers or other transport units when such has been performed by the shipper or on his behalf by a person other than the Carrier, or by the defect or unsuitability of the containers or other transport units supplied by the shipper, or on his behalf or if supplied by the carrier, if a defect or unsuitability of the container or other transport unit would have been apparent upon reasonable inspection by the shipper or on his behalf. The shipper shall indemnify the Carrier against all loss, damage, liability and expense so caused.)"。

第六节 提单业务

签发提单是承运人的重要业务内容之一。而包括托运人、受货人、发货人、收货人、提单持有人和货物所有人而言，按照习惯的做法，转让提单也是他们完成商品交易、收受货款、办理结汇的重要业务内容之一。

一、提单的签发

提单是班轮运输中一份重要的单证。提单内所记载的事项是否正确无误，不但直接关系到承运人的经济利益，而且还影响到船公司的信誉。因此，不但要求所签发的提单字迹清晰、整洁、内容完整、不错不漏，而且在承运人、他的代理人或船长签发前，还必须对提单所记载的，包括提单的各个关系人的名称，货物的名称、包装、标志、数量和外表状况等项内容的必要记载事项进行认真仔细的核对、审查，使记载不正确的内容及时得到纠正，把可能出现的差错消灭在签发提单之前。

提单必须经过签署手续才能生效。它是根据货物装船后大副签署的收货单签发的。

1. 提单的签发人

有权签发提单的人只有承运人本人、船长和经承运人授权的代理人。我国《海商法》第72条对此有明确的规定。同时，根据UCP500的要求，提单签发人必须表明自己的身份，如承运人(CARRIER)，船长(MASTER)或者代理人(AGENT)。但要注意，如果提单由代理人签发，它还必须表明被代理者的身份，即必须明确显示谁是承运人。

承运人，按照我国《海商法》第42条对有关用语的解释，“是指本人或者委托他人以本人名义与托运人订立海上货物运输合同的人”。因此，作为海上货物运输合同的当事人的一方并承担货物运输责任，当然有权签发提单。

至于船长，各国有关海上货物运输的法律都规定船长是承运人的法定代理人。因此，不必经过承运人的授权，船长就有权签发提单，而且与承运人本人签发的提单具有同样的法律效力。甚至在承运人明确指示对船长签发提单的权力予以否定的特殊情况下，如果船长仍然签发了提单，并且提单持有人不了解这种指示，此时提单对承运人仍具有约束力。中国《海商法》第72条第2款亦明确规定“提单由载货船舶的船长签发的，视为代表承运人签发”。

在当今的国际航运中，特别是班轮运输中，常由承运人的代理人签发提单。但由承运人的代理人签发提单必须经承运人的委托授权。未经授权，代理人是无权签发提单的。代理人在签发提单时应注意有关提单的格式、份数、签发日期、签发依据、批注的处理、附加条款等事项。

2. 提单的签发日期

提单的签发日期应与提单上所列货物实际装船完毕的日期(on board date)，即收货单的签发日期一致。这是因为：

在国际贸易中，买卖双方对货物的装运期限事先都有约定，并且都把签发提单的日期看作是货物装船的日期，也就是卖方向买方交货的日期。如果提单签发日期提前于货物装船完毕的日期，就有可能构成对第三者的欺诈行为，从而引起收货人拒绝提货，并进而提出索赔。

只有将货物装船后，才能辨别所装货物外表状况是否良好，件数是否与申报的数字相一致。如果货物尚未装船即签发已装船提单，所签发的提单当然是清洁提单，这样，就会扩大了承运人的责任。

如前所述，已装船提单的签发日就是货物装船日，提单的签发日期是根据货物装船的时间记载的，在这种情况下，可以不再加上已装船“ON BOARD”的批注及日期。如果额外加上“ON BOARD”及其日期，只要该日期与提单签发日(DATE OF ISSUE)一致，也可以被接受。但当两者不一致时，该提单无效。

在日常业务中,由于集装箱班轮运输的普及,待运提单也往往比较多用,在这种提单上,必须显示两个日期,提单签发日和货物装船日,两者可以一致,也可以不一致。当不一致时,以货物装船日为准,只要货物装船日不晚于信用证规定的装船期限,就算单证相符。

3. 提单的份数

提单有正本提单和副本提单之分。副本提单只用于日常业务,不具有法律效力。通常不需要签署。

为了防止提单遗失、被窃或在转递过程中发生意外事故造成灭失,各国海商法和航运习惯都允许签发数份正本提单,并且各份正本提单都具有同等效力,但以其中一份提货后,其余各份自动失效。

签发正本提单的份数,都应分别记载于所签发的各份正本提单上。通常都在提单上列有“承运人或其代理人已签署本提单一式×份,其中一份经完成提货手续后,其余各份失效”的字句。在业务中正本提单有时需要复印或传真,这些复印件或传真件视同副本使用。

要在提单上注明签发正本提单份数的原因是,使提单的合法受让人了解全套正本提单的份数,防止流失在外而引起的纠份,保护提单受让人的利益。同时也因信用证通常都规定必须以全套正本提单向银行办理结汇,和在变更卸货港提取货物时,必须提交全套正本提单。在提单上注明正本提单的份数后,就可使接受提单结汇的银行和在变更卸货港交付货物的船公司的代理人,了解用以办理结汇或提取货物的提单是否齐全。

4. 提单的附加条款

实际业务中,提单上除印刷条款外,常会出现附加条款。附加条款的出现主要有以下几种情况,由于班轮运输的提单签发人通常是船舶代理人,因此代理人应注意区别处理。

最常见的是,集装箱海运提单上,一般都会有集装箱尺码、数量、交接方式等字样的内容,显示在提单正面的空白处。例如,提单上显示“1×40′,CY TO CY”字样,表示货物整箱装 40ft 集装箱 1 个,承运人责任从堆场到堆场,又如提单显示“1×20′,CFS-CFS”字样,表示货物拼箱装 20 英尺集装箱 1 个,承运人责任从货运站到货运站,等等。

此外,承运人在费率本上载明对运往部分港口的货物可填加附加条款,那么,代理人在代签提单时,就应注意按照有关规定办理;如果承运人临时要求添加附加条款,船舶代理人还应及时通知托运人;反之,如果托运人按照信用证等规定要求添加附加条款,代理人则应在征得承运人同意并确认后再行加注。代理人加注附加条款时,必须仔细、谨慎,不得错加、漏加和多加。

二、提单的更正与补发

1. 提单的更正

正本提单原则上不能涂改,发现错误应重新缮制,如确需作个别字样的更改,则应在更正处加盖校对章。

在实际业务中,提单通常是在托运人办妥托运手续后,货物装船前,在缮制有关货运单证的同时缮制的。在货物装船后,这种事先缮制的提单,可能与实际装载情况不符而需要更正或重新缮制。此外,货物装船后,承运人或其代理人签署提单前,也可能因托运人申报材料的错误,或信用证要求的条件有所变更,或其他原因,而由托运人提出更正提单内容的要求。在这种情况下,承运人或其代理人通常都会同意托运人提出的更正提单内容的合理要求,重新缮制提单。

如果货物已经装船，而且已经签署了提单后托运人才提出更正的要求。这时，承运人或他的代理人就要考虑各方面的关系后，才能决定是否同意更改。如更改的内容不涉及主要问题时，在不妨碍其他提单利害关系人利益的前提下，可同意更改。相反，如更改的内容会涉及其他提单关系人的利益，或影响承运人的交货条件，就需要征得有关方的同意，才能更改并收回原签提单。至于因更改提单内容而引起的损失和费用，则应由提出更改要求的托运人负担。

如果提出更改要求时，船舶已开航，还应立即电告船长作相应的更改。

2. 提单的补发

如果提单遗失，托运人要求补发时，应分别不同情况予以处理。

如果正本提单结汇后，在转递途中遗失，收货人可在目的港凭副本提单和具有信用的保证人，如银行出具的保证书提取货物。在这种情况下除须依照一定的法定程序将提单声明作废外，无须另行补发提单。

如果提单在结汇前遗失，应由托运人提供书面担保，经承运人同意后补签新提单并另行编号。同时还要把有关情况转告承运人在目的港的代理人，声明前签提单作废，以免发生意外纠纷。

三、凭保函签发清洁提单

凭保函签发清洁提单是一种在大副已将货物的外表状况批注于收货单上的情况下，托运人为了不影响向银行结汇货款，而向承运人提交一份以承担因签发清洁提单而发生的一切责任为内容的保函，要求承运人在签发提单时，不将收货单上的大副批注内容转移到提单上，而由承运人签发不带有任何批注的提单，使托运人能以清洁提单向银行顺利结汇的变通做法。在集装箱运输中，场站收据上关于集装箱货物存在问题的批注同样会带来货主凭保函签发清洁提单的要求。

凭保函签发清洁提单是商业习惯允许的变通做法。商业习惯允许凭保函签发清洁提单的原因，不仅在于满足托运人能以清洁提单顺利地结汇的需要，而且也是为了使货运程序能顺利进行的需要。实践证明，为了不致因一些经常出现，而估计损失不会很大的有关货物的外表状况和数量的争议，影响货运程序的正常进行，而由托运人出具保函承担可能发生的责任，将争议留待日后解决的做法是可行的。

但是，根据保函签发提单，毕竟违反单证的表示不得虚假的原则。承托人根据保函签发清洁提单，难免不被认为是与托运人共谋的欺诈行为。而且在许多国家，根据法律都有使保函无效的危险。所以，接受保函签发清洁提单，对承运人是有一定风险的。因此，承运人对托运人提出的凭保函签发清洁提单的要求须特别审慎。

如果承运人接受了托运人的要求，就应要求托运人提供一式数份保函。在接受保函时要特别注意，保函必须是以作为运输合同当事人的托运人的名义提出的，如果预料可能发生的损害较大，甚至还应要求提供由银行承担连带责任的保函。

承运人接受托运人提交的一式数份保函签发清洁提单后，除自行保存保函正本以备日后作为追偿的依据外，还应将大副在收货单上的批注记载于载货清单或载货运费清单上，并写明根据保函签发清洁提单，然后连同保函副本分送船舶和船公司在卸货港的代理人，供作将来处理索赔之用。

关于保函的效用，在海上货物运输中，一般有两种情况托运人须提供保函。第一种情况是当托运人与承运人之间就货物的数量、重量或包装问题上存在分歧时，如承运人怀疑托运人提供的情况有问题，但又没有合适的方法加以检查，或者承运人认为货物的包装不适合长途运输，而托运人这时已不可能另换包装，承运人会要求托运人出具保函，以保护承运人的利益，否则承运人就在提单上记入不利于托运人的批注。第二种情况是托运人为了某种个人目的，要求承运人在提单上记入与实际货物情况不一致的内容，承运人为了保护自己的利益而要求托运人出具保函。凭保函签发清洁提单(包括要求承运人签发倒签提单和预借提单)就属于这后一种情况。

对于第一种情况下的保函，各国法律一般都采取认可的态度。这是一种为了使货物及时出口的变通做法，对收货人不存在隐瞒事实的问题。而对于第二种情况的保函，在法律上是无效的。因为这种保函的实际意义在于共同欺骗无辜的第三者。

关于保函的法律效力，海牙规则和维斯比规则都没有作出规定。考虑到保函在海运业务中的实际意义和保护无辜的第三方的需要，汉堡规则第一次就保函的效力问题作出了明确的规定。汉堡规则第 17 条规定，保函是承运人与托运人之间的协议，不得对抗第三方，承运人与托运人之间的保函，只是在无欺骗第三方意图时才有效；如发现有意欺骗第三方，则承运人在赔偿第三方时不得享受责任限制，且保函也无效。

四、提单的背书转让

提单是物权凭证，通过背书可以转让。

所谓背书是指转让人在提单的背面写明受让人，并签名的转让手续。按照背书的方法区分，背书有完全背书(记名背书)、指示背书、选择不记名背书和空白背书(不记名背书)等四种。

完全背书是背书人(转让人)在提单背面写明被背书人(受让人)的姓名，并由背书人签名的背书形式；指示背书是背书人在提单背面并不写明特定受让人，而仅写明“指示”或“×××指示”字样，并由背书人签名的背书形式；选择不记名背书是背书人在提单背面既特指某一受让人，同时又指明可以以提单持有人作为受让人，即以“×××或持有人”形式表示受让人，并由背书人签名的背书形式；空白背书则指在提单背书中不记载任何受让人，只由背书 人签名的背书形式。

在承运人签发的提单是指示提单的条件下，只要经过背书都可以转让。如果所签发的提单是托运人指示提单，则应以托运人为第一背书人；如果是记名指示提单，或选择指示提单，则第一背书人应是提单中指名的指示人，即“×××指示”或“×××或指示”中的“×××”应为第一背人。

空白背书不需背书即可转让。转让时，背书人不需要在提单上写明受让人，只要在提单背面签字即可。

虽然记名提单一般是不能转让的。但是，如果经过一定的法律手续而允许转让时，应以提单正面指名的收货人为第一背书人。

采用完全背书的背书形式时，必须连续背书才能连续转让。而采用空白背书形式时，则不需要连续背书即可转让。

第五章　租船运输业务

租船运输是一种既没有事先制定的船期表，也没有固定的航线和挂靠港，而是追随货源，按照货主对运输的要求安排船舶就航的航线，组织货物运输的船舶营运方式。所以，租船运输又称不定期船运输。租船运输通常都是按照船舶所有人与需要运力的承租人之间签订的租船合同组织运输的。

第一节　租船运输的经营

一、租船程序

租船通常是在租船市场（chartering market）上通过租船经纪人进行的。在租船市场上，俗称为船东的船舶所有人是船舶的供给方（supply side），而承租人则是船舶的需求方（demand side）。在当今通讯技术十分发达的时代，双方当事人从事的租船业务，绝大多数是通过电话、电传、电报、传真、网络等现代化通讯手段洽谈的。一项租船业务从发出询价到缔结租船合同的全过程称为“租船程序”（chartering procedure；chartering process）。

1. 租船经纪人

在国际租船市场上，租船交易通常都不是由船舶所有人和承租人亲自到场直接洽谈，而是通过租船经纪人（broker）代为办理并签约的。

租船经纪人是在租船业务中代表船舶所有人和承租人进行租船业务磋商的人。他既可以是接受船舶所有人的委托，代表船舶所有人，站在船舶所有人的立场上进行交易的船舶所有人的经纪人（owner′s broker）；也可能是接受承租人的委托，代表承租人，站在承租人的立场上进行租船交易的承租人的经纪人（charterer′s broker）。租船经纪人都非常熟悉租船市场行情，精通租船业务，并且有丰富的租船知识和经验，在整个租船交易过程中起着桥梁和中间人的作用，对顺利成交起着十分重要的作用。租船经纪人一般都与船舶所有人和货主保持着经常的联系，一些大的租船经纪人更和世界范围的租船市场保持着互通情报的关系，他们能够经常地掌握货源和运力的情况，及时了解市场行情的变动。所以船舶所有人或承租人委托他们代办租船交易，不但能够比较及时的，以比较合理的条件满足自己的需要，而且可以减少许多事务上的繁琐手续。

国际上使用租船经纪人开展租船业务的做法已十分普遍。租船经纪业已成为一种专门的行业。船舶所有人或承租人一旦为了进行某一项租船业务而指定了经纪人，则处于“本人”地位的船舶所有人或承租人就有权对其指定的经纪人发出与租船业务有关的任何指示。对此，租船经纪人必须如实照办，不得有损害“本人”利益的越权行为。然而，在实际中却很少在“本人”与“租船经纪人”之间订有约束双方的书面协议，确定双方之间关系的依据和划分责任的证据，则是日常往来的电传、电报或传真等书面资料。

国际上，通过租船经纪人洽谈租船业务的主要方式有两种：一种是由船舶所有人和承租人分别指定的租船经纪人进行洽谈。在代表各自委托方利益的经纪人就租船所涉及的基本条件达成一致的意向，且船舶所有人和承租人也表示可按这些条件成交的前提下，一般由船舶所有人的经纪人在成交后尽快的时间内，根据双方同意选用的某种租船合同范本以及达成的各项条件和条款，制定完善的租船合同并代表“本人”在合同上签署（须经“本人”事先授权），如另一方经纪人对所制定的租船合同条款无异议，也代表已授权他的“本人”在合同上签字；另一种是船舶所有人和承租人共同指定同一租船经纪人进行洽谈，在这种情况下，双方当事人既可亲临现场，在现场当面洽谈，决定是否成交，也可通过租船经纪人，以函电相互提出各自的要求，经过反复磋商，最终决定是否成交。在这当中，租船经纪人所起的作用只是引导双方当事人共同议定各项条件或条款，利用自己的知识和技能，尽可能促使谈判尽快地顺利进行、成交并签约。

租船经纪人接受船舶所有人或承租人的委托，代办租船交易的谈判和签订租船合同后，将从船舶所有人那里取得一定的报酬，这种报酬称为佣金（commission）。通常佣金为租金或运费的1.25%。如果船舶所有人和承租人双方共同委托一个租船经纪人，那么，在谈判成功并签订租船合同后，船舶所有人只须按租金或运费的1.25%支付佣金即可。但是，如果双方各委托一个租船经纪人，在谈判成功并签订合同后，船舶所有人需按租金或运费的2.5%支付佣金。以此类推，双方委托的租船经纪人越多，船舶所有人就要照人数等比例增加佣金的支出。对此，承租人和船舶所有人都不能不加以考虑。从表面上看，佣金是成交后由船舶所有人支付的，但实际上，船舶所有人是会通过提高租金或运费而将这种支出转嫁给承租人的。

在正常的情况下，只要租船经纪人为某项委托签订了租船合同，就可以获得佣金。但是，有时所签订的租船合同会因某些原因而发生被解除的情况，对此，租船经纪人是否仍可按所约定的数额如数获得佣金，则应视租船合同中的佣金条款而定。通常有关佣金的支付有如下3种约定方法：

（1）“佣金在签订合同时支付”

如果合同中约定“佣金在签订合同时支付（on signing the contract）”，则在签订租船合同时，租船经纪人即可获得该项佣金；

（2）“佣金在货物装运时支付”

如果合同中约定“佣金在货物装运时支付（on shipment of cargo）”，则一旦租船合同在货物实际开始装运前被取消，租船经纪人就不能获得该项佣金；

（3）“佣金在赚取运费的基础上支付”

如果合同中约定“佣金在赚取运费的基础上支付（based on freight earned）”，则租船经纪人只能在租船合同得到履行，且船舶所有人从承租人那里获得了运费之后，才能获得该项佣金。

在定期租船方式或光船租船方式下，如果合同在履行过程中被撤销，可能使租船经纪人遭受一定的佣金损失。为此，租船合同中常规定以一个“特定期限”（如半年、一年）的租金为基数计算佣金，补偿给租船经纪人。至于这个“特定期限”的长短，则取决于双方在租船合同中的约定。当然，也可能出现虽经租船经纪人的努力仍不能达成租船交易的情况。这时，租船经纪人是不能获得佣金的，但可要求“本人”补偿其在整个洽谈过程中支付的电传费、电报费等费用及相应的劳务费。

2. 租船程序

一项租船交易的成交，大致要经过如下几个阶段：

（1）询价

询价（inquiry）又称询盘（quote），通常是指由承租人以其期望的条件通过租船经纪人在租船市场上要求船舶所有人或船舶经营人提供运输劳务(航次租船)或租用船舶(定期租船或光船租船)的行为。询价主要以电报或电传等书面形式提出。承租人询价的内容一般应包括:需要承运的货物种类、数量,装货港和卸货港,装运期限,租船方式或期限,期望的运价(租金)水平,以及所需用船舶的明细说明(船舶规范)等内容。

询价也可以由船舶所有人为承揽货载而首先通过租船经纪人向租船市场发出。由船舶所有人发出的询价内容应包括拟出租船舶的船名、船籍、船型、船舶的散装和包装容积,可供租用的时间,希望承揽的货物种类等。

(2)报价

报价(offer)又称发盘,当船舶所有人或船舶经营人从船舶经纪人那里得到承租人的询价后,经过成本估算,或者比较其他的询价条件,选定对自己有利的条件后,通过租船经纪人向承租人提出自己所能提供的船舶情况和提供的条件的行为称为报价或报价供租。

如果询价是由船舶所有人先提出的,则报价由承租人提出。反之,对应承租人的询价,船舶所有人作出的答复,也称之为报价。报价除应对询价的内容作出答复并提出要求外,最主要的内容是关于租金(运价)的水平和选定的租船合同范本及对范本条款的修订、补充。

报价有“硬性报价”和“条件报价”之分。

“硬性报价”是报价条件不可改变的报价。在“硬性报价”的情况下,常附有有效期的规定,询价人必须在有效期内对报价人的报价作出是否接受订租的答复,超过有效期,这一报价即告失效。“硬性报价”对报价人也有约束力,在“硬性报价”的有效期内,他不得再向其他询价人报价,也不得撤销或更改已报出的报价条件。

实际上,报价人在第一次报价中,是很少采用这种报价方式的,而在租船交易中,只有“报实盘”才具有“硬性报价”的性质。

与此相反,“条件报价”是可以改变报价条件的报价。

在“条件报价”的情况下,报价人可以与询价人反复磋商、修改报价条件,报价人也有权同时向几个询价人发出报价。当然,作为商业习惯和从商业信誉考虑,当报价人先后接到几个询价人的询价时,应按“先到先复”(first come first served)的原则,先向第一个询价人报价。

(3)还价(counter offer)

还价又称还盘,在“条件报价”的情况下,承租人与船舶所有人之间对报价条件中不能接受的条件提出修改或增删的内容,或提出自己的条件称为还价。

还价意味着询价人对报价人报价的拒绝和新的询价开始。因此,报价人收到还价后,还需要对是否同意还价条件作出答复,或再次作出新的报价。这种对还价条件作出答复或再次作出新的报价称为反还价(recounter offer)或称反还盘。

还价和反还价常需多次反复,直至双方达成租船交易或终止谈判。

(4)报实盘(firm offer)

在一笔租船交易中,经过多次还价与反还价后,如果双方对租船合同条款的意见已渐趋一致 ,一方可以以硬性报价的方式要求对方作出是否成交的决定。这就是报实盘。

报实盘时,要列举租船合同中的必要条款,既要把双方已经同意的条款在实盘中加以明确,也要对尚未最后确定的条件加以确定。同时还要在实盘中规定有效期限,要求对方在有效期内答复是否接受实盘,若在有效期限内未作出答复,所报实盘即告失效。同样,在有效期内,报实盘的一方对报出的实盘是不能撤销或修改的。也不能同时向其他第三方报实盘。

由此可见,前述的“硬性报价”实质上就是在第一次报价时就报实盘了。

(5)接受订租(acceptance)

接受订租又称受盘,即一方当事人对实盘所列条件,在有效期内明确表示承诺的意见。至此,租船合同即告成立。原则上,接受订租是租船程序的最后阶段。接受订租后,一项租船洽商即告结束。

(6)签认订租确认书(fixture note)

如前所述,接受订租是租船程序的最后阶段,一项租船业务谈判成交后,通常的做法是,当事人之间还要签署一份“订租确认书”,作为草约,来约定当事人双方的权利和义务。

“订租确认书”并无统一格式,但其内容应详细列出船舶所有人和承租人在洽租过程中双方承诺的主要条款,一般应包括如下内容:

①订租确认书制定日期;

②船名(注明可否代替);

③双方当事人名称及详细地址;

④货物名称及数量;

⑤装货港名称及装船期;

⑥卸货港名称;

⑦运费率或租金率;

⑧装卸条款(注明由谁承担装卸费);

⑨运费计价币种及支付方式;

⑩各方应承担的有关税收;

⑪亏舱费的计算;

⑫所采用的租船合同范本的名称;

⑬其他特殊约定的事项;

⑭双方当事人或其代表的签署。

也常有这种情况:接受订租时,当事人双方只在主要条款方面达成一致,而对于细节问题还需要进一步商定。这时,不论在订租确认书或主要条款确认书中都应列明“细节另订”(subject to details),在商定细节后,再次签署订租确认书,表明“船舶所有人全部接受承租人上一还价内容,并在此确认另定细节的订租确认(Owners accept Charterers' last in full and confirm hereby the fixture subject to details)”;或“承租人再次确认另定细节的订租确认书(charterers reconfirm the fixture subject to details”)。

订租确认书经当事人双方签署后,各保存一份备查。现仅以航次租船为例,将订租确认书的形式举例如下,供参考。

FIXTURE NOTE

M/V 10th Oct. 2001

(or Suitable Substitute Vessel)

It is mutually agreed between Messrs (船舶所有人的名称及详细地址)as Owners and Messrs (承组人的名称及详细地址)as Charterers that:

1. Cargo 15,000t Rice in Bags 5% more or less at owner's option (owners to declare quantity to be shipped 2days before vessel arriving at loading port).

2. Loading at one safe port Malaysia.

3. Discharging at one safe port China.

4. Laydays and Cancelling Date: 30th Oct.2001

5. Freight rate USD19.00 per Metric ton F.I.O.S.CQD both ends.

6. 100% Freight prepaid by T/T to owner's account in U.S.Dollars at Malaysia after completion of loading before releasing Bill of Ladin

7. Any dues/taxes on vessel, on freight to be for Owners' account

8. If Charterers fail to ship as agreed quantity, they are liable to pay the deadfreight at the freight rate as agreed.

9. Otherwise details as per 1994 GENCON C/P.

For and on Behalf of	For and on Behalf of
(船舶所有人或其代表签字)	(承租人或其代表签字)
(Owners)	(Charterers)

(7)编制、审核、签订正式租船合同

正式的租船合同实际是合同已经成立后才开始编制的。双方签认的订租确认书,实质上就是一份供双方履行的简式的租船合同。签认订租确认书后,紧接着船舶所有人还应按照已达成协议的内容编制正式的租船合同,通过租船经纪人送交承租人。

承租人接到船舶所有人编制的租船合同后,应详细审核,如发现与原协议内容有不符之处,应及时提出异议,并制订补充条款要求船舶所有人修改、更正。如果承租人对船舶所有人编制的租船合同没有异议,即可签署。

以上是租船和签订租船合同的一般程序。有时货主急于成交,而将询价看作是还价,要求船舶所有人当场决定是否成交,这就是所谓"当场成交"。在这种情况下,作为承租人的货主当然要以较高的代价才能取得船舶所有人的承诺。这对承租人(货主)而言,当然是不利的,但是在实际业务中,这种情况也是存在的。

还有的时候,一些有实力的租船经纪人事先就掌握了不少货主和船舶所有人的询价或实盘,然后将其中双方条件相近的询价和实盘安排成交。这样就能加速租船成交的进程。

二、租船合同范本

租船合同又称租船契约,是承租人按一定的条件向船舶所有人租用一定的船舶或一定的舱位以运输货物或旅客时,就相互间的权利和义务作出明确规定的协议。它是日后运输工作中,双方承担其责任或行使其权利的依据。

租船是通过承租人和船舶所有人签订租船合同实现的。根据"合同自由"的原则,租船合同中,船舶所有人和承租人双方约定的确定双方权利、义务、赔偿责任和豁免的条款,只要不违反社会公益和国家法律,当事人双方作出的任何约定均属有效。因此。我国《海商法》第四章第七节"航次租船合同的特别规定"和第六章"船舶租用合同"的第94条和第127条分别规定了"本章其他有关合同当事人之间的权利、义务的规定,仅在航次租船合同没有约定或者没有不同约定时,适用于航次租船的出租人和承租人"和"本章关于出租人和承租人之间权利、义务的规定,仅在船舶租用合同没有约定或者没有不同约定时适用"。这就是说,我国《海商法》中关于航次租船合同和船舶租用合同(包括定期租船合同和光船租船合同)的规定并不强制适用于租船合同。

承租人和船舶所有人之间订立租船合同是一项事关当事人双方利益、既繁杂又很细致的工作。为了各自的利益,在订立租船合同时,必然要对租船合同的条款逐项推敲。这样,势必造成旷日持久的谈判,不利于迅速成交。

为了简化签订租船合同的手续,加快签约的进程和节省为签订租船合同而发生的费用,也为了能通过在合同中列入一些对自己有利的条款,以维护自己一方的利益,在国际航运市场上,一些航运垄断集团、大的船公司,或货主垄断组织,先后编制了供租船双方选用,作为洽商合同条款基础的租船合同范本。

租船合同范本中罗列了事先拟就的主要条款。为了便于商订租船合同的双方通过函电对范本中所列条款进行删减、修改和补充,每一租船合同范本都为范本的名称规定了代码(code name);为每一条款编了序号,并在每一行文字前(或后)编了行次的顺号。这样,在洽定租船合同的往返磋商中,只须在函电中列明所选用的范本的代码、指明对第×款第× 行的内容增、删、修改的意见,就能较快地拟就双方同意的条款。这当然比逐条谈判、逐条拟订要方便得多。

虽然采用租船合同范本可以极大地方便租船合同条款的拟订,但是,由于这些范本多数是由代表船舶所有人一方利益的某些航运垄断集团或代表承租人一方利益的大的货主组织单方面制定的,许多条款都对租船的对方不利,这是在选用租船合同范本时不能不考虑的问题。

租船合同范本的种类很多,仅以航次租船合同为例,因所运货物不同,就有各种不同的范本。即使是同种货物,因航线不同,合同范本又有所不同,更何况租船方式不同,合同范本当然也不同。所以合同范本的实际数量当在百种以上。其中仅英国航运总会认可的,并得到公认的,包括用于煤炭运输的 16 种;用于木材运输的 7 种;用于谷物运输的 11 种在内的航次租船合同范本就有近 50 种之多。

不论航次租船、定期租船或光船租船都有适用于各该种租船方式的租船合同范本。这些范本又因是否得到公认和是否得到广泛采用而分为标准租船合同格式(standard C/P form);非标准租船合同格式(non standard C/P form);和厂商(或私用)租船合同格式(private C/P form)。

标准租船合同格式通常是指由英国航运总会(British Chamber of Shipping)、波罗的海国际航运公会(BIMCO, Baltic International Maritime Conference)、纽约土产交易所(New York Produce Exchange)和日本海运集会所等公共机构所认可或制定的,被公认并被广泛采用的合同格式。虽不属于标准租船合同格式范围,但合同的格式有一定的规律,并常被采用的合同格式是非标准租船合同格式。至于厂商租船合同格式则是由垄断着某些大宗货源的厂矿企业为租用船舶而制定的合同格式。

当然,就使用的广泛程度而言,应该说以标准租船合同格式最为重要,而这里所提及的租船合同范本,指的就是这些标准租船合同格式。当前,国际租船市场中比较有影响的标准租船合同格式主要有:

1. 航次租船的标准租船合同格式

(1)"统一杂货租船合同"

"统一杂货租船合同(Uniform General Charter)"简称"金康"(GENCON)。是波罗的海国际航运公会的前身"波罗的海白海航运公会(The Baltic and White Sea Conference)"于 1922 年制定,经英国航运总会采用,以后又在 1939 年、1950 年、1966 年和 1967 年作过几次修订的标准航次租船合同格式。最近的一次修订是在 1994 年进行的。为了便于检索和选用,1966 年修订时将条款分为 A、B 两部分(PART A, PART B),并将条款的排列顺序作了重新编排;1976 年修订时,又将合同分为第 I 部分(PART I)和第 II 部分(PART II)。另外,在合同形式上也作了修改,但合同条款的具体内容并没有多大变化。1994 年最近一次修订时,则在合同条款上作了较大的修订，将原来的17项条款，增列为19项。当前航次租船市场上主要选用的就是1994年版本。

这个租船合同范本是上世纪20年代适应当时国际贸易急骤发展，货物种类大量增加的需要而制定的。它是一个不分货种和航线，适用范围比较广泛的航次租船合同的标准格式。

（2）"斯堪的纳维亚航次租船合同"

简称为"斯堪康（SCANCON）"的"斯堪的纳维亚航次租船合同（Scandinavian Voyage Charter）"是波罗的海国际航运公会于1956年制定，1962年修订的，主要用于斯堪的纳维亚地区的杂货航次租船合同格式。

（3）"威尔士煤炭租船合同"

"威尔士煤炭租船合同（Chamber of Shipping Walsh Coal Charter Party）"是波罗的海白海航运公会1896年采用，最初使用于美国，1912年和1924年经过两次修订的专用于煤炭运输的标准合同格式。

（4）"美国威尔士煤炭合同"

"美国威尔士煤炭合同（Americanized Walsh Coal Charter）"是美国船舶经纪人和代理人协会1953年制定的专用于煤炭运输的航次租船合同标准格式。

（5）"普尔煤炭航次租船合同"

"普尔煤炭航次租船合同（Coal Voyage Charter）"，简称"普尔（POLCOALVOY）"，是波罗的海国际航运公会于1971年制定，并于1978年4月修订的用于煤炭航次租船的标准合同格式。

（6）"谷物泊位租船合同"

"谷物泊位租船合同（Berth Grain Charter Party）"，简称"巴尔的摩C式（BALTIMORE FORM C）"，是广泛使用于从北美和加拿大向世界各港整船装运谷物的标准合同格式。这个标准格式是由设在纽约的北美粮食出口协会和设在伦敦的北美托运人协会以及纽约土产交易所联合制定的。当前普遍使用的是1974年的修订本 。

（7）"北美谷物航次租船合同，1989年"

"北美谷物航次租船合同，1989年（North American Grain Charter party, 1973 < Amended 1989 >）"，简称"NORGRAIN"。它是北美粮食出口协会和波罗的海国际航运公会和英联合王国航运委员会以及船舶经纪人和代理人全国联盟制定的内容较新而且较全面的，专用于美国和加拿大出口谷物的航次租船的标准合同格式。

（8）"C（矿石）7租船合同"

"C（矿石）7租船合同（C <ORE> 7 Mediterran Iron ore）"是第一次世界大战期间英国政府制定的用于进口铁矿石的航次租船合同的标准格式。

（9）"北美化肥航次租船合同，1978年"

"北美化肥航次租船合同，1978年（North American fertilizer Charter Party, 1978）"简称"FERTIVOY"。它是波罗的海国际航运公会和国际航运委员会制定的用于化肥航次租船的标准合同格式。

除上述用于干货船的航次租船合同的标准格式外，用于液体货物的航次租船合同的标准格式主要有：美国船舶经纪人和代理人协会制定的简称为"ASBATANKVOY，1977"的油船航次租船合同；波罗的海国际航运公会、船舶经纪人代理人全国联盟（FONASBA）和日本海运集会所联合采用的，简称为"INTERTANKVOY，1976"的油船航次租船合同；波罗的海国际航运公会为运输除液化天然气以外的其他气体而制定的，简称为"GASVOY，1972"的航次租船合同的标准格式，和波罗的海国际航运公会制定的，简称为"BIMOHEMVOY"的"化学品船航次租船合同

(For transportation of Chemicals in Tank Vessels)"的标准格式。

2. 定期租船的标准租船合同格式

(1)"统一定期租船合同"

"统一定期租船合同(Uniform Time Charter)",简称"波尔的姆(BALTIME)"。它是1909年波罗的海国际航运公会制定,并由英国航运总会承认的标准定期租船合同格式。从1909年制定以来,这一格式经过1909年、1911年、1912年、1920年、1939年、1950年、1974年、2001年数次修订。实际使用较多的是1974年修订格式。

"统一定期租船合同"除英文格式外,还有法文、意大利文和西班牙文格式。但是,这些不同文字的格式并不一定是英文格式的译文,而是作为各自国家批准的正式租船合同格式,并且在租船业务中使用。

(2)"定期租船合同"

"定期租船合同(Time Charter Party)"简称"ASBATIME"或称"土产格式"(NYPE FORM)。是美国"纽约土产交易所"(New York Produce Exchange)制定的定期租船合同的标准格式。这一标准格式于1913年制定,经1913年、1921年、1931年、1946年、1981年、1993年多次修订。现在使用较多的是1946年修订格式和1993年修订格式,其中得到波罗的海国际航运公会和船舶经纪人和代理人联合会推荐的,代码为"NYPE 93"的定期租船合同标准格式由于内容比较全面,而且一般都认为它的规定比较公平,所以得到比较广泛的使用。

(3)"中租期租船合同,1980"

这是中国租船公司1980年制定的专供中国租船公司从国外租用定期租船使用的自备格式。简称"SINO TIME, 1980"。虽然这仅是中租的自备格式,但是,由于我国每年都要租用大量期租船,经过多年使用,已为许多船舶所有人熟悉和接受。

3. 光船租船合同的标准格式

(1)"光船租船A式合同,2001年"

简称"BARECON A,1974"。这是波罗的海国际航运公会制定的光船租船合同的标准格式,有1974年和2001年版本,目前较为多用的是2001年格式。

(2)"光船租船B式合同,1974年"

简称"BARECON B,2001"。它也是波罗的海国际航运公会制定的标准格式。不过,它是专用于抵押贷款新建船舶光船租赁的租船合同标准格式。

三、租船合同条款的分类

租船合同中所列明的条款有多种,但从违反其中某一条款后,受害一方可能得到的补偿的不同,即从各条款的作用不同区分,合同条款基本可分为三类,即:条件条款(condition)、保证条款(warranty)和中间性条款(intermediate term)。

1. 条件条款

条件条款(condition)是指那些与是否能实现签订合同的商业目的关系最为密切的条款。如果合同中未列入这些条款,或合同中虽列入这些条款但未被履行,或一方擅自取消,就会使合同双方协议的商业目的无法实现。对此,合同中的受害方有权取消合同,并提出赔偿损失的要求。当然,受害方也可放弃取消合同的权利,而仅要求损失赔偿。

虽然法律中并不一定明确地规定哪些租船合同的条款属于条件条款。但是,一般都认为合同中关于船名、船型、船舶位置、船舶概况等的规定,以及船长签发提单、托运人提供规定的货物和装船期等都是比较典型的条件条款。此外,即使是通常被认为是次要的、非本质性的合同条款,只要在租船合同中以明确的措词规定以条件条款论处,也可作为条件条款。比如解除合同日条款明确规定,船舶必须在×月×日前到达装货港(或交船港),否则承租人有权选择是否解除合同。又如定期租船合同中关于租金支付的条款明确规定,承租人必须按时支付租金,否则出租人有权撤出船舶。

2. 保证条款

保证条款(warranty)是指次要的、非本质性的、附属于合同的,一方违反或撤销不至影响合同的商业目的,受害方只能提出赔偿要求,而不能藉此取消合同的条款。

关于保证条款的判定,既要根据条款的措词和当事人双方的签约意图,也要根据法院、仲裁机构的判例。一般地说,租船合同的多数条款属于保证条款。比如,航次租船合同中的安全港、安全泊位条款和装卸时间条款等,以及定期租船合同中的航速、燃油消耗、维修保养条款和有关交还船时剩余燃料、淡水数量及作价转让办法的规定等都属于保证条款。

3. 中间性条款

中间性条款是介于条件条款和保证条款之间的合同条款。合同当事人一方违反中间性条款时,受害方是否仅能提出赔偿要求而不能解除合同,或既可提出赔偿要求也可解除合同,须视违约程度和后果而定。比如,一般都认为关于船舶"适航保证"(warranty of seaworthiness)的条款就是比较典型的中间性条款。船舶到达装货港或交船时,如果有严重的"适航缺陷"(major defects),承租人有权解除合同和要求赔偿;但是,如果船舶仅存在着轻微的"适航缺陷(minor defects)",承租人就只能要求赔偿,而无权解除合同。因此,这里所说的"适航保证"中的"保证",只不过是船舶所有人对使船舶适航作出的保证。作为条款,并不能理解为就是保证条款。

当然,因各国的法律规定不同,对于一个条款究竟应该属于哪一类条款的判定,并不是一成不变的。比如,对于定期租船合同中的航速、包装容积和载重吨条款等,英国法就认为是中间性条款,如果船舶航速达不到合同约定的水平,只要相差不大,对用作不定期船的影响较小,承租人最多只能要求失速的损害赔偿,但是,如果承租人租船的目的是补充班轮运力的不足,准备将租用的船舶安排在班轮航线上从事班轮运输,而船舶航速与合同约定相差较大,在从事班轮运输中无法保证船期,就有可能把航速条款视为条件条款,承租人不但有权解除合同,而且可以提出赔偿要求。同样道理,对于包装容积和载重吨的条款也是如此,如果包装容积和载重吨与合同约定相差不大,则视同保证条款,承租人只能要求赔偿,而不能解除合同,相反,如果差别很大,则承租人可以解除合同和索赔。与此不同,美国法则把这些条款视同保证条款。

第二节　航次租船合同的主要条款

如前所述,因所运货物和航线的不同,航次租船合同有多种不同的标准格式,而不同的标准格式又列有不同内容的条款。但是,由于在选用不同的租船合同标准格式洽订租船合同时,对标准格式的各个条款都可以增、删或补充;在法律允许或符合商业习惯的条件下,当事人双方可以约定任何双方同意的事项,因而几乎不存在完全以某一租船合同标准格式规定的条款内容为当事人双方最终商订的条款的情况,所以,单独地解释某一租船合同标准格式的各个条款,或孤立地说明某一具体条款,并没有什么实际意义,重要的是,应从合同的整体来表达或理解合同当事人的意图。但是,如果未能较深入地理解某些条款的内容及其涵义,对可能引起争议、导致损失的某些问题缺乏必要的认识和警惕,就难免会因一时的疏漏而产生一些不必要的争议，甚至造成更大的经济损失，为此，在构成租船合同的诸多条款中，对一些重要的、实际业务中较易出现争议的条款，进行较深入地探讨，相信对防止争议发生，减少合同损失，合理的处理业务实际中发生的问题，都会是大有裨益的。现将航次租船合同(参见附件7)中通常都应列明的主要条款及签约时应注意的问题说明如下。

一、合同当事人

租船合同的当事人是指对租船合同的履行享受权利和承担责任的自然人或法人。航次租船合同的当事人应该是船舶所有人和承租人。为此，租船合同中须列明船舶所有人和承租人的名称、住址或主要营业所地址。虽然在租船市场上常有由租船经纪人按船舶所有人和承租人的委托，代表他们在合同上签字的情况，但是，这并不意味着租船经纪人就是合同当事人，只要租船经纪人在委托人的授权范围内行事，并在签署合同时，明确自己是以代理人的身份签署的，他就不能成为合同当事人，除非在签署合同时，没有用适当的词句表明自己是以代理人的身份签署合同的。

不过，作为代理人代表当事人双方签署租船合同的租船经纪人应该注意：即使签署合同时，已明确了自己是以代理人的身份签署合同的，在合同中仍应列明船舶所有人和承租人的名称、住址或主要营业所地址。否则，即使合同当事人的另一方明知他是另一方当事人委托的代理人，一些案例仍会认为租船经纪人就是合同当事人的一方，而须对合同的履行承担责任。

即使承租人并不是真正的货主(托运人或收货人)，也仍然要对履行租船合同承担义务。同样，如果船舶出租人并不是真正的船舶所有人，而是通常所说的船舶经营人或所谓“二船东”，他也负有履行航次租船合同的义务。

签订航次租船合同时还须注意，当事人的另一方是否具有合法身份，或经合法授权。常有这种情况：作为合同当事人一方而签约的是某单位的驻外营业部或办事处，他们可能并不具有法人资格。在这种情况下，签订租船合同时，就应了解该营业部或办事处是否已经得到签订合同的授权，否则就须由具有合法资格的该营业部或办事处的上级公司的负责人签署合同。

二、船舶概况

船舶的性能和技术经济状况关系到航次任务是否能顺利完成。为此，航次租船合同中，关于约定船舶的描述，至关重要。为了说明租用船舶的情况，航次租船合同中应记明以下事项：

1. 船名

船名(name of vessel)是航次租船合同中十分重要的事项。使用怎样的一艘船舶来完成航次运输任务，是承租人极为关心的问题。因此，在航次租船合同中应明确地作出规定。当前对于一艘具体船舶的确定有几种可供当事人选择的办法：

(1)指定船舶

“指定船舶”又称“指名船舶(named vessel)”，实际上就是在航次租船合同中明确地记述某一具体船舶的名称，如写明“内燃机船×××轮(M/V×××)”。船舶一旦在合同中被指定，船舶所有人就只能派遣被指定的船舶前往装货港履行合同，绝对不能派遣其他船舶。这是船舶所有人的一项合同义务，否则被认为是船舶所有人的违约行为(breach of contract)。对此，承租人有权取消合同并要求船舶所有人赔偿可能产生的一切损失。如果合同中指定的船舶在来港接受货载途中发生意外事故(如沉没)无法执行运输任务，即合同受阻时，合同即告解除，双方都不承担责任。即使承租人因某种原因(如租船市场行情上涨，或买卖合同规定的装船期已到等)急需船舶而要求船舶所有人另派船舶,船舶所有人也没有义务为承租人提供指定船舶以外的船舶,除非双方在合同中另有约定。

(2)代替船舶

代替船舶(substitute vessel)是在船舶的指定方面赋予船舶所有人“选择权”的一种指定船舶的办法。在实际业务中,为能顺利地履行合同,避免因船舶发生意外事故而解除合同,或者在签订租船合同时,船舶所有人还不能预料在调配船舶方面可能发生的变化情况,船舶所有人常要求在航次租船合同中关于船名的指名上使用“代替船条款(substitute clause)”。即除指定一艘船舶的船名外,还允许船舶所有人选择使用代替船舶。在这种情况下,航次租船合同中须写明“内燃机船×××轮,或船舶所有人选择代替船舶(M/V××× or substitute at owners option)”,当原指定船舶不能前往履行航次运输任务时,船舶所有人可改派另一船舶代替原指定的船舶来完成原定的运输任务。

“代替船条款”有利于船舶所有人。根据“选择权”,船舶所有人有权根据对自己有利的实际情况决定是否指派其他船舶。不过,船舶所有人所选用的代替船舶的船型、船级、载重吨等有关船舶性能及技术状况的条件,必须与原指定的船舶条件相似。否则,承租人可拒绝接受该艘代替船舶,并可根据具体情况取消合同和要求赔偿。此外,当船舶所有人决定指派代替船舶时,应事先在一个合理的时间内将代替船舶的船名通知承租人,而且代替船舶一经指定,船舶所有人就不能再作更改。

还要指出,在履行“代替船条款”的条件下,一旦船舶被指定,船舶所有人的“选择权”得到了行使,合同当事人双方的地位就变得和原来在合同中就已指定船舶时的情况一样了,即使船舶灭失或全损,船舶所有人也不再承担另行指派其他代替船舶的义务。

有时,为了使船舶所有人在指派船舶上有一定的灵活性,也可以在合同中订明“×××轮,△△△轮,○○○轮中之一艘”。

(3)船舶待指定

在缔结航次租船合同时,通常以“指定船舶”为主。但有时因某些原因无法在合同中确定船名,经双方当事人同意,在开始履行航次租船合同前的适当时间,由船舶所有人确定具体船舶,并将船名通知承租人,这就是所谓的“船舶待指定(vessel to be named)”。其实质也是船舶所有人的一种“选择船舶的权利(the owners option to choose the vessel)”。为防止船舶所有人利用这种权利任意选择和派遣不符合承租人要求的船舶,双方当事人必须事先在合同中明确规定“待指定船舶”的具体条件、性质及技术规范。如果日后船舶所有人指定的船舶不符合规定的要求,承租人有权拒绝接受,并可因船舶所有人违约而解除合同和要求赔偿因此而造成的损失。

在船舶待指定的情况下,航次租船合同中不再有“代替船条款”。这是因为法律上所承认的给予当事人的选择权只能行使一次,只要船舶所有人在开始履行合同时,指定了船舶并将船名通知承租人,即被认为该船舶所有人业已行使了“选择船舶的权利”。因而即使指定的船舶因某种原因(如前往装货港途中发生意外事故)不能执行航次租船运输任务时,船舶所有人也不必另派代替船舶。

航次租船中,关于船舶的指定,我国《海商法》第96条规定“出租人应当提供约定的船舶;经承租人同意,可以更换船舶。但是,提供的船舶或者更换的船舶不符合合同约定的,承租人有权拒绝或者解除合同”。同时还规定“因出租人过失未提供约定的船舶致使承租人遭受损失的,出租人应当负赔偿责任”。

2. 船籍

船籍(nationality of vessel)是指船舶所属的国籍。在航次租船合同中需要指定船舶的国籍,主要是从政治上的和船、货安全的需要考虑的。特别在战时,对于船籍的指定更为重要。关于指定船籍的意义还在于保险公司对于由不同国籍船舶(尤其是方便旗船)所装运的货物,在保险费率上可能采取区别对待的策略,收取不同的保险费;有些港口对不同国籍的船舶也可能按不同的费率计收港口费用。

3. 船级

船级(classification of vessel)是国际航运界评定船舶技术状态的指标。合同中记载所要求的船级,主要意味着保证船舶的适航性能。正因为如此,如果违反了约定,就有可能导致解除租船合同。

4. 船舶吨位

船舶吨位(tonnage of vessel)是船舶规范资料之一,除表示船舶的大小和载运能力,与装载货物的数量有密切关系外,还与港口费用、运河通行费用等有密切关系。通常合同中都应记明船舶的总吨(registered gross tonnage)、净吨(registered net tonnage)和载重吨(deadweight tonnage)。

总吨、净吨是指总登记吨位和净登记吨位,是与统计和计算港口费用和运河通行费有密切关系的吨位。载重吨是指船舶达到允许最大吃水所能装载的重量。净载重吨是船舶总载重吨中除去船员及装备的重量,以及燃油、淡水、供应品等重量后,实际可以装载货物的最大重量。在租船合同中载明的载重吨的数字是指载货吨,即不包括燃料、物料、备品、淡水、食品等的重量,实际可供装载货物的重量,即指净载重吨。这个重量是航次租船中计算运费的依据。

但是,在签订航次租船合同时,船舶所有人对航次中所需的燃料、物料、备品、淡水、食品等的消耗量是难以事先估计的,所以对于本航次实际可以装载货物的数量难以定出确切的数字。为此,在航次租船合同中通常只规定一个装载货物的大概数量和可增减的百分比。这个百分比一般都定在5%至10%之间,并由船长在接受货物装船前,在规定的增减百分比范围内决定装货的数量并通知承租人。

三、船舶位置

船舶位置(present position)是指签订航次租船合同当时,船舶所有人应提供的船舶所处的位置或状况的说明。由于签约时船舶所处的位置或状况与船舶是否能如期到达装货港装货有着密切关系,而承租人也要按照船舶所有人提供的有关船舶位置或状况的说明,在船舶到港前备货和安排货物装船出运的准备工作。所以,必须正确地在合同中记载船舶位置。提供船舶位置的准确情况是船舶所有人的一项义务。如果错误申报,船舶一旦发生延误,不能在合同规定的期限内抵达装货港装货,不论是故意行为还是过失,都构成船舶所有人的违约。对此,承租人有权要求船舶所有人赔偿由此造成的损失,甚至成为解除合同的理由。

关于船舶位置的记载,可以用各种词句表示:如果签订合同的当时,船舶正在营运中,则可以写明“现在正在营运中(now trading)”或者也可写明“现在正在营运,预期约于×年×月×日(如2005年4月1日)按照本合同准备装货(now trading and expected ready to load under this charter about Aprial 1st, 2005)”。或者船舶正在某一船厂修理中,也可将这一情况在合同中写明。

四、装卸港口

1. 指定装卸港口的方法

航次租船合同中的装货港和卸货港，通常都由承租人指定或选择，并将具体港名记载在合同中。目前，国际上有三种约定装、卸港口的方法：

(1)明确、具体地指定装货港和卸货港

这种方法是在合同中只记载装货港和卸货港的港名，而没有进一步规定港内具体的装卸作业泊位。在这种情况下，装卸作业的具体泊位应按该港的习惯决定。

(2)规定某个特定的装卸泊位或地点

这种方法是在合同中除指定港名外，还指明在港内的装卸作业泊位或地点，如写明“在×港×泊位(wharf No. × at the port of ×××)”。这是承租人为了装卸的方便而在租船合同中作出的规定。

(3)由承租人选择装货港或卸货港

这种方法通常在合同中记明两个或两个以上装货港或卸货港的港名，或某个区域，并规定由承租人选择其中一个或两个装货港或卸货港。如写明“××、△△两港中之一港或两港，由承租人选择(one or two safe port of out of ××、△△ range in Charterers' option)”。对于船舶所有人来说，为了便于船舶调度和下一航次的安排，他是很关心在什么港口装卸货物的。因此，在实际业务中，采用这种方法指定装卸港口时，在合同中要进一步约定承租人应在船舶驶往装货区域或卸货区域方向经过某地点时，或某个期限内，向船方发出最后确定的装货港或卸货港名称的通知。这种通知的行为称为“宣港(declaration of port)”。

如果承租人没有按约定的地点或期限向船方宣港，由此而造成的船舶延迟或绕航损失应由承租人负责。

如果租船合同中规定的装货港或卸货港是两个或两个以上的港口，则合同中也要明确挂靠的顺序。如果没有这种约定，通常应按照地理位置的顺序(in geographical rotation)。

由承租人选择装卸港口，特别是选择卸货港，是洽订租船合同时承租人经常采用的方法。对此，我国《海商法》第101条规定“合同订有承租人选择卸货港条款的，在承租人未按合同约定及时通知确定的卸货港时，船长可以从约定的选卸港中自行选定一港卸货。承租人未按照合同约定及时通知确定的卸货港，致使出租人遭受损失的，应当负赔偿责任。出租人未按照合同约定，擅自选定港口卸货致使承租人遭受损失的，应当负赔偿责任”。

2. 有关装卸港口的条款

在航次租船合同中有关装卸港口的规定，一般都包括如下两项条款：

(1)安全港或安全泊位条款

为了保证船舶进、出港口和在港内装卸作业的安全，承租人所指定的港口或泊位都必须是安全的。为明确承租人的这一责任，合同中常订有“安全港或安全泊位条款(the safe port/berth clause)”。“波罗的海国际航运公会(BIMCO)”、“国际海事委员会(CMI)”、“英国船舶经纪人和代理人协会联盟(FONASBA)”以及“英国航运总会(GCBS)”共同推荐采用的《1980年租船合同装卸时间定义》(Charter Party Laytime Definitions, 1980)，对“安全港或安全泊位”作出的定义是：“安全港或安全泊位——是指一个港口或泊位能使船舶在抵达、进港、在港停泊和离港的整个相关期内，在未出现某些非常事件的情况下，不会处于运用了良好的航海技术和船艺仍不能避免的危险中(Safe port or safe berth — means a port or a berth which, during the relevant period of time, the ship can reach, enter, remain at and depart from without, in the absence of some abnormal occurrence, being exposed to danger which cannot be avoided by good navigation and seamanship)”。

按照这一条款的规定，如果船舶只能在大潮时才能到达泊位装货，或在港内只能装载一部分货物，其余部分必须在船舶出港后在港外装货，对此，船舶所有人可不承担责任。同样，如果船舶进入卸货港前，必须在港外驳卸一部分货物，然后才能进港将其余货物卸下，对此，船舶所有人也不承担任何义务。如果在进入卸货港前确实必须先行驳卸一部分货物，通常都在合同中约定“货主负担风险和费用”。

实际业务中，有关“安全港”及“安全港责任”的问题，时常发生争议。从国际上不少判例来看，所谓“安全港”通常是指“物理上的安全”，当然也包括“政治上的安全”。具体地说，对“安全港”可从以下几个方面理解。

①自然条件方面的安全：是指该港口应具有能够使船舶避免恶劣气候等自然现象的危险的必要设施，如防波堤、气象报警设备等；

②港口设施方面的安全：是指港口应能提供足够的夜间照明、拖船、引航员、以及必要的锚地、调头区域等；

③航海方面的安全：是指港口应设置能使船舶安全进出港口所需要的导航标识等；港口的航道水深及桥梁的高度等都应符合安全航行的要求；

④装卸货物方面的安全：是指能保证船舶在港装卸作业期间使船舶始终处于安全浮泊状态；

⑤政治局势方面的安全：是指港口没有战争或战争危险，或暴动或骚乱等其他危及船舶安全的政治因素。

(2)附近港条款

通常将在航次租船合同中指定的港口或由承租人按规定“宣港”的港口称为“契约港口(contract port)”，船舶所有人有义务将船舶驶往这个“契约港口”。

但是，如果船舶接近或抵达该港口之前，因发生战争使港口被封锁或港口航道堵塞等情况而阻碍或延误(hinder or delay)船舶的正常航行，船舶所有人有权根据合同中的“附近港条款”(the near clause)，将船舶驶往“附近港口或地点”装卸货物。

合同中关于“附近港条款”的内容是：“船舶必须开往×××港或所能安全抵达、永远浮泊的附近地点……(the vessel shall proceed to ××× port or so near thereto as she may safely set and lie always afloat.)”。

这个“附近港口或地点”在法律上同样被解释为“契约港口”。承租人不能以船舶未驶往合同中指定的或其选定的港口为由而向船舶所有人提出损害赔偿。

“附近港条款”只有出现了“阻碍或延误”船舶的正常航行时才有效，而且这种“阻碍或延误”必须是事先无法预料或预见的(unexpected or unforeseeable)；估计会持续很长时间(expected to last for a long period)的；或发生在港口或港口周围的(occured in the port or the vicinity of the port)。

五、受载期和解约日

受载期(layday)是指航次租船合同中所指定的船舶抵达指定的装货港或承租人通过“宣港”最后选定的装货港，已做好装货准备，随时可接受货物装船的期限。受载期通常以“从某月某日至某月某日到达装货港”的形式表示。习惯上一般将这段时间定为10~15天。但是，也可以具体地规定为某一天。

承租人是按照合同约定的受载期来安排货物装船的。如果船舶未能在规定的受载期到达装货港，不仅使承租人可能遭受诸如驳运费、仓储费等一些为准备装货而支付的费用损失，而且在市场价格变动的情况下,还可能遭受得不到预期利润的损失。更何况未能按时将货物装船,极可能构成贸易合同的违约。因此,船舶所有人必须按受载期的约定,使船舶按期到港接受货载。否则不但要承担因此而使承租人受损的损害赔偿,而且也可能因承租人的要求而取消租船合同。

为了使船舶必须在限期内到达装货港,并在做好装货准备等方面对船舶所有人加以约束,租船合同中都列有承租人具有在某日前解除合同的明示选择权条款。这就是所谓“解约日条款”。

解约日(cancelling date)又称解除合同日,是指船舶必须抵达合同中指定的装货港或承租人通过“宣港”最后选定的装货港,并做好接受货物装船准备的最后日期。解约日与受载期有密切的联系,如果受载期规定的是一个期限,则这个期限的最后一天就是解约日;如果受载期规定的是具体日期,通常解约日则订在这一具体日期之后的 10 ~ 20 天中的某一天。

船舶所有人不能使船舶在规定的解约日的某一约定的时点(比如 16:00 或 18:00)前抵达装货港,承租人将享有解除合同的选择权(an option to cancel the charter),如果船舶不能在解约日前抵达装货港是由于船舶所有人故意谎报船舶位置,或没有使船舶尽速航行到达装货港,或在开往装货港途中发生不合理绕航等原因所造成的,承租人不但有权解除合同,而且还可以向船舶所有人要求可能引起的损失赔偿。除此以外,由于气象原因,不可抗力或合同中明确规定的原因致使船舶不能在解约日前抵达装货港,即使承租人解除合同,也不能向船舶所有人提出赔偿损失的要求。

由于解除合同的选择权掌握在承租人手里,因此,即使船舶所有人已明知不可能在解约日之前抵达装货港受载,在未得到承租人的解约通知前,仍然有义务使船舶继续驶往装货港而不能中途撤出,否则有可能承担更大的违约责任。

当然,在明知船舶已不可能在解约日之前抵达装货港的情况下,船舶所有人会希望尽快知道承租人是否解除合同。因此,有些合同(比如“金康”合同)就规定,在船舶所有人已经明知在解除合同日之前不能到港接受货载时,应通知承租人预期到港受载的时间,并征询承租人是否履行解除合同的选择权和是否同意新订的解除合同日。并规定“承租人必须在收到船舶所有人通知的连续 48 小时内宣布这种选择(such option must be declared by the Charterers within 48 running hours after the receipt of the Owner's notice)”。对此,我国《海商法》第 97 条也规定“出租人在约定的受载期限内未能提供船舶的,承租人有权解除合同。但是,出租人将船舶延误情况和船舶预期抵达装货港的日期通知承租人的,承租人应当自收到通知时起四十八小时内,将是否解除合同的决定通知出租人”。

关于解除合同的选择权,只有在下列两种情况下,才被认为是承租人自愿放弃:

第一种情况是,在合同中订有“询问条款”(interpellation clause)的情况下,当船舶不能在解约日之前抵达装货港时,船舶所有人有权向承租人询向是否解除合同,承租人必须在规定时间内答复,否则被认为自愿放弃解除合同的权利。

第二种情况是,一旦在合同中明确规定了承租人行使解约权的时间,承租人必须在规定的时间内向船舶所有人作出宣布,超过该时间,则被认为承租人自愿放弃了解除合同的选择权。虽然船舶未能在受载期内到达装货港会给承租人带来损失,但是,如果船舶在规定的受载期之前到达装货港,同样会使承租人在安排装货方面发生困难。因此,租船合同中关于受载期的约定也有这样记载的:“不得早于 × 年 × 月 × 日(如 2005 年 4 月 1 日)(not earlier Aprial 1st, 2005)”,或“即使承租人要求,装船不得早于 × 年 × 月 × 日(如 2005 年 4 月 1 日)开始(time for loading if required by Charterer, not to commence before Aprial 1st, 2005)"。

六、货物

1. 货物的种类

货物的种类与费率、舱容或吨位的利用,以及船舶的适航能力等有着非常密切的关系。承租人以航次租船形式租用船舶的目的是完成某种特定货物的运输。这种记载于租船合同中的特定货物就是"契约货物(contractual cargo)"。船舶抵达装货港后,非经船舶所有人同意,承租人只能提供该种货物装船而不能提供其他"非契约货物(non contractual cargo)"。否则,船长有权拒绝装船,船舶所有人还可因承租人的违约行为而要求赔偿损失。比如,我国《海商法》第100条就规定"承租人应当提供约定的货物;经出租人同意,可以更换货物,但是,更换的货物对出租人不利的,出租人有权拒绝或者解除合同。因未提供约定的货物致使出租人遭受损失的,承租人应当负赔偿责任"。

通常,航次租船所承运的货物种类比较单一,如果只装运一种货物,只要在合同中记明货物的名称和包装即可。如"散装小麦(wheat in bulk)","袋装大米(rice in bags)"。有时也可以以货物品种表示,比如"散装谷物(grain in bulk)"。如果同时装载两种或两种以上的货物,除要在合同中记明货物的名称或品种外,通常还要规定分隔货物的费用及衬垫物料的费用由谁负担。在一般情况下,这种费用应由承租人负担。

航次租船合同中都应记明货名或品种,但有时也可能约定由承租人选择自己决定的或合同中规定的其他若干种货物代替,这就是承租人的货物选择权。当然,列明于合同中的若干种供承租人选择的货物均属于"契约货物"。

2. 货物的数量

前已述及,船舶在一个具体航次中所能装载货物的数量与船上所装的燃料、物料、淡水及供应品的数量有关。而在签订合同时,对于将要履行的航次中必须装载的燃料、物料、淡水及供应品的数量还难以作出精确的估算。所以,在签订航次租船合同时,关于货物的数量都避免写明一个精确的数字,比如只列明"满载货物6000公吨,船长选择±10%(a full and complete cargo of ______ 6000 metric tons 10% more or less at ship's option)"或以规定上下限的办法来规定货物的数量,如"满载货物,但最高9350公吨,最低7650公吨(a full and complete cargo of ______ not exceeding 9350 metric tons, nor less than 7650 metric tons)"。

所谓"满载货物(a full and complete cargo)"是指货物装船后,包括燃料、淡水、食品和其他船用物料在内,正好使船舶的吃水达到满载吃水线时的货物数量。航次租船合同中约定以满载货物装船时,就意味着承租人对按照船长选择的货物数量装船负有义务,如果承租人未按船长选择的数量装船,对亏舱吨数要支付亏舱运费(dead freight)。不过,在实际业务中,如果实际装船的数量在允许的公差范围内,即使少于船长选择的数量,通常也被看作是满载货物。另外,所谓"满载货物",在实际业务中,应理解为满舱或满载。

由于在航次租船合同中对于装船货物的数量只规定了一个约数并由船长选择增减百分数,所以在实际装货前,船长应根据航次中燃料、淡水、供应品及物料的储备量,扣除船舶常数后,确定一个确切的装货数量,通知承租人或其代理人。由船长确定装船的货物数量并通知承租人或其代理人的行为,就是通常所说的"宣载"。

"宣载"须以一定的书面通知进行,现将宣载通知书的一般格式例示如下:

Shanghai ______ ,20 ________

To the Ocean Shipping Agency.

SHANGHAI

I hereby declare that the ss./m.v."______"under my command has a (Deadweight Tonnage of Cargo) of ______ L/M. tons Summer/Winter. and a capacity of ______ CU.ft.bale and ______ CU.ft.grain.

D/W ________________

Bunker ________________

Water ________________

Constant ________________

Dunnage ________________

____

Captain

ss./m.v.________

七、运费及运费的支付

航次租船合同中有的规定运费率,按货物每单位重量或体积若干金额计算;有的规定整船包价(lumpsum freight)。费率的高低主要决定于租船市场的供求关系,但也与运输距离,货物种类,装卸率,港口使用,装卸费用划分和佣金高低有关。合同中对运费按装船重量(intaken quatity)或卸船重量(delivered quantity)计算,运费是预付(prepaid)或到付(collect),均须订明。应付运费时间通常是指船东收到的日期,而不是租船人付出的日期。

绝大多数情况下,航次租船的运费是按照合同约定的运费率和所装运货物的数量计收的。合同中应该明确记载货物的运费率、计费标准和计费币种。如合同中常以"每公吨________美元(U.S.$ ________ per metric ton)"这样的形式来表明运费率。

如果航次中有两个或两个以上装货港或卸货港,则可按港分列费率,如"在××港装船每公吨________美元,在________港装船每公吨________美元(U.S.$ ________ per metric ton for loading at ××port, U.S.$ ________ per metric ton for loading at △△ port)";也可为某装货港或卸货港规定一个基本费率,然后为每增加一港规定一个附加费率,如规定"如要在两港装货,运费率按装货总数每公吨增加________美分(If vessel is to load at two ports, charterers to pay ________ U.S. currentcy extra per metric ton for entire quantity)"。关于计算运费的货物重量,既可约定为装货数量(intaken quantity),也可为卸货数量(delivery quantity)。不过,"金康"合同订为"按货物的卸货数量(on the delivery quantity of cargo)"。

虽然在实际业务中,预付航次租船的运费已成为习惯的做法,但是,合同当事人在洽订租船合同时,仍须就此作出约定,并在合同中写明。不仅如此,即使约定预付运费,仍然会出现预付时间的问题,即装货完毕时支付(payable on completion of loading),还是签发提单时支付(payable on signing of B/L);在约定到付运费时,也会出现在船舶到达卸货港时支付(payable on arrival to destination),还是卸货完毕时支付(payable on completion of discharging)的问题。此外,在航次租船合同中,关于运费的支付,除要订明预付或到付外,还要订明支付的币种、方法,以及受益人和银行账户(state currency and method of payment; also beneficiary and bank account)。

在预付运费的情况下,租船合同中通常还要附加"不论船舶或货物是否灭失,运费都不能减付或退还"(freight to be discountless and non returnable, ship and/or cargo lost or not lost)的特约。

在运费到付的情况下，为了支付一些经常的费用，如港口费、燃料费、船员给养费用等，通常船舶所有人可以要求承租人预付一部分运费(比如要求预付 1/3)。关于这部分预付的金额，究竟应该算作是承租人预付的运费还是算作承租人对船舶所有人的贷款，在实际业务中常常引起纠纷。为了避免这种纠纷，"金康"中作了这样的特约："以 2% 补偿保险费和其他费用(subject to two per cent to cover insurance and other expenses)"以暗示所收到的是运费。而且也暗示这部分预付运费也象前述的预付运费一样，在船舶或货物灭失时也不退还。

在运费到付的情况下，如果因航行中发生不可抗力或其他原因而使原定的运输任务不能全部完成，或只完成原定任务的一部分，将货物运至原定卸货港以外的港口卸下，作为船舶所有人当然希望至少取得相应距离的运费。为此，租船合同中常列有按照所完成的运输里程取得比例运费(pro rata freight)的约定。比如"金康"中就规定了，如果由于冰冻或罢工(当然应该解释为包括船舶所有人其他的免责事项)而使货物不可能在原定卸货港交付，只能在附近的安全港口卸货时，只要到达这个港口的距离超过 100 海里，就可以按照相应的距离要求相应的比例运费。

八、装卸费用分担

装卸费用是指将货物从岸边(或驳船)装入船舱内和将货物从船舱内卸至岸边(或驳船)的费用。航次租船运输中，由谁负担装卸费用，因合同约定的不同而有所不同。关于装卸费用分担的问题，在合同中一般有下列几种约定方法：

1. 班轮条款

班轮条款(liner term, berth term)又称船舶所有人负担装卸费用条款。条款的涵义是船舶所有人负责雇佣装卸工人，并负担装、卸及堆装费用。也就是说承租人只负责将货物送至码头船舶吊钩下，即可在卸货港船舶吊钩下提取货物。而船舶所有人则在装货港船舶吊钩所及的地方接受货物，并在卸货港将货物卸至船边码头上。

在航次租船合同中，也有用 FAS(free alongside ship)来表示装卸费用分担条款的，其涵义与班轮条款相同。

2. 舱内收货条款

舱内收货条款(free in, F.I.)，又称船舶所有人不负担装货费条款。在此条款下，在装货港由承租人负担装货费用；在卸货港由船舶所有人负担卸货费。

3. 舱内交货条款

舱内交货条款(free out, F.O.)，又称船舶所有人不负担卸货费条款。在此条款下，在装货港由船舶所有人负担装货费；在卸货港由承租人负担卸货费。

4. 舱内收交货条款

舱内收交货(free in and out, F.I.O.)条款，又称船舶所有人不负担装卸费条款，在这一条款下，在装卸两港由承租人雇佣装卸工人并负担装卸费用。

5. 舱内收交货和堆舱、平舱费条款

舱内收交货和堆舱、平舱费条款(free in and out, stowed and trimmmed, F.I.O.S.T.)与班轮条款相反，船舶所有人不负担有关装卸的所有费用，包括雇佣装卸工人及有关装卸费用都由承租人负担。按照这个涵义，装运大件货物需要绑扎时的绑扎费及所需的绑扎材料应该由承租人负担。但为了避免争议，在运输大件货物时，合同中常记明"FIOS Lashed"，以明确船舶所有人不负担绑扎费。

根据普通法，如果合同中没有关于装卸费用分担的约定，则应由船舶所有人承担装卸费。因此，航次租船合同中必须对此作出明确的规定。

九、船舶所有人责任

船舶所有人责任(owner's responsibility)与海牙规则和我国《海商法》为承运人规定的责任在基本原则上应该是一致的。这就是中国《海商法》第四章第七节“航次租船合同的特别规定”的第 94 条虽然规定了“本章其他有关合同当事人之间的权利、义务的规定，仅在航次租船合同没有约定或者没有不同约定时，适用于航次租船合同的出租人和承租人”，但是却在同条一开始就规定了“本法第 47 条和第 49 条的规定，适用于航次租船合同的出租人”(注：中国《海商法》第 47 和第 49 条是关于承运人责任的条款)的原因所在。

尽管法规有这样的要求，但是，毕竟因为租船合同并不受海牙规则等有关提单的法规的约束，船舶所有人在洽订租船合同时，常在字里行间设法减轻自己的责任。比如“金康”合同就规定：“船舶所有人对货物灭失、残损或延迟交付的责任仅限于造成灭失、残损或延迟的原因是由于船舶所有人或其经理人本人未谨慎处理，使船舶适航，配备适当的船员，装备船舶和供应船舶，或由于船舶所有人或其经理人本人的行为或过失(the owners are to be responsible for loss of or damage to the goods or for delay in delivery of the goods only in case the loss, damage or delay has been caused by personal want of due diligence on the part of Owners or their manager to make the Vessel in all respects seaworthy and supplied, or by the personal act or default of the Owners or their Manager.)”。

除此以外，关于船舶所有人的责任，“金康”合同还规定“除了本条列明负责的内容外，对于因其他任何原因，甚至因包括船长、船员或被船舶所有人雇佣的其他人员在内的，船舶所有人本来应对他们的行为负责的船上或岸上人员的疏忽或过失所引起的，或因装货时或航次开始时，或其他任何时候船舶不适航所引起的货物灭失、损坏或延迟交付，船舶所有人都不负责任(And the Owners are not responsible for loss, damage or delay arising from any other cause whatsoever, even from the neglect or default of the Master or crew or some other person empoyed by the Owners on board or ashore for whose acts they would, but for this clause be responsible, or from unseaworthiness of the vessel on loading or commencement of the voyage or at any time whatsoever.)”。

如果将“金康”合同为船舶所有人规定的责任，与海牙规则等与提单有关的法规规定的承运人最低限度应承担的责任，即“船舶适航”和“管理货物”的责任对比，不难发现，通过“文字游戏”，其实“金康”合同已极大地缩小了船舶所有人的责任。

按照“金康”合同的规定，船舶所有人只对他本人和他的经理人本人在船舶适航方面的过失负责(事实上这种情况是很少见的)，而对于船长、船员在船舶适航方面的过失和疏忽则不承担责任。除此之外，按照“金康“合同的规定，船舶所有人对于诸如装卸、积载等本来承运人应承担的责任，几乎都不负责。这就难怪人们都把“金康”合同看作是“船舶所有人的格式”了。正因为有这种共识，在洽订租船合同时，承租人常要求将类似的除外责任或免责条款删去，代之以当事人双方能共同接受的条款。因此，完全按照“金康”合同规定的船舶所有人责任的条款签订的租船合同几乎是不存在的。

十、装卸时间

装卸时间(laytime)，“波罗的海国际航运公会(BIMCO)”等国际航运组织联合制定的《1980年租船合同装卸时间定义》(Charter Party Laytime Definitions, 1980)的解释是：“合同当事人双方约定的船舶所有人使船舶并且保证船舶适于装卸货物,无需在运费之外支付附加费的时间”。也可以说是承租人和船舶所有人约定的,承租人保证将合同货物在装货港全部装完,和在卸货港全部卸完的时间。

由于船舶所有人在考虑航次租船的运费时,已将正常的船舶在港停泊时间(包括在港装卸货物的时间)及船舶在港期间所发生的港口费用作为成本要素考虑在运费之内。因此,只要承租人按约定的装卸时间将货物装完或卸完,使船舶尽快开航,航次尽快结束,船舶所有人除收取运费外,是不能再向承租人索取其他任何报酬的。但是,如果承租人未能在约定的装卸时间内将货物装完和卸完,也就是说因货物未装完和卸完而延长了船舶在港停泊时间,从而延长了航次时间,这对船舶所有人来说,既可能因在港停泊时间延长而增加了港口费用的开支,又因航次时间延长而相对的减少了船舶所有人的营运收入。对于这种损失,船舶所有人当然会要求承租人给予赔偿或补偿,而要求承租人相应的支付一笔补偿这些损失的赔偿金或补偿金。这种赔偿或补偿金就是通常所说的滞期费(demurrage)。

与此相反,如果承租人能在约定的装卸时间以前,将全部货物装完或卸完,从而缩短船舶在港停泊时间,使船舶所有人可以更早地将船舶投入下一个航次的营运,取得新的运费收入,这对船舶所有人当然是有利的。为了奖励承租人为缩短装卸时间所作的努力,或者说为了补偿承租人为加快装卸进度而增加支出的费用,船舶所有人须付给承租人相应的奖金或补偿金。这种奖金或者说补偿金就是通常所说的速遣费(despatch)。速遣费率通常为滞期费率的50%。

航次租船合同中,有不少与装卸时间有关的专用术语和条款。对此,航次租船合同当事人双方,从各自的利益考虑,常会有不同的理解或解释,由此而对装卸时间(滞期时间或速遣时间)的计算,及滞期费或速遣费的支付,产生争议或纠纷。其实,只要合同当事人对装卸时间条款的内容、专用术语的涵义,以及约定的计算方法等,有了比较统一的理解和认识,一些争议和纠纷本来是可以避免的。

关于装卸时间条款应包括的内容、装卸时间的计算方法等,将在本章下一节中进一步说明,这里不再赘述。

十一、签发提单

根据租船合同约定的条件,货物装船后,作为货物的收据以及在到达港凭以提取货物的证明,承租人可以要求船长签发提单。但是,这种提单有别于班轮运输的提单,所以一般称为租船合同下的提单(charter party B/L),或者说是根据租船合同签发的提单。

租船合同下的提单与一般提单(班轮提单)比较,既有其共性也有其特性。作为共性,它的作用与一般提单是相同的,特别是船舶所有人(或承运人)与收货人(或提单持有人)之间的关系应以提单为依据;作为特性,主要有:

①租船合同下的提单的收货人往往就是承租人,在这种情况下,提单就不能起到运输合同的作用,在承租人与船舶所有人之间完全应受租船合同的约束,在这种意义上,提单就只具有货物收据的作用了;

②由于船舶所有人要保护自己的权益,不愿超越租船合同规定的应承担的义务和责任,因而往往在提单上加批“一切按租船合同”的字样;

③为符合租船合同的要求,可能使用短式提单或特殊格式的提单。

形式上,租船合同下的提单和班轮中的提单一样,也有提单条款。但是,租船合同下的提单是根据租船合同签发的。作为一般的原则,这种提单应该从属于租船合同。因此,除非另有特约,如果提单条款规定的船舶所有人的责任与租船合同条款的规定有矛盾,在一般情况下,应该说这种提单条款是不能约束船舶所有人的。

根据租船合同签发提单时,关系人可能非常复杂,比如承租人本身可能不是货主而只是船舶经营人;提单也可能转让给第三者;船方所签发的提单既可能是承租人的提单,也可能是船舶所有人的提单等等。

面对这种复杂的关系,为了防止可能发生的种种争议,船舶所有人一方面在租船合同中约定,船长只能在不违反本租船合同规定的条件下签发提单,如"金康"合同关于签发提单的条款就规定:"在不违反本合同的条件下,船长可签发提单,(Bill of Lading shall be presented and signed by Master......without prejudice to this charter party)";另一方面,船舶所有人也总是希望租船合同的条款也能约束提单持有人,因此常在提单上附加类似"运费和其他条件全部根据租船合同(freight and all other condition as per charter party.)"的条款。尽管租船合同或提单有此规定,在实际业务中,还是需要根据各种不同情况,采用不同的处理方法:

①如果船方签发提单给承租人,而承租人本身就是提单持有人,解决船舶所有人和承租人之间争议的依据是租船合同;

②如果船方签发提单给承租人,承租人又将提单转让给第三者,当发生争议时,提单的受让人可以依据提单条款直接与船舶所有人交涉。这时,解决船舶所有人与提单持有人之间争议的依据应该是提单,而不是租船合同。但是,提单上规定的承运人的责任高于租船合同规定的责任时,船舶所有人可以在赔付给提单持有人之后,再向承租人追偿其差额。比如,"金康"合同就规定,"承租人应对船舶所有人因签发提单条款或内容中所规定的责任超过船舶所有人与承租人签订的租船合同所规定的责任,而引起的所有后果和责任给予赔偿(The Charterers shall indemnity the Owners against all consequences or liabilities that may arise from the signing of Bill of Lading as presented to the extent that the terms or contents of such Bill of Lading impose or result in the imposition of more onerous liabilities upon the Owners than those assumed by the Owners under this Charter Party)";

③如果船方签发的提单不是船舶所有人的提单,而是承租人的提单,而且这种提单也已转让给第三者时,解决争议应以提单为依据。但是,由于货物是由船舶所有人的船舶运输的,因此提单持有人仍有权向船舶所有人索赔,船舶所有人当然也不能免责。不过,在这种情况下,船舶所有人可以及时通知承租人,请承租人出面与提单持有人解决。船舶所有人应负的责任,仍以租船合同的规定为限。

同样,如果承租人以承运人的身份承运货物,但船方签发的提单却是船舶所有人的提单,这时解决船舶所有人与第三者之间的争议仍以提单为依据,但船舶所有人可向承租人追偿。

十二、代理人

航次租船合同中关于代理人的条款主要约定是由船舶所有人委托船舶代理人,还是由承租人委托船舶代理人,代办船舶在港的业务。

在指定船舶代理人的问题上,船舶所有人和承租人为了维护各自的利益,都争取自己取得指定船舶代理人的权利。比如"金康"合同就规定:"在任何情况下,由船舶所有人指定自己在装货港和卸货港的代理人(In every case the Owners shall appoint their own Agent both at the port of loading and the port of discharge)"。

但是,由于国际间一些大的贸易商常在装货港和卸货港有自己的分支机构或自己指定的代理人。因此在租船合同中也常会约定由承租人指定船舶代理人，尤其是在租船市场上船舶所有人间的竞争相当激烈的情况下，船舶所有人也常以出港费（clearance fee）或代理费（agency fee）的名义给承租人以回扣（rebate）。在这种情况下，在装货港和卸货港的代理人就应由承租人来安排。虽然这对船舶所有人来说可能是不利的，但是为了竞争，也常是不得已的。

十三、佣金

当有租船经纪人介入租船合同的签约时，船舶所有人应向经纪人支付佣金（brokerage；commission）。

通常，租船合同中都约定佣金按已收运费（freight earned）的若干百分比支付，如合同规定："按已收运费的______%支付佣金（______% brokerage on the freight earned is due to）"。由于租船经纪人并不是合同当事人，虽然租船合同中规定了船舶所有人应向租船经纪人支付佣金，但是如果船舶所有人拒付，租船经纪人是很难根据租船合同向船舶所有人索取的。在这种情况下，通常都由经纪人委托承租人根据租船合同要求船舶所有人支付佣金。

原则上佣金应在收取运费后支付。但是根据特约，也可能规定在签订租船合同或装货完毕后支付。并且还可能约定，不论合同是否被履行，也不论船舶是否灭失，均须支付佣金。比如"金康"合同就规定："未履行合同时，为补偿通讯的费用和所做的工作，当事责任方须向经纪人按估算运费的总额支付佣金的1/3（In case of non execution 1/3 of the brokerage on the estimated amouut of freight to be paid by the party responsible for such non excution to the Brokers as indemnity for the latter's expenses and work）"。

佣金通常都按照运费的一定百分比计算。但是根据特约，也可能按运费、亏舱费，甚至滞期费总额的一定百分比计算。

在连续航次租船的情况下，一定要明确规定佣金要按已收取的运费支付，因为这样可以防止没有全部完成所有约定的航次时，经纪人要求按运费总额支付佣金。

十四、留置权

留置权（lien）是承租人（货主）不支付运费、共同海损分摊额和为所装货物的安全而支付的费用时，船舶所有人将货物扣留乃至拍卖的权利。

在承租人不支付上述费用时，船舶所有人可以行使留置权。如果承租人不支付亏舱运费、滞期费和滞留损失时，根据事先在租船合同中的约定，船舶所有人也可以行使留置权。

承租人须对发生于装货港和卸货港的上述对留置权的请求承担责任。

通常租船合同的留置权条款中，都明确的规定了船舶所有人有权对货物和提单运费行使留置权的条款。比如"金康"合同规定"为支付与货物有关的运费、亏舱运费、滞期费、损害赔偿和本合同下所发生的其他费用，包括为获取上述收入而发生的费用，船舶所有人有权对货物和提单运费行使留置权（The Owners shall have a lien on the cargo and on all subfreights payable in respect of the cargo，for freight，deadfreight，demurrage，claims for damages and for all other amounts due under this Charter Party including cost of recovering same）"。

十五、共同海损

和提单一样，租船合同中，一般都规定用"1974年约克·安特卫普规则"处理共同海损。

在我国，中国国际贸易促进委员会订有共同海损理算规则（简称"北京理算规则"）。我国船舶所有人和承租人洽谈租船合同时,应尽量争取使用"北京理算规则"。

十六、赔偿条款

赔偿条款(indemnity)是指合同中,除免责事项外,因未履行或部分未履行合同,违约一方对另一方的损失,给予赔偿的限额的规定。

关于赔偿限额,租船合同中一般都规定,不论开航前后,对受损一方所蒙受损害的赔偿额以运费额为其最高限额。

在通常的情况下,如果承租人提出解约,船舶所有人当然要设法与其他货主签订新的合同。这时,船舶所有人向提出解约的承租人所提出的赔偿要求,大都只是前后两个租船合同的运费差额、滞期损失以及其他损害的赔偿,其差额一般不会超过原来估算的运费总额。但是,如果船舶所有人没有履行合同,这个条款就显得没有意义了,因为对于货物损害的赔偿,尤其是货物全损的赔偿责任仅以运费总额为限显然是不够的。实际上法院在衡量合同引起的损害时,常采用的仍是"补偿"理论,而置本条款于不顾。

十七、免责条款

在班轮运输中,提单条款所规定的免责事项要受有关提单的国际公约约束。但是,这些公约并不适用于租船合同,因此,在签订租船合同时,必须将免责条款详列于租船合同中。

航次租船合同中所列记的免责条款主要有以下几种:

1. 战争条款

航次租船合同中都列有战争条款(War Clause)。订立这种条款的目的是明确规定发生战争时,如何处理合同当事人之间的关系。如果合同中对此规定得比较简单,一旦发生战争就很容易发生争议。为了避免可能发生的争议,1922 年的"金康"合同规定了比较详细的战争条款。

但是,原来"金康"合同的战争条款是 1922 年制定的,几十年来,战争的概念已有了变化。于是,在 1976 年修订的"金康"合同中,对原来的战争条款也作了修订,采用了"1950 年航次租船合同战争条款(Voywar 1950)"。这一条款的全称是"1950 年波罗的海国际航运公会和英国航运总会航次租船合同战争条款(The Baltic & International Maritime Conference the Chamber of Shipping of the UK War Risks Clauses Voyage Charter)"。"1950 年航次租船合同战争条款"是一个波罗的海国际航运公会向船舶所有人推荐使用于租船合同的战争条款。它不但较为详尽地列明了战时可能发生的种种情况,对"战争风险"作了新的解释,而且列明了在不同情况下船舶所有人的权利。

1994 年修订的"金康"合同对战争条款又作了新的修订,采用了"1993 年航次租船合同战争条款(Voywar 1993)",既对"船舶所有人"和"战争风险"作了新的解释,又对船舶所有人的权利作了新的补充。

为便于参考,现将这个战争条款译列如下:

战争条款(Voywar 1993)

(1)本条款中下列用语的含义为:

(a)"船舶所有人"包括船舶所有人,光船租船人,"二船东"、承担船舶管理责任的管理人和经营人,以及船长。

(b)"战争风险"包括任何战争(不论是实际战争或战争威胁),战争行动,内战,敌对行为,革命,叛乱,内乱,军事行动,布雷(不论是实际布雷或传闻的布雷),海盗行为,恐怖行为,敌对行为，或恶意的损伤，或无论是船长或船舶所有人合理地判断认为会危及或可能危及或似乎危及船舶、船载货物、船上船员，或其他船上人员的任何人，恐怖组织、政治组织，或任何国家的政府进行的封锁（不论是对所有船舶，或有选择地对有关船旗国或船舶所有人的船舶，或对有关货物，或船员，或其他）。

(2)在船舶开始装货前的任何时候，如果船长和/或船舶所有人在合理的判断下，发现履行或部分履行货运合同，将使船舶、船载货物、船员和船上其他人员面临或似乎会面临战争风险，船舶所有人可向承租人发出通知，解除本合同，或在船舶、船载货物、船员和船上其他人员面临或似乎会面临战争时，拒绝履行合同。按约定，如果货运合同中约定在一系列港口中装货港或卸货港由承租人指派，在船舶、船载货物、船员和船上其他人员面临或似乎会面临战争风险时，船舶所有人首先应要求承租人在一系列装货港或卸货港中，指派其他任何安全港口。只有在承租人没有在接到通知 48h 内未对这些安全港口作出指派，船舶所有人才能解除合同。

(3)在船长和/或船舶所有人合理的判断下，船舶、船载货物（或其中部分货物）、船员，或船上其他人员（或任何一人或几人）可能或似有可能面临风险时，不能要求船舶所有人为任何航次继续装货，或为任何港口或地点签发提单，或进行或继续任何航程，或其任何部分，或着手通过运河或水路，或诸如此类的在任何港口或地点的未了事宜。如果在那里发生，不论是在开始装货以后，或在航次的任何阶段，或在完成卸货以前，船舶所有人应发出通知，要求承租人指定一个安全卸货港口。如果在接到通知后，48h 之内，承租人未指定这一港口，船舶所有人可在选定的任何安全港口卸下货物（包括装货港），并认为已经完全履行货运合同，有权从承租人那里取得这种卸货的额外费用。如果这一卸货改在其他任何港口，而这一港口不同于装货港，船舶所有人有权收取全部费用，如同在原卸货港一样，如果额外的距离超过 100n mile，应按合同规定的，按正常的和习惯的航线距离规定的百分比加收运费。船舶所有人对这些费用和运费可以对货物行使留置权。

(4)如果在开始装货后的航次中的任何阶段，在合理的判断下，船长和/或船舶所有人发现，船舶、船载货物、船员或船上其他人员，在合同约定的正常的、习惯的航线中的任何一部分面临或似乎将面临战争风险，而另有另一较长的航线可到达卸货港，这时，船舶所有人应通知承租人采取另一条航线。在这种情况下，如果总的额外距离超过 100n mile，船舶所有人有权按合同约定的正常或习惯航线距离的比例，收取附加的比例运费。

(5)船舶有权

(a)按照船旗国政府，或船舶所有人受其法律约束的其他政府，或其他任何提出要求的政府，或任何凭其权力必须强制服从的个人或团体发出的所有命令、指示、建议、或劝告开航、到达、航线、护航航行、挂靠港和停航；

(b)按照战争险保险人的命令、指示，或建议，按一定的条件投保战争险；

(c)执行有权制定和公布条令的国家安全委员会决定的条件，欧洲共同体的任何指示和超国家组织的命令，以及旨在约束船舶所有人的国家法律，并且服从他们决定的命令和指示；

(d)将承运人走私而被没收的货物卸于任何港口，或卸下任何部分货物；

(e)在确认船员或船上其他人员依法被拘留或关押时，停靠任何港口，以更换船员或其他船上人员；

(f)根据本条款的规定，在船舶所有人未将货物装船或卸下货物后，为其本身的利益，可装载任何货物驶往任何港口，不论是前进方向或回程方向，或与原来的或习惯航线相反的方向；

(6)按照本条第(2)款至第(5)款而为或不为一定行为，均不得视为违约，而应认为履行了运输合同。

"金康"合同所采用的"1993年航次租船合同战争条款"的原文详见附件7《航次租船合同范本"金康1994"合同》第Ⅱ部分第17条。

2. 罢工条款

罢工条款(Strike Clause)是船舶所有人为了在港口爆发罢工或停工时免于对罢工或停工所造成的后果承担责任,而在租船合同中列明的条款。其基本内容一般都包括:罢工期间的装卸时间和滞期费的计算方法;解除合同选择权的归属问题;因罢工、停工而使装货或卸货受阻时,对已装或未卸的部分货物的处理问题等。由于这类问题都是罢工和停工时,必然会遇到的问题,如果规定得不明确,往往会发生争议。这是船舶所有人在订立租船合同时,不能不注意的问题。

为便于参考,现将"金康"合同的罢工条款译列如下,供参考。

罢工条款(General Strike Clause)

(a)当船舶从最后港口准备启航,或驶往装货港的途中,或已抵港时,如果因罢工或停工而阻碍全部或部分货物装船,船长或船舶所有人可以请求承租人宣称将按照没有罢工或停工的情况同样地计算装卸时间。如果承租人在24h内未以书面(必要时以电报)对此作出声明,船舶所有人有解除合同的选择权。如果部分货物已装船,船舶所有人必须装运(运费仅按装船数量支付),船舶所有人有权为自己的利益在途中补充其他货物。

(b)船舶抵达或已到达卸货港,或其港外时,如果由于罢工或停工而阻碍卸货,并且在48小时内未能解决时,承租人可以选择使船舶等待直到罢工或停工结束,并在所规定卸货时间结束后,按半数支付滞期费直到罢工或停工结束。在此以后,直到卸货完毕,全额支付滞期费,或者指令该船舶开往没有罢工或停工危险、能安全卸货的安全港口。这种指令应在船长或船舶所有人就罢工或停工向承租人通知后48h内发出。在这种港口交货时,应适用本租船合同及提单上的一切条件,而船舶则应和在原目的港卸货一样收取同一运费。但到达代替港口的距离超过100海里时,在代替港口交货的运费,应按比例增加。

(c)除上述约定外,不论承租人或船舶所有人对由于罢工或停工而阻碍或影响货物实际装卸均不承担责任。

关于"罢工条款","金康"合同的原文参见附件7《航次租船合同范本"金康1994"合同》第Ⅱ部分第16条。

3. 冰冻条款

所有运输合同几乎都规定,船舶进入的港口必须是安全港口。如果遇有港口冰冻的情况,港口就不能算是安全港口了。这时,船舶所有人和承租人的关系也就需要调整,而调整两者之间关系的依据,就是签订运输合同时双方约定的冰冻条款(Ice Clause)。当然,如果一个具体的航次中不会发生冰冻情况,合同中就不必订入这种条款。

关于冰冻条款所要明确的问题是:因冰冻而使船舶装卸受到阻碍,是否可构成解除合同的理由;如果不解除合同,对于已装船货物应如何处理。对此,"金康"合同的冰冻条款规定得比较详细、具体。它分别按照装货港和卸货港规定了具体的内容。其要点是装货港冰冻时,租船合同无效,对已装船的部分货物,船舶所有人应负责转运至目的港;卸货港冰冻时,承租人可以选择支付滞期费,使船舶等待至港口解冻后进港卸货,或指令到其他安全的代替港口卸货。

现将"金康"合同的冰冻条款译列如下:

冰冻条款（General Ice Clause）

在装货港：

(a)当船舶准备从最后港口启航时，或者在航程中的任何时候，或者到达时，因冰冻而不能接近装货地点，或者在船舶入港后发生结冰时，船长可以因担心结冰而有不载货离去的自由，本合同应失效。

(b)如果在装货过程中船长担心船舶被冻结，而认为立即开航更为有利时，他有载运已装船的货物驶离该港的自由，并可为船舶所有人的利益驶至其他任何港口揽载货物驶至包括原卸货港在内的其他任何港口。根据本合同已装船的任何部分货物，在并不因此增加收货人额外费用的条件下，应由船舶所有人转运至目的港，但应支付运费。运费按交付的数量结付(如系包租，按比例支付)，其他条件按本合同规定。

(c)在超过一个装货港，并且其中一个或多个港口被冻结时，船长或船舶所有人可选择在通航港装载部分货物，并按(b)项规定为船舶所有人利益在其他港口装满货物，或在承租人不同意在通航港口装满货物时宣布合同无效。

在卸货港：

(a)如果因冰阻船舶不能驶入卸货港时，收货人可以选择支付滞期费使船舶等待，以待航行恢复，或指示船舶驶往能够安全卸货而且没有因冰冻而有阻滞风险的就近的安全港口。此项指示须在船长或船舶所有人向承租人发出关于船舶不能进入目的港的通知后48小时内发出。

(b)如果在卸货期间船长担心船舶被冻结，而认为须驶离该港时，他可以自由决定将船舶连同留在船上的货物驶往能安全卸货的最近的能进入的港口。

(c)所有的提单条款均适用于在这些港口交付的货物。船方应象在原定目的港卸货一样，收取同一运费，但如果到代替港的距离超过100n mile，应按比例加收在代替港口交付货物的运费。

关于“冰冻条款”，“金康”合同的原文参见附件7《航次租船合同范本“金康1994”合同》第II部分第18条。

第三节　装卸时间与滞期/速遣费的计算

装卸时间条款是航次租船合同所特有的条款。提单和定期租船合同中都没有这种条款，这是因为，除非有特约，班轮运输中，装卸工作都由承运人负责，装卸进度和装卸时间都在承运人自己掌控之下，承运人当然没有必要对自己必须在多少时间之内将合同货物装完或卸完作出承诺；而定期租船运输中，包括货物装卸工作在内的船舶营运调度工作，都由承租人负责，船舶所有人只按租期收取租金，当然也没有必要关心装卸时间的长短。

装卸时间条款的核心内容包括确定允许用于装卸货物的时间，即装卸时间，或可用时间，和装卸时间的计算方法。

航次租船合同中有两种确定和表示装卸时间的方法：一种是直接规定法，即在合同中具体规定装卸货物的日数，如“以________连续工作日装完全部货物(to load the full cargo in ________ running days)”；另一种是间接规定法，即规定平均每天的装卸定额，如规定“按每晴天工作日平均________公吨装货(cargo to be loaded at the average rate of ________ metric tons per weather working day)”。

一、“日”的涵义

明确“日”的涵义,其实就是明确装卸时间的计量单位。不论是哪一种规定装卸时间的方法,最终都是为了要规定装完或卸完全部货物的日数。但是,对于这个“日”应怎样理解,常有不同的解释。由于对“日”的不同理解,会使计算出的装卸时间完全不同,最终也会影响速遣和滞期时间的计算结果。所以,在航次租船合同中要以一个具有一定涵义的“日”来表示所规定的装卸时间;在确定用以计算速遣或滞期费的速遣或滞期时间时,也按所定的具有一定涵义的“日”来计算实际使用的装卸时间。

关于装卸时间所用的“日”的涵义,通常有如下几种表示方法,对此《1980年租船合同装卸时间定义》(以下简称《定义》)中也作了统一的解释。

1. 日(days)或连续日(running days;consecutive days)

按《定义》解释,所谓“日”是指从午夜至午夜连续24h的时间,也就是日历上的日数。以这种“日”表示装卸时间时,从装货或卸货开始至装货或卸货完毕时止所经过的日历日数就是总的装货或卸货时间。在此期间内,不论是实际不可能进行装卸作业的时间(如雨天、机械故障停工,罢工或其他不能工作的时间),也不论是星期日(或星期双休日)或节假日,都应计为装卸时间。

以这种“日”来约定装卸时间,所有不能进行装卸作业的时间都将计为装卸时间,显然会使承租人增加对滞期费的支出,对承租人非常不利,因此按这种“日”规定装卸时间时,承租人常希望可以进行夜间作业,如果船舶所有人同意,就需要进一步明确约定夜间作业的加班费和因此而发生的其他费用都应由承租人负担。

2. 工作日(working days)

按《定义》解释,所谓工作日是指未被租船合同明确排除于装卸时间之外,并且也不属于节假日的日数或部分时间。换言之,也就是不包括星期日(或星期双休日)和法定节假日的港口可以进行工作的日数。

工作日的正常工作时间,按港口的规定。如我国港口和世界上多数港口都以8h为一个工作日。通常地方或港口当局都规定:法定假日和星期日(或双休日)及例假日前一日下午某一时点(比如18:00)以后至法定假日和星期日(或双休日)及例假日后一日上午某一时点(比如8:00)以前的整段时间,均不计为工作日。

3. 晴天工作日(weather working days)

按《定义》解释,晴天工作日是指工作日或部分工作日中,不受天气影响,可以进行装货或卸货作业的时间。也就是说,除星期日(或双休日)和法定节假日外,因天气不良而不能进行装卸作业的工作日也不能计入装卸时间。所谓天气不良,通常是指风、雨、雪、雾等。但这并不是绝对的。在什么样的天气条件下不能进行装、卸作业,以及在什么样的天气条件下可以继续进行装、卸作业,常因承运的货种不同而不同,除了由承租人和船长磋商确定是否可以继续作业外,别无他法。

虽然晴天工作日中已包含了星期日(或双休日)和节假日除外的涵义,但是,为了防止争议,使装卸时间的计算更为明确,一般航次租船合同都习惯以“晴天工作日,星期日和节假日除外(weather working day, Sunday and Holiday excepted, W.W.D.SHEX)”这一用语表示。

关于“除外(excepted)”,按《定义》解释,是指对于特定的天数不计为装卸时间,即使在这些日子里进行装货或卸货,也不计为装卸时间。所以,如果在“晴天工作日” 这一用语后面附加了“星期日和节假日除外（W. W. D. SHEX）”就意味着在星期日和节假日，即使进行了装卸工作，也不计入装卸时间。

有时，在“晴天工作日，星期日和节假日除外”这一用语后面还附加“除非已使用（unless used）”一词，以“晴天工作日，星期日和节假日除外，除非已使用（weather working day, SHEX, unless used）”表示装卸时间。关于“除非已使用”应从两个方面理解，其一是，虽然星期日和节假日不计为装卸时间，但是，如果在星期日和节假日进行了装卸工作，则应计为装卸时间；其二是，按《定义》的解释，如果在星期日和节假日进行了装卸工作，即在“除外”的日子里进行了装卸工作，也仅将实际进行了装卸工作的那部分时间计为装卸时间。

本来按《定义》的解释，“除非已使用”一词已包含了只将“除外”的日子里那部份实际进行了装卸工作的时间计为装卸时间的涵义，但是，在实际业务中，为了更使这种涵义得以明确，常在“除非已使用”一词的后面再附加“但只计算实际使用的时间（but only time actually used to count）”，即以“晴天工作日，星期日和节假日除外，除非已使用，但只计算实际使用的时间（weather working day, SHEX, unless used, but only time actually used to count）”这一用语表示装卸时间。

在以晴天工作日表示装卸时间的情况下，经船舶所有人同意，一般可以进行夜间作业。但因加班而发生的装卸工人的加班费或其他费用应由承租人负担，至于船员的加班费根据特约也应由承租人负担。

4. 24h 晴天工作日（weather working days 24 hours）

这是不考虑港口规定的工作时间是多少小时，以累计港口晴天工作 24h 作为一个晴天工作日的表示装卸时间的方法。如果港口的工作时间规定为每天 8h，那么，一个 24h 晴天工作日就相当于 3 个正常工作日。显然，以这种用语来表示装卸时间，对船舶所有人是很不利的。

5. 连续 24h 晴天工作日（weather working days of 24 consecutive hours）

这是指除去星期日、节假日、天气不良影响作业的工作日或工作小时后，其余所有时间从午夜至午夜连续计算以 24h 为一日的表示装卸时间的办法。采用这种表示装卸时间的方法，就避免了上述一个“24h 晴天工作日”可能跨及几个正常工作日的情况。在使用这个用语时，不论港口规定的正常工作日是几个小时，均按 24h 计算。这是目前使用较多的表示装卸时间的方法。

除上述以一定涵义的日数表示装卸时间的办法外，有时租船合同中关于装卸时间并不按日数或每天的装卸定额来规定，而只规定“按港口习惯尽快装卸（customary quick despatch, C. Q. D.）”。

这里所说的“按港口习惯尽快装卸”是指承租人和船舶所有人双方约定，按装货港或卸货港的装卸方法和装卸能力，以尽可能快的速度进行装卸作业。在一些国家，如英国，认为这种约定和装卸时间无直接关系，因而不产生速遣或滞期的问题。但是，也有一些国家，如日本，认为所谓习惯的装卸能力是指港口各装卸作业区一般所能完成的装卸量，这就是说，一般的装卸量也可作规定装卸时间的依据，因此也要计算速遣费或滞期费。

不过，所谓习惯的装卸能力，常因货物种类，船舶的装卸设备，甚至季节的不同而不同，承租人和船舶所有人常因装卸货物时间的长短而发生争议。所以这种规定装卸时间的办法终究不是一个好办法。

二、装卸时间的起算

滞期时间或速遣时间是通过实际装卸所耗用的装卸时间与航次租船合同上所约定的装卸时间的比较得出的。租船合同上约定的装卸时间实际上就是允许用于装卸工作的时间，或称

"可用装卸时间",简称"可用时间(laytime allowed)"。将实际用去的装卸时间,或称"实用装卸时间",简称"实用时间(laytime used)"减去"可用时间",其余数为正值,即实用时间大于可用时间的差额就是滞期时间;若为负值,即实用时间小于可用时间的差额就是速遣时间。

"可用时间"和"实用时间"的计算都必须有一个起算点,而且必须把这两个时间放在同一个起算点上计算,也就是说在同一"起跑线"上开始计算,然后再把两个时间进行比较才会有意义。因此,就必须在航次租船合同中对装卸时间的起算时间加以约定。

1. 装卸准备就绪通知书及其递交条件

关于装卸时间的起算时间,各国法律规定或习惯并不完全一致,通常要按租船合同的约定办理。一般都规定在船长向承租人或其代理人递交了装卸准备就绪通知书(Notice of Readiness,N/R)以后,经过一定的规定时间(称为通知时间)后才开始起算。

装卸准备就绪通知书是船舶到达装货港或卸货港后,船长向承租人或其代理人发出的,关于本船已到达装货港(或卸货港),在船舱、船机、起货机械和吊货工具等的使用方面已为装卸工作作好准备的书面通知。

装卸准备就绪通知书的格式例示如下:

port,________, 20 ____

To Messrs ____________

NOTICE OF READINESS

M.V."   "

This is to advise you that the above named vessel arrived at ____________ at ____________ hrs. on ________ and the formalities for entering the port were passed at ________ hrs. on ________

Now she is in all respects ready and fit to load / discharge her cargo of Notice of Readiness tendered at ________ hrs. on ________. 20 ____

____

The Master of m.v."   "

Notice of Readiness accepted at ______ hrs. on ________ 20 ____

____

As Agents

船长在船舶到达装货港(或卸货港)并在各方面为装货(或卸货)作好准备后,应立即向承租人或其代理人递交装卸准备就绪通知书。递交装卸准备就绪通知书的意义主要在于:船方宣布船舶已为装卸工作准备就绪,随时可以进行装货(或卸货)作业;可以按合同规定的时间开始计算装卸时间。

不过,并不是船舶一到港,船长就立刻可以向承租人递交装卸准备就绪通知书;承租人也不能随意拒绝接受装卸准备就绪通知书。实际业务中,只要具备有关条件,船长就可以递交,而承租人也必须接受船长或船舶代理人所递交的装卸准备就绪通知书。这些条件是:

(1)船舶必须抵达合同中指定的港口或指定的泊位

按船舶必须到达指定地点的不同,航次租船合同可分为"港口合同"和"泊位合同"。

如果航次租船合同是一个"港口合同(port charter)",即租船合同规定船舶必须到达指定的港口时,船舶一经到达该指定港口,不论已否靠泊,都应认为船舶已经到达合同要求的地点。

在“港口合同”中，这个所谓的“港口”是指大多数船舶能够从事装卸货物作业的港口“商业区域”。因此，只要船舶到达该区域，即使没有到达承租人指示的实际进行装卸作业的地点，也认为满足了船舶到达港口的条件。

关于“商业区域”，不同的国家有不同的理解。应该认识到，这种商业区域并不是为了市政管理或行政区划的目的而划定的区域，而是航海贸易各关系方所公认的商业区域。当然，也有人认为只要船舶到达港口当局权限所及的范围之内，比如到达锚地，就可看作已经到达港口了。

如果航次租船合同是一个“泊位合同(berth charter)”，则可能有两种情况：其一是，如果租船合同中已经指定了港口的具体码头或泊位，则船舶必须到达合同指定的码头或泊位，才算是满足船舶到达指定泊位的要求；其二是，如果租船合同规定船舶抵港后由承租人指定码头或泊位，则船舶必须抵达这个被指定的码头或泊位，才算是满足船舶到达指定泊位的要求。

(2)船舶已在各方面做好装货或卸货的准备

所谓“在各方面做好装货或卸货的准备”是指在配备船员，使机器的各个传动部分，吊杆及其他装卸工具随时处于可供使用状态，以及使船舶随时处于可立即进行装货或卸货的状态等方面都已为装卸货物作好准备。比如装货时，货舱已打扫清洁，适于装载货物；如果装载谷物，还要为防止谷物移动而装备“止动板”，已作到了使货舱清洁、干燥、无异味、无虫鼠害；如果需要熏舱，熏舱后须经过检验并取得检验证书等。

由于在租船合同的各种范本中，关于“在各方面做好装货或卸货的准备”，即所谓“装卸准备就绪”，并没有一个明确的标准，因而有时承租人就要求将类似货舱的状况须使承租人满意才算是准备就绪的条款列入合同。对此，作为船舶所有人，从维护自己的利益考虑，绝对不能接受。这是因为承租人的检验人员难免会吹毛求疵，提出不合理的要求，尤其是当承租人备货不及时更会如此。而船舶所有人要想证明承租人的要求不合理是相当困难的。另一方面，如果承租人的检验人员迟迟不登船检验，船舶所有人就不能及时递交装卸准备就绪通知书，而这种时间损失又不能计为装卸时间，显然对船舶所有人极为不利。

(3)船舶已通过了各项检查，办妥船舶进口各项手续

如果按照规定，船舶必须通过海关、边防机关或移民局、卫生检疫部门的检查，则须经过这些检查，并取得卫生当局发给的免疫证书和其他相关证书。

船舶具备了上述条件，办完了必要的手续，取得了必要的证书和文件后，才能算作是“到达船舶”(arrived ship)，船长才可以递交装卸准备就绪通知书。

2．“递交时间”、“通知时间”、和“起算时间”

从上述例示的装卸准备就绪通知书的格式可看出，装卸准备就绪通知书包括两部分：上半部分记载了船长关于已做好装卸准备工作，承租人可以随时装卸货物的声明和递交通知书的时间；而下半部分则是具有证据作用的、表明承租人接受通知书时间的收据。所谓通知书的“递交时间”，当然应该以承租人接受通知书的“接受时间”为准。不过，除非承租人借故拒绝接受通知书，否则，这两个时间应该是一致或相差无几的。

其实，递交装卸准备就绪通知书后，实际业务中并不一定立即开始起算装卸时间。通常航次租船合同中都规定，装卸准备就绪通知书应在承租人的办公时间内递交，并规定，递交装卸准备就绪通知书后再经过一定的时间后才起算装卸时间。比如“金康”合同规定“如果12:00以前(包括12:00)递交装卸准备就绪通知书，13:00起算装卸时间；如果在12:00以后办公时间内递交装卸准备就绪通知书，下一个工作日6:00起算装卸时间(Laytime for loading and discharging shall commence at 13:00 hours, if notice of readiness is given up to and including 12:00

hours, and at 6:00 hours next working day if notice given during office hours after 12:00 hours)”。

递交和接受装卸准备就绪通知书后,经过一定的规定时间才起算装卸时间。这段从“递交时间”到“起算时间”的时间段就是“通知时间(notice time)”。之所以要规定一个“通知时间”,是为了使承租人在收到通知后能有一定的时间为进行装货或卸货做好准备。目前,国际上对于这段“通知时间”的长短没有统一的规定,完全由当事人在合同中约定。比如,既可约定递交装卸准备就绪通知书后立即起算装卸时间,也可约定 6h、8h,甚至 24h 后起算。不过,“通知时间”规定得越长,越对船舶所有人不利,这是显而易见的。

另外,在实际业务中,承租人可能要求将“通知时间”订为承租人接受装卸准备就绪通知书之后的某一时间段,即把起算时间定在“接受时间”之后的某一时间,对此,船舶所有人应尽可能地不予接受。因为承租人有可能以种种理由拒绝接受通知,而使装卸时间无法起算。

3. 关于“起算时间”的特约

在一般情况下,递交装卸准备就绪通知书后,经过规定的“通知时间”,就可以开始计算装卸时间了。但是,如果船舶已到港,因港内拥挤不能进港或不能停靠指定的泊位,这时,装卸时间应从什么时候起算,常是承租人与船舶所有人发生争执的所在。另外,船舶到港,递交装卸准备就绪通知书后,尚处于不计为装/卸时间的“通知时间”阶段,承租人即已开始装卸货物,对于这段从开始装卸到原定的“起算时间”的时间段,是否应计为装卸时间,也常成为争议所在。为此,船舶所有人就需要在合同条款中列出一些特约,以维护自己的利益。

(1)“等待泊位时间计入装卸时间”条款

在“泊位合同”条件下,船舶到港,因无适当泊位而不能及时停靠,以致发生“等待泊位的时间”,对此,就船舶所有人而言,他认为船舶之所以不能进港或不能停靠指定泊位,并不是由于他本身的原因造成的,他不能对此负责。这种时间损失应该计为装卸时间而由承租人负责。为此,常要在租船合同中写明等待泊位的时间应计入装卸时间的条款。如“金康”合同就规定:“如果船舶到达装卸港口时,没有适于装卸的泊位,则到达该地时,不论是否已通过检疫或报关,在办公时间内,船舶有权递交装卸准备就绪通知书,并起算装卸时间或滞期时间,犹如已抵达泊位和船长保证已在各方面做好装卸准备(If the loading/discharging berth is not available on the Vessel's arrival at or off the port of loading/discharging, the Vessel shall be entitled to give notice of readiness within ordinary office hours on arrival there, whether in free pratique or not, whether customs cleared or not. Laytime or time on demurrage shall than count as if she were in berth and in all respects ready for loading/discharging provided that the Master warrants that she is in fact ready in all respects.)”。

关于“等待泊位损失的时间计入装卸时间(Time of waiting for berth count in Laytime)”这一用语,《定义》解释为,“如果未能递交装/卸准备就绪通知书的主要原因是因为没有适于船舶装卸货物的泊位,除非在此之前已将可用装卸时间用完,否则应从船舶开始等待泊位时起算装卸时间,并且连续计算直到船舶停止等待为止。如果船舶到达装卸货物的泊位时尚未进入滞期,则装卸时间的除外时间,适用于等待时间,除非是船舶已进入滞期,否则当等待时间终止时,装卸时间应停止计算;当按照租船合同关于递交装卸准备就绪通知书的要求,或租船合同中任何关于通知时间的规定,船舶抵达装卸泊位时,再重新起算装卸时间”。

(2)“无论靠泊与否”条款

为了减少等待泊位的时间损失,船舶所有人有时也在租船合同中列入“无论靠泊与否(whether in berth or not)”条款。对此,《定义》的解释是,“如果指明的装卸货物的地点是一个泊位，而这个泊位又是船舶不能立即进入的泊位，这时，只要船舶到达这个泊位所在的港口，即可递交装卸准备就绪通知书“。

(3)“除非提前开始”条款

如果装卸准备就绪通知书递交以前、或递交后，在“通知时间”阶段，承租人实际已经开始了装卸工作，这时，也会发生装卸时间从什么时间起算的问题。

如果在装卸准备就绪通知书递交以前，或在“通知时间”中，承租人已经开始了装卸工作，而不将这段提前装卸的时间计入装卸时间的话，就可能因装卸工作在原定的可用装卸时间之前结束，而使船舶所有人支付本来不需支付的速遣费。很显然，这对船舶所有人是很不公正的，而且也是不合理的。为了防止这种情况的发生，船舶所有人就要在租船合同的关于装卸时间的起算时间的规定中附加“除非提前开始(unless sooner commenced)”；或“……不论是否到达泊位，除非已提前工作(…whether in berth or not unless sooner worked)”；或“所有已使用时间均计入装卸时间(all time used shall count in laytime)”等条款，以约定在合同上所规定的装卸时间起算以前已开始工作时，其装卸时间从实际装卸工作开始时起算。

三、装卸时间的计算及其止算时间

1. 卸时间事实记录

装卸时间事实记录(Laytime Statement of Facts)是用来记录船舶从到达、等待、被引领入港的地点时起，到船舶装货或卸货完毕时止的这段时间内进行各项工作的起止日、时和各种待时的起止日、时的书面记录。它是一份计算装卸时间的原始记录。装卸时间事实记录的格式示例如表 5-1。

装/卸时间事实记录

LAYTIME STATEMENT

表 5-1

日期________
Date

船名________ 装/卸________公吨数(货种)
M.V. Loading/Discharging Metrictons of

日期 Date	星期 Day of the week	时间 从 From	 到 To	说明 Description

船舶总吨位____________ 船舶舱口数____________
Ship's G.R.T. Number of ship's hatches
本港开工舱口数____________ 其他____________
Hatches worked in this port Nos. Other

代表________
For and behalf of

____________轮船长________ 代理人________
The Master of M.V. As Agent

装卸时间事实记录的内容包括：本船入港的日、时；递交和接受装卸准备就绪通知书的日、时；装卸过程中因故中断作业及重新进行装卸作业的起止日、时；星期日、节假日、天气不良、装卸设备故障、等货或等驳等停止工作或待时的起止日、时，和装卸工作完毕的日、时及装卸货物的数量等。

装卸时间事实记录是计算实用装/卸时间和速遣或滞期时间的依据。它应由船舶所有人和承租人各自委托的代理人在现场按照船舶在港期间的工作和作业过程随时随地、不间断地进行记录。当装/卸货物完毕后,船长、承租人或他们各自的代理人须对相互的记录进行核对,认为没有异议时,经船长、承租人或他们的代理人签字后,即可据以编制"装/卸时间表",以计算实用装/卸时间和速遣或滞期时间。

2. 装/卸时间的计算

装/卸时间表(Time Sheet)又称"速遣费/滞期费计算单(Despatch Money/Demurrage Calculation Sheet)"。它是根据装/卸时间事实记录,具体计算实用装/卸时间和速遣(节省)时间或滞期时间的计算表格。它的内容与装/卸时间事实记录相似,只不过它要将装/卸时间事实记录中原来以起、止日、时表示的各项作业或待时的时间,按照租船合同中用以表示装/卸时间的"日"的涵义和关于装/卸时间的起算和止算时间的规定,扣除不该作为装/卸时间的除外时间后,折算成为以日、时、分表示的可用时间、实用时间,并将可用时间与实用时间的差额记入"滞期或节省(速遣)时间"栏而已。现将装/卸时间表(速遣费/滞期费计算单)的格式例举见表5-2。

速遣费/滞期费计算单

Despatch Money/Demurrage Calculation Sheet 表5-2

单位名称 编号________

Messr ________ 日期 Date ________

船名 装/卸货种及吨数

M.V.________ Loading/Discharging ________ metric tons of ________

时间 Time 日期 Date 星期 Day

递交装卸准备就绪通知书时间

Noticeof Readiness Tendered:________

接受装卸准备就绪通知书时间

Noticeof Readiness Accepted:________

装卸时间起算时间

Laytime Commenced to Count:________

开始装卸时间

Loading/Discharging Commenced:________

装/卸货完毕时间

Loading/Discharging Completed:________

货物装/卸率

Rate of Loading/Discharging:________

日期 Date	星期 Day of the Week	时间 Hours From	时间 Hours To	说明 Description	可用时间 Laytime allowed D H M	实用时间 Laytime used D H M	节省/滞期时间 Time saved/lost D H M
速遣/滞期费率				合计			

Rate of Despatch/Demurrage: Total

滞期费总金额 Total

Amount of Despatch/Demurrage: For and behalf of the Shippers

As Agents

将按"日"的涵义扣除除外时间的"可用时间"逐日并列。当逐日填列的"实用装卸时间"与租船合同规定的"可用时间"相等时,如果装卸工作尚未结束,则将以后的装卸时间并列于"实用时间"和"滞期时间"栏内,一直到装卸工作结束。这样"滞期时间"栏的累计数就是应计滞期费的滞期时间。相反,如果在合同规定的可用时间届满前货物已提前装卸完毕,则将尚未用完的可用时间逐日分别列于可用时间和节省(速遣)时间栏内,直至可用时间全部终了。这样,"节省时间"栏内的累计数就是应计速遣费的速遣时间。

3. 滞期通知

在编制装卸时间事实记录过程中,船方也应在航海日志上作出相应的记载。为了防止承租人和船舶所有人在装卸时间上,特别是滞期时间的起算时间上发生纠纷,通常在船舶将要进入滞期时间以前,船长应将将要进入滞期的具体时间和将要按照租船合同约定的滞期费率计收滞期费的意图以书面形式通知承租人。这种书面通知就是滞期通知。承租人收到滞期通知后,应在副本上签字,将副本退还给船长或船舶所有人的代理人,以作为日后计收滞期费的证明之一。

滞期通知的形式例示如下:

To: (Charterers / Charterer's Agent)

C/O (Owner's Agent)

NOTICE OF DEMURRAGE

Dear sirs:

This will serve to remind you that the M.S."　　　　"now discharging general cargo at this port will have reached the end of her stipulated laydays tomorrow at 10:00 a.m. In accordance with charter party, demurrage will commence at that time as stipulated.

Please kindly acknoledge this letter and return the attached copies with your signature.

Your truely

____

Master

M.S.________

Acknowledged & Accepted by,

Charterer/Charterers' Agents

4. 装卸时间的止算

航次租船合同中,一般并不规定装卸时间的止算时间。但是,习惯上都以货物装完或卸完的时间作为装卸时间的止算时间。

这里所说的"货物装完或卸完的时间"应理解为装卸作业已完全结束,航舶已处于可随时开航的状态。因此即使货物已装上船舶,或已全部从船上卸下,只要货物的加固、平舱、移走铲车或移走真空吸粮机或抓斗等工作尚未完成,仍不能算是装完或卸完货物。这些结尾工作所耗用的时间,仍应计入装卸时间。只有在这些扫尾工作结束后,装卸时间才止算。

装卸时间止算后,有关船舶的时间损失即应由船舶所有人承担。因此,诸如等潮、等引航员或拖轮,以及办理船舶出口报关等时间损失都应由船舶所有人承担。不过,如果因承租人未及时办理应办的手续,比如未及时缮制应由船长签字的提单,而使船舶未能及时开航,船舶所有人可将这些时间视为滞留损失而向承租人索赔。

四、滞期费和速遣费

1. 滞期时间范围的约定

当承租人未能在租船合同中约定的装卸时间内将货物全部装完或卸完,为了完成货物的装卸,船舶还需在港停泊时,按照租船合同的规定,承租人必须按规定的滞期费率向船舶所有人支付滞期费。

关于滞期费率,通常都以本船的定期租金的租金率为基础,在考虑本船的燃料费、港口费和其他营运费用及营运损失之后,按每天每载重吨或每天每艘若干元商定,而且是按船舶滞期的天数计收的。不足一天则按比例计收。

滞期费应按照滞期时间和约定的滞期费率计算,是没有什么问题的。但是,一旦发生滞期,在滞期期间的星期日、节假日,乃至因天气或其他原因停止工作的时间,即本来不应计为装卸时间的除外时间,是否也作为滞期时间计算滞期费,常是承租人和船舶所有人之间发生争议的问题。为了避免争议,在租船合同中,必须使用一些具有一定涵义的用语来表明滞期时间包括的范围,也就是说要用具有一定涵义的术语表明进入滞期后,原来不计为装卸时间的除外时间,如星期日、节假日和因雨不能进行装卸作业的时间等除外时间,是否应计入滞期时间。这就是"滞期时间非连续计算"和"滞期时间连续计算"。

(1)"滞期时间非连续计算"

"滞期时间非连续计算"又称"按同样的日(per like day)"。是指计算滞期的"日"的涵义与计算装卸时间的"日"的涵义相同。如果计算装卸时间使用的是晴天工作日,即不包括星期日、节假日、天气不良等停止工作时间的"日",则计算滞期时间的"日"中也不包括这些时间。也就是说在滞期期间,星期日、节假日及天气不良等原因停止工作的时间,都不计入滞期时间。这样,在装卸时间表上所记的滞期时间是断断续续的,不是连续计算的。

(2)"滞期时间连续计算"

"滞期时间连续计算(demurrage runs continuously)"或称"一旦滞期,永远滞期(once on demurrage always on demurrage)",是指进入滞期后,即使遇有星期日、节假日、天气不良等原因停止工作的时间,也应计为滞期时间,直至货物装卸完毕。当然,因严重自然灾害,或船方原因而停止工作的时间,或合同中明确规定不计入滞期的时间,均不能计为滞期时间。

合同中,关于滞期时间的计算,通常都是按照"滞期时间连续计算"约定的,即滞期时间的计算应以"一旦滞期,永远滞期"为原则。也就是说,一旦进入滞期后,滞期期间的所有星期日、节假日、不良天气等停止工作的时间,均应计为滞期时间。

(3)滞留损失

虽然对于滞期时间,承租人必须向船舶所有人支付一定的滞期费,但是,滞期费只能补偿因船舶滞期而产生的损失,而不一定能补足船舶所有人的全部损失,尤其是如果滞期时间过长,可能使船舶所有人遭受更大的损失。因此,船舶所有人常在合同中为按照规定的滞期费率计收滞期费的滞期时间规定一个限度(比如10天)。如果滞期时间未超过这个规定的限度,则按滞期天数和约定的滞期费率收取滞期费。反之,如果超过了这个限度,则对于限度内的滞期时间仍按约定的滞期费率计收滞期费,而对于超过规定限度的那部分滞期时间,则不适用合同约定的滞期费率,承租人须按船舶每天的实际损失,给船舶所有人以赔偿。这种按实际损失给予赔偿的超过规定限度的滞期就是"滞留损失(damage of detention)"。例如有些合同规定,"10

个连续工作日滞期费率每天________(ten running working days on demurrage at ________ per day)”。这就是说,滞期以10个连续工作日为限才按照规定的滞期费率计收滞期费,如果超过了规定的10天限度,比如说实际滞期时间为15天,则超过的5天,船舶所有人可按实际损失向承租人索赔。

滞留损失的索赔,除应包括因延长停泊时间而增加的燃料费、港口费和其他营运费用外,还应包括如果不发生这种延误,船舶所有人可能获得的利润。当然也应包括因为船舶延误使船舶所有人不能履行下一航次与其他承租人签订的租船合同而可能发生的违约赔偿金的支出。

2. 速遣时间范围的约定

速遣费(despatch money)是承租人在约定的装卸时间之前,提前结束货物的装卸作业后,从船舶所有人那里取得的报酬。通常它是按照滞期费率的50%计算的,即速遣费率通常订为滞期费率的一半。

在计算速遣费的问题上,承租人和船舶所有人之间比较容易发生争议的问题是,在节省的时间中是否应该扣除星期日、节假日及不良天气等停止工作的时间。为了防止争议,租船合同中也使用了一些具有一定涵义的用语来明确规定所节省的时间应包括的范围,即进入速遣时间后,原来不计为装卸时间的除外时间,如星期日、节假日和因雨不能进行装卸作业的时间等除外时间,是否应计入速遣时间,对此,也有两种约定方法。

(1)节省全部时间

按照《定义》解释,节省全部时间(all time saved)是指从装货或卸货完毕时起,至可用装卸时间终止时止,包括所有除外时间在内的时间。也就是说,如果租船合同中约定按照节省全部时间计算速遣费,则包括星期日、节假日以及不良天气等在内的全部节省时间,都作为速遣时费间计算速遣费。

(2)节省全部工作时间

按照《定义》解释,节省全部工作时间(all working time saved)是指从装货或卸货完毕时起,至可用装卸时间终止时止的期间中,不包括任何装卸时间的除外时间在内的速遣时间。也就是说,在节省时间内的星期日、节假日及不良天气等时间不计为装卸时间,也不计算速遣费。

应该说,“节省全部时间”和“节省全部工作时间”两种约定的差别就在于前者包括了星期日、节假日和不良天气等本来不能进行装卸作业的时间,而这些不能进行装卸工作的时间,在按“晴天工作日,星期日、节假日除外”条款计算装卸时间时,本来就不应计为装卸时间,因此计算节省(速遣)时间时,当然也不应该包含这些时间。所以租船合同约定,按“节省全部工作时间”条款计算速遣时间,并据此计算速遣费较为合理。

3. 装卸两港的装卸时间统算

在计算速遣费和滞期费时,还可能出现的另一个问题,那就是装货港的速遣(或滞期)时间是否能先和卸货港的滞期(或速遣)时间相抵,然后再计算装卸两港的总的速遣(或滞期)费的问题。

对于这个问题,如果合同中未作出任何特约,一般应以装卸两港分别计算为原则。不过,如果合同中作了特约,也可能采用装卸两港统算的方法。

关于装货港和卸货港的装卸时间的统算,主要有3种约定方法。

(1)装卸共用时间

“装卸共用时间(all purposes)”是一种表明装货港和卸货港的装卸时间可以统算,即可以互抵的一种合同用语。在航次租船合同中以这一用语表示装卸时间时，如“装卸共用时间 15 个连续日(fifteen running days, all purposes)”，就意味着将装货时间和卸货时间看作是一个连续的时间，这个时间就是可供装货和卸货使用的合计时间。

以这一规定的可供装货和卸货使用的合计时间为标准，只要装卸两港实用的装卸总时间未超过为两港规定的可用时间的合计时间，即可不算滞期时间。

相反，如果在装货港即已将装卸两港合计的可用时间用完，即在装货港已进入滞期，则按照“一旦滞期，永远滞期”的原则，当船舶到达卸货港后，立即连续计算滞期时间。承租人将丧失正常情况下可以享受的卸货港的通知时间除外(即不计为装卸时间)这一权利。

(2)可调剂使用的装卸时间

“可调剂使用的装卸时间(reversible laydays)”又称“装卸时间抵算”。这是一种可以以卸货港的可用时间调剂或抵算发生在装货港的速遣时间或滞期时间的约定装卸两港装卸时间统算的方法。按照这种约定，承租人可将装货港的速遣时间计入卸货港的可用时间，而使卸货港的可用时间增加，或将装货港的滞期时间在卸货港的可用时间中扣除，而使卸货港的可用时间减少。在使用“可调剂使用的装卸时间”这一用语的情况下，应分别为装货港和卸货港单独规定可用装货时间和可用卸货时间，并分别单独编制装卸时间表，而且只有在卸货港卸货完毕后才能算出装、卸两港统算的速遣或滞期时间，从而算出调剂或抵算后的速遣费或滞期费。所以必须将已在装货港用于装货的时间记入根据租船合同签发的提单上，使收货人能准确的知道还有多少时间可用于卸货。

航次租船合同中如果使用了“可调剂使用的装卸时间”这一用语，则在单独为装货港或卸货港编制装卸时间表时，应将装货港用于装货所节省的时间或超过可用时间的滞期时间计入卸货港的可用时间内。即在卸货港的可用时间内加上在装货港所节省的时间，或从卸货港的可用时间内扣除在装货港发生的滞期时间，然后以卸货港的实用卸货时间，与经过调整后的可用卸货时间对比，即得出应计速遣费或滞期费的速遣时间或滞期时间。

如果装货港的实用时间不但超过了为装货所规定的可用时间，而且超过了包括为卸货所规定的可用时间在内的装、卸货的全部可用时间，换言之已不可能用卸货港的可用时间来调剂在装货港发生的滞期时间时，当然应该将在卸货港的卸货时间连续计算为滞期时间。但是，与前述“装卸共用时间”的计算不同，当船舶到达卸货港时，并不立即连续计算滞期时间，而是在递交装卸准备就绪通知书、将正常的通知时间除外后，起算卸货时间时，才开始连续计算滞期时间。即在这种情况下，承租人照样享有将正常的通知时间除外于装卸时间的权利。

因此，与“装卸共用时间”相比，在装货港已将为装、卸两港所规定的可用时间全部用完，船舶已进入滞期时，按“可调剂使用的装卸时间”计算的结果与按“装卸共用时间”条件计算的结果会有所不同，即使在装货港并未将为装、卸两港规定的可用时间用完，卸货港仍留有可用时间的情况下，两者的计算结果也并不一定完全相同，只有在装货港，按两种约定方法计算装货港的装货时间都是节省(速遣)时间时，两者的计算结果才会相同。这是因为在装货港，据以计算装卸时间的可用时间是不同的，前者在装货港的可用时间要明显地长于后着，因而后者进入滞期的时间会明显地早于前者。按照“一旦滞期，永远滞期”的原则，进入滞期后，原来不计为装卸时间的除外时间，都将连续计算为滞期时间。于是，船舶抵达卸货港后，按“可调剂使用的装卸时间”计算，将原来为卸货港规定的可用时间抵充发生于装货港的滞期时间后，留给卸货港的可用时间就会与按“装卸共用时间”计算留给卸货港的可用时间有所不同(通常会更短一些)，这样，两者在卸货港进入滞期(或速遣)的时间就会有所不同，其最终计算结果当然也是不同的。

(3)将装卸时间平均计算的权利

"将装卸时间平均计算的权利(right to average laydays)"又称"装卸时间均算"。它也是用于表明装货时间和卸货时间可以相互抵用的用语。但与"可调剂使用的装卸时间"不同，"将装卸时间平均计算的权利"虽然也分别为装货港和卸货港分别编制装货时间计算表和卸货时间计算表，但并不以装货港的节省时间或滞期时间来调整原规定的卸货港的可用时间，而是单独的根据卸货港的卸货时间表，按照原定的可用卸货时间计算出卸货中所节省的时间或滞期时间，再以装货港的节省时间或滞期时间来抵补卸货港的滞期时间或节省的时间。所以，"将装卸时间平均计算的权利"这一用语的用意在于以装货港节省的时间抵补卸货港的滞期时间，或以卸货港节省的时间抵补装货港的滞期时间，从而减少通常须以速遣费的加倍费率支付的滞期费。

"将装卸时间平均计算的权利"与"可调剂使用的装卸时间"的区别主要在于两者在卸货港进入滞期的时间可能不同。在按"将装卸时间平均计算的权利"计算卸货港的卸货时间时，可用时间不受装货港实用装货时间长短的影响，而按"可调剂使用的装卸时间"计算卸货港的卸货时间时，可用时间的长短则取决于装货港的实用时间的长短，如果装货港的实用装货时间过长，相应的就会减少卸货港的可用时间。在这种情况下，按"可调剂使用的装卸时间 "计算的卸货时间就会比按"将装卸时间平均计算的权利"计算的卸货时间提前进入滞期，从而使本来可以作为除外时间、不计为滞期时间的时间，也必须连续计算成为滞期时间。

4．滞期费和速遣费的计算举例

如前所述，装卸时间表又称速遣费/滞期费计算单，用它计算装卸时间的最终目的是通过实用时间和可用时间的对比，计算出节省(速遣)或滞期时间，然后根据约定的费率，算出船舶所有人应支付的速遣费或承租人应支付的滞期费。因此，计算滞期费或速遣费的过程，实际上也就是计算装卸时间，即节省(速遣)时间或滞期时间的过程。

为了便于说明根据合同有关装卸时间的约定和经船长及承租人或他们各自的代理人签署确认的装卸时间事实记录，用装/卸时间表，计算装卸可用时间、实用时间的步骤，同时说明按照合同中关于速遣或滞期时间范围和对装卸两港的的滞期费或速遣费是分别结算、还是统算的约定，最终确定速遣费或滞期费的方法，有必要在这里对装卸时间、速遣费和滞期费的计算步骤与方法进行举例运算。

举例：

(1)某航次租船合同约定

①装货港的装货时间和卸货港的卸货时间分别为3个和4个"晴天工作日，星期双休日、节假日除外"；

②如果上午12:00以前递交装卸准备就绪通知书，装卸时间从下午1:00起算；如果下午6:00以前递交装卸准备就绪通知书，装卸时间从下一工作日上午8:00起算；

③滞期费率：800美元/日；速遣费率：400美元/日。

(2)装卸两港关于星期双休日及节假日均规定

星期双休日及节假日前一日下午6:00以后至星期双休日及节假日次日8:00以前的时间除外，不计为装卸时间。

(3)该轮在装卸两港的装卸时间事实记录分别见表5-3、表5-4。

装货港的装卸时间事实记录　表 5-3

日期	星期	时间		说　明
		开始时间	终止时间	
5/3	二	16:00	——	船舶到港
5/3	二	16:40	——	递交装卸准备就绪通知书
5/3	二	16:40	——	接受装卸准备就绪通知书
6/3	三	08:00	——	装卸时间起算
6/3	三	08:00	24:00	装货开始
7/3	四	00:00	04:00	因雨停工
7/3	四	04:00	24:00	装货
8/3	五	00:00	18:00	装货
8/3	五	18:00	24:00	星期双休日停工
9/3	六	00:00	24:00	星期双休日停工
10/3	日	00:00	24:00	星期双休日停工
11/3	一	00:00	08:00	星期双休日停工
11/3	一	08:00	24:00	继续装货
12/3	二	00:00	12:00	装货完毕

卸货港的装卸时间事实记录　表 5-4

日期	星期	时间		说　明
		开始时间	终止时间	
20/3	三	08:00	——	船舶到港
20/3	三	10:00	——	递交装卸准备就绪通知书
20/3	三	10:00	——	接受装卸准备就绪通知书
20/3	三	13:00	24:00	开始卸货
21/3	四	00:00	06:00	继续卸货
21/3	四	06:00	08:00	机械故障停工
21/3	四	08:00	24:00	继续卸货
22/3	五	00:00	11:00	卸货完毕

问题一：分别计算装货港和卸货港的滞期费（按"滞期时间连续计算"条件计算）或速遣费（按"节省全部工作时间条件"计算）。

解：（1）编制装货港的装卸时间表（按"滞期时间连续计算"条件计算）（见表 5-5）。

装货港的装卸时间表　表 5-5

	时间	日期	星期
可用装货时间　3W.W.D.SHEX			
船舶到港时间	16:00	5/3	二
递交装卸准备就绪通知书时间	16:40	5/3	二
接受装卸准备就绪通知书时间	16:40	5/3	二
装卸时间起算时间	08:00	6/3	三
装货开始时间	08:00	6/3	三
装货完毕时间	12:00	12/3	二

续上表

日期	星期	时间		说　明	可用时间			实用时间			节省/滞期时间		
		从	到		日	时	分	日	时	分	日	时	分
5/3	二	16:00	——	船舶到港	—	—	—	—	—	—	—	—	—
5/3	二	16:40	——	递交 N/R	—	—	—	—	—	—	—	—	—
5/3	二	16:40	——	接受 N/R	—	—	—	—	—	—	—	—	—
6/3	三	08:00	——	起算装卸时间	—	—	—	—	—	—	—	—	—
6/3	三	08:00	24:00	装货开始	—	16	—	—	16	—	—	—	—
7/3	四	00:00	04:00	因雨停工	—	—	—	—	—	—	—	—	—
7/3	四	04:00	24:00	继续装货	—	20	—	—	20	—	—	—	—
8/3	五	00:00	18:00	继续装货	—	18	—	—	18	—	—	—	—
8/3	五	18:00	24:00	星期双休日停工	—	—	—	—	—	—	—	—	—
9/3	六	00:00	24:00	星期双休日停工	—	—	—	—	—	—	—	—	—
10/3	日	00:00	24:00	星期双休日停工	—	—	—	—	—	—	—	—	—
11/3	一	00:00	08:00	星期双休日停工	—	—	—	—	—	—	—	—	—
11/3	一	08:00	24:00	继续装货	—	16	—	—	16	—	—	—	—
12/3	二	00:00	02:00	可用时间完了	—	2	—	—	2	—	—	—	—
12/3	二	02:00	12:00	装货完毕、滞期	—	—	—	—	10	—	—	10	—
		合	计		3	—	—	3	10	—		10	—

滞期费：800 ×(10 ÷ 24) = 333.33(美元)

解：(2)编制卸货港的装卸时间表(按“节省全部工作时间”条件计算)(见表5-6)。

卸货港的装卸时间表　　表 5-6

	时间	日期	星期
可用卸货时间　4W.W.D.SHEX			
船舶到港时间	08:00	20/3	三
递交装卸准备就绪通知书时间	10:00	20/3	三
接受装卸准备就绪通知	10:00	20/3	三
装卸时间起算时间	13:00	20/3	三
卸货开始时间	13:00	20/3	三
卸货完毕时间	11:00	22/3	五

日期	星期	时间		说　明	可用时间			实用时间			节省/滞期时间		
		从	到		日	时	分	日	时	分	日	时	分
20/3	三	08:00	——	船舶到港	—	—	—	—	—	—	—	—	—
20/3	三	10:00	——	递交 N/R	—	—	—	—	—	—	—	—	—
20/3	三	10:00	——	接受 N/R	—	—	—	—	—	—	—	—	—
20/3	三	13:00	——	起算装卸时间	—	—	—	—	—	—	—	—	—
20/3	三	13:00	24:00	卸货开始	—	11	—	—	11	—	—	—	—
21/3	四	00:00	06:00	继续卸货	—	6	—	—	6	—	—	—	—
21/3	四	06:00	08:00	机械故障停工	—	—	—	—	—	—	—	—	—
21/3	四	08:00	24:00	继续卸货	—	16	—	—	16	—	—	—	—
22/3	五	00:00	11:00	卸货完毕	—	11	—	—	11	—	—	—	—
22/3	五	11:00	18:00	速遣	—	7	—	—	—	—	—	7	—
23/3	五	18:00	24:00	星期双休日停工	—	—	—	—	—	—	—	—	—
24/3	六	00:00	24:00	星期双休日停工	—	—	—	—	—	—	—	—	—
25/3	日	00:00	24:00	星期双休日停工	—	—	—	—	—	—	—	—	—
26/3	一	00:00	08:00	星期双休日停工	—	—	—	—	—	—	—	—	—
26/3	一	08:00	24:00	速遣	—	16	—	—	—	—	—	16	—
27/3	二	00:00	24:00	速遣	1	—	—	—	—	—	1	—	—
28/3	三	00:00	05:00	可用时间完了	—	5	—	—	—	—	—	5	—
		合	计		4	—	—	1	20	—	2	4	—

速遣费:400×(52÷24)= 866.67(美元)

问题二:按“装卸共用时间”条件计算装货港和卸货港统算的速遣费。

解:连续地编制装卸两港的装卸时间表(“按装卸共用时间”计算)(见表5-7)。

装货港和卸货港的装卸时间表　　表5-7

	时间	日期	星期
装卸两港共计可用装卸时间　7W.W.D.SHEX			
船舶到港时间	16:00	5/3	二
递交装卸准备就绪通知书时间	16:40	5/3	二
接受装卸准备就绪通知书时间	16:40	5/3	二
装卸时间起算时间	08:00	6/3	三
装货开始时间	08:00	6/3	三
装货完毕开航时间	12:00	12/3	二
船舶到达卸货港时间	08:00	20/3	三
递交装卸准备就绪通知书时间	10:00	20/3	三
接受装卸准备就绪通知	10:00	20/3	三
装卸时间起算时间	13:00	20/3	三
卸货开始时间	13:00	20/3	三
卸货完毕时间	11:00	22/3	五

日期	星期	时间		说明	可用时间			实用时间			节省/滞期时间		
		从	到		日	时	分	日	时	分	日	时	分
5/3	二	16:00	——	船舶到港	—	—	—	—	—	—	—	—	—
5/3	二	16:40	——	递交N/R	—	—	—	—	—	—	—	—	—
5/3	二	16:40	——	接受N/R	—	—	—	—	—	—	—	—	—
6/3	三	08:00	——	起算装卸时间	—	—	—	—	—	—	—	—	—
6/3	三	08:00	24:00	装货开始	—	16	—	—	16	—	—	—	—
7/3	四	00:00	04:00	因雨停工	—	—	—	—	—	—	—	—	—
7/3	四	04:00	24:00	继续装货	—	20	—	—	20	—	—	—	—
8/3	五	00:00	18:00	继续装货	—	18	—	—	18	—	—	—	—
8/3	五	18:00	24:00	星期双休日停工	—	—	—	—	—	—	—	—	—
9/3	六	00:00	24:00	星期双休日停工	—	—	—	—	—	—	—	—	—
10/3	日	00:00	24:00	星期双休日停工	—	—	—	—	—	—	—	—	—
11/3	一	00:00	08:00	星期双休日停工	—	—	—	—	—	—	—	—	—
11/3	一	08:00	24:00	继续装货	—	16	—	—	16	—	—	—	—
12/3	二	00:00	12:00	装货完毕、开航	—	12	—	—	12	—	—	—	—
20/3	三	08:00	——	船舶到卸货港	—	—	—	—	—	—	—	—	—
20/3	三	10:00	——	递交N/R	—	—	—	—	—	—	—	—	—
20/3	三	10:00	——	接受N/R	—	—	—	—	—	—	—	—	—
20/3	三	13:00	——	起算装卸时间	—	—	—	—	—	—	—	—	—
20/3	三	13:00	24:00	卸货开始	—	11	—	—	11	—	—	—	—
21/3	四	00:00	06:00	继续卸货	—	6	—	—	6	—	—	—	—
21/3	四	06:00	08:00	机械故障停工	—	—	—	—	—	—	—	—	—
21/3	四	08:00	24:00	继续卸货	—	16	—	—	16	—	—	—	—
22/3	五	00:00	11:00	卸货完毕	—	11	—	—	11	—	—	—	—
22/3	五	11:00	18:00	速遣	—	7	—	—	—	—	—	7	—
22/3	五	18:00	24:00	星期双休日停工	—	—	—	—	—	—	—	—	—
23/3	六	00:00	24:00	星期双休日停工	—	—	—	—	—	—	—	—	—
24/3	日	00:00	24:00	星期双休日停工	—	—	—	—	—	—	—	—	—
25/3	一	00:00	08:00	星期双休日停工	—	—	—	—	—	—	—	—	—
25/3	一	08:00	24:00	速遣	—	16	—	—	—	—	—	16	—
26/3	二	00:00	19:00	可用时间完了	—	19	—	—	—	—	—	19	—
					7	—	—	5	6	—	1	18	—

按“装卸共用时间”条件计算的装货港和卸货港统算的速遣费为：

$$400 \times 1 日 18h = 400 \times 1.75 日 = 700(美元)$$

问题三：按“可调剂使用的装卸时间”条件计算装货港和卸货港统算的速遣费。

解：(1)参照表 4-5，在装货港发生滞期时间 10h；

(2)按照“可调剂使用的装卸时间”的涵义，以卸货港原定的可用时间 4 日抵充发生于装货港的滞期时间 10h，经调剂后的卸货港的可用时间为 86h(3 日 14h)；

(3)按调剂后的卸货港的可用卸货时间编制卸货港的装卸时间表(按“可调剂使用的装卸时间”条件计算)(见表 5-8)。

卸货港的装卸时间表

表 5-8

	时间	日期	星期
可用卸货时间 3.583 W.W.D.SHEX (3 日 14h)			
船舶到港时间	08:00	20/3	三
递交装卸准备就绪通知书时间	10:00	20/3	三
接受装卸准备就绪通知	10:00	20/3	三
装卸时间起算时间	13:00	20/3	三
卸货开始时间	13:00	20/3	三
卸货完毕时间	11:00	22/3	五

日期	星期	时间 从	时间 到	说明	可用时间 日	时	分	实用时间 日	时	分	节省/滞期时间 日	时	分
20/3	三	08:00	——	船舶到港	—	—	—	—	—	—	—	—	—
20/3	三	10:00	——	递交 N/R	—	—	—	—	—	—	—	—	—
20/3	三	10:00	——	接受 N/R	—	—	—	—	—	—	—	—	—
20/3	三	13:00	——	起算装卸时间	—	—	—	—	—	—	—	—	—
20/3	三	13:00	24:00	卸货开始	—	11	—	—	11	—	—	—	—
21/3	四	00:00	06:00	继续卸货	—	6	—	—	6	—	—	—	—
21/3	四	06:00	08:00	机械故障停工	—	—	—	—	—	—	—	—	—
21/3	四	08:00	24:00	继续卸货	—	16	—	—	16	—	—	—	—
22/3	五	00:00	11:00	卸货完毕	—	11	—	—	11	—	—	—	—
22/3	五	11:00	18:00	速遣	—	7	—	—	—	—	—	7	—
23/3	五	18:00	24:00	星期双休日停工	—	—	—	—	—	—	—	—	—
24/3	六	00:00	24:00	星期双休日停工	—	—	—	—	—	—	—	—	—
25/3	日	00:00	24:00	星期双休日停工	—	—	—	—	—	—	—	—	—
26/3	一	00:00	08:00	星期双休日停工	—	—	—	—	—	—	—	—	—
26/3	一	08:00	24:00	速遣	—	16	—	—	—	—	—	16	—
27/3	二	00:00	24:00	可用时间完毕	—	19	—	—	—	—	—	19	—
合计					3	14	—	1	20	—	1	18	—

按“可调剂使用的装卸时间”条件计算的装货港和卸货港统算的速遣费为：

$$400 \times 1 日 18h = 400 \times 1.75 日 = 700(美元)$$

问题四：按“将装卸时间平均计算的权利”条件计算装货港和卸货港统算的速遣费。

解：(1)参阅表4-5，装货港发生的滞期费时间为10h；

(2)参阅表4-6，卸货港发生的速遣时间为2日4h；

(3)按照“将装卸时间平均计算的权利”的涵义，先用卸货港发生的滞期(或速遣)时间抵冲发生于装货港的滞期(或速遣)时间，即：

$$2\text{ 日 }4h-10h=1\text{ 日 }18h$$

按“将装卸时间平均计算的权利”条件计算装货港和卸货港统算的速遣费为：

$$400\times 1\text{ 日 }18h=400\times 1.75\text{ 日 }=700(\text{美元})$$

由此可见，在一般情况下，按装卸两港统算装卸时间的办法计算速遣(或滞期)费，对于承租人来说会更为有利一些。不过，如果预估装货港会发生滞期，甚至其滞期时间有可能超过为装卸两港规定的全部可用时间，那么采用统算装卸两港的装卸时间的办法，特别是采用“装卸共用时间”的办法，就会对船舶所有人更为有利一些。

第四节　定期租船合同

定期租船合同(参见附件8、9、10)，是指船舶出租人向承租人提供约定的由出租人配备船员的船舶，由承租人在约定的期间内按照约定的用途使用，并支付租金的合同。

和航次租船合同一样，为了避免日后的争议，定期租船合同中也须为每一有关船舶所有人和承租人权利和义务的细节逐项协商，达成协议，并将协议的结果以条款的形式明记于定期租船合同内 。

关于定期租船合同条款，也和航次租船合同一样，虽然我国《海商法》第六章“船舶租用合同”一章中也作出了规定，但是，在这一章一开始的第127条就规定“本章关于出租人和承租人之间权利、义务的规定，仅在船舶租用合同没有约定或者没有不同约定时适用”。因而《海商法》对于定期租船合同当事人双方关于相互间权利、义务的约定，实际上并不具有强制的制约作用。

定期租船合同的签订，在大多数情况下，也是通过租船经纪人在租船市场上进行的。租船经纪人按承租人的委托，在租船市场上提出所需船舶的详细说明，与拥有符合要求船舶的船舶所有人或他的经纪人进行交易磋商。如果双方磋商结果认为条件适合，即根据相互取得一致意见的条件缮制定期租船合同，然后由船舶所有人和承租人在合同上签字；也可由租船经纪人代表双方签署。

为了便于以函、电的形式磋商合同条款，简化签订合同的手续，缩短交易磋商的时间，定期租船市场上也广泛的使用着一些租船合同范本。作为定期租船合同的标准格式，使用最广泛的是由以北欧船舶所有人为中心的，以世界不定期船舶所有人(包括租船经纪人)为成员的波罗的海国际航运公会制定，英国航运总会承认的简称为“波尔的姆(Baltime)”的 “统一定期租船合同”，和由美国土产交易所编制，作为“政府格式(Governmen Form)”，简称为“土产格式(NYPE Form)”的定期租船合同。

一、定期租船合同的标准格式

“波尔的姆”格式与“土产格式”的主要区别在于两者的条款内容各有侧重。一般地说，“波尔的姆”侧重于船舶所有人的利益，这是国际航运业界所公认的。至于“土产格式”，虽然有人认为侧重于承租人的利益，但是也有不少人认为它的内容较“波尔的姆”格式更公平一些，并没有过于偏坦承租人的利益。因此，在航运市场不够景气的时候，使用得较多的反而是“土产格式”。

当然，从船舶所有人角度考虑，为了维护自己的利益在签订定期租船合同时，总希望选用“波尔的姆”格式作为双方磋商合同的基础。不过，关于标准合同格式的选用，常不以人们意志为转移，而决定于市场情况的好坏，更何况，即使以某一格式为磋商合同条款的基础，经过反复磋商，内容增删，最后的结果，与原来选用的标准合同格式所规定的内容比较，已面貌全非。因此，在商定选用标准格式之前和磋商合同条款过程中，有必要了解不同租船合同标准格式在主要条款方面的不同，决定增、删、取舍，即使对某些条款未进行删改，也可能另行增设附加条款，以减少对己方的不利。现将“波尔的姆”与“土产格式”的主要区别，列表说明见表 5-9。

“波尔的姆”与“土产格式”的对比 表 5-9

序	内容	“波尔的姆”(BALTIME)	“土产格式”(NYPE FORM)
1	关于船舶载重吨	未规定	包括不超过 1.5% 的淡水及储备
2	关于货物	不能装运活动物，有害、易燃、危险货物	除合同列名除外货物外，可装运任何合法货物
3	租金支付	以 30 天为一个月，每月预付一次	以日历月为一个月，每半个月预付一次(“NYPE 1993”改为以 30 天为一个月)
4	关于交船(起租)时间	除星期日、节假日外，从上午 9:00 至下午 6:00，星期六从上午 9:00 至 12:00 为交船时间	下午 4:00 以前提交“准备就绪通知书”，交船时间从下一工作日上午 7:00 开始(“NYPE 1993”改为按约定)
5	关于垫款	如果船长提出要求，承租人必须垫付，年息为 6%	承租人可不承担垫付义务，如同意垫付，年息为 2.5%
6	关于随船监督	未作规定	如果船舶具备条件，承租人有派人上船随船监督和作为乘船旅客乘船的权利
7	关于停租	清洗锅炉停航不超过 48h，其他原因停航不超过 24h，必须支付租金	停航期间租金一律停付
8	关于起货设备及索具	船舶必须具备 2t 负荷能力的起货机，滑车、绳索、吊货工具等由承租人承担。关于起货机故障不能正常工作，应如何处理的问题未作规定	起货设备的负荷能力最低为 3 吨，绳索、吊货工具、滑车等由船舶所有人负担，并负责供应，(“NYPE 1993”改为按约定)，因起货机故障或蒸汽压力不足不能正常工作而使用岸上装卸设备所需的费用和时间由船舶所有人负担

二、定期租船合同的主要条款

定期租船合同应包括的内容并没有统一的规定。我国《海商法》第 130 条规定的“定期租船合同的内容，主要包括出租人和承租人的名称、船名、船籍、船级、吨位、容积、船速、燃料消耗、航区、用途、租船期间、交船和还船的时间和地点以及条件、租金及其支付,以及其他有关事项"虽然并不具有强制性,但是如果把《海商法》所列举的项目和已被租船合同当事人双方普遍选用、并已得到航运市场承认的"波尔的姆"和"土产格式"等定期租船合同范本所包含的内容一一对比就不难看出,概括地说,其实定期租船合同应包含的内容总不外乎:合同当事人,船舶概况,租船期间,交船和还船,航行区域的限制,费用分担,船舶所有人的责任及免责,租金,停租,货物种类和转租等与船舶所有人和承租人的利益密切相关的条款。洽商定期租船时,船舶所有人和承租人都必须了解和掌握包含于这些条款中的必要内容和可能产生争议之所在,才有可能合理、合法地维护各自的利益。为此,有必要对这些条款应该包含的必要内容和可能产生争议的问题概述如下。

1. 船舶概况

性能适用的和符合要求的船舶是定期租船合同的标的,在租船合同中必须详细列明有关船舶的性能、能力及所处实际情况。

在不同的定期租船合同标准格式中,虽然对表明船舶情况的项目会有所不同,但总的要求大体上还是一致的。如"波尔的姆"格式中,关于船舶的情况包括有船名、船籍、总吨、净吨、船级、指示马力、载重量、载货容积、满载航速、燃料消耗等,而"土产格式"中,除包括上述内容外,还增加了有关船舶吃水的记载。我国《海商法》,在第130条关于定期租船合同应包含内容的规定中,也将"船名、船籍、船级、吨位、容积、船速、燃料消耗"等表明船舶概况的项目列为合同中应作出约定的内容。

应该承认,对承租人来说,这些项目都是经营船舶,计算营运效益的重要依据。因此,船舶所有人所提供的船舶情况的准确性对承租人至关重要。如果船舶的实际情况与合同中规定的情况不符,承租人有权对船舶所有人提出损害赔偿的要求,在某些情况下,甚至成为取消合同的理由。

在上述各个项目中,载重量、满载航速和燃料消耗更是与承租人的经营利益密切相关的项目,而且也是最容易引起争议的问题。因此,对这些项目的约定,更要特别注意。

(1)载重量(deadweight capacity)

载重量是表明船舶载货能力的指标。通常定期租船合同中所规定的船舶载重量是根据造船或买船时船级社或船舶检验机构测定和丈量的总载重吨,扣除船舶的燃料、备品、食品、淡水等的重量和减量常数(constant)估算的。如果承租人租入船舶后,在实际营运中发现船舶实际的载货能力达不到租船合同所规定的水平,致使承租人的经济利益遭受损失,船舶所有人必须承担违约责任,承租人可以按比例减付租金。

理论上说,从船舶的总载重吨扣除船舶的燃料、备品、食品、淡水等的重量即可得出可以装载货物的重量是没有什么问题的。但是在估算这个重量时,常容易忽略对减量常数的扣除。虽然船舶的总载重吨是造船或买船时经船级社或船舶检验机构测定和丈量确定的数字,但是,当船舶经过修理或改装后,如果所使用的材料与原造船时使用的不同,或更换了设备,都可能使原来测定的船舶总载重吨有所变化。除此以外,舱底污水沟中积存的污油、污水,乃至附着于船体外的海藻、贝壳等一些无法估算具体重量的物体也会使船舶原来的载重量有所降低。因此,在精确计算船舶的载重量时,须将这些无法计量的因素估计一个数值,并从原来的总载重吨中扣除。这个估计的数值就是通常所说的减量常数。这个常数与船龄有关,船龄越高,常数越大,通常一艘D/W10000t的船舶,其减量常数大约为120~180t左右。

在洽订定期租船合同时,特别是所租用的船舶是一艘船龄较高的船舶时,船舶所有人与承租人之间常常要就这个减量常数的数值进行磋商。虽然通常都是在船舶载重量的1%～2%的范围内商订一个数值,但是,如果所租用的船舶船龄较高,承租人也可能要求对船舶的载重量予以重新测定。对于承租人的这种合理要求,船舶所有人有时也不得不予以考虑。

(2)满载航速及燃料消耗

定期租船合同中关于船舶的航速及燃料消耗一般是这样规定的:"船舶满载时能在良好天气和风平浪静的情况下,以每天消耗________吨左右燃料约________节的速度航行(ship being capable full laden in good weather and smooth water of steaming about ________ knots on a consumption of about ________ tons per day)"。

所谓"良好天气和风平浪静",一般是指蒲氏4级风以下,但也不是绝对的。在一贯风平浪静的江面上,风力蒲氏2级以下风力的天气才算是良好天气;相反,对超级油船航行在洋面上,可能风力为蒲氏6级时,仍算作是良好天气。如果船舶的实际航速达不到合同规定的要求,原则上承租人有权向船舶所有人提出损害赔偿要求。不过,合同中常在所规定的航速的数值前加上一个"约(about)"字,即约定的航速只是一个大约的航速。从法律的角度解释,这个"约"字就意味着对船舶所有人在合同中所承诺的航速,允许有一定范围的伸缩。对于这个伸缩范围,国际航运惯例常把它限定在5%以下。不少案例都把这一限定范围具体地定为0.5Kn以内。从船舶所有人的利益考虑,只要船舶的实际航速不超过这个限定范围,即使低于合同规定的航速,也不能视为船舶所有人违约。

另外,在定期租船实务中,船舶所有人对船舶航速的保证,在时间上也有区别,比如在把船舶交给承租人使用之前的几个航次或交船当时,船舶必须达到合同规定的大约航速,否则船舶所有人应承担违约责任。但是,如果交船后的整个租期内航速逐渐降低而达不到合同规定的大约航速,船舶所有人就不一定承担违约责任。除非在合同中明确约定"在整个租期内约________节航速航行(about ________ knots throught out the duration of the charter)",船舶才必须始终保持合同所规定的大约航速。

不过,如果租期内船舶航速降低是由于船舶所有人没有对船舶进行合理的维修保养所造成的,承租人当然有权提出损害赔偿要求。

船舶航速与燃料消耗有密切的联系。定期租船合同中对船舶航行每天的燃料消耗定额已作出规定,当船舶每天实际的燃料消耗超过合同规定的定额,而直接给承租人带来经济损失时,承租人可以向船舶所有人提出损害赔偿的要求。然而,船舶的燃料是由承租人负责安排的,如果承租人使用品质低劣的燃料,从而导致燃料消耗增加,进而导致航速下降,对此,船舶所有人即不能承担责任。为此,波罗的海国际航运公会建议在合同中订入一个"燃料品质条款(bunker quality clause)"以进一步明确规定燃料的品质。只有承租人使用符合品质条件的燃料时,其实际消耗量超过合同规定的定额,船舶所有人才承担违约赔偿责任。

2. 租船期间

由于定期租船的租金是按照租期的长短计算的,所以怎样计算租船期间是很重要的。

定期租船合同中关于租船期间,一般是以"月"为单位规定的。

所谓"月"有两种涵义。一种是指"日历月",即按日历的实有天数作为一个月。如原来的"土产格式"规定:"承租人为使用和租用该轮以费率________美元________按日历月支付租金(Charterers shall pay for the use and hire of the said vessel at the rate of ________ United State Currency ________ per calendar month)";另一种是指以平均30天为一个月。如"波尔的姆"格式规定:"承租人按每30天支付租金________(the Charterers to pay as hire ________ per 30 days)"。

很明显，以一个日历月为一个月，比以平均30天为一个月，对承租人更为有利。因为如果租期为一年(12个月)，按前者计算，承租人就可以较按后者计算少支付5~6天的租金。

关于租船期间，另一个需要注意的问题，是租期的起止时间的问题。

为了便于安排船舶的营运，船舶所有人当然希望租船合同中能明确的规定租船的起止时间。而承租人在确定租期时，却希望对于还船的时间能有一个伸缩的余地。这是因为，作为承租人，虽然他在租船时对于将来的配船航线和预定使用的航次数不会心中无数，而且根据预计的配船航线和使用的航次数，再适当地考虑气象和港口的因素，是完全能够确定租用船舶的租船期间的。但是，即使这样，他也很难确切地定出一个使船舶租期届满的时间与他所安排的最后航次完成的时间相一致的日期。事实也是这样，租期届满的时间和最后一个航次结束的时间恰好一致的情况是很少见的。因此，在租船合同中，关于租船期间的约定，通常都承认可以有些伸缩。这也就是“土产格式”中，在租船期间的约定前，要增加一个“约(about)”字的原因所在。

尽管如此，从船舶所有人的利益考虑，他总希望能对这种伸缩规定一个限度。于是，“波尔的姆”格式规定：“如果对船舶指定的航次将超过租期，承租人可以使用船舶至航次结束，但以合理的估算该航次约能在租期届满时还船为限(should the vessel be ordered on a voyage by which the charter period will be exceeded the charterers to have the use of the vessel to enable them to complete the voyage, provided it could be reasonably calculate that the voyage would allow redelivery about the time fixed for the termination of the charter)”。对此，我国的《海商法》第143条也作了类似的规定，“经合理计算，完成最后航次的日期约为合同约定的还船日期，但可能超过合同约定的还船日期的，承租人有权超期用船以完成该航次”。另外，“波尔的姆”格式和我国《海商法》还规定：“在市场价格超过合同规定的租金率时，承租人对超过租船期的日期，按市场价格支付(for any time exceeding the termination date the charterers to pay the market rate if higher than the rate stipulated herein)”。

3．交船和还船

交船(delivery)是船舶所有人按合同约定的时间及地点，将合同中指定的船舶交给承租人使用的行为；还船(redelivery)是指承租人在合同规定的租期届满时，将船舶还给船舶所有人的行为。定期租船的租期是从交船开始至还船截止的。定期租船合同都订有交船和还船条款，以明确双方在交、还船时的责任。条款的内容主要包括交、还船的地点，时间，通知，条件及交、还船时船上所存燃油、淡水的作价转让办法。

(1)交船、还船地点

关于交船的地点，虽然有的租船合同规定由船舶所有人指定，但通常都是由承租人指定的。如“波尔的姆”格式及“土产格式”都规定由承租人选择。至于事关起租时间和费用负担的具体的交船地点，国际上常用的约定方法有：

①在可抵达的泊位交船(at the reachable berth)。在可抵达的泊位交船又称“泊位交船”。按照这种规定，承租人指定的交船泊位必须能使船舶到港后立即靠泊。如果船舶到港后不能及时靠泊履行交船手续，所产生的等泊时间损失，应由承租人承担。船舶所有人仅支付船舶进港的引航费和拖轮费，船舶的港口费则由承租人负担。

②到达引航站交船(on arrival pilot station, AP S)。在这种情况下，只要船舶在合同规定的时间内抵达交船港的引航站，不论是否实际履行交船手续，均被认为船舶所有人已经依约交船。承租人需负担船舶的引航费、拖轮费及港口费用。

③引航员登轮交船(on taking inward pilot,TIP),在这种情况下,即使船舶已抵达交船港或交船港的引航站,只要引航员没有登轮,就不被认为船舶所有人已履行了交船义务。因此,在很多情况下船舶不得不在锚地等待,这对船舶所有人是很不利的。对此,国际航运惯例认为,由于恶劣天气致使引航员无法登轮所造成的船舶等待时间的损失由船舶所有人承担;而由于港口拥挤等其他原因导致船舶不能进港和引航员不能登轮,致使船舶等待的时间损失,则应由承租人承担。船舶的引航费、拖船费及港口费用也应由承租人负责。

关于还船地点,大多数定期租船合同都未加以限制,只明确由承租人选择。如"波尔的姆"格式就规定还船港口由"承租人选择(in charterers' option)",而"土产格式"对此则未作规定。

(2)交船、还船时间

关于交船的时间,在租船合同中既可规定一个具体的交船日期,也可以规定一个最迟的交船日期。但更普遍的做法是规定一个交船期限,即规定不得早于×年×月×日和不能迟于×年×月×日。当然,不论用什么方法约定交船时间,船舶所有人都应按照约定时间将船舶交给承租人使用,否则承租人有权选择解除合同。

关于还船的时间,原则上承租人应在租期届满时还船。但是,合同中通常都在租期前加上一个"约"字。因此,承租人可以在合同约定的租期届满之前或之后还船。如果承租人在租期届满之前还船,则称为"早期还船(under lap)",反之,则称为"超期还船(over lap)"。"早期还船"或"超期还船"主要取决于承租人使用船舶的"最后航次(final voyage)"的结束时间。在"早期还船"的情况下,如果提前还船的时间远远早于合同中规定的租期届满的日期,承租人必须赔偿船舶所有人因此而遭受的损失。在"超期还船"的情况下,普遍的观点认为,在租期届满时,船舶所从事的最后一个航次仍在营运中,则承租人可继续使用船舶至该航次结束时为止。但对超过时间的租金,在市场租金率高于合同规定的租金率时,应按当时的市场租金率计算。反之,则按合同租金率计算超过时间的租金。

(3)交船、还船通知

为了使承租人便于安排配船和配货,并做好接船准备,租船合同中除规定交船时间外,还要规定在交船之前,船舶所有人有事先通知承租人的义务,即向承租人发出"交船通知"。并将发出交船通知的时间记入租船合同中。但也有些合同对此并没有作出明确的规定。由于"波尔的姆"格式和"土产格式"对此没有作出明确的规定,所以在确定交船日期时,应在合同中对通知时间作一些必要的附记。

和交船时一样,为了使船舶所有人便于安排还船后的船舶营运和作好从承租人那里接船的准备工作,任何一种定期租船合同中都规定在还船前承租人有向船舶所有人发出"还船通知"的义务。如"波尔的姆"格式就规定"承租人至少在10天前将预定还船港及还船日期通知船舶所有人(the Charterers to give the Owners not less then ten day's notice at which port and on about which day the vessel will be redeliveried)"。

"土产格式"对于通知的日期未作具体的规定而由双方约定,将双方约定的通知期限记载于租船合同中。

(4)交船、还船的条件

交船与还船的条件,也是交、还船条款的重要内容之一,合同中都有相应的规定。

关于交船条件,"波尔的姆"的规定比较简单,它只规定"在各方面适于通常的货物运输的状态下交船(the vessel is delivered ……the vessel being in every way fitted for ordinary cargo service)"和"在运输中必须维持船体和船机的充分效率(……maintain her in a throughly efficien state in hull and machinery during service)”;而“土产格式”要求的条件则比较详尽一些,规定“清扫货舱使之整洁、水密、坚固,作好接货准备,并有压舱水和使所有起货机械运转的充分的动力,在各方面适于通常的货物运输的状态下交船(The Vessel on her delivery shell be ready to receive cargo with clean-swept holds and tight, staunch, strong and in every way fitted for ordinary cargo service, having water ballast and with sufficient power to operate all cargo handling gear simultaneously)”。对此,我国《海商法》第132条则规定“出租人交付船舶时,应当做到谨慎处理,使船舶适航。交付的船舶应当适于约定的用途”。

所谓“在各方面适于”,通常认为交船时船舶应具备如下条件:①全部船员均已配齐;②船舶处于适航状态;③船舶处于适于装载货物的状态;④船舶必须办完一切进口报关、检疫等手续,并经过船舶检验,取得证明;⑤货舱清洁,装卸机械能正常工作等。

另外,“波尔的姆”格式关于交船条件的规定,还意味着如果船舶不适航,为使船舶恢复适航状态而进行修理的责任以及为此而支付的费用,应由船舶所有人负担。对此,我国《海商法》第133条也规定“船舶在租期内不符合约定的适航状态或者其他状态,出租人应当采取可能采取的合理措施,使之尽快恢复”。

关于还船条件,“波尔的姆”和“土产格式”都规定承租人应在“船舶与交船时同样完好状态下还船(In the same good order as when delivered to the Charterers)”,我国《海商法》第142条也规定“承租人向出租人交还船舶时,该船舶应当具有与出租人交船时相同的良好状态,但是船舶本身的自然磨损除外”。这就是说,租船合同规定承租人负有使船舶恢复到原来状态的义务。由于定期租船的营运、航行和装卸等都是依据承租人的命令进行的,因此,由此而造成的船舶损害,应由承租人负责。

为了分清船舶损坏的原因和责任,在交、还船时,船舶所有人、承租人(或他们的代表)会同船舶检验人员进行认真的船舶检验,并编制详细的检验记录是非常必要的。

交、还船时,经过船舶检验所作出的检验报告,是交、接船后编制“交船证书”和“还船证书”的重要依据。对承租人来说,为了保障自己的利益,并且避免在还船时可能发生的争议,在交船时就应对船舶进行详细的检验,即使对特别细小的瑕疵也毫不放松。比如对舱盖板或舱内护舱板是否齐全,有无破损等都要认真检查做好详细记录,如果在交船时未发现残缺、破损,而在还船时被发现了,承租人就很难免除对这种残缺、破损承担责任。

(5)交船、还船时船上所存燃油、淡水的处理

交船和还船时,船上必定还剩有燃油和淡水。按照国际惯例,在交、还船时,船上所存的燃油和淡水,双方都应接受,并按交、还船当天当地的市场价格结算。但是,如果燃油和淡水的剩余量过多,不但会影响船舶的载货能力;而且也可能增加接受船舶一方的费用支出,尤其是交船港口或还船港口的油价较高时,更是如此。反之,如果剩余量过少,也会因一时难以补充,而使接受船舶的一方在安排船舶在港作业或继续航行方面产生困难。因此,租船合同中常对燃油和淡水的剩余量及储备品的数量作出规定。“波尔的姆”格式中将燃油、淡水 和储备品的储备量包括在船舶载重吨中,对于交船时船上剩余的燃料数量未作规定,但是对于还船时剩余的燃料却要求约定最大限量和最小限量。而“土产格式”虽然也将燃料、淡水和储备品的数量包括在船舶载重吨中,但是,关于交船和还船时船上剩余的燃料数量却与“波尔的姆”作了不同的规定,既要求约定交船时船上剩余燃油的数量和价格,也要求约定还船时船上剩余燃油的数量和价格。“土产格式”规定:“承租人在交船时,和船舶所有人在还船时,应按下列约定价格接受船上剩余燃油和柴油:交船时,按每吨________元接受燃油________吨,和按每吨________元

接受柴油________吨；还船时，按每吨________元接受燃油________吨，和每吨________元接受柴油________吨。（本条款中的"吨"含义相同）(The Charterers on delivery, and the Owner on redelivery, shall take over and pay for all fuel and diesel oil remaining on board the vessel as hereunder. The vessel shall be delivered with ______ long /metric tons of fuel oil at the price of ____ per ton; ____ tons of diesel oil at the price of ____ per ton. The vessel shall be redelivered with : ____ tons of fuel oil at the price of ____ per ton; ____ tons of diesel oil at the price of ____ per ton). (Same tons apply throughout this clause)"。

4. 航行区域

航行区域(trade limit)是指定期租船合同规定的限定本船可以航行的地域范围。这个限定范围一般是由船舶所有人和承租人在洽订租船合同时商定后记入合同中的。"波尔的姆"和"土产格式"都规定船舶只能航行于合法的安全港口之间，而将具体的航行区域留待当事人双方商订后记入。我国《海商法》第134条也规定"承租人应当保证船舶在约定航区内的安全港口或者地点之间从事约定的海上运输"并规定"承租人违反前款规定的，出租人有权解除合同，并有权要求赔偿因此遭受的损失"。

原则上，承租人应严格按照合同中规定的航行区域安排营运。如果必需向限定区域以外的区域配船，应事先取得船舶所有人的同意，并承担由此可能造成船舶损坏及其他损失的责任，否则，船长可以拒绝承租人的命令和指示。

在定期租船合同中对船舶的航行区域作出限制的主要原因是：

(1)由于受船舶保险的限制

在很多情况下，定期租船的船舶险是由船舶所有人投保的。保险公司根据船舶的实际情况和技术性能接受保险并在保险单上对船舶的航行区域范围作出了限制。如果船舶在保险单限定的航行区域范围内发生意外事故，保险公司负责赔偿；如果船舶超越保险单限定的航行区域范围发生意外事故，保险公司则不予赔偿。为此，船舶所有人当然要尽量使船舶的航行区域与保险单的规定相一致。但两者之间并不一定有必然的联系。有时船舶所有人对具体航区的实际情况经过周密思考后，并在承租人愿意承担支付附加的保险费的情况下，也会同意船舶在保险单限定的航行区域之外航行。

(2)由于受某些政治原因的限制

因世界上有些国家或地区之间没有建立联系，有的甚至是敌对国。这些国家或地区之间不通商，不通航，就限制了船舶的航行区域。船舶所有人当然不希望承租人指示船舶开往使船舶航行受到限制的地区或港口。有时在合同中还会订明承租人不得命令船舶开往战争区域，或者规定因战争的发生和影响所及，船舶所有人及承租人可以解除合同。

(3)由于受地理条件或流行病区域的限制

这主要是指世界上一些地区的地理条件不适于船舶前往。比如根据船体的结构强度，船舶不宜在冰冻区域航行，承租人就不能将船舶派往这些地区或港口。至于有流行病的区域，自然会使船舶进出这些地区受到限制。为此，合同中常有关于船舶不得驶入"热病及传染病流行的区域(any place where fever epidemics are prevalent)"和"任何冰冻区域(any ice bound place)"的规定。

5. 费用分担

定期租船中，有关费用的分担，原则上由船舶所有人负担直接的和间接的船舶维持费，而由承租人负担有关船舶的营运费。租船合同中，一般都列明了船舶所有人和承租人分别负担的费用项目：

(1)船舶所有人负担

①船长及船员的工资、伙食给养、生活用淡水费及燃料费；

②船舶保险费；

③船舶修理费；

④税金；

⑤甲板及机舱使用的备品及船用物料。

(2)承租人负担

①燃料费和淡水费(生活用除外)；

②衬垫材料费及其他与积载货物有关的费用；

③有关装卸货物的费用；

④港口费用；

⑤代理费。

除上述一些主要费用外，船舶在港时的交通费应分别由船舶所有人和承租人负担。原则上属于船员使用的交通费应由船舶所有人负担，而为承租人处理业务发生的交通费则应由承租人负担。但是，严格区分交通费的用途是比较困难的，因此习惯上将船舶在港发生的交通费由船舶所有人和承租人各半负担。

在承租人要求船员在正常工作时间外加班时，船员的加班费当然应由承租人负担。通常的做法是船舶所有人按租船合同中所规定的费率向船员支付加班费后，承租人再向船舶所有人偿还。如"波尔的姆"规定："如果需要，船员可日夜工作。承租人偿还船舶所有人按小时和船员雇佣合同中规定的费率支付给船员的全部加班费(The vessel to work day and night if required. The Charterers to refund the Owners their outlays for all overtime paid to Officers and Crew according to the hours and rates stated in the vessel's articles)"而"土产格式"虽也有类似规定，但却没有这样具体，只规定"作为对承租人或其代理人命令船长、船员加班代付的加班费，承租人应在支付租金的同时每月(或租金比率)按______向船舶所有人支付(in lieu of any overtime payments to officers and crew for work ordered by the Charterers or their agents, Charterers shall pay the Owners, concurrently with the hire ____ per month or pro rata.)"。

另外，"波尔的姆"格式还规定船舶所有人负责为每一个舱口配置一名起货机手(winch man)。除此之外，如果还需要另行增加工人，则由承租人负担其费用。至于舱口检验、检疫费用等，则规定由承租人承担。

6. 船舶所有人的责任和免责

定期租船中，承租人有任意安排船舶营运的权利。不过有关船舶运行的责任却仍须由船舶所有人承担。即除非另有特约，船舶所有人对于装船、积载和卸货等不能免责。

尽管一些定期租船合同中，船舶所有人有意缩小自己的责任，但是使船舶适航的责任却是每一个租船合同都要作出规定的。不过，船舶所有人常把责任缩小到"船舶所有人或他的经理人没有尽到谨慎处理"，和"船舶所有人或他的经理人的个人行为、或疏忽、或过失"所造成的不适航或交船延误。比如"波尔的姆"租船合同就规定："船舶所有人仅对由于船舶所有人或他的经理人没有尽到谨慎处理使船舶适航和适于航次，或因船舶所有人或他的经理人的个人行为或疏忽、或过失所造成的交船延误、或合同期间的延迟交付货物和船上货物的灭失和损坏负责(The Owners only to be responsible for delay in delivery of the vessel or for delay during the currency of the Charter and for loss or damage to goods on board, if such delay or loss has been caused by want of due dilligence on the part of the Owners or their Manager in making the vessel seaworthy and fitted for the voyage or any other personal act or omission or default of the Owners or their Manager)”。

关于船舶适航的条件，与前述班轮运输和航次租船运输中所述及的条件并无不同之处。但是应该说明的是，船舶所有人的责任与前述费用分担的关系并没有什么直接的联系。也就是说，尽管在租船合同中规定某些费用由承租人支付，但是责任却应由船舶所有人负担。比如供应船舶是船舶适航的必要条件之一，虽然定期租船合同中规定燃料费用由承租人负担，但是在一个航次中所补充的燃料是否满足航程的需要，其检查责任仍在船长，船舶所有人对此仍应负责。

另外，作为船舶所有人的责任，租船合同中都规定船长和船员应尽力执行各航次的任务，应在各种习惯上应该进行的工作方面对承租人给予协助；船长和轮机长应将正确、完整的航海日志和机舱日志提供给承租人或他的代理人。

正确、完整的航海日志和机舱日志，对于承租人来说是非常重要的。它不仅使承租人可以了解到航次中的有关事项，更重要的是在船舶发生事故时，它可以作为分清责任的有力证据之一。

在定期租船的情况下，船长和船员是由船舶所有人任命和配备的。但是，对承租人来说，船长和船员是否能在船舶营运中给予充分的协助，对他的经营成败有着极为密切的关系。因此，定期租船合同中通常都规定，应承租人要求，船舶所有人有调查事实，并在必要与可能时调换船长的义务。如“波尔的姆”格式规定：“如果承租人提出理由，对船长、高级驾驶人员及轮机人员的行为不满时，船舶所有人于接到意见书后，应立即调查事实，在必要与可能时予以调换(If the Charterers have reason to be dissatisfied with the conduct of the Master, officers, or Enginears, the Owners, on receiving particulars of the complaint, promptly to investigate the matter, and, if necessary and practicable to make a change in the appointment)”。

虽然船长是由船舶所有人任命的，但是，除航行技术上的问题外，其他一切行动都须按照承租人的指示行事。因此，如果由于船长执行承租人的指示而导致的损失或债务，都应由承租人负责，而船舶所有人对此则免责，并可以向承租人要求补偿或赔偿。

同样，在船长应承租人的要求在提单上签名时，如果船舶所有人对于承租人以外的提单持有人负担了超出租船合同所规定的责任，对超出的那部分责任，可以向承租人追偿。

另外，船舶所有人为了缩小自己的责任范围，通常都在租船合同中订有关于船舶所有人免责的特约，而所规定的范围，除船舶的适航保证外，几乎无所不包。如“波尔的姆”所规定的船舶所有人的免责的范围就非常广泛。它规定“在任何情况下，船舶所有人对即使是他的雇佣人的疏忽或过失所造成的损坏或延迟，也不负责(The Owners not to be responsible in any other case nor for damage or delay whatsoever and howsoever caused even if caused by neglect or default of their)”，还规定“船舶所有人对无论部分的或全部的罢工、工厂关闭、停工、禁止工作(包括船长、高级船员及水手)所造成的灭失或损坏均不负责(the Owners not to be liable for loss or damage arising or resulting from strikes, locckouts or stoppage or restraint of labour, 〈including the Master, Officers or crew〉whether partial or general)”。

7. 租金支付和撤船

租金是承租人在使用船舶期间，按使用时间和约定的租金率计算支付给船舶所有人的报酬。除按约定可以在停租期间停付租金外，如果没有其他约定，承租人在整个租期内，从交船开始到还船为止的整个期间内有不间断地向船舶所有人支付租金的义务。

通常定期租船都是按照每月每载重吨若干金额的形式来约定租金率的。

关于租金的支付，租船合同中首先要约定支付的时间和地点。一般的说，租船合同中都规定按每一个月或半个月预付租金。如“波尔的姆”格式规定，“租金须每30日一次以________现金不折不扣地支付给（收款人名称及地址）（payment of hire to be made in cash in ________ without discount, every 30 days ________）”。而“土产格式”则规定“每半月支付一次”。

如果最后一次预付了一个月（或半个月）的租金，而实际使用船舶的时间不足一个月（或半个月），则船舶所有人应按比例将租金退还给承租人。如果承租人使用船舶超过了约定的租期，如果未超过5天，通常以已定的租金率按比例计算；如果超过5天，而且当时市场行情已下跌，也按已定的租金率计算；如果当时市场行情上涨，则按当时市价计算。

租船合同中所确定的租金率，在整个租期内基本固定不变。然而，考虑到可能因通货膨胀和货币贬值而使船舶所有人经营船舶的费用增加，和租金收入相对减少，船舶所有人常要求在租船合同中列入一项“按比例调整条款（escalation clause）”，其目的就在于使船舶所有人能有较稳定的租金收入。这一条款通常规定：“如果船舶所有人应负担的各项费用在合同缔约后逐渐增加，所增加的部分应由承租人负责”。有的合同则规定：关于租金支付的时间，应该是指租金到达船舶所有人所在地银行的时间，而不是承租人汇出租金的时间或通知船舶所有人汇出的时间。

在任何租船合同中都有关于承租人垫付款项的规定。为了支付船舶的经常开支，船舶所有人常要求承租人在船长提出需要时，承租人应给予必要的正常垫款。因为是垫款，所以在结算租金时，当然应从租金中扣除。“波尔的姆”格式规定：“如果船长在任何港口要求借款时，承租人或其代理人应给予必要的正常垫款，计入船方账内，年息不超过6%，此项垫款应在租金内扣除（The Charterers or their Agents to advance to the Master, if required, necessary funds for ordinary disbursement for the Vessel's account at any port charging only interest at 6 per cent .p.a, such advances to be deducted from hire）”。而“土产格式”则规定：“船长要求承租人或他的代理人垫付在任何港口的船舶的通常开支，按2.5%支付手续费，并将此项垫款从租金中扣回。不过，承租人对此种要求并不承担义务（Cash for vessel's ordinary disbursements at any port may be advanced, as required by the Captain, by the Charterers or their agents, subject to 2.5 per cent commission and such advances shall be deducted from the hire. The Charterers, however, shall no way be responsible for the application of such advances）”。

按期如数支付租金，是承租人的绝对义务。不论哪一个定期租船合同中都规定，如果承租人欠付租金，船舶所有人有权撤回船舶。而且在行使这项权利时，并不需要事先向承租人提出警告，即可指示船长将船舶撤回。只要撤船当时，将这一情况电告承租人即可。对此，“波尔的姆”格式规定：“如果欠付租金，船舶所有人有权将船舶从承租人的营运中撤回，无须提出任何抗议，也无须任何法院或其他形式的干预，并且不影响在本合同范围内本来对承租人所有的其他索赔权利（In default of payment the Owners to have the right of with drawing the vessel from the service of the Charterers, without noting any protest and without interference by any court or any other formality whatsoever and without prejudice to any claim the Owners may otherwise have on the Charterers under the Charter）”。“土产格式”对此，也作了类似的规定。而中国《海商法》第141条却只规定了“承租人应当按照合同约定支付租金。承租人未按照合同约定支付租金的，出租人有权解除合同，并有权要求赔偿因此遭受的损失”，而未直接提及撤船。

当船舶所有人行使撤船权利，将船舶从承租人的营运中撤回时，定期租船的合同关系也就终止。

船舶所有人因承租人欠付租金而撤船后，对船舶所载货物仍享有留置权，以确保对租金和其他债权的请求权。

关于留置权，“波尔的姆”格式规定：“船舶所有人根据本合同提出索赔时，他对在本合同范围内的货物、属于承租人的运费及提单运费有留置权(The Owners to have a lien upon all cargoes and subfreiht belonging to the Time Charterers and any Bill of Lading freight for all claim under this charter)”。“土产格式”除了对船舶所有人行使留置权作了与“波尔的姆”格式类似的规定外，还对承租人对船舶行使留置权作了规定，“……未获得所有垫付的款项，和未退还多付的租金或超支的押金时，承租人对船舶有留置权……(……the Charterers shall have a lien on the ship for all monies paid in advance and not earned, and any overpaid hire or excess deposit to be returned at once ……)”。我国《海商法》第141条也规定了“承租人未向出租人支付租金或者合同约定的其他款项的，出租人对船上属于承租人的货物和财产以及转租船舶的收入有留置权”。

8. 停租

停租(off hire)是指在租船期间因约定的原因而妨碍承租人对本船的有效使用时，承租人可以在停止使用期间，中断继续支付租金义务的一种权利。或者说，承租人可以扣除停止使用期间应付租金的权利。

在所有定期租船合同中，都订有停租条款。虽然不同租船合同的停租条款的内容不尽相同，但可以作为停租原因的事项总不外乎：

①船员或物料不足；

②船体、机器及设备的故障或损坏；

③船舶的定期修理及入坞检查、清理、油漆船底；

④海损事故引起的延误；

⑤船舶缺少有效证书引起的延误；

⑥船员罢工；

⑦非承租人原因导致的船舶被扣押；

⑧清洗锅炉超过48小时；

⑨合同中规定的其他原因等。

关于停租，“土产格式”规定得比较详尽，首先它规定了“对于因高级船员及船员的不足、缺席或罢工，或储备不足、火灾或船体、船机、设备故障或损坏，搁浅，因船舶被扣押而延误(除非这种扣押是因承租人，其雇佣人、代理人或分包契约人的责任引起的)，或因船舶或货物的海损而延误(除非是因货物的内在瑕疵、质量或缺陷)，或因入坞检验、油漆船底、或其他类似原因等，致使船舶全部停止工作等损失的时间，可以停止支付租金和加班费(In the event of loss of time from deficiency and/or default and/or strike of officers or crew, or deficiency of stores, fire, breakdown of, or damage to hull, machinery or equipment, grounding, detention by the arrest of the vessel, < unless such arrest is caused by events for which the Charterers, their servants, agents or subcontractors are responsible >, or detention by average accidents to the Vessel or cargo unless resulting from inherent vice, quality or defect of the cargo, drydocking for the purpose of examination, painting bottom , or by any other similar cause preventing the full working of the Vessea, the payment of hire and overtime ,if any, shall cease for the time thereby lost)”。接着，“土产格式”又规定了“除货物事故

外,因其他任何原因,或本合同后述第257至258行所述原因(注:指因救助海上人命、财产而绕航)引起的违反承租人的命令或指示,而使船舶脱离原定航程,从船舶脱离原定航程开始至船舶再次回到与原来距离目的港相似或相同距离的地点,恢复航程时止,可以暂时停止支付租金。停租时,所有船用燃料应由船舶所有人负担(should the Vessel deviate or put back during a voyage, contrary the orders or directions of the Charterers, for any reason other than accident to the cargo or where permitted in lines 257 to 258 hereunder, the hire is to be suspended from the time of her devaiting or putting back until she is again in the same or equidistant position from the destination and the voyage resumed therefrom. All bunkers used by the Vessel while off hire shall be for the Owner's account)"。

与"土产格式"相比,对于停租条款,"波尔的姆"格式就相对简练一些,它规定:"因维持船舶的效率而使船舶入坞,或进行其他必要的措施,或船员或物料不足,机器损坏、船体受损或其他事故,致阻碍船舶工作 ,连续超过24小时,则对该船因此不能执行必要任务的一切时间应停付租金。预付的租金应相应地调整(In the event of dry docking or other necessary measures to maintain the of ficiency of the vessels, dificiency of men or Owners' stores, breakdown of machinery, damage to hull or other accident, either hindering or preventing the working of the vessel and continuing for more than twentyfour consecutive hours, no hire to be paid in respec of any time loss thereby during the period in which the vessel is unable to perform the service immediately required. Any hire paid in advance to be adjusted accordingly)"。

关于因气象原因而导致的停租,"土产格式"和"波尔的姆"格式都作出了内容基本相同的规定。"土产格式"规定:"对于因天气所迫,而使船舶进入港口或锚地,驶入浅水港或河流,或者沙洲的港口而导致的船舶的延误和因这种延误而发生的费用应由承租人负担(In the event of the vessel being driven into port or to anchorage through stress of weather, trading to shallow harbours or to river or ports with bars, any detention of the Vessel and/or expenses resulting from such detention shall be for the Charterers' account)"。而"波尔的姆"格式的规定则是:"对于因天气所迫,而使船舶进入港口或锚地,驶入浅水港或河流,或者沙洲的港口所导致的船载货物的意外损失,或船舶延误,或因这种意外而发生的额外费用,即使这些损失或额外费用是因船舶所有人的雇佣人员的疏忽造成的,也都由承租人承担(In the event of the vessel being driven into port or to anchorage through stress of weather, trading to shallow harbours or to river or ports with bars or suffering an accident to her cargo, any detention of the vessel and/or expenses resulting from such detention to be for the Charterers account even if such detention and/or expenses, or the cause by reason of which either is incurred, be due to, or be contributed to by, the negligence of the Owners' servant)"。

除此以外,"土产格式"还对因船体、船机或设备缺陷或毁损而使航速降低所导致的时间损失应如何给承租人以补偿的问题作出了约定,规定:"对航程中,因船体、船机或设备缺陷或毁损而使航速下降所导致的时间损失和任何额外燃料消耗的成本,和所有的额外检验费用,均可从租金中扣减(If upon the voyage the speed be reduced by defect in, or breakdown of, any part of her hull, machinery or equipment, the so lost ,and the cost of any extra bunkers consumed in consequence thereof ,and extra proven expenses may be deducted from the hire)"。而"波尔的姆"格式并未涉及这个问题。

关于清洗锅炉的停租,"波尔的姆"1974年格式规定:"锅炉清洗工作应尽可能在运输期间进行,如不可能时,承租人应给船舶所有人以必要的清洗时间,如船舶因此停留超过48小时,则租金应停付直至船舶再次准备就绪（Cleaning of boilers whenever possible to be done during service, but if impossible the Charterers to give the Owners necessary time for cleanning. Should the vessel be detention beyond 48 hours hire to cease until again ready）”。但2001年格式删除了此条。

从上述构成停租的各种原因看，只要不是由于承租人的责任所造成的妨碍船舶的使用时，都可以成为构成停租的条件。不过，在因天气恶劣，为避免发生事故而需要进入避难港避难、停航，或绕航等情况下，因为这种情况在航行中是难以避免的，当然应该由承租人负责，对此，就不能成为构成停租的条件。

有时，船舶不能航行，但在停航期间并不影响货物的装卸，而且事实上装卸工作也是在这段期间进行的。在这种情况下，有些案例也判定承租人仍须照样支付租金。

关于停租的起迄时间，按理应从船舶不能继续使用时间开始，至恢复使用时间止的这一段时间。如“土产格式”就规定停航时间的租金一律停付。可是，如果停航的时间是断断续续的，而事实上，在航行或停泊期间，船舶处于不能继续使用的状态，常常是比较短暂的。如果对这些断断续续的时间逐次计算停租，将不胜其烦。因此，一些租船合同，如“波尔的姆”格式，关于停租就订有“在船舶连续24h不能使用（continuing for more than twentyfour consecutive hours）才能停租”的规定，这一规定在有的书上被称为“允许24h条款（twentyfour hours allowance clause）”。我国《海商法》第133条也按照“允许24h”原则，规定“船舶不符合约定的适航状态或者其他状态而不能正常营运连续满二十四小时的，对因此而损失的营运时间，承租人不付租金，但是上述状态是由承租人造成的除外”。

至于租期内发生的停租时间是否须在原定租期届满后顺延，在一般情况下可由承租人决定。但是，习惯上对延长的时间也常有一定的限制。这是因为如果延长租期的时间过长，会给船舶所有人带来不便。实际业务中，这种过长的时间延长也是不大会出现的。因为如果停租时间过长，也会给承租人在营运安排上造成困难。所以合同中常约定，停航连续一定时间以上，承租人可以无偿解除合同。

船舶灭失意味着租船合同已被解除。因此，从船舶灭失之日起即应停付租金。但是在难以确定船舶灭失的具体时间，或船舶失踪时，租金应怎样支付，不同的租船合同可能有不同的约定。如“波尔的姆”格式规定：“从最后一次得到船舶报告之日起，到预计到达目的港之日止，租金按半数计付（half hire to be paid from the date the vessel was last reported until the calculated date of arrival at the destination）”；而“土产格式”则规定，“如果船舶灭失，应一次将预付而未偿还的金额（截止至船舶灭失或最后联系日）退还给承租人（Should the vessel be lost, money paid in advance and not earned < reckoning from the date of loss or being last heard of > shall be returned to the Charterers at once）”。

9．货物种类的限制

定期租船合同中，关于装载货物的种类，通常并不限定特定的种类，只规定装载“合法货物（lawful merchandise）”。即所装运的货物必须不是船旗国或货物的启运国或运抵国所禁止的货物。如果船舶所有人不希望自己的船舶装运某些货物（如危险品），必须在合同中列名除外。如“波尔的姆”规定，“船舶只能为合法贸易装运合法货物（the vessel to be employde in lawful trades for the carriage of lawful merchandise only）”，并规定“不得装运牲畜、危害品、易燃品及危险品（如酸类、爆炸物、碳化钙、矽铁、挥发油、汽油、沥青及其制品）等（livestock nor injurious, inflammable or dangerous goods < such as acids, explosives, calciaum carbide, ferro silicon, naphtha motor spirit, tar, or any of their products > to be shipped）”。“土产格式”虽然也规定只能装运合法货物，而且也规定合法货物中不包括任何危险品、危害品、易燃品或具有腐蚀性的货物和特定的活牲畜、武器、弹药、爆炸品，以及其他约定的货物，但是，它又规定，对于经船舶登记国主管当局和装货港所在国家或卸货港所在国家，以及船舶必须通过其内河的中途国要求或推荐的上述货物也可装运。

关于货物种类的限制，我国《海商法》第135条不但规定了"承租人应当保证船舶用于运输约定的合法的货物"，而且还规定"承租人将船舶用于运输活动物或者危险货物的，应当事先征得出租人的同意"，否则，承租人应对船舶所有人因此而遭受的损失承担赔偿责任。

10. 转租

定期租船的承租人根据定期租船合同租用船舶后，既可用于班轮运输，也可用于不定期船运输。因此，除非定期租船合同中另有不得转租的约定，承租人将租用的船舶转租给另一承租人，甚至另一承租人又将租用的船舶再转租出去的情况是经常发生的。

当承租人将租用的船舶转租给另一承租人时，他们之间也须签订租船合同。这个转租合同是不能与最初的租船合同有所抵触的。如果这个转租合同中规定的船舶所有人的义务超过原来租船合同规定的范围，船舶所有人所承担的义务仍以原合同的约定为限。

关于这一点，几乎所有定期租船合同中都有类似的规定，如"波尔的姆"格式规定"承租人可任意将船舶转租……但原承租人始终对船舶所有人负有履行合同的责任（the Charterers to have the option of subletting, …… but the original Charterers always to remain responsible to the Owners for due performance of the Charter）"。"土产格式"也有类似的规定。

虽然承租人可以将船舶任意转租，但是，从船舶所有人的利益考虑，有些合同又规定，承租人有通知船舶所有人的义务。如"波尔的姆"格式规定，"转租时须通知船舶所有人（giving due notice to the Owners）"。对此，我国《海商法》第137条也规定"承租人可以将租用的船舶转租，但是应当将转租的情况及时通知出租人。租用的船舶转租后，原租船合同约定的权利和义务不受影响"。而"土产格式" 对此则未作任何规定。

除上述主要条款外，定期租船合同中也还会有一些其他条款。如允许承租人派人随船监督的条款；共同海损条款；美国首要条款；新杰森条款；双方互有过失碰撞条款等等。

第六章 远洋运价

第一节 运价的基本概念

一、运价和运费

通常将海上承运人根据运输合同完成货物运输后从托运人那里取得的报酬称为运费(freight),而将为完成货物运输所提供的运输劳务的价格(price of transport service)称为运价(freight rate)。或者说,运价是指承运人完成某一计量单位货物运输所收取的运费。

根据国际海运船舶不同的营运方式,国际海运货物运价可分为班轮运价和不定期船运价。随着国际海上集装箱运输的出现,也相应的制定了国际海运集装箱运价。

承运人为了提供运输劳务,是需要承担一定的运输消耗和支付一定数额的有关费用的。因此,在他出售这种运输劳务时,就需要向运输劳务的购买者——就班轮运输而言,就是托运人,收取一定的报酬,以补偿这部分的消耗和支出,并取得一定的盈利。这就是运费。而计算这种运费的单价或费率就是运价。

二、运价的制定

运价制定的主要依据是船舶的营运成本和所承运商品对运费的负担能力。此外,还须充分考虑市场竞争的因素。

1. 运价制定的一般理论

从理论上说,运价的确定和变动应该取决于运输劳务的供给(supply)和需求(demand)关系。但是,作为对运输劳务需求者的货主而言,他所能接受的运价,仅以所运输的商品有能力负担的水平为限。也就是说,运价水平的最高限,不能超过商品对运费的负担能力(what the traffic can bear);而作为运输劳务供给者的船舶所有人或经营人所期望的运价,却是至少能补偿为完成运输而发生的消耗和费用,即运输成本。因此,理论上讲海运运价的高低,应该以前者为上限,以后者为下限,在这一范围内根据市场竞争情况而确定。当生产发展,市场活跃时,或者一些特殊情况发生,运量激增时,在海运市场上必然会出现各货主之间为获得运力而引起的激烈竞争,这时运价就会上升,以至于接近前述的上限;相反,在经济不景气时,海运市场上就会出现运力过剩的情况。这时,各个船舶所有人或经营人间为争取货源而展开的竞争也必然会使运价下跌,直至接近、甚至低于前述的下限。

虽然从理论上说,运价的制定和变动以运输成本为下限。但是,从短期看,也可能会暂时出现运价低于运输成本的情况。

运输成本包括船舶的折旧费、维修费、保险费、贷款的利息,船员的工资、伙食费,企业管理费等不因运输量的增减而发生变化的固定成本和燃料消耗、挂靠港口数量、港口作业数量及费收水平等因运输量的增减而发生变化的可变成本。

即使船舶退出营运予以封存,前述固定成本的大部分仍须照常开支,所以也可以把这些固定成本叫做封存费用。

当运价行情较长时间回旋于运输成本以下时,当然会给船公司带来损失。但是,如果因为运价行情低于运输成本而立即将船舶退出营运,予以封存,从经营的角度看,也不一定是合理的。这是因为即使船舶退出营运,仍须支付上述封存费用,同样会给船公司带来损失。如果在运价低于运输成本的情况下船舶继续营运,它所受到的损失可能低于封存费用。相对而言,在亏损的情况下继续营运反而会比封存船舶更为有利。所以只有在运价低到会使船舶继续营运所蒙受的损失高于(至少等于)封存费用时,船公司才会将船舶退出营运,予以封存。这种可能最终促使船公司将船舶封存的运价限界点就是通常所说的封存点(point of laying up)。

所以,上述制定运价以运输成本为下限的说法并不是绝对的。在实际业务中,真正的下限应该是上述的封存点。尤其是在班轮经营中,船公司不仅对船舶和岸上的设备方面已投入了大量的资金,而且在业务关系上也已和一些货主建立了经常的联系。作为班轮运输的经营者,他当然不肯轻易退出营运、切断这种联系,而总是想方设法力图从惨淡的经营中等待时机,以图再起。班轮经营者若从这样的经营方针考虑,即使市场低迷,也总是需要勉力维持,甚至在运价水平低于封存点的情况下仍继续经营。

2. 市场行情对运价的影响

虽然班轮和不定期船确定运价和运价变动的一般理论基本相同。但是,由于两种航运市场的竞争形态不同,确定运价的具体方式和运价变动的激烈程度也是不相同的。

不定期船市场是一个完全自由竞争(perfect competition)的市场。不论是船公司相互之间为获得货载而进行的竞争,还是货主之间为获得运力而进行的竞争,都可以自由进行。运价是在船、货双方协议的基础上,按照所谓自由竞争的价格决定的。这种价格对需求和供给的变化非常敏感,变动非常激烈。

相反,班轮运输不但具有航线、挂靠港和到离时间固定的特点,而且在国际航运中,大都组成了以垄断航线为目的的班轮公会和运价联盟。

由于班轮运输的特点和班轮公会的存在,明显地抑制了班轮市场中的竞争。所以,在国际航运中,绝大部分的班轮运价都是由班轮公会或班轮公司为在自己所经营的航线中运输的大部分商品制定以费率表(tariff)形式表示的垄断价格。这就是说,班轮运输的绝大部分都是不需要根据运输当事人之间的合同,而由班轮公会或班轮公司单方面自行拟定的运价本费率或表定费率(tariff rate)。

之所以说“绝大部分”,是因为班轮公会对市场的垄断,还存在着非会员公司船舶的潜在竞争而常受到威胁。为了排除这种来自公会外部的竞争,使班轮公会不得不在表定费率之外,也允许对一部分商品实行自由费率(open rate)。但是,不论怎样,表定费率终究是班轮运价的主要形式,与不定期船的运价相比,它不象不定期船那样变动激烈,也不象不定期船运价那样对需求和供给的变化那样敏感。

3. 运价报备制度

报备制度,顾名思义是指申报、备案和审查的制度,而运价报备制度则是指班轮运输中,政府交通主管部门要求经营班轮运输的船公司将其即将实施的包括运价本运价和协议运价在内的班轮运价上报交通主管机关或主管机关授权的机构备查,交通主管部门或其授权机构在规定时间内不提出异议,便可视为合法运价的制度。

在计划经济体制时代,除租船运输的费率可随行就市,由当事人双方自行约定外,我国对远洋运价的管理，和沿海、内河运输的运价一样，根据统一领导、分级管理的原则，实行集中调控。当时，远洋运价也由国家物价局会同国务院有关部门负责管理，重大调整方案由国家物价局会同主管部门提出，报国务院批准下达。相对而言，这一时期的运价水平虽然较低，但对于当时以服务于我国进出口贸易为主要目的而筹建的、规模还不是很大的远洋船队来说，在降低进出口贸易成本、促进进出口贸易发展方面却起到了相当大的作用。

改革开放后，我国政府对包括远洋运价在内的水运运价的规制逐步放松，20 世纪 80 年代初，我国的远洋运价就已经放开，实行市场价格机制，由远洋运输企业根据国际市场的变化，自行制定货物运价。1996 年 11 月 28 日，上海航运交易所（以下简称航交所）开市，为包括班轮货物运输交易的航运业务提供了一个公开、公平、公正的交易平台。按照《上海航运交易所管理规定》第 22 条关于“从事国际班轮运输的会员应当将本企业的运价报航运交易所备案”的规定和此前不久交通部于 1996 年 10 月 17 日颁布实施的《国际集装箱班轮运输运价报备制度实施办法》（以下简称《报备实施办法》）第 2 条关于“在江苏省、浙江省、上海市对外开放口岸经营国际集装箱班轮运输的航运公司应将其通过上述口岸出口的国际集装箱运价（目的港为美国港口的除外）向上海航运交易所（以下简称航交所）报备”的规定，我国开始在在上海市、江苏省和浙江省试行国际集装箱班轮运价报备制度，并由航交所承担接受运价报备和公开已生效的报备运价的任务。

其实，政府之所以要管制运价，其目的无非是要维持航运市场秩序，防止垄断性的过高运价和倾销性的压低运价等不公平竞争情况的出现。而《报备实施办法》第 3 条关于航交所公开已生效的报备运价的规定和第 21 条关于不报备和不执行报备运价将按规定给予处罚的规定，既体现了运价的公开、透明的要求；第 12 条关于“跟进（me too）”制度，即“协议运价生效后 30 天内，其他货主可以在同等条件下提出跟进要求”的规定，也体现了货主享受相同运价的公平理念。至于办法的第 10 条关于“报备的运价生效前，航运公司不得提出新的运价调整要求”和第 13 条关于“航运公司报备的运价不得超出航交所公布的最低、最高限价”的规定则更有利于保持运价的稳定，不致出现过高或过低的畸形运价。由此可见，在我国，虽然运价报备制度还只是在上海市、江苏省和浙江省的国际集装箱班轮运价中试行，但是，在中国航运市场机制本身还不够完善和成熟，还需要借助国家的力量来培育市场的现状下，报备制度作为市场经济条件下对运价宏观调控和适度干预的手段，不仅能使中国航运市场更加规范和透明，而且也能在符合航运业运行规律和国际惯例的前提下，有效地防止垄断高价和运力倾销等不公平竞争行为的出现。相信如果能在适用范围和适用地区逐步推广这项制度，对规范航运市场秩序，充分维护船东和货主的合法权益将是大有裨益的。

三、运费的支付及计费的币种

1. 运费的支付方式

按照支付运费的时间来划分，运费可分为预付运费（prepaid freight；freight in advance）和到付运费（freight to collect）。

预付运费是指在签发提单前即须支付全部运费；到付运费则须等待货物运到目的港交付货物前付清运费。

从理论上讲，运费是对运输劳务给予的报酬。因此，承运人在完成运输后才取得运费是理所当然的。所以，有些国家的海商法中作出“对因不可抗力而导致货物灭失的货物承运人无权要求支付运费，即使是预付运费也应退还”的规定也是合理的。至于由于托运人的原因使货物未能装满承运人所提供的舱位而应支付的亏舱运费(dead freight)和虽然货物灭失,但仍应按所完成的里程的比例计收的所谓比例运费(prorate freight),则只是法律规定的一种例外。

(1)预付运费

虽然从法理上讲,运费的支付应以到付为原则。但是,在运输实务中却普遍采用预付运费的办法。不少班轮公司的提单条款中或航次租船的合同条款中也都订明运费预付。这主要是因为当前国际贸易中,一般都采用 CIF 或 CFR 价格条件,在签发提单前由卖方在装货港支付运费更便于交易双方尽早结汇。特别是对于承运舱面货、冷藏货、散装油、散装胶浆、活牲畜、鲜货、行李、家具以及易腐物品等货物,通常都规定运费必须预付。

有些班轮公司的提单条款中和航次租船合同的合同条款中,不但规定了运费预付,而且还订明"即使本船或者货物在整个运输过程中任何一阶段沉没或灭失,承运人仍要全额收取运费"。就是说,除非是因承运人的责任,承运人一旦取得了全额运费,在任何情况下都不退还。不仅货物灭失后运费不退还,就是货主申请变更卸货港而发生的多付的运费差额也不退还。如此一来,对预付运费的货主来说,就需要承担运费损失的风险。虽然运费风险作为货主的可保利益,可以向保险公司投保。不过,在保险业务中,保险公司是不会单独接受货主对运费的投保的。通常的作法是货主将已付的运费追加到货物的货价中一并向保险公司投保货物运输险。

在预付运费的情况下,运费应该按照装船时的重量或尺码计算。虽然托运人申报并记载于提单上的重量或尺码是计算运费的基础,但是,如果在装船之前由具有一定资格的检量员(sworn measurer)对装船的货物进行衡重或丈量,在日后发现运费计算错误还可以追补差额。如果托运人故意对货物的内容、价格、重量或尺码作出虚假的申报,则承运人不但对这些货物的灭失或损坏不负任何责任,而且还要加倍计收运费。

预付运费对承运人来说既方便又有利,所以关于运费的支付都以预付为原则。不过,有时根据托运人的要求,经托运人与承运人之间的磋商,特别是以得到承运人的承诺为条件,运费也可以到付,并应在提单及有关货运单证上注明。

(2)到付运费

对到付运费的情况,承运人是要承担一定风险的。尽管提单中一般都订有关于不论是预付运费或到付运费,也不论在任何情况下,承运人都有权要求全额运费的规定。但是,如果货物灭失,再想追收运费,实际上是很困难的。

承运人为了防止因收不到到付运费所蒙受的损失,除了可以将应收的到付运费作为可保利益向保险公司投保外,通常还可以在提单条款或合同条款中附加类似"收货人拒付运费或其他费用时,应由托运人支付"或"托运人应向承运人提交一份保证在收货人不支付运费的情况下,运费由托运人支付的保证书"的条款。

另外,在提单条款和合同条款中还有关于留置权(lien)的规定。按照这种规定,在收货人付清到付运费之前,承运人可以拒绝交付货物,经法院批准还可以将货物拍卖,以拍卖收入抵偿应收的运费。

2. 计费的币种

所谓计费币种是指费率表中用以表示费率的货币种类。从当前的贸易情况看,计费的币种当然以使用货物装船地通用的货币最为方便。但是,在开展第三国之间国际航线的运输中就会感到不便。因此,从事国际航线运输的班轮公司都以国际上比较通用的,在国际外汇市场上可以自由买卖的外国货币(即所谓自由外汇)作为计费的币种。

随着我国对外贸易和远洋运输业的发展，特别是为了更好地适应开展第三国之间的国际航线货物运输的需要，中国远洋运输公司在 1990 年 3 月开始使用的运价表中，各航线不同等级货物的费率、附加费及有关费用均改用以美元标价，并系净价。

在以外国货币计价的情况下，汇率的变动直接影响着船公司的收入。所以，在提单中或租船合同中不但要记明运费支付时间（预付或到付）和支付运费的地点，而且还要规定应该按照哪一天的汇率来计算运费。通常都规定，在运费预付的情况下，运费按签发提单当天的汇率计算；而在运费到付的情况下，则按船舶抵达卸货港当天的汇率计算。

第二节　班轮运价

一、班轮运价的特点

班轮运价的特点是与班轮运输的特点相适应的。主要表现在如下几方面：

1. 班轮运输的成本较高，因而班轮的运价水平也较高

班轮运输的特点决定了从事班轮运输经营的船舶要有较高的技术性能，要有适宜装运各种货物的舱室及设备，使船舶的造价提高；由于班轮运输船舶挂靠的港口多，为保证业务的顺利进行，承运人需要在各挂靠港口委托代理或设置揽货机构，使船舶的营运管理费用上升；又因班轮船舶是按船期表规定的时间和挂靠港口次序运行的，难以保证在每一挂靠港开航时都能使船舶达到“满舱满载”（尤其是货源不足的情况下），而在港内与货载无关的船舶港务费、引航费、拖轮费、停泊费、系解缆费等营运费用仍要照常支出，使船舶的营运经济效益下降。所有这些因素使班轮运输的单位运输成本较高，承运人要从收取的运费中补偿较高的运输成本和取得利润，只有把运价定在较高的水平上。

2. 班轮运输的货物对运费的负担能力较强

班轮运输的货物大都是经过深加工的工业制成品或半成品，其本身价值较高，尤其是高科技产品，价值更高。尽管班轮运价水平较高，但运费占商品价值的比重仍较小。

根据联合国贸易和发展会议提供的资料表明，班轮货物的运费占商品价格的比率为1.1% ~ 28.4%；大宗而价廉货物的运费与其本身价格相比，则高达 30% ~ 50%。所以，班轮运输的货物对运费负担的能力较强。也就是说，把班轮运价定在较高的水平上也是可能的。

3. 班轮运价相对较稳定，在短期内不变动

由于班轮运输的服务对象是众多的货主，所承运的货物种类繁多，以致于使承运人不可能随时分别就某一种商品的运输，特别是批量较小的件杂货运输，单独与某一托运人共同洽定运价，只能事先将可能承运的成百上千种商品按照一定的方法制定运价，用运价表（本）的形式公布出来供选用，在一定期限内不再变动。至于所制定的运价是否合理，能否为托运人所接受，和能否达到全部运费收入抵偿全部运输成本并能获取期得利润，则要经过一段时间的使用后才能发现，然后根据具体情况及考虑航运市场竞争的因素后，决定是否和怎样修改原定的运价。按照 1983 年 10 月 6 日正式生效的《联合国班轮公会行动守则公约》中有关运价调整的条款规定，两次运价调整的最短间隔时间要有 15 个月。亦即在这 15 个月的时间内运价是不变的。

也正因为班轮运价在一定期限内的不可变性，使得承运人在制定运价时格外谨慎。为了防止出现某些使营运成本突然上升而运价不能提高所造成利润减少的情况，运价总是定得稍

高一些。当然,承运人也可以针对某种特殊情况的出现采用加收“附加费”的办法来解决临时性的营运费用上升和利润减少的问题。

4. 班轮运价是一种垄断价格

在当今的国际航运中,大部分的班轮运输航线都为班轮公会(conference)所控制。班轮公会的主要任务就是利用其垄断力量,在运价上和其他营运活动方面作出各种严格的规定,参加公会的船公司都必须遵守,任何一家会员船公司对公会所作出的规定都不能随意改变。通常公会都制定统一的运价,各会员船公司都必须按照统一的运价计收运费,不得有任何变动;或者制定最低运价标准,各会员船公司在计收运费时,只能按高于该最低运价标准计收,而不能低于这个标准,以避免压价竞争。

5. 班轮运价按高值货物高运价,低值货物低运价的原则制定

虽然班轮运输的货物价值一般都比较高,对运费的负担能力较强。但是,在众多的商品种类中,其价值亦各有高低,相差悬殊。如果仅以班轮运输成本为依据制定运价,会使某些商品所支付的运费占其价格的比重过大,超出该种商品的承受能力;而对于那些价值较高的商品所支付的运费占其价格的比重过低又显得不合理。因此,在制定班轮运价时,应在使运费的总收入能足以补偿运输成本的基础上,实行高值货物高运价,低值货物低运价政策。各国班轮公司制定并公布的运价都反映出价值不同商品其运价水平的差异,也就是说,一般都采用等级运价。

二、班轮运价的种类

班轮运价有各种分类方法,其中主要的有两种:

1. 按运价的制定者划分

班轮运价按其制定者划分可分为:

(1)班轮公会运价

这是由班轮公会制定,供参加该公会的会员船公司使用的运价。这种运价的调整或修改都由班轮公会决定,任何一家会员船公司都无权单独进行调整或修改。班轮公会运价总体上水平较高,是一种具有垄断性质的运价。

(2)班轮公司运价

这是由经营班轮运输的船公司自行制定并负责调整或修改的运价。除班抡公会的会员公司外,任何一家经营班轮运输的船公司都制定有自己的运价本。对于班轮公司自行制定的运价,虽然货方可以提出意见,但解释权和决定权仍在船公司。

(3)双边运价

这是由船、货双方共同商议制定,共同遵守的运价。对运价的调整或修改,须经双方协商,任何一方都无权单方面改变。比如中国对外贸易运输公司的运价本即属此类运价。双边运价一经商定,未经双方同意,不得修改。

(4)货方运价

这是由货方制定,船方接受采用的运价。对运价的调整或修改,货方应该在与船方协商的基础上进行。但货方有较大的决定权。一般来说,能够制定运价的货方都是大货主或货主集团,他们掌握着相当数量的货源,能常年向船公司提供货载。

2. 按运价的表现形式划分

班轮运价按运价制定的形式可分为:

(1)单项费率运价

这是一种分别对各种不同的商品在不同航线上逐一制定的运价。这种运价使用起来比较方便,根据商品的名称及所运输的航线,即可直接查找出该商品在该航线上运输的运价。按照这种表现形式制定的运价首先是按商品的名称,然后才按航线(或港口)排列,尽管有些商品在同一航线(或港口)的运价是相同的也要逐一列明。所以这样组成的运价表是十分庞大的。这种运价表也称作"商品运价表"(commodity rate freight tariff),船公司一般会对所经营的特定班轮航线采用这种运价形式。比如适用于美国航线的运价表,即属此类。

(2)等级运价

这是首先将全部可能被运输的商品划分为若干等级,然后为不同等级的商品在不同航线或港口间的运输制定某一运价。归属于同一等级的商品在同一航线或港口间运输,其运价都是相同的。这种运价本在运价表前要附有"商品分级表"(scale of commodity classification)。在计算运费时,必须首先根据商品的名称在"商品分级表"中查找出该商品所属的等级,再从该商品的运输航线或运抵港口的"等级费率表"(scale of rates)中查出该级商品的费率才能进行具体运费计算。与单项费率运价相比,等级运价可以极大地压缩运价本的篇幅,因而大多数班轮公司都采用这种运价。

(3)航线运价

这是不分运输距离的长短,只按航线、商品名称或等级制定的运价。与航线运价相对应的是递远递减的距离运价。由于运输成本是由可变费用和不变费用两部分组成的,前者指燃料费等随运输距离增加而增加的费用,后者指港口费等不随运输距离变化而变化的费用。如航行距离增加,那么,平均每吨海里(或千吨海里)运输成本中所包含的固定费用则有所减少。也就是说,运输距离越长,单位运输成本越低。因此,依据运输成本制定的运价也应反映这一递远递减的规律。但是,当运输距离增加到一定程度,这种递远递减的规律即不再发生作用。由于远洋运输的距离通常都较长,递远递减规律对远洋运输成本的影响较小,甚至已不起作用。而各航线包括港口使费、装卸效率等因素,各挂靠港口的条件却对运输成本起着重要的作用。因此,远洋运输通常都分航线、按商品种类或等级制定运价。这种不论距离远近、以航线上各挂靠港口的平均距离为基础制定的运价就是航线运价。在航线运价的条件下,对于某一商品,只要其起运港和目的港是同一航线上规定挂靠的基本港口,就不论运输距离的远近,都按同一运价计收运费。通常,采用等级运价的班轮公司都同时采用航线运价,而同时采用这两种运价形式的运价就是人们常说的航线等级运价。

三、班轮运费的构成

通常,承运人都把班轮运输应收取的运费分为基本运费(basic freight)和附加运费(surcharges)两部分。基本运费是对任何一种货物都要计收的运费;附加运费则是视不同情况而加收的运费。附加运费既可以按计费单位规定的费率计收。也可按基本运费的一定比例计收。

1. 基本运费

在班轮运输中,常将航线上船舶定期或经常挂靠的港口称作"基本港口(base port)",综合这些港口的基本情况,为在航线上基本港口间的运输而制定的运价称作基本运价或称 基本费率(base rate)。它是计收班轮运输基本运费的基础。

基本运费是构成班轮运输全程应收运费的主要部分,但不是全部。因为基本费率只是根据一般货物在航线上各基本港口间进行运输的平均水平制定的。而实际上,班轮船舶所承运的货物中,除一般货物外,也常承运一些需要特殊处理的货物;而且除了承运直接运达基本港口的货物外,还要承运需加靠非基本港口或转船接运的货物;即使货物的运达港口是基本港口,也因各基本港口的具体情况不完全相同而导致运输成本的差异。这些情况,都会使承运人在运输中增加一定的营运支出,并需要取得补偿。所以基本运费只是班轮运费的主要部分,在计算全程应收运费时,还必须计收一定的追加额,这部分追加额就是构成班轮运费的另一组成部分——附加运费,简称附加费。

2. 附加运费

由于货物、港口及其他方面的种种原因,引起船公司在运输货物时增加费用开支或蒙受经济损失,为补偿这些开支或损失,船公司除基本费率外,规定另外收取的费用,就叫附加费(Surcharge;Additional)。附加费名目繁多,主要有因商品特点不同而增设的附加费,如超重附加费、超长附加费、洗舱费(Cleaning Charge)、熏蒸费(Fumigation Charge)等;因港口的不同而增设的附加费,如港口附加费、港口拥挤费、选港费、直航附加费等;因其他原因而临时增设的附加费,如燃油附加费、货币贬值附加费、战争附加费、冰冻附加费(Ice Surcharge)等。随着一些情况的改变,船公司会公布取消或制订新的附加费。在班轮运输中,主要的附加运费有:

1)超重附加费(heavylift additional)

超重附加费是指每件货物的毛重超过规定重量时(如 5t)所增收的附加运费。这种货物称为超重货。超重附加费是按重量计收的,而且重量越大其附加费率越高。如果超重商品需要转船时,则每转船一次,加收一次。

2)超长附加费(long length additional)

超长附加费是指每件货物的长度超过规定长度时(如 9m)所增收的附加运费。这种货物称为超长货。超长附加费是按长度计收的,而且长度越长其附加费率越高。如果超长货物需要转船时,则每转船一次,加收一次。

如果货物既超长又超重,则两者应分别计算附加费,然后按其中收费高的一项收取附加费。

3)直航附加费(direct additional)

直航附加费是指托运人要求承运人将其所托运的货物从装货港装船后,不经过转船而直接运抵航线上某一非基本港时所增收的附加费。

通常,船公司都作出规定,托运人交运一批货物必须达到某一数量(如 1000t)以上时,才同意托运人提出的,船舶直靠航线上非基本港口的要求,并按规定增收直航附加费。

4)转船附加费(transhipment additional)

转船附加费是指商品必须在中途挂靠港口换装另一船舶才能运至目的港时,承运人为此而增收的附加费。

商品在中途挂靠港口转船时发生的换装费、仓储费、以及二程船(接运船舶)的运费等费用,均由负责第一程船运输的承运人承担,并包括在所增收的转船附加费内,上述各项费用的支出不一定能由承运人增收的转船附加费全部抵偿,其盈亏由收取转船附加费的第一程船舶运输的承运人自理。

5)港口附加费(port additional)

港口附加费是指在某些港口(包括基本港和非基本港)的情况比较复杂(如船舶进、出需要通过闸门),装卸效率低或者港口费收较高等情况下,承运人增收的附加费。

6)其他附加费

除上述各种主要的附加费外,承运人也常根据某些特殊情况的出现,临时采用增收附加费的办法来补偿因此增加的开支。当这些特殊情况消除后,该项临时增加的附加费亦相应取消。常见的有:

(1)燃油附加费(bunker surcharge,BS;bunker adjustment factor,BAF)

燃油附加费是指因国际市场上燃油价格上涨,使船舶的燃油费用支出超过原核定成本中燃油费用所占比例,承运人在不调整原定运价的前提下,为补偿燃油费用的增加而增收的附加费,当燃油价格回落后,该项附加费亦会调整直至取消。燃油附加费大多数航线都有,但标准不一。

(2)选卸附加费(optional additional)

选卸附加费又称选择卸货港附加费。这是在货物托运时,托运人尚不能确定具体卸货港,要求待船舶开航后再在预先指定的两个或两个以上的卸货港中作选定的情况下加收的。选港卸货会使这些货物在舱内的积载增加困难,甚至会造成舱容的浪费。因此,作为补偿,增收选卸附加费。

托运人预先指定的选择卸货港,必须是船舶该航次原定的停靠港。并且要按承运人的规定,在船舶抵达第一个选卸港之前的一定时间(如48小时之前)向船舶代理人宣布选定的货物卸港。

(3)变更卸货港附加费(alteration of destination additional)

变更卸货港附加费是指货物在提单上记名的卸货港以外的其他港口卸货而增收的附加费。

变更卸货港应由全套正本提单持有人提出,经过有关海关当局准许,还必须经船方同意,按规定支付附加费方可实施。而且所变更的卸货港应在航线上原定的停靠港的范围内。

另外,如因变更卸货港而需要翻舱,因此而发生的费用和风险,均由提出变更要求的一方负担。

(4)绕航附加费(deviation surcharge)

绕航附加费是指因某一段正常航线受战争影响,或有运河关闭或航道受阻塞等意外情况发生,迫使船舶绕道航行,延长运输距离而增收的附加运费。绕航附加费是一种临时性的附加费,一俟意外情况消除船舶恢复正常航线航行,该项附加费即行取消。如1967年6月苏伊士运河因中东战争而关闭,往来欧洲、亚洲间的船舶只好绕道非洲南端的好望角航行,均增收绕航附加费。到1975年6月5日运河重新开放,该项附加费随即取消。

(5)港口拥挤附加费(port congestion surcharge)

港口拥挤附加费又称拥挤附加费,是指由于港口拥挤,船舶抵港后要长时间等泊。为补偿船期严重延误的损失而增收的附加费。港口拥挤附加费也是一种临时性的附加费,其变动性较大,一旦港口拥挤情况得到改善,该项附加费即进行调整或取消,如非洲及中东地区一些港口常出现拥挤情况,对这些港口均增收过港口拥挤附加费,比如摩加迪沙港在1975年10月15日起,苏丹港在1991年9月21日起,荷台达港(Hodeidah)在1993年3月15日起,阿尔及尔港在1993年3月15日起均增收港口拥挤附加费。

(6)超额责任附加费(additional for excess of libility)

超额责任附加费是指托运人要求承运人承担超过提单上规定的赔偿责任限额(如要求按实际损失赔偿)时而增收的附加费,托运人要求承运人承担超过提单上规定的赔偿责任限额时,其所托运的商品通常都是贵重商品。超额责任附加费是按照商品的 FOB 价格的一定百分比计收的,托运人在托运时应同时提供商品的 FOB 价格。

四、班轮运费的计费标准

1. 计费标准的概念

计费标准(freight basis)也称计算标准,是指计算运费时使用的计费单位,历来都是以容积和重量作为最基本的计费单位。即把货物分为容积货物和重量货物,并且为货物的容积和重量规定一个比例关系。按照这种比例关系换算,如果某种货物按照其体积计算的容积吨与它的实际重量相比,不足一个按重量计算的重量吨时,则这种货物属于容积货物,应按容积计算运费;相反,如果超过一个重量吨时,则这种货物就属于重量货物。应按重量计算运费。例如货物的体积为 $1m^3$,如果其重量不足 1 公吨,则为容积货物。反之,如果重量超过 1 公吨则为重量货。

2. 计费标准的表示

在班轮运输中,主要使用的计费标准是按容积和按重量计算运费;对于贵重商品,则按其货价的一定百分比计算运费;对于某些特定的商品也会按其实体的个数或件数计算运费。

各种不同的货物应按何种计费标准计算运费,在船公司制定的运价表(本)中都有具体的规定,通常都用如下各种符号表示:

(1)以"W"表示

指该种商品应按货物的毛重计算运费。

(2)以"M"表示

指该种商品应按尺码或体积计算运费。但某些国家对运输木材时也有按"板尺"(bord foot)和"霍普斯尺"(hoppus foot)计算运费的(12 板尺 = 0.785 霍普斯尺 = $1ft^3$)。

(3)以"W/M"表示

指该货物应分别按其毛重和体积计算运费,并选择其中运费较高者收取运费。

(4)以"Ad. Val."表示

指该种商品应按其 FOB 价格的一定百分比计算运费。这种运费称为从价运费。

(5)以"Ad. Val. or W/M"表示

指该种商品应分别按其 FOB 价格的一定百分比和毛重、体积计算运费。并选择其中运费高者收取运费。

(6)以"CWT"表示

即以货物毛重每担为单位计算运费(1 担 = 112 磅 = 50.8 公斤)。

此外,还有按商品实体的个数或件数为单位计算运费的。如活牲畜按"每头"(per head)计收;车辆按"每辆"(per unit)计收,以及按承运人与托运人双方临时议定的费率(open rate)计收运费等。

随着集装箱运输的发展和班轮运输的集装箱化,托运人采用整箱托运方式的增加,在集装箱运输中,又有按每一个集装箱计算收取运费的规定。

3. 计量单位

由于各个国家的法定计量制度不完全相同,因而在计算运费时所采用的法定计量单位也不一样。例如以英国为主的一些国家规定:

1 容积吨 = $40ft^3$

1 重量吨 = 2240 1b(或 1 长吨)

根据我国的基本计量制度规定,我国的法定计量单位采用“米制”或“公制”。在运费计算中,重量单位用“吨”(metric ton);体积单位用“立方米”(cubic metre)。以 1 公吨或 1 立方米为 1 计费吨。

常见计量单位之间的换算公式如下:

1 公吨 = 0.9842 长吨 = 1.1023 短吨 = 2204.6 磅

1 长吨 = 1.016 公吨 = 20 英担 = 2240 磅

1 短吨 = 0.9072 公吨 = 20 美担 = 2000 磅

1 立方英尺 = 0.028317 立方米

1 立方公尺 = 25.3148 立方英尺

1 担 = 112 磅 = 50.8 公斤

1 磅 = 0.4536 公斤

在计算运费时,如遇到托运人提供的有关货物的体积或重量与规定使用的计量单位不符时,首先应该对计量单位进行换算。有关计量单位的换算率见表 6-1。

计量单位的换算率 表 6-1

项目	重量			体积		长度	
制式	米制	英制	美制	米制	英美制	米制	英美制
单位	吨(公吨)	长吨	短吨	立方米	立方英尺	米	英尺
符号	t	L/t	S/t	m^3	ft^3	m	ft
换算	1 1.0160 0.9072	0.9842 1 0.8929	1.1023 1.1200 1	1 0.28317	35.3148 1	1 0.3048	3.28084 1

五、运价本的结构

1. 航线等级运价

就运价的表现形式而言,如前所述,虽有单项费率运价、等级运价和航线运价之分,但是在我国,以中远集团的运价本为主导的班轮运价,和多数班轮公司一样,采用的却是兼具等级运价和航线运价所具有的简练、便于使用等优点的航线等级运价。

前已提及,船舶的营运成本是制定运价的重要依据。不同的货物,其性质、价值不同、包装形式、积载因数和对运输的要求也不一样。因此,在不同货物的运输过程中所作出的运输消耗是不一样的,即不同货物的运输成本高低不一,其运价水平也应有所区别。但是,各国间进出口的货物多达数千种,如果在制定运价时都严格按照每一种货物的运输成本(虽然也会有些商品的运输成本是相同的)逐一拟定一个运价,那么,这个运价表将是相当庞大的。为了简化运价表及便于运费的计算,大多数船公司制定运价时都没有按照每一种货物的不同运输成本逐一拟定运价,而是将各种货物划分为若干个被称为“货物运价分级”的运价等级,按货物的等级分别拟定在不同航线上各级货物的运价,各等级之间有一定的差率。即所谓的“级差率”。

另外,不同航线的运输距离不同,有关航线上港口的装卸效率,港口的费收水平等对船舶营运成本也有很大影响。船舶在不同航线上营运,因运输距离和所挂靠港口不同,也因装运不同货物,在港装卸作业所支付的费用不同,使船舶的营运成本存在差异,其运价当然也应体现这种差异。但是,远洋运输的航线一般都较长,同一航线上港口较多,比如中国/欧洲、地中海航线上的港口多达数百个,如果按不同的运输距离、不同的挂靠港口分别拟定运价,即使只按照已归类的货物运价等级拟定,其运价仍然十分繁多,在运费计算工作中仍然显得不方便。因此,多数船公司也没有采用不同的运输距离和不同的挂靠港分别拟定运价的办法,而是采用按航线拟定运价的办法。即在每一航线上选择若干个经常要停靠的港口作为基本港口,综合这些基本港口的情况,拟定出该航线的平均运价水平,只要货物的等级相同,运往该航线上的任何一个基本港口的运价都一样。如果运往基本港口以外的其他港口(即非基本港口),除按该航线基本港口的运价计收基本运费外,还要根据规定的附加费率加收附加费。

按照航线等级运价编制运价本,既可极大地压缩运价本的篇幅又便于使用。计算运费时,要知道某种货物在某一航线上的运价时,首先要从"商品分级表"中找出该种商品所属的等级,然后再根据指定航线的"等级费率表"中查出该等级的运价,即为所要查找的那类货物在该航线运输的运价,用起来比较简便。

2. 运价本的一般结构

尽管不同的班轮公司或班轮公会的运价本的内容不完全相同,但是,因为国际间班轮运费的计算、计收的办法大体上都是一致的,而且又都把运价本的内容看作是提单条款的组成部分,所以一般都有公布的运价本,而且运价本的结构和内容也大体相似。

运价本的构成:

(1)说明及有关规定

说明及有关规定,实质上就是运价本中的条款部分,一般包括总则、运输规定及说明运价本的适用范围,使用的币制,运费的支付方式,有关衡量折算率,费率变更,运费更正,承运人的超额责任,提单的编制及签发以及货物包装等内容。

关于适用范围,除班轮公会协议费率的运价本因协议目的就是为了防止会员公司间的压价竞争,其运价本是强制适用于所有会员公司外,通常普通班轮公司的运价本只是适用于本公司所经营航线的班轮运输。不过,以中远集团运价本为主导的我国的班轮运价在国家放开对运价的管制,实行市场价格机制之前,是经国家物价局授权,由中远集团制定的运价本,因而中远集团的运价本对其他班轮公司具有较大的参考价值。

关于币制,即计价币种的选择,当然最好选择币值坚挺、便于流通的所谓硬通货。虽然当前美元汇率相当疲软,但国际贸易中仍以美元为主要计价币种之一,因而不少班轮公司的运价本仍以美元作为班轮运价的计价币种。例如中远第六号运价本将计价的币种从原来以"外汇人民币"计价改为以美元计价以来,在此后出现的运价本中一直沿用美元计价,包括基本运价、各种费率、附加费及有关费用,均以美元标价。

关于运费的支付方式,无非是预付和到付两种。因为在实际业务中这两种支付方式都有可能存在,所以运价本中必须分别对这两种支付方式,特别是支付的时间作出规定。应该说,在业务实践中,预付运费几乎已成惯例,而且预付运费避免了因货物灭失或损坏而收不到运费的风险,因此关于预付运费,运价本中通常都规定,预付运费一律应在签发提单前付清运费及其他费用,并且还规定,对于舱面货、冷藏货、散装油、散装胶浆、活牲畜、鲜货、行李以及易腐物品等易受损货物的运费必须预付。而对于到付运费,一般都规定,到付运费一律应在交货前付清运费及其他费用。

在"运输规定及说明"中,主要说明对货物运输收取的基本运费及附加费的项目;运费计算的基本单位,托运人应提供的每一批货物的详尽资料;对特种货物,如危险品、冷藏货、散装油、松散或捆装钢材、特种异味货运输的有关规定。例如规定托运危险品时,必须经承运人同意后始能托运。托运时发货人必须在所有货运单证文件上详细列明货物性能、《国际危规》(IMDG Code)中的联合国编号和危规页码,有关装卸注意事项及按国际海事组织的规顶,以便在具体使用时核查。

此外,还应对选卸货,变更卸货港、回运货物的收费办法作出规定。同时还规定对体积和重量不超过一定范围(一般规定体积不超过 $0.2m^3$,重量不超过 50kg)的无商业价值的样品可要求船方免费运送,承运人只签发一张正本提单,而且不承担货物损差的责任。当然,还应对每提单的起码运费作出规定。

运价本的"说明及有关规定"既是运价本的"使用说明",也是提单条款的补充。这一部分中,除上述涉及运价本使用的必不可少的内容外,至关重要的则是必须列记于这一部分中的"港口规定及条款"。

在"港口规定及条款"中,主要列出一些并非承运人规定,而是由有关港口主管当局或政府规定的诸如交接制度、税收和费用等涉及货主利益的特别规定和习惯作法。承运人为了明确责任,避免日后引起纠纷,以运价本条款的形式,将这些规定列明在运价本中,并要求在缮制提单时,将这些有关港口规定或习惯作法的条款也加盖在提单上,以明确承运人与货方之间的责任。这些条款也就是通常所说的港口条款。为了防止遗漏,便于使用和核查,一些运价本还按港口所属地区和国家编制了港口条款的索引备用。

运价本的规定和条款是提单条款的组成部分,不仅提单都在运价本条款中作出了明确的规定,就是运价本也差不多都有类似"本内有关规定和条款,应视作提单的组成部分,船货双方均应遵守"的规定。

(2)货物运价分级表

货物运价分级表又称商品分级表。是指列明各种货物所属的运价等级和计费标准的一览表。表由中、英文并列的货物名称、对应各该种货物的运价等级和计费标准等四部分组成,并按英文字母顺序排列。货物运价分级表示例见表 6-2。

商品分级表(节录)

SCALE OF COMMODITY CLASSIFICATION 表 6-2

货　　名	COMMODITY	等　级 Class W/M	货　　名	COMMODITY	等　级 Class W/M
飞机及零件	Air crafts & Spare parts	13	炮竹、烟花	Fire Crackers & Fireworks	17
鹿茸	Antler	Ad. Val.	未列名毛皮	Furs, N. O. E.	16
竹制品	Bamboo Products	8	人参	Ginseng	Ad. Val.
自行车及零件	Bicycles & Parts	9	花岗石	Granite	7
猪鬃	Bristles	15	马尾、鬃毛	Hair, Horse Tail or Manes	18
照相机及器材	Camera & Materials	12	蜂蜜	Honey, Bee	9
未列名粮谷:	Cereals, N. O. E	4	千斤顶	Hoisting Jaek	10
荞麦	Buckwheat	3	蚊香	Incense, Mosquitos	9
面粉	Flour	5	光学仪器	Instruments, Optical	13
高粱	Kaoliang(Sorghum)	3	海蜇皮	Jelly Fish	10

续上表

货　　名	COMMODITY	等　级 Class W/M	货　　名	COMMODITY	等　级 Class W/M
玉米	Maize	4	神锡箔	Joss Tin Foies	11
小米	Millet	3	木棉	Kapok	8
谷穗	Millet Sprays	2	厨具	Kitchen Ware	10
燕麦	Oat	3	胶浆(桶、散装)	Latex(in Drums & in Bulk)	11
稻种	Paddy for Sowing	2	活牲畜	Livestock	NEGOTIATE
大米	Rice	4	大理石	Marble	7
木炭	Charcoal	1	中药材(捆、袋、筐装)	Medicines, chinese Raw (in Bales or Baskets)	6
干菊花	Chrysanthemum ,Dried	6	中药材(箱装)	Medicines, Chinese Raw (in Cases)	10
糖果、糕点	Confectionery	9	麝香	Musk	Ad. Val. or W/M20
洗衣粉、洗洁精	Detergent, Liquid	7	水仙花	Narcissus	7
染料、颜料(非危险)	Dyestuffs, Pigments(N. H.)	10	面条、沙河粉	Noodles, Sha He Fen	6
绣花制品	Embroidered Goods	13	粗麦片、细麦片	Oate, Crude & Oats, Quick Cooking	4
展览品及其小卖品	Exhibition & its Selling Goods	10			
雄黄	Orpiment	9	茶叶 锡锭	Tea Tin Ingots	8 16
纸(箱、夹板装)	Paper, (in Case & Crates)	8	伞及伞骨	Umbrella & Umbrella Ribs	10
纸(捆、卷)	Paper, (in Bales & Reeld)	12	干菜、脱水蔬菜	Vegetable, Dehydrated, Dried	5
行李	Personal Effect	10	粉丝	Vermicelli	7
石英	Quartz	4	手表	Watches	15
炒货	Roasted Seeds & Nuts	6	酒(箱、桶、坛装)	Wines(in Cases, Drums & Jars)	12
白棕绳	Rope, Manila	19	酵母	Yeast, Dried	7
丝线	Silk Yarn	14	锌片、板、条	Zinc, Plates, Rods, Sheets	9
牛皮、马皮	Skins, Hides, Cow, Buffalo & Horse	20	锌锭	Zinc, Ingots	8

货物运价分级表是制定班轮运价和和计算班轮运费的基础。由于可能被班轮承运的货物种类繁多，如果分别为每种货物一一制定运价，运价表将非常冗长，无论如何排列都不便于使用。考虑到简化和便利使用的需要，如果将成千上万种可能承运的货物按照货物本身的性质、价值、运输条件和对运输的要求，分门别类地进行分类（比如我国的国内水运将货物归纳为8类，而远洋运输则归纳为20类），按照高价货物高运价、低价货物低运价，分别为各类货物确定运价等级，并按照各该类货物的体积与重量之比确定各该类货物的计费标准，然后再按货物的英文名称的字母顺序使之排列成表，既可以极大地减少需要定价的货物种类，缩短制定或修订运价的进程，又便于使用。计算运费时，只要根据货运单证中记载的货物名称，就可以很方便地查找出该批承运货物所属的运价等级及计费标准。

按照货物运价分级制定的货物运价，相邻两级间货物运价的价差称为级差，各级货物间价差的比率称为级差率。级差率是递增的。

由于货物的种类极其繁杂，即使加以归类，任何一个运价表（本）的货物运价分级表都不可能将所有货物的名称罗列无遗，即使是单项费率表（本）中也不能做到无一遗漏地将所有商品名称列出。实际上，货物运价分级表中也并不是罗列所有货物的名称，而是按照一定的原则，将主要商品名称标列在货物运价分级表中，并为被称之为"列名货物"的每一种货物规定其所属的级别和计费标准。

将货物列名于分级表的基本原则是：传统的进、出口商品；货价较高或较低的商品；具有特殊性质和对运输有特殊要求的商品；积载因数过大及包装特殊的商品等都应使之成为列名货物。此外，在货物运价分级表内对一些种类相同，性质及对运输的要求基本一致的商品也可能并不逐一列名，而是以"未列名货物（Cargo Not Enumerated：Cargo N.O.E.）"的形式列出，例如"未列名合金（Alloy，N.O.E.）"、"未列名刷子（Brushes，N.O.E.）"等在货物运价分级表中标列，以简化商品的列名，缩短货物运价分级表的篇幅。

由于货物运价分级表中并没有全部列出所有的货物名称，因此，当运输在货物运价分级表中没有列名的商品（也包括新产品）时，可先按与在货物运价分级表中列名的性质相近的商品等级来确定该种商品应属的等级，并作出记录和注意在实践中进一步验证其是否与实际情况相符，以便日后决定是否应在商品分级表内补充列名。

在货物运价分级表中，还常有些商品是以"集合名称"标列的。例如算盘、复写纸、信封、橡皮擦、卷笔刀、直尺、别针、图钉等都是文具或办公用品，可以以类似"文具及办公用品（Satationery & Office Appliance.N.O.E.）"的"集合名称"，按英文字母"S"顺序排列，列名于货物运价分级表中，然后再在"文具及办公用品"项下列出归属该类商品的名称，并在货物运价分级表后以"附录"的形式列名某一"集合名称"所包括的货物名称。又如，化工产品种类繁多，危险程度不一，如果按照《国际危规》（IMDG）关于危险程度的分级将不同分级的危险品逐一列名于货物运价分级表，难免使运价分级表过于冗长。为此，编制货物运价分级表时，常以"未列名化工品"项目列名，并以"未列名化工品附录"的形式，按《国际危规》关于危险品的分级，另行制订有关危险品的货物运价分级表。表6-3是"未列名化工品附录"示例。

（3）航线费率表

航线费率表是运价本的重要组成部分，是分航线为各个运价等级的货物规定运价（或称费率）的运价表，也是计算各种货物基本运费的最终依据。

通常航线费率表都由列名于表中的基本港的名称、运价等级的序号（例如从1到20）和按序号排列的为各该运价等级规定的费率等内容组成。

未列名化工品附录　　表 6-3

中远集团第一号运价表 COSCO GROUP TARIFF NO.1			Page	83
			Rev:	
			Efft. Date	
			Corr. No.	

附　　录	APPENDIX	IMDG	CLASS	等级
未列名危险化工品:	Chemicals, Dangerous or Hazardous, N.O.E.			
国际危规 1 和 7 级	IMDG Class 1 and 7			Open
国际危规 2 级	IMDG Class 2			20
3.1 级	IMDG Class 3.1			20
5.2 级	IMDG Class 5.2			20
国际危规 3.2,3.3 级	IMDG Class 3.2,3.3			18
4.1,4.2,4.3 级	IMDG Class 4.1,4.2,4.3			18
5.1 级	IMDG Class 5.1			18
6.1,6.2 级	IMDG Class 6.1,6.2			18
国际危规 8 和 9 级	IMDG Class 8 and 9			16
未列名一般化工品	Chemicals, N.O.E. non-hazardous			11
一氯醋酸	Acid, Monochloroacetic	8137	8	8
硼酸	Acid, Boric			7
柠檬酸	Acid, Citric			10
合成脂肪酸	Acid, Synthetic Fatty			9
活性漂土	Activated Bleaching Earth			5
活性碳	Active Carbon	4224	4.2	9
醋酸铝	Allumminium Acetate			5
氢氧化铝	Aluminium Hydroxide			7
氧化铝	Aluminium Oxide	6078	6.1	7
硫酸铝	Aluminium Sulphate			7
铵明矾	Ammonium Alum			7
碳酸氢铵	Ammonium Bicarbonate			7

由于班轮运输是按照既定的时间,既定的挂靠港顺序在各挂靠港之间进行往返运输的船舶营运方式,而这些航线上既定的挂靠港就是列名于航线费率表中的基本港口。虽然按货物运价分级将货物归类,简化了制定运价和计算运费的工作,但是,在各港间运输的每批货物的运输距离各不相同,如果按货物运输的实际距离制定运价和计算运费,仍将十分繁难。因此以航线上货物的平均运距代替货物的实际运距,来制定航线上基本港无差别的基本费率表,逐一为各个运价等级制定费率,并排列成表,便于计算运费时查用。

航线费率表中列名的基本港就是航次中固定挂靠的港口,也是列名于对外宣布的船期表中按固定时间停靠的港口。航线上的货物运输,不论是从哪一个港口运到哪一个港口,也就是说，不论货物的起运港和目的港是哪一个港口，也不论两港间的距离远近，只要两个港口都是航线费率表中列名的基本港，而且所运货物的运价等级相同就都适用航线费率表中为这一运价等级规定的运价，按同一费率计算基本运费。

如果班轮公司经营普通货船的件杂货班轮运输，则须按照相同的货物运价分级，制订分别为每一运价等级（如1-20级）的每一计算单位（W/M或Ad. Val.）规定不同费率的航线费率表。除列名的基本港口外，只包括由低至高按货物运价等级排序的运价等级（class）和列记于各运价等级之后的运费率或从价费率等两个部分。表6-4是件杂货班轮运输的航线费率表示例。

中国/欧洲、地中海航线件杂货班轮运输航线费率表 表6-4

中远集团第一号运价表 COSCO GROUP TARIFF NO.1	Page	181
	Rev:	
	Efft. Date	
	Corr. No.	

中国—欧洲地中海航线
CHINA—EUROPE & MEDITERRANEAN SERVICE

中国基本港：广州、上海、青岛、新港、大连
China Base Ports: Guangzhou, Qingdao, Shanghai, Xingang, Dalian
欧洲基本港：安特卫普、鹿特丹、汉堡、亚力山大、热那亚
Europe Base Ports: Antwerp, Rotterdam, Hamburg, Alexandria, Genoa

等级费率表 Scale of Rates　　IN USD (F/T)

等级 CLASS	费率 Rates 西行 Westbound	费率 Rates 东行 Eastbound
1	63.00	33.00
2	66.00	34.00
3	70.00	36.00
4	76.00	39.00
5	80.00	42.00
6	82.00	44.00
7	86.00	47.00
8	90.00	50.00
9	92.00	53.00
10	96.00	57.00
11	101.00	62.00
12	108.00	67.00
13	115.00	73.00
14	120.00	80.00
15	126.00	85.00
16	128.00	93.00
17	130.00	94.00
18	140.00	100.00
19	151.00	114.00
20	173.00	130.00
Ad. Val	2%	2%

注：* 装在杂货船上的散油，出口至热那亚港加收港口附加费 USD 5.00F/T

同样，集装箱班轮公司也要结合货物运价分级，分别按拼箱货（LCL）和整箱货（FCL），为自己所经营的每一条航线制订费率表。

表6-5是集装箱航线费率表的一个示例。

中国/欧洲航线集装箱费率表　　表6-5

中远集团第一号运价表 COSCO GROUP TARIFF NO.1	Page	126
	Rev:	
	Efft. Date	
	Corr. No.	

中国—欧洲航线集装箱费率表　美元

CHINA - EUROPE CONTAINER SERVICE　IN USD

上海、新港、大连、青岛—鹿特丹、汉堡、费力克斯托、安特卫普、勒哈佛

SHANGHAI, XINGANG, DALIAN, QINGDAO—ROTTERDAM, HAMBURG, FELIXSTOWE, ANTWERP, LE HAVRE

等级 CLASS	直达 DIRECT			经香港或上海、新港转船 TRANSHIPMENT VIA HONGKONG OR SHANGHAI, XINGANG		
	LCL W/M	CY/CY 20’	CY/CY 40’	LCL W/M	CY/CY 20’	CY/CY 40’
1~8	120.00	1850.00	3500.00	130.00	2050.00	3900.00
9	125.00	1950.00	3700.00	135.00	2150.00	4100.00
10~11	130.00	2050.00	3900.00	140.00	2250.00	4300.00
12~20	135.00	2150.00	4100.00	145.00	2350.00	4500.00
CHEMICALS, N.H.	130.00	2050.00	3900.00	140.00	2250.00	4300.00
SEMI - HAZARDOUS	148.00	2650.00	5050.00	158.00	2850.00	5450.00
HAZARDOUS		3300.00	6300.00		3500.00	6700.00
REEFER		3850.00	6100.00		4050.00	6500.00

注：1. 秦皇岛、连云港、烟台出口欧洲的货物须经香港转船，其费率在直达欧洲费率基础上加USD300/20’，USD570/40’，USD17.00/F.T。

2. 张家口港出口欧洲的货物须经上海转船，其费率在上海直达欧洲的费率基础上加USD100/20’，USD200/40’，LCL USD5.00/F.T。

3. 镇江出口欧洲的货物须经上海转船，其费率在上海直达欧洲的费率基础上加USD150/20’，USD300/40’，LCL USD8.00/F.T。

(4)附加费率表

由于班轮运输的运费是由基本运费和附加费两部分构成的，因而据以计算运费的运价本中除应包含据以计算基本运费的货物运价分级表和航线费率表外，当然还应详列据以加收各种附加费的附加费率表。不过，附加费有多种多样，有的是像燃油附加费、拥挤港附加费、绕航附加费那样的因临时性原因而加收、待原因一旦消失即不再加收的附加费；也有的是像选卸附加费、变更卸货港附加费那样虽不是临时性的，但费用项目分类单一的附加费，比如，选择卸货港最多也只不过两选一或三选一，虽然可供选择港口的数目越多，其附加费率越高，但是按港口数目分类的附加费率最多也不过两三个；又如变更卸货港，一个航次中恐怕最多只有一次，其项目分类就更为单一。

当然，也还有一些像超重附加费、超长附加费、直航附加费、转船附加费和港口附加费那样的既不是临时性加收的，其费用项目分类又较多的附加费。

对于上述三种不同类型的附加费，班轮公会和班轮公司一般是分别按照三种办法予以处理的：对于一些临时性加收的附加费的费率并不列记于运价本中，只在加收或撤消的决定生效前的一定时间，以公告或书面通知的形式通知有关各方；对于一些虽非临时性但费用项目分类单一的附加费率，也不在运价本中单独列出费率表，而在运价本的“运输规定及说明”部分的关于附加费的规定中作出规定。

扣除这两种类型的附加费后，单独在运价本中编列附加费率表的附加费其实并不很多，而且表格的内容也比较简单，除费率表的名称，如“超重附加费率表”、“超长附加费率表”或“××航线港口附加费率表”、“××航线直航附加费率表”外，通常都是两栏式表格，一栏是按一定标志分类的费用项目，如超重附加费表按货物单件重量(公吨)分为：“fron 5 to 6，over 6 to 8，over 8 to 10，…… over 18 to 20，over 20”等项目，而港口附加费率表和直航附加费率表则以航线上需要加收附加费的港口名称，或可以办理直航的非基本港口的名称作为分类项目。另一栏则是与各个费用分类项目相对应的按每计费吨或规定的附加费率，或按基本运费的一定百分比规定的以百分比表示的附加费率。如表6-6就是超重货物及超长货物附加费率表的一般形式，而表6-7则是按可以办理直航或转船运输业务的非基本港口分别规定了附加费率的直航和转船附加费率表。

正是因为附加费率并不是集中的以费率表的形式列记于运价本中，计算每票货物的班轮运费时，就很容易因疏忽而漏计或错计某项附加费，这是计费和审核人员应特别加以注意的。

六、件杂货班轮运费的计算

1. 运费计算的基本步骤

班轮运费的计算过程实际就是熟悉和运用运价本的过程。其实，在航运实务中，计算和审核运费虽然并不非常困难，但却是一项具体而又细致的工作，稍有差错将会给航运企业带来不应有的损失。因此，要做到准确无误地计算运费，通常都应遵照一定的步骤进行，尤其是对第一次从事运费计算工作的人员来说更应如此：

①根据装货单留底联(或托运单)查明所运货物的装货港和目的港所属的航线。注意目的港或卸货港是否属于航线上的基本港口；是否需要转船或要求直达；如果是选择卸港货，选卸港有几个。

②根据商品的名称，了解其特性、包装式样，是否属于超重或超长货件或冷藏货物。若托运人所提供的商品重量、尺码使用的计量单位与运价表规定的计量单位不相符时，还得先对计

量单位按规定的换算率进行换算。

超重货物及超长货物附加费率表 表6-6

中远集团第一号运价表 COSCO GROUP TARIFF NO.1	Page	139
	Rev:	
	Efft. Date	
	Corr. No.	

超重货物附加费率表
SCALE OF EXTRA CHARGES ON HEAVY LIFTS

重量(公吨) WEIGHT IN METRIC TON	每吨另加收 美元 ADDITIONAL CHARGES (PER METRIC TON) IN USD
FROM 5 TO 6	9.00
OVER 6 TO 8	12.00
OVER 8 TO 10	16.00
OVER 10 TO 12	20.00
OVER 12 TO 14	23.00
OVER 14 TO 16	26.00
OVER 16 TO 18	28.00
OVER 18 TO 20	31.00
OVER 20	OPEN

超长货物附加费率表
SCALE OF EXTRA CHARGES ON LONG LENGTHS

长度(公尺) LENGTH IN METRIC	每运费吨另加收 美元 ADDITIONAL CHARGES (PER F/T) IN USD
FROM 9 TO 12	4.00
OVER 12 TO 15	6.00
OVER 15 TO 18	8.00
OVER 18	OPEN

注:上列超重、超长附加费率表适用于各条散杂货运输航线。
NOTE: THE ABOVE SCALE IS TO BE APPLIED TO ALL BREAKBULK SERVICES IN THIS TARIFF.

③根据货物的名称,从货物运价分级表中查出所属的运价等级,并确定其应采用的计算标准。如属未列名货物,则参照性质相近货物的运价等级及计算标准计算,并作出记录以便在实践中进一步验证,为日后决定是否更正所属等级或应在商品分级表内补充列名提供依据或参考。

中国/欧洲、地中海航线直航和转航附加费率表　　表 6-7

中远集团第一号运价表 COSCO GROUP TARIFF NO.1	Page	184
	Rev:	
	Efft. Date	
	Corr. No.	

中国—欧洲地中海航线

CHINA—EUROPE & MEDITERRANEAN SERVICE

中国基本港:广州、上海、青岛、新港、大连

China Base Ports: Guangzhou, Qingdao, Shanghai, Xingang, Dalian

欧洲基本港:安特卫普、鹿特丹、汉堡、亚力山大、热那亚

Europe Base Ports: Antwerp, Rotterdam, Hamburg, Alexandria, Genoa

附加费费率表 Scale of Rates　　IN USD (F/T)

港　口 Port	直航附加费 Direct Additional	转船附加费 Transhipment Additional(on basic rate)
Honfleur		135.00 VIA ROTTERDAM
Immingham *	2.70	80%
Iskenderun *	6.90	80%
Istanbul *	6.10	120%
Izmir *	6.10	80%
Karlshamn		116.00 VIA HAMBURG
Kilingholme		34.00 VIA ROTTERDAM
Kotka	9.55	93.00 VIA HAMBURG
Landskrona		48.00 VIA HAMBURG
Las palmas	8.00	95%
Lattakia *		100%
Leghorn	No Add.	100%
Le Havre		140.00 VIA ROTTERDAM
Lisbon		73.00 VIA HAMBURG
		156.00 VIA ROTTERDAM
Liverpool *	35%	64.00 VIA ROTTERDAM
London *	35%	48.00 VIA ROTTERDAM
Malmo	3.45	48.00 VIA HAMBURG
		109.00 VIA ROTTERDAM
Malta	No Add.	95%
Marseilles *		128.00 VIA ROTTERDAM

注: * 装在杂货船上的散油,出口至马赛、利物浦加收港口附加费 USD 5.00F/T
* 利物浦港口附加费 USD 7.00F/T,卸货附加费 USD 28.00F/T
* 伦敦、伊明翰港口附加费 USD 7.00F/T
* 伊斯肯德伦、伊兹梅尔港口附加费 USD 7.00F/T
* 拉塔基亚港口拥挤附加费 10%,92 年 10 月 22 日生效
* 伊期坦布尔港口附加费 USD 7.00F/T,拥挤附加费 10%,92 年 1 月 22 日生效

④查找所属航线的航线费率表,找出该运价等级的基本费率。

⑤查出各项应收附加费的计费办法及费率。

⑥列式进行具体计算。

2. 件杂货班轮运费的计算公式

班轮运费是由基本运费和各项附加运费组成的,其计算公式为:

$$F = F_b + \sum S$$

式中:F——运费总额;

F_b——基本运费额;

S——某一项附加费。

基本运费是所运商品的计费吨(重量吨或容积吨)与基本运价(费率)的乘积,即:

$$F_b = f \cdot Q$$

式中:f——基本运价;

Q——计费吨。

附加运费是各项附加费的总和。各项附加费均按基本运费的一定百分比计算时,附加费的总额应为:

$$\begin{aligned}\sum S &= (S_1 + S_2 + \cdots + S_n) \cdot F_b \\ &= (S_1 + S_2 + \cdots + S_n) f \cdot Q\end{aligned}$$

式中:$S_1, S_2, \cdots S_n$——某一项附加费率。

因此,运费总额的计算公式可列为:

$$\begin{aligned}F &= F_b + \sum S \\ &= f \cdot Q + (S_1 + S_2 + \cdots + S_n) f \cdot Q\end{aligned}$$

当附加费率均按每计费吨加收若干元的形式规定时,则附加费的总额应为:

$$\sum S = (S_1 + S_2 + \cdots + S_n) \cdot Q$$

此时,运费总额的计算公式应列为:

$$\begin{aligned}F &= F_b + \sum S \\ &= f \cdot Q + (S_1 + S_2 + \cdots + S_n) \cdot Q \\ &= (f + S_1 + S_2 + \cdots + S_n) \cdot Q\end{aligned}$$

2. 从价运费计算中商品价格的换算

从价运费通常是按商品的 *FOB* 价格的某一百分比计算的。如果托运人只提供商品的 *CIF* 价格,则必项经过换算求得商品的 *FOB* 价格后,才能计算出从价运费。

海关在确定进出口商品的金额时,一般是按以下公式进行换算的:

(1) *FOB* 价格金额换算为其他价格金额

$$CFR = FOB + \text{运费}$$

$$CIF = \frac{FOB + \text{运费}}{1 - \text{保险费率} \times \text{投保加成}}$$

(2) *CFR* 价格金额换算为其他价格金额

$$FOB = CFR - \text{运费}$$

$$CIF = \frac{CFR}{1 - \text{保险费率} \times \text{投保加成}}$$

(3) *CIF* 价格金额换算为其他价格金额

$$FOB = CIF \times (1 - 保险费率 \times 投保加成) - 运费$$

$$CFR = CIF \times (1 - 保险费率 \times 投保加成)$$

以上公式中投保加成通常定为 110%，而且不同货物保险费率也有不同。海关确定进出口商品贸易金额的目的是计算进出口关税，因此必须精确。而海上运输中承运人对货物运费的计算，习惯上采用更为简便的方法。承托双方通常都承认将 *CFR* 价(成本加运费价格)减去保险费和运费即为 *FOB* 价，具体换算公式如下：

$$\because \quad CFR = C + FR$$

$$CIF = \frac{C + FR}{1 - 保险费率}$$

而保险费率取平均值 CFR 价的 1%

$$FR = (Ad.Val.) \cdot C$$

$$\therefore \quad CFR = 0.99CIF$$

$$CIF = \frac{CFR}{0.99}$$

$$FOB = \frac{FR}{Ad.Val.}$$

$$CFR = C + FR = C + (Ad.Val.) \cdot C = (1 + Ad.Val.) \cdot C$$

$$\therefore \quad C = \frac{CFR}{1 + Ad.Val} = \frac{0.99CIF}{1 + Ad.Val.}$$

式中：*FR*——货物的运费；

CFR——商品在 CFR 价格下的金额，即不包括保险费的商品金额；

C——商品本身的价值，不包括保险费和运费，即商品的 *FOB* 价格下的金额；

Ad.Val.——运价本规定该类商品的从价费率。

3. 件杂货班轮运输运费计算的举例

件杂货班轮运输的运费计算和复核，是一项事关船公司经营效益和信誉，相当刻板、繁琐，需要耐心、细致才能不错、不漏地及时快捷完成的工作。所谓“熟能生巧”，认真地学习掌握运价本中关于运价及相关条款的规定，以期严格按照规定计收运费，既不多收，也不少收，固然重要。但是，对一些实例反复运算和核对，理解计算运费的步骤和方法，其实也是深入掌握、灵活运用运价本相关规定，熟悉运费计算程序和方法，在计收运费的过程中实现既不错收，也不漏收的“不二法门”。为此，通过对一些件杂货班轮运费计算实例的模拟演练，加深对运价本相关规定的理解，熟悉和掌握运费计算的方法及技能是非常必要的。

计算时，还需要对附加费进行精确计算。附加费的项目和费率因航线、货种、时间不同而有变化。有些情况下，附加费项目较多，尤其需要一一列出，防止漏计。也有一些附加费如港口拥挤费、转船附加费和直航附加费数额很大，有时相当于基本运费，甚至比基本运费还要高，因此在计算时要特别加以注意。

以下将结合一些运费计算中较易发生错算或漏算的事项，对件杂货班轮运费的计算进行举例说明。

【例 1】 某轮从广州港装载 1000ft^3 烟花运往欧洲，卸货港是鹿特丹/汉堡选卸(Option Rotterdam/Hanburg)，请计算应收取的全程运费是多少？

解题分析：

(1)关注要点

①题中使用的是英制计量单位(ft^3),而我国常见的运价本是按照米制(公制)计量单位规定运价的,因而计算运费前须将英制的计量单位换算为米制的计量单位,即按 35.3148:1 的比率换算(参见表 6-1),$1000ft^3 = 28.317m^3$;

②根据题意,运算中须特别关注选择卸货港附加费的加算。

(2)计算步骤和方法

①根据装货港和卸货港确定运输所经由的航线。查航线费率表(参见表 6-4)明确广州港和选卸港鹿特丹和汉堡都是中国/欧洲、地中海航线的基本港口,适用该航线费率表规定的费率;

②根据所承运货物的名称确定该票货物所从属的货物运价等级。烟花是爆竹、烟花类货物中的一种,是货物运价分级表中的列名货物。爆竹、烟花的英文名称是"fire crackers & Fireworks",其首位英文字母是"f"。找到货物运价分级表,按英文字母的排序查找(参见表 6-2),即可查到烟花的运价等级为 17 级,计费标准为 M;

③确定该运价等级的基本费率。再找到中国/欧洲、地中海航线费率表(参见表 6-4),即可查到运价等级为 17 级的西行货物的基本费率是 USD130F/T;

④计算该票货物的基本运费。按照基本运费的计算公式 $F_b = f \cdot Q$ 列式计算,该票货物的基本运费应该是:F_b = USD130 × $28.317m^3$ = USD3681.21

⑤确定选择卸货港附加费的附加费率。在选择卸货港的情况下,通常所约定的可供选择的卸货港最多也不过两三个,虽然可供选择的港口越多,附加费率应该越高,但是按照可供选择港口数目多少分组的附加费率毕竟不会太多,没有专为选择卸货港制定附加费率表的必要。习惯的作法是只在运价本的"运输规定及说明"中对应计收的附加费项目及其费率作出规定。因此,计算附加费以前,应该先查阅运价本"运输规定及说明"部分关于应计收的附加费项目及其费率的规定,如果运价本的"运输规定及说明"部分规定了 3 个以内选卸港的附加费率为每运费吨加收 USD4.00,就应按规定的费率加收附加费;

⑥加算选择卸货港附加费,计算全程运费。因为选择卸货港附加费率是按照每运费吨加收若干元的形式规定的,按照附加费总额 $\sum S = (S_1 + S_2 + \cdots + S_n) \cdot Q$ 公式计算的选择卸货港附加费应该是:S = USD4.00 × $28.317m^3$ = USD113.27

而按照全程运费总额 $F = F_b + \sum S$ 公式计算的包括了选择卸货港附加费的全程运费总额则是:F = USD3681.21 + USD113.27 = USD3794.48

【例 2】 某轮从上海港装载 $1.5m^3$ 丝线经亚力山大港转船运至拉塔基亚港(Lattakia),请计算应收取的全程运费是多少?

解题分析:

(1)关注要点

①转船港口必须是航线上的基本港口,而转船运输的目的港也应该是转船附加费率表中列名的非基本港口,否则须另行议价。

②应该特别注意,转船附加费率表的附注部分常列有须加收港口附加费费或港口拥挤附加费的港口和各该港的港口附加费率和港口拥挤附加费率,如果转船到达的目的港被列入其中,就应避免漏收。

(2)计算步骤和方法

①亚力山大港和拉塔基亚港和是地中海东部的港口,其中亚力山大港是中国/欧洲、地中海航线的基本港口(参见表 6-4);

②按丝线英文名称“silk yarn”的第一个英文字母“s”查货物运价分级表(参见表 6-2),得知丝线的运价等级是 14 级,计费标准为 M;

③查中国——欧洲、地中海航线费率表(参见表 6-4),得知西行 14 级货物的基本费率是 USD120(F/T);

④按公式列式计算基本运费 $F_b = f \cdot Q$,该票货物的基本运费应该是:

$$F_b = \text{USD}120.00 \times 1.5\text{m}^3 = \text{USD}180.00$$

⑤查中国——欧洲、地中海航线直航和转船附加费率表(参见表 6-7),得知在亚力山大港转船运至拉塔基亚港的转船附加费率按基本运费加收 100%,同时在附加费率表的附注部分还规定,自 1992 年 10 月 22 日起,对目的港拉塔基亚港还须加收港口拥挤附加费,其附加费率为基本运费的 10%,因此,按照附加费总额 $\sum S = (S_1 + S_2 + \cdots + S_n) \cdot F_b$ 公式计算的转船附加费和港口拥挤附加费的总额应该是:

$$\sum S = \text{USD}180.00 \times (100\% + 10\%) = \text{USD}198.00$$

⑥按照公式计算的全程运费总额 $F = F_b + \sum S$,所以包括了转船附加费的全程运费总额应该是:

$$F = \text{USD}180.00 + \text{USD}198.00 = \text{USD}378.00$$

【例 3】 某轮从上海港运 300t 计 1003.2 m³ 竹制品到伦敦,要求直航,请计算应收取的全程运费是多少?

解题分析:

(1)关注要点

①班轮运输中,直航非基本港必然要增加挂靠港,从而增加为数不菲的港口使费的支出,因此,班轮公司通常都规定只有运往同一非基本港口的货运量达到一定规模(比如 1000 计费吨)时,才同意办理直航运输。因此,计算附加费时,首先要核查该项直航运输要求托运的货物批量是否符合船公司规定的要求。

②船公司运价本的“港口规定及条款”部分和直航附加费率表的附注部分,通常都订有对运往某些特定港口的货物须加收港口附加费的规定,而伦敦港就是常被列为须加收港口附加费的特定港口。

(2)计算步骤和方法

①查中国—欧洲、地中海航线直航和转船附加费率表(参见表 6-7)可知伦敦港是中国—欧洲、地中海航线上可以办理直航运输的非基本港口;

②竹制品的英文名称是“bamboo products“,其首位字母是“b”,查货物运价分级表(参见表 6-2),可知其运价分级为 8 级,计算标准为 M;

③查中国—欧洲、地中海航线费率表(参见表 6-4),得知西行 8 级货物的基本费率是 USD90.00(F/T);

④按基本运费 $F_b = f \cdot Q$ 公式列式计算,该票货物的基本运费应该是:

$$F_b = \text{USD}90.00 \times 1003.2\text{m}^3 = \text{USD}90288.00$$

⑤查中国—欧洲、地中海航线直航附加费率表(参见表 6-7),得知直航伦敦港的直航附加费率为基本运费的 35%,此外还从中国—欧洲、地中海航线直航附加费率表(参见表 6-7)的附注中查得伦敦港的港口附加费率为 USD7.00(F/T);

⑥计算应计收的附加费:

A. 按公式$\sum S = (S_1 + S_2 + \cdots + S_n) \cdot F_b$计算的直航附加费应该是：

$$\sum S = 90288.00 \times 35\% = \text{USD}31600.80$$

B. 按公式$\sum S = (S_1 + S_2 + \cdots + S_n) \cdot Q$计算的港口附加费应该是

$$\sum S = \text{USD}7.00 \times 1003.2\text{m}^3 = \text{USD}7022.40$$

⑦按 $F = F_b + \sum S$ 公式计算包括了有关附加费的全程运费总额为：

$$F = \text{USD}90288.00 + (\text{USD}31600.80 + \text{USD}7022.40)$$
$$= \text{USD}128911.20$$

【例 4】 某轮从大连港装载 0.5m^3 鹿茸运至汉堡港，托运人提供的 CIF 价格为 USD 45000.00，货物保险费率为 3%，请计算应收取的全程运费是多少？

解题分析：

(1)关注要点

①计算从价运费前须特别注意货主申报商品价格的价格条件；

②价格换算中，须认真核实货主申报的投保货物险的保险费率。

(2)计算步骤和方法

①鹿茸的英文名称是“Antler”，按其首位字母“A”在英文字母排序的顺序，可在货物运价分级表(参见表 6-2)中查到该类货物应按“Ad. val.”计算从价运费；

②汉堡港是中国—欧洲、地中海航线的基本港，查中国/欧洲、地中海航线件杂货班轮运输航线费率表(参见表 6-5)，在“Ad. Val.”一栏可查到航线中，所有从价货物都按 2%的从价费率计算从价运费；

③将已知的商品 *CIF* 价格(USD45000.00)、货物的保险费率(3%)和货物的从价费率(2%)等项数据，代入将商品的 *CIF* 价格转换为 *FOB* 价格的计算公式，即可得到据以计算从价运费的商品的 *FOB* 价格：

$$FOB = \frac{(1 - 3\%) \times 45000.00}{1 + 2\%}$$
$$= \frac{0.97 \times 45000.00}{1.02}$$
$$= \text{USD}\frac{43650}{1.02}$$
$$= \text{USD}42794.12$$

④根据商品的 *FOB* 价和规定的从价费率计算的该票货物的从价运费应该是：

$$F = 42794.12 \times 2\%$$
$$= \text{USD}855.88$$

4. 运费的更正

在计算运费的过程中，错用货物的重量或尺码的计费标准，或商品的等级不符而误用费率，或漏计附加费等均会造成运费计算结果的错误。

不论是承运人或其代理人，还是货主或货运代理人发现运费计算有差错，均应及时以运费更正单通知有关方更正运费。运费更正单只发给运费的收取者和支付者，其他有关方则根据需要发给更正通知或采取口头通知的形式。无论运费计算错误是什么原因造成的，一旦发现并更正之后，应以更正后的运费为准。欠收的部分应由货主向船方补付；而多收的部分则由船方退回。

托运人(发货人)发现运费有误，必须在船舶开航后四个月内向承运人或其代理人提出更正要求，而不得作为拒付或延付的理由，否则承运人应加收利息。经核查，确系误计，承运人或其代理人应即编制更正单并办理补退款项。

第三节 集装箱海运运费的计算

一、集装箱运输中运费的构成

在集装箱运输中，由于货物的交接方式和交接地点与传统海上运输有所不同，承运人负责的运输区间可能从海上延伸到陆上，因此，船公司向货方收取的运输费用中，除海上运费及港口相关作业费用外，还要根据不同情况，收取某一区间的陆上运输费，以及与集装箱的装箱、拆箱作业有关的各项费用。

在典型的集装箱多式联运情况下，集装箱货物运输的全过程可分为发货地内陆运输、装货港码头内搬运及装卸作业、海上运输、卸货港码头内搬运及装卸作业、收货地内陆运输等五个区段。由于集装箱海上运输的货物有按整箱托运和按拼箱托运之分，可以采用的运输交接条款也有多种，因此存在着由谁负责内陆运输的问题，从而使集装箱运输的费用结构和分担较为复杂。按照不同的交接方式，集装箱运输承运人应收取的费用也不相同。表 6-8 列出了在集装箱运输不同交接方式下承运人收取的费用。

集装箱运输不同交接方式下承运人运费的构成　　表 6-8

交接方式	发货地				海上运输	收货地				费用构成
	A	B	C	D	E	D	C	B	A	
Door-Door	√		√		√		√		√	A+C+E+C+A
Door-CFS	√		√		√		√	√		A+C+E+C+B
Door-CY	√		√		√	√	√			A+C+E+D+C
CFS-Door		√	√		√		√		√	B+C+E+C+A
CFS-CFS		√	√		√		√	√		B+C+E+C+B
CFS-CY		√	√		√	√	√			B+C+E+D+C
CY-Door			√	√	√		√		√	C+D+E+C+A
CY-CFS			√	√	√		√	√		C+D+E+C+B
CY-CY			√	√	√	√	√			C+D+E+D+C

表中：A=内陆运输费；

B=装/卸港集装箱货运站装/拆箱包干费；

C=装/卸港集装箱码头装卸包干费；

D=装/卸车费（换车费、即需要使用港区机械将集装箱从货主接运车上卸下或装上时）；

E=海运运费。

一般情况下，集装箱货物的运费可以包括海上运输费用，内陆运输费用，各种装卸费用，装箱、拆箱费用，手续费、服务费及必要情况下的搬运费等。至于承运人收取的运费具体应包括哪些项目，则视所采用的集装箱货物运输交接条款而定。

1. 海运运费

海运运费是集装箱班轮公司为完成集装箱货物海上运输而向托运人收取的运输服务报酬。

2. 堆场服务费

堆场服务费(CY service charge)又称码头操作费(terminal handling charge)。在我国统称集装箱码头装卸包干费,以出口为例,装卸包干是指在装货港堆场将待装货的空箱装上货方卡车或送往码头内的货运站,再将装妥的重箱从货方卡车卸到堆场或从码头内货运站送回堆场,分类堆存,装船并进行一般加固,以及集装箱进出码头时的有关单证服务(如填制设备交接单等),进口过程相反,内容相似。

3. 拼箱服务费

拼箱服务费(LCL service charge)分别指为出口货装箱(stuffing)或进口货拆箱(unstuffing)所支付的费用。出口拼箱是集装箱货运站在接受发货人所托运的货物后,用承运人集装箱进行装箱、加固的工作;进口拆箱是集装箱货运站将重箱货物进行拆箱、保管、交付货物给收货人的工作。拼箱服务费通常包括为完成下列服务项目而收取的费用:准备承运人空箱,签发场站收据,在货运站内货物正常搬运和一定期限内的堆存,装箱、封箱、做标记,必要的分票与积载,制作装箱单。在卸货港将重箱货物拆箱、理货、堆存、保管、交付货物、对拆空后的集装箱进行一般清扫等。拼箱服务一般还包括货物装上或卸下货方汽车的作业。

4. 集散运输费

集散运输又称为支线运输,是指集装箱由内河、沿海的集散港至干线基本港之间的运输。一般情况下,集装箱在支线港装船后,即可签发集装箱联运提单,承运人为这一集散运输而收取的费用称为集散运输费或支线运输费(feeder service charge)。

5. 内陆运输费

内陆运输有时由承运人负责,有时由货主自己负责,视运输交接条款而定。当内陆运输由承运人负责时,内陆运输费用应根据承运人的运价本中有关陆上运费的内容来确定。这些内容主要包括:

(1)区域运费

区域运费是指承运人按货方的要求,在货方指定的地点之间进行重箱和空箱运输所收取的费用。

(2)无效拖运费

当承运人将集装箱按货方要求运至指定地点,而货方却不能发货或无法接收,且要求将集装箱运回时,承运人将收取往返运费以及货方宣布运输无效后可能产生的其他费用。

(3)变更装箱或交付地点

如果货方要求变更装箱或交付地点,得到承运人同意并实施,货方应对由此引起的承运人全部费用给予补偿。

(4)装箱时间与延迟费

承运人允许货方免费使用的装箱时间的长短以及超过允许装箱时间后的延迟费多少,主要视各港口的条件、习惯、费用支出等情况而定,差别甚大。例如,在发货人工厂、仓库装箱时,允许货方免费使用的装箱时间为:2h/20ft、3h/40ft。上述时间是从集卡司机将空箱交货方时起算,即使是雨天或恶劣气候也不能超出规定的时限,否则将对超出时间计收延迟费。

(5)清扫费

当货方提取重箱将货物拆出后,还应负责清扫集装箱、将清洁无味的集装箱归还给承运人。如果清扫空箱的工作由承运人负责,费用仍应由货方承担。

另外,货方应在规定的用箱期限届满后,将集装箱归还给承运人,超期归还应支付超期使用费或称滞箱费,计收标准一般等于或高于市场上的集装箱日租金,按每箱每天计收,不足一天以一天计。

二、集装箱海运运费的计费办法

海上集装箱运输都是采用班轮运输的营运组织方式经营的。因此,集装箱海运运费的计算办法与普通杂货班轮运输中的运费计算办法一样,也是根据费率表中规定的费率和计费办法计算运费,并有基本运费和附加运费之分。但是,因为集装箱货物除了交由集装箱货运站装箱、拼箱托运外,多数情况下是由托运人自行装箱、整箱托运的,所以针对不同情况基本运费的计算办法也有所不同。

根据当前国际海上集装箱运输的实际情况,对集装箱海运基本运费的计算办法有两种:

一种是沿袭件杂货班轮运费的计算方法,对具体的航线按货物的等级及不同的计费标准(俗称散货价)计算基本运费;另一种是对具体航线实行分货物等级和箱型的包箱费率(box rate)或不分货物等级只按箱型的包箱费率计算基本运费。

包箱费率(BOX RATE)是指以每个集装箱为单位规定计收运费的费率(俗称包箱价)。适用于向承运人整箱交付的货物,即使用 CY-CY 或 CFS-CY 交接条款的集装箱货物。包箱费率主要有两种表现形式。一种为均一费率,又称 FAK 包箱费率(freight for all kinds: FAK),不论箱内装载何种货物,一律适用同样的费率,按集装箱个数计算运费;另一种为商品包箱费率(commodity box rate:CBR),即按不同商品和不同类型、尺寸的集装箱规定不同的包箱费率。但在实际上,绝大多数的运价表仍将商品划分成若干大的类别或等级,因此又称为等级包箱费率(FCS 包箱费率或 FCB 包箱费率,FREIGHT FOR CLASS/BASIS),即按不同货物等级或货类以及计费标准制订的费率。在使用等级包箱费率时,集装箱普通货物的等级划分参照杂货,仍是 1-20 级,然后再按等级大小分成若干组,如 1-7 级、8-10 级、11-15 级、16-20 级,每组对应不同的费率。也有的将列名货物分成几大类(如日用百货、服装、纺织品——GDSM, Garments, Textile 等)。这样,同一组内,等级低的集装箱货物收费高于传统运输,等级高的集装箱货物收费低于传统运输;同一等级的货物,重货集装箱运价高于体积货运价。这种计费方法鼓励人们把高价货和体积货装箱运输。

采用包箱费率的计费办法计算集装箱海运基本运费非常方便,只需要根据具体航线、货物等级(或不分等级)及箱型(20ft 或 40ft)的费率乘以集装箱个数即可。

但是,采用普通杂货班轮运输中计算基本运费的办法来计算集装箱基本运费时,尽管计算方法一致,货物的分级及计费标准也一样,却因集装箱货物既可以交集装箱货运站装箱拼箱托运,也可以由托运人自行装箱后整箱托运而有具体不同的计算方法。以下结合例题对此作一些说明。

1. 拼箱货的海运运费计算

由集装箱货运站装箱的拼箱货的海运运费计算与普通杂货班轮运输海运运费的计算办法完全一样,也按件杂货基本费率加附加费计算。基本费率参照传统件杂货运价,以运费吨为计费单位,多数航线上采用等级费率。附加费除传统杂货所收的常规附加费外,还要加收一些与集装箱货物运输有关的附加费。通常各班轮公司的费率本都有集装箱运价表,对集装箱拼箱货的运费率,在集装箱航线运价表中列出,因此计算拼箱货运费时应按集装箱运输的运费率,而不是按照普通杂货班轮运输的运费率计算。但是,对于标注“AD. VAL.”或“AD. VAL. OR W/M”为计费标准的商品,其基本运费按商品的离岸价格计算或 W/M20 级计算,按运费收入高者计收。

对拼箱货,承运人也按提单上所记载的商品计收起码运费。如中远集团1号运价表规定,每一提单不足1运费吨时,则按1运费吨计收运费。

2. 整箱货的海运运费计算

1)按包箱费率计算运费

整箱货的运费计算,绝大多数情况是按包箱费率乘以整箱个数得出基本运费,再加上附加费,得到应收运费的金额。即:运费 = 包箱费率 × 箱量 + 附加费

【例1】 一批手动工具需用集装箱从上海运往英国费力克斯托(FELIXSTOWE),重量为16.4t,尺码为20.5m³,采用CY/CY条款,订舱1×20ft,货主需要为该批货物支付多少运费?

解:(1)查货物分级表,知该货物属10级,W/M

(2)查中国——欧洲航线费率表,知10-11级货物拼箱运价为130/F.T,整箱运价为2050/20ft,3900/40ft

(3)附加费率表显示燃油附加费为20%

(4)运费 = 1 × 2050 × (1 + 20%) = 2460(美元)

答:货主需要支付运费2460美元。

按整箱托运的货物,如果托运人委托承运人或其代理人装箱,则托运人应在运费之外另加装箱费。

【例2】 有一批喷雾器481件,8.162T/57.26m³,需从大连运到香港,CFS/CY条款,已知装箱费USD120/20ft,USD240/40ft,求应收运费。航线运价表显示如下:

货名	CFS/CFS (W/M)	CY/CY (20ft/40ft)
普通货物	60/47	750/1350
半危险品	71/55	950/1710
危险品	87/66	1222/2200
冷藏货		2000/3600

解:根据货物体积,按1×40ft订舱

∴ 运费 = 1350 + 240 = 1590(美元)

答:这批货物应收运费1590美元。

2)按最低或最高运费计算

由托运人自行装箱整箱托运的情况下,托运人除了可以按包箱费率计算支付海运运费外,也可以采用按普通杂货班轮的海运运费计算办法,即根据装入箱内不同等级的商品及相应的航线费率来计算整箱货物的海运运费。但此时,托运人应按"最低运费"和"最高运费"的计算办法来计算应支付的海运运费。

(1)最低运费的计算

在货物由托运人自行装箱整箱托运,而又按照普通杂货班轮运费的办法计算集装箱运费时,如果箱内所装货物没有达到规定的最低装箱标准,应按集装箱的最低运费吨(计费吨)计算运费。也就是说,箱内所装货物没有达到规定的最低运费吨时,货物体积或重量与最低运费吨之间的差额部分,托运人应支付"亏箱运费",以确保承运人的利益。

各班轮公会或船公司分别对不同用途、不同箱型的集装箱规定了各自的最低装箱标准,即最低运费吨。尽管各班轮公会或船公司所规定的最低装箱标准各不相同,但都比较接近,差异

不大。例如中远公司规定一个普通干货标准箱的最低装箱标准为 20m³ 或 16t。表 6-9 为远东水脚公会对不同集装箱规定的最低运费吨。

远东水脚公会规定的不同集装箱的最低运费吨　　表 6-9

集装箱种类、规格	最低运费吨		
	重量吨	尺码吨	计费吨
20ft 干货箱	17.5	21.5	21.5
20ft 敞顶箱	17.5	21.5	21.5
20ft 散货箱	17.5	90%的内容积	—
20ft 板架箱	16.5	21.5	21.5

可见，货物由托运人自行装箱整箱托运，又按普通杂货班轮运费的计算办法计算运费，而箱内所装货物没有达到规定的最低运费吨时，托运人所支付的最低运费是由实装货物的全部运费，再加上亏箱运费两部分组成，即：

$$最低运费 = 实装货物全部运费 + 亏箱运费$$

式中实装货物全部运费是根据具体航线的货物等级费率及计费标准计算出的基本运费和附加运费；而亏箱运费则是以亏箱吨乘以各该种货物的计费吨为权数的加权平均计算的平均每吨的费率求得。其计算公式为：

$$亏箱运费 = \frac{亏箱吨 \times 实装货物全部运费}{计费吨}$$

显然，在一个集装箱内只装载一种货物时，如果箱内货物的总运费吨(重量吨或尺码吨中高者)少于所规定的最低运费吨，即该集装箱未装满时，应按所规定的最低运费吨计收运费。以所规定的最低运费吨乘以装箱货物的等级费率与应收附加费的费率之和所得的乘积，得出该集装箱货物应收的最低运费。

【例 3】 班轮公司规定，某航线上 20ft 干货箱装载货物的最低限量为 22m³ 或 17.5t。现有小家电 10t、20m³，已知费率 USD22.5m，按最低运费计算这批小家电应付运费。

解： ∵ 已知费率以体积为单位，最低运费吨 = 22m³

货量 20m³ < 22m³

∴ 运费 = 22 × 22.5 = 495(美元)

答：这批小家电的运费是 495 美元。

(2)最高运费的计算

在普通船舶的货物运输中是没有最高运费的概念的。托运人托运多少货物，承运人则按多少货物计收运费。最高运费只是在集装箱运输中，由托运人自行装箱整箱托运时才有的一种运费计算方法，其目的是为了鼓励托运人采用集装箱装运货物，并能最大限度地利用集装箱的内部容积。为此，在海上集装箱运输的运费计算中，班轮公会或船公司都为各种规格和类型的集装箱规定一个按集装箱的内部容积折算的最高运费吨，最高运费吨通常按集装箱内容积的 85%计算。如规定 20ft 干货箱的最高运费吨为 28m³，40ft 干货箱(平柜)的最高运费吨为 58m³ 等。当托运人实际装入箱内的货物尺码吨超过规定的最高运费吨时，仍按最高运费吨计收运费，超出部分免收运费。

【例 4】 一批汽车配件，尺码吨大于其重量吨，实际装入 40ft 集装箱内的尺码为 58.5m³，运价本基本费率 USD75W/M，燃油附加费 USD10/FT，货币贬值附加费 6.5%，船公司规定的最高运费吨为 40ft 箱 55m³。求这批货物应付运费。

解:运费 $=[(75+10)\times 55]\times(1+6.4\%)$

$=4974.2$(美元)

答:这批货物应付运费4974.2美元。

由于整箱装载的货物可能分属不同运费等级,如果一个集装箱内出现多种货物混装,则免收运费的部分应从运价等级最低的货物开始计算。

如果整箱货的托运人没有提供正确的衡量单位或计算运费的资料,则按最高运费吨和箱内运价等级最高的费率计收运费;如果整箱货的托运人只提供了部分货物的计费资料时,除已有资料的货物按实际尺码吨和这类货物的等级费率计算运费外,对缺乏必要资料的货物,则以最高运费吨减去已提供资料的货物尺码吨作为未提供、或提供资料不足的货物的计费吨,并以这个计费吨乘以这些未提供或提供资料不足的货物中运价等级最高的费率,求得未提供或提供资料不足的那部分货物的运费。

将按实际尺码吨计算出的运费和这些未提供或提供资料不足的货物的运费相加,即为整箱货物应收的最高运费。

最高运费的计算仅适用于按尺码吨计算运费的容积货物,而不适用于按重量吨计算运费的重量货物。这是因为每一种类型的集装箱都被规定了最大限制重量,为了安全,货重不允许超出规定的载重(payload),当然更不能通过规定最高运费吨的办法来鼓励超重。

3. 特定货物运费的计算

采用集装箱装运货物,在运费计算上有一些特殊的规定,主要有:

(1)成组货物

对于集装箱内装载成组货物(如托盘)的情况,有些船公司在运价表内作出相应规定,如果成组货物符合有关规定,并按拼箱货托运,其运费可给予优惠。即在计算运费时,扣除托盘本身的重量或体积。但如果托盘的重量或体积超过成组货物(包括托盘)的重量或体积的10%时,扣除部分以10%为限,其余按所运货物的费率计收运费。

(2)家具和行李

对于装载于集装箱内的家具和行李,除组装成箱后再装入集装箱内的情况外,运费均按集装箱内容积的100%计收运费,其他费用也按箱计收。

(3)服装

服装以悬挂于集装箱内的方式运输时,一般要求整箱CY/CY交接,衣架及箱内必须的装箱物料由托运人提供,运费按集装箱内容积的85%计算。

如果集装箱内除悬挂的服装外,还装载其他商品时,服装仍按箱容的85%计收运费,其他商品则按实际尺码计收运费,但两者的总计费尺码超过箱容的100%时,其超过部分免收运费。

在这种情况下,托运人应提供经承运人同意的公证机构出具的商品衡量证书。

(4)回运货物

回运货物是指在卸货港或交货地点卸下的货物,在一定的时间内交由原承运人运回原装货港或收货地点的货物。对于回运货物,承运人一般都给予运费的优惠。但是,货物在卸货港或交货地点滞留期间发生的一切费用均由申请方负担。如中远集团1号运价本就规定:"货物在卸港或交货地点卸货后6个月内由原承运人运回原装港或收货地点,回程运费按原运费的90%计收。货物在卸港或交货地点滞留期间发生的一切费用均由申请方负担。"

4. 美国航线的运费计算

北美航线常见费率有LOCAL、OCP、AG/AW、MLB、IPI几种,运费应根据到达目的地和选用的运输条件不同而适用不同的费率进行计算。

(1)LOCAL

美国西海岸当地费率或称西岸地区费率,适用于太平洋沿岸港口地区及途经这些港口到达的邻近9个州的货物。

(2)OCP

内陆公共点费率或内陆转运地区费率,OCP的英文全称是"Overland Common Point",译为"内陆公共点"或"陆上公共点",指可享受优惠费率通过陆上运输抵达的区域,包括美国北达科他州(NORTH DAKOTA)、南达科他州(SOUTH DAKOTA)、内布拉斯加州(NEBRASKA)、科罗拉多州(COLORADO)、新墨西哥州(NEW MEXICO)起以东各州,范围约占美国除阿拉斯加和夏威夷之外其他部分的2/3。所有经美国西海岸转往这些地区(或反向)的货物称为OCP地区货物,所享受的OCP运输优惠费率,比西岸地区费率每运费吨一般商品要便宜2~5美元。

所谓OCP费率是太平洋航运公会为到达美国内陆地区的货物制订的一个比LOCAL更低的费率。按OCP运输条件成交的货物,实际上由发货人卖断西岸港口,而不承担其他任何责任或风险,由收货人委托中转商(负责内陆运输的人)持正本提单向船公司提货,并按OCP内陆运费,通过内陆运输送达收货人指定的地点。对收货人来说,OCP运输不仅可以享受内陆转运的优惠费率,而且陆上运输可由自己信任的运输公司在港口办理OCP中转业务,保证及时收到货物。

所有经美国西海岸转往OCP地区(或反向)的货物均可享受OCP费率。由于OCP运输区域范围比小陆桥和微陆桥运输点多面广,所以业务中经常使用。

加拿大比邻美国,贸易和运输与美国有着密切联系,所以,也有一个OCP地区,自西向东的陆上运输实行与美国同样的优惠办法。

(3)AG

美国东海岸费率,适用于去大西洋沿岸和墨西哥湾港口的货物。AG是"Atlantic and Gulf Coast"的缩写,由于到达美国东岸地区也可以采用多式联运,为区别起见AG也可记为AW(All Waterway),意即全水路运输。

(4)MLB

小陆桥费率,MLB是"Mini Land Bridge"的缩写,意为小陆桥。小陆桥费率适用于从远东海运到美国西岸后转铁路(公路)运抵东岸或南部墨西哥湾口岸的货物(包括反向运输)。

小陆桥运输是海陆联运的一种形式。远东到美国东部大西洋口岸或美国南部墨西哥湾口岸的货物运输,由全程海运改为由远东装船运至西部大西洋口岸,转装铁路(公路)专用列车运至东部大西洋口岸或南部墨西哥湾口岸,以陆上铁路(公路)作为桥梁,把美国西海岸同东海岸及墨西哥湾连结起来。

小陆桥运输避免了绕道巴拿马运河,节省了船舶过运河的费用,缩短了运输时间,到货时间提前,并可享受铁路集装箱专用列车优惠价。这样既降低了运输成本,又可以直接运到市内装货,也可利用公路直接送货上门。

(5)IPI

内陆点联运费率,IPI英文全称"Interior Point Intermodal",又称微陆桥(MCB,micro-bridge),反向称RIPI,适用于经海运到西岸再抵内陆点或反向,或经海运到东岸再抵内陆点或反向运输的货物。

由于美国陆上运输条件优越,海运货物到达美国内陆城市可以经美国东、西两岸港口,再用铁路或公路运至目的地。IPI 运费包括了装运港至美国西海岸或东海岸基本港的运费及由基本港至内陆点的运费,IPI 货物是发货人卖断最终目的地(内陆主要城市)即内陆点,海陆联运由船公司安排,并可做到门到门运输,所以支付的是多式联运费用。美国多式联运示意图见图 6-1。

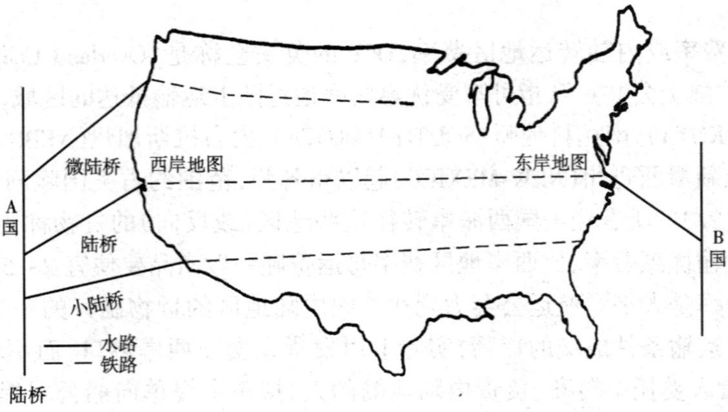

图 6-1　美国多式联运示意图

与内陆公共点(OCP)运输相比,小陆桥和微陆桥运输所能到达之处具有一定的局限性。此外,由于铁路运输运费较高且不稳定,因此内陆点的费率常有变更,运价本上的费率仅作参考,计算运费时要注意随时掌握。

【例 5】 一批 21.5t,52m^3 的铝合金铸件,运往美国波特兰(Portland),由于波特兰不是航线基本港,需经西雅图(Seattle)转运,转运附加费为 USD200/20ft、USD380/40ft,燃油附加费 USD300/20ft、USD550/40ft,DDC 费用 USD200/20ft、USD400/40ft,求应收运费。航线运价表显示如下:

COMMODITY DESCRIPTION	RATE BASIS	RATES IN U.S. DOLLARS				
		LOCAL	OCP	AG	MLB	IPI
From Shanghai to Oklahoma City, OK(Door) Via USWC	PC20					2900
Casting Vizo: Brass, Aluminum and Zinc Alloy	W M PC20 PC40	92 81 1400 2000		110 99 2600 3800		

解:根据货物情况,使用 1×40ft

∵ Seattle、Portland 均为美国西岸港口

∴ 运费 = 2000 + 380 + 550 + 400 = 3330(美元)

答:这批货物到波特兰应收运费总额 3330 美元。

5. 附加费的计收

集装箱海运运费除基本运费外,也要加收各项附加费。附加费因时因事增设,其标准、项目,根据航线、货种不同而有不同的规定。

(1)超重、超长、超大件附加费

在集装箱运输中,超重、超长、超大件附加费,只对由集装箱货运站装箱的拼箱货收取,其

费率与计收办法与普通杂货班轮运输相同。如果采用 CFS/CY 条款,则对超重、超长、超大件附加费减半计收。

(2)变更目的港附加费

在集装箱运输中,变更目的港只适用于整箱托运的整箱货,并按箱计收变更目的港附加费。提出变更目的港的全套正本提单持有人,还必须在船舶抵达提单上列名的卸货港 48h 前以书面提出申请,经船方同意后方可改卸在提单上未列名的港口或地点。如变更目的港的运费超过原目的港的运费时,申请人应补交运费差额。反之,承运人对运费不予退还。由于变更目的港所引起的翻舱及其他费用,也应由申请人负担。

(3)选择卸货港附加费

在集装箱运输中,选择卸货港或交货地点只适用于整箱托运,整箱交付的货物,而且一张提单的货物只能选定在一个交货地点交货,并按规定计收选卸附加费。

选港应在订舱时提出,经承运人同意后,托运人可在承运人允许的通过直航或经转运的三个交货地点内选择指定卸货港,其选择范围必须按照船舶挂靠顺序排列;对非直达的交货地点,则按中转港顺序排列。此外,提单持有人还必须在船舶抵达选择范围内第一个卸货港的 96h 前向船舶代理人宣布交货地点。否则,船长有权在第一个或任何一个选卸港将选卸货卸下,承运人的责任应视为已经终止。

(4)转船附加费

在集装箱运输中,集装箱货物的转船运输,包括支线运输转干线运输,或干线运输转支线运输,都应计收转船附加费。

(5)美国航线附加费

自动舱单系统录入费(AMS, automatic manifest system);目的地交货附加费,又称目的港卸货附加费(DDC, destination delivery charge);对从长滩(Long Beach)和洛杉矶(Los Angeles)中转至加利福尼亚州(California)亚利桑那州(Arizona)内华达州(Nevada)的货物收取的西部走廊附加费(ACC)。

(6)紧急燃油附加费

经营不同航线的船公司在原先收取燃油附加费的基础上,因油价紧急上涨而加收的属于同类性质的费用。如通常用于非洲、中南美航线的 EBA(emergency bunker additional);通常用于澳洲航线的 EBS(emergency bunker surcharge);其他航线还有称作临时燃油附加费 IFA(interim fuel additional)等。

(7)运河附加费

苏伊士运河附加费(SCS, Suez Canal Surcharge);巴拿马运河附加费(PCS 或 PTF, Panama Canal Surcharge)。后者使用于美国航线或中南美航线。

(8)货币附加费

日本航线的日元升值附加费(YAS, Yen ascend suecharge);其他航线的货币贬值附加费(CAF, Currency Adjustment Factor; Devaluation Surcharge)。

(9)其他附加费

因货流不平衡而加收的空箱调运费(ERC, equipment reposition charge);大多数航线在运输旺季时可能临时加收的旺季附加费(PSS, peak season surcharge);一般在南美航线、美国航线上使用的因整体费率上调而加收的综合费率上涨附加费(GRI, general rate increase);以色列、印度某些港口及中南美航线使用的港口拥挤附加费(PCS, Port Congestion Surcharge);某些船公司于旺季收取的运价普遍恢复附加费(GRR General Rate Restoration);类似于 GRR 的费率恢复附加费(RR,Rate Restoration);战争附加费或临时风险附加费(TAR,Temporary/Provisional Additional Risks);对我国华南地区港口出运的海运货物加收的原产地收货费或称本地出口附加费(ORC,original receiving charge);对船舶挂靠上海港军工路码头加收的上海港口附加费(SPS,Shanghai port surcharge);对出口印尼的货物加收的印尼港口附加费(IAP,Indonesia Additional Premium Surcharges);对运往东南亚港口的货物收取的码头操作费(THC,Terminal Handling Charge);对运往加拿大的货物加收的加拿大安全附加费(ACC)等等。由于市场竞争激烈,加上许多因素造成的成本增加,船公司确有调价的需要,而一些国家为保护贸易商利益对船公司频繁调价实施限制,因此,不乏有船公司在保持基本费率稳定的情况下,通过增设各种名目的附加费以实现变相涨价的目的。

除上述各项附加费外,其他有关的附加费费目及计收办法与普通杂货班轮船舶运输的附加费相同,这里不再一一列举。

第四节　航次租船运费的估算

一、干散货船航次租船运费的估算

在航次租船运输中,由承租人支付给出租人(船舶所有人或船舶经营人)的报酬称为运费。双方在洽订航次租船合同时,对运费的费率,计费标准,计费方法,计费币种和运费的支付方式等都是重要的洽谈内容,并有专门条款作出规定。

1. 影响航次租船运费率的因素

航次租船运输的运费水平是随航运市场运力的供求关系反映出来的,其波动性很大。而且租船市场是一个自由竞争的市场,参与租船运输的经营者都为自己能争取充足的货载而展开竞争,更加剧运费水平的波动。因此,航次租船的经营者在确定运费水平时,除了要考虑自己的利益外,应兼顾承租人的利益,将运费确定在相对合理的水平上,使之能顺利签约。概括地说,在具体商定某一航次租船的运费率时,除要考虑当时的租船市场的运费水平,即市场行情外,从一些具体洽租过程中,双方洽谈的实例不难看出,决定最后是否能在双方同意的一定费率水平上成交的主要因素不外是:

(1)订约时租船市场的供求关系

因为航次租船都是即期租船。当市场不景气时,出租人当然急于“求售”,这时出租人不仅在费率的约定上可作出一定的让步,就是在合同中的其他条款方面也会作出一定的妥协。否则船舶出租人不但不会作出让步,反而会“待价而沽”。

(2)航线

所谓航线主要是要考虑装货港和卸货港。这不仅和航线距离,航次时间,装货港和卸货港条件(如装卸效率、港口使费等)以及是否需要通过运河等有关,而且与上一航次的最终卸货港和合同航次的接受货载港口的距离有关,甚至也与下一航次可能接受货载的装货港有关。如果空航距离过长,当然也会影响费率水平。

(3)货物

不同的货物不仅对舱容或吨位的利用程度不同,装运条件不同,装卸难易程度不同;货物的数量多少也直接关系到所需船舶吨位大小,以及吨位或舱容是否亏舱的问题。因此,对于不同的货物及其包装形态以及数量,当然要考虑不同的费率水平。

(4)接受货载的日期及解除合同日

对船舶承租人而言,接受货载日期和解除合同日可能关系到贸易合同的履行;他所提出的接受货载日期和解除合同日几乎是不可变的。而对船舶出租人而言。则关系到能否按时到达装货港接受货载的问题,即使费率水平很理想,如没有可以按时到达装货港的船舶也不能成交。除此以外,如果接受货载日期相隔订约日期过长,也可能因船舶出租人担心市场行情会有所提高而要求较高的费率。

(5)租船合同的其他条款

租船合同中的其他条款主要包括装卸时间的计算方法,滞期费率或速遣费率的高低,装卸费用的分担,运费的支付时间等,这些条款都会影响费率水平的高低。

2. 航次租船运费的支付方式

航次租船运费的支付方式通常有:

(1)预付运费

航次租船中,在装货港支付运费称为预付运费。至于在装货港具体支付的时间是在签发提单时支付,还是在货物装船后若干天内支付,则根据双方在航次租船合同中具体作出的约定。

(2)到付运费

航次租船中,在卸货港支付运费称为到付运费。至于在卸货港具体支付的时间是卸货前支付,或边卸货边支付,还是卸货后在交付货物之前支付或交付货物后支付,则根据双方在航次租船合同中具体作出的约定。

到付运费对船舶出租人来说负有相当大的风险,尤其是在货物交付后支付运费的情况下风险更大。因为货物或船舶在运输途中遭受灭失或损坏,船舶出租人就可能丧失获取运费的权利。为保障船舶出租人的利益,在签订航次租船合同时,可在合同中加上一些带有针对性内容的条款。如加上“非船方原因造成运输全程不能完成时,承租人仍应支付与实际运距相符的比例运费”。

(3)运费部分预付和部分到付

这是指航次租船合同中,将运费分为预付和到付两部分。由于运费预付与到付对出租方与承租方造成不同的风险负担。因此,航次租船合同中有时会以部分预付和部分到付的方式支付运费。

应该指出,航次租船的运费,不论采取哪一种支付方式,合同中规定运费支付的时间应该是船舶出租人收到运费的日期,而不是承租人汇出款项的日期。

3. 航次租船运费的估算方法

航次租船的运费率是船舶出租人与承租人在洽订租船合同中经过反复磋商,综合考虑其他合同条款取得一致意见后确定的。在磋商合同过程中,不论是由承租人报价,或由出租人报价,作为出租人都必须对某一艘船舶的具体的固定费用,即船舶投资费用,船舶维持费用及一般管理费用,和某一航次该船可能发生的变动费用,即包括合同航次可能发生的燃油费、港口使费及其他费用在内的航次费用事先作出估算,求出该船舶每一营运吨天的固定费用和航次费用,将该合同航次可能需要的航次时间乘以每营运吨天的固定费用和航次费用,再加上预期的盈利,就可得出以各种航次租船方式进行租船时作为洽谈运费水平依据之一的估算费率。

航次租船合同中,除一般的航次租船按照约定的费率和约定的货物数量计算运费的租船方式外，还有日租租船及包船租船等方式。上述估算费率的方法，实际是以估算日租租金的方法为基础，根据日租租金的估算费率，分别估算出航次租船和包船租船的费率的。

(1)日租租船费率的估算

日租租船是航次租船的一种特定形式，它是根据具体的船舶及航线的情况，按船舶每营运吨天的固定费用和平均每营运吨天的航次费用，以这两项费用作为确定船舶每营运吨天运费的下限。

其中：

$$每营运吨天固定费用=\frac{船舶投资费用+船舶维持费用+一般管理费用}{计划营运天数\times 船舶载重吨}$$

$$每营运吨天航次费用=\frac{燃油费+港口使费+其他费用}{航次时间\times 船舶载重吨}$$

式中：船舶投资费用包括折旧费和利息；

船舶维持费用包括船舶保险费、维修费、船员费、物料费、润滑油费及其他有关费用；

在确定船舶每吨天费率下限的基础上，再考虑港口的装卸效率，船方应负担的其他费用、盈利率及市场的竞争情况等因素确定船舶每吨天的费率，即可估算出船舶每天的运费。

(2)航次租船费率的估算

通常航次租船的运费都是按照合同约定的装载货物的数量和约定的费率来计算的。在这种情况下，关于计收运费的费率，实际上可以按照日租租船估算每营运吨天的固定费用和航次费用的合计值乘以合同航次估计的时间，得出完成预定航次所需要取得的总收入，然后再将这一数值除以合同约定的货物数量，即估算出每吨货物的费率的下限。

即：

$$每吨货物的运费=\frac{(每营运吨天固定费用+每营运吨天航次费用)\times 航次天数}{合同货物吨数}$$

以每吨货物估算费率为下限，再考虑适当的利润和船方应负担的其他费用及市场竞争情况等，即可估算出作为洽谈依据的估算费率水平。

在实际业务中，采用这种估算方法比较简单。因为事实上每吨天的船舶费用可以以租船市场上相同类型船舶定期租船的日租金率作为估算的依据，而不必再对每艘船舶的固定费用作出实际的计算。只要对租船市场上相同类型船舶的定期租船的租金率事先有所了解，在具体洽谈航次租船运费率时，用定期租船的日租金率乘以估计完成合同航次所需时间，再加上具体航次估算的燃油费、港口使费和其他费用，然后再除以合同货物数量即可得出估算的费率。即：

$$每吨货物的估算费率=\frac{相同类型船舶定期租船的日租金率\times 估计的航次时间+航次费用}{合同货物吨数}$$

(3)包船租船费率的估算

包船租船是指不问装载货物数量的多少，按船舶载重吨数计收运费的租船方式。在这种情况下，估算每一船舶载重吨的费率就更简单一些。可以以日估算的日租租船的费率乘以估计航次需要的天数和船舶的载重吨计算。即：

$$包船租船的费率=日租租船的估算费率\times 估计航次天数\times 船舶载重吨$$

当然，也可以如上述对每吨货物估算费率的方法那样，以市场上同类型船舶的定期租船的日租金率作为船舶每吨天的固定费用乘以估计航次天数，再加上该合同航次中可能发生的各种航次费用，然后除以船舶的载重吨，便可估算出包船租船运费的费率。即：

$$包船运费的估算费率=\frac{同类型船舶在定期租船市场上日租金率\times 估计航次天数+估算的航次费用}{船舶载重吨}$$

二、油船运价

1.《新世界油船(基本)费率表》的形成

当前,国际油船租船市场上都普遍地使用着《新世界油船(基本)费率表》(New Worldwide Tanker Nominal Freight Scale,代码"NEW WORLDSCALE")。

《新世界油船(基本)费率表》含有60000个以上不同航次的参考费率,其目的主要在于供涉及世界范围的石油及其制品的海运中洽订航次租船合同的当事人使用。在洽订油船航次租船合同时,一般都以这一费率表所规定的费率为基础,并以公布和计算的航次费率为100(用New Worldscale 100表示)。

至于运费的市场水平,则以名义运费的一定百分比表示作为商定的运费率,并记载于航次租船合同中。如用"New Worldscale 175"表示运费时,则意味着商定的运费高于费率表规定的费率,为费率表规定运费的175%;如用"New Worldscale75"表示运费时,则意味着商定的运费低于费率表规定的费率,为费率表规定运费的75%。

第二次世界大战前,和一般散货船一样,油轮航次租船也是按航次的航线装运数量商定费率的。这样,在租船中,船舶出租人和承租人就要花费较长的时间商谈各航次的费率和各种条款。

但是,油船航次租船大都是整船满载一种油类,货种单一,流向也比较固定,而且装卸条件也大多相同。如果能按照一定的船型和不同的装港和卸港,事先为不同的航线规定每吨货物的费率,在具体商定航次租船的费率时,即以此为基础,按照当时的市场行情确定增减的百分比,则可简化商谈过程。像简称为"NEW WORLDSCALE"的《新世界油船(基本)费率表》就是适应这种要求而逐渐形成的。

第二次世界大战中,英国政府征用了所有悬挂英国国旗的油船。在征用期间,英国政府以期租租金的形式付给所有被征用船舶的船舶所有人,作为付给船舶所有人的补偿。这时,英国政府也经常把征用的油船租给一些大石油公司,并按航次向租用这些船舶的石油公司收取运费。为了向租用这些船舶的石油公司按航次收取运费,英国政府就参照补偿给船舶所有人的期租租金、燃料费和港口费等费用,制定了一系列的费率。最后,这些费率就发展成为英国运输部(Ministry of Transport)颁发,并于1946年1月1日生效的被简称为MOT费率的英国运输部费率表。

在此之前,美国也和英国一样,征用了所有悬挂美国国旗的油船。最初,美国战时海运管理局(War Shipping Administration)以当时油船的运输成本为基准,按1936年世界各地间的油船运输航线规定了由国家统一控制的公定运价。1946年,美国战时海运管理局撤销,美国联邦海运委员会(United States Maritime Commission)继续沿用这个费率。本来这个费率是非公开的。直到1948年6月,应广大航运业经营者的要求,美国联邦海运委员会才将这一费率公开。这就是以美元计价,简称为USMC费率的美国联邦海运委员会费率(United States Maritime Commission Rates)。

MOT费率与USMC费率的内容相同,所不同的只是前者以英镑计价,而后者则以美元计价而已。1949年6月以后,因美元与英镑之间汇率的变动,两者的比价关系有所变化,这时两者的关系表现为:$USMCRate = MOTRate(1+43.94\%)$。

第二次世界大战后,英国和美国虽然解除了对油船的征用,但在此以后的油船租船市场上,仍沿用着以 MOT 和 USMC 费率为基准,按照市场行情增减百分比的办法来商定运价。

上世纪 50 年代,鉴于上述费率表中存在着一些缺点,在一些大的石油公司的支持下,伦敦油船市场经纪人于 1952 年 11 月 1 日发表了简称为"Scale Rate No.1"的伦敦市场油船 1 号费率表(London Market Tanker Nominal Freight Scale Rate No.1),用以代替 MOT 费率表。随后,在 1954 年 7 月 1 日又发表了第 2 号表。1958 年 12 月 5 日发表了第 3 号表。1956 年美国纽约油船经纪人和代理人协会(Association of Ship Broker and Agents)也为了补正 USMC 费率表的不足,发表了简称为 ATRS Rate(通称阿图拉斯费率)的美国油船费率表(American Tanker Rate Schedule)。

到了上个世纪 60 年代初期,伦敦油船租船市场经纪人为了使第 3 号表(Scale No.3)更加合理,也为了使油轮费率取得国际统一而组织了"国际油船费率表协会"对此进行研究。其后,这个协会发表了从 1962 年 5 月 15 日开始生效的简称为 Intascale 费率的"国际油船基本费率(International Tanker Nominal Freight Scale)"。经过一年多的推广,伦敦和纽约租船市场上都接受了这个费率表。只有美国政府租用的油船和美国国内港口间的运输仍使用 ATRS 费率表。

以后,随着油船租船市场的发展,更加需要有一个有权威的,能够正确标价的有世界各航线费率的费率表。经过几年的磋商,伦敦国际油船费率表协会和纽约油船经纪人和代理人协会终于取得一致意见,共同颁布了从 1969 年 9 月 15 日生效的,简称为 World Scale 费率表的《世界油船(基本)费率表》(Worldwide Tanker Nominal Freigh Scale),用以代替 Intascale 和 ATRS 费率表。

《世界油船(基本)费率表》是为了使油船费率实现国际统一和弥补在此以前的各种油船费率表存在的缺点而制定的,并已被国际油船租船市场和石油贸易市场普遍采用的费率表。它和在此以前的各种油船费率表的区别主要在于所选用的标准船舶,以及将一些不随市场行情变动的诸如运河通行费,税金等费用计入的方法不同。

世界对石油需求量的增加,使石油的海上运输量激增。从事石油运输的船公司为了充分满足石油运输的需要和降低运输成本,相继建造了不少大吨位的油船,甚至出现载重量达几十万吨的超级大油船投入营运,使世界油船船队的结构发生了很大的变化,最初生效的《世界油船(基本)费率表》中所选定的以载重量为 19500 长吨的标准船舶为依据制定的各航线的费率已不能反映出当时的实际情况。于是,伦敦和纽约世界油船协会于 20 世纪 80 年代末以吨位更大的标准船舶为依据制定了沿用至今的《新世界油船(基本)费率表》。

2.《新世界油船(基本)费率表》的构成及其使用方法

为了正确地使用这一费率表,在石油贸易和租船业务中能够根据国际市场行情和油船运输成本洽定合理的运价,有必要对这一费率表的构成,计算依据,制表方法和使用方法等有较深入的了解。

(1)费率表的构成

《新世界油船(基本)费率表》是由基本费率、附加差额、滞期费和其他条款等构成的。

①基本费率(rates)。基本费率是费率表的主体,它分单港费率(1 港装/1 港卸)和多港费率(1 个以上港口装/1 个以上港口卸)两种。费率表中所列的费率是按照卸货港的英文字母顺序排列的。每一个卸货港为一组,下面包括许多不同的装货港,每一个装货港的后面所列的费率就是从这个装货港到卸货港的基本费率。由于石油类产品的流向相当稳定,所以费率表几乎涵盖了所有的油运航线。

在基本费率的右面可能注有:"S"、"CS"、"P"、"CP"等字母。它们的意思是:

"S"表示该航次重载与空载都经苏伊士运河的费率；

"CS"表示该航次重载绕好望角，空载经苏伊士运河的费率；

"P"表示该航次重载与空载都经巴拿马运河的费率；

"CP"表示该航次重载绕好望角，空载经巴拿马运河的费率。

为排列方便起见，对于波斯湾、黑海等石油出口地区，费率表中只按每个地区列出一个具有代表性的装货港的费率，对于同一地区的其他装货港，则另列地区附加费，即以某一装货港的地区附加费与费率表中所列代表性装货港的费率相加，作为这一装货港的基本费率。比如要查出从装货港法奥(Fao)到某一卸货港的费率，可先从这一卸货港下面查到波斯湾地区的代表性装货港 Quoin Island 的费率，然后再从波斯湾地区的附加费率表中查到法奥的地区附加费，两者相加，就可得出从法奥到这一卸货港的基本费率了。

②附加差额(differentials)。为了补偿船舶所有人因通过运河或其他原因而增加的费用支出，费率表中另外就这些开支的补偿规定了附加差额。这种附加差额包括：a.通过苏伊士运河；b.通过巴拿马运河；c.冬季去芬兰港口(船舶所有人须支付冰税)；d.去阿巴丹、法奥、巴士拉等港口(船舶所有人须支付疏浚费)；e.过恒比尔河；f.过曼彻斯特河；g.过墨尔西河；h.过圣劳伦斯河和韦兰运河。

附加差额按装运货物的数量计收，在租船中不受商定的调整百分比的影响。如在租船中商定的费率为 New Worldscal 150，那么

$$每吨运价 = 基本费率 \times \frac{150}{100} + 附加差额$$

或

$$= (基本费率 + 地区附加费) \times \frac{150}{100} + 附加差额$$

③装卸时间和滞期费。费率表规定了装货和卸货时间，并规定滞期费按天计算。

费率表中按照船舶载重吨(夏季载重吨)的大小，从 8500 载重吨到 399999 载重吨，共分 106 个组，分别规定了不同的滞期费率。

这个费率主要是根据一定时期各种不同吨位船舶的每天船期损失(包括油船滞期期间的实际费用和利润)计算的。其计算办法是，取每一组船舶中处于中间吨位的船舶在假定的一条标准航线上营运，计算出航次满载的运费收入，减去航次中燃料和港口费用以及通过运河的费用后除以航次天数，然后再加上停航时每天消耗的燃料和支付的港口费用，即得出每天的滞期费率(USD/天)。

④其他条款。国际上租船的惯例是，向船舶征收的税金或其他费用都由船舶所有人负担，而向货物征收的税金或其他费用则由承租人负担。油船租船也是这样。但按各个港口和码头的习惯，也有例外的情况。费率表中就把这些例外情况列为条款，以明确分担关系。在油船租船合同中常见到"其他条款按照《新世界油船（基本)费率表》的规定（other terms and conditions as per New Worldscale)"的条款，指的就是这些例外情况。

其他条款实质上是油船在港口的一部分费用的分摊问题。有些港口把本来按惯例应由船舶所有人负担的费用例外地规定由承租人负担。比如按照惯例，码头费(wharfage)和停泊费(berthage)应由船舶所有人支付，但阿尔及利亚、加拿大、日本、美国部分港口都规定由承租人支付。类似这些特例，在费率表中都作为其他条款而加以规定。

(2)制定费率的依据

《新世界油船(基本)费率表》中所罗列的费率，都是按照标准船舶在各个航线上从事运输所发生的费用计算出来的。

①计算中使用的标准船舶：

夏季载重吨	75000t
平均航速	14.5kn
航行燃料消耗	55t/天
停泊燃料消耗	5t/天
燃油等级	380 cSt*
停港时间	168 h
固定日租金	12000USD/天
佣金	2.5%

②港口费用。尽可能按各个装货港和卸货港的最新费率计算。

③燃油价格。《新世界油船(基本)费率表》每年修订一次，生效日为当年的 1 月 1 日。燃油价格则以生效日以前 9 月份的 380cSt 燃油的世界平均价格计算，如《新世界油船(基本)费率表》生效前 9 月份的价格是每公吨 USD74.50。

④每增加一个装货港或卸货港，航行时间增加 12h。通过巴拿马运河每次另增加 24h，过苏伊士运河每次另增加 30h。

⑤所有费率均按去航满载，回航空载的来回航次计算。

⑥重量以公吨为单位计算。

(3)基本费率表的制定

《新世界油船(基本)费率表》中所列各航线的基本费率是按照所确定的标准船舶的船舶载重吨、平均航速、燃油消耗定额、停港时间、日租金等和具体航线的距离、港口费用以及按规定方法计算的燃油价格等资料计算的，其计算程序大体是：

①计算航次时间。

$$\text{航行时间} = \frac{\text{航线距离}}{\text{平均航速}} \times 2 \cdots\cdots\cdots\cdots \text{(注:来回程航行时间)}$$

$$\text{停港时间} = 168\text{h} \cdots\cdots\cdots\cdots \text{(注:为标准船舶规定的数据)}$$

$$\text{航次时间} = \text{航行时间} + \text{停港时间}$$

②计算燃料消耗及燃料费用。

$$\text{航行中的燃料消耗} = \text{航行时间} \times \text{航行燃料消耗定额}$$

$$\text{停港中的燃料消耗} = \text{停港时间} \times \text{停泊燃料消耗定额}$$

燃料费用 =(航行中的燃料消耗 + 停泊时的燃料消耗) × 预定加油港规定期间的平均燃料价格

③计算载货吨数。

$$\text{载货吨数} = \text{船舶载重吨} - \text{储备燃料吨数} - \text{淡水及备品吨数} - \text{其他减量吨数}$$

④计算营运费用。

船舶维持费 = 日租金 × 航次时间

港口费用 = 装货港的港口费用 + 卸货港的港口费用(尽可能按各港的最新费率)

燃料费用根据(2)的计算；

其他费用按规定数额。

---

* cSt 是国际标准化组织(ISO)自 1977 年开始采用 50℃时的运动粘度作为燃油国际通常粘度单位。380cSt 相当于 3400 秒 <雷氏 1 号粘度>，也叫 C 级锅炉油，主要用于锅炉，但最新型的大型主机也能燃用。

营运费用 =船舶维持费+港口费用+燃料费用+其他费用

⑤计算每吨货物的运输成本(基本费率)。

$$每吨货物的运输成本=\frac{营运费用}{载货吨数}\times(1+佣金率)成本$$

按照上述计算程序计算出各具体航线标准船舶的基本费率后,编排列表,即制成油船的基本费率表。

(4)费率表的使用方法

《新世界油船(基本)费率表》主要用作租船中商谈运价的基本费率和计算标准。它改变了过去一些费率表(如MOT,USMC费率表)中以“up”或“less”来表示约定的运价和费率表中所规定的基本费率的差别的办法,而改用指数表示这种差异的方法。在商谈运价时,可以本费率表中所规定的费率为100,如果市场行情与本费率表的费率相当,即费率表中所规定的费率与最后商定的运价一致时,则以“New Worldscal 100”表示;如果高出75%,则以“New World scal 175”表示;如果低25%,则以“New World scal 75”表示。

《新世界油船(基本)费率表》中包括了世界上千个港口的费率,但仍有一些港口的费率未包括在内。使用时,如果在费率表中查不到自己所需要港口的费率,则可通过电传向本费率表的发行人询问,均可及时得到答复。

在使用《新世界油船(基本)费率表》时,还必须注意的是,该费率表是在改进以前所存在的各种费率表的基础上制定出来的,它改进了其他一些费率表所存在的不合理和计算不够精确的缺点,但仍存在不足之处,主要表现在用于载运散装油的费率表的费率是按75000载重吨的标准船舶计算的,而这种船舶并不能代表现存的油船船队的结构,另外,不足之处在于每年进行一次的修订,不能及时反映出市场中油轮价格和汇率的发展情况。

由于存在上述一些问题,费率表中的费率就不能完全反映整个航次的实际费用和合理利润,当然也就不能完全代表租船市场的运价水平。因此,在使用这一费率表时,必须明确它只是一个用于估算的费率表,只是用作租船中洽谈运价时的基本费率和计算标准而已。

第七章　国际船舶代理业务

第一节　代理理论概要

一、代理的概念

代理是一种根据他人的独立行为而使本人直接取得法律效果的民事法律制度。代理制度一方面使民事主体活动的范围得以扩大，权利效力得以延伸，可以大大降低本人的交易成本，另一方面能使民事主体不仅可以利用自己的能力和知识参加民事活动，而且通过利用他人能力和知识使活动能力得到极大的扩展。

代理行为是指代理人根据法律规定，或被代理人（委托人）的委托，在授权范围内以被代理人的名义与第三者订立合同或进行其他民事法律行为，而其法律后果则由被代理人承担和享有的行为。

随着社会经济关系的发展和社会化大生产的出现，特别是在市场经济高度发达的条件下，频繁的经济活动常因时间、地点和条件的限制，而使当事人无法逐项亲历，以至于为了实现其合法的经济权益，需要他人在授权范围内，代其进行无法亲历的经济活动。这就是通常所说的委托代理。

代理关系由代理人（又称被委托人，agent）和被代理人（又称委托人、本人，principal）这两个主体构成，同时，代理关系还必然涉及第三人（又称第三方、相对人，third party），即代理活动的对象。一般，被代理人与代理人之间，通过委托代理合同形成代理权的内部关系；被代理人与第三人之间，因代理人以被代理人名义与第三人签定的合同而形成外部关系，互相承担合同中的责任和义务；而代理关系中，以他人名义为他人实施法律行为的人即代理人与第三人之间，则只有代理行为关系。因此可以说，代理就是上述三种关系的结合。

海上运输中的代理有船舶代理和货运代理两种，均属于海运辅助业。船舶代理人和货运代理人分别根据承运人或货主的业务需要开展相应的代理服务。这种代理具有如下特点：代理人与被代理人之间的关系属于委托代理关系；代理人通常运用委托人的资金进行业务活动；代理人一般不以自己的名义与第三人签订合同；代理人赚取佣金或代理费作为报酬。

二、代理行为的有效和无效

代理行为是一种具有法律意义的行为。我国《民法通则》第 63 条规定："公民、法人可以通过代理人实施民事行为。代理人在代理权限内，以被代理人的名义实施民事法律行为。被代理人对代理人的代理行为，承担民事责任。"被代理人权益的享用和义务的履行，是通过代理人的代理行为来实现的。

在一般的经济活动中，代理行为主要包括：代理法律行为，如代为签订经济合同，代为从事一定的业务经营活动；代为履行某些法定义务，如代办商标注册，开业登记等；代理诉讼，如法人或公民在遇到经济纠纷时委托代理人起诉或应诉。

1. 代理行为有效的条件

凡是能直接引起被代理人与第三者之间权利和义务关系的发生、变更或终止的代理行为，都属于有效的代理行为。

代理行为是由代理人以被代理人的名义以及为被代理人的利益，与第三方确立、变更或终止合同关系的民事法律行为。这与当事人双方直接确立、变更或终止法律关系的民事法律行为存在差别。这些差别主要是：代理人行使代理权，除必须具备民事法律行为的一般有效条件，如行为人要有行为能力；行为必须合法；行为人的意思表示必须自愿、真实；和行为必须符合法律规定的形式等项条件外，还必须具备一些特有的条件。

使代理行为有效的必备条件是：

(1)代理人必须取得代理权

代理人根据法律规定或按照委托人的授权所取得的代表委托人行事的权利称为代理权。代理人事先取得代理权是使代理人的代理行为有效的前提条件。对于未经授权的代理，被代理人可以依法不予承认。

(2)代理人必须在委托人授权范围内进行代理活动

代理人必须在代理权限内，独立"为"意思表示或"受"意思表示后，以自己的意思表示进行代理活动。对于超越授权范围的代理行为，被代理人可以依法不予承认。

(3)代理人必须以委托人名义并为其利益进行代理活动

代理人的代理活动必须以被代理人名义进行，并符合被代理人的利益，所产生的权利和义务由被代理人享有和承担。

虽然代理关系具有严格的人身性质，在一般情况下，代理人应亲自完成代理行为。但是，在特殊情况下，或为了被代理人的利益，代理人可以转委托第三人完成代理行为。这种代理通常称为复代理或再代理、转代理。一般情况下，要使复代理有效，必须事先征得被代理人同意，或事后得到被代理人的追认

2. 代理行为的无效

被代理人对代理人的行为所引起的法律后果依法不予承认，称为代理行为的无效，或无效代理。

代理行为的无效主要包括无权代理和滥用代理权。

(1)无权代理

无权代理是指未取得合法代理权的代理人所进行的代理行为。未经授权的代理行为、超越授权范围的代理、授权无效的代理和代理权终止后的代理，均属无权代理。此外，附带条件的代理权在条件尚未形成时先行行使代理权也可构成无权代理。

对无权代理行为所产生的法律后果，被代理人不承担责任。对善意的第三者，即对于并不知道该代理人为无权代理的第三者，因该代理人的无权代理行为而遭受的损失，应由进行无权代理行为的"代理人"负责赔偿。但是，对于明知该代理人所进行的代理行为属于无权代理的第三者，因该无权代理行为而遭受的损失，法律不予保护。不过，当这种无权代理事后被代理人追认时，即成为有权代理而产生法律效力。

(2)滥用代理权

滥用代理权是指代理人的代理行为不仅超越了授权范围，而且以行使代理权为名，实质上意图损害被代理人的利益的代理。代理人以被代理人的名义同代理人自己或自己所代理的其

他人之间进行的具有法律意义的行为;或代理人与第三方恶意串通而进行的具有法律意义的行为等都属于滥用代理权的行为。当然,滥用代理权的行为是不会得到被代理人的追认的。被代理人对于因代理人滥用代理权而产生的法律后果,也不承担责任。

三、代理关系的确立、变更或终止

代理行为应建立在代理关系基础上,代理关系的确立、变更或终止,影响到代理行为的有效性。

1. 代理关系的确立

代理关系的确立是指作为代理法律关系主体的被代理人和代理人之间的权利和义务的确立或产生。

虽然因各国法律的不同而使引起代理法律关系确立的法定形式有所不同,但是,从引起代理关系确立的法律事实而言,代理关系的产生不外乎以下几种情况:因被代理人的授权而产生的代理关系;因法律有关规定而产生的代理关系;依国家主管机构的命令或法院的指定而产生的代理关系。

(1)代理人的授权行为而产生的代理关系

这种代理通常称为意定代理。被代理人也可称为意定人。被代理人作出授权的意思表示一般采用书面形式,既可由被代理人根据自己的意思,向代理人发出授权委托书,也可由代理人事先拟定适用于不特定多数委托人的"代理业务章程",便于被代理人就业务章程中所规定的某项业务,以简单的书面要求向代理人提出委托。

不论由被代理人发出授权委托书,或由被代理人根据"业务章程"规定的某项业务提出代理要求,都必须经代理人同意,代理关系才能确立。而且,不论授权委托书或"代理业务章程"中都应明确被代理人对代理人授权的范围、代理的期限、代理事项,以及代理报酬及其支付方法等项内容。

虽然被代理人作出授权的意思表示一般都采用书面形式,但是,根据各国法律规定的不同,一般也都承认以口头形式,即以言辞作出授权的意思表示。此外,英美法系的一些国家还承认因默示的授权而产生的代理权,即被代理人以其行动使第三方确信代理人已得到被代理人的授权而行使代理权。

代理关系确立后,被代理人有权撤销其委托,代理人也有权辞去其受任。不过,这种代理关系的变化不是任意的。由于它可能使对方或第三方经济上受损,因此需要事先通知对方,以免对方或第三方因此而遭受损失。特别是在默示授权的条件下,被代理人不但应将终止授权的意思表示通知代理人,必要时还要通知有关的第三方。一般,本人撤回代理权多数是因代理关系存续期间,对代理人失去信任所致;代理人辞去代理身份则可能是因委托方的不配合,使代理无法履行义务,或委托方使代理人失去信任或使其利益受损所致。

(2)以法律的有关规定为依据而产生的代理

这是指并不以被代理人的意思表示为条件而由法律的有关规定确立的代理关系,通常被称为法定代理,比如法律规定父母是未成年子女的法定代理人;又如我国的劳动立法规定,工会组织可代理其成员订立集体合同和参加劳动争议的诉讼。

(3)依国家主管机构的命令或法院的指定而产生的代理

这种代理通常称为指定代理。在这种代理关系中依法被指定为代理人的人,如无正当理由,不能拒绝这种指定。

在以上三种能够引起代理关系确立的法律事实中，涉及经济事务的代理关系其最主要的表现形式，还是因被代理人的授权而产生的委托代理关系。

2. 代理关系的变更

代理关系的变更具体表现为代理关系的转移。所谓代理关系的转移，主要是指代理人根据被代理人的授权，或征得被代理人同意，将原应由代理人完成的代理事项，全部或部分再委托给其他人。这种再委托，也称作转移委托。转移委托使原代理人的代理权转移给转委托的代理人，即复代理也成为本人之代理，但是，原代理人仍须对被代理人承担责任，而且原代理需对选择复代理不当负责。

代理关系的转移，一般只适用于意定代理即委托代理的情况。

3. 代理关系的终止

代理关系的终止是指作为代理法律关系主体的被代理人和代理人之间的权利和义务的终止。代理关系和其他民事法律关系一样，也可以根据一定的法律事实而终止。具体而言，可以使代理关系终止的法定事项主要包括：

①因代理期限届满或代理事项完成而终止；

②因被代理人撤回代理授权或代理人辞去受任而终止；

③因代理关系主体的变化而终止，如被代理人或代理人死亡、行为能力丧失，或法人的权力能力发生变更等；

④因设定法定代理的前提条件消失而终止；

⑤因指定代理的机构撤销原指定而终止。

其中，就委托代理关系而言，前三种原因中出现任何一种，都可以使代理关系终止。

终止代理关系时需注意及时清算双方之间的账务，业务单据也要交接清楚，这样才能使法律关系真正了结。

四、代理人的责任原则

代理关系一经确立，代理人就应按照被代理人的要求，在授权范围内履行其代理职责。

1. 代理人应正确行使代理权

作为代理人，在履行代理职责时，应该以维护被代理人的合法利益为原则，诚恳、忠实并勤勉地进行工作。

(1)代理人应勤勉工作，为本人利益而算计

这意味着代理人履行其代理职责时，不可怠于处理或未尽注意。在进行业务活动时，代理人不仅应竭尽自身所具备的专业知识、能力与经验，取得对被代理人有利的结果，而且要尽可能实现本人的最大利益。遇有重要情况应及时汇报，征求被代理人的指示、遵从被代理人的意愿。

(2)代理人有义务保守被代理人的商业机密

在处理委托事项的过程中，代理人必然会接触被代理人的有关业务资料甚至商业机密。当代理人获悉有关被代理人业务经营的资料和机密情况时，代理人不但负有不得外泄的义务，而且也不得利用所掌握的机密情况与被代理人竞争。但是，这并不意味着在被代理人涉嫌违法的情况下，代理人应为其掩盖事实真相，相反，加以揭发或配合有关部门调查才是代理人应尽的法律义务。

(3)代理人应及时汇报代理活动的情况

代理人在履行其代理职责时，应向被代理人公开代理工作中的一切事实和有关第三方的

情况。包括第三方(或相对人)的履约能力及资信情况;转委托情况下,复代理的资信、能力及经验;市场行情及发展趋势;代理人处理事情的经过及结果等。通常,代理人应定期或在被代理人需要时向其公开业务文件、资料及账务。

(4)代理人不得滥用代理权

这意味着代理人不能以委托方名义与自己或同时被代理的其他人签订合同,不能越权及做违法之事以谋取不法利益,也不能串通第三方合谋损害被代理人的利益。

(5)代理人应信守承诺,自己处理受托事务

为被代理人的利益需要转托他人处理受委托事务时,应事先取得被代理人的同意。如果事先未征得被代理人的同意,则应于事后及时告知被代理人,如果被代理人未予追认,则此种行为将作为无权代理论处。只有紧急情况下,为了保护被代理人的利益需要转委托的除外。

2. 代理人的责任

如果代理人未能勤勉地履行其代理职责,并因为在代理过程中的重大疏忽或过失而使被代理人遭受损失,则对被代理人负有赔偿责任。

代理人所负的责任分为三种类型:

(1)单独责任

单独责任又称独立的责任,是指由代理人向委托方或其他关系人承担直接的和惟一的责任。这种情况最典型的是代理人在代理活动中出现重大疏忽或过失,造成被代理人或第三方损失时所应承担的责任。此外,在代理人未正确行使代理权致使被代理人遭受重大损失或构成无权代理的时候,代理人也要对受损方承担独立的责任。

(2)连带责任

这是指由代理人与委托人一起共同承担对他人造成损害的责任;或代理人与他人一起共同承担对委托人造成损失的责任。这常常是代理人与委托人或第三方互有过失的情况下,对受损害方承担责任的方式。

(3)可转移的间接责任

可转移的间接责任,指代理人并非真正的责任方,因此责任最终可以部分或完全由真正的责任方负担的情况。比较常见的,一种是代理人选择第三方不当,未克尽职责造成了被代理人的损害,此时,代理人对被代理人的赔偿责任应不超过该第三方应负的责任,并可在事后向第三方追讨损失;另一种是代理人选择第三方并无不当,而且能证实所造成的损害确因第三方行为或疏忽造成,代理也采取了适当的措施保护被代理人利益并及时告知了被代理人。不过,即使这样,代理人仍应协助受损害一方向真正的责任方提出索赔。

第二节　船舶代理及其种类

船舶在世界各港间进行客货运输的过程中,当其停靠于船舶所有人或船舶经营人所在地以外的其他港口时,船舶所有人或船舶经营人是无法亲自照管这些船舶和亲自处理与这些船舶有关的营运业务的。对此,只有两种解决办法:其一是在有关港口设立船舶所有人或船舶经营人的分支机构;其二是委托船舶代理人,即由当地专门从事代办船舶营运业务和提供有关服务的机构或个人代办船舶的一切在港业务。

事实上,一个船舶所有人或船舶经营人,不论他的资金有多么雄厚,也不可能在自己所拥有或经营的船舶可能停靠的港口遍设分支机构。因此,委托当地的代理人代办船舶的一切在

港业务，就成为普遍采用的最经济和最有实效的办法。

一、船舶代理概述

船舶代理是指船舶代理机构或代理人接受船舶所有人（船公司）、船舶经营人、承租人或货主的委托，在授权范围内代表委托人（被代理人）办理与在港船舶有关的业务、提供有关的服务或进行与在港船舶有关的其他经济法律活动的代理行为。而接受委托人授权，代表委托人办理这些与到港船舶相关活动的法人就是船舶代理人。

设在各个港口的船舶代理机构或代理人，对本港的情况，所在国的法律、规章、习惯都相当熟悉，在长期从事的代理工作中更积累了丰富的经验。他们往往能比船长更有效地安排和处理船舶在港的各项业务，更经济地为船舶提供各项服务，从而加快船舶的周转，降低运输成本，提高船舶的经营效益。作为海运辅助行业，世界各国的港口都普遍设有代理行或船舶代理机构，这为与到港船舶相关的各方提供了很大的便利。因此，船舶所有人或船舶经营人选择在船舶抵达的港口委托代理人来办理船舶在港的各项业务，既是必要的也是可能的。

船舶代理业属于服务性行业。船舶代理机构或代理人可以接受与船舶有关的任何人的委托，业务范围非常广泛，既接受船方委托，代办定期或不定期船的营运业务，也同时接受货方或承租人的委托，为他们代办有关业务。

我国的船舶代理业在20世纪80年代以前，一直只由交通部属下的中国外轮代理公司专营。建国初期，百废待兴，我国尚未形成自己的航运业，但是为了及早地摆脱西方国家对我国海上贸易的封锁，为进出我国港口的外轮提供必要的服务，中央政府决定成立中国外轮代理公司。中国外轮代理公司成立于1953年1月1日，总公司设在北京，作为中国最早设立的船舶代理公司，在海内外具有重大影响，并先后在国内各对外开放港口设立众多的分公司。1984年以后，随着国家政策的改变，船舶代理业务从独家经营逐步走向日益开放。同时，船舶代理的经营领域也向多元化发展，除传统的船舶代理业务外，还发展了国际多式联运、集装箱运输、物流管理等业务。上世纪90年代以后，随着中国对外贸易和航运业的发展，船舶代理市场也不断扩大，竞争日益激烈。自2003年《国际海运条例实施细则》颁布至今，船代数目已增长到了一千家左右。

由于外籍船舶的管理者及经营人对我国的法律、法规和具体国情知之甚少，因此，船舶代理人不仅要处理好有关代理的工作，还要协助船方、港方和货方之间的联络沟通。配合船公司加强对船舶的现场管理，更好地组织船舶在港装卸、供应、修理等项业务工作，配合船舶完成公司安排的运输计划，缩短在港停泊时间，加快船舶周转，降低运输成本，全面提高船舶及企业的营运效益。

同时，由于船舶代理工作的涉外性，要求其在日常业务工作中，必须遵守国家的法令和方针政策，本着“重合同、守信用”和实事求是的原则，既要维护国家的政治信誉和经济利益，又要照顾外籍船舶的合理要求和合法利益。

与一般代理关系的确立相同，船舶代理关系的确立，也需要经过作为被代理人的船公司的授权和作为代理人的船舶代理公司的同意这两个阶段。由于船舶代理关系的确立常需要在较短的时间内完成，也由于船舶代理的业务内容比较固定，为了加快确立代理关系的进程，一些船舶代理公司，如中国外轮代理公司，制定并公布了作为船舶代理人所能接受委托的各种代理业务项目、它们的范围，以及各代理业务项目中代理公司与被代理人的相互关系、责任和收费标准等内容的业务章程。这样，委托人只须按照业务章程中所规定的某项业务，以拍发电报等书面方式向代理公司提出委托，经代理公司同意后，代理关系即告确立。

在船舶到达国外港口之前，船公司首先要在到达港为自己的船舶选定代办船舶在港期间一切业务的代理人，并根据船舶到港的频繁程度确定代理关系的形式，与船舶代理人确立代理关系。

通常情况下，在一艘船舶到港前，委托方会用电报，电传，或者电子邮件等形式告知该港的船舶代理人，委托其负责代办该船在港期间的各种事项。若船舶代理人接受委托，并且回复要求委托人提供该船舶的相关数据资料，则双方便建立了代理关系。

二、船舶代理的种类

由于船舶营运方式不同，营运业务中涉及的当事人也各不相同，当事人委托代办的业务和具体要求必然存在差异。因此，习惯上对船舶代理有以下分类。按服务对象和业务范围，可分为班轮运输下的船舶代理人和租船运输下的船舶代理人；而按代理关系的持续时间或代理服务的形式又可分为长期代理、航次代理和第二委托方代理。

1．班轮运输下的船舶代理人

指接受船舶所有人或船舶经营人委托，为其船舶及所载货物或集装箱提供办理船舶进出港手续、安排港口作业、接受订舱、代签提单、代收运费服务等行业经营行为的法人。

(1)班轮运输船舶总代理人

在班轮运输中，班轮公司在从事班轮运输的船舶停靠的港口委托总代理人(general agent)。该总代理人的权利与义务通常由班轮代理合同的条款予以确定，代表班轮公司的利益处理各种有关事务。总代理的工作通常包括为班轮公司制作船期广告，回复货主的询价，办理订舱、收取运费，为船舶制作运输单据、代签提单，管理船舶和集装箱事务，代表班轮公司就有关费率及营运业务等事宜与政府主管部门和班轮公会进行交涉。总之，凡班轮公司自行办理的业务都可通过授权，由总代理人代办。班轮公司通常可以在一个港口或一个地区(包括多个港口)选任一个船舶总代理人。

(2)订舱代理人

班轮公司除了在主要航线船舶挂靠的港口设立分支机构或委托总代理人外，还会在各港委托订舱代理人(booking agent)。班轮公司委托订舱代理人的主要目的是代其受理货运业务，以方便货主，争取更多货源，使自己所经营的班轮运输船舶能在载重和舱容上得到充分利用，力争满舱满载。订舱代理人可以一港多个。班轮公司选任的订舱代理人通常与货主和货运代理人有着广泛和良好的业务联系，因而能为班轮公司创造良好的经营效益，同时能为班轮公司建立起一套有效的货运程序。

2．租船运输下的船舶代理人

指接受船舶所有人、船舶经营人、船舶承租人的委托，为其船舶办理进出港手续、安排装卸作业及其他在港相关业务服务的行业经营人。

(1)船东或船舶经营人代理人

船东或船舶经营人代理人统称为船舶代理人(ship’s agent)。租船运输情况下，船舶的运营方式有航次租船和期租船。航次租船方式下船舶的日常营运由船东负责，而期租船方式下则由租船人负责租期内的船舶日常营运，后一种情况下租船人就是船舶经营人。

船东或船舶经营人代理人，受托办理船舶在港业务，包括口岸手续、安排拖轮、引水、港口作业等。

船东代理人(owner's agent)受船东的委托,为船东代办与在港船舶有关的诸如办理清关、安排拖轮、引航员及装卸货物等业务。这种情况通常是租约中规定船东有权在装卸货港口指派代理人。

船舶经营人代理人(operator's agent),是由作为船舶经营人的期租船承租人,将船舶航次出租,根据航次租船合同规定,有权在装卸货港口指派代理人,为船舶经营人代办船舶在港业务。

(2)租船人提名代理人

如果航次租船合同规定,租船人有权提名代理人,则船东(或船舶经营人)必须委托由租船人所指定的代理人(charter's agent)作为自己所属船舶在港口的代理人,并支付代理费及港口的各种费用。

(3)保护代理人

保护代理人(owner's protective agent)又称监督代理人(supervisory agent)。

在航次租船合同中,当合同约定由另一方指派代理人时,作为委托人的一方为了更好地维护自己的利益,可以另请一个代理人来监督对方所指派的代理人,这种代理人就是所谓的保护代理人,又称监护代理人。

在代理人由租船人提名的情况下,船东或船舶经营人,会在委托由租船人提名的代理人作为在港船舶的代理人以外,再另外委托一个代理人来监督租船人提名的代理人的代理行为,以保护自己的利益。该代理人即为保护代理人。相反情况下,当根据租船合同的规定,代理人由船东或船舶经营人指派时,租船人也可以在装卸货港口指派一个代理人来监督船东或船舶经营人所指派的代理人。

(4)船务管理代理人

船务管理代理人(husbanding agent)出现在船东和船舶经营人分别在港口委托代理人的情况下。船务管理代理人为船舶代办诸如补充物料、修船、船员服务等业务,而这些代理业务与船舶装卸货无关,因此船舶经营人为船舶指派港口代理人时,通常不会委托代理为船东办理那些与装卸货无关而仅仅与船务有关的业务,此时,船东就得自行委托一个船务管理代理人来代办自己的有关业务。船东委托船务管理代理人与否是根据需要而定的,有时也看租约是如何规定的。如果作为租船人的代理人,并未被指定为船东的保护代理,则船东事务由船长自己解决,代理方只需要尽量协助船长即可,当然,由此产生的任何费用也应由船东支付。

有时,船东会选择当地的船舶管理公司来担任船务管理代理人。

(5)总代理人

总代理人(general agent)是特别代理人的对称,其代理权范围包括代理事项的全部。租船总代理的业务很广,如代表船东安排货源、支付费用、选择、指派各地的分代理人并向分代理人发出有关指示等。当然,租船人有时也会指派总代理,若在租约中规定由租船人指派代理人或提名代理人时,则租船人就有权在一定地理区域选定总代理,当租船人指派甲代理,而船舶不停靠甲地时,则可由甲代理为其委托方选择、指派分代理,并由分代理代办与在港船舶有关的业务。此时,分代理相当于复代理。委托人授予代理人以代理权是建立在对代理人的知识、技术、才能和信誉等信任的基础之上的,而船东或租船人选用总代理的最大优点在于,委托方和代理人之间有信任感、业务上具有连续性,一旦委托则船舶在该地区所有港口的代理业务都由总代理办理或由其选择、指派的分代理完成。

3. 委托时间和委托人主次地位

按代理期间的长短划分，船舶代理关系可分为长期代理关系和航次代理关系。船公司可按船舶到达某一港口的频繁程度决定与代理人建立长期代理关系或航次代理关系。但是，在我国，由于船舶代理业务长期以来都是独家专营的，因此在同一港口，同一船舶的不同利益方习惯上会委托同一代理人为自己的利益代办有关业务。也就是说经常出现民法中所说的“双方代理”的情况。虽然从代理的法理上说，这种“双方代理”是无效的，可是从我国船舶代理的现实考虑，却不能不承认这种现实的存在。所以，按照代理关系中委托人的主次地位划分，在我国还存在着所谓第二委托方代理的代理关系形式。现就这几种代理关系的形式分别说明如下。

(1)长期代理

船公司根据船舶营运的需要，在经常有船前往靠泊的港口为自己选择适当的代理人，通过一次委托长期有效的委托方法，请代理负责照管委托期间内所有到港的属于委托方或由委托方经营的到港船舶的在港业务，这种代理关系称为长期代理(agency on long - term basis)。长期代理不需要按船逐航次地委托。长期代理关系一经建立，只要没有发生所规定的可成为终止长期代理关系的事项，代理关系就可以一直继续保持下去。通常可成为终止长期代理关系的事项主要有：由于政治原因不宜继续保持长期代理关系；由于委托人企业倒闭等财务方面的原因而不能继续保持长期代理关系；或委托人长期无船来港而要求终止长期代理关系。

建立长期代理关系可以简化委托和财务往来结算手续。就班轮运输而言，在固定航线上，船舶经常往返于航线的固定的挂靠港之间，当然以建立代理关系稳定、经营可靠、操作方便的长期代理关系更为合理。这种代理关系的建立，既可以通过签订正式的专门委托代理合同而建立，也可采用由委托人以书面向代理公司或代理人提出委托，经代理公司或代理人接受的方式来建立，而业务实践中以后者更为常见。长期代理中往来账目一般定期结算。

(2)航次代理

航次代理(agency on trip basis)是指对不经常来港的船舶，在每次来港前由船公司向代理人逐船逐航次委托，请其办理在港有关事宜所形成的代理关系。主要是租船或特殊情况下到港的船舶使用。凡与代理人无长期代理关系的船公司派船来港装卸货物，或因船员急病就医，船舶避难，添加燃料、临时修理等原因专程来港的外国籍船舶，均须逐航次办理委托，建立航次代理关系。航次代理的情况下一般需预先索汇备用金。船舶在港作业或所办事务结束离港，代理关系即告终止。

需要按航次委托代理的船舶，一般有承运 FOB 出口货和 CIF 或 CFR 进口货的国外派船；承运 FOB 进口货和 CIF 或 CFR 出口货的本国承租人租用外籍船舶的航次租船；来港办理交接手续的买船或卖船；办理交船和还船交接手续的定期租船；以及专程来港修理、避难、船员就医、添加燃料、淡水、伙食等项事宜的船舶。

船公司按航次向代理人委托航次代理时，须在船舶抵港前，以书面向船舶到达港的代理人提出委托，并在船舶抵港前的一定时间内，将船舶规范、有关的运输合同和货运单证寄交所委托的代理人。代理人接到书面委托，查明船舶国籍，明确船舶来港任务，了解运输合同，审核船舶规范、货运单证等是否齐全，明确费用的分担和费用的结算对象，如认为没有什么问题，经索汇备用金，航次代理关系即告建立。

对于一些经常来港的船舶和业务合作关系较好的船公司所属的船舶，有时在发来的函电中并不一定要有强调委托代理的字样(如 attend，husband，act as agent)，即可建立航次代理关系。在这种情况下，船公司只需要电告船名、预抵期、来港任务，或来电要求电告所需备用金数额，或直接寄来货运单证，代理人即可根据来电要求，向提出委托或要求的船公司索取船、货资料和备用金,即可视为航次代理关系已经建立。

但是,对于首次来港或不经常来港船舶以及无业务合作关系的船公司所属船舶,则必须由委托人提出书面委托才能代办委办的事项。如果船公司与代理人事先并无任何联系,虽然船长来电告知船舶预抵日期,甚至提请代办委办事项,也不能认为是委托。在这种情况下,代理人应尽快与该船所属的船公司联系,取得对委托的确认,索取有关资料和备用金,并明确船舶来港任务,然后才可认为已建立航次代理关系。

(3)第二委托方代理

在同一港口,同一船舶的不同利益方就不同的委办事项委托同一代理人时,按代理关系的主次地位,除直接提出委托,并负责结算船舶港口费用的委托方以外,要求代理人代办同一艘船舶有关业务的其他委托人均称为第二委托方。

在一般情况下,船舶代理的委托方是船方。而第二委托方既可能是船方,也可能是承租人、货主或其他有关方。一艘船舶的代理只有一个委托方,但同时可以有一个或几个第二委托方。委托方和第二委托方的确定,不仅要看由谁委托代理,港口费用由谁负担,而且还要看由谁负责结算。例如,有的航次租船合同规定,代理人由承租人委托,费用也由承租人结算,在这种情况下,承租人就是委托方。如果同时船舶所有人也要求代理人为他办理业务,则船舶所有人就是第二委托方。又如租船合同规定代理人由承租人委托,而费用向船舶所有人结算,在这种情况下,船舶所有人是委托方,如果承租人也明确委托代理人为其办理业务,则承租人是第二委托方。代理人作为第二委托方代理同样应根据代办的业务向第二委托方索要代理费。

不过,并不是所有委托方之外的其他要求代办事务的委托人都是第二委托方。如果委办的事项非常简单,而且也不需要代理人承担什么责任,比如查询船舶在港动态,或代转信函等,都属于代理人应尽的责任。因此,单纯委办这类事项的委托人就不能作为第二委托方。如果委办事项比较复杂,而且代理人对委办事项的差错、疏漏要承担责任时,要求代办这些事项的委托人都应作为第二委托方。比如货主或其他有关方委托办理接受船舶装卸准备就绪通知书,要求提供装卸时间事实记录,提供船舶的各种装货单据,提供船长宣载通知等,除委托方外,均为第二委托方。

代理人与委托方以外的有关方建立第二委托方代理关系时,也必须由其提出书面委托。而且,第二委托方在提出委托要求时,也必须提供与委办事项有关的运输合同和其他货运资料,并汇寄备用金。

但是,如果租船人和船东共用一个代理,可能会有一点问题,那就是代理人所代表的不同委托方,有时会产生利益冲突,此时,代理人偏向哪一方,就不很明确了。因此,在目前一个港口存在多家船舶代理公司的情况下,既然委托方可以有选择的条件,那就完全可能选择不同的代理人。

三、船舶代理的业务范围

《中华人民共和国国际海运条例》第 29 条规定:“国际船舶代理经营者接受船舶所有人或者船舶承租人、船舶经营人的委托,可以经营下列业务:(一)办理船舶进出港手续,联系安排引航、靠泊和装卸;(二)代签提单、运输合同,代办接受订舱业务;(三)办理船舶、集装箱以及货物的报关手续;(四)承揽货物、组织货载,办理货物、集装箱的托运和中转(五)代收运费,代办结算;(六)组织客源,办理有关海上旅客运输业务;(七)其他相关业务。国际船舶代理经营者应当按照国家有关规定代扣代缴其所代理的外国国际船舶运输经营者的税款。”

可见,国际船舶代理业务是一项范围相当广泛的综合性业务,它包括所有原应由船公司自行办理的业务和少量原应由货主自行办理的与货运有关的业务。各国的船舶代理机构或代理行都有自己的业务章程,但代理的作用和业务范围却大致相同。如《中国外轮代理公司业务章程》规定了船舶代理的20项业务。通常,国际船舶代理的业务范围大体可归纳为以下几个方面:

(1)客货运组织工作

客运组织:代售客票、办理旅客上下船舶手续等。

货运组织:代为揽货、洽订舱位;绘制出口货物积载计划,缮制各种货运单证;签发提单、提货单;办理海上联运货物的中转业务等。

(2)货物装卸工作

有关货物装卸,包括联系安排装卸;办理申请理货及货物监装、监卸、衡量、检验;办理申请验舱、熏舱、洗舱、扫舱;洽办货物理赔工作等。

(3)集装箱管理工作

有关集装箱管理,包括办理集装箱的进出口申报手续,联系安排集装箱的装卸、堆存、清洗、熏蒸、检疫、修理、检验;办理集装箱的交接、签发集装箱交接单证等。

(4)船舶、船员服务工作

包括办理船舶进出口岸的申报手续,主要有船舶出入境海关手续,出入境边防检查手续,出入境检验检疫手续,海事机构申报手续;申请引航以及安排泊位;洽购船用燃料、物料、属具、工具、垫料、淡水、食品;安排提取免税备件,洽办船舶修理、检验、拷铲、油漆;办理船员登陆、签证、调换及遣返手续,转递船员邮件、联系申请海员证书、安排船员就医、游览等。

(5)其他工作

包括洽办海事处理、联系海上救助;代收运费及其他有关款项、提供业务咨询和信息服务;办理支付船舶速遣费及计收滞期费;经办船舶租赁、买卖、交接工作,代签租船和买卖船舶合同,经营、承办其他业务等。

第三节　备用金管理

船舶在港期间,会产生一些必要的费用,例如:船舶进港,需要引水员上船引领,由此产生引水费;船舶进出港口需支付港务费;船舶停泊作业期间会产生停泊费和装卸费;船舶在港口补充需要的物料及船员生活所需的物品、淡水,会产生物品供应费、淡水费等等。由于代办船舶在港各项手续、安排船舶靠泊及装卸作业所需费用金额较大,为了保证船舶在港期间的各项活动能安全有序地进行,需要一定数量的备用金供代理人使用。

备用金是指委托方或第二委托方按照代理人的要求,在建立代理关系后,预付给代理人用作支付船舶在港期间所发生的一切费用和船员借支或其他费用支出的款项。根据代理人不为委托人垫付任何款项的原则,代理关系建立后,各委托人须及时将备用金汇给代理人,否则由此而造成的船舶延误及其他损失或费用,均由委托方负责。从这一意义上说,汇寄备用金就构成建立代理关系的必要条件之一了。

备用金管理的主要内容包括备用金的索汇、使用和结算。

一、备用金的索汇

委托人预付备用金是代理人履行代理协议的必要前提。

因为备用金直接关系到船舶进港作业的安排,以及离港后的财务结算,所以必须于船舶到港前汇达。通常,在建立代理关系后,船舶到港之前,代理人应向委托方或第二委托方索汇备用金,并且还可以按照实际需要随时提出增汇要求。

1. 索汇对象

代理人在索汇时,首先应明确委托方和索汇对象。代理人是依照委托方指示办理业务的,索汇对象当然应该是委托方。在代理班轮时,委托方就是班轮公司,这是没有争议的。但是在代理租船的情况下,则要视租船方式而定。期租船和光租船情况下,租船人是委托方,则索汇对象就是承租人。航次租船情况下,船东为委托方,则索汇对象是船东;租船人为委托方,则索汇对象是租船人。

租船合同规定船舶港口代理人由船东指定,承租人不负担港口使费,船东为委托方,则索汇对象是船东;而如果承租人也要求代理人代其办理有关业务,则承租人为第二委托方,第二委托方代理费的索汇对象就是承租人。

租船合同规定船舶代理人由承租人委托,船东不承担港口使费,承租人为委托方,则索汇对象是承租人,如果船东也要求代理人代其办理有关业务,先可以向承租人索汇,若承租人不同意支付有关费用,则由船东提出委托,在建立代理关系后,根据委办事项,如船东委托代理人作为监护代理人时,则须向船东索汇监护代理费。

如果租船合同规定船舶港口代理人由承租人委托,而由船东支付港口使费等费用,那么在取得船东书面确认后,明确船东为委托方,索汇对象就是船东,此时如果承租人也要求代理人为其代办有关业务,则承租人就是第二委托方。如果租船合同中没有明确规定,那么提出委托代理要求和支付港口使费的一方为委托方,索汇对象也是该委托方。

此外,船舶在港口发生的其他费用,委托方要求代理人向其他方结算时,代理人一定要得到其他方的确认以后,才可另行索汇,若其他方拒绝支付,则这笔费用的索汇对象仍是委托方,为了避免风险,此种情况必须事先明确并索汇成功才能开始代理业务。

2. 索汇金额与索汇项目

索汇备用金的数额是代理人根据船舶规范中船舶总吨、净吨等主要数据和装卸货物的种类、数量等货物资料以及船舶在港口的任务或者船舶增添燃料、物料、淡水、食品等的数量估算出来的,而其中船舶净吨和装卸货物的数量是确定船舶代理费的最主要依据。对于建立长期代理关系的委托人,由于双方在长期往来中,相互间已有了较好的业务往来关系,对经营和财务经济状况已有了较好的了解和信任,而且代理人可以按需要随时提出增汇,所以委托人只须预付可供船舶逐航次使用的适当数额的备用金即可。但是,对于初次来港或不经常来港的船舶,则须充分估计可能发生的费用,正确估算数额略加余裕,分列费用项目向委托人索汇备用金。目前,用于估算船舶航次备用金的主要资料有交通部制定的《港口收费规则》(外贸部分)、《航行国际航线船舶代理费收项目和标准》以及《航行国际航线船舶理货费率表》等。

为了避免索汇项目笼统或汇款银行不详而往返查询,影响备用金及时汇达,通常代理人对初次来港或不经常来港的船舶,应将开户银行及账号详告对方,并将索汇项目分列清楚。

索汇项目基本上可分为以下几类:

①船舶费用:包括引水费、拖轮费、移泊费、吨税、船舶检验费、海事签证费、港务费、衡量监装验舱验货费、物品供应费、船舶检验费、垫舱物料费、扫舱洗舱费、燃料费、船舶代理费、淡水费、修理费、港杂费等。

②货物费用:包括装卸费、货物代理费、理货费、货物熏蒸费等。

③船员费用:包括船长借支、船员就医遣返费等。

④杂费:主要包括通讯邮电费、手续费、杂项费等。

3. 索汇工作中应注意的一些问题

(1)索汇时可能涉及到的某些费用

船舶代理人在索汇时应注意,除委托方同意情况外,索汇项目中不应包括滞期/速遣费。在租船情况下,如果承租人未能在他向船舶所有人保证的装卸时间内将货物全部装卸完毕或者承租人在约定的可使用的装卸时间用完之前提前完成装卸作业,按照租船合同规定,在船舶所有人和承租人之间就会产生滞期费或速遣费。但是,由于船舶的装卸货工作是在港口进行的,所以船方还可能与港口签订船舶滞期速遣协议。对签有协议的船舶,港方按协议规定的条件优先安排泊位,优先安排机械设备以提高货物的装卸速度、加速船舶周转。当然,并非所有的船舶都必须与港口签订滞期速遣协议。

另外,对于载运出口货物的船舶,如果委托方要求船舶在港口所发生的有关费用从承租人支付的租金或运费中予以扣除时,代理人应立即联系承租人以得到确认。同时,由于在货物装船后将会签发运费预付的提单,所以在签发提单并交给承租人之前应收到相应数额的款项。

(2)索汇后备用金未到的处理

当委托代理的船舶在抵港之前或者作业完毕即将离港,而委托方未能将备用金汇达时,代理人应根据不同情况采用相应措施。当委托方与代理人保持有经常的航次代理关系,而且委托方历来信誉良好;或者船舶所载进口货物中有到付运费,而且委托方委托代理人代收运费;或者委托方与国内有关单位有账未清,而且可以取得国内有关单位代付时;或者船舶是来港起租的中方公司的期租船等情况下,代理人可以在安排船舶进港作业的同时,催促委托方尽快汇寄备用金。在委托方信誉良好;或者代理人代收的进口运费尚未汇出;或者国内有关单位有委托方结存的款项,而且同意代付;或者备用金已经汇出,而且有第一流的汇款银行来电证实,有电汇编号及汇款途径等的情况下,代理人可以在安排开航的同时,继续催索。

但是,对于历来信誉不良的委托方,对首次或临时来港船舶的委托方情况不明,委托方要求分别结算的对象不清,已发生或可能发生扯皮的情况下,当备用金未到时,代理人不应安排船舶作业、离港,同时代理人还应再次催索。

一般情况下,国际船舶代理人不为委托方垫付任何款项。但是也有一些协议或者特殊的情况存在。在业务实践中,有的船代为了争取业务,在委托方备用金未到的情况下,先行处理代理业务并垫付费用。也有的委托方指定其他方为索汇对象,例如,一艘船舶即将到港,租船人委托船舶代理公司代理该船在港期间的一切事宜。但该租船人指定另一家公司为索汇对象,要求船代公司向另一家公司索汇。如果在未得到所指那家公司的确认,就开始为委托方办理在港业务,并垫付费用,那么一旦船舶离港,代理将会变得非常被动。尽管遇到所指公司拒付的情况,委托方仍应负担发生的费用,但是实际追讨垫付款的过程是费力又漫长的。为此,建议船舶代理人不要在未得到任何确认的情况下,由自己垫付所有费用,以防遇到租船人和其他方的合伙欺诈。总之,船舶代理人对于此类特殊情况应谨慎处之。尽量做到在不损失客户的前提下,妥善安排、正确操作。

毕竟在备用金未到的情况下实施代理行为并垫付费用是存在风险的,上文提到的一些在实务中采用的变通方法,一般只适用于多次来港的船舶或仅载小批量货物的船舶。

其实,无论对代理人还是委托方,备用金的管理同样重要。一般认为,在船舶代理中,委托人预付备用金是代理人履行代理协议的必要前提。如果备用金未到或金额不足,将会影响到船舶的正常作业,并可能因此而产生一些额外费用,甚至影响到船舶预定的离港时间。在泊位比较紧张的情况下,还会影响到下一艘靠港船舶的作业计划。这种情况下,如果代理人没有过错,那么产生的一切后果只能由委托方来承担。

二、备用金的使用原则

根据不垫付的原则,备用金必须保持一定的余额。但是,在委托人汇寄备用金后,如果代理人对备用金的使用掌握不当,就会因备用金不敷船舶在港的必要开支的需用而影响船舶在港的正常作业和必要的供应。这时,如果代理人仍不给予必要的垫付,就会有损委托人的利益,从而影响代理人的信誉。但如果垫付,又可能造成最后结算困难,甚至发生拖欠、呆账等情况。所以,代理人在使用备用金时,要指定专人掌握备用金的使用,随时注意使用情况,发现可能超支时,要及时提出增汇。业务部门工作人员特别是船务调度与外勤人员应经常与掌握备用金使用的工作人员保持联系,随时掌握船舶吨税执照使用期限、船舶在港作业进度和费用开支情况,严格按照备用金使用的范围和索汇备用金时分列的费用项目专款专用,对于数额较大的杂项费用(如货物混票等)应及时向财务部门反映;长期代理应逐船逐航次确定供应品的限额。此外,对于船员借支也要严格掌握,只能在委托人汇寄的船员借支项下的数额范围内借支。如果委托方未按索汇金额如数汇寄备用金,则开支时应以优先保证港口费用、吨税和代理费用的开支为原则控制使用。

三、备用金的结算

船舶离港后,代理人应及时汇总船舶在港期间所支付的各项费用和应收取的代理费,详细列出"航次结账单"(见表 7-1)连同所附的各项收费单据寄交委托方,并将扣除上述费用后的备用金余额退回或结存,这就是备用金的结算。

不论长期代理或航次代理,备用金的结算都以"一船一结"为原则,并且都应在船舶离港后及时(或在一定的期限内)作出航次结账单,随附所付费用的收据寄交委托方。所不同的是,在航次代理的情况下,备用金按航次结算,代理人在寄交航次结账单及随附的各项收费单据的同时,应将备用金的余额退还委托方,或根据委托方的要求将余款结存;而在长期代理的情况下,备用金虽不必按航次结清,但在船舶离港后,仍须及时将航次结账单及随附各项收费单据寄交委托方,并按月向委托方抄送往来账,核清账目。对于委托方一段时间暂不来船,要求退回余额的,应核清账目后办理退汇。

在航次代理的情况下,如果船舶已离港,还有船员因病、因伤留岸住院治疗,所有医疗费及病愈后的遣返费用,均须在遣返船员后始能结算。在这种情况下,应该首先将该船港口费用部分制单结算,而备用金余款则可暂不退汇,留待遣返船员后再作最后结算退汇。

为了避免委托方借故拒付,所有随附于航次结账单的付费收据都应清晰无误,并应经船舶有关人员(船长、轮机长、大副、管事)签字。原始单据是向委托方进行结算的主要依据,原则上应在费用结清时才能对外寄送。在航次代理情况下,如果备用金尚未汇达或费用尚有结欠,则原始单据暂不寄送。委托方坚持索取时,可提供影印本或另行缮制抄本。

通常,对国外委托人以外汇汇寄的备用金,对外都按外币记账,对内则按收汇日银行牌价记入本国货币账户。航次结账,一般也都选择付款期内对代理人有利的牌价结算剩余外币,按退汇日外汇买入价结算。至于外汇浮动差价损益,则归于代理人。

表 7-1

航次结账单

TRIP ACCOUNT

委托单位 Entrusting Party ______

账单编号 Acct No. ______

船　名 Vessel ______

进港日期 Date of Arrival ______

港　名　　宁　波 Port ______ Ningbo ______

离港日期 Date of departure ______

装卸货数量 Cargo Loaded/Discharged ______/______ tons.

日　期 Date ______

净　吨 N.R.T. ______

顺序号 No.	项　目 Items	金　额 Amount(RMB.)	单据编号 Vou. No.	备　注 Remarks
1	引水及移泊费 Pilotage & Shifting			
2	港务费 Harbour Dues			
3	拖轮费 Tugs Hire			
4	装卸费 Stevedorage			
5	装卸区其他费用 Other stevedorage Charges			
6	船舶检验费 Marine Survey			
7	海事签证费 Endorsements on Sea Protest			
8	理货费 Tallying			
9	淡水费 Fresh Water			
10	吨税 Tonnage Dues			
11	衡量监装验舱验货 Hatch, Cargo Survey			
12	伙食 Provisions			
13	供应物品 Supplies			
14	垫舱物料 Dunnage Materials			
15	船长借支 Advance to Captain			
16	医药费 Medical Expenses			

续上表

顺序号 No.	项　目 Items	金　额 Amount(RMB.)	单据编号 Vou. No.	备　注 Remarks
17	修理费 Repairing			
18	燃料 Bunkers			
19	邮电费 Telegrams, Phone, Postage			
20	代理费 Agency Fee			
21	手续费 Handling Charge			
22	什费 Sundries			
23				
24				
25				
26				
27	费用合计 Total Disbursemets		折　合 Equal to	折　合　率 Ex. rate
28	预　收　款 Deposit Received			
29	结 欠 你/我 方 款 Balance in your/our favour			

if any inquiries, Please Return the original Vouchers　　　　制　单
Made by

第四节　船舶进出港与现场管理

一、船舶进出港手续

在我国，进出我国口岸的外国籍船舶和航行国际航线的中华人民共和国国籍的船舶，被统称为国际航行船舶。凡此类船舶，进出港口都需要向口岸机构办理进出港手续，接受边防检查站(移民机构，简称边检)、海关、国境卫生检疫机构(简称卫检)和动植物检疫机构(简称动植检)和海事机构的检查。

为了加强对国际航行船舶进出我国口岸的管理，便利船舶进出口岸，提高口岸效能，国务院于 1995 年发布了《国际航行船舶进出中华人民共和国口岸检查办法》。根据该办法规定，在船舶进、出口岸前，船方或其委托的船舶代理人，必须事先向上述口岸机构联系，申报并取得各种必要的签证。

1. 海事申报手续

中华人民共和国海事局是对我国管辖水域的交通安全和防止船舶污染实施统一监督的主管机构。中华人民共和国海事局及其下属地方海事机构，根据《中华人民共和国海上交通安全法》等有关法律法规的规定，主要职责是：贯彻执行国家有关水上交通安全和船舶防污染法规，制定具体管理规定，并监督有关各方遵照执行；对船舶进行注册登记，签发船舶所有权证书和国籍证书；监督船舶的人员配备，签发海员证、船员适任证书等有关证书文件；负责辖区内港口监督检查、船舶安全检查工作；审批外国籍船舶进入我国内水和港口的申请，负责航行船舶进出口岸查验、国内航行船舶进出港签证、监督执行国家强制引航制度；监督船舶的技术状况、航行情况，负责监督船舶装运危险货物和其他货物安全、防止船舶污染水域；监视港区水域污染情况，拟定和执行港口油污应急计划；维护水上交通秩序，组织指挥海难搜救，调查处理船舶水上交通和船舶污染事故；对违反我国水上交通监督管理有关法律法规及规章的船舶，海事机构有权给予警告、罚款和令其停航、改航、返航或在一定时间内禁止其离港或停止作业；对有违反水上交通监督管理行为的船员及有关人员，可给予警告、扣留或吊销适任证书、罚款处罚等。

船舶进口岸时的海事申报手续是，根据《国际航行船舶进出中华人民共和国口岸检查办法》规定，由船方或其代理人在船舶预计抵达口岸 7 日前(航程不足 7 日的，在驶离上一口岸时)，填写《国际航行船舶进口岸申请书》，报请抵达口岸的海事机构审批。拟进长江水域的船舶，船方或其代理人应当在船舶预计经上海港区域 7 日前(航程不足 7 日的，在驶离上一口岸时)，填写《国际航行船舶进口岸申请书》，报请抵达口岸的海事机构审批。船舶经审批准许入境后，船方或其代理人应及时通知海关、边检、卫检和动植检机构。

根据《国际航行船舶进出中华人民共和国口岸检查办法》实施规定，船方或其代理人应在船舶预计抵达口岸 24h 前(航程不足 24h 的，在驶离上一口岸时)，将抵离港时间，停泊地点，靠泊计划及船员、旅客的有关情况，船舶装卸货物、物品的时间等情况报告海事机构。

船方或其代理人在办理进口岸手续时，应向港口所在地的海事机构准确填报并提供《总申报单》、《船员名单》、《货物申报单》、《船舶概况报告单》、上一港口的出口岸许可证和海事机构要求的其他单证、报表、证件或资料各一份。主要申报单证见表 7-2、7-3、7-4、7-5。

总 申 报 单　　　　表 7-2

抵港　　离港

1.船舶名称及种类		2.抵/离港口	3.抵/离日期及时间
4.船舶国籍	5.船长姓名	6.驶来港/目的港	
7.登记证书(港口、日期、号码)		8.船舶代理名称及地址	
9.总吨位	10.净吨位		
11.在港泊位			
12.航次摘要(先后挂靠港口，并在即将卸下留存货物的港名下划线标注)			
13.货物摘要说明			
14.船员人数(含船长)	15.旅客人数	16.备注	
附件(标明份数)			
17.货物申报单	18.船用物品申报单		
19.船员名单	20.旅客名单	21.船长或其代理人签名、日期	
22.船员物品申报单 *	23.航海健康申报书 *		

检查机关签注

船 员 名 单

表 7-3

| | 下抵港 | | 离港　　第　页

1.船　名		2.抵/离港口		3.抵/离日期
4.船舶国籍		5.驶来港		6.证件种类及号码(海员证)
7.序号 8.姓名	9.职务	10.国籍	11.出生地点	

12.船长或其代理人签名,日期

CREW LIST

| | Arrival | | Departure　　Page No.

1.Name of ship		2.Port of arrival/departure		3.Date of arrival/departure
4.Nationality of ship		5.Port arrived from		6. Nature and No. of identity document (seaman's passport)
7.NO. 8.Family name, given names	9. Rank or rating	10. Nationality	11. Date and place of birth	

12.Date and signature by master, authorized agent or officer

货 物 申 报 单

表 7-4

| | 抵港 | | 离港　　第　页

1.船　名		2.申报港	
3.船舶国籍	4.船长姓名	5.装货港/卸货港	
6.标记及号码	7.包件的种类和数量;货　名	8.毛　重	9.单　位

10.船长或其代理人签名、日期

CARGO DECLARATION

| | Arrival | | Departure　　Page No.

1.Name of ship		2.Port where report is made	
3.Nationality of ship	4.Name of master	5.Port of loading/Port of discharge	
6.Marks and Nos.	7.Number and kind of packages; description of goods	8.Gross weight	9.Measurement

10. Date and signature by master, authorized agent or officer

表 7-5

船舶概况报告单(A)

船舶概况

船名		总长	米	型宽	米	型深	米	龙骨以上最大高度	米
呼号		船舶种类		建造年月		营运航速		主机功率	
夏季满载吃水	米	淡水宽限	毫米	吨/厘米		载重吨/标箱			
IMO 编号		所有人/经营人							

船舶证书

(不适用不填)

证书名称	签发日期	有效期止	最近一次年检日期	证书名称	签发日期	有效期止	最近一次年检日期
国籍证书				最低安全配员证书			
国际吨位证书				散装液化气适装证书			
国际载重线证书				散装危险化学品适装证书			
国际防止油污证书				防止有毒液体污染证书			
货船构造安全证书				油污损害民事责任公约证书			
货船无线电安全证书				船公司符合证明			
货船设备安全证书				安全管理证书			
船舶航行安全证书							
客船安全证书				载明救生设备仅供总人数________人使用			
免除证书				所免除内容:			

船员适任证书

职务	适任证书编号/有效期止	职务	适任证书编号/有效期止
船长		轮机长	
大副		大管轮	
二副		二管轮	
三副		三管轮	
无线电人员			

安全检查

是否持有港口国管理检查报告有/无　最近一次检查日期/地点__________　本港是否有复查项目有/无

安全检查记录簿　有/无　最近一次检查日期/地点__________　本港是否有复查项目有/无

兹声明:我船证书齐全有效,处于适航状态,船员配备、货物装载符合要求,申请材料准确无讹。

此致

中华人民共和国__________海事局　　**船长签字________________**

日期:______年______月______日

中华人民共和国海事局监制

REPORT ON SHIP'S PARTICULARS(A) （背面）

SHIP'S PARTICULARS

SHIP'S NAME		L.O.A		BREADTH MOULDED		DEPTH MOULDED		MAX HEIGHT FROM KEEL	
CALL SIGN		SHIP TYPE		YEAR OF BUILT		SERVICE SPEED		M/EPOWER	
SUMMER MEAN DRAFT		FRESH WATER ALLOWANCE		T.P.C		D.W.T/TEU			
IMO NUMBER		OWNER/OPERATOR							

SHIP'S CERTIFICATES

(Unnecessary to fill in for those not applicable)

CERTIFICATE	DATE ISUED	DATE VALID	DATE OF LAST ANNUAL SURVEY	CERTIFICATE	DATE ISUED	DATE VALID	DATE OF LAST ANNUAL SURVEY
NATIONALITY (REGITRY)				MIMIMUM SAFE MANNING			
TONNAGE				LIQUEFIED GASES FITNESS			
LOAD LINE				DANGEROUS CHEMICALS FITNESS			
I.O.P.P				N.L.S			
SAFETY CONSTRUCTION				C.L.C			
SAFETY RADIO				ISM D.O.C			
SAFETY EQUIPMENT				S.M.C			
NAVIGATION SAFETY							
PASSENGER SHIP SAFETY				Life saving appliances Provided for a total number of ________ persons			
EXEMPTION				Content exempted			

CERTIFICATES OF COMPETENCY FOR SEAFARERS

PANK	No. of licence ofcompetency/valid until	PANK	No. of licence ofcompetency/valid until
Captain		Chief Engineer	
Chief officer		2/Engineer	
2/officer		3/Engineer	
3/officer		4/Engineer	
Radio personnel			

SAFETY INSPECTION

Whether or not holding the Report On inspection of P.S.C	YES/NO	Date/place of last inspection:	Whether there is any items to be re-inspected in this port	YES/NO

I hereby declare that the particulars entered on this form are true and correct. signature of captain:________

To ____________ Maritime Safety Administration of the P.R.C Date:____________

根据《国际航行船舶进出中华人民共和国口岸检查办法》的规定，船舶出口岸时的海事申报手续，应在船舶驶离口岸前的 4 小时内（船舶在口岸停留时间不足 4 小时的，在抵达口岸时）办理。实际工作中，通常在船舶出港计划确定后，船方或其代理人就可以办理船舶出口岸手续。具体程序是：先办妥海关、检验检疫和边防检查手续，最后由海事机构根据各检查机构签注的《出口岸手续联系单》（见表 7-6）签发《中华人民共和国国际航行船舶出口岸许可证》。船方或其代理人在办理出口岸手续时，应向海事机构准确填报并提供《总申报单》、《船员名单》（无变更者免）《货物申报单》（本港无装货者免）、《船舶概况报告单》（无变更者免）、海事机构监督管理所需要的其他单证各一份。

船舶出口岸手续联系单　　表 7-6

经办单位：　　经办人签名：

<table>
<tr><td rowspan="2">船名</td><td>中文</td><td></td><td>国籍</td><td></td></tr>
<tr><td>英文</td><td></td><td>泊位</td><td></td></tr>
<tr><td>海关签注</td><td colspan="4">经办人签名：　年　月　日　时</td></tr>
<tr><td>边防签注</td><td colspan="4">经办人签名：　年　月　日　时</td></tr>
<tr><td>国检签注</td><td colspan="4">经办人签名：　年　月　日　时</td></tr>
<tr><td>港监签注</td><td colspan="4">经办人签名：　年　月　日　时</td></tr>
</table>

检查机构可依据有关法律、法规规定登轮检查并办理船舶进出口岸检查手续。对于定期客班轮、旅游船、废钢船、进出非开放港口或水域的船舶、不靠岸的海上作业船，以及在船方或其代理人邀请等其他需要集体登船办理进出口岸手续的情况，海事机构可会商有关检查机构集体登轮办理船舶进出口岸手续。

2. 海关手续

中华人民共和国海关是国家的进出关境监督管理机构。为了促进对外经济贸易发展，方便进出境船舶运输，加强海关对进出境船舶及其所载货物、物品的管理，根据海关法和国家其他有关法律、法规的规定，所有进出境运输工具自进入我国关境之日起至驶离我国关境之日止，均应该接受海关监管。根据《中华人民共和国海关法》和海关总署制定的《中华人民共和国海关对进出境国际航行船舶及其所载货物、物品监管办法》规定，船舶应当通过设有海关的港口进、出境，停泊，装卸货物、物品和上下人员，进出境应当向海关申报，且在停留期间，未经海关许可，不得擅自驶离停靠地点，保证申报进境地点与停靠地点相一致。船舶如需通过未设立海关的港口进出境，停泊，装卸货物、物品和上下人员，应当经国务院或国务院授权的机构会商海关后批准，接受海关监管。船舶负责人或者船舶代理人应当将船舶到港和离港的时间提前 24h 通知海关，将船舶装卸货物、物品的时间事先通知海关。

对正常入境的船舶，船方或其代理人可事先向海关办理进口岸手续，递交《总申报单》、《货物申报单》、《船员名单》、《旅客名单》各1份。海关对船方及其代理人的预申请及其办理手续申请，应在船舶到港前作出答复。

对抵口岸前未办好口岸手续的船舶，也可在船舶靠泊后24h内到海关交验有关单证；对于船舶停靠时间较短等特殊情况，经海关同意，进出口岸手续可以一并办理。

船舶入境时，船舶负责人应当向海关如实申报，并递交《船舶进口报告书》1份；《进口载货清单》2份（无进口货物时交"无货清单"）；《进境旅客清单》、（无旅客时免交）、《船员清单》、《船用物品申报单》（见表7-7）、《船员物品申报单》（见表7-8）各1份；《船舶进出境（港）海关监管簿》（境外船舶免交）、《国际航行船舶吨税证书》或《船舶吨税执照申请书》（见表7-9），以及海关监管所需其他单证。

船用物品申报单 表7-7

| | 抵港 | | 离港 第 页

1.船　名		2.抵/离港口	3.抵/离日期
4.船舶国籍		5.驶来港/目的港	
6.在船人数	7.停留时间	8.存放位置	
9.品　名	10.数量	11.检查机关签注	

12.船长或其代理人签名、日期

SHIP'S STORES DECLARATION

| | Arrival | | Departure Page No.

1.Name of ship		2.Port of arrival/departure	3.Date of arrival/ departure
4.Nationality of ship		5.Port of arrival/Port of destination	
6.Number of persons on board	7.Period of stay	8.Place of storage	
9.Name of article	10.Quantity	11.For official use	

12. Date and signature by master, authorized agent or officer

船员物品申报单 表7-8

第 页

1.船名		2.应税、禁止或限制物品*				
3.船舶国籍						
4.序号 5.姓名	6.职务					7.签名

8. 船长或其代理人签名、日期

*例：酒、酒精、卷烟、烟草等

CREW'S EFFECTS DECLARATION

Page No.

1. Name of ship		2. Effects which are dutiable or subject to prohibitions or restrictions *			
3. Nationality of ship					
4. No. 5. Family name, given names	6. Rank or rating				7. Signature 签名

8. Date and signature by master, authorized agent or officer

* e.g. wines, spirits, cigarettes, tobacco, etc..

船舶吨税执照申请书 表 7-9

按照《中华人民共和国船舶吨税暂行办法》的规定,检同有关证件(包括国籍证书、吨位证书、或当地港务机关的证明文件),开具下列事项,请予完纳船舶吨税,并发给船舶吨税执照。

In compliance with the provisions of the Provisional Regulations Governing the Collection of Tonnage Dues of the People's Republic of China, I hereby submit the following particulars together with the relevant documents (including the Certificate of Nationality, the Tonnage Measurement Certificate or supporting documents issued by the Harbour Authorities concerned) with the request for the issue of a Tonnage Dues Certificate upon payment of Tonnage Dues.

1. 船名
Ship's Name ____________________

2. 船舶类型
Ship's description ____________________

3. 国籍
Nationality ____________________

4. 净吨位
Net Tonnage ____________________

5. 抵口时间
Arrival Time ____________________

6. 租用关系
Charter Relation ____________________

7. 按九十天期或三十天期(由申请人选定一种)
Tonnage Dues Certificate valid for 90 days/30 days (As preferred by the applicant)

____

兹声明上列各项申报正确无误承担法律责任　　　　此　致

中华人民共和国　　　　海关

I hereby declare that all the particulars given in this Application are true and correct. I will take the relevant responsibility.

To　　　　Customs of the People's Republic of China

船　长:(签名盖章)____________________　　船舶代理(签名盖章)____________________

ship's captain (signature as applicant)____________________ ship's agent(signature)____________________

日期　　年　　月　　日　　　　日期　　年　　月　　日

Date ____________________　　　　Date ____________________

船舶入境后驶往境内其他港口前,境外船舶应当向海关递交转港报告书,并将海关关封完整无损地带交下一港口海关。境内船舶离港前,应当由海关在《船舶进出境(港)海关监管簿》上批注。

根据《国际航行船舶进出中华人民共和国口岸检查办法》的实施规定,船方或其代理人应当在船舶预计抵达口岸 24h 前(航程不足 24h 的,在驶离上一口岸时),将抵离港时间、停泊地点、靠泊计划及船员、旅客的有关情况报告海关。船舶如不能按期到达,船方或其代理人应及时通知海关。船舶装卸货物、物品的时间按海关要求也应提前报告。

船舶到港时,船方或其代理人如果不能及时提供齐全的《进口载货清单》,须向海关出具保函,并经海关同意后可以先行卸货,但应在卸货后 24h 以内将齐全的《进口载货清单》补交海关。

对于来自我国境内港口的进出境船舶，到港向海关交验有关手续（外国籍船舶交验上一港海关制作的"关封"，中国籍船舶交验《船舶进出境（港）海关监管薄》）后，即可装卸货物、物品。

船舶在港停留期间，必须严格遵守我国的有关法律、法规，接受海关的检查和管理。例如，在货物装卸过程中，海关人员常会登船检查所装的货物。因此，在必要时，须在装货前向海关登船人员出示装货单，装货完毕后出示收货单，卸货完毕后出示过驳清单等卸货单证。

根据国际通行惯例，国际航行船舶在进出各国关境时，除应按各国海关的规定递交相应的报关单证外，还应同时附带下列证明船舶本身在运营过程中必须具备的有关书面证明文件，包括船舶国籍证书、吨位证书、航海日志等。

船舶出境时，应当向海关如实申报。船方或其代理人应当在船舶驶离口岸前一定的时间通知海关（船舶在口岸停泊时间不足4h的，在抵达口岸时），到海关办理出口岸手续，并由海关在《船舶出口岸手续联系单》上签注。

船舶驶往境外或境内其他港口时，船方或其代理人应向海关交验《货物申报单》1份，附"出口载货清单"2份（无出口货物的递交"无货清单"），《船员名单》（无更动时免交）、《出境旅客名单》（无更动时免交）各1份及海关监管所需其他单证。此外，航行国际航线的中国籍船舶需提交《船舶进出境（港）海关监管簿》。

另外，根据各国有关缴纳船舶吨税的法规规定，除因避难或检疫或修船而临时入港时可不缴纳船舶吨税外，凡从事国际贸易货物运输的外国籍船舶进入对外开放港口，必须按照船舶吨位按次或按月、季、年度缴纳船舶吨税。在我国，船舶吨税是由海关代表国家交通管理部门在设关口岸对进出我国国境的船舶征收的用于航行设施建设的一种使用税。凡是驶入我国港口或行驶于我国港口之间的外籍船舶、外商租用的中国籍船舶、中外合营企业租用的外国籍船舶都要交纳船舶吨税。

如果船舶吨税执照未过期，那么，在进口岸时只需向海关出示吨税执照供其验核。如果船舶没有吨税执照或吨税执照已过期，在入境申报时就应向海关提交船舶吨税执照申请书，海关据以计算应收吨税后，将吨税收款单交船方或其他代理人，船方或其他代理人凭单向指定的银行缴纳吨税。

船舶吨税自船舶申报进境之日起征收，并分90天期缴纳和30天期缴纳两种。纳税人（亦即船舶负责人）可根据船舶航行的航次、航期和滞留港口的时间自行选择纳税种类，如按90天期缴纳的，按法定税级税率征收吨税，如按30天期缴纳的，按法定税级税率减半征收吨税。纳税人（船舶负责人）应自海关签发吨税缴纳款书之日起5日内缴清吨税，并由海关签发船舶吨税执照。

《中华人民共和国船舶吨税暂行办法》规定了船舶吨税的缴纳办法。并按船舶种类、吨位等级、一般税率、优惠税率分别制定了按90天期缴纳和按30天期缴纳的税级税率表。凡与我国签定有条约或协定、相互给予船舶吨税优惠的国家和地区籍的船舶，其吨税按优惠税率计征；其他国家和地区籍的船舶，吨税按一般税率计征。经常或定期挂靠我国港口的船舶，一般可以选择按90天期缴纳，既方便又经济。

已经完成吨税缴纳的船舶，如有驶离我国港口避难、修理者，或因防疫隔离不能上下客者，或船舶经中央或地方人民政府征用或借用者，海关验凭所交港务机关证明文件，按实际日期，可将执照有效日期批注延长。

凡是与我国建立外交关系的国家的大使馆、公使馆、领事馆使用的船舶；有当地港务机关证明避难、修理、修驶或拆毁并无上下客的船舶；专供上下客货及有货的泊定趸船、浮桥趸船及浮船;中央或地方人民政府征用或借用的船舶以及无须向海关申报进口的国际航行船舶,均可免缴吨税。

3. 检疫手续

国家质量监督检验检疫总局在各地设有地方出入境检验检疫局,主管口岸出入境旅客和出入境货物、动植物及其产品、运输工具等的检验检疫和监督管理工作。其中包括国境卫生检疫、动植物检疫和进出口商品检验等职能。实际上,由于国家有关行政机构的改制,国境卫生检疫和动植物检疫都已经不再有单独的机构,但在此为了叙述方便仍将国境卫生检疫和动植物检疫的职能承担方,称为卫生检疫机构和动植物检疫机构。

1)卫生检疫手续

国境卫生检疫机构是国家设在口岸执行国家卫生检疫法规的卫生职能部门。国境卫生检疫机构依据《中华人民共和国国境卫生检疫法》和《中华人民共和国食品卫生法》等有关法律法规的规定,执行防止检疫传染病传入或传出、传染病监测和预防接种、卫生监督、卫生处理和进口食品检验等任务。

船舶在进出港口时应办理有关检疫、灭鼠和预防接种等手续。

(1)检疫

关于船舶的入境检疫,按《中华人民共和国国境卫生检疫法实施细则》的规定,必须在港口的检疫锚地或者在卫生检疫机构同意的指定地点实施。船舶代理人应当在接受入境检疫的船舶到达以前,尽早向卫生检疫机构通知有关船名、国籍、预定到达检疫锚地的日期和时间;发航港、最后寄港;船员和旅客人数;货物种类等事项。如果船舶在航行中发现检疫传染病、疑似检疫传染病,或者有人非因意外伤害而死亡且死因不明的,船长必须立即向实施检疫港口的卫生检疫机构报告船名、国籍、预定到达检疫锚地的日期和时间;发航港、最后寄港;船员和旅客人数;货物种类;病名或者主要症状、患病人数、死亡人数;船上有无船医等事项。

《国际航行船舶进出中华人民共和国口岸检查办法》也有类似及更为详细的规定,船方或其代理人在船舶预计到达口岸24h前(航程不足24h的,在驶离上一港口时),根据船方电报内容,向口岸卫生检疫机构报告下列内容:船名、国籍、预定抵港日期和时间;十日内停靠港口及最后寄港的驶离日期;船员和旅客的人数及健康状况;如有病人,病人的主要症状;船舶卫生证书编号,除鼠证书和免于除鼠证书的签发日期、签发港;货物、集装箱种类、数量及其装载港和日期;饮水、食品、压舱水的数量、装载港及日期。

按国际惯例,接受入境检疫的船舶在白天时,按规定在明显处悬挂国际通讯信号旗:“Q”字旗表示本船没有染疫,请发给入境检疫证;“QQ”字旗表示本船有染疫或者染疫嫌疑,请即刻实施检疫。夜间在明显处所垂直悬挂灯号:红灯三盏表示本船没有染疫,请发给入境检疫证;红、红、白、红灯四盏表示本船有染疫或者染疫嫌疑,请即刻实施检疫。在卫生检疫机构发给入境检疫证前不得降下上述检疫信号。悬挂检疫信号的船舶,除引航员和经卫生检疫机构许可的人员外,其他人员不准上船,不准装卸行李、货物、邮包等物品,其他船舶不准靠近;船上的人员,除因船舶遇险外,未经卫生检疫机构许可,不准离船;引航员不得将船引离检疫锚地。

申请电讯检疫的船舶,首先由船方及其代理人填写船舶入境的“电讯卫生检疫申请书”并传给卫生检疫机构,在入境前24h应向卫检机构报告:船名、国籍、预定到达检疫锚地的日期和时间;发航港、最后寄港;船员和旅客人数及健康状况;货物种类;船舶卫生证书的签发日期和编号、除鼠证书或者免予除鼠证书的签发日期和签发港,以及其他卫生证件等事项,卫生检疫机构工作人员根据申报内容依据法律和有关规定作出锚地、靠泊或随船卫生检疫的决定,并将

处理意见及时通知船舶代理人。入境船舶如有下列情况之一者,必须实施锚地卫生检疫:

①来自疫区的;

②船上载有或曾有过腹泻、呕吐、皮疹、黄疸、高热并附带淋巴结肿大等疑似检疫传染病症状的病人;

③船上载有非意外伤害死亡并死因不明的尸体;

④船上发现死因不明的啮齿动物;

⑤载有废旧物品或需要卫生处理的货物(包括核放射性物质);

⑥船舶除鼠证书或免于除鼠证书过期的。

未有上述所列情形的船舶,卫生检疫机构准予该船直接靠泊,靠泊后,卫生检疫机构登轮实施卫生检疫,并在船方陪同下对船舶实施卫生检疫,逐项填写船舶卫生监督登记表,只有符合卫生检疫标准的方可签发入境船舶卫生检疫证书(free pratique),船方方可降下检疫信号。卫生检疫机构对持有《船舶卫生证书》的船舶在确认不需要锚地卫生检疫时,准予该船直接进港,可以降下检疫信号,船舶靠岸后,卫生检疫机构实施卫生监督。

《船舶卫生证书》自签发之日起十二个月内可以申请电讯检疫,对持有《船舶卫生证书》的船舶,在确认不需要在锚地卫生检疫时,准允直接靠泊,船方或其代理人在24 h内到口岸卫生检疫机构办理进口岸手续。递交《总申报单》、《货物申报单》、《船舶物品申报单》、《船员名单》、《旅客名单》、《航海健康申报书》以及卫生检疫机构所需要的有关卫生证件各1份。

国际航行船舶入境检疫签证申报单见表7-10。

中华人民共和国上海出入境检验检疫局

国际航行船舶入境检疫签证申报单 表7-10

ENTRY QUARANTINE DECLATATION FOR CERTIFICATE FOR SHIPS ENGAGED IN INTERNATIONAL VOYAGES

SHANGHAI ENTRY & EXIT INSPECTION AND QUARANTINE BUREAU OF P. R. C.

船舶代理 Ship's Agent ______ 船舶所属公司 Ship's owner ______

船名/航次 Name of ship/voyage No. ______ 船籍 Ship's nationality ______

总吨数 Gross tonnage ______ 装载货物种类 Description of cargo ______

启运港 Port of departure ______ 途经港 Port of call ______ 抵港日期和时间 Date and time of arrival ______

上海港装运的出境集装箱数量 Give the number of empty container loaded at Shanghai 20英尺 20' ____ 个, 40英尺 40' ____ 个

贵船是否有(ARE THERE ON BOARD YOUR SHIP)

1.伴侣动物和/鸟类 Pets and/or birds 有 Yes ______,来自 From ______,无 No

水果和/或蔬菜 Fruits and/or vegetables 有 Yes ______,来自 From ______,无 No

花卉盆景 Potted plants 有 Yes ______,来自 From ______,无 No

肉类,香肠,熏肉和/或家禽产品税 Meat, sausages, ham, and/or poultry products 有 Yes ______,来自 From ______,无 No

船长签名 Signature of Master ______ 船印 Ship's stamp ______

* 登轮日期和时间(由检疫官员填写)

* Date and time of boarding (For official use only) ______

卫生检疫机构验证合格后，签发船舶入境卫生检疫证。

如果船舶来自疫区，或航行中发现检疫传染病患者或死者，或发现了带有鼠疫病菌的鼠类，或认为船舶有可能已被检疫传染病菌污染，则应在合理而适度的范围内采取隔离、封存、消毒、销毁、禁用、灭鼠和预防接种等项措施。

在检疫结果未发现特殊情况时，检疫人员才可向船方签发检疫证书（free pratique）或临时检疫证书。这时，才能开始该船与陆地间的交通。

出境时的口岸卫生检疫手续，应在船舶驶离口岸前一定的时间（船舶在口岸停留时间不足4小时的，在抵达口岸时）由船方或其代理人办理，同时提供《总申报单》、《货物申报单》（本港无装货者免）、《船员名单》、《旅客名单》、《航海健康申报书》及有关卫生证件各1份，向卫生检疫机构通知船名、国籍、预定开航的日期和时间；目的港、最初寄港；船员和旅客名单；货物种类等事项。船舶的入境、出境检疫在同一港口实施时，如果船员、旅客没有变动，可以免报船员和旅客名单；有变动的，报变动船员和旅客名单。对船舶实施出境检疫完毕后，除引航员和经卫生检疫机构许可的人员外，其他人员不准上船，不准装卸行李、货物、邮包等物品，如果违反上述规定，该船舶必须重新实施出境检疫。

经卫生检疫机构验证合格后，签发船舶出境卫生检疫证。

国际航行船舶出境检疫签证申报单见表7-11。

中华人民共和国上海出入境检验检疫局

国际航行船舶出境检疫签证申报单　　表7-11

ENTRY QUARANTINE DECLATATION FOR CERTIFICATE FOR SHIPS ENGAGED IN INTERNATIONAL VOYAGES

SHANGHAI ENTRY & EXIT INSPECTION AND QUARANTINE BUREAU OF P.R.C.

船舶代理 Ship's Agent ______	船舶所属公司 Ship's owner ______
船名/航次 Name of ship/voyage No. ______	船籍 Ship's nationality ______
总吨数 Gross tonnage ______	装载货物种类 Description of cargo ______
上海港装运的出境空集装箱数量 Give the number of empty containers loaded at Shanghai	20英尺　个，40英尺 20' ______，40' ______
离港日期和时间 Date and time of departure ______	
船长签名 Signature of Master ______	船印 Ship's stamp ______
＊登轮日期和时间（由检疫官填写） ＊Date and time of boarding (For official use only) ______	

航海健康申报书见表7-12。

（2）灭鼠

在港船舶的灭鼠工作，包括定期灭鼠和强制性灭鼠消毒。按照国际卫生规则规定，航行于国际航线的船舶，都必须定期地进行灭鼠消毒，并在船舶灭鼠消毒后，由检疫人员发给灭鼠证书（deratting certificate）。但是，如果检疫人员认为船舶灭鼠彻底，也可能免除灭鼠消毒，并发给免除灭鼠证书（deratting exemption certificate）。灭鼠证书和免除灭鼠证书的有效期均为6个月，证书随船携带。当船上发现带有鼠疫病菌或可能带有鼠疫病菌的鼠类时，或在检疫时发现船舶未认真进行灭鼠消毒，检疫人员认为需要重新灭鼠消毒时，或船舶来自检疫传染病流行地区和船舶曾在这些地区停靠时，均须实行强制灭鼠消毒。船舶的灭鼠消毒由检疫机构指定的人

中华人民共和国出入境检验检疫 表 7-12

航海健康申报书

MARITIME DECLARATION OF HEALTH

Entry-Exit Inspection and Quarantine of the P. R. of China

抵/离港 Port of Arrival/Departure[1)] ____________ 来自/到 From/To[1)] ____________

抵/离日期及时间 Time and Date of Arrival/Departure[1)] ____________

船名 Name of ship ________ 国籍 Nationality ________ 船长姓名 Name of Captain ____________

注册净吨位 Net Tons ________ 载货种类及数量 Description and Quantity of cargo ____________

除鼠/免予除鼠证书 Deratting/Deratting Exemption Certificate[1)] ________ 是否有压舱水 Ballast Water □Yes □No

签发港及日期 Port and Date of Issue ________ 食物装载港 Port of Provisions Taken ____________

船员人数 Number of Crew ______ 旅客人数 Number of Passengers ______ 饮水装载港 Port of Water Taken ________

船舶在港期间人员变动情况 Description of any change of crew while in port[2)] ____________

沿途寄港及到达离去日期 Ports of Call with Dates of Arrival and Dates of Departure[3)] ____________

健康问题 HEALTH QUESTIONS	回答有或无 ANSWER YES OR NO
1. 船上有无发现鼠疫、霍乱、黄热病等病例或疑似病例？应用附表详细记载。 Has there been on board any case or suspected case of plague, cholera or yellow fever? Give particulars in schedule.	□有 Yes □无 No
2. 船上鼠类曾否发生鼠疫或疑似鼠疫，或曾否发生鼠类反常死亡？ Has plague occurred or been suspected among the rats or mice on board, or has there been an abnormality among them?	□有 Yes □无 No
3. 除意外伤害外，船上曾否有人死亡？应用附表详细记载。 Has any person died on board otherwise than as a result of accidents? Give particulars in schedule.	□有 Yes □无 No
4. 除问题"1"所述外，船上有无流感、疟疾、脊髓灰质炎、登革热、斑疹伤寒、回归热、艾滋病、性病、麻风病、开放性肺结核、精神病病例以及其他传染病或疑似病例？应用附表详细记载。 Has there been on board any case or suspected case of influenza, malaria, poliomyelitis, dengue fever, typhus fever, relapsing fever, AIDS, venereal diseases, leprosy, active pulmonary tuberculosis, psychosis, or other infectious diseases apart from the statement in question No. 1? Give particulars in schedule.	□有 Yes □无 No
5. 船上有无导致感染或使疾病传播之其他情况？ Are you aware of any other condition on board which may lead to infection or the spread of disease?	□有 Yes □无 No
6. 船上人员有无健康证书？ Do the persons on board possess valid Health Certificates For International Traveller?[2)]	□有 Yes □无 No

注：如无船医，船长须以下列症状为疑似传染病之根据：高热伴有虚弱或连续数日发热或附带淋巴腺肿；急性皮疹伴发热或不发热；急性腹泻并有虚脱症状；黄疸并发热。

NOTE: In the absence of a surgeon, the captain should regard the following symptoms as ground for suspecting the existence of disease of an infectious nature: fever accompanied by prostration or persisting for several days, or attended with glandular swelling; any acute skin rash or eruption with or without fever, severe diarrhoea with symptoms of collapse; jaundice accompanied by fever.

兹申明对上列问题的回答（包括附表）尽我所知相信属实无讹。

I hereby declare that the particulars and answers to the questions given in this declaration of health (including the schedule) are true and correct to the best of my knowledge and belief.

日期
Date ____________

船长签名
Signature of Captain ____________

船医附签
Countersignature of ship's surgeon ____________

如入境船舶自开航已逾四周，仅申报最后四周的情况。

If more than 4 weeks have elapsed since the voyage began, it will suffice to give particulars for the last 4 weeks.

1) 划去不需要的部分 Cross-out the unnecessary part
2) 只适用于出境船舶 Only for departure of ship
3) 只适用于入境船舶 Only for arrival of ship

(背面)

航 海 健 康 申 报 书 附 表

SCHEDULE TO THE MARITIME DECLARATION OF HEALTH

船上发现每一病例或死亡之详情

Particulars of every case of illness or death occurring on board

姓名 Name	舱别或职别 Class or rating	年龄 Age	性别 Sex	国籍 Nationality	上船港名及日期 Port and date of embarkation	疾病性质 Nature of illness	发病日期 Date of its onset	患病结果 Result of illness*	处理方法 Disposal of case**

* 叙明已愈、未愈或死亡。

State whether recovered, still ill or died.

** 叙明病人是否仍在船上，在何处上岸(注明港名)或海葬。

State whether still on board, landed at (give name of port) or buried at sea.

员,或者经检疫机构认为适当的人员进行。最常用的方法是熏蒸消毒。由于熏蒸气体有剧毒,且无色无臭,对人类有很大的危害,所以必须使全体船员离船后才能进行,而且在没有得到有关人员指示前,不能重新登船,以策安全。

(3)预防接种

世界卫生组织(WHO)为了最大限度地防止疾病在国际间的蔓延,以保障安全,同时又尽可能小地干扰国际运输,于1969年7月25日通过了《国际卫生条例》。受出入境检疫船舶的船长或船舶代理人应填报《航海健康申报书》,该申报书格式各国一般都根据《国际卫生条例》附录4中推荐的格式缮制。申报书中提及的检疫传染病有鼠疫、霍乱和黄热病。

另外,各个国家的有关卫生检疫法规都规定,对于航行于国际航线船舶的船员,都必须进行检疫传染病疫苗的预防接种,并取得预防接种证书(international certificate of vaccination to revaccination against chorela, yellow fever, smallpox)。这些预防接种主要包括伤寒和副伤寒的预防接种、天花的预防接种、结核的预防接种、霍乱的预防接种和鼠疫的预防接种等。

2)动植物检疫手续

为了防止因动植物的进出口而使病菌或害虫传人国内或向国外传播,各国都规定必须经过检疫才能办理进出口货物报关手续。对动植物的检疫包括对活动物和死动物及动物的骨、肉、皮、毛和容器包装的检疫,以及对植物、种籽、生果实及其包装容器等的检疫。

动植物检疫机构依照《中华人民共和国进出境动植物检疫法》等有关法律法规的规定,实施进出境动植物检疫。

根据《国际航行船舶进出中华人民共和国口岸检查办法》实施规定,船方或其代理人办理预申报时,应向动植物检疫机构报告船舶所载动植物、动植物产品或其他检疫物的具体名称、数量、装载港及原产地。

船方或其代理人办理预申报时,如同时办理进口岸手续,须向动植物检疫机构提交《总申报单》《货物申报单》《船用物品申报单》等资料。

动植物检疫机构接到预申报后,应做出船舶须在锚地等待检疫或靠泊待检疫或直接靠泊装卸货物的决定。

船方或其代理人在船舶抵达前或抵达时,到动植物检疫机构办理进口手续,最迟须在抵达口岸24h内办妥。船方或其代理人到动植物检疫机构办理进口手续时,须提交上述资料,动植物检疫机构经审查,对同意进境的船舶,签发《船舶动植物检疫通知单》。

船舶办理出口岸动植物检疫手续时,应提交《总申报单》、《货物申报单》(本港无装货者免)、《船用物品申报单》,如装载动植物,动植物产品和其他检疫物的,还应出示《运输工具检疫证书》和动植物检疫放行凭证。

3)边防检查手续

中华人民共和国出入境边防检查站是国家设在对外开放口岸的出入境检查管理机关,依据《中华人民共和国出入境边防检查条例》等法律法规的规定,执行维护国家主权、安全和社会秩序,便利出境、入境的人员和交通运输工具的通行等任务。出入境的船舶离抵口岸时,必须接受边防检查,入境检查在最先抵达的口岸进行,出境检查在最后离开的口岸进行,特殊情况经主管机构批准可以在特许地点进行。船长或有关交通运输部门应当事先将出入境船舶抵口岸的时间、停留地点和载运人员、货物情况向有关的边防检查站报告,船舶抵达口岸时,船长或者其代理人必须向边防检查站申报船员和旅客的名单。出境、入境的船舶在中国境内必须按照规定的航线行驶,外国船舶未经许可不得在非对外开放的港口停泊。出境船舶自出境检查后到出境前,入境船舶自入境后到入境检查前,未经边防检查站许可,不得上下人员、装卸物品。中国船舶需要搭靠外国船舶的,应当由船长或者其代理人向边防检查站申请办理搭靠手续;未办理手续的,不得擅自搭靠。出境、入境船舶有下列情况之一的,边防检查站有权推迟或者阻止其出境、入境:

①离、抵口岸时,未经边防检查站同意,擅自出境、入境的;

②拒绝接受边防检查、监护的;

③被认为载有危害国家安全、利益和社会秩序的人员或者物品的;

④被认为载有非法出境、入境人员的;

⑤拒不执行边防检查站依法作出的处罚或者处理决定的;

⑥未经批准擅自改变出境、入境口岸的。

当上述情形消失后,边防检查站应当立即予以放行。出境、入境船舶由于不可预见的紧急情况或者不可抗拒的原因驶入对外开放口岸以外地区的,必须立即向附近的边防检查站或者当地公安机构报告并接受检查和监护;在驶入原因消失后,必须立即按照通知的时间和路线离去。对于外国籍船员及其随行家属要求在港口城市登陆、住宿的,应当由船长或者其代理人向边防检查站申请办理登陆、住宿手续。经批准登陆、住宿的船员及其随行家属,必须按照规定的时间返回船舶。上下外国船舶的人员,必须向边防检查人员交验出境、入境证件或者其他规定的证件,经许可后,方可上船、下船。

根据《国际航行船舶进出中华人民共和国口岸检查办法》实施规定,入境船舶,船方或其代理人可以申请办理船舶入境边防检查预检手续,申请时必须准确提供《总申报单》1份、《船员名单》1份(外国籍船舶2份)、《旅客名单》1份(外国籍船舶2份,无旅客者免)、《船员物品清单》1份,船员如需办理登陆、住宿申请,应同时提交《船员登陆证申请表》、《船员住宿证申请表》。

船舶载有枪支弹药、偷渡人员、未持有效证件人员等情况,必须在申请办理船舶入境边防检查预检手续前,向边防检查机构报告。对于客船和不靠岸的海上作业船、载有偷渡人员或未持有效证件人员的船舶或者情报表明有犯罪嫌疑的船舶、携有枪支弹药的船舶、有严重违法犯罪记录的船舶、上级通知或当地边防检查机构认为需登船检查的船舶,边防检查机构不办理预检手续。

定期班轮和自身管理严格、信誉较好的船舶,经边防检查机构许可,凭船方或其代理人提供的如前所述的资料办理入境边防检查手续,不需再到边防检查机构交验有关船员证件。

已办妥入境边防检查预检手续的船舶,船方或其代理人应在船舶靠泊后4h内,携带《海员证》等有关船员证件到边防检查机构办理正式入境手续。船员需要登陆、住宿的,应按规定办理相应的登陆、住宿证件。办妥手续后即可上下人员。此类船舶到港后,未在规定的时间内到边防检查机构办理正式入境手续的,边防检查机构有权停止其装卸作业、上下人员。

未办理入境边防检查预检手续的船舶,船方或其代理人应在船舶抵港后24h内携带如前所述的资料及船员证件到边防检查机构办理船舶入境手续,经许可后方可上下人员、装卸物品。逾时未办理手续的,按非法入境处理。

来自我国内港口的外国籍船舶,到港即可上下人员,装卸货物和物品。船方或其代理人应在船舶到港后,立即持如前所述的资料,到边防检查机构办理船舶进口岸手续。外国籍船舶还应同时向边防检查机构转交上一边防检查机构交转的"边封"。

船方或其代理人应在船舶驶离口岸前一定的时间(船舶在口岸停留时间不足4h的,在抵达口岸时),到边防检查机构办理船舶出口岸手续。办理船舶出口岸边防检查手续时,应提供《总申报单》、《船员名单》、《旅客名单》、《中华人民共和国航行国际航线船舶出境自查报告表》(只限国轮)(见表7-13)各1份;入境后船员有变动的,应同时提交新上船船员的证件。

中华人民共和国

航行国际航线船舶出境自查报告表 表7-13

船　名			所属公司			
停泊地点			出口货物			
船　员	中国籍	名	外国籍	名	合计	名
旅　客	中国籍	名	外国籍	名	合计	名
联检时间	年　月　日		驶往港口			
检查情况 船舶负责人(签名):＿＿＿＿＿ 年　月　日						
边防检查站核查情况 检查员(签名):＿＿＿＿＿ 年　月　日						
备注:此表在办理出境手续时填报,边防检查站收存。						

船员持《登陆证》、《住宿证》的,船方或其代理人在为船舶办理出境手续时,应收齐交回船员持有的《登陆证》、《住宿证》,暂时不能收齐的,经边防检查机构同意,可由船方或其代理人在船舶离港前收齐,直接交回边防检查机构。

已办理出境边防检查手续的船舶,经边防检查机构同意后,可以在一定时限内继续上下人员、装卸货物和物品。船舶办理完出境手续后24h内未出境,也未向边防检查机构申请重新办理出境手续的,按非法入境处理,时间从办完出境手续时起算。

总之,船舶进出各国港口,常因各国具体情况和主管机构要求的不同,而使所需办理的手续和办理手续时所使用的单证有所不同。比如,各国都有自定的单证,同一性质和作用的单证,其名称可能有所不同;有些国家还规定船舶出港地的使领馆要对某些单证进行签证;而且根据各国的情况,对于所需办理手续的要求也有宽有严;有些国家甚至对于单证上的少许差错也课以巨额罚款。因此,当船舶进出某国港口前,就应广泛了解各该国家或港口的规定,除广泛搜集曾到过各该国家或港口的船舶的经验外,还应要求船公司在各该港口的代理人或船公司自己的分支机构或代表处及时报送最新的手续资料和要求,并尽早向船舶提供所需单证,以避免因办理手续不及时而发生船舶在港待时或其他纠纷,以至造成经济上或其他方面的损失。

二、船舶现场管理

船舶现场管理是代理人为完成船公司委托代办的各项业务必须进行的工作。这项工作不仅在租船运输情况下十分重要,在班轮运输情况下也同样需要。

代理人接受船公司的委托后,需要有一定的机构掌握现场业务工作的全面情况,指挥和协调现场各项工作；同时需要分派人员登船，在现场处理与委办事项有关的各种业务，以保证各项委办事项的顺利完成。

1．船务调度和计划工作

船务调度和计划是指船舶代理人为完成船公司委托代办的业务而进行的了解现场全面情况，协调各方关系，指挥现场作业的业务工作。在接受船公司的委托后，从船舶抵港前至船舶离港后，船务调度和计划工作主要包括：

(1)船舶抵港前

船舶抵港前，代理应明确委托关系，做好船舶进港的各项准备。所有与委托方和其他关系方的联系，均由船务调度部门负责。

①明确委托关系，掌握船货情况。

船舶抵港前，应了解船舶性质，明确委托关系，掌握来港任务，获得船舶规范；处理委托方和其他关系方的往来函电并进行必要的分发、答复，负责答复委托方对于港口情况的询问函电，如果船舶未能按预报进港时，应向船公司发出变更通知；负责将有关船舶进港的航行规定及有关水道的航行规章通知委托方，特别是对有可能超过港口规定吃水的船舶必须提前通知委托方，使船方将船舶吃水调整至规定吃水以内；及时索取并掌握与船舶有关的运输合同条款和贸易合同条款，以便及时合理地安排船舶进港完成来港任务；了解进口货物和出口货物的集中和疏运情况以及港口对船舶作业准备工作的要求。

②联系港口有关部门，准备与装卸有关的事项。

掌握进口货物种类、有无重大件需要申请岸吊或浮吊作业(根据委托方或船长的书面申请方可向港方提出申请)、货物分舱情况、船舶起货能力、货物流向、是否需要检验、验舱、熏舱、公估、开封等，掌握出口货物的备货及发货进港安排、装载危险品的船舶是否符合装载危险品的有关规定、是否需要扫舱、洗舱、验舱、熏舱、公估、是否需要添加隔垫物料和加固绑扎材料，掌握港口对船舶作业准备工作的要求并及时通知船方。

③掌握船舶动态，安排进港申报。

保持与委托方、船方和各港的船舶代理人的联系，掌握来港船舶的动态，并将船舶动态及其变化情况及时通知有关单位；安排驻船业务人员的工作如进口预申报、填写外勤登船工作记录，记明船舶规范、运输合同和贸易合同的有关条款、填写委办事项及联系情况等内容。

(2)船舶到港后

在做好上述各项准备工作的基础上，船舶到港后，船务调度和计划人员应根据委托方的委托，具体负责在锚地船舶的统一管理、日常工作及问题的处理；了解港方对船舶靠泊、移泊、装卸、开航等计划安排，并将这些安排及时通知船方和其他有关方；负责向委托方及有关方发出函电，答复委托方和有关方对船舶在港动态的询问，特别对于委托方应坚持每日发动态电报，并将靠泊、移泊时间、每日进度和装卸货过程中发生的情况电告委托方；了解并掌握在港船舶修理、加油、加水、船员调动等情况。了解并掌握在港船舶发生海难事故情况，并保持与委托方和有关方面联系；负责处理船员信件的管理工作；协助船方办理各项到港后的口岸申报手续，船舶离港前办理船舶出口申报手续。

(3)船舶离港后

船舶离港后，调度和计划人员要负责向委托方及有关方拍发离港电报，报告离港时间、船舶所存油水、预计抵达下港的时间等；寄送有关单证，并负责总结、分析船舶在港期间发生的重大问题。

2. 驻船业务

驻船业务又称外勤工作，是指从船舶抵港到船舶离港期间，在船务调度和计划人员的统一安排和指挥下，为完成委办事项，外勤业务员在船舶现场所从事的现场代理业务工作。外勤业务工作具有独立性强、工作环节多、时间紧、联系面广、政策性强等特点。

(1)船舶抵港前的准备

船舶抵港前，外勤业务员应仔细阅读外勤登船工作记录簿内所有内容以及单船计划要求，掌握委托方和来港船舶的国籍、规范、船舶抵港吃水、驶来港、开往港、来港任务及船员情况；确切掌握船舶的营运性质、运输合同和贸易合同的有关条款，如关于递接船舶装卸准备就绪通知书和船长宣载通知书等有关规定，以及关于港口费用、理货费、开关舱费、困难作业费、混票分唛费等有关费用分担规定；详细阅读与委托方及船长的往来函电，明确船舶的委托关系，了解船舶的委办事项，如有加油、加水、修理、借支、调换船员等事项时，确认内勤已作好有关安排，并应与财务部门联系核实有关的加油加水费用、修理费、借支款及船员遣返费是否已收到；收集齐船员信件、电报，了解有无船用备件等；了解进口货物情况及计划安排，注意出口货物的备货情况和发货人对货物装运的要求，了解来港船舶受载的准备情况以及港口作业计划安排，对需要进行扫舱、检验或补充物料的船舶，则应与有关方联系，做好准备；为绘制出口货物积载计划作好资料准备，以便船舶抵港后能立即协助船方尽快绘制出正式积载计划；准备好船舶入境所需各种报表，以便办理船舶入境申报手续之用。

(2)船舶在港期间的工作

船舶到港后，船长需在代理协助下，向口岸机构提交各种申报单证，交验船籍证书（certificated of ship's nationality）、吨税执照（tonnage dues certificate）、船员名单（crew manifest）、船用物品清单（list of ship's store）、船员物品清单（crew's effects declaration）、除鼠证书（deratting certificate）等。

船舶在港期间，外勤业务员的任务主要就是配合船长，处理和安排好船舶的各项在港工作、满足船方生活供给。外勤业务员应核实船舶规范，并随时检查吨税执照是否有效，如已到期则应及时办理吨税执照同时通知财务部门向委托方索汇吨税费用，以免造成海关对船舶罚款；按规定办理船舶进口的各项申报手续；了解船舶和港口双方对作业的相互要求、沟通双方之间的情况，使用船舶起货设备时，由船方提供并签认船舶吊杆、索具负荷量及性能；及时向船方提供有关装载资料，督促并协助船方尽快制妥积载计划，并应掌握有关货物种类和积载要求及积载计划是否合理、掌握重载吃水和舱容情况以及铺垫、隔票、验舱、捆扎的要求；在装卸过程中逐日了解单船作业计划和执行情况，掌握进度，如发现卸货不当、装载不当、铺垫隔票不妥等情况应及时联系有关方予以纠正，并配合与船方协商解决；将港方安排的移泊计划及时通知船舶；随时注意并及时传递船方电报和船员信件；正确做好装卸时间事实记录，正确地记录造成停工和港内移泊的原因和时间，并与有关方核对，发现问题及时根据事实情况协商解决；及时办理船方委办事项，并作好记录。

(3)船舶离港前后的工作

①离港前准备装/卸货文件。

船舶离港前的准备工作主要包括：根据作业计划，联系口岸检查机关确定检查时间并及时通知船长做好开航准备，如有变动则应及时通知有关方，以免延误船舶开航；了解船舶航次修理是否完成，登岸船员是否如数返船，所需燃物料、淡水及供应品是否按时办妥；检查大副收据、提单、装卸时间事实记录是否已交船方签署，出口载货清单、提单副本、积载图、等随船单证，每日工作报告、理货单、货物状况报告及溢/短卸报告等装/卸货文件，船舶吨税执照、验船报告、海事签证及商品检验机构的水尺检量证书等是否已交给船方，有关业务手续是否办妥；检查各项费用收据是否已由船方签认；检查是否还有影响开航的未了事项，有无尚未转递的船方函电，了解航次租船离港后的转信地址，根据需要，取回装货船舶的剩余舱容表；了解并记录船舶作业完毕时间、开航时间、开航时船舶吃水、装/卸货数量、油水存量、开往港和其他规定项目，船舶如果开往国内港口，则还应了解预抵时间，是否需要提供有关航道规定和港口航行指南，是否办妥关封等。

②离港后的工作。

船舶离港后，应及时将船方收取提单副本、出口载货清单等随船单据（包括发货人随船单据）后所签发的收据、航次租船的转信地址、装卸时间事实记录、停租还船证书等文件归入单船档案保存待查；有关的财务费用结算单据整理妥当后交公司有关部门存查；及时将船员退回的借支款送交财务部门办理记账及清账手续；立即办理船长或船员委托代办的函件及其他未了事项。

第五节　船舶货运业务

一、出口货运业务

船舶代理的出口货运业务主要包括货物承运、联运货物的中转换装、编制积载计划、缮制各种单证、签发提单、运费计算以及集装箱管理等项工作。在班轮运输或不定期船运输中，承运人或租船人都可能通过授权，将这些业务工作委托代理人代办完成。

1. 货物承运

班轮运输中，班轮公司的代理人接受船公司的委托，在装货港代表船公司代办货物的承运工作，当托运人或其代理人向承运人或其代理人办理货物托运申请时，承运人对这种申请给予承诺，即接受托运申请的工作称为订舱（booking）。在出口货物以 CIF 或 CFR 等价格条件成交的情况下，出口货物的运输工作由出口商办理，所以订舱工作在装货港或货物输出地办理。如果出口货物以 FOB 价格条件成交，则订舱工作就可能在货物的输入地或卸货港办理，此时的订舱称为卸货地订舱（home booking）。目前在班轮运输中，货物承运手续大多由船舶代理人受班轮公司委托代其办理，所以，托运人或其代理人通常是到船舶代理公司办理订舱托运手续的。

(1)件杂货承运

在件杂货班轮运输情况下，船公司的代理人应审核由托运人或其代理人递交的托运单，根据货物和船舶的不同情况决定是否承运，如果承运，就在托运单上加盖印章表示确认。在由出口商安排货物运输的情况下（出口货物以 CIF 或 CFR 等价格条件成交时），船公司的代理人根据船公司所提供的信息，掌握抵港船舶在本港可以用以装载货物的重量和舱容，以避免超配、超载现象。签发托运单时应注意将各托运人或其代理送来的托运单（装货联单）按不同的卸货港归类，并审核有关内容，如：船名、航次、卸货港正确；唛头、货名、包装、件数、重量、体积、运费支付方式明确；同一份托运单中若有两种或两种以上货名时，其件数、重量及规格应分别注明；如遇有同名的卸货港时，应同时注明国名或地区名称；冷冻货应填报温度；危险货物应注明类别（Class），联合国编号（UN NO.）及国际海运危规的页码（IMDG Code Page），并附危险货物说明书和经海事机构盖章确认的正本《包装危险货物安全适用申报单》,以便船舶代理人向海事机构申报;如遇有放射性危险货物、冷冻货、鲜活货、超重、超大件货物、散装油、散装大宗货等情况时,应及时汇报船公司以获得确认。

在卸货地订舱的情况下(出口货物以 FOB 价格条件成交时),根据船公司所提供的信息,掌握抵港船舶的 ETA、卸货港、装货条款、货物情况及发货人联系方式等情况,联系发货人并催促其在船舶抵港之前备妥货物同时办理货物托运手续。签发托运单时注意审核货名、重量、体积等内容与船公司所提供的信息应保持一致(或基本一致),同时还应注意前述各注意事项。签发托运单时,应按不同港口分别编装货单号,做到不重号、不混港编号。另外,应在已编号的托运单(装货联单)的“装货单联”盖章以示接受订舱。

件杂货班轮通常需要在多个挂靠港口间进行运输,因此,船公司的代理人在办理订舱手续时应注意:

①按照舱位分配计划,尽量做到满舱或满载,但避免超配。通常,船公司会根据各港货源情况预先对航线上各船舶的舱位进行适当分配,在各装货港间定出限额,而代理人只能在所分配的船舶舱位范围内承揽货载。当所分配的舱位不敷使用或过剩时,代理人应及时向船公司汇报,使船公司及时掌握货源情况在各港之间进行调整,以使船舶舱位得到充分和合理的利用。否则,若承运人或其代理超配引起货物不能及时装船出口,由此造成货方损失责任方需承担相应的责任。

②承揽货载时应充分注意每票货物的性质、包装和重量等情况。因为不同的货物对运输和保管有不同的要求,而且装运不同的货物在积载上还会有各种限制或规定,装运超长件货物时常会受到船舶舱口尺寸的限制,装运重件货物时则要考虑船舶以及装货港和卸货港的装卸机械能力等。

③根据航线各港对货物的特殊规定和当地惯用的处理方法,确定货载可否承揽。由于国际贸易货物的装货港、卸货港以及过境港经常分属于不同国家的管辖之下,所适用的法律规定或港口当局的规章和管理办法等不尽相同,因此要避免发生根据装货港的法规允许装船出口的货物在卸货港却禁止进口,或者对于装运某种货物的船舶禁止或限制入境的情况。船公司的代理人在承揽货载时,必须对航线上有关国家的法律规章和港口习惯或管理办法有所了解,否则,就应及时向船公司或卸货港、过境港船公司的代理人汇报、询问,以免发生不必要的麻烦。

目前,我国的船舶代理人除接受船公司的委托,在装货港代表船公司代办货物的承运工作外,还经常同时接受货主的委托,代办货物的订舱工作。在 CIF 或 CFR 价格出口的货运中,代理人在既代表船公司承揽货物,又代表货主代办货物订舱的情况下,如果同时作为多家船公司的代理,就会出现将所掌握的货载分配给哪一家船公司的船舶来运输的问题。

在 FOB 价格出口的货运中,买方可能委托在装货港的代理人洽订舱位载运货物,此时代理人既可作为货主(买方)委托的代办货物订舱的代理人,又可作为船公司的代理人代办货物承运,并以船舶代理人的名义编制包括船名,受载期、货名及重量、件数、装货港、运费率及支付方式和简明的运输条款等项内容的订舱单寄交委托订舱的买方,买方据以向卖方发出装船通知,然后由接到装船通知的卖方在截止订舱前向代理人办理托运手续。在卖方办理托运手续时,代理人应根据托运单认真审核卖方托运的货名、数量或件数是否与订舱单一致,如有不符应及时联系买方解决。如果卖方未按装船通知及时托运,除查明原因督促卖方尽快托运外,应及时与买方联系,并申明如逾期不托运,船舶因此而发生亏舱应由订舱人负担亏舱费。在 FOB

价格出口货运由买方自行派船来港装货时,代理人只作为船舶代理人代办货物承运及有关货物装船的工作,此时,代理人应从船公司那里及时获得包括船名、装货港、货名、重量及体积等项内容的拟装货物的"装船通知书",据以办理货物装船手续。当代理人收到装船通知后,为了防止发生退关,应认真核查船舶可用舱容和拟装货物的重量和体积。如果确因船方原因需要退关,应与船长联系决定退关的货物,并取得船长因无舱位而退关的证明。如果卖方托运装船的货物与装船通知书或装货计划所列货种或数量不一致时,代理人应及时与船方及买方联系,如卖方备货不及时或因无货而取消托运,则应取得卖方的书面说明,据以转告船方和买方。

(2)集装箱货物承运

在集装箱班轮运输情况下,订舱时使用的是集装箱货物托运联单(又称出口十联单,或称场站收据联单)。如果是货运代理人订舱,通常都要提交预先编制的《集装箱货物出口预配清单》,便于船公司的代理人了解订舱货物的概况,包括船名、航次交货地、配货情况等。同时,船代应根据船公司提供的信息,掌握船舶种类、ETA、ETD、船舶载箱量、卸货港顺序及卸货港有无特殊规定等情况。如果预配货物的总箱量超出船舶的受载限制,则只有在得到船公司的书面同意后,方能接受订舱。在审核由货主或货运代理人递交的托运联单时,船代应仔细核对单证的内容,尤其是货物的重量是否超出规定,货物是否具有特殊性质、对运输有无特别要求等。如果箱内货物重量超出装货港、卸货港或船公司的有关规范时,则不能确认订舱,并应及时通知托运人或代其办理订舱的货运代理人。只有在确认船名、航次、卸港无误以及其他各项内容符合集装箱装载要求后,才能在托运联单的装货单上盖章、签发装货单号,作为订舱确认。危险货物订舱时,应要求托运人在托运单上注明危险货物的类别(Class),联合国编号(UN NO.)及国际海运危规的页码(IMDG Code Page),提供危险货物说明书以及《包装危险货物安全适用申报单》,以便船舶代理人填写《船舶载运危险货物申报单》后向海事机构申报。冷藏货物订舱时,应要求托运人在托运单上注明冷藏温度。特种货物订舱时,应要求托运人提供货物的尺码和重量,并联系船公司以得到其书面确认。船公司的代理人在接受订舱的同时必须与集装箱管理人联系,落实箱源。

近年来,随着我国港航领域信息化技术的普及,已经有越来越多的船公司开发应用了电子订舱系统。集装箱货物的订舱除了可以采用传统方式,还可以采用电子方式。一些具备条件的货运代理公司通过与船公司的电子订舱协议,率先实行了电子订舱。电子订舱的过程,大大减轻了工作人员的劳动强度,更重要的是可以从根本上避免因为重复制作单证所带来的业务差错。目前常用的电子订舱程序是:货运代理人将集装箱货物托运单的内容,通过互联网传输给船公司的代理人;船公司的代理人审核内容后,对可以接受的货物托运申请给予认可,通过网络将装货单号发给货运代理人,同时通知海关该货已确认订舱;货运代理人将托运单内容打印到预先由船公司代理人盖妥承运章的装货单上,与场站收据联等一起交货主用于报关,或受货主委托代理报关。船公司的代理人在接受电子订舱的同时,对已发给装货单号的货物要与集装箱管理人联系,落实箱源。

2. 国际海上联运货物的中转

由承运人签发联运提单,从国外港口运抵本港又继续转运去其他国外港口的货物称为国际海上联运货物。国际海上联运货物在中转港换装需要办理一系列手续,完成一系列作业。而在中转港接受委托,代办中转手续和作业则是船舶代理人经常受托代办的业务之一。不过,从货物的安全运输和承运人的责任考虑,对于危险货物、重大件、鲜活、冷冻及散装货物等,以及承运人已签发了直达提单,因承运人或收货人的决定而改变目的港的货物,通常不能代办中转手续。在承运人未在载运联运货物的船舶抵港前的一定时间前提出委托并明确费用的负担或分摊的情况下，代理人也不能接受委托。

代理人接受船公司关于代办国际海上联运货物中转手续的委托后，须在船舶抵港前，根据委托人的委托事项和有关船期、货运资料的通知，联系安排泊位、卸货和接运等工作。船舶抵港后，还须及时从船方取得出口载货清单、提单副本及其他有关随船单证，并了解中转货物的装舱位置和包装情况，然后为这些需要中转的货物办理报关、转运等手续，联系、安排货物的卸载、提货，车辆、驳船在一、二程船停靠的码头间短途运输以及二程船托运等工作。同时还要缮制二程船的装货单、装货清单、载货清单及二程船提单等单证。在船舶离港后，须将二程船的船名及离港日期电告委托方，并电告承运人在卸货港的代理人，通知他按所附二程船签发的提单交付货物。

不过，船舶代理人在接受国际海上联运货物中转业务委托时应特别注意，我国目前还不是所有对外开放港口都可以开展国际海上联运货物的中转业务。

由于集装箱运输方式的普遍采用，发达国家杂货运输的集装箱化率已达到 85%。集装箱海上运输经常需要支线船和干线船的配合。集装箱班轮公司为了加速船舶的周转，提高营运效率，选定的干线船挂靠港口通常是有限的。这些干线船所挂靠的港口通过发达的内陆运输线和海上支线，为干线船舶吸纳和疏运货物，而成为集装箱枢纽港。国际集装箱海上联运（简称国际中转或转运）作为实现集装箱全程运输的必要手段，是集装箱运输中不可缺少的组成环节。随着我国上海、深圳等港口集装箱吞吐量在全球港口中的排名逐年上升，集装箱干线船舶挂靠日益频繁，对吸引国际中转货源产生了积极影响，相信未来我国主要港口的国际集装箱中转业务将会有较大增长。

国际集装箱中转是指集装箱班轮公司作为承运人签发全程提单，将集装箱货物由一国港口装船起运至国外的中转港口卸下后，再换装另一艘船舶继续运往第三国指运港口的转运业务。中转港口的转运业务包括船公司、船舶代理人、码头、海关等相关单位的信息传递，单证流转，口岸机构的监管，集装箱的装卸、存放、搬运、理货、箱务管理、费收等内容。世界各国的集装箱港口，特别是集装箱枢纽港，为了吸引集装箱货源，提高港口在本地区或全球的重要地位，都对国际集装箱中转业务制定了各种简便、优惠的政策，因此，国际集装箱中转业务手续相对比较简单。

船舶代理人接受委托办理国际集装箱中转业务时，应注意正确、及时地接收、传递中转信息和及时安排集装箱中转换装。具体的业务主要包括：收受一程船进口舱单、船图及 EDI 信息，并进行整理、审核、记录，遇有不符，则联系委托方或装货港的船舶代理人，得到确认后修改有关单证、资料；按海关的要求将国际中转集装箱的舱单、数据在规定时间内传递给海关，港口码头和外轮理货公司；如有进口国际中转集装箱装载危险货物，则应在船舶抵港前 3 天（航程不足 3 天的在驶离出发港前）要求船公司提供装货港签发的危险品准单和装箱证明书的复印件并按规定填写《船舶载运危险货物申报单》，注明货名、危险品等级、联合国编号、危规页码等，并在申报单加上加盖“国际中转”章，向海事机构办妥危险品申报手续，申报完毕后及时把危险品准单送至港口码头；在一程船卸货完毕后从外轮理货公司处取得理货报告书递交主管海关，并及时对舱单数据进行更改；根据中转集装箱箱量和二程船舱位情况做好二程船国际转运集装箱的预配工作，做好二程船的清单、预配舱单分送海关、码头、外轮理货公司；填写外国货物转运准单和国际转运集装箱装船验放单，如一程船与二程船分属不同海关关区管辖时，国际转运集装箱验放单应填写一式二份，先在一程船进口海关办理验放手续，然后方可办理国际中转集装箱托运手续;持外国货物转运准单、国际转运集装箱装船验放单、国际转运集装箱的进、出口舱单及海关认为必要的其他单证至二程船出境地海关办理验放手续,如海关要对国际中转集装箱查验,则应派员协助海关查验,查验完毕后应向海关索取查验记录;海关验放完毕后,立即将加盖海关放行章的国际集装箱转运准单交港区;国际中转集装箱出口装船时因故发生漏装或需要更换其他船舶出运时,应及时向海关办理退关手续和重新申报手续;在二程船开航前将国际转运集装箱出口舱单、危险品清单、冷藏货清单交船长;二程船开航后,从外轮理货公司处取得出口理货报告,更正出口舱单,在二程船开航后三天内制作出"清洁舱单",连同出口理货报告一起向海关办理结关手续;在二程船离港后,将准确的国际中转集装箱货物资料以传真、邮寄或 EDI 通讯等方式传递给委托方或二程船卸港代理人;对于有预配计划,但未装上二程船的国际中转集装箱,则应作好记录,注明未装船原因并联系委托方确定处理方案。

从以上业务工作的内容看,目前我国港口开展集装箱中转的手续还是比较繁琐的,海关等口岸机构正在探索更加简便高效的中转程序,特别是对一些条件比较成熟的港口将要实施准自由港政策,这将大大促进我国港口的中转服务功能,提升港口的国际地位。

3.绘制出口货物积载计划

绘制船舶积载计划是船方的职责,而代理人的义务则是向船方提供装船货物的资料,督促并协助到港船舶及时作出积载计划,由代理人分送港口有关部门安排装船作业,以避免因绘制不及时而延误货物进栈、落驳和装船。

代理人协助到港船舶作出积载计划,其主要任务是根据装货单留底编制装货清单,向来港装货船舶提供装货的种类及货物的积载因素和亏舱系数;重大件货物、成套设备和畸形包装货物的外形尺寸和重量;集装箱货物重量、集装箱及类型、尺寸和数量;危险货物说明书;特殊货物的装载要求和冷冻货物的温度要求;以及下一港口的货载情况等资料。

(1)杂货的配积载

代理人在向来港装货的船舶提供绘制积载计划图所需资料时,应根据来港船舶的不同情况而定。

①抵港后必须立即进港靠泊装货的船舶。

对于这类船舶,一般采用电报配舱的方法。在船舶到港前若干天,代理将绘制积载计划所需的全部货载资料,用电报告诉来港装货的船舶,船方据以配装后,将积载安排电复代理人,代理人根据复电绘制积载计划分送港口有关部门安排货物装船的准备工作。

②尚在其他港口装卸,估计来港尚有一段时间的船舶。

对于这类船舶,一般可采用函件配舱的方法。代理人以函件形式将绘制积载计划所需的货载资料寄交船舶所在港口的船公司的代理人转交船方据以编制积载计划寄回。

③到港后需要等泊的船舶。

对于这类船舶,一般可采用现场配舱的方法。即船舶抵达锚地后,代理人将装货清单及有关装载资料送交来港装货的船舶,并当面介绍有关货物的性质及注意事项,代表船公司督促并协助大副及时、正确地绘制出口积载计划。现场配舱有利于保证货物的积载质量,在所积载的货物种类复杂的情况下和所积载的货物在积载、操作等方面有特殊要求的情况下,采用现场配舱方法使船、港、货各方能在现场共同研究,确定妥善的配舱位置和积载方法,更是保证货运安全的必要措施。

积载不当常是造成货损的重要原因。为了防止因积载不当而造成货损,代理人应对船舶绘制的积载计划进行认真细致的审核。审核时,一要注意积载计划中是否已注明货物的装货单编号、货名、港名及货物数量；二要注意是否已详细注明重大件，超长件或危险品等特殊货物；三要查明积载计划中所列明的卸港顺序是否与装货清单所列的卸港顺序相符，以防止因港口顺序的错误而发生翻舱、捣载的情况；最后还要认真审核是否有遗漏或积载不当的情况。经过审核，如发现问题，应建议船方考虑调整。

由于积载计划是船方根据代理人提供的货载资料绘制的，因此，代理人应对所提供资料的正确性承担责任。如果因代理人提供的货载资料不正确而造成积载不当，当然应由代理人负责。但是，如果货载资料正确，货损是因船方积载不当造成的，就应由船方负责。因此，为了防止日后在积载不当的责任方面发生纠纷，积载计划必须经船长或大副签认。如果采用电报配舱方法，在船舶抵港后，代理应将按照船方电报绘制的积载计划草图送交船方签认。

(2)集装箱货物配积载

集装箱船舶配积载的一般程序是：先由船公司的集装箱配载中心或船公司的代理人根据预配清单，做成预配图，送集装箱码头或网上发送、传真、电传、电报到码头；然后由集装箱码头的配载计划员根据预配图和码头实际进箱情况重新编制，完成实配图；船舶靠泊后再由船上大副对实配图进行确认，才可实施装船。装船完毕，理货员还会根据实际装船情况制成最终积载图。

代理人根据订舱情况汇总而得出的集装箱预配清单，和代理人对集装箱船舶的结构及船上与积载有关的设备与装置情况的了解，是编制预配图的主要依据。因此，代理人应充分了解各种集装箱对配积载的特殊要求、集装箱船的结构特点、集装箱船上与积载有关的设备与装置、集装箱船舶箱位的布置、船舶在各种情况下容纳不同箱型的数量以及航线沿途各港对集装箱船配积载方面的特别规定或限制。

集装箱的预配图(Prestowage Bay Plan)包括字母图、重量图、冷藏箱和危险货物箱图。三张图分别标出了船上每一个箱位上的集装箱的目的港、箱子总重和特殊货物的性质，为保证安全，配积载人员对特殊货的积载应特别加以关注。

代理人制作预配图是码头和船方编制后续各种配积载图的基础，是集装箱船配积载中最重要、最关键的环节。集装箱船配载的好坏，不仅影响到能否保证船舶班期和营运的经济性，还会影响航行的安全。由于集装箱船都是班轮，到港很有规律，船型和配积载特点也比较容易掌握，因此已有许多船公司和集装箱码头普遍地使用电脑配载软件，大大减轻了配积载计划人员的劳动强度。但是，对于一些特殊货物的配积载，仍需要工作人员充分发挥自己的经验积累、较强的业务能力及责任心才能做好。

4. 缮制各种货运单证

缮制各种货运单证，是船公司代理人经常要办的主要业务工作。从货物办理托运手续开始，到货物装上船以后的整个出口货运过程中需要编制各种单证。这些单证在货主与船方之间起着办理货物交接的证明作用，也是货方、港方、船方等有关单位之间从事业务工作的凭证，又是划分他们之间责任的依据。

关于各种货运单证的格式、作用、编制方法和流转程序，在有关章节中已作说明，不再赘述。这里需要说明的是，受船公司委托代办货运出口业务的代理人所缮制、签发的各种货运单证，与承运人自行缮制、签发的货运单证具有相同的作用，缮制这些单证同样要做到整洁、正确和及时。

所谓整洁是指签发的各种单证应该字迹清晰，未加涂改，计量或计费单位明确，按照规定分别以大写或小写书写数码。

所谓正确是指单证内容的完整无误，和运输安排的正确合理。从保证单证的正确出发，对货运单证的缮制和分送，应严格按照审核制度进行审核。这种审核，既包括对单证内容的审核，也包括对运输安排的审核。前者是对货运单证的一些基本资料，如发货人、收货人的名称、装货港和卸货港、货物种类、数量、包装、标志、装运船舶的名称及单证编号等的正确与否的审核；对是否已按货物对装运条件的要求在有关单证上作出了必要的附注（如对装舱位置的要求，或对冷藏温度的要求）的审核；对是否已按货物的实际情况作出了必要批注的审核。后者指对所缮制的装货单进行审核时，要审核装货单上所记载的载货船舶对所配装的货物在航线安排上是否经济合理；货物的卸港是否本航次的挂靠或可接受的转船港；根据船舶在港装卸货物的安排是否能在信用证规定的装船时间以前将货物装船；贵重货物所配装的船舶是否能保证货物的安全运输等等。如认为所配装的船舶不能满足这些要求，则应另行安排船舶或建议托运人另向其他船舶托运。

至于“及时”，则是指适应船舶在港进行各项作业的进度，适时地缮制、分送各种货运单证，避免因单证不及时而发生作业中断和待时。对于随船单证，应做到随船带走。对于邮寄单证，应区别远近，在船舶离港后的一定时间内寄出。邮寄单证必须详列清单，并要求对方退回收讫回执，以分清责任。

5. 代计代收运费

代计代收运费也是船舶代理人的一项重要业务工作。船舶代理人接受各个船公司的委托，根据各个船公司制定的费率本，为各船公司代计代收运费。由于各船公司的运费率常会发生局部的修订、调整，附加费的计收或撤销也常有变动，所以，代理人对于各船公司的费率本加强管理是非常重要的。代理人要指定专人进行运费计算，审核和计收工作，随时注意费率本的撤换、货物运费率及等级的更正或补充，附加费及货名的增减，并且要确切地理解费率本的各项条款及规定，及时作好修改和记录。

船舶代理人在计算运费时，应根据装货单留底或提单副本，首先查明船舶所属承运人、船舶营运性质、运费支付方式及适用的费率本或运价协议，查明是直达、转船或联运，查明货物装货港、目的港及中转港有无运费及附加费的特殊规定。查清费率本中的有关规定、计算单位、使用币制以及有关承运人历次的更改通知，根据货物名称，查出费率及计算标准，算出基本运费，如属未列名货物，则按商品等级表或合理地参照相应货物的费率及计算标准计算，并做好记录，供下次参照使用。算出基本运费后，还必须查明费率本中所规定的各项附加费，计算出每票货物应付的运费，不同承运人不同航线附加费有不同的具体规定，应切实查清，还应特别注意承运人临时规定的其他附加费。此外，如果船公司实行优惠费率，则应对优惠费率的适用范围和条件加以关注，根据规定办理。

针对一些船公司在个别航线采用协议运价较多的情况，代理在代计代收运费时，对使用协议运价的货物，应注明协议号，并特别注意结算对象、结算依据和结算期限。对于信誉不良的托运人或货运代理人，应重点跟踪运费收取情况，杜绝拖欠发生，以保护委托方利益。

此外，在运费预付情况下，信用证要求出示多式联运提单时，船舶代理人应提示货主，使提单显示与信用证要求相符。例如，信用证要求货物从上海运往比利时布鲁塞尔，提单显示：“PORT OF LOADING: SHANGHAI; PORT OF DISCHARGE: ROTFERDAM; FINAL DESTINATION: BRUSSELS”，信用证要求显示“FREIGHT PREPAID”，但有的托运人会忽视这一点，在提单上显示：“OCEAN FREIGHT PREPAID”（海运运费已付）。对于这两种不同的记载，后果会有很大差异，代理人要及时提醒托运人按信用证要求正确显示“REIGHT PREPAID”，以免在支付了全程多式联运运费之后，重复支付从荷兰鹿特丹到比利时布鲁塞尔的公路运输费用。

6. 签发提单

船舶代理人签发提单必须得到承运人的特别授权，而且必须遵守有关法律的规定和航运习惯的要求。在件杂货运输情况下，应以收货单(大副收据)作为签发提单的依据；而在集装箱运输情况下，则应以场站收据作为签发提单的依据。另外，在使用交换提单(Switch B/L)的情况下，代理人代签中途港换发的提单时，应收回全套交换提单，即以交换提单作为签发提单的依据。在委托人授权签发提单，但无收货单、场站收据或交换提单的情况下，代理人则应该让船长签发提单，以避免由于不遵守航运习惯签发提单而须承担责任。

代理人在签发提单时，还应注意一些实务中可能对承运人带来额外风险的做法，这些做法未经委托方明确的书面指示，代理人不可擅自为之，否则就是越权。

承运人在接收货物或集装箱装船时，可能对外表状况不良的货物或集装箱在收货单或场站收据上加以批注，代理人在签发提单时应将批注转到提单上，但是，托运人为了不影响向银行结汇货款，常要求船舶代理人凭保函签发提单。尽管凭保函签发清洁提单常作为使托运人能以清洁提单向银行顺利结汇的变通做法，但是，大多数国家法律规定这样的保函是无效的，只能被认为是承运人和托运人双方共同欺骗了包括收货人在内的善意第三方，承运人不能以该保函对抗善意的第三方。除非保函是在"善意纠纷"情况下接受，否则承运人在赔付了收货人的损失后，不能根据保函向托运人追偿赔款。托运人经常会以货物的损坏并不是包装表面缺陷而引起，却是因为承运人在运输途中没有履行他应当适当地和谨慎地保管和照料货物的义务而引起作为抗辩，这样就使承运人难以向托运人追偿。另外，承运人通常会向保赔协会投保货物险，而保赔协会承保货物险的时间是货物从装船开始到卸船完毕为止，如果货损早在装货之前发生，保赔协会是不负责任的，只能由承运人自负责任，因此，承运人接受保函后，如卸货时发现的货损确实是在装货前由于货物包装表面缺陷所引起的，承运人就无法把货损责任转移给保赔协会。有些国家法律规定，承运人接受了保函，则不但对货损要负赔偿责任，而且其责任限制的权利也不能享受。可见，凭保函签发提单可能会造成严重后果，代理人应注意防止越权签发这种提单。

在国际贸易中，买卖双方事先都约定了货物的装运期限，并且都把签发提单的日期看作是货物装船完毕的日期，也就是卖方向买方交货的日期。如果提单签发日期早于或晚于货物实际装船完毕的日期(指倒签提单或顺签提单)，即构成签发内容不实的提单，有可能构成对第三者的欺诈。

另外，只有在货物装船完毕后才能辩别所装货物外表状况是否良好、件数是否与所申请的数字一致。如果货物未装船或未装船完毕先签发已装船的清洁提单，即签发预借提单，就会扩大承运人的责任，因此代理人尤其应避免签发此类提单。

二、进口货运业务

在班轮运输或不定期船运输中，承运人或租船人都可能通过授权，将船舶所载进口货物在卸港的各项业务委托给船舶代理人办理。

由船舶代理人代办的货物进口业务，主要包括收受载货运费清单、进口积载图、发放货物到达通知、签发提货单和受理进口货物理赔等。进口货运工作关系到船、货、港各方的利益，做好此项工作有利于港口安排作业、提高泊位和库场使用率，有利于收货人及时提取货物，也有利于船舶速遣。

船舶代理人为班轮公司代办的进口货运业务主要包括收受、分发货运单证、通知提货、签发提货单、进口货物理赔以及集装箱管理等业务工作。

1. 收受、分发进口货运单证

进口货运单证主要有载货清单、载货运费清单、副本提单、积载图、危险货物清单、重大件货物清单、集装箱装载清单、货物残损单等。

(1)舱单的处理

卸货港的船舶代理人在船舶抵港前,要根据装港船舶代理人寄来的载货清单(舱单)和载货运费清单(运费舱单),为船舶先行安排泊位、卸货、驳运、仓库、堆场,并通知收货人准备提货和支付到付运费。为了便于卸货港的船舶代理人安排到港船舶的靠泊和卸载,减少船舶待时,加速船舶和货物的周转、方便货主提取货物,装货港的船舶代理人在船舶开航后,应及时将货运单证寄出或通过互联网传给卸货港的船舶代理人。如果航程较短,装货港的船舶代理人也可以将必要的货运资料电告卸货港的船舶代理人,待船舶抵达卸货港后,再由船长立即将随船携带的载货清单交给卸货港的船舶代理人。

卸货港的船舶代理人在收到装港寄来的载货清单和载货运费清单后,应参照货物积载图,按货物装港逐港、逐票核对,核查是否有漏寄情况。如发现漏寄,应及时向船方或装港的船舶代理人索取。与此同时,卸货港的船舶代理人还应按提单副本逐票核对载货清单和载货运费清单所列货名、件数、标志、收货人等项内容。如果发现错误,应向船方或装货港的船舶代理人查询。

(2)积载图的处理

货物的积载图必须在船舶到港前寄达卸货港的船舶代理人,以便安排卸货和供理货人员理货时参考。一般地说,航线较长的进口货物积载计划应由船公司或在装货港的船舶代理人寄来,而航线较短的进口货物积载计划则可由船长或在装货港的船舶代理人用电报通知。

如果进口货物是分别由航线上几个装货港装船,则卸货港的船舶代理人所收到的将是分别由几个港口寄来的货物积载图(集装箱船船图由配载中心统一制作,除外),为了便于卸货,卸货港的船舶代理人必须将几张积载图合并为一张。在拼图时,一定要注意装货港顺序,分清货物在舱内的层次,以便于安排卸货和接运工具。

进口货物积载图的正确与否,直接关系到装卸效率的高低和杂项费用的开支。如果货物积载图能正确地标明货物的装舱位置,就有利于卸货工作的安排,反之,如果货物的实际积载情况与积载图所示不符,而船方又未事先通知,由此而造成的时间损失和其他杂项费用开支的增加都应由船方负责。如船舶在中途港进行过翻舱,造成货物装舱的实际位置与积载图有差异,而船方又未事先通知,以致在卸货港卸货过程中因搜寻货物而发生翻舱、开关舱盖等工作的耗费,都应由船方负责,而代理人则应将这类工时耗费列入港口杂项作业签证记录内,并交船方签字确认。

(3)其他单证的处理

危险货物清单、重大件货物清单、集装箱装载清单以及货物残损单等,都是进口货运业务中的重要单证。进口危险货物在装货港装船前,应将危险货物的名称,性质、类别、数量、联合国编号等内容通知卸货港的船舶代理人,以便联系港方,确认危险货物的卸货作业;危险货物装船后,卸货港的船舶代理人根据危险货物清单及时填写申报单,向当地海事机构申报及申请监卸。重大件货物抵港卸货前,卸货港的船舶代理人则根据重大件货物清单所列内容以及港口的卸货能力,可以及时联系安排浮吊或通知货主安排直接在船边提取货物。集装箱装载清单主要用于对进口集装箱进行及时的海关申报。

船舶代理人在收受进口货运单证并核对无误后，应及时将经过处理的进口舱单、进口船图和收到的危险货物清单、重大件货物清单、集装箱装载清单、货物残损单等分送给海关、码头、海事机构和外轮理货等单位，以便各有关方面安排船舶的进港、靠泊、卸货等具体工作。

2. 通知提货

按照《中华人民共和国海关法》的规定，船舶抵达卸货港申报进境起 14 天内，收货人或其代理人应向海关报关，超过这个期限，则由海关征收滞报金；当货物从船上卸下之后，根据各港口的规定，为了保证港口的畅通和正常作业，对于超过一定时间仍未提取的货物，港口可以根据需要对货物进行疏港，因疏港作业而产生的费用由提货人承担；同时，各港口的堆场、仓库等都规定有一定时间的货物免费堆存期，超过期限将由收货人支付相应的堆存费；船公司的集装箱设备也有一定的免费使用期，超期则产生滞箱费。另外，通常提单条款规定对在一个合理时间内无人认领的货物，则承运人可以处理该货物而不承担任何风险责任，全部的风险和费用由货主承担。因此，收货人如果没有及时办理进口货物的申报、检验等手续，就不能及时提取货物，并要支付额外费用、承担额外风险。

航运实践中，船舶代理人通常会在船舶抵达卸货港之前，事先通知收货人作好提货准备。在一些试行快速通关程序的港口，货主可以根据货物即将到港的信息，先进行预报关申请，海关在预先收到电子舱单并对报关单证审核无误的情况下，待进口货物卸船后，直接进行现场查验和放行，大大方便了货主，加快了物流的速度。

尽管法律并未做强制性规定要求承运人发到货通知，但在一般情况下，货物运抵目的港后，船舶代理人仍应通过适当的方式及时向收货人发出到货通知，以便收货人能够及时办理提货手续。如果收货人未及时提取货物，则应继续催提。

催提可用挂号信、传真、电话进行。如用电话催提，则必须作好记录备案。对于冷藏货、鲜活货物等特殊货物，因港口无保管条件或不便存放，应随时用电话通知收货人船边提货。高温季节，一些危险品也应在卸船后直接提离码头，以防不测。

3. 签发提货单

提货单是收货人或其代理人据以向现场(码头仓库、船边、堆场或货运站)提取货物的凭证。提货单俗称小提单，通常记有“禁止流通” 字样，不具备流通或其他作用。

目前，我国使用的提货单有两种格式，一种适用于件杂货运输和散货运输，另一种适用于集装箱运输。提货单的主要内容有：船名、航次、起运港、提货单签发日期、船舶靠泊日期及地点、收货人全称、提单号、标志、货名、件数、包装形式、货物重量和体积；集装箱运输中使用的提货单与交货记录等组成进口货运联单，内容增加了集装箱号、货物的交接条款等。

收货人或其代理人提取货物是以正本提单作为交换条件，但在实际业务中采用的交付货物的方法则是由收货人或其代理人先向承运人在卸货港的代理人交出正本提单，再由船舶代理人签发一份提货单给收货人或其代理人，待办妥有关手续(如海关、检验)后到现场提取货物。船舶代理人除凭正本提单签发提货单外，当收货人因故暂时无法取得正本提单或在使用海运单或在“电放”情况下，船舶代理人应根据不同情况签发提货单。

(1)凭正本提单签发提货单

正常情况下，收货人要取得提货单应以提单交换为前提条件。船舶代理人在凭提单签发提货单时，应确认提单格式正确且有“正本”字样。审核提单与其他货运单证(主要是载货清单)中有关船名、航次、提单号、装货港和卸货港、货名、件数、包装、标志、重量、体积以及收货人名称等记载内容相符，到付运费收妥、背书完整正确。

变更卸货港时（在提单上所记载的卸货港以外的其他港口卸货和交付货物），应收回全套正本提单，同时收妥因变更卸货港而发生的翻舱捣载费、装卸费以及因变更卸货港的运费差额和有关手续费等。

提单上有批注时，应将提单上的批注转批到提货单上。

签发提货单时应收回提单，并予以登记。

（2）凭保函签发提货单

实践中，有时因提单邮寄延误，或提单遗失或被窃，或作为押汇的跟单票据的提单已到达进口地银行，只因汇票的兑现期限的关系而使收货人暂时无法获取提单，在上述各种情况下，如果船舶已抵达卸货港，收货人就难以交出提单来换取提货单并提取货物。为了便于收货人和船公司双方能迅速完成货物的交接，按照航运习惯，可由收货人出具保证书（保函，letter of guarantee），以保证书交换提货单，然后凭提货单提取货物，这种交付货物的方式称为凭保证书交付货物。保证书的内容应包括收货人保证在收到提单后立即向船公司或其代理人交回提单，对因未凭提单提货所产生的一切损失承担责任，并表明对于上述保证内容由有关银行与收货人一起负连带责任。

收货人应在提单到达，支付货款取得提单后立即将提单交回船公司或其代理人换回保证书，这时就恢复了正常的交付货物的形式，称为解除保证。船公司虽然可以在收回提单以前将因凭保证书交付货物而发生的损失转嫁给收货人或保证银行，但作为违反运输合同的义务，他对正当的提单持有人仍负有赔偿一切损失责任的风险。因此，船公司应尽早收回提单，通常应规定一个交回提单的期限。船舶代理人在凭保证书签发提货单以前，应与船公司取得联系以得到明确的指示，避免因越权签发提货单而承担责任，并在凭保证书签发提货单后的规定期限内负责向收货人收回正本提单。

（3）使用海运单情况下签发提货单

集装箱运输方式的出现和普及，极大地缩短了货物运输所需要的时间，特别是集装箱货物多式联运方式的出现以及集装箱船的不断更新换代，使货物运输所需时间进一步缩短，而提单在银行间周转的时间仍然较长，致使一些近洋航线，经常出现货物早于提单到达的情况。为了使收货人在货物运抵卸货港时能及时提取货物，人们开始使用海运单，以此来满足货物运输单证上的需要。

海运单作为运输合同证明和货物收据，不具有转让功能。因此，收货人仅需按要求证明自己确实是海运单上注明的收货人即可取得提货单提货。船舶代理人在审核收货人提供的证明材料无误后即可签发提货单，证明材料包括：海运单副本，盖有法人章和具有法人代表签字的单位保证，本单位经办人的工作证和身份证。

（4）"电放"情况下签发提货单

在国际航运实践中，近年又出现了一种收货人不需要正本提单，单凭身份证明和装港船舶代理人的放货电报，就要求卸港船舶代理人签发提货单的做法。

在装港，船舶代理人虽然签发提单，但托运人以交还全套正本提单为条件，要求船舶代理人给卸港船舶代理人发出电报、电传等书面通知，指示后者在收货人不出示正本提单的情况下即可凭收货人出具的公司保函放货。

在采用"电放"形式前，承运人在装港的船舶代理人必须征得承运人的书面同意。而卸货港的船舶代理人在签发提货单时则应注意避免因交错货物而承担责任。"电放"情况下承运人必须将货物交给托运人指明的收货人。而收货人提货时应出具的保函,除声明提货人就是“电放”中的收货人外,还应保证对错提货物所造成的一切后果承担责任,另外,收货人提货时还应附以提单复印件。

4. 进口货物理赔

收货人提取货物时,如发现货物灭失或损坏,既可直接向船公司索赔,也可以通过卸货港的船舶代理人向船公司递交索赔通知书。索赔是指货主对因货运事故造成的损失向承运人提出赔偿要求的行为。而承运人受理和处理货主所提出索赔的工作则称为理赔。除一些比较复杂和数额较大的索赔案由承运人自行受理和处理外,承运人对一些小额的索赔案往往授权代理人受理和处理。如果代理人得到这种授权,代理人即可在规定的限度内理赔结案,事后再将处理结果转告船公司。

船舶代理人受托办理的进口理赔工作中最常见的是对溢短货的处理。这种情况下,船舶代理人需要与港方、理货、口岸等机构及船舶沿途停靠的其他港口的船舶代理人进行联系,查找短少的货物或处理溢卸的货物。

第六节 集装箱箱务管理

集装箱箱务管理是国际集装箱运输中一项非常重要的工作。船舶代理人通常在代理集装箱班轮业务的同时,兼任箱务管理代理人代办集装箱箱务管理。具体工作由下属的箱管部门负责。

一、进口集装箱管理

船舶代理人在船舶卸完后一个工作日内,向船公司或委托人发卸船报或直接将有关信息输入指定的箱管系统;根据集装箱载货清单和理货机构的卸货记录核对进口集装箱的箱数和箱号;代船公司或委托人办理进口集装箱的箱体报关手续;办理放箱手续。

进口集装箱的发放、交接应根据提货单、交货记录等列明的集装箱交接条款,实施《集装箱设备交接单》制度。有关业务单位必须凭箱管部门签发的设备交接单办理进口集装箱及集装箱设备的提还箱、出/进场手续;对集装箱的超期使用或租用或集装箱及其设备的灭失和损坏应支付超期使用费、租箱费和承担赔偿责任。

集装箱班轮运输中使用的集装箱大多由海上承运人提供,这种由承运人提供的集装箱称为COC(carrier’s own container)。但有时托运人也会提供自己配备或租用的集装箱来装载货物,这种由托运人提供的集装箱称为货主自备箱(SOC,shipper’s own container)。对于后者,承运人在交付货物时,应将集装箱连同货物一并交付给收货人。

二、出口集装箱管理

船舶代理人根据托运人或其代理人在订舱时提出的用箱申请,按照船公司或委托人的规定或指示,办理集装箱空箱发放、调运和报关手续;根据集装箱预配清单,办理放箱手续;按货方用箱申请提前通知堆场做好冷藏箱装箱前的预检和预冷;根据船公司的管理要求正确放箱,并监督货方正确用箱,如有误用,可以强行指令用箱人在装船前倒箱或采取其他处理措施。船舶装货完毕后一个工作日内向船公司或委托方发装船报或将信息输入其指定的箱管系统。

出口集装箱的发放、交接,应根据出口订舱单或出口集装箱预配清单等所列集装箱交接条款,实施《集装箱设备交接单》制度,以明确集装箱代理人、用箱人以及集装箱堆场之间互相的责任、权利和义务。

三、集装箱动态报告及其他

按照箱管代理协议,代理人应按要求的时间和格式发送各种报告。如船舶离港后 24h 内发出集装箱装船清单(container loading list);船舶到港后 24h 内发出集装箱卸船报表(container discharging list);动态发生后 24h 内发出发放空箱/装箱报告(empty release/stuffing)、重箱放箱/拆空箱报告(send to consignees tripping)、集装箱回空报告(empty return report)、集装箱移动报告(container movement report);每周对可用箱、在修箱、破损箱、堆存重箱、预出口、预进口等状态进行统计,发送集装箱盘存周报(weekly steering report);对于租箱,提箱后 24h 内发送集装箱起租报告(on – hire report or D/I in),退租后规定时间内发送集装箱退租报告(off – hire report or D/I out);对集装箱损坏、灭失的情况在动态发生后规定时间内发送箱损报告(damaged container report)、集装箱灭失报告(container lost report);集装箱出卖后规定时间内发送出卖箱报告(sold report);每月汇总月度修箱报告(statistics of monthly repairing report)、集装箱滞期费报告(container lost report)等。

此外,船舶代理人对进口集装箱拼箱货,应催促码头货运站及时拆箱,以加速货、箱周转;备妥适货空箱供出口装货使用;联系破损集装箱的修理;安排污箱和装载危险货物集装箱的清洗;承办集装箱检验、查询、盘存和跟踪、租赁等业务;收取集装箱超期使用费。

第七节　租船与买卖船代理业务

一、租船运输代理业务

代理人接受委托方的委托,代办的与租船运输有关的业务中,除代办船舶进出口手续及有关货物的出口、进口货运业务外,主要还有航次租船的船舶装/卸准备就绪通知书的递接手续,缮制装/卸时间事实记录和装卸时间表,计算并结算速遣费或滞期费,以及定期租船的交、还船工作等。

1. 递接船舶装/卸准备就绪通知

装/卸准备就绪通知书不仅起着通知准备装/卸作业的作用,而且是起算装/卸时间的重要依据。船长向承租人或承租人的代理人递交装/卸准备就绪通知书后,经过一定的时间,即起算装/卸时间。所以递交和接受装/卸准备就绪通知书,直接涉及速遣费或滞期费的计算。作为代理人,既可接受承租人的委托,代表承租人接受船长递交的装/卸准备就绪通知书与船长办理递接手续,也可以代表船方与承租人办理递接手续。在船舶与港口签订滞期/速遣协议的情况下,还可代表港口与船长办理递接手续。装/卸准备就绪通知书必须经由船方与租方或船方与港方等双方的递接签认方为有效,代理人可以接受租方或港方等委托,代表其接受通知书,但当有关方事先没有委托,而只有船方委托了代理人时,代理人则不能与船方办理递接手续,如船方坚持按租约递交时,应向船方说明当地无租方代理。代理人代表委托方与船长办理递接手续时,必须依据租约、贸易合同或有关的其他契约的规定办理。因此,委托方在委托时,必须同时提供上述资料,否则船舶代理人原则上将不予受理。

在递接通知书的过程中,经常会出现一些特殊情况,此时应注意既要办好通知书的递接手续，又要考虑速遣/滞期计算的方便和结算的顺利。例如，在同一港口卸货和装货的船舶，卸货准备就绪通知书和装货准备就绪通知书必须分别递接，如卸货和装货在同一泊位进行，则装货准备就绪通知书必须在全船卸货完毕、各舱清扫完毕并检验合格后才能递接；如果船长同意边卸边装，通知书也应在货物卸完时递接，但对已开始装货的各舱所用时间仍应如实做好事实记录；如果船长要求通知书在开始装货时递接，则除非出口方急需装货，同时有关方同意按此接受通知书或双方同意装货时间按比例计算，否则不应办理。如果卸货和装货不在同一泊位进行，装货准备就绪通知书必须待各舱清扫完毕、检验合格并移至装货泊位或候泊地区（如需等候泊位）后才能递接。如船舶在两个港口装货，通知书原则上应分港递接，如合同有明确规定第二港不另递接通知书，“装卸时间”在船舶抵港时起算，则按规定办理。又如，承运 FOB 出口货物的国外买方派来的船舶抵港后，虽具备了各方面的装货条件，但发货人尚未收到买方信用证或经修改后的信用证，则通知书的手续照办，但应在“事实记录”上如实注明当时的情况，承运 FOB 出口货物的买方派船早于合同中规定的装船期抵港，且船舶符合货物装船条件，则通知书在船舶办妥进口手续后即可接受，但必须注明“装货时间的计算不早于装船期开始的那一天”，以便合理计算速遣和滞期。

2. 缮制装/卸时间事实记录

缮制装/卸时间事实记录是船舶代理公司外勤业务员的主要工作之一。

关于装/卸时间事实记录的形式和内容已在“租船运输业务”一章中介绍，这里不再赘述。装/卸时间事实记录，是订有滞期/速遣时间计算的船舶在港装/卸作业的实际情况的记录。它反映船舶自抵港时起到装/卸货完毕时止的全面情况，是船东、租船人之间计算滞期或速遣费的重要依据。缮制装/卸时间事实记录一般是代理人根据委托，由外勤业务人员在现场进行的。在装/卸开始前，外勤业务人员必须熟悉租约和其他有关的契约的规定，以便按照约定实事求是的作出记录。在记录过程中，外勤业务人员须经常与船方的记录核对，在外勤业务员交班前应核对一次，发现问题及时解决，以免事后发生争议而影响船舶及时开航。当装/卸作业结束，记录完毕后，还要与船方的记录核对，并要求船方在记录草稿上签字，以防日后反复。与此同时，要尽快地缮制装/卸时间事实记录的正式文本交船方共同签认。然后根据委托方要求，编制装/卸时间表，结算速遣费或滞期费。

船舶代理人缮制装卸时间事实记录必须实事求是地详细记录，并注意使用文字准确、及时与有关方的记录核对，做好签署工作。以下是外勤人员在具体业务中应加以注意的一些事项：

(1)相关合同特别是租约的规定

船舶代理人在缮制装卸时间事实记录时，应注意不同租约的具体规定，例如“作业期间的开盖舱”、“装货前的铺垫舱”，“允许两次移泊”等在租约中常有不同约定，而这些约定都会影响到装卸时间的计算。

(2)详细连贯地记录

装卸时间事实记录的时间必须逐日逐时连贯，中间不得有空隙或省略，防止计算装卸时间时无法确定其是否属于应予计算的装卸时间。

关于口岸手续：船舶抵达锚地，如遇坏天气无法办理口岸手续，应予注明；办妥口岸手续到进港前这段时间里，应注明等泊、等货物、坏天气、以便按租约的不同规定扣除或不扣除装卸时间；出口船舶的积载图绘妥时间、商检验船时间及海事机构对危险品准装未予通过的时间也应注明，以便按合同中不同规定对装卸时间扣除或不扣除。

关于“坏天气”：装卸货工作开始前及装卸货过程中一般公认的坏天气或不适宜装卸货物

的坏天气应按“坏天气”记录，不作为装卸货时间；等泊期间的坏天气，可参照当地气象台或其他习惯引用的资料记录。对在港作业过程中出现的坏天气，如：大浪日、雨、雪、大雾以及清扫船上积水或积雪所占的时间必须做好记录。而风力对作业的影响，应根据装/卸货物所受风力影响的情况，实事求是地记录。如台风警报发出后作业停止，尽管台风将临前天气良好，仍应记录为“台风影响，作业中断”。又如卸磷灰土，铅粉，散装硫磺等类货物，风力四、五级即影响作业，应如实记录。

关于船方原因：执行速遣/滞期计算规定的船舶，应按规定格式将船舶舱口数、吊杆数及在本港作业的舱口数、吊杆数，装卸货名、吨数以及船舶总吨在事实记录上注明，以便于速遣/滞期的计算。同一舱口的两对吊杆中如有一对损坏，应把舱口号数，损坏时间记载清楚；船尾装物料的小舱口（TONNAGE WELL）虽然有时也装货，因属非正常装货舱口，不能作为一个舱口数列上。属船方原因造成装卸停工（如船吊故障，索具更换，船电中断等），记录中必须注明“由于船方某某原因造成停工”以分清责任。船吊动力不足，影响装卸，亦应详细记载原因和时间。如因装卸工人损坏船吊造成停工，并经港方确认，可以把损失的时间和原因记载清楚，也可以照旧记载为“装卸”计入装卸时间。装卸作业中，因船具损坏，下雨等原因停止作业，应在当天时间内注明，不要将此类情况批注在记录的下方，以便利速遣/滞期时间的计算。由于船舶设备问题造成工人伤亡或作业船舶被其他船舶碰撞等原因而使作业中断，应记录为“发生某某事故；作业中断”。根据船方申请进行的困难作业及特殊平舱的时间也应记录清楚。

关于移船：对于移泊时间的记录应注意，移泊前从停止装卸至等泊所占用的时间可并入移泊时间，按“移泊”记载或记录为“准备移泊”。如果等候移泊时间较长，超过正常所需时间，属港方原因时，应按“等候移泊”记录，属船方原因时，按“船舶准备移泊”记录，属潮水原因时，按“候潮移泊”记录。以上情况都不能用“停工”或“等装卸”等原因不明的词句记录。移泊后在正常时间内开始或恢复装卸，应按“准备开始装卸或准备恢复装卸”记录，而不应记录为“等候装卸”，如果超过正常时间，则超过的时间可记录为“等候装卸”。船舶在装卸过程中因受潮水影响需要从泊位移开，然后又移回原泊位的情况，不能记录为“移泊”，而应记录为“因低潮将船舶拖离泊位”和“船舶回靠码头”等。

关于雨天作业：雨雪天装卸磷灰土、废钢等不受影响的货物时，应注意在安排装卸作业前与船方和货主充分洽商，明确装卸时间计算和记录的方法。例如，双方同意按50%计算，则在记录上注明“下雨，装/卸时间按50%计算”。如果货方急于装/卸货，而船方不同意按50%计算，在港方同意下，雨天实际用去时间可记录为“装卸货物”而不记为“下雨”，实际作业以外的时间则按“下雨”记录，以便扣除。

船舶在港等泊、等装/卸、等货等情况：原则上应如实记录，但对于在装卸时间事实记录中记入“等货”字样应特别谨慎。在装卸过程中，因委托方原因停工等候装卸的，可记录为“等候装卸”。

不必记录的时间：卸货完毕清扫船舱地脚货的时间不属卸货时间（除非地脚货也算作货物交付给收货人），不必记录为卸货时间，如果船方坚持记录，可先注明卸货完毕，再记录清扫地脚货。装卸完毕商检公估水呎时间，不属作业时间，除非是船方要求公估，否则不必记录。

其他特殊情况：进口船舶抵港并递接了装卸准备就绪通知书后，因故调往国内其他港口的，如在本港发生了涉及到有关计算装卸时间的情况，仍应制作装卸时间事实记录，连同通知书一并寄送委托方或第二委托方。此外，如果一艘船舶，租船人和收/发货人都有委托，则应按租约和贸易合同分别制做事实记录。一艘船舶有两个以上租船人，且货物运输条款不同的，应分别制做事实记录，列明各运输条款项下货物名称，吨数，装/卸时间。

(3)记录用词准确

记录用词应尽可能精炼、清楚、确切。例如，船舶从引航锚地或检验锚地驶至作业泊位，记录应使用"驶至(PROCEEDING)"，而不要使用"移泊(SHIFTING)"字样，避免与真正"移泊"相混淆，造成时间计算错误。再如，坏天气前后，或雪、阵雨的间隙时间，或大风期间，虽不下雪、不下雨，但同样不能作业，应记录为"恶劣天气(THRETENING WEATHER)"，不应记录为"等装卸"。总之，装卸时间事实记录使用的词语应力求准确、规范(参阅附件13"装卸时间事实记录统一用语")。

(4)及时核对正确签署

船舶代理公司的驻船业务员应在装卸作业现场经常与装卸组长、理货组长核对，避免记录差错。还应经常与船方核对，发现问题及时协商解决，不应拖到开船时一并处理而影响船舶及时开航。与船方核对后，还应要求船方在记录草稿上签字。船舶装卸完毕前，可先缮制正式文本的事实记录，其中空出完工时间，待完工后填上实际完工时间，交船方签署。另外，在与船方共同签署时，应在签字下面注明作为代理人。

对于船长在签署装卸时间事实记录时，有异议而要求附加批注的情况，应根据事实和批注性质与作用，进行不同的处理。一般性批注，对结算时间没有影响的，如"按租约规定办理(SUBJECT TO ALL TERMS CONDITIONS AND EXCLOSLONS AS PER C/P)"之类的可以考虑接受；"在抗议下签字(UNDER PROTEST)"、"在争论中 (IN DISPUTE)"、"以船东同意为准 (SUBJECT TO OWNER'S APPROVAL)"等影响到装卸时间事实记录的作用的批注，须慎重处理，一般不予接受；其他有影响的批注必须与船方摆清情况，核对事实，据理力争取销批注。

不论进/出口船舶，不论贸易条款和运输合同如何，在船方和租方均未正式委托代理人制作时间表，而由船方自行制作的情况下，如果船长坚持要船舶代理公司的外勤人员签字，则外勤业务员除应实事求是认真审阅和纠正不合理之处外，必须在签字时加上"只作证明 (AGENT AS WITHNESS ONLY)"的批注。

3. 期租船的交船、还船与停租、复租

1)交船与还船

期租船在交船和还船时，租船人和船东之间需要办理起租交船和退租还船手续，并签署交接证书，凭以结算租金及有关费用。租约对交船和还船的期限、地点等一般都有明确规定。船舶代理人可以接受委托代表租船人或船东在港办理定期租船的交船、还船工作。

一般情况下，代理人在办理交船/还船工作前，必须事先认真研究租约，结合委托方的书面要求，做好必要准备，密切与各有关方的联系，做到熟悉租约规定，掌握船、港等方面情况。

代理人接受租船人或船东委托代办定期租船的交船、还船工作，必须有书面的委托，并及时提供租船合同才能办理。如果委托方是国外承租人，在接受委托时应电告委托方在船舶抵港前寄达租船合同。在时间紧迫的情况下，也可要求委托方先电告交/还船要求，交/还船地点、解约日期，最高、最低存油量，费用的划分，是否需进行船舶状况检验和测定油水数量等有关事项。

(1)交船

交船必须在租船合同规定的地点和时间进行。具体的交船地点，根据约定通常可以是在可抵达的泊位交船、或到达引航站交船、或引航员登轮交船等，只有船舶已抵达规定的地点，有时还应办完进口岸的各项检验检疫手续后才能办理。在时间上，如果交船方超过解除合同日还不能交船，承租人有权解除合同。如果船舶提前或超过解除合同日抵达交船港，是否可提前或逾期办理交船，由承租人选择。这时，代理人应征询委托方意见后，再予办理。

交船时，船舱必须清洁、干燥无异味，符合租船合同规定；存油也必须符合租船合同规定的数量。如果货舱不符合上述要求，应由船方负责清洗货舱；如果交船时船方提供的存油量经承租人检测发现低于租船合同规定的数量，也应由船方在港负责添加，使之达到要求后再进行交船。

为了分清船东和租船人对船舶损坏所应承担的责任，有必要请公正的第三方进行船舶技术状况检验。在交船时，租船人或船方可以申请船舶检验机构按租约规定的时间进行船舶检验，并作出详细的检验报告。其费用由申请方负担。

船舶具备了合同所规定的条件，并办妥交船前的各项手续后，船东或租船人（或他们的代理人）即可共同签署交船证书（见表 7-14）。这一证书是日后承租人按“交船时相似完好状态”还船时据以比较的依据。因此，如果在交船时发现船舶的技术状况或货舱状况不符合租船合同的要求，可在交船证书上批注。签署交船证书之日即为船舶的正式起租日。

表 7-14

DELIVERY CERTIFICATE

This is to certify that the M.V./s.s.“..”

.... flag, was delivered by Owners, Messrs ....

.... to the Time Charterers,

Messrs ....

at the port of .... at .... hours on the day of ....

At time of delivery, there were on board:

.... Metric Tons of Fuel Oil

.... Metric Tons of Diesel Oil

.... Metric Tons of Gas Oil

.... Metric Tons of Boiler/ Fresh Water

.... Metric Tons of

All other terms, conditions and exceptions as per Time Charter Party dated ....

For and on behalf of Owners, ... Master of M/V“ ”

As Agents for Time Charterers .... “ ” Shipping Agency

FORM NO. PSH/WDF/CM - BD - 26 DOC. DATE 06/30/1995 **ISSUE NO.** 1 **AMEND NO.**

如船长因不掌握租约条款而不同意签署交船证书，可签署包括船舶抵港和靠港时间、通过口岸检验检疫的时间、测定油水时间及油水存量等内容的事实记录，作为船东与租船人双方办理交接船的原始根据。

交船时发生的费用应按租约规定办理。一般交船前的进港引水费、拖轮费、代理费等由船方负担；如是载货进港卸毕后交船，船方还应负担港务费，船舶吨税等；如是空载进港交船，船舶吨税则由租船人负担；船舶检验费用，由申请人负担；交/接船的手续费，由委托方负担。

（2）还船

还船通常是在租约期满的最后一个航次结束时，在租方指定港口（或租约规定范围内的一个港口）的一个泊位卸货完毕后办理还船/接船手续。

还船前，代理应向船长了解船舶存油、存水量，并根据还船前的消耗量推算还船时的存量。如估算或验船师检测的存量少于租约规定，应及时联系租船人添加。

还船时货舱清洁状况必须与接船时基本相同。通常要求适于装载一般杂货。如另有约定则按约定办理。还船前应及早与有关部门洽商,争取边卸边清扫,以免影响还船时间。如需特殊扫舱或洗舱,应尽早联系安排。

由于租约一般不受办公时间和节假日的限制,因此如果国内租船人委托在办公时间外还船,在船舶已具备了还船条件的情况下,代理人可与船方洽商,争取在扫舱完毕时还船。这样,扫舱完毕时间就作为还船时间,扫舱完毕时的油水存量则作为还船的存量。

还船/接船后的出港引水费、拖轮费,代理费等,按租约规定办理。一般情况下,还船后发生的费用应由船东支付。但租约规定出港引水员下船时间还船(DOP),则全部港口使费应由租方支付,这种情况下,代理人应抓紧办理各项出港手续,以及事先签署还船证书(见表 7-15),尽早安排船舶出港。

表 7-15

RE-DELIVERY CERTIFICATE

This is to certify that the S.S/M.V." .... "of.

.... flag, was re-delivered to the Owners, Messrs ....

.... by the Time Charterers, Messrs ....

.... at the port of Shanghai at .... hours on the day of ....

....

At time of re-delivery, there were on board:

.... Metric Tons of Fuel Oil

.... Metric Tons of Diesel Oil

.... Metric Tons of Gas Oil

.... Metric Tons of Boiler/ Fresh Water

.... Metric Tons of ....

All other terms, conditions and exceptions as per Time Charter Party dated ....

For and on behalf of Owners, As Agents for Time Charterers

....

Gaptain of S.S./MV." " " " Shipping Agency

如果船舶空载出港,吨税执照尚未过期,则船方可以继续使用租船人缴付的吨税执照,海关不再另收吨税。执照在租船人办理还船手续时收回。但是,同样情况下如是载货出口,船方应另行缴纳吨税。

在还船过程中,经协商未获解决的问题可在还船/接船证书上注明,并加注"由租船人与船东根据租约解决"(TO BE SETTLED BETWEEN TIME CHARTERERS AND OWNERS IN ACCORDANCE WITH C/P),或是另行附加声明(SEPARATE STATEMENT)说明问题的实际情况。应避免船方在证书上批注"在抗议下"(UNDER PROTEST)、"在争执中"(IN DISPUTE)或"依船东批注为准"(SUBJECT TO OWNER'S APPROVAL)等不利词句。

其余各项可参照交船,在此不再赘述。

(3)其他

在期租船业务中除了交/还船,有时还会有在租期中退船或船租双方延续租约的情况。

船舶在期租期间,因失去适航能力不能继续营运,需要办理退租还船。而船舶的适航与否,必须经租船人申请验船后作出证明。在船租双方洽商同意之下,代理人可以接受委托办理退租还船手续,但是如有一方不同意则不能接受委托。

船舶租期届满时，如果租船人与船方愿意延续租约，则需要同时办理还船和接船手续。具体工作程序参照上文接船与还船。因还船与接船时间一致，存油、水量相同，可合并做一份还船和交船证书(见表 7-16)。油、水存量可凭船方提供的数量，不需要申请检验师测量。只是还船证书和接船证书要分别签署。

CERTIFICATE FOR RE-DELIVERY AND DELIVERY 表 7-16

Ship's Name:

Flying Flag:

Ship's Owners, Messrs:

Time Charterers, Messrs;

Port of Redelivery and Delivery:

Time of Redelivery and Delivery:

At the same time of Redelivery and Delivery, ther were on board:

.... long tons of fuel oil

.... long tons of diesel oil

.... long tons of fresh water

All other terms, conditions and exceptions as per Time Charter Party respectively dated and

For and on behalf of	For and on behalf of
Owners	Charterers
....	....
Master	As Agent

2)停租与复租

(1)停租

租船期间因约定的原因而妨碍租船人对船舶的有效使用时，租船人可以在停止使用该船期间中断支付租金和油水消耗费用。此时必须办理停租手续，并签署停租证书或制作事实记录，作为租船人和船东双方结算租金和确定燃料、淡水等费用分担的有效证明文件。租船合同是办理停租的依据，但由于导致停租原因的情况比较复杂、范围也较广泛，又涉及到租船人和船东的经济利益，因此代理人必须与委托方保持密切联系，慎重处理有关事项。

所有的定期租船合同都订有停租条款，因此代理人代办有关停租与复租的手续必须依照租船合同规定办理。

代理人在办理停租手续时应注意以下事项：

①租船合同不受办公时间或节假日时间的限制，因此停租和复租的时间也不因办公时间或节假日时间而受到限制。

②如果租船人不申请测量油、水存量，则以船方提供的数字为依据。但是，为了能使租船人在必要时与船方交涉，代理人可以在停租证书或事实记录上注明油、水存量数字系由船长提供的字样。

③停租手续办妥后，代理人代表租船人与船方共同签署停租证书(见表 7-17)。如果停租原因和责任不能确定时，应及时联系租船人与船长洽商，并采用编制并签署事实记录的方式。

④船舶在港停租期间发生的港口使费应由船方负担，但通常可不向船舶所有人另行索汇，而向租船人结算。费用单证应经船长签认，并注明“船方负担”，以便租船人向船舶所有人结算。如果停租时间较长，发生费用数额较大，而租船人又不同意垫付时，根据具体情况应及时

索汇，必要时可直接向船舶所有人发电索汇。另外，停租期间的代理费一般不再向船舶所有人收取。

当停租原因消除后，就可以在规定的地点办理复租手续。

OFF-HIRE CERTIFICATE 表 7-17

This is to certify that the m.v." .... "flying .... flag, went off-hire as form .... hours(local time)on the date of .... at the port of ....

At the time of going off-hire, there were on board:

.... long tons of fuel oil

.... long tons of diesel oil

.... long tons of fresh water

All other terms, conditions and exceptions as per Time Charter Party dated

For and on behalf of Owners	For and on behalf of Charterers
.... Master	.... As Agent

(2)复租

停租事故消除后，或船舶因故绕航后，返回原处或租约规定地点或双方约定地点后，即可办理复租。除租船人申请测量油，水存量外，一般根据船长所提供的油，水存量，与船长签署复租证书(见表 7-18)。

ON-HIRE CERTIFICATE 表 7-18

This is to certify that the m.v." .... "flying .... flag, went on-hire as form .... hours(local time)on the date of .... at the port of ....

At the time of going on-hire, there were on board:

.... long tons of fuel oil

.... long tons of diesel oil

.... long tons of fresh water

All other terms, conditions and exceptions as per Time Charter Party dated ....

For and on behalf of Owners	For and on behalf of Charterers
.... Master	.... As Agent

船舶在航程中，按租约规定发生应停租而后又复租的情况，在租方委托或通知后，可在船舶到港后办理停租/复租手续(起/停证书或事实记录)，停租/复租时的油，水存量由船长提供。可以合并签署一份事实记录并将停/复租证书一并寄租方。如果停租时间很长或有可能构成租方撤销租约时，应在取得租方同意后，才办理复租手续。

停租和复租，虽属两个不同的工作程序，但如果停租复租的时间较短，不超过一天者，可洽商船长合并一次办理，签署一份证书。

复租的其余工作与停租基本相同，可参照办理。

二、买卖船的交接工作

国际上航运公司之间的船舶买卖，由于涉及标的大，手续复杂，有时双方并不谋面，办理交接需要委托有专业经验的船舶代理公司进行操作。通常买卖船有两类：一类在交接后需要继续营运，另一类则作废钢拆解。在买卖船交接中，船舶代理人的主要委托方一般是卖方，卖方通过书面委托与代理人明确委托关系。在委托书中，应列明买方名称、交接条件和有关船员遣返的事项，同时卖方还要提供船舶买卖合同的副本。代理人在接受委托后则应根据业务事项及时索要备用金。委托方应在船舶抵港前或至迟在船舶交接前汇达足够的备用金。废钢船的备用金要提早进行索汇，而且金额要留有余地，以利支付临时性费用开支。

船舶买方可以与船舶代理人建立第二委托方代理关系，也可以委托另外的代理人。

1. 船舶抵港前的准备

代理人接受委托后，应及时通知买方作好接船准备。并根据船舶抵港日期，按时向口岸有关部门办理船舶进口申报手续。如果是油轮，代理人应预先了解船方是否需要排放压舱水，以及是否需要对舱内瓦斯密度进行检验或排除，以便及时安排。

2. 船舶抵港后的工作

船舶到港并办妥口岸手续后，代理人应立即将船员入境签证申请表（每人一式两份）、船员行李申报单（一式两份）交给船方，并督促船方准备好船员照片供办理船员遣返之用。同时接受船长递交的交船通知书。通知书的内容表明船长已按船东指示将船舶驶达交船港，并一切就绪，可以向买方交船，并办理交船手续。但是，如果船舶买卖合同规定须待收到卖方交船电报后才能办理交接手续时，代理人应在收到卖方交船电报后再办理交接手续，以保证卖方能及时收到船款。这是因为按照惯例，买卖船舶一般不预付订金或船价款，而是等船舶到港后，由买方或其代表先行登船对船舶状况进行查验或试航，在认为符合买卖合同要求后，买方才向卖方付款。卖方收到船款后再发交船电报给船长，指示船长交船。

通常，从船舶抵港到接到卖方交船电报需要一段时间，在这段时间中，买方或其代表可向船方了解船舶状况，索取技术资料，或对船具进行必要的试验。此时代理人可不参与，但应通知船方配合协助。为了避免交船过程中可能发生的与卖方业务的交叉，代理人应尽量要求买方申请第二委托方代理。如卖方未如数汇达备用金，代理人应及时催索并推迟交船时间。

在船长接到交船电报授权交船后，代理人即须会同买方或其代表与船长商定具体的交船泊位和交船时间。然后通知海关和港口当局进行必要的检查和必要的处理，并编制接船证书（见表 7-19），经买卖双方签署后各执正本一份以资证明。代理人则留存副本一份备查。由买卖双方签署的证书作为双方交接船舶的正式有效文件。签字后，船舶举行升、降旗仪式。

交船以后，海关、边防和检验检疫机构还要对船舶进行必要的检查。海关一般根据船舶进口申报的烟、酒等物品的存量进行核对，以便交接后，按需向接船单位征税。边防和海关分别对武器、弹药及船员房间，吸烟室，餐厅等处所进行检查和对书报、刊物、武器、弹药进行查封，集中处理。

3. 船员遣返

船员遣返，必须由船长向船舶代理公司提出书面委托，明确费用负担，并向有关当局提出书面申请一式两份，说明船员姓名、国籍，职务，证件号码，遣返理由。

经有关部门同意后，由船员用钢笔填写两份公安机关印发的申请表，并附若干本人正面照片，以便签发过境护照。

离境证件办妥后,通知船员填写两份海关印发的旅客行李物品申报单,离境时海关据以检查行李并制发关封。

船舶交接后,船员离船,按委托方要求办理遣返工作具体手续与通常离船遣返手续相同。船员遣返工作结束后,代理人需与委托方结算各项费用。如果船舶空载进口交接,船方不需缴纳吨税,若是载货进口,船方则应缴纳吨税。船舶的代理费、引水费、移泊费、港务费、代办交接船手续费、船员遣返费等均由委托方负担。修理费用需视情况,无论在船舶交接前卖方委托修理,还是在交接后买方委托修理,均可接受,但必须落实费用。

船舶完成交接,船员离船遣返,委托方与代理方之间结清各项费用后,买卖船交接的代理工作即告结束。

CERTIFICATE OF DELIVERY AND ACCEPTANCE

OF M.V."　　　　"　　　　表 7-19

This serves to certify that Messrs .... as Sellers represented by Master .... , agrees to deliver and Messrs .... as Buyers represented by .... , agrees to accept the delivery of the m. v .... of .... tons gross and .... tons net registered, in the port of .... at .... hrs. on the date of .... as per Memorandum of Agreement dated ....

It is hereby further confirmed that there were .... long tons of fuel oil and .... long tons of diesel oil remaining on board at the time of delivery and acceptance.

For and on behalf of	For and on behalf of
Sellers	Buyers
....	....
Master of m. v. "　　　　"	Representative

第八章　货运事故的处理

由于海上危险的存在,和海上运输,尤其远洋运输的运输距离长,海洋气象多变、环境复杂,运输作业环节多等特点,运输过程中难免会发生货物的质量和数量的变化,即造成货物的损坏或灭失,也就是通常所说的货损货差事故。

货运事故处理就是指当船舶在运输过程中发生货损、货差事故后,作为承运人的船公司的职能部门及时进行调查研究,分析造成事故的原因,并根据有关规定,明确责任方,从而决定承运人是否对货运事故造成的损失承担赔偿责任的处理过程。

第一节　船舶货运质量管理

虽然按照有关提单条款及运输合同、法律以及有关国际公约的规定，及时、正确地对所发生的货运事故作出处理，能够达到减少事故损失、维护承运人信誉和合法权益的目的。但是，事故发生后的处理终究是消极的办法，如果承运人在运输的全过程中都能积极地采取有效措施，加强货运质量管理，防止事故的发生，为货主提供安全、优质的运输服务，不但可以减少损失，而且还可以提高承运人在客户中的信誉，增强企业在国际航运市场上的竞争能力。

所谓货运质量,除了指要将所承运的货物及时、迅速地运抵目的港外,更重要的是要确保货物完整无损地交到收货人手里,为货主提供优质的运输服务。

海牙规则、我国海商法及各国船公司的提单条款都规定,承运人用非集装箱船载运货物进行港到港的货物运输时,承担责任的期间是从货物装船时开始至货物卸离船舶时为止的时间。所以,对海上承运人来说,提高货运质量,防止货损、货差事故发生的关键环节在于加强货物在船舶承运期间的全面质量管理,即包括船长和船员在内的船舶各部门全体人员都参加的对所承运的货物从受载的准备、收货、装船、配积载、途中保管到卸货交付的整个运输生产过程中的全面质量管理。

一、受载前的质量管理

为了防止货物在运输途中可能发生的货运事故,在船舶受载前,须在配船、配载、使船舶适宜装运货物等方面作好充分准备。具体地说,船公司给船舶下达运输任务时,应充分注意到船型、船龄、航线、货物种类和性质等因素,使所配船舶适合航线条件和订载货物对运输的要求;船舶接受任务后,大副除要认真审核装货清单及有关货物资料的单证,摸清货物的流向、特性、包装规格、重量、尺码、标志及货物对运输的特殊要求等情况,在确保船舶、货物的安全和充分利用船舶运力的前提下合理配装所承运的货物,防止因配装不当而造成货物的损坏,并作出积载计划外,在货物装船之前,还必须清扫货舱,根据货物情况及对运输的要求,做到使货舱清洁、干燥、无味、无漏、无虫鼠,必要时还要洗舱或熏舱,使之达到具体载运货物对运输的要求;检查货舱通风设备、各种管系、泵浦,使之处于完好的状态,以满足使船舶适货的要求。

不仅如此,为了给装货作业创造良好的条件,保证在装货过程中不发生货物受损的意外事故,还需要检查装卸机械及属具,使之处于良好的技术状态。为了货物的安全运送,还要备妥足够的垫、衬、隔、盖、支撑和绑扎物料等,在各方面做好准备工作。

二、装货时的质量管理

对货物装船时的质量管理,重点在于值班驾驶员和看舱人员对装货现场的监督和对装船作业的指导,以及对装船货物的清点交接工作。

为了船、货安全和分清交接的责任,值班驾驶员除了要掌握积载计划的安排和注意事项,并指导装载工作外,还要了解各舱的装载进度和监督、检查堆装及操作情况,核对货物装载是否符合积载计划的要求。另外,在值班驾驶员的领导下,看舱人员还必须督促装卸工人按照积载计划和值班驾驶员提出的要求从事装载,随时做好垫舱、隔衬、苫盖和绑扎工作;监督装卸工人定关、定量、定型地操作,严禁超负荷及"倒关"操作;督促理货员正确理数、检残,分清原残、工残。发现货物包装不良或有异状时,看舱人员应及时报告值班驾驶员,由值班驾驶员会同理货人员做好现场记录及签证。如果发现装船货物已经残损,值班驾驶员还应决定是否拒装,并将情况立即报告大副。

对于危险货物,必须严格按照海事部门核定的装舱部位装船。集装箱货物装船后,船方应对装载在甲板上的集装箱和装有特殊货物的集装箱的绑扎及加固进行严格检查,以防航行中各种事故的发生。

装货完毕后,大副应仔细汇总、核对现场记录,对装船货物的残损和外表异状以及数量的争议情况,如实地在装货单及收货单上作出批注。

三、航行中的质量管理

为了防止货物在运输途中因气象变化及其他突发事故可能造成的货损,承运船舶除了应根据所载运货物的主要特性及航线的气象情况制定保管和照料货物的合理方案外,还必须定时测量舱内的温、湿度,检查各舱货物情况,适时地调换压舱水,以保持舱内的温、湿度恒定,不使其出现突然的变化;进行合理的通风;察看防爆警报器;测量油、水舱及污水沟;对于冷藏货和冷藏箱还必须定时检查制冷设备的运转情况并测量舱温和作出记录;对于积载于露天甲板的货物和重大件货物也要坚持巡视制度,勤于检查,发现绑扎松动应及时采取有效措施进行紧固。如果在运输途中发现不论任何原因造成的货损,都要尽力抢救,防止损失扩大。

四、卸货时的质量管理

同装货时一样,卸货时的质量管理应把重点放在值班驾驶员和看舱人员对卸货现场的监督和对卸货作业的指导,以及对卸船货物的清点交接上。

在卸货过程中也存在着船、货安全的问题。为此,值班驾驶员除了要在现场巡视,了解各舱卸货进度,检查、监督操作情况外,还应联系值班水手,根据船舶性能及卸货情况,随时调整压舱水和系船缆绳,以保持船舶的平衡和保持船舶良好的稳性。

为了分清卸货交接责任,看舱人员必须督促装卸工人按值班驾驶员提出的要求卸货;监督装卸工人严格按照操作规程定关、定量、定型地操作,严禁超负荷及"挖井"、"拖关"操作;检查理货人员的理货工作,随时核对理货数字,做好详细记录,防止错卸、漏卸、混卸;遇有残损情况,要作好看舱记录,并报告值班驾驶员,使值班驾驶员据以及时做好现场记录或签证工作。

卸货完毕,大副应仔细核对现场记录,根据具体情况如实地在卸货单证上作出有效的批注,作为日后处理损害赔偿的依据。

不论在装货、运输或卸货过程中,都可能遇到暴风、暴雨、冰雹等突变的天气情况,这时,承运船舶除应组织力量,采用措施尽量避免货物受损外,还应就当时实际情况及采取的措施、货物受损情况记入航海日志,并书写海事声明递交港口当局或公证机关签证,以保留进一步申诉事故情况的权利。

第二节　货运事故的种类及现场处理

虽然加强货运质量管理在一定程度上可以防止货运事故的发生,但由于海上危险的存在及货物在长途的海上运输中和多环节作业的情况下,货运事故的发生实属难以完全避免。因此,在事故发生后,及时正确地进行善后处理,是远洋运输经营中非常重要的一项工作。

一、货运事故的种类和原因

货运事故可有不同的分类方法。比如按照损失的程度划分,货运事故可分为全部损失(total loss)和部分损失(partial loss);按照事故的性质划分,货运事故又可分为货差和货损。前一种分类方法主要适用于保险业务,而海运业务则多数采用后一种分类方法。

现将按照货运事故性质划分的货运事故种类及造成这些事故的主要原因列表归纳如表8-1。

在采用集装箱运输的全程中,除了海上运输外,集装箱在码头不适当的保管和堆存;陆路运输中铁路车辆的振动;拖车和卡车运输中车辆的摇晃,途经山岳地带的颠簸以及经过寒冷地区时温度、湿度的变化等,都是造成箱内货物受损的重要原因。

二、货运事故的现场处理

货运事故在货物运输的各个环节中都有可能发生,但在多数情况下,货运事故所造成货物的损坏或灭失情况是在卸货时或在最终目的地收货人收货时,甚至收货人收货之后才被发现的。

当货物在船舶承运期间发现货运事故时,船长或大副除应及时采取切实有效的措施防止事故进一步扩大外,还应将货物的损坏情况、原因及所采取的措施和处理经过详细的记录在航海日志上。如果发现货物的损坏比较严重,应及时将情况电告船公司。在卸货时应密切注意已损坏货物的变化情况,并随时将有关情况记录在航海日志上,同时要将卸下的受损货物与完好货物分开堆放,以免混杂难以区分。如在卸货过程中又造成新的损坏,则还应进一步将这些残损货物分清哪些是“原残”,哪些是“工残”,并分开堆放,以使日后能方便地分清造成货物残损的责任。

卸货完毕后,当装卸公司或理货长递交货物残损单和货物溢短单等有关卸货证明的单证要求船方签认时,大副应对这些单证上所记载的货物残损及溢短情况认真地进行核对,如发现与船方的记录不一致时,应随即进行核查,以取得一致的意见,否则大副应在这些单证上将争议的情况作出批注。因为这些单证上的批注是区分货运事故责任方的重要依据之一。如若能在卸货过程中做到随时对货物的残损情况及数量与理货人员进行核对,可减少卸货完毕后签证时发生的争议。

货运事故种类及主要原因　　表 8-1

货物种类			主要原因
货差			标志不清,误装,误卸,理货不清等
货损	全部损失		本船沉没,触礁,火灾,抛货,遗失,政府法令禁运和没收,盗窃,海盗行为,船舶被拘捕,扣留,货物被扣留,战争行为等
货损	部分损失	灭失	盗窃,抛货,遗失,落海等
货损	部分损失	内容短缺(shortage)	包装不良或破损,盗窃,泄漏,蒸发等
货损	部分损失	破损(breakeage)	积载不当(超高或积载地点不当等)导致航行中发生货动、倒垛,包装脆弱,装卸操作不当造成货物碰撞及坠毁,使用手钩等
货损	部分损失	水湿(rain & fresh water damage: R.F.W.D.)	雨、雪中装卸,驳运过程中河水溅湿,消防救火过程中的水湿,舱内管系故障导致被淡水浸湿等
货损	部分损失	海水湿(sea water damage)	海上风暴,驳运过程中舱内管系故障,船体破损等导致海水浸入,消防救火过程中的海水水湿等
货损	部分损失	汗湿(sweat)	通风不良,衬垫、隔离不当,积载不当等
货损	部分损失	虫蛀、鼠咬(rats and/or vermin)	驱虫、灭鼠不充分,舱内清扫、消毒不充分,对货物检查不严致使虫、鼠被带入舱内等
货损	部分损失	锈蚀(rust)	潮湿,海水溅湿,不适当的混载
货损	部分损失	腐烂变质(mould & mildew)	易腐货物未按要求积载的位置装载,未按要求控制舱内温度,温、湿度过高,换气通风不充分,冷藏装置故障等
货损	部分损失	混票(mixture)	标志不清,隔票不充分,倒垛,积载不当等
货损	部分损失	烟熏(smoken)	自燃,火灾,漏电等
货损	部分损失	焚毁(lost caused by fire)	温度过高,换气通风过度,货物本身的性质等

在我国港口,开始卸货前如发现货物装舱混乱、隔票不清、货物有残损情况,理货长会立即通知船方会同查验,并根据双方共同查验结果编制“现场记录”,经船方签认后再开始起卸货物。此后,在卸货过程中发现新的情况亦随时通知船方验看,随时记录并签认,当时解决对货物的残损情况认识不一致的问题,以避免待卸货完毕后一起签证时发生争执。现场记录也是理货长最后编制货物残损单的依据。

在收货人对货运事故造成的货物损害向船公司索赔时,或船公司向收货人给予赔偿前,通常都要先就事故的性质和规模及责任取得相互谅解,以顺利解决损害赔偿问题。所以,在发生货运事故时,应尽可能要求收货人和船公司分别派出代表会同船长或大副到现场进行联合检查,努力通过协商求得解决对货损情况认识不一致的问题。如果对事故的性质和规模,船公司与收货人之间未能通过协商求得一致的意见,这时就应在相互同意的基础上,指定检验人对所有应检验的项目进行检验,并在检验的基础上取得检验人签发的检验报告(survey report),作为确定货损事故责任和处理损害赔偿的依据。

船舶在航行中遇到恶劣天气,也常是造成货运事故的原因之一。这时,就须充分调查航行的实际情况,核查航海日志(log book)和包括海事声明(note of sea protest; maritime protest; captain's protest)或海事报告(master's report)在内的各种单证,确定事故原因是否属于承运人可以免责的范围。因此,船舶在航行中遇到恶劣天气,在船舶抵达第一到达港开舱卸货之前,船长应做成书面的海事声明,并附上航海日志的有关部分送交港口主管当局或我国驻当地的外交机构(代表)或公证机构签证,以保留进一步申诉事故情况的权利。现将海事声明的中英文格式示例见表 8-2。

表 8-2

海事声明书

日期:________

港口:________

致(1)中国外交代表或

(2)港务当局或

(3)公证人

船　名:__________　　载货类别:__________

总　吨:__________　　货物吨数:__________

净　吨:__________　　船籍港:__________

我轮______年______月______日从______港经______港开往______港于______年______月______日到达______港。

兹声明,鉴于我轮在本航次中曾遇到下述情况:

____

____

____

可能已造成损失或损坏,现特声明我轮对所发生的任何损失或损坏均不负任何责任,同时我轮保留向有关方面索赔,并在适当的时候和地点延伸此声明的权利。

船上见证人(签名/职务)

____

____

____

____

船长签名并盖船章

附件:航海日志摘抄

NOTE OF SEA PROTEST

Date:________

Port:________

To: 1) Chinese Diplomatic Representative, or

2) Port Authority, or

3) Notary Public.

Name of Ship:__________　　Kind of Cargo:__________

Gross Tonnage:__________　　Tons of Cargo:__________

Net Tonnage:__________　　Port of Registry:__________

Sailed from port of ____ on ____, 20 ____, bound for port of ____ and arrived at the port of on ____, 20 ____.

As fearing loss of damage owing to:

____

____

____

During the voyage, I hereby note my protest against all losses, damage, etc., reserving my right to claim against parties. Concerned and to extend this protest at time and place convenient.

Witness on board (Sig./Position)

____

____

____

____

Master's Sig. Ship's Stamp.

Enclosure : Extracts from Deck Log Book.

在船长作出海事声明的情况下，开舱卸货时，首先应申请检验人对造成货损的性质及损害程度进行检验，取得检验人出具的检验报告，以便日后船公司在处理索赔时决定是否在赔偿时用作举证证据；此时，船长还应根据实际情况进一步作出延伸海事声明或作出详细的海事报告，并在卸货过程中采取相应的措施，防止货损进一步扩大。

第三节 货运事故的责任

如前所述，货物在海上运输过程中极易发生各种各样的货运事故。对于这些事故所造成的损失，收货人是否能够从承运人那里得到赔偿，首先要取决于造成事故的原因，尤其要取决于谁应对造成这种事故的原因负有责任。

一、托运人的责任

在班轮运输的情况下，托运人将货物送交船公司指定的集中地点以前，或者在集装箱运输的情况下，拼箱货交至集装箱货运站以前，整箱货交至集装箱码头堆场以前，因为货物仍在托运人掌管之下，此时所发生的货物损坏或灭失，当然应属托运人的责任。在航次租船的情况下，如果租船合同中约定由承租人（通常就是托运人或货主）负责装船，而且合同中明确约定船舶所有人（出租人）对承租人自行安排装卸工人进行装货所造成的货物损坏或灭失可以免责（如"金康"合同）时，货物装入舱内以前所发生的货物损坏或灭失应由承租人（货主）负责。

另外，如果造成货物损坏或灭失的原因是由于货物的包装不固、标志不清，或由于托运人假报货名，以及货物本身的特性或潜在缺陷等原因造成的，当然也属于托运人的责任。不仅如此，如果由于这些原因而对承运人造成损失的，还应向承运人承担赔偿责任。如我国《海商法》第66条第1款规定，"托运人托运货物，应当妥善包装，并向承运人保证，货物装船时所提供的货物品名、标志、包装或者件数、重量或者体积的正确性；由于包装不良或者上述资料不正确，对承运人造成损失的，托运人应当负赔偿责任"。

二、承运人的责任

除上述情况外，货物在承运人掌管下所发生的事故，原则上都应由承运人负责。通常，承运人除了应承担保证船舶适航的义务外，还应承担对货物给予充分注意的义务，即因承运人及其雇佣人员对货物的接受、装船、积载、运送、保管、卸船、交付等方面疏忽而造成的货物损坏、灭失或延迟，应负损害赔偿责任。但是，海牙规则和一些国家的海商法或海上货物运输法以及中国《海商法》都规定承运人对船长、船员、引航员或承运人的其他受雇人在驾驶船舶或管理船舶中有关的行为或疏忽，即所谓航行过失，或不是因为承运人的故意行为所造成的火灾产生的损失不负责任，而且还规定了因海上固有危险所造成损害的免责事项。因此，从有关法规的规定和提单上通常记载的免责条款看，实际上承运人只对因以下原因造成的货损事故才承担赔偿责任。

1. 船舶不适航造成的损害

所谓适航（seaworthiness），不仅是指船体、船机、属具，即船舶本身处于安全航行状态，而且也包括为船舶配备合格、称职和足够的船员，装备船舶，充分供应燃料、食品、淡水、船用物品等消耗品和备品。同时还要使货舱、冷藏舱、冷气舱及其他载货处所处于适宜收受、载运和保管货物的状态。也就是通常所说的船舶适航能力。除上述船舶本身的物理适航能力外，同时也应包括所谓的适货能力(cargo worthiness)。

船舶适航是保证货物安全运达目的港的必要条件。因此,海牙规则及各国的海商法或海上货物运输法都毫不例外地把保证船舶适航规定为承运人应承担的义务。不但对承运人在因没有给予“谨慎处理”,使船舶保持能经受航次中通常的海上危险的适航能力的情况下产生的货物损害要承担赔偿责任,而且对货物发生损害后不能举证证明已经对船舶的适航性给予“谨慎处理”的情况也要承担赔偿责任。

但是,如果承运人能够举证证明在开航前和开航当时对船舶的适航已做到“谨慎处理”,那么,即使在航行中因遭遇海难或其他原因而使船舶失去适航能力,以致造成货物的损害,他也可以不负赔偿责任。

另外,在海牙规则和一些国家的海商法或海上货物运输法中,还规定承运人对虽经“谨慎处理”仍不能发现的潜在缺陷所引起的货物损坏或灭失也可免责。中国《海商法》第50条关于承运人的免责事项中也作了相应的规定。

2. 对货物的故意或过失所造成的损害

承运人对货物的运送期间,包括货物在装船、积载、运输、保管、照料和卸货等各个环节都应尽到“适当和谨慎”处理的义务,并承担责任。这是海牙规则等有关提单的国际公约和国内法所明确规定的。虽然在有关法规中或提单条款中列有所谓“疏忽条款(negligence clause)”,写明承运人对船长、船员、引航员或承运人的受雇人员在驾驶或管理船舶上的行为或疏忽所造成的货物损害免责。但是,这只不过是对航行过失免责,而对于商业过失,即有关货物的接受、装船、积载、运送、保管、照料、卸货和交付等管理货物方面的过失就不能免责。至于因船员或承运人的受雇人员的故意行为所造成的货物损害,承运人当然更不能免责,而应负赔偿责任。

三、第三方的责任

至于第三方的责任,这里主要是指货物在装卸作业过程中由于装卸工人操作不当或不注意而发生货物的撞击、坠落、落水等情况所造成的损害和不合理地使用手钩,以及驳船遭遇海难,在仓库中的失窃,理货失误等所造成的损害。对于这些损害,承运人是否应当负责,则要根据货物损害发生的时间和地点来决定。

如前所述,在班轮运输的情况下,为了集中装船和集中卸货,一般都采用仓库收货和仓库交付,并由装卸公司进行货物的装卸和在仓库收、交货物的办法。但是,作为承运人的责任原则却是“钩到钩”,这就产生了两个问题,其一是在装、卸货物过程中从“钩到舱”或从“舱到钩”阶段发生的货物损坏或灭失应由谁来承担责任;其二是从“仓库到钩”和从“钩到仓库”这两个外延阶段发生的货物损坏或灭失由谁来承担责任。

对于第一个问题,虽然现行法规仍沿袭着承运人的责任从“钩到钩”的作法,但是因为装卸公司是作为承运人的受雇人员进行装卸货物的,因此,发生于这两个阶段的货物损坏或灭失的责任,当然应该由承运人对货主负责。至于承运人根据与装卸公司之间的协议向装卸公司追偿,则完全是承运人的事情,与货主无关。

对于第二个问题,按照“钩到钩”的责任原则,承运人可以对发生在这两个外延阶段的货物损坏或灭失不承担任何责任。不过,习惯上也有由承运人承担责任的,即由承运人向货主作出赔偿后,再向仓库业者,如需经过驳运时,也可以向驳运方根据他们之间的合约进行追偿。

因此,为了明确货物损害的责任所在,首先需要明确这种损害是在哪一个阶段发生的。而前述收货单、理货计数单、提单、积载计划、积载检验报告、过驳清单或卸货报告,或货物残损单和货物溢短单，或检验证书等则是划分船方、货方、港方或其他第三方责任的必要证据。

另外，还有船舶在航行中发生船舶碰撞事故造成货物的损害赔偿责任问题。根据海牙规则和中国《海商法》或提单条款中的“疏忽条款”的规定，承运人对自己船舶所载货物的损害，在任何情况下是不承担责任的，即可以免责。对于船舶碰撞事故所造成的货物损害，只能由碰撞的对方船舶按其在碰撞事故中的过失责任大小比例承担损害赔偿。此时货主将能获得的损害赔偿程度，就取决于碰撞双方船舶的责任大小比例关系了。

第四节　索赔和理赔

索赔是指货主对因货运事故造成的损失向承运人或船舶所有人提出赔偿要求的行为；而理赔则是船公司或船公司的代理人接受和处理索赔人或索赔人的代理人所提出的索赔要求的行为。

导致货运事故发生的原因非常复杂，相应的责任需要对事故发生的原因作出具体分析后才能确定；货运事故的规模和损失程度的大小也常因具体事故的不同而异。特别是货主和承运人分别站在各自利益的立场上，对货运事故的责任和损失的程度常有不同的理解，这是当事双方纠纷难以解决的关键所在。因此，为了分清事故的责任，确定事故的规模和损失程度，并确保货主能从承运人那里取得确属承运人责任所造成的损失赔偿，索赔人应根据有关法律规定或习惯作法，按照一定的程序提出索赔，并提供能证明事故的原因、责任和损失数额的证据；而作为承运人的船公司或船公司的代理人在接受和处理收货人或收货人的代理人所提出的索赔工作中，对于这项既复杂、细致又直接影响船公司经济利益和信誉的工作则须通过对索赔人所提出的索赔要求进行细致、周密的审核；对事故所造成的损害事实进行认真、仔细的调查，明确事故的责任方，对是否接受索赔要求，向索赔人作出明确答复。如果承运人确认对货物的灭失或损害负有责任，当然应该及时给予赔偿；反之则应说明理由，作出拒赔的答复。如果事故损失较大，而承运人又表明了拒赔的态度，承运人就应该对索赔人可能就索赔事项向法院提起诉讼请求做好抗辩及举证的应诉准备。

一、有关举证证据的法律规定

索赔或索赔的诉讼请求都需要由索赔人或提起诉讼请求的原告举证证明提出索赔要求和诉讼请求所依据的事实。同样，承运人对索赔要求给予拒赔或对诉讼请求进行抗辩也须举证证明拒赔和抗辩所依据的事实。我国 2002 年 4 月 1 日起施行的《最高人民法院关于民事诉讼证据的若干规定》(以下简称《民事诉讼证据的若干规定》)中明确规定：“原告向人民法院起诉或者被告提出反诉，应当附有符合起诉条件的相应的证据材料”，并规定：“当事人对自己提出的诉讼请求所依据的事实或者反驳对方诉讼请求所依据的事实有责任提供证据加以证明”。由此可见，只要涉及索赔，不论最终是否会涉及诉讼请求，索赔人和被索赔人都必须按照《民事诉讼证据的若干规定》的要求，积极准备有效的证据，以备举证证明之需，而一旦进入索赔的诉讼程序，索赔人和作为被索赔人的承运人就更需要分别按照《民事诉讼证据的若干规定》第 10 条关于“当事人向人民法院提供证据，应当提供原件或者原物。如需自己保存证据原件、原物或者提供原件、原物确有困难的，可以提供经人民法院核对无异的复制件或者复制品”的规定，和第 14 条关于“当事人应当对其提交的证据材料逐一分类编号，对证据材料的来源、证明对象和内容作简要说明，签名盖章，注明提交日期，并依照对方当事人人数提出副本”的规定向法院分别提供索赔和抗辩所依据的证据。

收货人对货物灭失或损害据以提出索赔要求或诉讼请求和承运人据以抗辩的用以举证证明的书面证据主要包括货运单证、进出口贸易的商业单据和由具有公证资格的鉴定或公证机关出具的证明等三类。其中货运单证多数是专门为分清交接责任而设定、并得到习惯公认或法律承认的;进出口商业单据是国际贸易中,经过各出口国的国际商会(如中国国际贸易促进会/中国国际商会)认证,进出口商据以对货物进行交接和对货款进行结算的主要单证,这两类书面证据只要内容完整、记载准确,其证据效力应该是无庸置疑的。但是,由鉴定机关出具的证明,由于货运事故的种类、原因多种多样,要求鉴定、检验的内容也各有不同,因而由不同的鉴定或检验机关出具的鉴定书的内容就必须符合《民事诉讼证据的若干规定》第29条关于鉴定书内容的规定,才具有法定的证据效力。按照《民事诉讼证据的若干规定》的要求,鉴定书应该包括"①委托人姓名或者名称、委托鉴定的内容;②委托鉴定的材料;③鉴定的依据及使用的科学技术手段;④对鉴定过程的说明;⑤明确的鉴定结论;⑥对鉴定人鉴定资格的说明;⑦鉴定人员及鉴定机构签名盖章"等7项内容。当然,如果需要鉴定检验,最好由索赔人和承运人协商,共同要求一个双方同意的鉴定机构进行检验鉴定;如果涉诉,也可以向法院申请鉴定,经法院同意,由双方协商或由法院指定鉴定人进行鉴定或检验。如果当事人对人民法院委托的鉴定部门作出的鉴定结论有异议,也可以申请重新鉴定,不过,按照《民事诉讼证据的若干规定》第27条规定,只有在"①鉴定机构或者鉴定人员不具备相关的鉴定资格的;②鉴定程序严重违法的;③鉴定结论明显依据不足的;④经过质证认定不能作为证据使用的其他情形"等情况下,法院才准予重新鉴定,但是,"对有缺陷的鉴定结论,可以通过补充鉴定、重新质证或者补充质证等方法解决的,不予重新鉴定"。

任何维权的民事诉讼都有很多"符合起诉条件的相应的证据材料"。虽然《民事诉讼证据的若干规定》第3条要求"当事人在合理期限内积极、全面、正确、诚实地完成举证"但是这里所要求的所谓"全面",绝不是要求多多益善。因此,结合上述规定第66条关于"审判人员对案件的全部证据,应当从各证据与案件事实的关联程度、各证据之间的联系等方面进行综合审查判断"的要求考虑,在索赔和请求索赔的诉讼案件中,不论是索赔人的索赔举证,还是承运人的抗辩举证都应兼顾"积极、全面、正确、诚实"和必须考虑"证据与案件事实的关联程度、各证据之间的联系"的原则,从为数众多的可供选择证据中,尽可能的提供齐全、准确,而且各单证间的内容相互衔接、一致、没有抵触,能够充分确定发生货运事故的原因、损失程度、索赔金额,并有说服力地明确责任方的证据来支持自己的诉讼主张以维护自己的权益。

二、索赔

索赔,通常是由收货人向承运人或承运人在卸货港的代理人提出的。

虽然原则上说,有权对货运事故提出索赔要求的人应该是该项货物的物权占有人,但是根据国际贸易习惯,不论是以CIF或FOB价格条件成交的进出口货物,当货物在起运港装船,货物越过船舷时,责任、风险即转移给作为收货人的买方,也就是说货物装船后的风险将由收货人承担。因而根据提单的定义条款关于"货方"定义的规定,由作为合同当事人一方的收货人对货物的灭失或损害向承运人或承运人的代理人提出索赔也是理所当然的。不过,实际业务中,几乎所有的进出口贸易的货物都投保了货物保险,一旦在货物运输过程中发生了货物灭失或损害,绝大多数情况下都是先由保险人按照保险责任给付赔偿,然后再由保险人根据收货人提交的"权益转让书(letter of subrogation)",由货物的保险人代位求偿,即由保险人代表收货人向承运人提出索赔要求,进而也可以代表收货人向法院提起诉讼请求。因此,虽然说名正言顺的索赔人应该是收货人,而实际上向承运人提出索赔要求或向法院提起诉讼请求的索赔人却经常是受损货物的保险人。

1. 代位求偿

索赔既可以由收货人提出,也可以由承保货物保险的保险公司提出。

货物在运输过程中造成的灭失或损坏,通常是由收货人向承运人或其代理人提出索赔的。但是,当收货人根据保险合同从承保货物保险的保险公司那里得到赔偿后,常将自己的索赔权利转让给保险公司,由保险公司出面向承运人或其代理人提出索赔,或向法院提起诉讼请求。这种保险人代位行使被保险人对第三人请求赔偿的权利就是代位求偿。

(1)有关代位求偿的法律规定

通常货物保险人的代位求偿权都是保险人按照保险责任给付赔偿后,根据被保险人提交的权益转让书取得、并得到法律承认和保护的。比如,经过修订,自 2000 年 7 月 1 日起施行的《中华人民共和国海事诉讼特别程序法》(以下简称《特别程序法》)既以第 93 条关于“因第三人造成保险事故,保险人向被保险人支付保险赔偿后,在保险赔偿范围内可以代位行使被保险人对第三人请求赔偿的权利”的规定表明法律对保险人代位求偿权利的确认,又以第 94 条关于“保险人行使代位请求赔偿权利时,被保险人未向造成保险事故的第三人提起诉讼的,保险人应当以自己的名义向该第三人提起诉讼”,和第 95 条关于“保险人行使代位请求赔偿权利时,被保险人已经向造成保险事故的第三人提起诉讼的,保险人可以向受理该案的法院提出变更当事人的请求,代位行使被保险人对第三人请求赔偿的权利”的规定表明对保险人代位求偿权利的保护。不过,保险人取得代位求偿权利应该是以保险人已支付保险赔偿和索赔人已向保险人提交权益转让书为前提条件的。为此,《特别程序法》第 96 条又规定:“保险人依照本法第 94 条、第 95 条的规定提起诉讼或者申请参加诉讼的,应当向受理该案的海事法院提交保险人支付保险赔偿的凭证,以及参加诉讼应当提交的其他文件”。应该说,这里所说的“保险人支付保险赔偿的凭证”要证明的就是保险人已支付了保险赔偿;而所谓“参加诉讼应当提交的其他文件”指的则是索赔人向保险人提交的权益转让书和其他相关文件。

代位求偿过程中可能出现保险人的保险赔偿不足以抵偿索赔人的全部损失,即保险人按照保险责任赔付的金额少于被保险人所遭受的实际损失的情况。在这种情况下,被保险人通常都可以和保险人一起以共同原告的身份提起赔偿要求或诉讼请求。对此,《特别程序法》第 95 条规定:“被保险人取得的保险赔偿不能弥补第三人造成的全部损失的,保险人和被保险人可以作为共同原告向第三人请求赔偿”。

(2)权益转让书

货物保险人是根据被保险人提交的权益转让书取得代位求偿的权利的。

权益转让书是一种表明收货人收取保险赔偿后,已将原来属于自己的索赔权益转让给保险公司的凭据。根据这种权益的转让,保险人才有权以收货人名义向承运人提出索赔,在必要时,还可以以收货人名义或以保险人自己的名义向法院提出索赔诉讼。

“权益转让证书”的格式见表 8-3。

权益转让证书 表 8-3

LETTER OF SUBROGATION

Messrs.

China Insurance Company Ltd.

In consideration of your settling our claim for & 9. 8. 10. under your policy No. OIC(2002) PE/11 – 108 insuring the goods mentioned below cert 135386 per "(name of vessel)" from (name of port) to (name of Port).

We undertake to furnish you with all or any documents and correspondence relating thereto which you may call for to prove our title to the value there of. We declare that we were the owners of the goods at the time of their loss and we hereby transfer to you all our right title and interest to in the goods.

We further authorize you to use our name in any legal proceedings or claim which you may see fit to make for compensation for the loss of the said goods against any Government firm Company or person.

And we will your request and cost make any affidavit or otherwise give any evidence which we can properly make or give in relation to any such proceedings or claims and we will produce all documents and correspondence relating there to required for the purpose of such proceeding or claim and generally render you such assistance as you may from time to time require in connection with any such proceedings or claim you indemnifying us against all liability for the costs to be incurred in relation to such proceedings or claim..

Particulars or description of goods

____

____

____

____

Dated this ____________, 20 ____________

Signature Receipt of Payment

"权益转让证书"既是被保险人(收货人)将有关索赔的权利转让给保险人的证明,也是被保险人授权保险人代为进行索赔事宜的委托书,同时它还是被保险人保证向保险人提供索赔中所需各种单证、文件的保证书。因此,它的内容总不例外地包括:收货人将有关他对该项货物的权利和利益转让给保险人;授权保险人可以以收货人的名义向有关政府、企业、公司或个人提出认为合理的赔偿要求或法律诉讼;保证随时提供进行索赔和诉讼所需要的单证和文件。

在权益转让的情况下,通常都须由在卸货港的收货人将"权益转让证书"交给保险公司,与此同时,必须将"权益转让证书"的副本交给船公司在卸货港的代理人,再由代理人将副本寄交船公司。

2. 索赔的一般程序

(1)发出索赔通知

我国《海商法》和有关提单的国际公约,以及各国的海商法或海上货物运输法,或者提单条款,一般都规定,在发生货损事故时,根据运输合同有权提取货物的人,应在承运人或承运人的代理人、雇佣人将货物移交给他的当时或规定的时间内,向承运人或承运人的代理人发出关于货损的书面通知,声明保留索赔的权利。我国《海商法》第 81 条第 1 款规定:"承运人向收货人交付货物时,收货人未将货物灭失或者损坏的情况书面通知承运人的,此项交付视为承运人已经按照运输单证的记载交付以及货物状况良好的初步证据。"同条第 2 款又规定:"货物灭失或者损坏的情况非显而易见的,在货物交付的次日起连续 7 日内,集装箱货物交付的次日起连续 15 日内,收货人未提交书面通知的,适用前款规定。"海牙规则第 3 条第 6 款规定:"根据运输契约有权收货的人,除非在卸货港将货物灭失和损害的一般情况,于货物被移交他监督之前或者当时(如果灭失或损害不明显,则在 3 天之内),已用书面通知承运人或其代理人,这种移交便应作为承运人已经按照提单规定交付货物的表面证据。"汉堡规则则规定为在交付货物后 15 日内发出这种通知。

不过，发出这种通知并不是索赔人必须履行的一项索赔程序。所以，有关国际公约，各国海商法或提单中同时还规定，如果货物状况在收货人收受时已经联合检查或检验，就无须提交书面通知。我国《海商法》第81条第3款就规定："货物交付时，收货人已经会同承运人对货物进行联合检查或检验的，无需就所查明的灭失或者损坏的情况提交书面通知。"

无论是有关国际公约，各国海商法或海上货物运输法，或一般的提单都只是把在货物交付时没有发出这种书面通知看作是表明货物是按照提单上的记载交付给收货人的表面证据，或者初步证据。也就是说，即使收货人在接受货物时并未发出这种书面通知，也不影响其索赔权利，在以后仍可以根据有关货运单证（如过驳清单、卸货报告、或货物溢短单和货物残损单）上的批注，或检验人的检验证书作为相反的证据提出索赔。而且，即使收货人在收货时发出了有关货损的书面通知，也还必须提出证明，证明他所收到的货物并不是在清洁提单上记载的良好状态下接受的，即他还要尽快地提供有关的货运单证或检验证书作为提供索赔的举证。

所以，不论是交付货物时是否提出了这种有关货损的书面通知，索赔人都应尽快地查明原因，准备各种索赔的证明单证，在诉讼时效内向承运人或承运人的代理人正式提出索赔要求。

(2)提交索赔申请书或索赔清单正式提出索赔

索赔申请书或索赔清单（statement of claims）是索赔人向承运人正式要求赔偿的书面文件。它没有统一的格式，但应包括如下内容：

①索赔人的名称和地址；

②船名；

③装货港名称，抵达卸货港日期；

④货名及提单号，接货地点；

⑤残损或短卸情况，数量；

⑥索赔日期、索赔金额及索赔理由。

如前所述，收货人在规定的时间内向承运人发出货损的书面通知并不意味着已经向承运人提出索赔要求，只有索赔人向承运人提出索赔申请书或索赔清单后，才表明索赔人正式提出索赔要求。如果仅发出货损的书面通知，而没有进一步准备作为责任举证手段的货运单证，未向承运人提交索赔申请书或索赔清单，即未正式提出索赔要求，承运人是不会主动给予赔偿的。而且即使提出了赔偿要求，如果不抓紧催赔，及时交涉，甚至在必要时提出诉讼，承运人也可能故意拖延，以期超过诉讼时效，可以使索赔案件不了了之。虽然法律上并没有对索赔时效加以规定，但是，为了易于保全证据和在不太长的时间内尽早结束每份合同或提单的法律关系，法律上对于涉及索赔的诉讼案件都规定有诉讼时效。也可以说，索赔时效最长也不会超过诉讼时效。如果超过了诉讼时效再提出索赔要求，承运人对这种索赔是会置之不理的。此时再向主管法院起诉，法院也会因超过诉讼时效而不予受理。所以，超过诉讼时效再提出索赔或诉讼都是没有意义的。因此，索赔人即使提出索赔要求后，仍不能听之任之，在发现承运人对索赔案件有意拖延时，就应在诉讼时效届满前及时向法院起诉。

(3)索赔单证

索赔人向承运人提出索赔要求或诉讼请求时，他应承担举证责任，即要举证证明他所收到的货物并不是在清洁提单上记载的良好状态下接受的。为此，必须提出能够证明货运事故的原因、种类、损失规模、以及能区分责任的货运单证、检验证书、商业票据和有关记录等。这些

可作为索赔举证的单证、证书、商业票据或记录主要有:

①提单。根据《民事诉讼证据的若干规定》第5条:“在合同纠纷案件中,主张合同关系成立并生效的一方当事人对合同订立和生效的事实承担举证责任”的规定,对于具有合同纠纷案件性质的对货物灭失或损害的索赔或诉讼请求的案件,索赔人首先必须举证证明和承运人之间存在着合法并生效的合同关系,而提单则是运输合同成立的证明,所以提单就是索赔人提出索赔要求或诉讼请求时必须随附的用作举证证明的重要证据之一。这是因为,提单的货物收据作用,表明了承运人所收货物的外表状况和数量;而提单作为运输合同的证明的作用,则规定了承运人的权利、义务、赔偿责任和免责,是处理承运人和货主之间争议的主要依据。索赔人提出索赔要求或诉讼请求时,提交提单首先可用来证明货方和承运人之间的合同关系是依法成立的,而且是有效的;其次也证明因承运人违约致使收货人收到的货物与提单上的记载不符,从而可以结合举证时提供的其他单证,进一步证明索赔依据和承运人的违约事实。

②卸货单证。卸货单证包括卸货报告、过驳清单、货物残损单和货物溢短单等中外港口用于到港船舶和卸货港办理货物交接手续,证明货物的残损或短缺是否发生于船舶运输过程中,据以区分交接责任的货运单证。如果这些卸货单证上批注了货物残损或短缺情况,并经大副签认,而在收货单上又未作出同样的批注,就至少说明这些残损或短缺是因发生在运输途中,除非承运人能举证证明残损或短缺是因可以免责的原因造成的,否则就应承担赔偿责任。

③重理单。当卸货完毕,船方对所卸货物件数或数量有疑问时,可能要求复查或重理,并在证明货物溢短的单证上作出批注。如果船方在这种证明货物溢短的单证上批注了“复查”或“重理”等字样,则索赔时,必须同时提供复查结果的证明文件或理货人签发的重理单。只有在重理或复查后,证明确实有短缺,收货人才能提出索赔。

④货物残损检验报告。在收货人或船方认为货物受损的原因不明显或不易区别,或者无法判定货物的受损程度时,可以申请具有公证资格的检验人对货物进行检验。在这种情况下,虽然可以不再发出货损的书面通知,但索赔时必须随附经检验人员检验后出具的“货物残损检验证书(inspection certificate damage & shortage)”。当然,货物残损检验证书是以证明造成货损的责任是在承运人一方为条件的。

若货物受损的原因和程度已很明显,而且明确地记载在货物残损和短缺的单证上,并经大副和理货人员签认,也可以不申请检验和随附这种检验证书。

⑤商业发票。商业发票(invoice)是货物买卖中由卖方开出的一般商业票据。它是计算索赔金额的主要依据。赔偿金额一般按CIF价格计算,如果商业发票上记载的是FOB价格,则按CIF价格索赔时,索赔人还应提供运费及保险费收据。

⑥装箱单。装箱单(packing list)也是一种商业票据。在这份单据中,列明每一包装内所装货物的名称、件数、规格等。在索赔时随附装箱单可用于确定损失程度。

⑦修理单。对仪器仪表、机械等成套设备发生货损提出索赔时,须附有这类货物的修理单以表明修理所花费用。如果经过修理后的货物价值有所贬值,还须附有检验部门出立的贬值证明。

航运实务中,对索赔单证的要求没有统一的规定,不同的索赔案件,所需要的索赔单证也不完全一样。但总的要求是所提供的单证应该能够充分地证明承运人需对货物的残损承担责任。因此,不仅限于上述索赔单证,如有其他能够进一步说明承运人责任的证明,如船长或大副出具的货损报告,或船长签字的其他书面资料也应一并提交。

三、索赔权利的保全

如果发生货物灭失或损害，又已能比较明确地认为是属于承运人的责任，而且损失金额较大时，为了使索赔人的索赔权利得以实现，通常都要通过一定的法律程序，采取迫使承运人对日后按仲裁机构的裁决或法院的判决履行赔偿责任作出保证的措施，这种措施就是保全措施。

索赔权利的保全是海事请求保全所包含的内容之一。《特别程序法》第 12 条对海事请求保全的解释是："海事请求保全是指海事法院根据海事请求人的申请，为保障其海事请求的实现，对被请求人的财产所采取的强制措施"。该法第 21 条第 7 款和第 8 款还把对"货物运输或者旅客运输的协议"和"船载货物(包括行李)或者与其有关的灭失或者损坏"的海事请求列为 22 项可以申请扣押船舶的法定事项中的两项。

列记于《特别程序法》并为之作出明确规定的海事请求人可采取的海事请求保全措施主要有海事担保、船舶的扣押与拍卖，以及船载货物的扣押与拍卖。就货物灭失或损害的海事请求而言，索赔人对索赔权利采取的保全措施主要有两种：一种是要求承运人提供担保；另一种则是扣押船舶。

1. 海事担保

海事担保包括海事请求人担保和被请求人的担保，而货物灭失或损害的诉讼请求要求承运人提供的担保则属于被请求人的担保。关于担保的形式，虽然《特别程序法》第 73 条规定："担保的方式为提供现金或者保证、设置抵押或者质押"，但是同法第 75 条又规定："被请求人提供的担保，其方式、数额由海事请求人和被请求人协商；协商不成的，由海事法院决定"，所以在实践中常被采用的担保形式是现金担保或由具有信用的单位出具保证书进行书面担保的形式。

(1)现金担保

现金担保是货物灭失或损害索赔的海事请求中，作为被请求人的承运人将一定数额的现金担保提交给法院或作为海事请求人的索赔人，以这笔现金作为保证支付赔偿金的担保，日后船方所需支付的赔偿即从这笔保证金中支付的担保方式。

关于现金担保，海事请求人和被请求人所关心的是担保金额的多少问题。对此虽然《特别程序法》规定可以由海事请求人和被请求人协商，协商不成，再由法院决定，但是，为了避免过高的担保金额可能给被请求人造成不必要的损失，该法第 76 条又规定："海事请求人要求被请求人就海事请求保全提供担保的数额，应当与其债权数额相当，但不得超过被保全的财产价值"，同时还在第 78 条规定："海事请求人请求担保的数额过高，造成被请求人损失的，应当承担赔偿责任"。

虽然现金担保是一种既直接又有效的担保形式，担保的现金既可能由承运人提交，也可能由为船公司提供责任保险的船东保赔协会(P&I Club)提交，但是，不论由谁提交这笔担保的现金，毕竟都会影响这笔资金的使用，因此较少采用。在实际业务中通常都采用书面担保的形式。

(2)书面担保

关于海事请求的担保形式，《特别程序法》中所规定的提供"保证"的形式，指的就是由被请求人或有信用的机构，如银行或船东保赔协会出具保证书进行书面担保的形式。保证书担保是一种书面的担保形式。这种保证书可由银行出立，也可由船东保赔协会出立。对于资金不十分雄厚，经营不良，或者业务往来关系不十分密切的船公司，应尽量争取船方提供银行出立的保证书,并争取由与自己有往来的银行出立的保证书,使这种担保安全可靠。当然,在大多数船公司都参加了船东保赔协会的现实情况下,由保赔协会出具的保证书也是可靠的。

保证书一般应包括以下内容:

①受益人;

②担保金额;

③造成损失事故的船名、国籍;

④有效期(一般不少于一年);

⑤付款条件,应写明根据什么条件付款,如规定根据商检证书、仲裁机关裁定或法院判决书等;

⑥付款时间和地点,作为索赔人应争取按付款条件在卸货港立即付款。

2. 扣船

船舶的扣押与拍卖可以说是海事请求保全中最为严厉的保全举措,也是有可能给船舶所有人造成巨大损失的措施,因此,虽然《特别程序法》将"货物运输或者旅客运输的协议"和"船载货物(包括行李)或者与其有关的灭失或者损坏"列为可以申请扣押船舶的法定事项,可是,除非是特大的、损失金额非常巨大的货物灭失或损害的海事请求,实际上因货运事故的诉讼请求而申请扣船的情况是不多见的。

尽管如此,对于海事请求的请求人,即货运事故索赔的诉讼请求的原告来说,扣船毕竟是最强有力的保全措施,如果发生货损事故而又能比较明确地判定属于承运人的责任,且损失数额巨大,但通过正常途径的交涉,不能从承运人那里取得必要的担保时,作为索赔人的收货人或承保货物保险的保险公司,仍可以按照一定的法律程序,向法院提出扣船请求,经法院批准后,不但可以由法院执行扣押引发货运事故的船舶,而且根据《特别程序法》第 23 条关于"海事法院可以扣押对海事请求负有责任的船舶所有人、光船承租人、定期租船人或者航次租船人在实施扣押时所有的其他船舶"的规定,法院还可以扣押属于被请求人的其他船舶。

扣船是对船舶的临时扣押,是一种诉讼请求保全的程序。在船公司对属于承运人责任的货损赔偿未提供必要的担保的情况下,索赔人如不果断地按照法律规定采取这种保全措施,对船舶加以扣留,那么,在船舶驶离卸货港后,即使法院或仲裁机关作出了判决或裁决也可能无法执行。而采取扣船的保全措施后,则可迫使船公司及时提供必要的担保,在船公司提供了担保后再释放船舶。这样,如果索赔人胜诉,对于判决或裁决的执行就有了保证。

不过,扣船毕竟不是目的,它只不过是采取一种较为强硬的手段,迫使承运人尽快提供担保,保证日后按照法院判决或仲裁机关的裁决承担赔偿责任的一种保全措施而已。因此,只要船公司按照要求提供保证承担赔偿责任的担保后,就应立即释放船舶。

3. 海事请求保全申请人的责任

根据《特别程序法》第 13 条关于"当事人在起诉前申请海事请求保全,应当向被保全的财产所在地海事法院提出"和第 18 条关于"海事请求人在本法规定的期间内,未提起诉讼或者未按照仲裁协议申请仲裁的,海事法院应当及时解除保全或者返还担保",以及第 28 条关于"海事请求保全扣押船舶的期限为三十日。海事请求人在三十日内提起诉讼或者申请仲裁以及在诉讼或者仲裁过程中申请扣押船舶的,扣押船舶不受前款规定期限的限制"的规定,可以断言,不论海事担保或扣押船舶中的哪一种海事请求保全的措施都是在法院或仲裁机关对货损事故责任和赔偿金额作出判决或裁决之前,而不是之后进行的;都可能给作为被请求人的船公司带来损失。若判决后能证明货损责任不在船方,索赔人提起的保全申请并不正确,那么,因不正确的担保或扣船而给船公司带来的损失当然应该由提出担保和扣船要求的索赔人承担。所以《特别程序法》的第15条不但规定了“海事请求人申请海事请求保全,应当向海事法院提交书面申请。申请书应当载明海事请求事项、申请理由、保全的标的物以及要求提供担保的数额,并附有关证据”,以便法院审查,决定是否批准申请外,又在第16条规定:“海事法院受理海事请求保全申请,可以责令海事请求人提供担保。海事请求人不提供的,驳回其申请”,并且还在第20条规定:“海事请求人申请海事请求保全错误的,应当赔偿被请求人或者利害关系人因此所遭受的损失”。

四、理赔

船公司或船公司的代理人接受和处理收货人或收货人的代理人所提出的索赔的工作,称为理赔。

向船公司提出索赔的索赔人可能是国内收货人或保险公司,也可能是国外收货人或保险公司。通常国外收货人的索赔都是向船公司在国外的代理人提出的。经船公司授权,代理人可以接受和处理索赔工作。因此,除船公司设有经办理赔工作的部门外,代理公司也都设有经办理赔工作的部门,以船公司代理人的身份承办理赔工作。

理赔工作是一项复杂、细致的工作,而且又是直接影响船公司经济利益和信誉的工作。虽然国外索赔人往往通过船公司在国外的代理人向船公司提出索赔,而且这些代理人也都设有理赔部门,但是,在国际航运中,一些船公司往往只将一些小额的索赔案授权代理人处理,对一些较为复杂的和数额较大的索赔案,则由船公司自行处理。

1. 索赔案件的审核

当船公司或船公司的代理人接到索赔人提出的索赔案后,应立即对其进行认真的审核。审核包括对索赔单证是否齐全的审核和对单证内容的审核。

(1)审核索赔单证的完备性

如前所述,索赔人提出索赔时,必须提供各种作为索赔证据的单证。然而,不同的索赔案件要求索赔人提供的索赔单证是不完全一样的,也没有统一的规定。所谓索赔单证是否完备的审核,是审核索赔人所提供的作为举证证明的单证是否具备下述三个方面的基本要求:

①证明索赔人是合法的索赔人。

如果索赔人是收货人或合法的提单持有人,索赔时只要提供提单或提单的复印本即可满足这种要求。但是,如果索赔人是收货人以外的其他人,如支付了保险赔偿而取得代位求偿的保险人或收货人委托的其他人时,除了提供提单或提单的复印本外,还必须随附“权益转让证书”或委托书(power of attorney)。

②证明承运人负有赔偿责任。

这就是说要证明货运事故是在承运人掌管货物的期间内发生的,或者说货运事故是在承运人运输和保管货物的过程中发生的。在普通舶船运输的情况下,经大付签认的过驳清单、卸货报告或货物残损单和溢短单等表明卸货数量和质量的单证,或由具有公证资格的检验人出具的检验报告(survey report);在集装箱运输的情况下,集装箱货物的交付记录(delivery record)和检验报告等,都能达到证明承运人负有责任的目的。

③证明索赔人提出的索赔金额是合理的。

为了证明索赔人提出的索赔金额的合理性,索赔人除提交证明货物受损程度的单证外,还应提交作为将已确定的受损程度换算成为所提出索赔金额依据的有关核定索赔金额的单证。

如商业发票，货物损坏的修理帐单，运费及保险费收据等，都具有核定索赔金额合理性的作用。

如果索赔人所提供的索赔单证不全，或不能满足上述三项基本要求，应及时要求索赔人或其委托的代理人补齐或进一步提供其他能够证明的单证或证明文件。

(2)对索赔单证内容的审核

船公司或其代理人审核了索赔人提供的索赔单证已齐全后，还要进一步对所有单证的内容进行缜密的审核。特别要注意审核如下几个方面的内容：

①索赔人提出索赔的时间是否已经超过提单条款或有关国内法规和在本国生效的国际公约所规定的诉讼时效。

按照海牙规则的规定，除非在交付货物之日或应交付之日起一年以内提起诉讼(有的提单规定自发出货损通知日起)，承运人和船舶在任何情况下都解除对于灭失或损坏所负的一切责任。我国《海商法》第 257 条规定“就海上货物运输向承运人要求赔偿的请求权，时效期为一年，自承运人交付或者应当交付货物之日起计算”。因此，如果索赔人提出索赔的时间已经超过了一年的诉讼时效，船公司或他的代理人就不必再受理这一索赔案了。

②各种索赔单证上记载的日期、船名、航次、提单号、货物名称、标志等内容是否一致。

这就是说，索赔人提供的索赔单证上所记载的这些内容应该相同，而且还要与运输中所编制的载货清单、运费清单等运输单证所记载的内容相一致。防止将不同的索赔案件互相混淆。

③货物受损是不是在承运人掌管下的期间内发生的。

这就是说，要审核货物的残损或短缺是不是在承运人的“责任期间(period of responsibility)”发生的。在普通船舶运输中，按照海牙规则的规定，承运人的责任期间是“自货物装上船舶时起至卸离船舶时为止”的期间，即所谓“钩至钩”的期间，根据我国《海商法》第 46 条规定，“承运人对非集装箱装运的货物的责任期间，是指从货物装上船时起至卸下船时止，货物处于承运人掌管之下的全部期间”。这一规定与海牙规则的规定是一致的。根据这一原则，在普通船舶运输中，承运人只对货物在船上这段时间负责，如果事故是在陆上发生的，承运人可不负责任。通常对货物装船前从“仓库至钩”和卸货后从“钩至仓库”这两段外延期间的承运人责任，可由承运人在合同中自行约定。不过，在普通班轮运输中，按照习惯，也有由承运人首先承担责任，然后由承运人根据其与仓库或装卸公司所订协议向他们追偿的情况。

然而，按照汉堡规则的规定，承运人对货物的责任期间是“包括在装货港，在运输途中以及在卸货港，货物在承运人掌管的全部期间”。即承运人的责任期间是从接受货物时起到交付货物时止的整段时间。按照汉堡规则这样的规定，只要货物的残损或短缺事故是在承运人掌管下的期间内发生的，承运人就应负责赔偿。当然，承运人赔偿后，还可以向和他订有协议的责任方追偿。

在集装箱运输中，对于海上承运人的责任期间，我国《海商法》规定：“承运人对集装箱装运的货物的责任期间，是指从装货港接收货物时起至卸货港交付货物时止，货物处于承运人掌管之下的全部期间。”如果承运人承担集装箱多式联运的全程运输，其责任期间是“从接受货物时起至交付货物时止”的整个运输期间，如果承运人只承担集装箱多式联运的全程运输中某些区段的运输，则根据在集装箱运输中所采用的不同运输交接方式，承运人责任期间的长短会有不同。

④货物残损或短缺的货运单证上有没有大副或船长的签字和批注。

作为货物残损或短缺的证明单证，如过驳清单、卸货报告、货物残损单和货物溢短单等都应有船上大副或船长的签字确认。如有批注，其批注内容常是确定承运人是否赔偿的重要依据之一。对于货物短缺的索赔案，还要调查短缺的货物是否已在中途港找到，只有确认短缺无误才能决定给予赔偿。

⑤核对理货计数单据，查明装/卸货物时的理货数字是否正确。

⑥在确认船公司应承担责任时，还要审核索赔清单中所列 CIF 货价与发票所列价格是否相符。因为这是确定赔偿金额的主要依据。

五、承运人的拒赔举证

船公司接到索赔人提出的索赔要求，及时调查损害事实，查明原因并对单证进行缜密的审核后，如果确认货物的损害不是自己的责任所引起的，就应将自己对于货物的损害不承担责任及其理由及时地通知索赔人，这就是通常所说的拒赔。

就索赔案件而言，举证责任首先在于索赔人。索赔人要举证证明货物的灭失或损坏是在承运人的责任期间发生的，即索赔人须以承运人签发的清洁提单和其他船方签署的货运单证，或由公证机关出具的检验证书，举证证明承运人接受货物时，货物的外表状况是良好的，而收货人从承运人手中收到的货物已经受损或短缺。

索赔人对货物的灭失或损坏尽到举证责任后，举证责任即转移到承运人一方。作为承运人的船公司，如果认为一宗索赔案不是由于他的责任所引起的，或者是因承运人可以免责的原因造成的，承运人对损害不承担赔偿责任时，就应举证证明货物的损坏或灭失不是因承运人的责任引起的，也不是因承运人和他的船长、船员、代理人或受雇人员对货物的保管、照料过程中的过失而引起的，并且已做到了“谨慎处理”。或者举证证明根据有关法规的规定承运人是可以免除其责任的。

为了举证，承运人必须提出一系列能证明他和他的船长、船员、代理人或受雇人员都没有过失或不应承担责任的单证或证明。在前述可供索赔人用做举证证据的提单、收货单、理货计数单、货物溢短单和货物残损单、或过驳清单、卸货报告以及货物残损检验证书等货运单证、商业单据和由鉴定、检验机关出具的证明虽然也常被承运人用作表明拒赔或对诉讼请求进行抗辩的证据，但是其中某些单证、单据或鉴定证书既然已被索赔人用作索赔或诉讼请求的举证证据，想必已经经过反复推敲、精心遴选，务求能最有力地支持索赔人提起索赔要求或诉讼请求所依据的论点和论据，承运人要想在这些单证、单据和证明中找出支持自己拒赔或抗辩论点所依据的有力证据是相当困难的。因此承运人对拒赔或对诉讼请求进行抗辩的举证除前述也可能用作索赔或诉讼请求证据的各种货运单证和商业单据外，更需要从与案件事实密切关联的各个侧面，借助事先准备或外来的证明或事后收集的证明或其他证据进行举证。这些常被承运人用作证据的证明材料主要有：

1. 积载检验报告（stowage survey report）

积载检验报告是具有公证资格的检验人出具的，证明货物的装舱位置、隔、垫、衬方法和积载状态都符合要求的证明。如果在卸货港发现货物损坏，它可作为在积载方面承运人已做到“谨慎处理”的举证证明。特别是对于易腐性货物，危险货物，以及其他容易发生损坏的货物更应在装船后申请检验，或者在装船时同时申请检验人进行监督装载，并取得相应的证明，以便发现货损后，承运人据以证明在积载上没有过失责任。

2. 舱口检验报告（hatch survey report）

舱口检验报告是指船舶在航行中遭遇风暴或恶劣天气，估计舱内货物可能受到湿损或其他损害时，在船舶抵达目的港后，申请具有公证资格的检验人对舱口的密封情况，货物的积载情况进行检验所出具的证明。

检验人对船舶货舱舱口的实际情况进行检验，并查阅航海日志，调查在通风和其他航行中的管理是否做到谨慎处理之后，如果证明是因海水浸入而造成的湿损，或因气候恶劣而封闭通风口以致因通风不良而发生汗湿所造成的损害，是因不可抗力的原因造成的，则承运人根据这种证明可以作为免责的举证。

3．卸货事故报告(report on exception of cargo discharge)

卸货事故报告是有些船公司要求载运货物的船舶编制的一种说明货运事故实际情况的书面报告。

为了明确货运事故是发生在装船以前，还是发生在运输途中，从而明确事故的责任，有的船公司就要求载运货物的船舶编制卸货事故报告(特别是在卸货前曾发生各种事故)，经船长签字后送交卸货港的船舶代理人和船公司。

卸货事故报告中应详细地记载货物的积载情况和卸货情况，特别是卸货时的天气情况(如为了缩短卸货时间，货主在雨、雪中强行卸货的记载)，藉以表明船方的立场，并作为追查事故原因和明确各方责任的举证证明。

4．海事声明(note of sea protest；maritime protest)和海事报告(master's report；accident report)

船舶在航行中遭遇异常气候或其他意外事故，造成或估计会造成船、货损害，承运人或船方为谋求摆脱他们对此项损害的责任和保留向有关方索赔的权利，在船舶进入第一靠港后的一定时间内(通常为24h)，或到达目的港开舱卸货前，向有关机构，如港口主管当局，或本国驻外大使馆或领事馆，或公证机关递交海事声明，以求得公证。经过上述机构签证后的海事声明是一种具有证据效力的法律文件。

船长递交海事声明时，必须随附航海日志摘录。船、货损害较大时，还应随附船舶检验报告、值班人员报告、车钟记录以及船舶损坏部位的照片或简图等(海事声明书的格式参见本章第二节)。

由于船长在作出海事声明时，还不能确切地了解船、货的受损情况，因此，根据习惯，在递交海事声明后的一定期间，根据受损情况再作一次"延伸海事声明(extend sea protest)"。延伸海事声明也应取得上述机构的公证。

关于海事声明的证据效力，各国的法律规定不尽一致。大陆法系的国家认为，海事声明是一项当然证据，它是索赔人要求某些法定赔偿，或当事人要求免责的先决条件。在英国，则认为海事声明最终并不一定有利于提出声明的一方，在法律意义上并不存在着海事声明的必要性，即使船长没有提出海事声明，也不影响合同双方的权利。

在我国，虽然在实际业务的处理中往往把海事声明看作是一项证据，但同时必须注意的是，海事声明的证据效力并不是不可否定的。例如曾有一艘意大利籍船舶在大连港卸伊拉克蜜枣时，因双层底空气管在甲板上的弯头锈蚀烂穿，浪水从烂穿的管壁进入货舱，使大量蜜枣受到海水湿损。船方为了推卸责任，以遇到坏天气为由提出了海事声明。其后经船舶检验，检验报告中却证明了船舶不适航是导致货损的直接原因，从而否定了本次事故中海事声明的证据效力。

海上运输中，最常见的是船舶在海上遇到异常风浪时提出的海事声明。在这种情况下，即使船长递交了海事声明，承运人或船方仍须在如下两个方面负举证责任：其一是，承运人或船方必须证明船舶在海上遇到了异乎寻常的、无法预料的气候情况;其二是,承运人或船方必须证明货损是由于遭遇这种恶劣气候直接造成的,其中并无承运人或船方的过失,也不涉及船舶不适航的问题。

海事报告与海事声明不同。海事报告是在船舶发生海事后,船、货的损害已经形成,在对损害已存在的情况和损害的原因和程度已清楚的情况下,船长向有关当局递交的书面报告。其内容一般包括事故发生的时间、地点、详细经过、原因及损害程度,以及船方所采取的措施、处理经过等详细情况。

在我国,根据有关规定,在发生海损事故后,船长应尽快地向港口当地的海事机构递交海事报告,并随附:①有关船舶技术状况的记载;②航海日志和机舱日志摘录,必要时应随附航海日志和机舱日志;③有关原航线、船位记载的海图;④受损部分的简图、照片;⑤与海损事故有关的其他文件。

六、赔偿金额的确定

船公司对索赔人提出的索赔案件,经过调查损害事实,查明原因和经过缜密的审核后,如果确认货物的损害应由船公司承担责任,还应进一步核定赔偿金额及时赔付予以结案。

对于受损或短缺的货物,船公司是否应全部给予赔偿,应根据前述索赔和理赔的手续和有关举证的单证,以及有关规定核定。但是,常会出现船公司核定的应赔金额与索赔人提出的索赔金额不一致。在这种情况下,一般经过与索赔人反复磋商均能得到解决。但是,如果船公司明确了责任并同意给予赔偿,但双方各自认定的赔偿额相差较大磋商不能取得一致意见时,往往须经过诉讼程序,最终以法院判决应支付的赔偿金额为准。

不过,通过诉讼不仅程序复杂,牵延时日,而且诉讼费用和其他费用常所费不赀,尤其是英、美两国的诉讼费更为高昂。因此,除对于损害额极高,或案情非常复杂的索赔案件,有时不得不诉诸法律解决外,通常都是通过当事双方的反复磋商,谋求合理的妥协办法解决。

1. 确定赔偿金额的标准

关于确定赔偿金额的标准,海牙规则未作出规定。维斯比规则则规定"全部赔偿额应参照该项货物,根据合同从船上卸载或应卸载的当时当地的价值计算,货物价值应按照商品交换价格确定,或如无此种价格时,则按现时市场价格,或者如无商品交换价格或现时市场价格时,则按该相似种类和质量货物的正常价值确定"。

在实际业务中,多数以 CIF 发票价格作为确定赔偿金额的标准。但是,在货物价格变动激烈的情况下,有时也以下述方法确定赔偿金额,即:

①以 CIF 发票价格作为卸货地价格,但在以 FOB 价格条件成交的情况下,则以发票价格加上保险费、运费和卸货费的总额作为卸货地价格。至于在以外币计价的情况下,则按照船舶到达目的港之日的汇率换算成卸货地价格。

②以货物保险的保险金额假定为卸货地价格。

③以托运人托运时所申报的价格假定为卸货地价格。

在计算上述三种价格后,参照卸货地同种、同品质的货物的实际价格,以其中与实际价格最接近的一种价格作为标准价格,并以此为基础与索赔人磋商,求得谅解,然后进一步落实赔偿的支付问题。

我国《海商法》第 55 条规定:"货物灭失的赔偿额,按照货物的实际价值计算;货物损坏的赔偿额,按照货物受损前后实际价值的差额或者货物的修复费用计算。

货物的实际价值，按照装船时的价值加保险费加运费计算。

前款规定的货物实际价值，赔偿时应减去因货物灭失或者损坏而少付或者免付的有关费用。”

可见，我国的法律规定，确定承运人对货物灭失或损坏的赔偿金额是以 CIF 价格为计算基础的。

有的国家，如美国，进口税按照进口商品的发票价格计征，并且规定在发生货损、货差的情况下，已征的进口税不予退还。在这种情况下，收货人的这种关税损失，当然也应加计在 CIF 价格中而构成赔偿金额的一部分。

2. 承运人的赔偿责任限制

承运人的责任限制(limit of liability)是指已明确承运人负有赔偿责任应支付赔偿金时，承运人对每件或每一单位货物支付赔偿金的最高限额。

对于承运人来说，规定责任限制是非常重要的。它是免责条款之外对承运人的利益给予保护的又一措施。若将责任限制的规定与免责条款联系起来看，可以说免责条款的规定是对承运人利益给予保护的第一道防线，而责任限制的规定则是保护承运人利益的第二道防线。当然在有关提单的法规中为承运人规定赔偿责任限制，也可以解释为避免承运人在提单条款中为自己规定过低的责任限额的一种做法。

各国的海商法或海上货物运输法，海牙规则，维斯比规则，汉堡规则以及各船公司的提单条款对承运人的责任限制都作了规定。

海商法或海上货物运输法和国际公约中规定承运人的责任限制，把承运人所应负担的赔偿责任限制在一定的水平上，一方面是为了减轻承运人的责任，避免承运人遭受不堪负担的损失；另一方面也为了防止承运人随意减轻自己应承担的赔偿责任。当然，如果承运人愿意承担超过所规定的责任限制额的赔偿责任是不受限制的。

关于承运人的责任限制，海牙规则第 4 条第 5 款规定：“不论是承运人或船舶，对货物或与货物有关的灭失或损害，于每包或每单位超过 100 英镑或与其等值的其他货币时，在任何情况下都不负责”。

维斯比规则第 2 条则规定“对该项货物所受的或与之相关的灭失或损害，于每包或每单位超过相当于 10000 法郎，或按灭失或受损货物毛重计算每公斤超过相当于 30 法郎时(二者之中以较高者为准)都不负任何赔偿责任”。同时还规定“一个法郎是指一个含有纯度为千分之九百的黄金 65.5mg 的单位”。也就是通常所说的“金法郎”。

维斯比规则所采用的责任限制额的制度，实际是计算责任限制额的双重制度。这一制度也为后来的汉堡规则和多式联运公约所采用。关于维斯比规则按每包或每计算单位规定的赔偿限制额与按每公斤规定的赔偿限制额之间的关系，可用图 8-1 表示。

从图中可看出每包或每单位的重量在 333.33kg 以内的货物应以每包或每单位计算赔偿限额；反之，则应以每公斤为单位计算赔偿限额。维斯比规则采用计算责任限制额的双重制度的规定，显然对索赔人比较有利，并且解决了重大件货按每包或每单位计算赔偿限额过低的问题。后来，维斯比规则在 1979 年又通过议定书，将赔偿限额的计算单位改用国际货币基金组织规定的特别提款权(SDR)，并且按 1 个特别提款权相当于 15 金法郎折算。据此，维斯比规则规定的赔偿责任限额便改变为每包或每单位 666.67 特别提款权，或毛重每公斤 2 特别提款权，二者中以较高者为准。

汉堡规则第 6 条第 1 款规定“承运人对货物灭失或损坏造成的损失所负的赔偿责任，以灭失或损坏的货物每件或每其他货运单位相当于835记账单位或毛重每公斤2.5记账单位的数额为限,以两者中较高的数额为准”。这里所说的记账单位是指国际货币基金组织所规定的特别提款权。

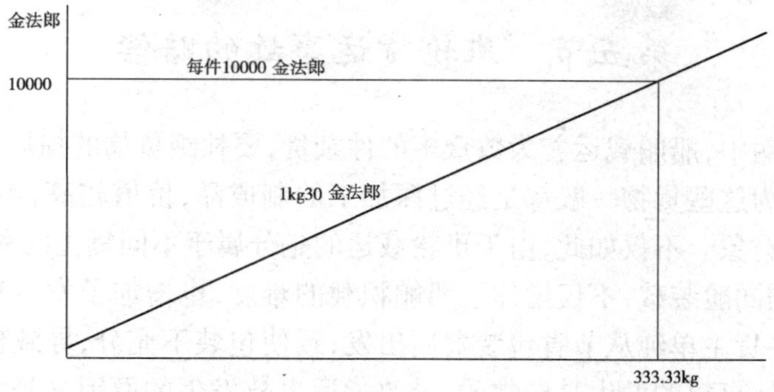

图8-1 计算责任限制的双重制度示意图

我国《海商法》第56条规定:“承运人对货物的灭失或者损坏的赔偿限额,按照货物件数或者其他货运单位数计算,每件或者每个其他货运单位为666.67计算单位,或者按照货物毛重计算,每公斤为2计算单位,以二者中赔偿限额较高的为准。”这里所用的“计算单位”同样是指国际货币基金组织规定的特别提款权。由此可见,我国《海商法》中关于承运人的赔偿责任限制额采纳了维斯比规则中的规定。

另外,海牙规则,维斯比规则,我国《海商法》以及一般提单中,除了规定承运人的责任限制额外,还以但书的形式作出除外的规定。如海牙规则在规定了承运人的责任限额之后,接着规定“但托运人于货物装运前已将其性质或价值加以说明,并在提单上注明的,不在此限”。而维斯比规则则在条款开始部分就明确规定了“除非托运人于装货前已就该项货物的性质和价值提出声明,并已载入提单”的例外情况。我国《海商法》第56条在规定了承运人的责任限额后,紧接着规定“但是,托运人在货物装运前已经申报其性质和价值,并在提单中载明的,或者承运人与托运人已经另行约定高于本条规定的赔偿限额的除外”。而汉堡规则不是用但书的形式,而是在第6条第4款中直接规定“承运人和托运人可以通过协议确定超过第1款规定的赔偿责任限额”。这就是说,关于赔偿金额的支付可能有两种情况:第一种情况是对于一般货物,当实际损失大于赔偿责任限额时,承运人只按规定的限额给予赔偿;第二种情况是对于贵重货物,在托运时,承运人与托运人之间通过约定,托运人负有正确申报货名、性质和价值的义务并在提单中载明,则承运人负担以提单上载明的该项货物的价值为最高限额的损害赔偿责任。即对于一些贵重货物,在承运人和托运人之间有特殊约定的情况下,赔偿金额可以不受赔偿责任限制额的限制。为此,托运人对正确申报货物的性质和价值负有义务。正如海牙规则第4条第5款规定,“如托运人在提单上故意谎报货物的性质或价值,则无论是承运人或者船舶,在任何情况下,对货物或与货物运输有关的灭失或损害,都不负责”。

此外,维斯比规则,汉堡规则,以及我国《海商法》都对货物用集装箱、货盘或者类似装运器具集装的情况下如何计算赔偿限额作出了相同的规定,规定货物用集装箱、货盘或者类似装运器具集装的,提单中载明装在此类装运器具中的货物件数或者其他货运单位数,则被视为计算赔偿限额中所指的货物件数或者其他货运单位数;未载明的,每一装运器具作为一件或者一个单位。而且还规定,如果装运器具不属于承运人所有或者非由承运人提供的,每一装运器具视为一件或者一个单位。

第五节　班轮货运事故的赔偿

在传统班轮运输中,船舶载运着为数众多的件杂货,要杜绝货物的损坏和短缺几乎是不可能的。这主要是因为这些货物一般都是经过深加工的制成品,价值较高,不但容易受损,而且常成为盗贼窥伺的对象。不仅如此,由于班轮载运的是分属于不同货主的种类不同、性质各异的货物,将这些货物同舱装载,不仅增加了船舶积载的难度,也增加了发生货物损坏和短缺的可能性,更何况有些货主单纯从节省包装费用出发,致使包装不充分,导致包装破损的情况也时有发生。所以货运事故的发生是经常的,导致货运事故发生的原因又是多种多样的。这样就有必要针对不同原因造成的不同类型的货运事故采用不同的赔偿方法。

承运人首先最常遇到的,也是最难以防止的货运事故是被称为“无货交付(non delivery)”的属于原因不明的货物全部灭失或部分短缺。这些原因不明的货物全部灭失或短缺,既可能起因于装运港的理货计数不准,也可能起因于保管、运输过程中的失窃,还可能起因于误装和误卸。在发现这类事故后,承运人或其代理人首先应在本港查找,查找无着后,还应向到港前的沿途挂靠港发出查询单作进一步查找。确定查找无着时,即应考虑在不超过赔偿责任限制的条件下,按照规定的计价办法对实际损失给予赔偿。

其次经常出现的货运事故是包装货物中内装货物的短缺。造成这种事故的原因既可能是包装内所装高价货物被窃,也可能是包装破裂导致内装货物散失。

对于前一种情况,如果包装内所装高价货物被窃发生于承运人保管期间,承运人当然难以免除责任。但是,也不能不考虑这种被窃既和货主对货物所施加的包装的牢固程度有关,也和某些港口盗窃活动的猖獗程度有关,而在某些国家限于具体国情,想要完全消除这种盗窃活动几乎是不可能的。所以,对于这类事故的赔偿,国际上的习惯做法是与货物保险人协商,按照商定的比例,承运人承担部分赔偿责任。

对于后一种情况,因包装破裂而导致的内装货物散失,既可能是由于包装不充分(insufficient packing),也可能是由于装卸操作不当(rough handling)造成的。对这种损失,承运人应根据具体情况与货主协商,确定双方的责任比例,按比例承担赔偿责任。

第三种经常出现的货运事故是货物受损(damage)。货物受损的原因很多:货物的固有性质(inherent nature)、包装不充分、货物积载不当(bad stowage)、通风不良、船舶不适航(unseaworthiness)、海上风暴(perils of the sea)以及船员的管理过失等,都可能成为造成货损的原因。其中因管理船舶过失而发生的货损属于法定免责事项,承运人可以不负赔偿责任是毫无异议的。对于因货物的固有性质或包装不充分,乃至海上风暴所造成的货损承运人也可以免除责任而不给予赔偿。但是,对于因货物积载不当、通风不良和船舶不适航所造成的货物受损,则须根据承运人在这些方面是否已做到谨慎处理来判定承运人是否应当承担赔偿责任,而在这些方面作出正确的判断是比较困难的。因此,承运人如果不能举证证明自己和船长、船员在这些方面已做到谨慎处理,而事故的发生是不可避免的,就应承担赔偿责任,给予赔偿。

尽管集装箱运输的普及化,已大大减少了货运事故中前两种情况的发生,但集装箱运输本身也对承运人管理货物提出了一些新的要求,如甲板箱的绑扎加固,特殊货物集装箱的积载,以及航行中一旦发生货运事故如何有效防止事态发展等等。

总之,在班轮运输中,各种各样的货运事故仍然是难以避免的。为了避免因支付巨额的赔偿金而影响业务经营的稳定性,船公司通常都参加保赔协会(P.I.Club),以取得保赔协会对货运事故赔偿的责任保险。

附件 1

中华人民共和国海商法(摘录)

(1993 年 7 月 1 日起施行)

第四章　海上货物运输合同

第一节　一般规定

第四十一条　海上货物运输合同,是指承运人收取运费,负责将托运人托运的货物经海路由一港运至另一港的合同。

第四十二条　本章下列用语的含义:

(一)“承运人”,是指本人或者委托他人以本人名义与托运人订立海上货物运输合同的人。

(二)“实际承运人”,是指接受承运人委托,从事货物运输或者部分运输的人,包括接受转委托从事此项运输的其他人。

(三)“托运人”,是指:

1. 本人或者委托他人以本人名义或者委托他人为本人与承运人订立海上货物运输合同的人;

2. 本人或者委托他人以本人名义或者委托他人为本人将货物交给与海上货物运输合同有关的承运人的人。

(四)“收货人”,是指有权提取货物的人。

(五)“货物”,包括活动物和由托运人提供的用于集装货物的集装箱、货盘或者类似的装运器具。

第四十三条　承运人或者托运人可以要求书面确认海上货物运输合同的成立。但是,航次租船合同应当书面订立。电报、电传和传真具有书面效力。

第四十四条　海上货物运输合同和作为合同凭证的提单或者其他运输单证中的条款,违反本章规定的,无效。此类条款的无效,不影响该合同和提单或者其他运输单证中其他条款的效力。将货物的保险利益转让给承运人的条款或者类似条款,无效。

第四十五条　本法第四十四条的规定不影响承运人在本章规定的承运人责任和义务之外,增加其责任和义务。

第二节　承运人的责任

第四十六条　承运人对集装箱装运的货物的责任期间,是指从装货港接收货物时起至卸货港交付货物时止,货物处于承运人掌管之下的全部期间。承运人对非集装箱装运的货物的责任期间,是指从货物装上船时起至卸下船时止,货物处于承运人掌管之下的全部期间。在承运人的责任期间,货物发生灭失或者损坏,除本节另有规定外,承运人应当负赔偿责任。

前款规定,不影响承运人就非集装箱装运的货物,在装船前和卸船后所承担的责任,达成任何协议。

第四十七条　承运人在船舶开航前和开航当时，应当谨慎处理，使船舶处于适航状态，妥善配备船员、装备船舶和配备供应品，并使货舱、冷藏舱、冷气舱和其他载货处所适于并能安全收受、载运和保管货物。

第四十八条　承运人应当妥善地、谨慎地装载、搬移、积载、运输、保管、照料和卸载所运货物。

第四十九条 承运人应当按照约定的或者习惯的或者地理上的航线将货物运往卸货港。

船舶在海上为救助或者企图救助人命或者财产而发生的绕航或者其他合理绕航，不属于违反前款规定的行为。

第五十条　货物未能在明确约定的时间内，在约定的卸货港交付的，为迟延交付。

除依照本章规定承运人不负赔偿责任的情形外，由于承运人的过失，致使货物因迟延交付而灭失或者损坏的，承运人应当负赔偿责任。

除依照本章规定承运人不负赔偿责任的情形外，由于承运人的过失，致使货物因迟延交付而遭受经济损失的，即使货物没有灭失或者损坏，承运人仍然应当负赔偿责任。

承运人未能在本条第一款规定的时间届满六十日内交付货物，有权对货物灭失提出赔偿请求的人可以认为货物已经灭失。

第五十一条　在责任期间货物发生的灭失或者损坏是由于下列原因之一造成的，承运人不负赔偿责任：

(一)船长、船员、引航员或者承运人的其他受雇人在驾驶船舶或者管理船舶中的过失；

(二)火灾，但是由于承运人本人的过失所造成的除外；

(三)天灾，海上或者其他可航水域的危险或者意外事故；

(四)战争或者武装冲突；

(五)政府或者主管部门的行为、检疫限制或者司法扣押；

(六)罢工、停工或者劳动受到限制；

(七)在海上救助或者企图救助人命或者财产；

(八)托运人、货物所有人或者他们的代理人的行为；

(九)货物的自然特性或者固有缺陷；

(十)货物包装不良或者标志欠缺、不清；

(十一)经谨慎处理仍未发现的船舶潜在缺陷；

(十二)非由于承运人或者承运人的受雇人、代理人的过失造成的其他原因。

承运人依照前款规定免除赔偿责任的，除第(二)项规定的原因外，应当负举证责任。

第五十二条　因运输活动物的固有的特殊风险造成活动物灭失或者损害的，承运人不负赔偿责任。但是，承运人应当证明业已履行托运人关于运输活动物的特别要求，并证明根据实际情况，灭失或者损害是由于此种固有的特殊风险造成的。

第五十三条　承运人在舱面上装载货物，应当同托运人达成协议，或者符合航运惯例，或者符合有关法律、行政法规的规定。

承运人依照前款规定将货物装载在舱面上，对由于此种装载的特殊风险造成的货物灭失或者损坏，不负赔偿责任。

承运人违反本条第一款规定将货物装载在舱面上，致使货物遭受灭失或者损坏的，应当负赔偿责任。

第五十四条　货物的灭失、损坏或者迟延交付是由于承运人或者承运人的受雇人、代理人的不能免除赔偿责任的原因和其他原因共同造成的，承运人仅在其不能免除赔偿责任的范围内负赔偿责任；但是，承运人对其他原因造成的灭失、损坏或者迟延交付应当负举证责任。

第五十五条　货物灭失的赔偿额，按照货物的实际价值计算；货物损坏的赔偿额，按照货物受损前后实际价值的差额或者货物的修复费用计算。

货物的实际价值，按照货物装船时的价值加保险费加运费计算。

前款规定的货物实际价值，赔偿时应当减去因货物灭失或者损坏而少付或者免付的有关费用。

第五十六条　承运人对货物的灭失或者损坏的赔偿限额，按照货物件数或者其他货运单位数计算，每件或者每个其他货运单位为666.67计算单位，或者按照货物毛重计算，每公斤为2计算单位，以二者中赔偿限额较高的为准。但是，托运人在货物装运前已经申报其性质和价值，并在提单中载明的，或者承运人与托运人已经另行约定高于本条规定的赔偿限额的除外。货物用集装箱、货盘或者类似装运器具集装的，提单中载明装在此类装运器具中的货物件数或者其他货运单位数，视为前款所指的货物件数或者其他货运单位数；未载明的，每一装运器具视为一件或者一个单位。

装运器具不属于承运人所有或者非由承运人提供的，装运器具本身应当视为一件或者一个单位。

第五十七条　承运人对货物因迟延交付造成经济损失的赔偿限额，为所迟延交付的货物的运费数额。货物的灭失或者损坏和迟延交付同时发生的，承运人的赔偿责任限额适用本法第五十六条第一款规定的限额。

第五十八条　就海上货物运输合同所涉及的货物灭失、损坏或者迟延交付对承运人提起的任何诉讼，不论海事请求人是否合同的一方，也不论是根据合同或者是根据侵权行为提起的，均适用本章关于承运人的抗辩理由和限制赔偿责任的规定。

前款诉讼是对承运人的受雇人或者代理人提起的，经承运人的受雇人或者代理人证明，其行为是在受雇或者受委托的范围之内的，适用前款规定。

第五十九条　经证明，货物的灭失、损坏或者迟延交付是由于承运人的故意或者明知可能造成损失而轻率地作为或者不作为造成的，承运人不得援用本法第五十六条或者第五十七条限制赔偿责任的规定。

经证明，货物的灭失、损坏或者迟延交付是由于承运人的受雇人、代理人的故意或者明知可能造成损失而轻率地作为或者不作为造成的，承运人的受雇人或者代理人不得援用本法第五十六条或者第五十七条限制赔偿责任的规定。

第六十条　承运人将货物运输或者部分运输委托给实际承运人履行的，承运人仍然应当依照本章规定对全部运输负责。对实际承运人承担的运输，承运人应当对实际承运人的行为或者实际承运人的受雇人、代理人在受雇或者受委托的范围内的行为负责。

虽有前款规定，在海上运输合同中明确约定合同所包括的特定的部分运输由承运人以外的指定的实际承运人履行的，合同可以同时约定，货物在指定的实际承运人掌管期间发生的灭失、损坏或者迟延交付，承运人不负赔偿责任。

第六十一条　本章对承运人责任的规定，适用于实际承运人，对实际承运人的受雇人、代理人提起诉讼的，适用本法第五十八条第二款和第五十九条第二款的规定。

第六十二条　承运人承担本章未规定的义务或者放弃本章赋予的权利的任何特别协议，

经实际承运人书面明确同意的，对实际承运人发生效力；实际承运人是否同意，不影响此项特别协议对承运人的效力。

第六十三条　承运人与实际承运人都负有赔偿责任的，应当在此项责任范围内负连带责任。

第六十四条　就货物的灭失或者损坏分别向承运人、实际承运人以及他们的受雇人、代理人提出赔偿请求的，赔偿总额不超过本法第五十六条规定的限额。

第六十五条　本法第六十条至第六十四条的规定，不影响承运人和实际承运人之间相互追偿。

第三节　托运人的责任

第六十六条　托运人托运货物，应当妥善包装，并向承运人保证，货物装船时所提供的货物的品名、标志、包数或者件数、重量或者体积的正确性；由于包装不良或者上述资料不正确，对承运人造成损失的，托运人应当负赔偿责任。

承运人依照前款规定享有的受偿权利，不影响其根据货物运输合同对托运人以外的人所承担的责任。

第六十七条　托运人应当及时向港口、海关、检疫、检验和其他主管机关办理货物运输所需要的各项手续，并将已办理各项手续的单证送交承运人；因办理各项手续的有关单证送交不及时、不完备或者不正确，使承运人的利益受到损害的，托运人应当负赔偿责任。

第六十八条　托运人托运危险货物，应当依照有关海上危险货物运输的规定妥善包装，作出危险品标志和标签，并将其正式名称和性质以及应当采取的预防危害措施书面通知承运人；托运人未通知或者通知有误的，承运人可以在任何时间、任何地点根据情况需要将货物卸下、销毁或者使之不能为害，而不负赔偿责任，托运人对承运人因运输此类货物所受到的损害，应当负赔偿责任。

承运人知道危险货物的性质并已同意装运的，仍然可以在该项货物对于船舶、人员或者其他货物构成实际危险时，将货物卸下、销毁或者使之不能为害，而不负赔偿责任。但是，本款规定不影响共同海损的分摊。

第六十九条　托运人应当按照约定向承运人支付运费。

托运人与承运人可以约定运费由收货人支付；但是，此项约定应当在运输单证中载明。

第七十条　托运人对承运人、实际承运人所遭受的损失或者船舶所遭受的损坏，不负赔偿责任；但是，此种损失或者损坏是由于托运人或者托运人的受雇人、代理人的过失造成的除外。

托运人的受雇人、代理人对承运人、实际承运人所遭受的损失或者船舶所遭受的损坏，不负赔偿责任；但是，这种损失或者损坏是由于托运人的受雇人、代理人的过失造成的除外。

第四节　运输单证

第七十一条　提单，是指用以证明海上货物运输合同和货物已经由承运人接收或者装船，以及承运人保证据以交付货物的单证。提单中载明的向记名人交付货物，或者按照指示人的指示交付货物，或者向提单持有人交付货物的条款，构成承运人据以交付货物的保证。

第七十二条　货物由承运人接收或者装船后，应托运人的要求，承运人应当签发提单。提单可以由承运人授权的人签发。提单由载货船舶的船长签发的，视为代表承运人签发。

第七十三条　提单内容，包括下列各项：

(一)货物的品名、标志、包数或者件数、重量或者体积,以及运输危险货物时对危险性质的说明;

(二)承运人的名称和主营业所;

(三)船舶名称;

(四)托运人的名称;

(五)收货人的名称;

(六)装货港和在装货港接收货物的日期;

(七)卸货港;

(八)多式联运提单增列接收货物地点和交付货物地点;

(九)提单的签发日期、地点和份数;

(十)运费的支付;

(十一)承运人或者其代表的签字。

提单缺少前款规定的一项或者几项的,不影响提单的性质;但是,提单应当符合本法第七十一条的规定。

第七十四条　货物装船前,承运人已经应托运人的要求签发收货待运提单或者其他单证的,货物装船完毕,托运人可以将收货待运提单或者其他单证退还承运人,以换取已装船提单;承运人也可以在收货待运提单上加注承运船舶的船名和装船日期,加注后的收货待运提单视为已装船提单。

第七十五条　承运人或者代其签发提单的人,知道或者有合理的根据怀疑提单记载的货物的品名、标志、包数或者件数、重量或者体积与实际接收的货物不符,在签发已装船提单的情况下怀疑与已装船的货物不符,或者没有适当的方法核对提单记载的,可以在提单上批注,说明不符之处、怀疑的根据或者说明无法核对。

第七十六条　承运人或者代其签发提单的人未在提单上批注货物表面状况的,视为货物的表面状况良好。

第七十七条　除依照本法第七十五条的规定作出保留外,承运人或者代其签发提单的人签发的提单,是承运人已经按照提单所载状况收到货物或者货物已经装船的初步证据;承运人向善意受让提单的包括收货人在内的第三人提出的与提单所载状况不同的证据,不予承认。

第七十八条　承运人同收货人、提单持有人之间的权利、义务关系,依据提单的规定确定。

收货人、提单持有人不承担在装货港发生的滞期费、亏舱费和其他与装货有关的费用,但是提单中明确载明上述费用由收货人、提单持有人承担的除外。

第七十九条　提单的转让,依照下列规定执行:

(一)记名提单:不得转让;

(二)指示提单:经过记名背书或者空白背书转让;

(三)不记名提单:无需背书,即可转让。

第八十条　承运人签发提单以外的单证用以证明收到待运货物的,此项单证即为订立海上货物运输合同和承运人接收该单证中所列货物的初步证据。

承运人签发的此类单证不得转让。

第五节　货物交付

第八十一条　承运人向收货人交付货物时,收货人未将货物灭失或者损坏的情况书面通知承运人的,此项交付视为承运人已经按照运输单证的记载交付以及货物状况良好的初步证据。

货物灭失或者损坏的情况非显而易见的,在货物交付的次日起连续七日内,集装箱货物交付的次日起连续十五日内,收货人未提交书面通知的,适用前款规定。

货物交付时,收货人已经会同承运人对货物进行联合检查或者检验的,无需就所查明的灭失或者损坏的情况提交书面通知。

第八十二条　承运人自向收货人交付货物的次日起连续六十日内,未收到收货人就货物因迟延交付造成经济损失而提交的书面通知的,不负赔偿责任。

第八十三条　收货人在目的港提取货物前或者承运人在目的港交付货物前,可以要求检验机构对货物状况进行检验;要求检验的一方应当支付检验费用,但是有权向造成货物损失的责任方追偿。

第八十四条　承运人和收货人对本法第八十一条和第八十三条规定的检验,应当相互提供合理的便利条件。

第八十五条　货物由实际承运人交付的,收货人依照本法第八十一条的规定向实际承运人提交的书面通知,与向承运人提交书面通知具有同等效力;向承运人提交的书面通知,与向实际承运人提交书面通知具有同等效力。

第八十六条　在卸货港无人提取货物或者收货人迟延、拒绝提取货物的,船长可以将货物卸在仓库或者其他适当场所,由此产生的费用和风险由收货人承担。

第八十七条　应当向承运人支付的运费、共同海损分摊、滞期费和承运人为货物垫付的必要费用以及应当向承运人支付的其他费用没有付清,又没有提供适当担保的,承运人可以在合理的限度内留置其货物。

第八十八条　承运人根据本法第八十七条规定留置的货物,自船舶抵达卸货港的次日起满六十日无人提取的,承运人可以申请法院裁定拍卖;货物易腐烂变质或者货物的保管费用可能超过其价值的,可以申请提前拍卖。

拍卖所得价款,用于清偿保管、拍卖货物的费用和运费以及应当向承运人支付的其他有关费用;不足的金额,承运人有权向托运人追偿;剩余的金额,退还托运人;无法退还、自拍卖之日起满一年又无人领取的,上缴国库。

第六节　合同的解除

第八十九条　船舶在装货港开航前,托运人可以要求解除合同。但是,除合同另有约定外,托运人应当向承运人支付约定运费的一半,货物已经装船的,并应当负担装货、卸货和其他与此有关的费用。

第九十条　船舶在装货港开航前,因不可抗力或者其他不能归责于承运人和托运人的原因致使合同不能履行的,双方均可以解除合同,并互相不负赔偿责任,除合同另有约定外,运费已经支付的,承运人应当将运费退还给托运人;货物已经装船的,托运人应当承担装卸费用;已经签发提单的,托运人应当将提单退还承运人。

第九十一条　因不可抗力或者其他不能归责于承运人和托运人的原因致使船舶不能在合同约定的目的港卸货的,除合同另有约定外,船长有权将货物在目的港邻近的安全港口或者地点卸载,视为已经履行合同。

船长决定将货物卸载的,应当及时通知托运人或者收货人,并考虑托运人或者收货人的利益。

第七节　航次租船合同的特别规定

第九十二条　航次租船合同，是指船舶出租人向承租人提供船舶或者船舶的部分舱位，装运约定的货物，从一港运至另一港，由承租人支付约定运费的合同。

第九十三条　航次租船合同的内容，主要包括出租人和承租人的名称、船名、船籍、载货重量、容积、货名、装货港和目的港、受载期限、装卸期限、运费、滞期费、速遣费以及其他有关事项。

第九十四条　本法第四十七条和第四十九条的规定，适用于航次租船合同的出租人。

本章其他有关合同当事人之间的权利、义务的规定，仅在航次租船合同没有约定或者没有不同约定时，适用于航次租船合同的出租人和承租人。

第九十五条　对按照航次租船合同运输的货物签发的提单，提单持有人不是承租人的，承运人与该提单持有人之间的权利、义务关系适用提单的约定。但是，提单中载明适用航次租船合同条款的，适用该航次租船合同的条款。

第九十六条　出租人应当提供约定的船舶；经承租人同意，可以更换船舶。但是，提供的船舶或者更换的船舶不符合合同约定的，承租人有权拒绝或者解除合同。

因出租人过失未提供约定的船舶致使承租人遭受损失的，出租人应当负赔偿责任。

第九十七条　出租人在约定的受载期限内未能提供船舶的，承租人有权解除合同。但是，出租人将船舶延误情况和船舶预期抵达装货港的日期通知承租人的，承租人应当自收到通知时起四十八小时内，将是否解除合同的决定通知出租人。

因出租人过失延误提供船舶致使承租人遭受损失的，出租人应当负赔偿责任。

第九十八条　航次租船合同的装货、卸货期限及其计算办法，超过装货、卸货期限后的滞期费和提前完成装货、卸货的速遣费，由双方约定。

第九十九条　承租人可以将其租用的船舶转租；转租后，原合同约定的权利和义务不受影响。

第一百条　承租人应当提供约定的货物；经出租人同意，可以更换货物。但是，更换的货物对出租人不利的，出租人有权拒绝或者解除合同。

因未提供约定的货物致使出租人遭受损失的，承租人应当负赔偿责任。

第一百零一条　出租人应当在合同约定的卸货港卸货。合同订有承租人选择卸货港条款的，在承租人未按照合同约定及时通知确定的卸货港时，船长可以从约定的选卸港中自行选定一港卸货。承租人未按照合同约定及时通知确定的卸货港，致使出租人遭受损失的，应当负赔偿责任。出租人未按照合同约定，擅自选定港口卸货致使承租人遭受损失的，应当负赔偿责任。

第八节　多式联运合同的特别规定

第一百零二条　本法所称多式联运合同，是指多式联运经营人以两种以上的不同运输方式，其中一种是海上运输方式，负责将货物从接收地运至目的地交付收货人，并收取全程运费的合同。

前款所称多式联运经营人，是指本人或者委托他人以本人名义与托运人订立多式联运合同的人。

第一百零三条　多式联运经营人对多式联运货物的责任期间,自接收货物时起至交付货物时止。

第一百零四条　多式联运经营人负责履行或者组织履行多式联运合同,并对全程运输负责。

多式联运经营人与参加多式联运的各区段承运人,可以就多式联运合同的各区段运输,另以合同约定相互之间的责任,但是,此项合同不得影响多式联运经营人对全程运输所承担的责任。

第一百零五条　货物的灭失或者损坏发生于多式联运的某一运输区段的,多式联运经营人的赔偿责任和责任限额,适用调整该区段运输方式的有关法律规定。

第一百零六条　货物的灭失或者损坏发生的运输区段不能确定的,多式联运经营人应当依照本章关于承运人赔偿责任和责任限额的规定负赔偿责任。

第六章　船舶租用合同

第一节　一般规定

第一百二十七条　本章关于出租人和承租人之间权利、义务的规定,仅在船舶租用合同没有约定或者没有不同约定时适用。

第一百二十八条　船舶租用合同,包括定期租船合同和光船租赁合同,均应当书面订立。

第二节　定期租船合同

第一百二十九条　定期租船合同,是指船舶出租人向承租人提供约定的由出租人配备船员的船舶,由承租人在约定的期间内按照约定的用途使用,并支付租金的合同。

第一百三十条　定期租船合同的内容,主要包括出租人和承租人的名称、船名、船籍、船级、吨位、容积、船速、燃料消耗、航区、用途、租船期间、交船和还船的时间和地点以及条件、租金及其支付,以及其他有关事项。

第一百三十一条　出租人应当按照合同约定的时间交付船舶。

出租人违反前款规定的,承租人有权解除合同。出租人将船舶延误情况和船舶预期抵达交船港的日期通知承租人的,承租人应当自接到通知时起四十八小时内,将解除合同或者继续租用船舶的决定通知出租人。

因出租人过失延误提供船舶致使承租人遭受损失的,出租人应当负赔偿责任。

第一百三十二条　出租人交付船舶时,应当做到谨慎处理,使船舶适航。交付的船舶应当适于约定的用途。

出租人违反前款规定的,承租人有权解除合同,并有权要求赔偿因此遭受的损失。

第一百三十三条　船舶在租期内不符合约定的适航状态或者其他状态,出租人应当采取可能采取的合理措施,使之尽快恢复。

船舶不符合约定的适航状态或者其他状态而不能正常营运连续满二十四小时的,对因此而损失的营运时间,承租人不付租金,但是上述状态是由承租人造成的除外。

第一百三十四条　承租人应当保证船舶在约定航区内的安全港口或者地点之间从事约定的海上运输。

承租人违反前款规定的，出租人有权解除合同，并有权要求赔偿因此遭受的损失。

第一百三十五条　承租人应当保证船舶用于运输约定的合法的货物。

承租人将船舶用于运输活动物或者危险货物的，应当事先征得出租人的同意。

承租人违反本条第一款或者第二款的规定致使出租人遭受损失的，应当负赔偿责任。

第一百三十六条　承租人有权就船舶的营运向船长发出指示，但是不得违反定期租船合同的约定。

第一百三十七条　承租人可以将租用的船舶转租，但是应当将转租的情况及时通知出租人。租用的船舶转租后，原租船合同约定的权利和义务不受影响。

第一百三十八条　船舶所有人转让已经租出的船舶的所有权，定期租船合同约定的当事人的权利和义务不受影响，但是应当及时通知承租人。船舶所有权转让后，原租船合同由受让人和承租人继续履行。

第一百三十九条　在合同期间，船舶进行海难救助的，承租人有权获得扣除救助费用、损失赔偿、船员应得部分以及其他费用后的救助款项的一半。

第一百四十条　承租人应当按照合同约定支付租金。承租人未按照合同约定支付租金的，出租人有权解除合同，并有权要求赔偿因此遭受的损失。

第一百四十一条　承租人未向出租人支付租金或者合同约定的其他款项的，出租人对船上属于承租人的货物和财产以及转租船舶的收入有留置权。

第一百四十二条　承租人向出租人交还船舶时，该船舶应当具有与出租人交船时相同的良好状态，但是船舶本身的自然磨损除外。

船舶未能保持与交船时相同的良好状态的，承租人应当负责修复或者给予赔偿。

第一百四十三条　经合理计算，完成最后航次的日期约为合同约定的还船日期，但可能超过合同约定的还船日期的，承租人有权超期用船以完成该航次。超期期间，承租人应当按照合同约定的租金率支付租金；市场的租金率高于合同约定的租金率的，承租人应当按照市场租金率支付租金。

第三节　光船租赁合同

第一百四十四条　光船租赁合同，是指船舶出租人向承租人提供不配备船员的船舶，在约定的期间内由承租人占有、使用和营运，并向出租人支付租金的合同。

第一百四十五条　光船租赁合同的内容，主要包括出租人和承租人的名称、船名、船籍、船级、吨位、容积、航区、用途、租船期间、交船和还船的时间和地点以及条件、船舶检验、船舶的保养维修、租金及其支付、船舶保险、合同解除的时间和条件，以及其他有关事项。

第一百四十六条　出租人应当在合同约定的港口或者地点，按照合同约定的时间，向承租人交付船舶以及船舶证书，交船时，出租人应当做到谨慎处理，使船舶适航。交付的船舶应当适于合同约定的用途。

出租人违反前款规定的，承租人有权解除合同，并有权要求赔偿因此遭受的损失。

第一百四十七条　在光船租赁期间，承租人负责船舶的保养、维修。

第一百四十八条　在光船租赁期间，承租人应当按照合同约定的船舶价值，以出租人同意的保险方式为船舶进行保险，并负担保险费用。

第一百四十九条　在光船租赁期间，因承租人对船舶占有、使用和营运的原因使出租人的利益受到影响或者遭受损失的，承租人应当负责消除影响或者赔偿损失。

因船舶所有权争议或者出租人所负的债务致使船舶被扣押的，出租人应当保证承租人的利益不受影响；致使承租人遭受损失的，出租人应当负赔偿责任。

第一百五十条　在光船租赁期间，未经出租人书面同意，承租人不得转让合同的权利和义务或者以光船租赁的方式将船舶进行转租。

第一百五十一条　未经承租人事先书面同意，出租人不得在光船租赁期间对船舶设定抵押权。

出租人违反前款规定，致使承租人遭受损失的，应当负赔偿责任。

第一百五十二条　承租人应当按照合同约定支付租金。承租人未按照合同约定的时间支付租金连续超过七日的，出租人有权解除合同，并有权要求赔偿因此遭受的损失。

船舶发生灭失或者失踪的，租金应当自船舶灭失或者得知其最后消息之日起停止支付，预付租金应当按照比例退还。

第一百五十三条　本法第一百三十四条、第一百三十五条第一款、第一百四十二条和第一百四十三条的规定，适用于光船租赁合同。

第一百五十四条　订有租购条款的光船租赁合同，承租人按照合同约定向出租人付清租购费时，船舶所有权即归于承租人。

第十三章　时　　效

第二百五十七条　就海上货物运输向承运人要求赔偿的请求权，时效期间为一年，自承运人交付或者应当交付货物之日起计算；在时效期间内或者时效期间届满后，被认定为负有责任的人向第三人提起追偿请求的，时效期间为九十日，自追偿请求人解决原赔偿请求之日起或者收到受理对其本人提起诉讼的法院的起诉状副本之日起计算。

有关航次租船合同的请求权，时效期间为二年，自知道或者应当知道权利被侵害之日起计算。

第二百五十八条　就海上旅客运输向承运人要求赔偿的请求权，时效期间为二年，分别依照下列规定计算：

(一)有关旅客人身伤害的请求权，自旅客离船或者应当离船之日起计算；

(二)有关旅客死亡的请求权，发生在运送期间的，自旅客应当离船之日起计算；因运送期间内的伤害而导致旅客离船后死亡的，自旅客死亡之日起计算，但是此期限自离船之日起不得超过三年；

(三)有关行李灭失或者损坏的请求权，自旅客离船或者应当离船之日起计算。

第二百五十九条　有关船舶租用合同的请求权，时效期间为二年，自知道或者应当知道权利被侵害之日起计算。

第二百六十条　有关海上拖航合同的请求权，时效期间为一年，自知道或者应当知道权利被侵害之日起计算。

第二百六十一条　有关船舶碰撞的请求权，时效期间为二年，自碰撞事故发生之日起计算；本法第一百六十九条第三款规定的追偿请求权，时效期间为一年，自当事人连带支付损害赔偿之日起计算。

第二百六十二条　有关海难救助的请求权，时效期间为二年，自救助作业终止之日起计算。

第二百六十三条　有关共同海损分摊的请求权，时效期间为一年，自理算结束之日起计算。

第二百六十四条　根据海上保险合同向保险人要求保险赔偿的请求权，时效期间为二年，自保险事故发生之日起计算。

第二百六十五条　有关船舶发生油污损害的请求权，时效期间为三年，自损害发生之日起计算；但是，在任何情况下时效期间不得超过从造成损害的事故发生之日起六年。

第二百六十六条　在时效期间的最后六个月内，因不可抗力或者其他障碍不能行使请求权的，时效中止。自中止时效的原因消除之日起，时效期间继续计算。

第二百六十七条　时效因请求人提起诉讼、提交仲裁或者被请求人同意履行义务而中断。但是，请求人撤回起诉、撤回仲裁或者起诉被裁定驳回的，时效不中断。

请求人申请扣船的，时效自申请扣船之日起中断。

自中断时起，时效期间重新计算。

附件 2

中华人民共和国国际海运条例

第一章　总　　则

第一条　为了规范国际海上运输活动,保护公平竞争,维护国际海上运输市场秩序,保障国际海上运输各方当事人的合法权益,制定本条例。

第二条　本条例适用于进出中华人民共和国港口的国际海上运输经营活动以及与国际海上运输相关的辅助性经营活动。

前款所称与国际海上运输相关的辅助性经营活动,包括本条例分别规定的国际船舶代理、国际船舶管理、国际海运货物装卸、国际海运货物仓储、国际海运集装箱站和堆场等业务。

第三条　从事国际海上运输经营活动以及与国际海上运输相关的辅助性经营活动,应当遵循诚实信用的原则,依法经营,公平竞争。

第四条　国务院交通主管部门和有关的地方人民政府交通主管部门依照本条例规定,对国际海上运输经营活动实施监督管理,并对与国际海上运输相关的辅助性经营活动实施有关的监督管理。

第二章　国际海上运输及其辅助性业务的经营者

第五条　经营国际船舶运输业务,应当具备下列条件:

(一)有与经营国际海上运输业务相适应的船舶,其中必须有中国籍船舶;

(二)投入运营的船舶符合国家规定的海上交通安全技术标准;

(三)有提单、客票或者多式联运单证;

(四)有具备国务院交通主管部门规定的从业资格的高级业务管理人员。

第六条　经营国际船舶运输业务,应当向国务院交通主管部门提出申请,并附送符合本条例第五条规定条件的相关材料。国务院交通主管部门应当自受理申请之日起 30 日内审核完毕,作出许可或者不予许可的决定。予以许可的,向申请人颁发《国际船舶运输经营许可证》;不予许可的,应当书面通知申请人并告知理由。

国务院交通主管部门审核国际船舶运输业务申请时,应当考虑国家关于国际海上运输业发展的政策和国际海上运输市场竞争状况。

申请经营国际船舶运输业务,并同时申请经营国际班轮运输业务的,还应当附送本条例第十七条规定的相关材料,由国务院交通主管部门一并审核、登记。

第七条　经营无船承运业务,应当向国务院交通主管部门办理提单登记,并交纳保证金。

前款所称无船承运业务,是指无船承运业务经营者以承运人身份接受托运人的货载,签发自己的提单或者其他运输单证,向托运人收取运费,通过国际船舶运输经营者完成国际海上货物运输,承担承运人责任的国际海上运输经营活动。

在中国境内经营无船承运业务，应当在中国境内依法设立企业法人。

第八条　无船承运业务经营者应当在向国务院交通主管部门提出办理提单登记申请的同时，附送证明已经按照本条例的规定交纳保证金的相关材料。

前款保证金金额为 80 万元人民币；每设立一个分支机构，增加保证金 20 万元人民币。保证金应当向中国境内的银行开立专门账户交存。

保证金用于无船承运业务经营者清偿因其不履行承运人义务或者履行义务不当所产生的债务以及支付罚款。保证金及其利息，归无船承运业务经营者所有。专门账户由国务院交通主管部门实施监督。

国务院交通主管部门应当自收到无船承运业务经营者提单登记申请并交纳保证金的相关材料之日起 15 日内审核完毕。申请材料真实、齐备的，予以登记，并通知申请人；申请材料不真实或者不齐备的，不予登记，书面通知申请人并告知理由。已经办理提单登记的无船承运业务经营者，由国务院交通主管部门予以公布。

第九条　经营国际船舶代理业务，应当具备下列条件：

（一）高级业务管理人员中至少 2 人具有 3 年以上从事国际海上运输经营活动的经历；

（二）有固定的营业场所和必要的营业设施。

第十条　经营国际船舶代理业务，应当向国务院交通主管部门提出申请，并附送符合本条例第九条规定条件的相关材料。国务院交通主管部门应当自收到申请之日起 15 日内审核完毕。申请材料真实、齐备的，予以登记，并通知申请人；申请材料不真实或者不齐备的，不予登记，书面通知申请人并告知理由。

第十一条　经营国际船舶管理业务，应当具备下列条件：

（一）高级业务管理人员中至少 2 人具有 3 年以上从事国际海上运输经营活动的经历；

（二）有持有与所管理船舶种类和航区相适应的船长、轮机长适任证书的人员；

（三）有与国际船舶管理业务相适应的设备、设施。

第十二条　经营国际船舶管理业务，应当向拟经营业务所在地的省、自治区、直辖市人民政府交通主管部门提出申请，并附送符合本条例第十一条规定条件的相关材料。省、自治区、直辖市人民政府交通主管部门应当自收到申请之日起 15 日内审核完毕。申请材料真实、齐备的，予以登记，并通知申请人；申请材料不真实或者不齐备的，不予登记，书面通知申请人并告知理由。

第十三条　国际船舶运输经营者、无船承运业务经营者、国际船舶代理经营者和国际船舶管理经营者经依照本条例许可、登记后，应当持有关证明文件，依法向企业登记机关办理企业登记手续。

第十四条　国际船舶运输经营者、无船承运业务经营者、国际船舶代理经营者和国际船舶管理经营者，不得将依法取得的经营资格提供给他人使用。

第十五条　国际船舶运输经营者、无船承运业务经营者、国际船舶代理经营者和国际船舶管理经营者依照本条例的规定取得相应的经营资格后，不再具备本条例规定的条件的，国务院交通主管部门或者省、自治区、直辖市人民政府交通主管部门应当立即取消其经营资格。

第三章　国际海上运输及其辅助性业务经营活动

第十六条　国际船舶运输经营者经营进出中国港口的国际班轮运输业务，应当依照本条例的规定取得国际班轮运输经营资格。

未取得国际班轮运输经营资格的,不得从事国际班轮运输经营活动,不得对外公布班期、接受订舱。

以共同派船、舱位互换、联合经营等方式经营国际班轮运输的,适用本条第一款的规定。

第十七条　经营国际班轮运输业务,应当向国务院交通主管部门提出申请,并附送下列材料:

(一)国际船舶运输经营者的名称、注册地、营业执照副本、主要出资人;

(二)经营者的主要管理人员的姓名及其身份证明;

(三)运营船舶资料;

(四)拟开航的航线、班期及沿途停泊港口;

(五)运价本;

(六)提单、客票或者多式联运单证。

国务院交通主管部门应当自收到经营国际班轮运输业务申请之日起30日内审核完毕。申请材料真实、齐备的,予以登记,并通知申请人;申请材料不真实或者不齐备的,不予登记,书面通知申请人并告知理由。

第十八条　取得国际班轮运输经营资格的国际船舶运输经营者,应当自取得资格之日起180日内开航;因不可抗力并经国务院交通主管部门同意,可以延期90日。逾期未开航的,国际班轮运输经营资格自期满之日起丧失。

第十九条　新开、停开国际班轮运输航线,或者变更国际班轮运输船舶、班期的,应当提前15日予以公告,并应当自行为发生之日起15日内向国务院交通主管部门备案。

第二十条　经营国际班轮运输业务的国际船舶运输经营者的运价和无船承运业务经营者的运价,应当按照规定格式向国务院交通主管部门备案。国务院交通主管部门应当指定专门机构受理运价备案。

备案的运价包括公布运价和协议运价。公布运价,是指国际船舶运输经营者和无船承运业务经营者运价本上载明的运价;协议运价,是指国际船舶运输经营者与货主、无船承运业务经营者约定的运价。

公布运价自国务院交通主管部门受理备案之日起满30日生效;协议运价自国务院交通主管部门受理备案之时起满24小时生效。

国际船舶运输经营者和无船承运业务经营者应当执行生效的备案运价。

第二十一条　国际船舶运输经营者在与无船承运业务经营者订立协议运价时,应当确认无船承运业务经营者已依照本条例规定办理提单登记并交纳保证金。

第二十二条　从事国际班轮运输的国际船舶运输经营者之间订立涉及中国港口的班轮公会协议、运营协议、运价协议等,应当自协议订立之日起15日内将协议副本向国务院交通主管部门备案。

第二十三条　国际船舶运输经营者有下列情形之一的,应当在情形发生之日起15日内,向国务院交通主管部门备案:

(一)终止经营;

(二)减少运营船舶;

(三)变更提单、客票或者多式联运单证;

(四)在境外设立分支机构或者子公司经营国际船舶运输业务;

（五）拥有的船舶在境外注册，悬挂外国旗。

国际船舶运输经营者增加运营船舶的，增加的运营船舶必须符合国家规定的安全技术标准，并应当于投入运营前15日内向国务院交通主管部门备案。国务院交通主管部门应当自收到备案材料之日起3日内出具备案证明文件。

其他中国企业有本条第一款第（四）项、第（五）项所列情形之一的，应当依照本条第一款规定办理备案手续。

第二十四条　国际船舶运输经营者之间的兼并、收购，其兼并、收购协议应当报国务院交通主管部门审核同意。

国务院交通主管部门应当自收到国际船舶运输经营者报送的兼并、收购协议之日起60日内，根据国家关于国际海上运输业发展的政策和国际海上运输市场竞争状况进行审核，作出同意或者不同意的决定，并书面通知有关国际船舶运输经营者。

第二十五条　经营国际船舶运输业务、无船承运业务和国际船舶代理业务，在中国境内收取、代为收取运费以及其他相关费用，应当向付款人出具中国税务机关统一印制的发票。

第二十六条　未依照本条例的规定办理提单登记并交纳保证金的，不得经营无船承运业务。

第二十七条　经营国际船舶运输业务和无船承运业务，不得有下列行为：

（一）以低于正常、合理水平的运价提供服务，妨碍公平竞争；

（二）在会计账簿之外暗中给予托运人回扣，承揽货物；

（三）滥用优势地位，以歧视性价格或者其他限制性条件给交易对方造成损害；

（四）其他损害交易对方或者国际海上运输市场秩序的行为。

第二十八条　外国国际船舶运输经营者从事本章规定的有关国际船舶运输活动，应当遵守本条例有关规定。

外国国际船舶运输经营者不得经营中国港口之间的船舶运输业务，也不得利用租用的中国籍船舶或者舱位，或者以互换舱位等方式变相经营中国港口之间的船舶运输业务。

第二十九条　国际船舶代理经营者接受船舶所有人或者船舶承租人、船舶经营人的委托，可以经营下列业务：

（一）办理船舶进出港口手续，联系安排引航、靠泊和装卸；

（二）代签提单、运输合同，代办接受订舱业务；

（三）办理船舶、集装箱以及货物的报关手续；

（四）承揽货物、组织货载，办理货物、集装箱的托运和中转；

（五）代收运费，代办结算；

（六）组织客源，办理有关海上旅客运输业务；

（七）其他相关业务。

国际船舶代理经营者应当按照国家有关规定代扣代缴其所代理的外国国际船舶运输经营者的税款。

第三十条　国际船舶管理经营者接受船舶所有人或者船舶承租人、船舶经营人的委托，可以经营下列业务：

（一）船舶买卖、租赁以及其他船舶资产管理；

（二）机务、海务和安排维修；

（三）船员招聘、训练和配备；

（四）保证船舶技术状况和正常航行的其他服务。

第四章　外商投资经营国际海上运输及其辅助性业务的特别规定

第三十一条　外商在中国境内投资经营国际海上运输业务以及与国际海上运输相关的辅助性业务，适用本章规定；本章没有规定的，适用本条例其他有关规定。

第三十二条　经国务院交通主管部门批准，外商可以依照有关法律、行政法规以及国家其他有关规定，投资设立中外合资经营企业或者中外合作经营企业，经营国际船舶运输、国际船舶代理、国际船舶管理、国际海运货物装卸、国际海运货物仓储、国际海运集装箱站和堆场业务；并可以投资设立外资企业经营国际海运货物仓储业务。

经营国际船舶运输、国际船舶代理业务的中外合资经营企业，企业中外商的出资比例不得超过49%。

经营国际船舶运输、国际船舶代理业务的中外合作经营企业，企业中外商的投资比例比照适用前款规定。

中外合资国际船舶运输企业和中外合作国际船舶运输企业的董事会主席和总经理，由中外合资、合作双方协商后由中方指定。

第三十三条　经国务院交通主管部门批准，外商可以依照有关法律、行政法规以及国家其他有关规定投资设立中外合资经营企业、中外合作经营企业、外资企业，为其拥有或者经营的船舶提供承揽货物、代签提单、代结运费、代签服务合同等日常业务服务；未在中国境内投资设立中外合资经营企业、中外合作经营企业、外资企业的，上述业务必须委托中国的国际船舶代理经营者办理。

第三十四条　外国国际船舶运输经营者以及外国国际海运辅助企业，经国务院交通主管部门批准，可以依法在中国境内设立常驻代表机构。

外国国际船舶运输经营者以及外国国际海运辅助企业在中国境内设立的常驻代表机构，不得从事经营活动。

第五章　调查与处理

第三十五条　国务院交通主管部门应利害关系人的请求或者自行决定，可以对下列情形实施调查：

（一）经营国际班轮运输业务的国际船舶运输经营者之间订立的涉及中国港口的班轮公会协议、运营协议、运价协议等，可能对公平竞争造成损害的；

（二）经营国际班轮运输业务的国际船舶运输经营者通过协议产生的各类联营体，其服务涉及中国港口某一航线的承运份额，持续1年超过该航线总运量的30%，并可能对公平竞争造成损害的；

（三）有本条例第二十七条规定的行为之一的；

（四）可能损害国际海运市场公平竞争的其他行为。

第三十六条　国务院交通主管部门实施调查，应当会同国务院工商行政管理部门和价格部门（以下统称调查机关）共同进行。

第三十七条　调查机关实施调查，应当成立调查组。调查组成员不少于3人。调查组可以根据需要，聘请有关专家参加工作。

调查组进行调查前，应当将调查目的、调查原因、调查期限等事项通知被调查人。调查期限不得超过1年；必要时，经调查机关批准，可以延长半年。

第三十八条　调查人员进行调查，可以向被调查人以及与其有业务往来的单位和个人了解有关情况，并可查阅、复制有关单证、协议、合同文本、会计账簿、业务函电、电子数据等有关资料。

调查人员进行调查，应当保守被调查人以及与其有业务往来的单位和个人的商业秘密。

第三十九条　被调查人应当接受调查，如实提供有关情况和资料，不得拒绝调查或者隐匿真实情况、谎报情况。

第四十条　调查结束，调查机关应当作出调查结论，书面通知被调查人、利害关系人。

对公平竞争造成损害的，调查机关可以采取责令修改有关协议、限制班轮航班数量、中止运价本或者暂停受理运价备案、责令定期报送有关资料等禁止性、限制性措施。

第四十一条　调查机关在作出采取禁止性、限制性措施的决定前，应当告知当事人有要求举行听证的权利；当事人要求听证的，应当举行听证。

第六章　法律责任

第四十二条　未取得《国际船舶运输经营许可证》，擅自经营国际船舶运输业务的，由国务院交通主管部门或者其授权的地方人民政府交通主管部门责令停止经营；有违法所得的，没收违法所得；违法所得50万元以上的，处违法所得2倍以上5倍以下的罚款；没有违法所得或者违法所得不足50万元的，处20万元以上100万元以下的罚款。

第四十三条　未办理提单登记、交纳保证金，擅自经营无船承运业务的，由国务院交通主管部门或者其授权的地方人民政府交通主管部门责令停止经营；有违法所得的，没收违法所得；违法所得10万元以上的，处违法所得2倍以上5倍以下的罚款；没有违法所得或者违法所得不足10万元的，处5万元以上20万元以下的罚款。

第四十四条　未办理登记手续，擅自经营国际船舶代理业务或者国际船舶管理业务的，由国务院交通主管部门或者其授权的地方人民政府交通主管部门责令停止经营；有违法所得的，没收违法所得；违法所得5万元以上的，处违法所得2倍以上5倍以下的罚款；没有违法所得或者违法所得不足5万元的，处2万元以上10万元以下的罚款。

第四十五条　外国国际船舶运输经营者经营中国港口之间的船舶运输业务，或者利用租用的中国籍船舶和舱位以及用互换舱位等方式经营中国港口之间的船舶运输业务的，由国务院交通主管部门或者其授权的地方人民政府交通主管部门责令停止经营；有违法所得的，没收违法所得；违法所得50万元以上的，处违法所得2倍以上5倍以下的罚款；没有违法所得或者违法所得不足50万元的，处20万元以上100万元以下的罚款。拒不停止经营的，拒绝进港；情节严重的，撤销其国际班轮运输经营资格。

第四十六条　未取得国际班轮运输经营资格，擅自经营国际班轮运输的，由国务院交通主管部门或者其授权的地方人民政府交通主管部门责令停止经营；有违法所得的，没收违法所得；违法所得50万元以上的，处违法所得2倍以上5倍以下的罚款；没有违法所得或者违法所得不足50万元的，处20万元以上100万元以下的罚款。拒不停止经营的，拒绝进港。

第四十七条　国际船舶运输经营者、无船承运业务经营者、国际船舶代理经营者和国际船舶管理经营者将其依法取得的经营资格提供给他人使用的，由国务院交通主管部门或者其授权的地方人民政府交通主管部门责令限期改正；逾期不改正的，撤销其经营资格。

第四十八条　未履行本条例规定的备案手续的，由国务院交通主管部门或者其授权的地方人民政府交通主管部门责令限期补办备案手续；逾期不补办的，处1万元以上5万元以下的罚款，并可以撤销其相应资格。

第四十九条　未履行本条例规定的运价备案手续或者未执行备案运价的，由国务院交通主管部门或者其授权的地方人民政府交通主管部门责令限期改正，并处2万元以上10万元以下的罚款。

第五十条　依据调查结论应当给予行政处罚或者有本条例第二十七条所列违法情形的，由交通主管部门、价格主管部门或者工商行政管理部门依照有关法律、行政法规的规定给予处罚。

第五十一条　国际船舶运输经营者与未办理提单登记并交纳保证金的无船承运业务经营者订立协议运价的，由国务院交通主管部门或者其授权的地方人民政府交通主管部门给予警告，并处2万元以上10万元以下的罚款。

第五十二条　未经国务院交通主管部门批准，外国国际船舶运输经营者以及外国国际海运辅助企业擅自设立常驻代表机构的，由国务院交通主管部门或者其授权的地方人民政府交通主管部门责令限期改正，并处2万元以上10万元以下的罚款。

外国国际船舶运输经营者以及外国国际海运辅助企业常驻代表机构从事经营活动的，由工商行政管理部门责令停止经营活动，并依法给予处罚。

第五十三条　拒绝调查机关及其工作人员依法实施调查，或者隐匿、谎报有关情况和资料的，由国务院交通主管部门或者其授权的地方人民政府交通主管部门责令改正，并处2万元以上10万元以下的罚款。

第五十四条　非法从事进出中国港口的国际海上运输经营活动以及与国际海上运输相关的辅助性经营活动，扰乱国际海上运输市场秩序的，依照刑法关于非法经营罪的规定，依法追究刑事责任。

第五十五条　国务院交通主管部门和有关地方人民政府交通主管部门的工作人员有下列情形之一，造成严重后果，触犯刑律的，依照刑法关于滥用职权罪、玩忽职守罪或者其他罪的规定，依法追究刑事责任；尚不够刑事处罚的，依法给予行政处分：

(一)对符合本条例规定条件的申请者不予审批、许可、登记、备案，或者对不符合本条例规定条件的申请者予以审批、许可、登记、备案的；

(二)对经过审批、许可、登记、备案的国际船舶运输经营者、无船承运业务经营者、国际船舶代理经营者和国际船舶管理经营者不依照本条例的规定实施监督管理，或者发现其不再具备本条例规定的条件而不撤销其相应的经营资格，或者发现其违法行为后不予以查处的；

(三)对监督检查中发现的未依法履行审批、许可、登记、备案的单位和个人擅自从事国际海上运输经营活动以及与国际海上运输相关的辅助性经营活动，不立即予以取缔，或者接到举报后不依法予以处理的。

第七章　附　　则

第五十六条　香港特别行政区、澳门特别行政区和台湾地区的投资者在内地投资经营国际海上运输业务以及与国际海上运输相关的辅助性业务,比照适用本条例。

第五十七条　外国国际船舶运输经营者未经国务院交通主管部门批准,不得经营中国内地与香港特别行政区、澳门特别行政区之间的船舶运输业务,不得经营中国内地与台湾地区之间的双向直航和经第三地的船舶运输业务。

第五十八条　内地与香港特别行政区、澳门特别行政区之间的海上运输,由国务院交通主管部门依照本条例制定管理办法。

内地与台湾地区之间的海上运输,依照国家有关规定执行。

第五十九条　任何国家或者地区对中华人民共和国国际海上运输经营者、船舶或者船员采取歧视性的禁止、限制或者其他类似措施的,中华人民共和国政府根据对等原则采取相应措施。

第六十条　本条例施行前已从事国际海上运输经营活动以及与国际海上运输相关的辅助性经营活动的,应当在本条例施行之日起 60 日内按照本条例的规定补办有关手续。

第六十一条　本条例自 2002 年 1 月 1 日起施行。1990 年 12 月 5 日国务院发布、1998 年 4 月 18 日国务院修订发布的《中华人民共和国海上国际集装箱运输管理规定》同时废止。

附件 3

中远集装箱运输有限公司提单(见插页)

附件 4

中海集装箱运输(香港)有限公司提单(见插页)

附件 5

中海集装箱运输有限公司提单条款(港到港或联运提单)

1. 定义

“承运人”是指中海集装箱运输有限公司,以下简称 CSCL。

“货主”包括发货人、托运人、受货人、收货人、货主、提单的合法持有人、提单的背书人、对货物或提单享有现有或未来利益的人,被授权代表前述任何一方行事的任何人。

“船舶”按有关上下文规定,包括本提单第六栏中所列船舶或替代船,承运人或代表承运人在全部运输过程中的海运阶段所使用的任何支线船或驳船。

“分立契约人”包括(除承运人以外的)船舶所有人、船舶经营人、码头、堆场、仓库、集装箱储运经营人及拼箱经营人、公路和铁路运输经营人、承运人雇佣的用以进行运输的任何独立订约人以及其他分立契约人。

“货物”指从货主处收到的全部或部分货物,并包括非由承运人提供或其代表提供的任何集装箱。

“件”指由货主或代表装箱和铅封的每一个集装箱,和如果在提单正面上未显示集装箱箱内所装的货物件数或者是用“据称内装”或类似语句列明,并不是在集装箱中所装的货物件数。

“装运单位”是未以包件运输的任何一个具体单位的货物,包括机械、车辆及船只,但散装货物除外。

“集装箱”包括任何集装箱,入开顶箱、拖车、可运油罐、框架箱、平顶箱、货盘,以及为运输货物而使用的任何其他设备或设施。

2. 承运人的运价本

承运人所使用的运价本的条款以及有关费用的其他要求等项,已被载入本提单。请特别注意运价本所载各项条款,包括但不限于免费堆存期,集装箱和车辆的滞箱费等。使用的运价本的相关条款,如果需要可从承运人或他的代理人处索取。如果使用的运价本和提单不一致,应以提单为准。

3. 分立契约、赔偿以及抗辩、免除事项和责任限制

(1)承运人有权在任何时间以任何条件将运输的全部或其任何部分同任何分立契立人(或)以任何其他船舶或运输工具代替本船。

(2)货主保证,不向承运人以外的由其履行或承办运输的任何人(包括但不限于承运人的受雇人、代理人或分立契约人)就货物或货物运输一事而提起向其所拥有或经营的任何船舶加诸任何责任的索赔或任何法律诉讼,不任此象责任是否由这些人引起的。如果,即使如此,此项索赔或法律诉讼仍被提起,则货方保证就由此引起的后果包括法律费用,全部赔偿承运人。在不妨碍上述规定的情况下上述第 1 款所述每一个人或船舶,包括但不限于承运人的受雇人、代理人或分立契约人,都应享有本提单所载适用于承运人的在涉及合同或侵权事件中的每一免除事项、抗辩及责任限制,犹如此种条款已为其利益而明文规定,而且在订立本提单时,就上述免除事项、抗辩及责任限制而言,承运人不仅代表本身,而且也是作为上述的人或船舶的代理人或受托人。

4. 承运人的责任

(1)港到港运输

如果填注本提单正面第6、7栏但不填注4、5和9栏，本提单就是港到港合同。承运人应自其在装货港收到货物之时起即作为承运人而对货物负责，直至在卸货港将货物交于货方货方或按当地法律或规章要求交于有关当局之时为止，二者之中以先发生者为准。

(2)联运运输

如果填注本提单正面第4、5和/或9栏，而且该栏中所述的地点或港口乃是除第7栏及第8栏所列的地点或港口并已就联合运输支付运费，本提单就是联运运输。承运人负责安排或组织落实联合运输中的前一程运输以及(或)续程运输。所有由于联运运输而引起的索赔必须在交付货物之日或应当交付货物之日后九个月内向承运人提出，否则承运人便应被解除其关于货物的任何责任。如果承运人就联运产生的任何索赔向货主赔付后，承运人自动以代位关系而取得或被赋予货方针对所有其他人包括前一程承运人或续程承运人或分立契约人就此项灭失或损害而享有的权利。本款所载任何规定都不得视为承运人针对前一承运人或续程承运人或分立契约人就赔偿或其他事项所享有的任何权利的放弃。

5. 索赔通知和时效

(1)除非货物灭失或损坏的通知在货物交付之前或之时书面交于卸港或交货地的代理，或如果灭失或损坏不明显，在交货之日后的15个连续日内提出上述书面通知，此项交付便应是承运人及(或)续程承运人按本提单所述状况及条件交付货物的初步证据。

(2)除在交付货物或应交付货物之日起一年内提起诉讼，承运人、其受雇人、代理人及分立契约人应被解除一切责任。

6. 灭失或损害

(1)本提单的条款应在任何时候对货物运输产生的任何责任加以管辖，不仅在运输中，而且在运输前和或运输后的阶段都是如此。本提单所载或其他关于免除责任、抗辩及责任限制等项，都应在灭失、损害或延误事件而向承运人提起的任何诉讼中适用，而且不论该项诉讼是基于合同纠纷或侵权行为所引起的。即使此项灭失、损害或延误乃是由于不适航造成的直接、间接或随之发生的灭失或损害或利润损失，概不承担责任。

(2)承运人不保证，货物在某一特定日期或时间，也不保证为满足某一特定市场，或为某一特定用途而自接货或装运地点起运，准时运抵卸货地点、目的地或转运到某一特定船舶或其他运输工具上。船期表上或广告上的离港及抵港时间只是预计时间，如果承运人认为必要，为慎重或便利起见，可将该时间提前或拖后，承运人在任何情况下，不论是如何发生，对因延误造成的直接、间接或随之发生的灭失或损害概不负责。

(3)如果能对联合运输中发生灭失或损害的阶段加以确定，承运人的责任便应适用该阶段的国内法或国际公约。如果在联合运输中发生灭失或损害的阶段不能确定，货方和承运人经商订，货物的灭失或损害视为发生在承运人的船上。不论属于上述何种情况，均适用第5条第2款和第7条的规定。

7. 责任限制

(1)除第7(2)款另有规定外，本提单应受第26(1)款中所述中华人民共和国海商法管辖。承运人、他的雇佣人、代理、分立契约人和船舶任何情况下均对根据法律规定的超过每件或每个货运单位的货物灭失或损害的赔偿限额以上的部分不负责任，除非在运输前货主已经将货物的性质及价值于装运前加以申报，并已载入提单(第11栏)，而且货方已就此项申报的价值加付运费。

(2)如有关运输包括驶往、来自或经过美利坚合众国某一港口或地点的运输，本提单应受第26(2)条所述1936年COGSA及其修正法案的管辖。在这种情况下，承运人、他的受雇人、代理、分立契约人和船舶，在任何情况下，均对根据1936年COGSA规定的超过每件或每个货运单位的货物灭失或损害的赔偿限额以上的部分不负责任，除非在运输前，货主已经将货物的性质及价值于装运前加以申报，并已载入提单(第11栏)而且货主已就此项申请的价值加付运费。

(3)如果除了中华人民共和国海商法和美国1936年COGSA外的其他法律强制适用本提单，承运人的责任将不超过该法所规定的每件或每个货运单位的货物灭失或损害的赔偿限额，除非货主已经将货物的性质及价值于装运前加以申报，并已载入提单(第11栏)并且货主已就此项申请的价值加付运费。

(4)就本第7款而言，申报价值应为计算承运人责任的基础，但此项申报价值就承运人而言并非总结性的，而且此项申报价值不得超过该货在目的港的实际价值，所有部分灭失或损害均应以此项申报价值为基础按比例进行调整。

8. 火灾

承运人对在任何时候包括在装前或卸后发生的由于火灾引起的货物的灭失或损害不承担责任，除非这样的火灾是由于承运人的实际过失造成的。

9. 承运人的集装箱

(1)以件货形式接受的货物应由承运人装入集装箱，承运人有权将不论是否为承运人装箱的任何集装箱装于舱面或舱内。这样的货物都应分摊共同海损。

(2)如果承运人的集装箱和设备在前程运输或续程运输中使用或在货主的营业地被开箱货主应负责将空箱刷洗干净、不留异味后在运价本规定或承运人要求的时间内归还到承运人、其受雇人或代理人指定的地点。如果箱子未在上述时间内被返还，货主应就未还空箱而引起的延误、滞期、损失或费用承担责任。

(3)货主应就承运人的集装箱和设备、在货主或代货主的任何人看管期间所发生的一切灭失和损害负责。货主还应就在此期间发生的对他人的财物发生的灭失或损害或伤亡事故负责，而且货方应就上述期间因任何或所有索赔案件而引起的一切费用包括法律费用赔付承运人，并使承运人免责。

10. 货主装箱的集装箱

(1)如果集装箱不是由承运人或其代表装运，承运人对货物的灭失和损害不负责任，而且货主就承运人所发生的任何灭失、损害、责任或费用负责，如果此项灭失、损害、责任或费用系由以下原因造成：

(a)集装箱的装载和填装方式，或；

(b)货物不适于集装箱运输，或；

(c)集装箱不适货或条件不好，而如集装箱系由承运人或承运人的代表提供，则此项不适当性及条件不好在装箱前经货主检验并能明显易见。

(2)如果承运人交付货主装箱的集装箱时铅封完整，这样的交付视为承运人已经完全履行了本提单项下的责任并且承运人对交付货物发生的灭失或短少不负责任。

(3)货主应该在装货前检验集装箱，集装箱的使用构成箱子适货并且表面无瑕疵的初步证据。

11. 货主的描述

(1)货主或他的代表装入有铅封的集装箱,对于货物的描述并不约束承运人,货主在提单正面所申报的货物的描述仅是由货主提供并仅是为货主但不限于货代使用的资料。货方认识到,承运人未对铅封集装箱的内装货物、重量或尺码进行核对,因而承运人不提供关于铅封集装箱、货车、条板箱或货箱的情况,亦不提供重量或尺码,且不提供内装货物的价值、数量、品质、货名、条件、唛头、或号码,承运人关于上述描述或具体资料不承担任何责任。

(2)如有信用证及(或)进口许可证及(或)销售合同、发票及(或)订单号码以及承运人不是其当事一方的任何合同的详细资料在提单正面载明,这种资料的出现乃是全然应货方要求为货方方便而列出。货主同意,上述资料不得视为对价值的申报,因而对承运人在本提单项下的责任绝不影响,货主承认,除本提单第7款外,货物的价值不为承运人所知。

12. 货主的责任

(1)本提单第1条中所定义的"货主"应对根据本提单所保证履行的义务对承运人承担连带责任。

(2)货主应向承运人保证,本提单正面填列的关于货物描述,在收到本提单时已经核对,而且此项描述以及由货主或货主的代理代表提供的任何描述均属恰当并正确,货主还保证,货物乃时合法货物而非禁运品。

(3)货主应就违反本提单第12(2)款或承运人对之不负责任的与货物有关的任何原因而引起或造成的一切责任、费用、灭失、损害、罚款、处罚、费用或其他属于钱财性质的制裁。给予承运人以赔偿。

(4)货方应遵守所有海关、港口及其当局的规章或要求,并应承担并支付由于未遵守此项规定或要求或由于不合法、不正确或不适当的货物唛头、编号或地址而发生或遭受的所有的捐、税、罚款、输入税、费用或损失(包括退运货物的全部退运运费,或续运货物之自提单所载卸货港或交货地点运往改正后的卸货港或改正后的全额运费),并应就此而给予承运人赔偿。

13. 运费及费用

(1)所有运费都应在承运人收到货物时即视为已经全额、最终并已无条件的赚得,并应在任何情况下,均须支付,且不予退还。

(2)所有运费及费用均应在交付货物前支付,而不得作任何冲抵、反索赔、扣减或延缓执行。

(3)货主须注意所用运价本中或另行议定的关于用以支付运费的货币、兑换率、贬值率以及关于运费的其他临时性的规定。

(4)如果由货主或货主的代表向承运人提供的对在提单或任何文件或证件中的货物描述被证明是不准确、不正确或引起误解,货主应就承运人因此而遭受的实际损失予以赔偿。

(5)向货运代理人或经纪人或承运人或承运人以外的任何人支付的运费及费用,不得被认为系向承运人支付,而应是在货方独自承担风险之下支付。

(6)本提单第1款所定义的货主,如果适用,应对向承运人支付的运费、滞期费、共同海损分摊或费用包括但不限于为承运人收取这些费用所产生的诉讼费、律师费承担连带责任,否则应视为承运人在支付运费和费用时违约。

14. 检验货物

承运人和/或与承运人订立运输分立契约的任何人或承运人委托的任何人都有权但非义务在任何时候打开集装箱或包装并检验货物。如果在任何地方的港口当局的命令,集装箱必须被打开检验，承运人对于由于开箱、拆包、检验或重包造成的货物的灭失或损害不负责任。并且承运人有权向货主追偿由于这样的开箱、拆包、检验、和重包产生的费用。

15. 运输受货物条件影响

如果不论何时发现，货物不能被安全而妥善地进行运输或继续运输，或承运人若不就货物或集装箱支付额外费用或采取措施便无法将货物安全而妥善地进行运输或继续运输，则承运人可在其完全自行决定而认为最为妥善的条件下，不对货主进行通知(但仅系作为其代理人除外)而采取任何措施并(或)支付额外费用，将货物进行运输或继续运输，并(或)将货物加以处置，以及(或)放弃这项运输并(或)将货物在任何地点存放岸上或船上，加以遮蔽或置于露天之下，此项放弃、存放或放置货物应视为根据本提单所进行的交付货物，货主应赔偿承运人就此发生的任何额外费用。

16. 留置权

承运人对由于运费、空舱费、滞期费、滞留以及由于对有缺陷的货物进行重新绑扎、重新包装、重新唛头、熏蒸或进行所需的处理而产生的承运人任何费用，应该支付的共同海损分摊、承运人为货物支付或预付的罚款、捐税、通行费、路上运费或佣金，为根据本提单而应付与承运人的任何款项，包括救助费用，以及由于政府当局或声称对货物具有利益关系的人因扣留货物或针对货物提起其他法律诉讼而发生的法律费用，而对货物或/与货物有关的任何文件拥有留置权。承运人的留置权应存在至卸货或交货之时，而且承运人有权自行决定通过公开拍卖或私人出售而形式此项留置权。如果出售价款不能抵偿所欠数额，包括已发生的费用，承运人有权自货主收回差额。如果此项价款多于欠款，则应将余额退还货主。

17. 舱面货、牲畜及植物

在本提单正面注明为约定装于甲板上的货物并已照装(装入集装箱的货物除外)，以及所有活牲畜包括鱼及鸟类或植物，应一概由货方承担风险而进行运输，而承运人对在海上运输中发生的不论是否由于承运人的疏忽而引起的不论任何性质的灭失或损害不负责任。承运人应负责证明，他已履行货主关于运输活牲畜的特殊要求，而且在海上运输的环境下，所发生的灭失或损害乃是由于海上运输所固有的风险所致。货主应就承运人因涉及运输此项活牲畜或植物而不论由于任何原因所发生的全部或任何额外费用，给予承运人以赔偿。

18. 运输的方式及路线

承运人可在运输中的任何时间

(1)使用任何运输方式或储存方式；

(2)将货物自一种运输工具转至另一种运输工具，包括转船或以不同于提单正面所载船名的另一艘船舶或以任何其他运输方式运输。

凡根据本条款而作出的不论何事或产生的延误，都应视为在该项运输之内，而非让绕行。

19. 影响履约的事项

如果在任何时候，运输受到或按船长判断容易受到除了属于货物的不能被安全地或妥善地运输或继续运输的情况外的任何障碍、风险、延误、困难或不利条件的影响，而且不论是如何产生(即使引起上述各项的客观环境在本契约订立时或货物被接受以备装运时已经存在)，承运人(无论运输是否已开始)均可不经事先通知货方而完全自行决定：

(1)将货物经本提单所列之外的或为将货物托运至卸货港或交货地的通常运输路线以外的航线运往约定的卸货港或交货地，二者之中以能适用者为准。如果承运人选定采用本项规定，则虽有本提单第 18 款所载条文，承运人仍有权收取其所决定的额外运费，或者；

(2)中断货物运输并将其按本提单条款存于岸上或船上，并设法将其尽快发送，但承运人对最大的中断时间的问题不作交代的，如果承运人采用本项规定，则承运人有权收取其所决定的额外费用，或者；

(3)放弃货物的运输并将货物置于承运人认为安全而方便的任何港口或地点由货主处置，承运人关于此项货物的责任即告终止。承运人因此有权收取所收的用以运输的货物的全额运费，并且货主应该支付将货物运输至上述港口或地点以及交付和存储的费用。

如果承运人决定采用第19(1)款所述替代航线，或按第19(2)款所述中断航行，此事并不影响其在以后放弃航次之权利。

20. 危险货物

运输危险货物，货主应按运输此种货物所应遵守的规定，将其妥善包装，清晰标注，加附标签，并将其正确品名、性质以及所应采取的预防措施书面通知有误，则承运人可在客观环境有此需要时将该项货物卸下、销毁或使之无害，而不予赔偿。货主就应装运此项货物所造成的任何灭失、损害或费用对承运人负责。

虽然承运人知道危险货物的性质并同意承运的，承运人仍可在该危险货物对船舶、船员及船上其他人员或其他货物构成实际危险时，将其卸下、销毁或使之无害而不予赔偿。但本款所述不影响对共同海损的分摊。

21. 特殊、冷藏或加热集装箱

(1)除非货主同承运人在运输前达成协议，同意将冷冻箱、冷藏箱用作货物运输并且在提单的正面注明，而且货主已事先正确地给予承运人货物的性质和保存的特定温度和/或所需尽到的特殊注意的书面通知，货方也根据运价本或约定支付了额外的运费，此项货物便应以普通的不通风集装箱装运。

(2)如果冷藏箱由货主或货主的代表装箱，货主保证已由其将恒温、通风或其他控制装置正确设定，而且在装箱前已将货物的温度以及集装箱的温度调至所需程度，并且在承运人接受货物之前已将货物在集装箱内积载妥善。如果这些要求未能完全作到承运人对无论如何发生的货物的任何灭失或损害不负责任。

(3)如果已将建议的温度在提单正面标注，货主便应按此项注明的温度增加或减少2摄氏度的标准向承运人交付货物。承运人则应克尽职责，在对货物的实际控制之时保持该项温度，并可增减2摄氏度。

(4)承运人并不保证在运输全程集装箱已妥善通风、制冷或加热。承运人对因集装箱、船舶、运输工具及任何其他设备的制冷装置、机器、绝缘及(或)任何或其他设备的潜在缺陷、全部或部分失灵或发生故障或停止运转而造成货物的任何灭失或损害，亦不负责，但承运人应在进行运输之前或运输开始当时克尽职责，将冷藏集装箱保持在有效状态。

(5)如果是货方自己的集装箱，则应由货方提供紧急用具箱及操作手册。

22. 通知和交付

(1)本提单所载关于应将货物到达一事通知有关方的叙述，完全是为使承运人了解情况，若未能发出此项通知时，并不得引起承运人承担任何责任或解除货方根据本提单所应承担的任何义务。

(2)货主应在承运人所用运价本中规定的时间之内或按承运人要求提货。

(3)如果货主未在合理的时间内提取货物，或者只要承运人认为该货可能腐烂、变质、无价值可言，或在将其储存或做其他处置时其所需费用将超过该货价值，承运人便可自行决定，在不影响承运人对货方的权利,不予通知而且在不对承运人加诸任何责任的情况下,将箱中的货物取出、出售、销毁或加以处置,而由货主承担全部风险及费用,并将货物价款用于扣减货方结欠承运人的款项。上述开箱出货应当构成根据本提单所进行的正式交货,至此,承运人就货物而言的一切责任均告终止。

(4)承运人被责成将其所运货物交由卸货港或交货地的港口、海关或其他当局看管,该货即由其交于货主,而无需按当地法律、规章及(或)惯例要求由货主出示提单,这种移交货便应根据本提单向货主正式交货。至此,承运人对货物的责任即完全终止。

(5)尽管已将货物可提取一事通知货主,但货主拒不按本款要求提货时,这便构成货主就承运人而言关于货物或运输一事的一切权利要求事项的不可改变的放弃。货主应负责承运人因此拒绝而遭受的任何灭失、损害、费用及责任,包括但不限于将货物运回原起运地。

23. 共同海损和救助

(1)共同海损应该在承运人选定的港口或地点根据1974年约克—安特卫普以及1990年修正案或其他修正案理算。货主在提货前应向承运人提供承运人认为足以支付货主应交共同海损分摊数额的备用金或其他担保。

(2)如果船长认为救助是必要的,货主同意船长代表货主取得对货物的此项服务,承运人则可以其本人身份结算救助报酬。货主应向救助方及时并足额的提供备用金或者其他担保而不得使船舶在救助后受到影响,否则,货主应对由此产生的由承运人遭受的一切损失承担责任。

24. 双方互有责任碰撞条款

由BIMCO现时公布的双方有责碰撞条款应视为已被并入本提单。

25. 无船承运人

如果本提单被无船承运人的货主所接受,而该无船承运人又与第三方订立其他运输契约,则该无船承运人保证,就其未能如此载入本提单而引起的一切后果给予承运人、其受雇人、代理人及分立契约人以赔偿。

26. 法律及管辖权

(1)本提单受中华人民共和国海商法管辖。本提单项下或与本提单有关的一切争议,均根据中华人民共和国的法律加以裁定,凡是针对承运人的任何争议,均应提交上海海事法院或中华人民共和国其他海事法院。

(2)虽有第26(1)款中的规定,当某项运输业务包括驶往或来自或经由美利坚合众国的某一港口或地点的运输时,本提单便应受美国COGSA的规定的约束,而该法应被视为已载入本提单,而本提单中所载任何内容均不得视为承运人对其根据美国COGSA而享有的任何权利、豁免、除外或限制的放弃,或其义务的任何增加。

27. 契约的变更

承运人的任何受雇人、代理人或分立契约人无权放弃或变更本提单任何条款,除非该项放弃或变更是采用书面方式并已经承运人以书面专门授权或批准。

28. 新杰逊条款

如果在航次开始之前或之后,由于不论是疏忽与否的任何原因而引起意外、危险、损害或灾难,而根据法令、契约或其他规定,承运人对此类事件的后果不负责任,则货物及货主应连带在共同海损中与承运人一起分担可能构成或可能发生的属于共同海损性质的牺牲、损失或费用,并应支付就货物而发生的救助费用及特殊费用。如果救助船舶为承运人所有或由其经营,则救助费用应当犹如该船属于无关之人一样全额支付。

附件 6

关于统一提单若干法律规定的国际公约(第一条至第十条)

(1924 年 8 月 25 日订于布鲁塞尔)

第一条 (1)“承运人”:包括与托运人订有运输契约的船舶所有人或承租人。

(2)“运输契约”:仅仅适用于根据提单或者只要是与海上货物运输的任何类似的物权凭证所订立的运输契约,而对订有或依据租船契约所签发的上述任何提单或任何类似的物权凭证,则自此项提单或凭证规定承运人与凭证持有人之间的关系时起,亦包括在内。

(3)“货物”:包括各种货物、制品、商品和任何各类的物件,但活的动物和在运输契约中载明装于甲板上且已照装的货物除外。

(4)“船舶”:是指用于海上货物运输的任何船舶。

(5)“货物运输”:包括自货物装上船舶开始至卸离船舶为止的一段时间。

第二条 除第六条另有规定外,每一个海上货物运输契约的承运人,对该项货物的装载、操作、积载、运输、保管、照料和卸载,应当按照下列规定承担责任与义务,并享受权利与豁免。

第三条 1.承运人有义务在开航前和开航时克尽职责,以便:

(1)使船舶适航;

(2)妥善地配备船员、装备船舶和配备供应物品;

(3)使货舱、冷藏舱、冷气舱和该船其他载货处所适于并能安全收受、载运和保管货物。

2. 除第四条另有规定外,承运人应当适当而谨慎地装载、操作、运输、保管、照料和卸下所运货物。

3. 在收到货物之后,承运人或船长、或承运人的代理人,应依照托运人的请求,发给托运人提单,其上载有:

(1)与开始装货前由托运人书面提供者相同的、为辨认货物所需的主要标志;如果这项标志是以印戳或其他方式清楚地标示在不带包装的货物上,或在其中装有货物的箱子或包装物上,该项标志通常应保持清晰易辨,直至航次终了之时为止;

(2)由托运人书面提供的包数或件数,或者数量,或者重量;

(3)货物的表面状况

但是,如果承运人、船长或承运人代理人有适当根据怀疑任何标志、包数或件数、数量或重量不能确切代表其实际收到的货物,或无适当方法进行核对,便不必将其在提单上加以记载或注明。

4. 这种提单应当作为承运人依照第 3 款(1)、(2)、(3)项所述收到该提单中所载货物的表面证据。

5. 应当认为,托运人已在货物装船时就托运提供的标志、包数或件数、数量或重量的正确性,向承运人提出保证,而且,托运人应对由于这种资料之不正确所引起或造成的一切灭失、损害或费用向承运人进行赔偿。承运人享受上述赔偿的权利,不得影响其根据运输契约对托运人以外的任何人所应承担的责任与义务。

6. 根据运输契约有权收货的人,除非在卸货港将货物的灭失和损害的一般情况,于货物被移交他监督之前或者当时(如果灭失或损害不明显,则在三天之内),已用书面通知承运人或其代理人,这种移交便应作为承运人已经按照提单规定交付货物的表面证据。

如在收货时已对货物的状况进行联合检验或检查,便无需书面通知。

除自货物交付之日或应交付之日一年以内已经提起诉讼外,在任何情况下,承运人和船舶都解除其对灭失或损害的一切责任。

如果发生任何实际的或预料的灭失或损害,承运人与收货人应当互相提供检查和清理货物方面的一切适当便利。

7. 货物装船之后,如经托运人这样要求,承运人、船长或承运人的代理人发给托运人的提单就为“已装船”提单。如果托运人已在事先取得这种货物的物权的凭证,便应交还该项凭证,换取“已装船”提单。但也可以根据承运人的决定,由承运人、船长或承运人的代理人在装货港将装载货物的船名和装货日期,在上述凭证上注明,而在经过如此注明之后,上述凭证对于本条而言,便应被视为构成“已装船”提单。

8. 运输契约中的任何条款、约定或协议,凡是解除承运人或船舶由于疏忽、过失或未履行本条规定的责任与义务,因而引起货物的或与货物有关的灭失或损害,或以本规则规定以外的方式减轻这种责任的,都应作废并无效。

有利于承运人保险利益的条款或类似条款,应视为免除承运人责任的条款。

第四条　1.不论是承运人或船舶,对因船舶不适航所引起或造成的灭失或损害,都不负责。但是承运人未按第三条第1款规定,克尽职责,使船舶适航,保证妥善地配备船员,装备船舶和配备供应品,以及使货舱、冷藏舱和该船其他载货处所适于并能安全收受、载运和保管货物等所引起或造成的灭失或损害,不在此限。

由于船舶不适航所引起的灭失或损害一旦发生,对于尽心职责的举证责任,便应由根据本条规定要求免责的承运人或其他人承担。

2. 不论是承运人或是船舶,对于下列原因所引起或造成的灭失或损害,都不负责:

(1)船长、船员、引航员或承运人的雇佣人员在驾驶或管理船舶上的行为、疏忽或不履行契约;

(2)火灾,但由于承运人的实际过失或私谋所造成者除外;

(3)海上或其他通航水域的灾难、危险或意外事故;

(4)天灾;

(5)战争行为;

(6)公敌行为;

(7)君主、当权者或人民的扣留或拘禁,或依法扣押;

(8)检疫限制;

(9)货物托运人或货主、其代理人或代表的行为或不为;

(10)不论由于任何原因所引起的局部或全面罢工、关厂、停工或劳动力受到限制;

(11)暴动和骚乱;

(12)在海上救助或企图救助人命或财产;

(13)由于货物的固有缺点、质量或缺陷所造成的容积或重量的损失,或任何其他灭失或损害;

(14)包装不固;

(15)标志不清或不当;

(16)克尽职责不能发现的潜在缺点；

(17)不是由于承运人的实际过失或私谋，或是承运人的代理人或雇佣人员的过失或疏忽所引起的其他任何原因。但是要求享有此项免责利益的人应当负责举证，表明有关的灭失或损害既非由于承运人的实际过失或私谋，又非由于承运人的代理人或雇佣人员的过失或疏忽所造成。

3. 对于不是由于托运人、托运人的代理人或其雇佣人员的行为、过失或疏忽所引起的承运人或船舶的灭失，托运人概不负责。

4. 为了救助或企图救助海上人命或财产而发生的绕航，或者任何合理绕航，都不得被认为对本规则或运输契约的破坏或违反。承运人对由此引起的任何灭失或损害，都不负责。

5. 不论是承运人或船舶，对货物或与货物有关的灭失或损害，于每包或每单位超过100英镑或与其等值的其他货币时，在任何情况下，都不负责。但托运人于货物装船前已将其性质或价值加以说明，并在提单上注明的，不在此限。

该项声明如被载入提单，便应成为表面证据，但不应对承运人具有约束力或终结效力。

经承运人、船长或承运人的代理人与托运人协议，得在本款所述数额之外另行确定一个最高数额，但此最高数额不得低于上述数额。

如果托运人在提单上故意谎报货物的性质或价值，则无论是承运人或是船舶，在任何情况下，对货物或与货物运输有关的灭失或损害，都不负责。

6. 承运人、船长或承运人的代理人对于事先不知其性质而装载的具有易燃、爆炸或危险性的货物，可在卸货前将其卸在任何地点，或将其销毁，或使之无害而不予以赔偿，该项货物的托运人，应对由于装载该项货物而直接或间接引起的一切损害和费用负责。如果承运人知道该项货物的性质，并已同意装载，则在该项货物对于船舶或货物发生危险时，亦得同样将该项货物卸在任何地点，或将其销毁或使之无害而不负赔偿责任。但发生共同海损时除外。

第五条　承运人可以自由地全部或部分放弃本规则各条中规定的全部权利与豁免，或其中任何部分，或增加其所应承担的任何责任与义务，但是这种放弃和增加，需在发给托运人的提单上注明，本规则中的规定不适用租船契约，但如由订有租船契约的船舶签发提单，便应符合本规则的规定。本规则中的任何规定，都不得被视为有碍于在提单上加注有关共同海损的任何合法条款。

第六条　虽有前述各条规定，承运人、船长或承运人的代理人与托运人之间，仍可就承运人对任何特定货物所负责任与义务，及所享受的权利与豁免，或其对船舶适航的责任等，在不违反公共政策的前提下，自由订立任何协议。同样，就承运人的雇佣人员或代理人对海运货物的装载、操作、积载、运输、保管、照料和卸载的注意和谨慎方面，亦可自由订立任何协议。但这应以尚未签发提单或不拟签发提单为前提，而且应将上述协议的条款载入不得流通且已注有这种字样的证件。

这样订立的任何协议，都具有完全的法律效力。

但是，本条规定不适用于依照普通贸易程序成交的一般商业货运，而仅在所拟装运的货物性质和状况，或所拟进行的运输所处的环境，所订的条款和条件，有订立特别协议的合理需要时，才能适用。

第七条　本规则中的任何规定，都不妨碍承运人或托运人就承运人或船舶对装载海运货物的船舶所载货物的装船前或卸载后所受灭失或损害，或在货物保管、照料和收受方面的灭失或损害所应承担的责任与义务，订立任何协议、规定、条件、保留或免责条款。

第八条　本规则中各条规定，都不影响有关海运船舶所有责任限制的任何现行法令所规定的承运人的权利与义务。

第九条　本规则中所提及的货币单位，应为金价。

凡是不以英镑作为货币单位的缔约国，得保留其将本公约中所指英镑数额以整数折合为本国货币的权利。

各国法律可以为其债务人保留按船舶驶抵卸货港之日通行的兑换率，以本国货币清偿其有关货物的债务的权利。

第十条　本公约各项规定，适用在任何缔约国所签发的一切提单。

附件 7

航次租船合同范本“金康 1994”

1. Shipbroker	RECOMMENDED THE BAL TIC AND INTERNATIONAL MARITME COUNGIL UNIF ORM GENERAL CHARTER(AS REVISED 1922,1976 and 1994) (To be used for trades for which no specially approved form is in force) CODE NAME:“GENCON” Part 1
	2. Place and date
3. Owners/Place of business(Cl.1)	4. Charterers/Place of business(Cl.1)
5. Vessel's name(Cl.1)	6. GT/NT(Cl.1)
7. DWT all told on summer load line in metric tons (abt.)(Cl.1)	8. Present position(Cl.1)
9. Expected ready to load(abt.)(Cl.1)	
10. Loading port or place(Cl.1)	11. Discharging port or Place(Cl.1)
12. Cargo(also state quantity and margin in Owners' option, if agreed; if full and complete cargo not agreed state“part cargo”)(Cl.1)	
13. Freight rate(also state whether freight prepaid or payable on delivery)(Cl.4)	14. Freight payment(state currency and method of payment; also beneficiary and bank account)(Cl.4)

15. State if vessel's cargo handling gear shall not be used (Cl. 5)	16. Laytime (if separate laytime for load. and disch. is agreed, fill in a) and b). if total laytime for load. and disch, fill in c) only) (Cl. 6)
17. Shippers/Place of business (Cl. 6)	a) Laytime for loading
18. Agents (loading) (Cl. 6)	b) Laytime for discharging
19. Agents (discharging) (Cl. 6)	c) Total laytime for loading and discharging
20. Demurrage rate and manner payable (loading and discharging) (Cl. 7)	21. Cancelling date (Cl. 9)
	22. General Average to be adjusted at (Cl. 12)
23. Freight Tax (state if for the Owners' account) (Cl. 13(c))	24. Brokerage commission and to whom payable (Cl. 15)
25. Law and Arbitration (state 19(a)), 19(b) or 19(c) of Cl. 19; if 19(c) agreed also state Place of Arbitration) (if not filled in 19(a) shall apply) (Cl. 19)	
(a) State maximum amount for small claims/shortened arbitration (Cl. 19)	26. Additional clauses covering special provisions, if agreed

It is mutually agreed that this Contract shall be performed subject to the conditions contained in this Charter Party which shall include Part I as Well as Part II. in the event of a conflict of conditions, the provisions of Part I shall prevail over those of part II to the extent of such conflict.

Signature (Owners)	Signature (Charterers)

Printed by The BIMCO Charter Party Editor

PART II

"Gencon" Charter (As Revised 1922, 1976 and 1994)

1. It is agreed between the party mentioned in Box 3 as the Owners of the Vessel named in Box 5, of the GT/NT indicated in Box 6 and carrying about the number of metric tons of deadweight capacity all told on summer loadline stated in Box 7, now in position as stated in Box 8 and expected ready to load under this Charter Party about the date indicated in Box 9, and the party mentioned as the Charterers in Box 4 that:

The said Vessel shall, as soon as her prior commitments have been completed, proceed to the loading port(s) or place(s) stated in Box 10 or so near thereto as she may safely get and lie always afloat, and there load a full and complete cargo (if shipment of deck cargo agreed same to be at the Charterers' risk and responsibility) as stated in Box 12, which the Charterers bind themselves to ship, and being so loaded the Vessel shall proceed to the discharging port(s) or place(s) stated in Box 11 as ordered on signing Bills of Lading, or so near thereto as she may safely get and lie always afloat, and there deliver the cargo.

2. **Owners' Responsibility Clause**

The Owners are to be responsible for loss of or damage to the goods or for delay in delivery of the goods only in case the loss, damage or delay has been caused by personal want of due diligence on the part of the Owners or their Manager to make the Vessel in all respects seaworthy and to secure that she is properly manned, equipped and supplied, or by the personal act or default of the Owners or their Manager.

And the Owners are not responsible for loss, damage or delay arising from any other cause whatsoever, even from the neglect or default of the Master or crew or some other person employed by the Owners on board or ashore for whose acts they would, but for this Clause, be responsible, or from unseaworthiness of the Vessel on loading or commencement of the voyage or at any time whatsoever.

3. **Deviation Clause**

The Vessel has liberty to call at any port or ports in any order, for any purpose, to sail without pilots, to tow and/or assist Vessels in all situations, and also to deviate for the purpose of saving life and/or property.

4. **Payment of Freight**

(a) The freight at the rate stated in Box 13 shall be paid in cash calculated on the intaken quantity of cargo.

(b) *Prepaid*. If according to Box 13 freight is to be paid on shipment, it shall be deemed earned and non-returnable, Vessel and/or cargo lost or not lost.

Neither the Owners nor their agents shall be required to sign or endorse bills of lading showing freight prepaid unless the freight due to the Owners has actually been paid.

(c) *On delivery*. If according to Box 13 freight, or part thereof, is payable at destination it shall not be deemed earned until the cargo is thus delivered. Notwithstanding the provisions under (a), if freight or part thereof is payable on delivery of the cargo the Charterers shall have the option of paying the freight on delivered weight/quantity provided such option is declared before breaking bulk and the weight/quantity can be ascertained by official weighing machine, joint draft survey or tally.

Cash for Vessel's ordinary disbursements at the port of loading to be advanced by the Charterers, if required, at highest current rate of exchange, subject to two (2) per cent to cover insurance and other expenses.

readiness at loading port to be given to the Shippers named in Box 17 or if not named, to the Charterers or their agents named in Box 18. Notice of readiness at the discharging port to be given to the Receivers or, if not known, to the Charterers or their agents named in Box 19.

If the loading/discharging berth is not available on the Vessel's arrival at or off the port of loading/discharging, the Vessel shall be entitled to give notice of readiness within ordinary office hours on arrival there, whether in free pratique or not, whether customs cleared or not. Laytime or time on demurrage shall then count as if she were in berth and in all respects ready for loading/discharging provided that the Master warrants that she is in fact ready in all respects. Time used in moving from the place of waiting to the loading/discharging berth shall not count as laytime.

If, after inspection, the Vessel is found not to be ready in all respects to load/discharge time lost after the discovery thereof until the Vessel is again ready to load/discharge shall not count as laytime.

Time used before commencement of laytime shall count.

* *Indicate alternative (a) or (b) as agreed, in Box 16.*

7. **Demurrage**

Demurrage at the loading and discharging port is payable by the Charterers at the rate stated in Box 20 in the manner stated in Box 20 per day or pro rata for any part of a day. Demurrage shall fall due day by day and shall be payable upon receipt of the Owners' invoice.

In the event the demurrage is not paid in accordance with the above, the Owners shall give the Charterers 96 running hours written notice to rectify the failure. If the demurrage is not paid at the expiration of this time limit and if the vessel is in or at the loading port, the Owners are entitled at any time to terminate the Charter Party and claim damages for any losses caused thereby.

8. **Lien Clause**

The Owners shall have a lien on the cargo and on all sub-freights payable in respect of the cargo, for freight, deadfreight, demurrage, claims for damages and for all other amounts due under this Charter Party including costs of recovering same.

9. **Cancelling Clause**

(a) Should the Vessel not be ready to load (whether in berth or not) on the cancelling date indicated in Box 21, the Charterers shall have the option of cancelling this Charter Party.

(b) Should the Owners anticipate that, despite the exercise of due diligence, the Vessel will not be ready to load by the cancelling date, they shall notify the Charterers thereof without delay stating the expected date of the Vessel's readiness to load and asking whether the Charterers will exercise their option of cancelling the Charter Party, or agree to a new cancelling date.

Such option must be declared by the Charterers within 48 running hours after the receipt of the Owners' notice. If the Charterers do not exercise their option of cancelling, then this Charter Party shall be deemed to be amended such that the seventh day after the new readiness date stated in the Owners' notification to the Charterers shall be the new cancelling date.

The provisions of sub-clause (b) of this Clause shall operate only once, and in case of the Vessel's further delay, the Charterers shall have the option of cancelling the Charter Party as per sub-clause (a) of this Clause.

5. Loading/Discharging

(a) Costs/Risks

The cargo shall be brought into the holds, loaded, stowed and/or trimmed, tallied, lashed and/or secured and taken from the holds and discharged by the Charterers, free of any risk, liability and expense whatsoever to the Owners. The Charterers shall provide and lay all dunnage material as required for the proper stowage and protection of the cargo on board, the Owners allowing the use of all dunnage available on board. The Charterers shall be responsible for and pay the cost of removing their dunnage after discharge of the cargo under this Charter Party and time to count until dunnage has been removed.

(b) Cargo Handling Gear

Unless the Vessel is gearless or unless it has been agreed between the parties that the Vessel's gear shall not be used and stated as such in Box 15, the Owners shall throughout the duration of loading/discharging give free use of the Vessel's cargo handling gear and of sufficient motive power to operate all such cargo handling gear. All such equipment to be in good working order. Unless caused by negligence of the stevedores, time lost by breakdown of the Vessel's cargo handling gear or motive power – pro rata the total number of cranes/winches required at that time for the loading/discharging of cargo under this Charter Party – shall not count as laytime or time on demurrage.

On request the Owners shall provide free of charge cranemen/winchmen from the crew to operate the Vessel's cargo handling gear, unless local regulations prohibit this, in which latter event shore labourers shall be for the account of the Charterers. Cranemen/winchmen shall be under the Charterers' risk and responsibility and as stevedores to be deemed as their servants but shall always work under the supervision of the Master.

(c) Stevedore Damage

The Charterers shall be responsible for damage (beyond ordinary wear and tear) to any part of the Vessel caused by Stevedores. Such damage shall be notified as soon as reasonably possible by the Master to the Charterers or their agents and to their Stevedores, failing which the Charterers shall not be held responsible. The Master shall endeavour to obtain the Stevedores' written acknowledgement of liability.

The Charterers are obliged to repair any stevedore damage prior to completion of the voyage, but must repair stevedore damage affecting the Vessel's seaworthiness or class before the Vessel sails from the port where such damage was caused or found. All additional expenses incurred shall be for the account of the Charterers and any time lost shall be for the account of and shall be paid to the Owners by the Charterers at the demurrage rate.

6. Laytime

(a) Separate laytime for loading and discharging

The cargo shall be loaded within the number of running days/hours as indicated in Box 16, weather permitting, Sundays and holidays excepted, unless used, in which event time used shall count.

The cargo shall be discharged within the number of running days/hours as indicated in Box 16, weather permitting, Sundays and holidays excepted, unless used, in which event time used shall count.

(b) Total laytime for loading and discharging

The cargo shall be loaded and discharged within the number of total running days/hours as indicated in Box 16, weather permitting, Sundays and holidays excepted, unless used, in which event time used shall count.

(c) Commencement of laytime (loading and discharging)

Laytime for loading and discharging shall commence at 13.00 hours, if notice of readiness is given up to and including 12.00 hours, and at 06.00 hours next working day if notice given during office hours after 12.00 hours. Notice of

10. Bills of Lading

Bills of Lading shall be presented and signed by the Master as per the "Congenbill" Bill of Lading form, Edition 1994, without prejudice to this Charter Party, or by the Owners' agents provided written authority has been given by Owners to the agents, a copy of which is to be furnished to the Charterers. The Charterers shall indemnify the Owners against all consequences or liabilities that may arise from the signing of bills of lading as presented to the extent that the terms or contents of such bills of lading impose or result in the imposition of more onerous liabilities upon the Owners than those assumed by the Owners under this Charter Party.

11. Both-to-Blame Collision Clause

If the Vessel comes into collision with another vessel as a result of the negligence of the other vessel and any act, neglect or default of the Master, Mariner, Pilot or the servants of the Owners in the navigation or in the management of the Vessel, the owners of the cargo carried hereunder will indemnify the Owners against all loss or liability to the other or non-carrying vessel or her owners in so far as such loss or liability represents loss of, or damage to, or any claim whatsoever of the owners of said cargo, paid or payable by the other or non-carrying vessel or her owners to the owners of said cargo and set-off, recouped or recovered by the other or non-carrying vessel or her owners as part of their claim against the carrying Vessel or the Owners.

The foregoing provisions shall also apply where the owners, operators or those in charge of any vessel or vessels or objects other than, or in addition to, the colliding vessels or objects are at fault in respect of a collision or contact.

12. General Average and New Jason Clause

General Average shall be adjusted in London unless otherwise agreed in Box 22 according to York-Antwerp Rules 1994 and any subsequent modification thereof. Proprietors of cargo to pay the cargo's share in the general expenses even if same have been necessitated through neglect or default of the Owners' servants (see Clause 2).

If General Average is to be adjusted in accordance with the law and practice of the United States of America, the following Clause shall apply: "In the event of accident, danger, damage or disaster before or after the commencement of the voyage, resulting from any cause whatsoever, whether due to negligence or not, for which, or for the consequence of which, the Owners are not responsible, by statute, contract or otherwise, the cargo shippers, consignees or the owners of the cargo shall contribute with the Owners in General Average to the payment of any sacrifices, losses or expenses of a General Average nature that may be made or incurred and shall pay salvage and special charges incurred in respect of the cargo. If a salving vessel is owned or operated by the Owners, salvage shall be paid for as fully as if the said salving vessel or vessels belonged to strangers. Such deposit as the Owners, or their agents, may deem sufficient to cover the estimated contribution of the goods and any salvage and special charges thereon shall, if required, be made by the cargo, shippers, consignees or owners of the goods to the Owners before delivery."

13. Taxes and Dues Clause

(a) On Vessel -The Owners shall pay all dues, charges and taxes customarily levied on the Vessel, howsoever the amount thereof may be assessed.

(b) On cargo -The Charterers shall pay all dues, charges, duties and taxes customarily levied on the cargo, howsoever the amount thereof may be assessed.

(c) On freight -Unless otherwise agreed in Box 23, taxes levied on the freight shall be for the Charterers' account.

PART II
"Gencon" Charter (As Revised 1922, 1976 and 1994)

14. Agency

In every case the Owners shall appoint their own Agent both at the port of loading and the port of discharge.

15. Brokerage

A brokerage commission at the rate stated in Box 24 on the freight, dead-freight and demurrage earned is due to the party mentioned in Box 24.

In case of non-execution 1/3 of the brokerage on the estimated amount of freight to be paid by the party responsible for such non-execution to the Brokers as indemnity for the latter's expenses and work. In case of more voyages the amount of indemnity to be agreed.

16. General Strike Clause

(a) If there is a strike or lock-out affecting or preventing the actual loading of the cargo, or any part of it, when the Vessel is ready to proceed from her last port or at any time during the voyage to the port or ports of loading or after her arrival there, the Master or the Owners may ask the Charterers to declare, that they agree to reckon the laydays as if there were no strike or lock-out. Unless the Charterers have given such declaration in writing (by telegram, if necessary) within 24 hours, the Owners shall have the option of cancelling this Charter Party. If part cargo has already been loaded, the Owners must proceed with same, (freight payable on loaded quantity only) having liberty to complete with other cargo on the way for their own account.

(b) If there is a strike or lock-out affecting or preventing the actual discharging of the cargo on or after the Vessel's arrival at or off port of discharge and same has not been settled within 48 hours, the Charterers shall have the option of keeping the Vessel waiting until such strike or lock-out is at an end against paying half demurrage after expiration of the time provided for discharging until the strike or lock-out terminates and thereafter full demurrage shall be payable until the completion of discharging, or of ordering the Vessel to a safe port where she can safely discharge without risk of being detained by strike or lock-out. Such orders to be given within 48 hours after the Master or the Owners have given notice to the Charterers of the strike or lock-out affecting the discharge. On delivery of the cargo at such port, all conditions of this Charter Party and of the Bill of Lading shall apply and the Vessel shall receive the same freight as if she had discharged at the original port of destination, except that if the distance to the substituted port exceeds 100 nautical miles, the freight on the cargo delivered at the substituted port to be increased in proportion.

(c) Except for the obligations described above, neither the Charterers nor the Owners shall be responsible for the consequences of any strikes or lock-outs preventing or affecting the actual loading or discharging of the cargo.

17. War Risks ("Voywar 1993")

(1) For the purpose of this Clause, the words:

(a) The "Owners" shall include the shipowners, bareboat charterers, disponent owners, managers or other operators who are charged with the

(5) The Vessel shall have liberty:-

(a) to comply with all orders, directions, recommendations or advice as to departure, arrival, routes, sailing in convoy, ports of call, stoppages, destinations, discharge of cargo, delivery or in any way whatsoever which are given by the Government of the Nation under whose flag the Vessel sails, or other Government to whose laws the Owners are subject, or any other Government which so requires, or any body or group acting with the power to compel compliance with their orders or directions;

(b) to comply with the orders, directions or recommendations of any war risks underwriters who have the authority to give the same under the terms of the war risks insurance;

(c) to comply with the terms of any resolution of the Security Council of the United Nations, any directives of the European Community, the effective orders of any other Supranational body which has the right to issue and give the same, and with national laws aimed at enforcing the same to which the Owners are subject, and to obey the orders and directions of those who are charged with their enforcement;

(d) to discharge at any other port any cargo or part thereof which may render the Vessel liable to confiscation as a contraband carrier;

(e) to call at any other port to change the crew or any part thereof or other persons on board the Vessel when there is reason to believe that they may be subject to internment, imprisonment or other sanctions;

(f) where cargo has not been loaded or has been discharged by the Owners under any provisions of this Clause, to load other cargo for the Owners' own benefit and carry it to any other port or ports whatsoever, whether backwards or forwards or in a contrary direction to the ordinary or customary route.

(6) If in compliance with any of the provisions of sub-clauses (2) to (5) of this Clause anything is done or not done, such shall not be deemed to be a deviation, but shall be considered as due fulfilment of the Contract of Carriage.

18. General Ice Clause

Port of loading

(a) in the event of the loading port being inaccessible by reason of ice when the Vessel is ready to proceed from her last port or at any time during the voyage or on the Vessel's arrival or in case frost sets in after the Vessel's arrival, the Master for fear of being frozen in is at liberty to leave without cargo, and this Charter Party shall be null and void.

(b) If during loading the Master, for fear of the Vessel being frozen in, deems it advisable to leave, he has liberty to do so with what cargo he has on board and to proceed to any other port or ports with option of completing cargo for the Owners' benefit for any port or ports including port of discharge. Any part cargo thus loaded under this Charter Party to be forwarded to destination at the Vessel's expense but against payment of freight, provided that no extra expenses be thereby caused to the Charterers, freight being paid on quantity delivered (in proportion if lumpsum), all other conditions as per this Charter Party.

management of the Vessel, and the Master; and

(b) "War Risks" shall include any war (whether actual or threatened), act of war, civil war, hostilities, revolution, rebellion, civil commotion, warlike operations, the laying of mines (whether actual or reported), acts of piracy, acts of terrorists, acts of hostility or malicious damage, blockades (whether imposed against all Vessels or imposed selectively against Vessels of certain flags or ownership, or against certain cargoes or crews or otherwise howsoever), by any person, body, terrorist or political group, or the Government of any state whatsoever, which, in the reasonable judgement of the Master and/or the Owners, may be dangerous or are likely to be or to become dangerous to the Vessel, her cargo, crew or other persons on board the Vessel.

(2) If at any time before the Vessel commences loading, it appears that, in the reasonable judgement of the Master and/or the Owners, performance of the Contract of Carriage, or any part of it, may expose, or is likely to expose, the Vessel, her cargo, crew or other persons on board the Vessel to War Risks, the Owners may give notice to the Charterers cancelling this Contract of Carriage, or may refuse to perform such part of it as may expose, or may be likely to expose, the Vessel, her cargo, crew or other persons on board the Vessel to War Risks; provided always that if this Contract of Carriage provides that loading or discharging is to take place within a range of ports, and at the port or ports nominated by the Charterers the Vessel, her cargo, crew, or other persons onboard the Vessel may be exposed, or may be likely to be exposed, to War Risks, the Owners shall first require the Charterers to nominate any other safe port which lies within the range for loading or discharging, and may only cancel this Contract of Carriage if the Charterers shall not have nominated such safe port or ports within 48 hours of receipt of notice of such requirement.

(3) The Owners shall not be required to continue to load cargo for any voyage, or to sign Bills of Lading for any port or place, or to proceed or continue on any voyage, or on any part thereof, or to proceed through any canal or waterway, or to proceed to or remain at any port or place whatsoever, where it appears, either after the loading of the cargo commences, or at any stage of the voyage thereafter before the discharge of the cargo is completed, that, in the reasonable judgement of the Master and/or the Owners, the Vessel, her cargo (or any part thereof), crew or other persons on board the Vessel (or any one or more of them) may be, or are likely to be, exposed to War Risks. If it should so appear, the Owners may by notice request the Charterers to nominate a safe port for the discharge of the cargo or any part thereof, and if within 48 hours of the receipt of such notice, the Charterers shall not have nominated such a port, the Owners may discharge the cargo at any safe port of their choice (including the port of loading) in complete fulfilment of the Contract of Carriage. The Owners shall be entitled to recover from the Charterers the extra expenses of such discharge and, if the discharge takes place at any port other than the loading port, to receive the full freight as though the cargo had been carried to the discharging port and if the extra distance exceeds 100 miles, to additional freight which shall be the same percentage of the freight contracted for as the percentage which the extra distance represents to the distance of the normal and customary route, the Owners having a lien on the cargo for such expenses and freight.

(4) If at any stage of the voyage after the loading of the cargo commences, it appears that, in the reasonable judgement of the Master and/or the Owners, the Vessel, her cargo, crew or other persons on board the Vessel may be, or are likely to be, exposed to War Risks on any part of the route (including any canal or waterway) which is normally and customarily used in a voyage of the nature contracted for, and there is another longer route to the discharging port, the Owners shall give notice to the Charterers that this route will be taken. In this event the Owners shall be entitled, if the total extra distance exceeds 100 miles, to additional freight which shall be the same percentage of the freight contracted for as the percentage which the extra distance represents to the distance of the normal and customary route.

(c) In case of more than one loading port, and if one or more of the ports are closed by ice, the Master or the Owners to be at liberty either to load the part cargo at the open port and fill up elsewhere for their own account as under section (b) or to declare the Charter Party null and void unless the Charterers agree to load full cargo at the open port.

Port of discharge

(a) Should ice prevent the Vessel from reaching port of discharge the Charterers shall have the option of keeping the Vessel waiting until the re-opening of navigation and paying demurrage or of ordering the Vessel to a safe and immediately accessible port where she can safely discharge without risk of detention by ice. Such orders to be given within 48 hours after the Master or the Owners have given notice to the Charterers of the impossibility of reaching port of destination.

(b) If during discharging the Master for fear of the Vessel being frozen in deems it advisable to leave, he has liberty to do so with what cargo he has on board and to proceed to the nearest accessible port where she can safely discharge.

(c) On delivery of the cargo at such port, all conditions of the Bill of Lading shall apply and the Vessel shall receive the same freight as if she had discharged at the original port of destination, except that if the distance of the substituted port exceeds 100 nautical miles, the freight on the cargo delivered at the substituted port to be increased in proportion.

19. Law and Arbitration

* (a) This Charter Party shall be governed by and construed in accordance with English law and any dispute arising out of this Charter Party shall be referred to arbitration in London in accordance with the Arbitration Acts 1950 and 1979 or any statutory modification or re-enactment thereof for the time being in force. Unless the parties agree upon a sole arbitrator, one arbitrator shall be appointed by each party and the arbitrators so appointed shall appoint a third arbitrator, the decision of the three-man tribunal thus constituted or any two of them, shall be final. On the receipt by one party of the nomination in writing of the other party's arbitrator, that party shall appoint their arbitrator within fourteen days, failing which the decision of the single arbitrator appointed shall be final.

For disputes where the total amount claimed by either party does not exceed the amount stated in Box 25** the arbitration shall be conducted in accordance with the Small Claims Procedure of the London Maritime Arbitrators Association.

* (b) This Charter Party shall be governed by and construed in accordance with Title 9 of the United States Code and the Maritime Law of the United States and should any dispute arise out of this Charter Party, the matter in dispute shall be referred to three persons at New York, one to be appointed by each of the parties hereto, and the third by the two so chosen; their decision or that of any two of them shall be final, and for purpose of enforcing any award, this agreement may be made a rule of the Court. The proceedings shall be conducted in accordance with the rules of the Society of Maritime Arbitrators, Inc..

For disputes where the total amount claimed by either party does not exceed the amount stated in Box 25** the arbitration shall be conducted in accordance with the Shortened Arbitration Procedure of the Society of Maritime Arbitrators, Inc..

* (c) Any dispute arising out of this Charter Party shall be referred to arbitration at the place indicated in Box 25, subject to the procedures applicable there. The laws of the place indicated in Box 25 shall govern this Charter Party.

(d) If Box 25 in Part I is not filled in, sub-clause (a) of this Clause shall apply.

**** (a), (b) and (c) are alternatives; indicate alternative agreed in Box 25.***

***** Where no figure is supplied in Box 25 in Part I, this provision only shall be void but the other provisions of this Clause shall have full force and remain in effect.***

附件 8

定期租船合同范本“波尔的姆 1974”

Adopted by
the Documentary Committee of the chamber
of Shipping of the United Kingdom
and the Documentary commttee of the Japan
Shipping Exchange, inc.

Issued 5/2/1909
Amended 13/3/1911
Amended 6/3/1912
Amended 10/6/1920
Amended 1/3/1939
Amended 1/1/1950
Amended 1/1/1974

1. Shipbroker	THE BALTIC AND INTERNATIONAL MARITIME CONFERENCE UNIFORM TIME-CHARTER(Box Layout 1974) CODE NAME: "BALTIME 1939" Part 1 2. Place and date
3. Owners/Place of business	4. Charterers/Place of business
5. Vessel's name	6. GRT/NRT
7. Class	8. Indicated horse power
9. Total tons d. w. (abt.) on Board of Trade summer freeboard	10. Cubic feet grain/bale capacity
11. Permanent bunkers(abt.)	
12. Speed capability in knots(abt.) on a consumption in tons (abt.) of	
13. Present position	
14. Period of hire(Cl. 1)	15. Port of delivery(Cl. 1) 16. Time of delivery(Cl. 1)
17. (a) Trade limits(Cl. 2)	

(b) Cargo exclusions specially agreed	
18. Bunkers on re-delivery (state min. and max. quantity) (Cl. 5)	
19. Charter hire (Cl. 6)	20. Hire payment (state currency. method and place of payment; also beneficiary and bank account) (Cl. 6)
21. Place or range of re-delivery (Cl. 7)	22. War (only to be filled in if Section (C) agreed) (Cl. 21)
23. Cancelling date (Cl. 22)	24. Place of arbitration (only to be filled in if place other than London agreed) (Cl. 23)
25. Brokerage commission and to whom payable (Cl. 25)	26. Numbers of additional clauses covering special provisions, if agreed

It is mutually agreed that this Contract shall be performed subject to the conditions contained in this Charter which shall include Part Ias well as Part II. In the event of a conflict of conditions, the provisions of Part I shall prevail over those of Part II to the extent of such conflict

Signature (Owners)	Signature (Charterers)

PART II

"BALTIME 1939" Uniform Time-Charter (Box Layout 1974)

It is agreed between the party mentioned in Box 3 as Owners of the Vessel named in Box 5 of the gross/net Register tonnage indicated in Box 6, classed as stated in Box 7 and of indicated horse power as stated in Box 8, carrying about the number of tons deadweight indicated in Box 9 on Board of Trade summer freeboard inclusive of bunkers, stores, provisions and boiler water, having as per builder's plan a cubic-feet grain/bale capacity as stated in Box 10, exclusive of permanent bunkers, which contain about the number of tons stated in Box 11, and fully loaded capable of steaming about the number of knots indicated in Box 12 in good weather and smooth water on a consumption of about the number of tons best Welsh coal or oil-fuel stated in Box 12, now in position as stated in Box 13 and the party mentioned as Charterers in Box 4, as follows:

1. **Period/Port of Delivery/Time of Delivery**
The Owners let, and the Charterers hire the Vessel for a period of the number of calendar months indicated in Box 14 from the time (not a Sunday or a legal Holiday unless taken over) the Vessel is delivered and placed at the disposal of the Charterers between 9 a.m. and 6 p.m., or between 9 a.m. and 2 p.m. if on Saturday, at the port stated in Box 15 in such available berth where she can safely lie always afloat, as the Charterers may direct, she being in every way fitted for ordinary cargo service.
The Vessel to be delivered at the time indicated in Box 16.

2. **Trade**
The Vessel to be employed in lawful trades for the carriage of lawful merchandise only between good and safe ports or places where she can safely lie always afloat within the limits stated in Box 17.
No live stock nor injurious, inflammable or dangerous goods (such as acids, explosives, calcium carbide, ferro silicon, naphtha, motor spirit, tar, or any of their products) to be shipped.

3. **Owners to Provide**
The Owners to provide and pay for all provisions and wages, for insurance of the Vessel, for all deck and engine-room stores and maintain her in a thoroughly efficient state in hull and machinery during service.
The Owners to provide one winchman per hatch. If further winchmen are required, or if the stevedores refuse or are not permitted to work with the Crew, the Charterers to provide and pay qualified shore-winchmen.

4. **Charterers to Provide**
The Charterers to provide and pay for all coals, including galley coal, oil-fuel, water for boilers, port charges, pilotages (whether compulsory or not), canal steersmen, boatage, lights, tug-assistance, consular charges (except those pertaining to the Master, Officers and Crew), canal, dock and other dues and charges, including any foreign

8. **Cargo Space**
The whole reach and burthen of the Vessel, including lawful deck-capacity to be at the Charterers' disposal, reserving proper and sufficient space for the Vessel's Master, Officers, Crew, tackle, apparel, furniture, provisions and stores.

9. **Master**
The Master to prosecute all voyages with the utmost despatch and to render customary assistance with the Vessel's Crew. The Master to be under the orders of the Charterers as regards employment, agency, or other arrangements. The Charterers to indemnify the Owners against all consequences or liabilities arising from the Master, Officers or Agents signing Bills of Lading or other documents or otherwise complying with such orders, as well as from any irregularity in the Vessel's papers or for overcarrying goods. The Owners not to be responsible for shortage, mixture, marks, nor for number of pieces or packages, nor for damage to or claims on cargo caused by bad stowage or otherwise.
If the Charterers have reason to be dissatisfied with the conduct of the Master, Officers, or Engineers, the Owners, on receiving particulars of the complaint, promptly to investigate the matter, and, if necessary and practicable, to make a change in the appointments.

10. **Directions and Logs**
The Charterers to furnish the Master with all instructions and sailing directions and the Master and Engineer to keep full and correct logs accessible to the Charterers or their Agents.

11. **Suspension of Hire etc.**
(A) In the event of drydocking or other necessary measures to maintain the efficiency of the Vessel, deficiency of men or Owners' stores, breakdown of machinery, damage to hull or other accident, either hindering or preventing the working of the Vessel and continuing for more than twentyfour consecutive hours, no hire to be paid in respect of any time lost thereby during the period in which the Vessel is unable to perform the service immediately required. Any hire paid in advance to be adjusted accordingly.
(B) In the event of the Vessel being driven into port or to anchorage through stress of weather, trading to shallow harbours or to rivers or ports with bars or suffering an accident to her cargo, any detention of the Vessel and/or expenses resulting from such detention to be for the Charterers' account even if such detention and/or expenses, or the cause by reason of which either is incurred, be due to, or be contributed to by, the negligence of the Owners' servants.

12. **Cleaning Boilers**
Cleaning of boilers whenever possible to be done during service, but if impossible the Charterers to give the Owners necessary time for cleaning. Should the Vessel be detained beyond 48 hours hire to cease until again ready.

18. **Lien**
The Owners to have a lien upon all cargoes and sub-freights belonging to the Time-Charterers and any Bill of Lading freight for all claims under this Charter, and the Charterers to have a lien on the Vessel for all moneys paid in advance and not earned.

19. **Salvage**
All salvage and assistance to other vessels to be for the Owners' and the Charterers' equal benefit after deducting the Master's and Crew's proportion and all legal and other expenses including hire paid under the charter for time lost in the salvage, also repairs of damage and coal or oil-fuel consumed. The Charterers to be bound by all measures taken by the Owners in order to secure payment of salvage and to fix its amount.

20. **Sublet**
The Charterers to have the option of subletting the Vessel, giving due notice to the Owners, but the original Charterers always to remain responsible to the Owners for due performance of the Charter.

21. **War**
(A) The Vessel unless the consent of the Owners be first obtained not to be ordered nor continue to any place or on any voyage nor be used on any service which will bring her within a zone which is dangerous as the result of any actual or threatened act of war, war hostilities, warlike operations, acts of piracy or of hostility or malicious damage against this or any other vessel or its cargo by any person, body or State whatsoever, revolution, civil war, civil commotion or the operation of international law, nor be exposed in any way to any risks or penalties whatsoever consequent upon the imposition of Sanctions, nor carry any goods that may in any way expose her to any risks of seizure, capture, penalties or any other interference of any kind whatsoever by the belligerent or fighting powers or parties or by any Government or Ruler.
(B) Should the Vessel approach or be brought or ordered within such zone, or be exposed in any way to the said risks, (1) the Owners to be entitled from time to time to insure their interests in the Vessel and/or hire against any of the risks likely to be involved thereby on such terms as they shall think fit, the Charterers to make a refund to the Owners of the premium on demand; and (2) notwithstanding the terms of Clause 11 hire to be paid for all time lost including any lost owing to loss of or injury to the Master, Officers, or Crew or to the action of the Crew in refusing to proceed to such zone or to be exposed to such risks.
(C) In the event of the wages of the Master, Officers and/or Crew or the cost of provisions and/or stores for deck and/or engine room and/or insurance premiums being increased by reason of or during the existence of any of the matters mentioned in section (A) the amount of any in-

general municipality or state taxes, also all dock, harbour and tonnage dues at the ports of delivery and re-delivery (unless incurred through cargo carried before delivery or after re-delivery), agencies, commissions, also to arrange and pay for loading, trimming, stowing (including dunnage and shifting boards, excepting any already on board), unloading, weighing, tallying and delivery of cargoes, surveys on hatches, meals supplied to officials and men in their service and all other charges and expenses whatsoever including detention and expenses through quarantine (including cost of fumigation and disinfection).

All ropes, slings and special runners actually used for loading and discharging and any special gear, including special ropes, hawsers and chains required by the custom of the port for mooring to be for the Charterers' account. The Vessel to be fitted with winches, derricks, wheels and ordinary runners capable of handling lifts up to 2 tons.

5. Bunkers

The Charterers at port of delivery and the Owners at port of re-delivery to take over and pay for all coal or oil-fuel remaining in the Vessel's bunkers at current price at the respective ports.

The Vessel to be re-delivered with not less than the number of tons and not exceeding the number of tons of coal or oil-fuel in the Vessel's bunkers stated in Box 18.

6. Hire

The Charterers to pay as hire the rate stated in Box 19 per 30 days, commencing in accordance with Clause 1 until her re-delivery to the Owners.

Payment

Payment of hire to be made in cash, in the currency stated in Box 20, without discount, every 30 days, in advance, and in the manner prescribed in Box 20.

In default of payment the Owners to have the right of withdrawing the Vessel from the service of the Charterers, without noting any protest and without interference by any court or any other formality whatsoever and without prejudice to any claim the Owners may otherwise have on the Charterers under the Charter.

7. Re-delivery

The Vessel to be re-delivered on the expiration of the Charter in the same good order as when delivered to the Charterers (fair wear and tear excepted) at an ice-free port in the Charterers' option at the place or within the range stated in Box 21, between 9 a.m. and 6 p.m., and 9 a.m. and 2 p.m. on Saturday, but the day of re-delivery shall not be a Sunday or legal Holiday.

Notice

The Charterers to give the Owners not less than ten days' notice at which port and on about which day the Vessel will be re-delivered.

Should the Vessel be ordered on a voyage by which the Charter period will be exceeded the Charterers to have the use of the Vessel to enable them to complete the voyage, provided it could be reasonably calculated that the voyage would allow re-delivery about the time fixed for the termination of the Charter, but for any time exceeding the termination date the Charterers to pay the market rate if higher than the rate stipulated herein.

13. Responsibility and Exemption

The Owners only to be responsible for delay in delivery of the Vessel or for delay during the currency of the Charter and for loss or damage to goods onboard, if such delay or loss has been caused by want of due diligence on the part of the Owners or their Manager in making the Vessel seaworthy and fitted for the voyage or any other personal act or omission or default of the Owners or their Manager. The Owners not to be responsible in any other case nor for damage or delay whatsoever and howsoever caused even if caused by the neglect or default of their servants. The Owners not to be liable for loss or damage arising or resulting from strikes, lockouts or stoppage or restraint of labour (including the Master, Officers or Crew) whether partial or general.

The Charterers to be responsible for loss or damage caused to the Vessel or to the Owners by goods being loaded contrary to the terms of the Charter or by improper or careless bunkering or loading, stowing or discharging of goods or any other improper or negligent act on their part or that of their servants.

14. Advances

The Charterers or their Agents to advance to the Master, if required, necessary funds for ordinary disbursements for the Vessel's account at any port charging only interest at 6 per cent. p. a., such advances to be deducted from hire.

15. Excluded Ports

The Vessel not to be ordered to nor bound to enter: a) any place where fever or epidemics are prevalent or to which the Master, Officers and Crew by law are not bound to follow the Vessel

Ice

b) any ice-bound place or any place where lights, lightships, marks and buoys are or are likely to be withdrawn by reason of ice on the Vessel's arrival or where there is risk that ordinarily the Vessel will not be able on account of ice to reach the place or to get out after having completed loading or discharging. The Vessel not to be obliged to force ice. If on account of ice the Master considers it dangerous to remain at the loading or discharging place for fear of the Vessel being frozen in and/or damaged, he has liberty to sail to a convenient open place and await the Charterers' fresh instructions.

Unforeseen detention through any of above causes to be for the Charterers' account.

16. Loss of Vessel

Should the Vessel be lost or missing, hire to cease from the date when she was lost. If the date of loss cannot be ascertained half hire to be paid from the date the Vessel was last reported until the calculated date of arrival at the destination. Any hire paid in advance to be adjusted accordingly.

17. Overtime

The Vessel to work day and night if required. The Charterers to refund the Owners their outlays for all overtime paid to Officers and Crew according to the hours and rates stated in the Vessel's articles.

crease to be added to the hire and paid by the Charterers on production of the Owners' account therefor, such account being rendered monthly.

(D) The Vessel to have liberty to comply with any orders or directions as to departure, arrival, routes, ports of call, stoppages, destination, delivery or in any other wise whatsoever given by the Government of the nation under whose flag the Vessel sails or any other Government or any person (or body) acting or purporting to act with the authority of such Government or by any committee or person having under the terms of the war risks insurance on the Vessel the right to give any such orders or directions.

(E) In the event of the nation under whose flag the Vessel sails becoming involved in war, hostilities, warlike operations, revolution, or civil commotion, both the Owners and the Charterers may cancel the Charter and, unless otherwise agreed, the Vessel to be re-delivered to the Owners at the port of destination or, if prevented through the provisions of section (A) from reaching or entering it, then at a near open and safe port at the Owners' option, after discharge of any cargo on board.

(F) If in compliance with the provisions of this clause anything is done or is not done, such not to be deemed a deviation.

Section (C) is optional and should be considered deleted unless agreed according to Box 22.

22. Cancelling

Should the Vessel not be delivered by the date indicated in Box 23, the Charterers to have the option of cancelling.

If the Vessel cannot be delivered by the cancelling date, the Charterers, if required, to declare within 48 hours after receiving notice thereof whether they cancel or will take delivery of the Vessel.

23. Arbitration

Any dispute arising under the Charter to be referred to arbitration in London (or such other place as may be agreed according to Box 24) one Arbitrator to be nominated by the Owners and the other by the Charterers, and in case the Arbitrators shall not agree then to the decision of an Umpire to be appointed by them, the award of the Arbitrators or the Umpire to be final and binding upon both parties.

24. General Average

General Average to be settled according to York/Antwerp Rules, 1974. Hire not to contribute to General Average.

25. Commission

The Owners to pay a commission at the rate stated in Box 25 to the party mentioned in Box 25 on any hire paid under the Charter, but in no case less than is necessary to cover the actual expenses of the Brokers and a reasonable fee for their work. If the full hire is not paid owing to breach of Charter by either of the parties the party liable therefor to indemnify the Brokers against their loss of commission.

Should the parties agree to cancel the Charter, the Owners to indemnify the Brokers against any loss of commission but in such case the commission not to exceed the brokerage on one year's hire.

附件 9

定期租船合同范本“波尔的姆 2001”

Issued 1909; Amended 1911; 1912; 1920; 1920; 1939; 1950; 1974; and 2001

1. Shipbroker	BIMCO UNIFORM TIME-CHARTER (AS REVISED 2001) CODE NAME: “BALTIME 1939” Part 1
	2. Place and date of Charter
3. Owners/Place of business	4. Charterers/Place of business
5. Vessel's Name	6. GT/NT
7. Class	8. Indicated brake horse power(bhp)
9. Total tons d.w.(abt.)on summer freeboard	10. Cubic feet grain/bale capacity
11. Permanent bunkers(abt.)	12. Speed capability in knots(abt.)on a consumption in tons (abt.)of
13. Present position	14. Period of hire(Cl.1)
15. Port of delivery(Cl.1)	16. Time of delivery(Cl.1)
17. (a)Trade limits (Cl.2)	
(b)Cargo exclusions specially agreed	
18. Bunkers on re-delivery(state min. and max. quantity)(Cl.5)	19. Charter hire(Cl.6)

20. Hire payment(state currency, method and place of payment; also beneficiary and bank account)(Cl. 6)	
21. Place or range of re-delivery(Cl. 7)	22. Cancelling date(Cl. 21)
23. Dispute resolution(state 22(A), 22(B) of 22(C); if 22(C) agreed Place of Arbitration <u>must</u> be stated)(Cl. 22)	24. Brokerage commission and to whom payable(Cl. 24)
25. Numbers of additional clauses covering special provisions, if agreed	

It is mutually agreed that this Contract shall be performed subject to the conditions contained in this Charter which shall include PART I as well as PART II. In the event of a conflict of conditions, the provisions of PART I shall prevail over those of PART II to the extent of such conflict

Signature(Owners)	Signature(Charterers)

Printed and sold by Fr. G. knudzons Bogthykkeri a/s, Vallensbaekvej 61, DK-2b25 Vallensbaek, Fax: + 45 4366 0701

PART 11

"BALTIME 1939" Uniform Time-Charter (as revised 2001)

It is agreed between the party mentioned in Box 3 as Owners of the Vessel named in Box 5 of the gross/net tonnage indicated in Box 6, classed as stated in Box 7 and of indicated brake horse power (bhp) as stated in Box 8, carrying about the number of tons deadweight indicated in Box 9 on summer freeboard inclusive of bunkers, stores and provisions, having as per builder's plan a cubic-feet grain/bale capacity as stated in Box 10, exclusive of permanent bunkers, which contain about the number of tons stated in Box 11, and fully loaded capable of steaming about the number of knots indicated in Box 12 in good weather and smooth water on a consumption of about the number of tons fuel oil stated in Box 12, now in position as stated in Box 13 and the party mentioned as Charterers in Box 4, as follows:

1. Period/Port of Delivery/Time of Delivery

The Owners let, and the Charterers hire the Vessel for a period of the number of calendar months indicated in Box 14 from the time (not a Sunday or a legal Holiday unless taken over) the Vessel is delivered and placed at the disposal of the Charterers between 9 a.m. and 6 p.m., or between 9 a.m. and 2 p.m. if on Saturday, at the port stated in Box 15 in such available berth where she can safely lie always afloat, as the Charterers may direct, the Vessel being in every way fitted for ordinary cargo service. The Vessel shall be delivered at the time indicated in Box 16.

2. Trade

The Vessel shall be employed in lawful trades for the carriage of lawful merchandise only between safe ports or places where the Vessel can safely lie always afloat within the limits stated in Box 17. No live stock nor injurious, inflammable or dangerous goods (such as acids, explosives, calcium carbide, ferro silicon, naphtha, motor spirit, tar, or any of their products) shall be shipped.

3. Owners' Obligations

The Owners shall provide and pay for all provisions and wages, for insurance of the Vessel, for all deck and engine-room stores and maintain her in a thoroughly efficient state in hull and machinery during service. The Owners shall provide winchmen from the crew to operate the Vessel's cargo handling gear, unless the crew's employment conditions or local union or port regulations prohibit this, in which case qualified shorewinchmen shall be provided and paid for by the Charterers.

4. Charterers' Obligations

The Charterers shall provide and pay for all fuel oil, port charges, pilotages (whether compulsory or not), canal

the Charterers shall have the use of the Vessel to enable them to complete the voyage, provided it could be reasonably calculated that the voyage would allow redelivery about the time fixed for the termination of the Charter, but for any time exceeding the termination date the Charterers shall pay the market rate if higher than the rate stipulated herein.

8. Cargo Space

The whole reach and burthen of the Vessel, including lawful deck-capacity shall be at the Charterers' disposal, reserving proper and sufficient space for the Vessel's Master, officers, crew, tackle, apparel, furniture, provisions and stores.

9. Master

The Master shall prosecute all voyages with the utmost despatch and shall render customary assistance with the Vessel's crew. The Master shall be under the orders of the Charterers as regards employment, agency, or other arrangements. The Charterers shall indemnify the Owners against all consequences or liabilities arising from the Master, officers or Agents signing Bills of Lading or other documents or otherwise complying with such orders, as well as from any irregularity in the Vessel's papers or for overcarrying goods. The Owners shall not be responsible for shortage, mixture, marks, nor for number of pieces or packages, nor for damage to or claims on cargo caused by bad stowage or otherwise. If the Charterers have reason to be dissatisfied with the conduct of the Master or any officer, the Owners, on receiving particulars of the complaint, promptly to investigate the matter, and, if necessary and practicable, to make a change in the appointments.

10. Directions and Logs

The Charterers shall furnish the Master with all instructions and sailing directions and the Master shall keep full and correct logs accessible to the Charterers or their Agents.

11. Suspension of Hire etc.

(A) In the event of drydocking or other necessary measures to maintain the efficiency of the Vessel, deficiency of men or Owners' stores, breakdown of machinery, damage to hull or other accident, either hindering or preventing the working of the Vessel and continuing for more than twenty-four consecutive hours, no hire shall be paid in respect of any time lost thereby during the period in which the Vessel is unable to perform the service immediately required. Any hire paid in advance shall be adjusted accordingly.

(B) In the event of the Vessel being driven into port or to anchorage through stress of weather, trading to shallow

from the date when she was lost. If the date of loss cannot be ascertained half hire shall be paid from the date the Vessel was last reported until the calculated date of arrival at the destination. Any hire paid in advance shall be adjusted accordingly.

16. Overtime

The Vessel shall work day and night if required. The Charterers shall refund the Owners their outlays for all overtime paid to officers and crew according to the hours and rates stated in the Vessel's articles.

17. Lien

The Owners shall have a lien upon all cargoes and sub-freights belonging to the Time-Charterers and any Bill of Lading freight for all claims under this Charter, and the Charterers shall have a lien on the Vessel for all moneys paid in advance and not earned.

18. Salvage

All salvage and assistance to other vessels shall be for the Owners' and the Charterers' equal benefit after deducting the Master's, officers' and crew's proportion and all legal and other expenses including hire paid under the charter for time lost in the salvage, also repairs of damage and fuel oil consumed. The Charterers shall be bound by all measures taken by the Owners in order to secure payment of salvage and to fix its amount.

19. Sublet

The Charterers shall have the option of subletting the Vessel, giving due notice to the Owners, but the original Charterers shall always remain responsible to the Owners for due performance of the Charter.

20. War ("Conwartime 1993")

(A) For the purpose of this Clause, the words:

(i) "Owners" shall include the shipowners, bareboat charterers, disponent owners, managers or other operators who are charged with the management of the Vessel, and the Master; and

(ii) "War Risks" shall include any war (whether actual or threatened), act of war, civil war, hostilities, revolution, rebellion, civil commotion, warlike operations, the laying of mines (whether actual or reported), acts of piracy, acts of terrorists, acts of hostility or malicious damage, blockades (whether imposed against all vessels or imposed selectively against vessels of certain flags or ownership, or against certain cargoes or crews or otherwise howsoever), by any person, body, terrorist or political group, or the Government of any state whatsoever, which, in the reasonable judgement of the Master and/or the Owners, may be dangerous or are likely to be or to become dangerous to the Vessel, her steersmen, boatage, lights, tug-assistance, consular charges (except those pertaining to the Master, officers and crew), canal, dock and other dues and charges, including any foreign general municipality or state taxes, also all dock, harbour and tonnage dues at the ports of delivery and re-delivery (unless incurred through cargo carried before delivery or after re-delivery), agencies, commissions, also shall arrange and pay for loading, trimming, stowing (including dunnage and shifting boards, excepting any already on board), unloading, weighing, tallying and delivery of cargoes, surveys on hatches, meals supplied to officials and men in their service and all other charges and expenses whatsoever including detention and expenses through quarantine (including cost of fumigation and disinfection). All ropes, slings and special runners actually used for loading and discharging and any special gear, including special ropes and chains required by the custom of the port for mooring shall be for the Charterers' account. The Vessel shall be fitted with winches, derricks, wheels and ordinary runners capable of handling lifts up to 2 tons.

5. Bunkers

The Charterers at port of delivery and the Owners at port of re-delivery shall take over and pay for all fuel oil remaining in the Vessel's bunkers at current price at the respective ports. The Vessel shall be re-delivered with not less than the number of tons and not exceeding the number of tons of fuel oil in the Vessel's bunkers stated in Box 18.

6. Hire

The Charterers shall pay as hire the rate stated in Box 19 per 30 days, commencing in accordance with Clause 1 until her re – delivery to the Owners.

Payment of hire shall be made in cash, in the currency stated in Box 20, without discount, every 30 days, in advance, and in the manner prescribed in Box 20. In default of payment the Owners shall have the right of withdrawing the Vessel from the service of the Charterers, without noting any protest and without interference by any court or any other formality whatsoever and without prejudice to any claim the Owners may otherwise have on the Charterers under the Charter.

7. Re – delivery

The Vessel shall be re – delivered on the expiration of the Charter in the same good order as when delivered to the Charterers (fair wear and tear excepted) at an icefree port in the Charterers' option at the place or within the range stated in Box 21, between 9 a.m. and 6 p.m., and 9 a.m. and 2 p.m. on Saturday, but the day of redelivery shall not be a Sunday or legal Holiday.

The Charterers shall give the Owners not less than ten days' notice at which port and on about which day the Vessel will be re-delivered. Should the Vessel be ordered on a voyage by which the Charter period will be exceeded

harbours or to rivers or ports with bars or suffering an accident to her cargo, any detention of the Vessel and/or expenses resulting from such detention shall be for the Charterers' account even if such detention and/or expenses, or the cause by reason of which either is incurred, be due to, or be contributed to by, the negligence of the Owners' servants.

12. Responsibility and Exemption

The Owners only shall be responsible for delay in delivery of the Vessel or for delay during the currency of the Charter and for loss or damage to goods onboard, if such delay or loss has been caused by want of due diligence on the part of the Owners or their Manager in making the Vessel seaworthy and fitted for the voyage or any other personal act or omission or default of the Owners or their Manager. The Owners shall not be responsible in any other case nor for damage or delay whatsoever and howsoever caused even if caused by the neglect or default of their servants. The Owners shall not be liable for loss or damage arising or resulting from strikes, lock-outs or stoppage or restraint of labour (including the Master, officers or crew) whether partial or general. The Charterers shall be responsible for loss or damage caused to the Vessel or to the Owners by goods being loaded contrary to the terms of the Charter or by improper or careless bunkering or loading, stowing or discharging of goods or any other improper or negligent act on their part or that of their servants.

13. Advances

The Charterers or their Agents shall advance to the Master, if required, necessary funds for ordinary disbursements for the Vessel's account at any port charging only interest at 6 per cent. p.a., such advances shall be deducted from hire.

14. Excluded Ports

The Vessel shall not be ordered to nor bound to enter:

(A) any place where fever or epidemics are prevalent or to which the Master, officers and crew by law are not bound to follow the Vessel;

(B) any ice-bound place or any place where lights, lightships, marks and buoys are or are likely to be withdrawn by reason of ice on the Vessel's arrival or where there is risk that ordinarily the Vessel will not be able on account of ice to reach the place or to get out after having completed loading or discharging. The Vessel shall not be obliged to force ice. If on account of ice the Master considers it dangerous to remain at the loading or discharging place for fear of the Vessel being frozen in and/or damaged, he has liberty to sail to a convenient open place and await the Charterers' fresh instructions. Unforeseen detention through any of above causes shall be for the Charterers' account.

15. Loss of Vessel

Should the Vessel be lost or missing, hire shall cease

cargo, crew or other persons on board the Vessel.

(B) The Vessel, unless the written consent of the Owners be first obtained, shall not be ordered to or required to continue to or through, any port, place, area or zone (whether of land or sea), or any waterway or canal, where it appears that the Vessel, her cargo, crew or other persons on board the Vessel, in the reasonable judgement of the Master and/or the Owners, may be, or are likely to be, exposed to War Risks. Should the Vessel be within any such place as aforesaid, which only becomes dangerous, or is likely to be or to become dangerous, after her entry into it, she shall be at liberty to leave it.

(C) The Vessel shall not be required to load contraband cargo, or to pass through any blockade, whether such blockade be imposed on all vessels, or is imposed selectively in any way whatsoever against vessels of certain flags or ownership, or against certain cargoes or crews or otherwise howsoever, or to proceed to an area where she shall be subject, or is likely to be subject to a belligerent's right of search and/or confiscation.

(D) (i) The Owners may effect war risks insurance in respect of the Hull and Machinery of the Vessel and their other interests (including, but not limited to, loss of earnings and detention, the crew and their Protection and Indemnity Risks), and the premiums and/or calls therefor shall be for their account.

(ii) If the Underwriters of such insurance should require payment of premiums and/or calls because, pursuant to the Charterers' orders, the Vessel is within, or is due to enter and remain within, any area or areas which are specified by such Underwriters as being subject to additional premiums because of War Risks, then such premiums and/or calls shall be reimbursed by the Charterers to the Owners at the same time as the next payment of hire is due.

(E) If the Owners become liable under the terms of employment to pay to the crew any bonus or additional wages in respect of sailing into an area which is dangerous in the manner defined by the said terms, then such bonus or additional wages shall be reimbursed to the Owners by the Charterers at the same time as the next payment of hire is due.

(F) The Vessel shall have liberty: –

(i) to comply with all orders, directions, recommendations or advice as to departure, arrival, routes, sailing in convoy, ports of call, stoppages, destinations, discharge of cargo, delivery, or in any other way whatsoever, which are given by the Government of the Nation under whose flag the Vessel sails, or other Government to whose laws the Owners are subject, or any other Government, body or group whatsoever acting with the power to compel compliance with their orders or directions;

(ii) to comply with the order, directions or recommendations of any war risks underwriters who have the authority to give the same under the terms of the war risks insurance;

(iii) to comply with the terms of any resolution of the Security Council of the United Nations, any directives of the European Community, the effective orders of any other Supranational body which has the right to issue and give the same, and with national laws aimed at enforcing the same to which the Owners are subject, and to obey the orders and directions of those who are charged with their enforcement;

(iv) to divert and discharge at any other port any cargo or part thereof which may render the Vessel liable to confiscation as a contraband carrier;

(v) to divert and call at any other port to change the crew or any part thereof or other persons on board the Vessel when there is reason to believe that they may be subject to internment, imprisonment or other sanctions.

(G) If in accordance with their rights under the foregoing provisions of this Clause, the Owners shall refuse to proceed to the loading or discharging ports, or any one or more of them, they shall immediately inform the Charterers. No cargo shall be discharged at any alternative port without first giving the Charterers notice of the Owners' intention to do so and requesting them to nominate a safe port for such discharge. Failing such nomination by the Charterers within 48 hours of the receipt of such notice and request, the Owners may discharge the cargo at any safe port of their own choice.

(H) If in compliance with any of the provisions of subclauses (B) to (G) of this Clause anything is done or not done, such shall not be deemed a deviation, but shall be considered as due fulfilment of this Charter.

21. Cancelling

Should the Vessel not be delivered by the date indicated in Box 22, the Charterers shall have the option of cancelling. If the Vessel cannot be delivered by the cancelling date, the Charterers, if required, shall declare within 48 hours after receiving notice thereof whether they cancel or will take delivery of the Vessel.

22. Dispute Resolution

*) (A) This Charter shall be governed by and construed in accordance with English law and any dispute arising out of or in connection with this Charter shall be referred to arbitration in London in accordance with the Arbitration Act 1996 or any statutory modification or re-enactment thereof save to the extent necessary to give effect to the provisions of this Clause.

The arbitration shall be conducted in accordance with the London Maritime Arbitrators Association (LMAA) Terms current at the time when the arbitration proceedings are commenced.

The reference shall be to three arbitrators. A party wishing to refer a dispute to arbitration shall appoint its arbitrator and send notice of such appointment in writing to the other party requiring the other party to appoint its own arbitrator within 14 calendar days of that notice and stating that it will appoint its arbitrator as sole arbitrator unless the other party appoints its own arbitrator and gives notice that it has done so within the 14 days specified. If the other party does not appoint its own arbitrator and give notice that it has done so within the 14 days specified, the party referring a dispute to arbitration may, without the requirement of any further prior notice to the other party, appoint its arbitrator as sole arbitrator and shall advise the other party accordingly. The award of a sole arbitrator shall be binding on both parties as if he had been appointed by agreement.

Nothing herein shall prevent the parties agreeing in writing to vary these provisions to provide for the appointment of a sole arbitrator.

In cases where neither the claim nor any counterclaim exceeds the sum of US $50,000 (or such other sum as the parties may agree) the arbitration shall be conducted in accordance with the LMAA Small Claims Procedure current at the time when the arbitration proceedings are commenced.

*) (B) This Charter shall be governed by and construed in accordance with Title 9 of the United States Code and the Maritime Law of the United States and any dispute arising out of or in connection with this Contract shall be referred to three persons at New York, one to be appointed by each of the parties hereto, and the third by the two so chosen; their decision or that of any two of them shall be final, and for the purposes of enforcing any award, judgement may be entered on an award by any court of competent jurisdiction. The proceedings shall be conducted in accordance with the rules of the Society of Maritime Arbitrators, Inc.

In cases where neither the claim nor any counterclaim exceeds the sum of US $50,000 (or such other sum as the parties may agree) the arbitration shall be conducted in accordance with the Shortened Arbitration Procedure of the Society of Maritime Arbitrators, Inc. current at the time when the arbitration proceedings are commenced.

*) (C) This Charter shall be governed by and construed in accordance with the laws of the place mutually agreed by the parties and any dispute arising out of or in connection with this Charter shall be referred to arbitration at a mutually agreed place, subject to the procedures applicable there.

(D) Notwithstanding (A), (B) or (C) above, the parties may agree at any time to refer to mediation any difference and/or dispute arising out of or in connection with this Charter.

In the case of a dispute in respect of which arbitration has been commenced under (A), (B) or (C) above, the following shall apply: –

(i) Either party may at any time and from time to time elect to refer the dispute or part of the dispute to mediation by service on the other party of a written notice (the "Mediation Notice") calling on the other party to agree to mediation.

(ii) The other party shall thereupon within 14 calendar days of receipt of the Mediation Notice confirm that they agree to mediation, in which case the parties shall thereafter agree a mediator within a further 14 calendar days, failing which on the application of either party a mediator will be appointed promptly by the Arbitration Tribunal ("the Tribunal") or such person as the Tribunal may designate for that purpose. The mediation shall be conducted in such place and in accordance with such procedure and on such terms as the parties may agree or, in the event of disagreement, as may be set by the mediator.

(iii) If the other party does not agree to mediate, that fact may be brought to the attention of the Tribunal and may be taken into account by the Tribunal when allocating the costs of the arbitration as between the parties.

(iv) The mediation shall not affect the right of either party to seek such relief or take such steps as it considers necessary to protect its interest.

(v) Either party may advise the Tribunal that they have agreed to mediation. The arbitration procedure shall continue during the conduct of the mediation but the Tribunal may take the mediation timetable into account when setting the timetable for steps in the arbitration.

(vi) Unless otherwise agreed or specified in the mediation terms, each party shall bear its own costs incurred in the mediation and the parties shall share equally the mediator's costs and expenses.

(vii) The mediation process shall be without prejudice and confidential and no information or documents disclosed during it shall be revealed to the Tribunal except to the extent that they are disclosable under the law and procedure governing the arbitration.

(*Note: The parties should be aware that the mediation process may not necessarily interrupt time limits.*)

(E) If Box 23 in Part 1 is not appropriately filled in, sub clause (A) of this Clause shall apply. Sub-clause (D) shall apply in all cases.

*) *(A), (B) and (C) are alternatives; indicate alternative agreed in Box 23.*

23. General Average

General Average shall be settled according to York/Antwerp Rules, 1994 and any subsequent modification thereof. Hire shall not contribute to General Average.

24. Commission

The Owners shall pay a commission at the rate stated in Box 24 to the party mentioned in Box 24 on any hire paid under the Charter, but in no case less than is necessary to cover the actual expenses of the Brokers and a reasonable fee for their work. If the full hire is not paid owing to breach of Charter by either of the parties the party liable therefor shall indemnify the Brokers against their loss of commission. Should the parties agree to cancel the Charter, the Owners shall indemnify the Brokers against any loss of commission but in such case the commission not to exceed the brokerage on one year's hire.

附件 10

定期租船合同范本“纽约土产(NYPE 93)”格式

Code Name: "NYPE 93"
Recommended by:
The Baltic and International Maritime Council (BIMCO)
The Federation of National Associations of
Ship Brokers and Agents (FONASBA)

TIME CHARTER©

New York Produce Exchange Form

Issued by the Association of Ship Brokers and Agents (U.S.A.), Inc.

November 6th, 1913 - Amended October 20th, 1921; August 6th, 1931; October 3rd, 1946;
Revised June 12th, 1981; September 14th 1993.

THIS CHARTER PARTY, made and concluded in ....
this ....day of.......................................19...

Between..
....
Owners of the Vessel described below, and...
....
....
Charterers.

Description of Vessel

Name .... Flag .... Built ....(year).
Port and number of Registry ....
Classed...in...
Deadweight...long*/metric* tons (cargo and bunkers, including freshwater and stores not exceeding .... long*/metric* tons) on a salt water draft of .... on summer freeboard.
Capacity .... cubic feet grain.................................cubic feet bale space.
Tonnage....................................... GT/GRT.
Speed about .... knots, fully laden, in good weather conditions up to and including maximum Force .... on the Beaufort wind scale, on a consumption of about .... long*/metric* tons of......................................

** Delete as appropriate.*
For further description see Appendix "A" (if applicable)

1. **Duration**

The Owners agree to let and the Charterers agree to hire the Vessel from the time of delivery for a period of...
....
....
....within below mentioned trading limits.

2. **Delivery**

The Vessel shall be placed at the disposal of the Charterers at .... The Vessel on her delivery shall be ready to receive cargo with clean-swept holds and tight, staunch, strong and in every way fitted for ordinary cargo service, having water ballast and with sufficient power to operate all cargo-handling gear simultaneously.

The Owners shall give the Charterers not less than ....days notice of expected date of delivery.

3. **On-Off Hire Survey**

Prior to delivery and redelivery the parties shall, unless otherwise agreed, each appoint surveyors, for their respective accounts, who shall not later than at first loading port/last discharging port respectively, conduct joint on-hire/off-hire surveys, for the purpose of ascertaining quantity of bunkers on board and the condition of the Vessel. A single report shall be prepared on each occasion and signed by each surveyor, without prejudice to his right to file a separate report setting forth items upon which the surveyors cannot agree. If either party fails to have a representative attend the survey and sign the joint survey report, such party shall nevertheless be bound for all purposes by the findings in any report prepared by the other party. On-hire survey shall be on Charterers' time and off-hire survey on Owners' time.

4. **Dangerous Cargo/Cargo Exclusions**

(a) The Vessel shall be employed in carrying lawful merchandise excluding any goods of a dangerous, injurious, flammable or corrosive nature unless carried in accordance with the requirements or recommendations of the competent authorities of the country of the Vessel's registry and of ports of shipment and discharge and of any intermediate countries or ports through whose waters the Vessel must pass. Without prejudice to the generality of the foregoing, in addition the following are specifically excluded: livestock of any description, arms, ammunition, explosives, nuclear and radioactive materials, ...

(b) If IMO-classified cargo is agreed to be carried, the amount of such cargo shall be limited to .... tons and the Charterers shall provide the Master with any evidence he may reasonably require to show that the cargo is packaged, labelled, loaded and stowed in accordance with IMO regulations, failing which the Master is entitled to refuse such cargo or, if already loaded, to unload it at the Charterers' risk and expense.

5. **Trading Limits**

The Vessel shall be employed in such lawful trades between safe ports and safe places within..excluding ....as the Charterers shall direct.

6. **Owners to Provide**

The Owners shall provide and pay for the insurance of the Vessel, except as otherwise provided, and for all provisions, cabin, deck, engine-room and other necessary stores, including boiler water; shall pay for wages, consular shipping and discharging fees of the crew and charges for port services pertaining to the crew; shall maintain the Vessel's class and keep her in a thoroughly efficient state in hull, machinery and equipment for and during the service, and have a full complement of officers and crew.

7. **Charterers to Provide**

The Charterers, while the Vessel is on hire, shall provide and pay for all the bunkers except as otherwise agreed; shall pay for port charges (including compulsory watchmen and cargo watchmen and compulsory garbage disposal), all communication expenses pertaining to the Charterers' business at cost, pilotages, towages, agencies, commissions, consular charges (except those pertaining to individual crew members or flag of the Vessel), and all other usual expenses except those stated in Clause 6, but when the Vessel puts into a port for causes for which the Vessel is responsible (other than by stress of weather), then all such charges incurred shall be paid by the Owners. Fumigations ordered because of illness of the crew shall be for the Owners' account. Fumigations ordered because of cargoes carried or ports visited while the Vessel is employed under this Charter Party shall be for the Charterers' account. All other fumigations shall be for the Charterers'account after the Vessel has been on charter for a continuous period of six months or more.

The Charterers shall provide and pay for necessary dunnage and also any extra fittings requisite for a special trade or unusual cargo, but the Owners shall allow them the use of any dunnage already aboard the Vessel. Prior to redelivery the Charterers shall remove their dunnage and fittings at their cost and in their time.

8. **Performance of Voyages**

(a) The Master shall perform the voyages with due despatch, and shall render all customary assistance with the Vessel's crew. The Master shall be conversant with the English language and (although appointed by the Owners) shall be under the orders and directions of the Charterers as regards employment and agency; and the Charterers shall perform all cargo handling, including but not limited to loading, stowing, trimming, lashing, securing, dunnaging, unlashing, discharging, and tallying, at their risk and expense, under the supervision of the Master.

(b) If the Charterers shall have reasonable cause to be dissatisfied with the conduct of the Master or officers, the Owners shall, on receiving particulars of the complaint, investigate the same, and, if necessary, make a change in the appointments.

9. **Bunkers**

(a) The Charterers on delivery, and the Owners on redelivery, shall take over and pay for all fuel and diesel oil remaining on board the Vessel as hereunder. The Vessel shall be delivered with: .... long*/metric* tons of fuel oil at the price of .... per ton; ....tons of diesel oil at the price of .... per ton. The vessel shall be redelivered with: .... tons of fuel oil at the price of.................................... per ton; .... tons of diesel oil at the price of .... per ton.

* *Same tons apply throughout this clause.*

(b) The Charterers shall supply bunkers of a quality suitable for burning in the Vessel's engines and auxiliaries and which conform to the specification(s) as set out in Appendix A.

The Owners reserve their right to make a claim against the Charterers for any damage to the main engines or the auxiliaries caused by the use of unsuitable fuels or fuels not complying with the agreed specification(s). Additionally, if bunker fuels supplied do not conform with the mutually agreed specification(s) or otherwise prove unsuitable for burning in the Vessel's engines or auxiliaries, the Owners shall not be held responsible for any reduction in the Vessel's speed performance and/or increased bunker consumption, nor for any time lost and any other consequences.

10. **Rate of Hire/Redelivery Areas and Notices**

The Charterers shall pay for the use and hire of the said Vessel at the rate of $.................................... U.S. currency, daily, **or** $................................ U.S. currency per ton on the Vessel's total deadweight carrying capacity, including bunkers and stores, on .... summer freeboard, per 30 days, commencing on and from the day of her delivery, as aforesaid, and at and after the same rate for any part of a month; hire shall continue until the hour of the day of her redelivery in like good order and condition, ordinary wear and tear excepted, to the Owners (unless Vessel lost) at..................................
....
....
.... unless otherwise mutually agreed.

The Charterers shall give the Owners not less than .... days notice of the Vessel's expected date and probable port of redelivery.

For the purpose of hire calculations, the times of delivery, redelivery or termination of charter shall be adjusted to GMT.

11. **Hire Payment**

(a) *Payment*

Payment of Hire shall be made so as to be received by the Owners or their designated payee in ...., viz...
....
....
....in

.... currency, or in United States Currency, in funds available to the Owners on the due date, 15 days in advance, and for the last month or part of same the approximate amount of hire, and should same not cover the actual time, hire shall be paid for the balance day by day as it becomes due, if so required by the Owners. Failing the punctual and regular payment of the hire, or on any fundamental breach whatsoever of this Charter Party, the Owners shall be at liberty to withdraw the Vessel from the service of the Charterers without prejudice to any claims they (the Owners) may otherwise have on the Charterers.

At any time after the expiry of the grace period provided in Sub-clause 11 (b) hereunder and while the hire is outstanding, the Owners shall, without prejudice to the liberty to withdraw, be entitled to withhold the performance of any and all of their obligations hereunder and shall have no responsibility whatsoever for any consequences thereof, in respect of which the Charterers hereby indemnify the Owners, and hire shall continue to accrue and any extra expenses resulting from such withholding shall be for the Charterers' account.

(b) *__Grace Period__*

Where there is failure to make punctual and regular payment of hire due to oversight, negligence, errors or omissions on the part of the Charterers or their bankers, the Charterers shall be given by the Owners .... clear banking days (as recognized at the agreed place of payment) written notice to rectify the failure, and when so rectified within those .... days following the Owners' notice, the payment shall stand as regular and punctual.

Failure by the Charterers to pay the hire within .... days of their receiving the Owners' notice as provided herein, shall entitle the Owners to withdraw as set forth in Sub-clause 11 (a) above.

(c) *__Last Hire Payment__*

Should the Vessel be on her voyage towards port of redelivery at the time the last and/or the penultimate payment of hire is/are due, said payment(s) is/are to be made for such length of time as the Owners and the Charterers may agree upon as being the estimated time necessary to complete the voyage, and taking into account bunkers actually on board, to be taken over by the Owners and estimated disbursements for the Owners' account before redelivery. Should same not cover the actual time, hire is to be paid for the balance, day by day, as it becomes due. When the Vessel has been redelivered, any difference is to be refunded by the Owners or paid by the Charterers, as the case may be.

(d) *__Cash Advances__*

Cash for the Vessel's ordinary disbursements at any port may be advanced by the Charterers, as required by the Owners, subject to 2½ percent commission and such advances shall be deducted from the hire. The Charterers, however, shall in no way be responsible for the application of such advances.

12. **__Berths__**

The Vessel shall be loaded and discharged in any safe dock or at any safe berth or safe place that Charterers or their agents may direct, provided the Vessel can safely enter, lie and depart always afloat at any time of tide.

13. **Spaces Available**

(a) The whole reach of the Vessel's holds, decks, and other cargo spaces (not more than she can reasonably and safely stow and carry), also accommodations for supercargo, if carried, shall be at the Charterers' disposal, reserving only proper and sufficient space for the Vessel's officers, crew, tackle, apparel, furniture, provisions, stores and fuel.

(b) In the event of deck cargo being carried, the Owners are to be and are hereby indemnified by the Charterers for any loss and/or damage and/or liability of whatsoever nature caused to the Vessel as a result of the carriage of deck cargo and which would not have arisen had deck cargo not been loaded.

14. **Supercargo and Meals**

The Charterers are entitled to appoint a supercargo, who shall accompany the Vessel at the Charterers' risk and see that voyages are performed with due despatch. He is to be furnished with free accommodation and same fare as provided for the Master's table, the Charterers paying at the rate of .... per day. The Owners shall victual pilots and customs officers, and also, when authorized by the Charterers or their agents, shall victual tally clerks, stevedore's foreman, etc., Charterers paying at the rate of .... per meal for all such victualling.

15. **Sailing Orders and Logs**

The Charterers shall furnish the Master from time to time with all requisite instructions and sailing directions, in writing, in the English language, and the Master shall keep full and correct deck and engine logs of the voyage or voyages, which are to be patent to the Charterers or their agents, and furnish the Charterers, their agents or supercargo, when required, with a true copy of such deck and engine logs, showing the course of the Vessel, distance run and the consumption of bunkers. Any log extracts required by the Charterers shall be in the English language.

16. **Delivery/Cancelling**

If required by the Charterers, time shall not commence before .... and should the Vessel not be ready for delivery on or before.......................................but not later than...........hours, the Charterers shall have the option of cancelling this Charter Party.

Extension of Cancelling

If the Owners warrant that, despite the exercise of due diligence by them, the Vessel will not be ready for delivery by the cancelling date, and provided the Owners are able to state with reasonable certainty the date on which the Vessel will be ready, they may, at the earliest seven days before the Vessel is expected to sail for the port or place of delivery, require the Charterers to declare whether or not they will cancel the Charter Party. Should the Charterers elect not to cancel, or should they fail to reply within two days or by the cancelling date, whichever shall first occur, then the seventh day after the expected date of readiness for delivery as notified by the Owners shall replace the original cancelling date. Should the Vessel be further delayed, the Owners shall be entitled to require further declarations of the Charterers in accordance with this Clause.

17. **Off Hire**

In the event of loss of time from deficiency and/or default and/or strike of officers or crew, or deficiency of stores, fire, breakdown of, or damages to hull, machinery or equipment, grounding, detention by the arrest of the Vessel, (unless such arrest is caused by events for which the Charterers, their servants, agents or subcontractors are responsible), or detention by average accidents to the Vessel or cargo unless resulting from inherent vice, quality or defect of the cargo, drydocking for the purpose of examination or painting bottom, or by any other similar cause preventing the full working of the Vessel, the payment of hire and overtime, if any, shall cease for the time thereby lost. Should the Vessel deviate or put back during a voyage, contrary to the orders or directions of the Charterers, for any reason other than accident to the cargo or where permitted in lines 257 to 258 hereunder, the hire is to be suspended from the time of her deviating or putting back until she is again in the same or equidistant position from the destination and the voyage resumed therefrom. All bunkers used by the Vessel while off hire shall be for the Owners' account. In the event of the Vessel being driven into port or to anchorage through stress of weather, trading to shallow harbors or to rivers or ports with bars, any detention of the Vessel and/or expenses resulting from such detention shall be for the Charterers' account. If upon the voyage the speed be reduced by defect in, or breakdown of, any part of her hull, machinery or equipment, the time so lost, and the cost of any extra bunkers consumed in consequence thereof, and all extra proven expenses may be deducted from the hire.

18. **Sublet**

Unless otherwise agreed, the Charterers shall have the liberty to sublet the Vessel for all or any part of the time covered by this Charter Party, but the Charterers remain responsible for the fulfillment of this Charter Party.

19. **Drydocking**

The Vessel was last drydocked ....

*(a) The Owners shall have the option to place the Vessel in drydock during the currency of this Charter at a convenient time and place, to be mutually agreed upon between the Owners and the Charterers, for bottom cleaning and painting and/or repair as required by class or dictated by circumstances.

*(b) Except in case of emergency no drydocking shall take place during the currency of this Charter Party.

* *Delete as appropriate*

20. **Total Loss**

Should the Vessel be lost, money paid in advance and not earned (reckoning from the date of loss or being last heard of) shall be returned to the Charterers at once.

21. **Exceptions**

The act of God, enemies, fire, restraint of princes, rulers and people, and all dangers and accidents of the seas, rivers, machinery, boilers, and navigation, and errors of navigation throughout this Charter, always mutually excepted.

22. **Liberties**

The Vessel shall have the liberty to sail with or without pilots, to tow and to be towed, to assist vessels in distress, and to deviate for the purpose of saving life and property.

23. **Liens**

The Owners shall have a lien upon all cargoes and all sub-freights and/or sub-hire for any amounts due under this Charter Party, including general average contributions, and the Charterers shall have a lien on the Vessel for all monies paid in advance and not earned, and any overpaid hire or excess deposit to be returned at once.

The Charterers will not directly or indirectly suffer, nor permit to be continued, any lien or encumbrance, which might have priority over the title and interest of the Owners in the Vessel. The Charterers undertake that during the period of this Charter Party, they will not procure any supplies or necessaries or services, including any port expenses and bunkers, on the credit of the Owners or in the Owners' time.

24. **Salvage**

All derelicts and salvage shall be for the Owners' and the Charterers' equal benefit after deducting Owners' and Charterers' expenses and crew's proportion.

25. **General Average**

General average shall be adjusted according to York-Antwerp Rules 1974, as amended 1990, or any subsequent modification thereof, in .... and settled in .... currency.

The Charterers shall procure that all bills of lading issued during the currency of the Charter Party will contain a provision to the effect that general average shall be adjusted according to York-Antwerp Rules 1974, as amended 1990, or any subsequent modification thereof and will include the "New Jason Clause" as per Clause 31.

Time charter hire shall not contribute to general average.

26. **Navigation**

Nothing herein stated is to be construed as a demise of the Vessel to the Time Charterers. The Owners shall remain responsible for the navigation of the Vessel, acts of pilots and tug boats, insurance, crew, and all other matters, same as when trading for their own account.

27. **Cargo Claims**

Cargo claims as between the Owners and the Charterers shall be settled in accordance with the Inter-Club New York Produce Exchange Agreement of February 1970, as amended May, 1984, or any subsequent modification or replacement thereof.

28. **Cargo Gear and Lights**

The Owners shall maintain the cargo handling gear of the Vessel which is as follows:............................
....
....
....
providing gear (for all derricks or cranes) capable of lifting capacity as described. The Owners shall also provide on the Vessel for night work lights as on board, but all additional lights over those on board shall be at the Charterers' expense. The Charterers shall have the use of any gear on board the Vessel. If required by the Charterers, the Vessel shall work night and day and all cargo handling gear shall be at the Charterers' disposal during loading and discharging. In the event of disabled cargo handling gear, or insufficient power to operate the same, the Vessel is to be considered to be off hire to the extent that time is actually lost to the Charterers and the Owners to pay stevedore stand-by charges occasioned thereby, unless such disablement or insufficiency of power is caused by the Charterers' stevedores. If required by the Charterers, the Owners shall bear the cost of hiring shore gear in lieu thereof, in which case the Vessel shall remain on hire.

29. **Crew Overtime**

In lieu of any overtime payments to officers and crew for work ordered by the Charterers or their agents, the Charterers shall pay the Owners, concurrently with the hire ....per month or pro rata.

30. **Bills of Lading**

(a) The Master shall sign the bills of lading or waybills for cargo as presented in conformity with mates or tally clerk's receipts. However, the Charterers may sign bills of lading or waybills on behalf of the Master, with the Owner's prior written authority, always in conformity with mates or tally clerk's receipts.

(b) All bills of lading or waybills shall be without prejudice to this Charter Party and the Charterers shall indemnify the Owners against all consequences or liabilities which may arise from any inconsistency between this Charter Party and any bills of lading or waybills signed by the Charterers or by the Master at their request.

(c) Bills of lading covering deck cargo shall be claused: "Shipped on deck at Charterers', Shippers' and Receivers' risk, expense and responsibility, without liability on the part of the Vessel, or her Owners for any loss, damage, expense or delay howsoever caused."

31. **Protective Clauses**

This Charter Party is subject to the following clauses all of which are also to be included in all bills of lading or waybills issued hereunder:

(a) CLAUSE PARAMOUNT
"This bill of lading shall have effect subject to the provisions of the Carriage of Goods by Sea Act of the United States, the Hague Rules, or the Hague-Visby Rules, as applicable, or such other similar national legislation as may mandatorily apply by virtue of origin or destination of the bills of lading, which shall be deemed to be incorporated herein and nothing herein contained shall be deemed a surrender by the

carrier of any of its rights or immunities or an increase of any of its responsibilities or liabilities under said applicable Act. If any term of this bill of lading be repugnant to said applicable Act to any extent, such term shall be void to that extent, but no further."

and

(b) BOTH-TO-BLAME COLLISION CLAUSE

"If the ship comes into collision with another ship as a result of the negligence of the other ship and any act, neglect or default of the master, mariner, pilot or the servants of the carrier in the navigation or in the management of the ship, the owners of the goods carried hereunder will indemnify the carrier against all loss or liability to the other or non-carrying ship or her owners insofar as such loss or liability represents loss of, or damage to, or any claim whatsoever of the owners of said goods, paid or payable by the other or non-carrying ship or her owners to the owners of said goods and set off, recouped or recovered by the other or non-carrying ship or her owners as part of their claim against the carrying ship or carrier.

The foregoing provisions shall also apply where the owners, operators or those in charge of any ships or objects other than, or in addition to, the colliding ships or objects are at fault in respect to a collision or contact."

and

(c) NEW JASON CLAUSE

"In the event of accident, danger, damage or disaster before or after the commencement of the voyage resulting from any cause whatsoever, whether due to negligence or not, for which, or for the consequences of which, the carrier is not responsible, by statute, contract, or otherwise, the goods, shippers, consignees, or owners of the goods shall contribute with the carrier in general average to the payment of any sacrifices, losses, or expenses of a general average nature that may be made or incurred, and shall pay salvage and special charges incurred in respect of the goods.

If a salving ship is owned or operated by the carrier, salvage shall be paid for as fully as if salving ship or ships belonged to strangers. Such deposit as the carrier or his agents may deem sufficient to cover the estimated contribution of the goods and any salvage and special charges thereon shall, if required, be made by the goods, shippers, consignees or owners of the goods to the carrier before delivery."

and

(d) U.S. TRADE - DRUG CLAUSE

"In pursuance of the provisions of the U.S. Anti Drug Abuse Act 1986 or any re-enactment thereof, the Charterers warrant to exercise the highest degree of care and diligence in preventing unmanifested narcotic drugs and marijuana to be loaded or concealed on board the Vessel.

Non-compliance with the provisions of this clause shall amount to breach of warranty for consequences of which the Charterers shall be liable and shall hold the Owners, the Master and the crew of the Vessel harmless and shall keep them indemnified against all claims whatsoever which may arise and be made against them individually or jointly. Furthermore, all time lost and all expenses incurred, including fines, as a result of the Charterers' breach of the provisions of this clause shall be for the Charterer's account and the Vessel shall remain on hire.

Should the Vessel be arrested as a result of the Charterers' non-compliance with the provisions of this clause, the Charterers shall at their expense take all reasonable steps to secure that within a reasonable time the Vessel is released and at their expense put up the bails to secure release of the Vessel.

The Owners shall remain responsible for all time lost and all expenses incurred, including fines, in the event that unmanifested narcotic drugs and marijuana are found in the possession or effects of the Vessel's personnel."

and

(e) WAR CLAUSES

"(i) No contraband of war shall be shipped. The Vessel shall not be required, without the consent of the Owners, which shall not be unreasonably withheld, to enter any port or zone which is involved in a state of war, warlike operations, or hostilities, civil strife, insurrection or piracy whether there be a declaration of war or not, where the Vessel, cargo or crew might reasonably be expected to be subject to capture, seizure or arrest, or to a hostile act by a belligerent power (the term "power" meaning any de jure or de facto authority or any purported governmental organization maintaining naval, military or air forces).

(ii) If such consent is given by the Owners, the Charterers will pay the provable additional cost of insuring the Vessel against hull war risks in an amount equal to the value under her ordinary hull policy but not exceeding a valuation of.. In addition, the Owners may purchase and the Charterers will pay for war risk insurance on ancillary risks such as loss of hire, freight disbursements, total loss, blocking and trapping, etc. If such insurance is not obtainable commercially or through a government program, the Vessel shall not be required to enter or remain at any such port or zone.

(iii) In the event of the existence of the conditions described in (i) subsequent to the date of this Charter, or while the Vessel is on hire under this Charter, the Charterers shall, in respect of voyages to any such port or zone assume the provable additional cost of wages and insurance properly incurred in connection with master, officers and crew as a consequence of such war, warlike operations or hostilities.

(iv) Any war bonus to officers and crew due to the Vessel's trading or cargo carried shall be for the Charterers' account."

32. <u>War Cancellation</u>

In the event of the outbreak of war (whether there be a declaration of war or not) between any two or more of the following countries:..
....
....
....
either the Owners or the Charterers may cancel this Charter Party. Whereupon, the Charterers shall redeliver the Vessel to the Owners in accordance with Clause 10; if she has cargo on board, after discharge thereof at destination, or, if debarred under this Clause from reaching or entering it, at a near open and safe port as directed by the Owners; or, if she has no cargo on board, at the port at which she then is; or, if at sea, at a near open and safe port as directed by the Owners. In all cases hire shall continue to be paid in accordance with Clause 11 and except as aforesaid all other provisions of this Charter Party shall apply until redelivery.

33. **Ice**

The Vessel shall not be required to enter or remain in any icebound port or area, nor any port or area where lights or lightships have been or are about to be withdrawn by reason of ice, nor where there is risk that in the ordinary course of things the Vessel will not be able on account of ice to safely enter and remain in the port or area or to get out after having completed loading or discharging. Subject to the Owners' prior approval the Vessel is to follow ice-breakers when reasonably required with regard to her size, construction and ice class.

34. **Requisition**

Should the Vessel be requisitioned by the government of the Vessel's flag during the period of this Charter Party, the Vessel shall be deemed to be off hire during the period of such requisition, and any hire paid by the said government in respect of such requisition period shall be retained by the Owners. The period during which the Vessel is on requisition to the said government shall count as part of the period provided for in this Charter Party.

If the period of requisition exceeds .... months, either party shall have the option of cancelling this Charter Party and no consequential claim may be made by either party.

35. **Stevedore Damage**

Notwithstanding anything contained herein to the contrary, the Charterers shall pay for any and all damage to the Vessel caused by stevedores provided the Master has notified the Charterers and/or their agents in writing as soon as practical but not later than 48 hours after any damage is discovered. Such notice to specify the damage in detail and to invite Charterers to appoint a surveyor to assess the extent of such damage.

(a) In case of any and all damage(s) affecting the Vessel's seaworthiness and/or the safety of the crew and/or affecting the trading capabilities of the Vessel, the Charterers shall immediately arrange for repairs of such damage(s) at their expense and the Vessel is to remain on hire until such repairs are completed and if required passed by the Vessel's classification society.

(b) Any and all damage(s) not described under point (a) above shall be repaired at the Charterers' option, before or after redelivery concurrently with the Owners' work. In such case no hire and/or expenses will be paid to the Owners except and insofar as the time and/or the expenses required for the repairs for which the Charterers are responsible, exceed the time and/or expenses necessary to carry out the Owners' work.

36. **Cleaning of Holds**

The Charterers shall provide and pay extra for sweeping and/or washing and/or cleaning of holds between voyages and/or between cargoes provided such work can be undertaken by the crew and is permitted by local regulations, at the rate of................................ per hold.

In connection with any such operation, the Owners shall not be responsible if the Vessel's holds are not accepted or passed by the port or any other authority. The Charterers shall have the option to re-deliver the Vessel with unclean/unswept holds against a lumpsum payment of......................in lieu of cleaning.

37. **Taxes**

Charterers to pay all local, State, National taxes and/or dues assessed on the Vessel or the Owners resulting from the Charterers' orders herein, whether assessed during or after the currency of this Charter Party including any taxes and/or dues on cargo and/or freights and/or sub-freights and/or hire (excluding taxes levied by the country of the flag of the Vessel or the Owners).

38. **Charterers' Colors**

The Charterers shall have the privilege of flying their own house flag and painting the Vessel with their own markings. The Vessel shall be repainted in the Owners' colors before termination of the Charter Party. Cost and time of painting, maintaining and repainting those changes effected by the Charterers shall be for the Charterers' account.

39. **Laid Up Returns**

The Charterers shall have the benefit of any return insurance premium receivable by the Owners from their underwriters as and when received from underwriters by reason of the Vessel being in port for a minimum period of 30 days if on full hire for this period or pro rata for the time actually on hire.

40. **Documentation**

The Owners shall provide any documentation relating to the Vessel that may be required to permit the Vessel to trade within the agreed trade limits, including, but not limited to certificates of financial responsibility for oil pollution, provided such oil pollution certificates are obtainable from the Owners' P & I club, valid international tonnage certificate, Suez and Panama tonnage certificates, valid certificate of registry and certificates relating to the strength and/or serviceability of the Vessel's gear.

41. **Stowaways**

(a) (i) The Charterers warrant to exercise due care and diligence in preventing stowaways in gaining access to the Vessel by means of secreting away in the goods and/or containers shipped by the Charterers.

(ii) If, despite the exercise of due care and diligence by the Charterers, stowaways have gained access to the Vessel by means of secreting away in the goods and/or containers shipped by the Charterers, this shall amount to breach of charter for the consequences of which the Charterers shall be liable and shall hold the Owners harmless and shall keep them indemnified against all claims whatsoever which may arise and be made against them. Furthermore, all time lost and all expenses whatsoever and howsoever incurred, including fines, shall be for the Charterers' account and the Vessel shall remain on hire.

(iii) Should the Vessel be arrested as a result of the Charterers' breach of charter according to sub-clause (a)(ii) above, the Charterers shall take all reasonable steps to secure that, within a reasonable time, the Vessel is released and at their expense put up bail to secure release of the Vessel.

(b) (i) If, despite the exercise of due care and diligence by the Owners, stowaways have gained access to the Vessel by means other than secreting away in the goods and/or containers shipped by the Charterers, all time lost and all expenses whatsoever and howsoever incurred, including fines, shall be for the Owners' account and the Vessel shall be off hire.

(ii) Should the Vessel be arrested as a result of stowaways having gained access to the Vessel by means other than secreting away in the goods and/or containers shipped by the Charterers, the Owners shall take all reasonable steps to secure that, within a reasonable time, the Vessel is released and at their expense put up bail to secure release of the Vessel.

42. **Smuggling**

In the event of smuggling by the Master, Officers and/or crew, the Owners shall bear the cost of any fines, taxes, or imposts levied and the Vessel shall be off hire for any time lost as a result thereof.

43. **Commissions**

A commission of........................ percent is payable by the Vessel and the Owners to..........................
....
....
....
on hire earned and paid under this Charter, and also upon any continuation or extension of this Charter.

44. **Address Commission**

An address commission of .... percent is payable to..
....
....
....on hire earned and paid under this Charter.

45. **Arbitration**

(a) NEW YORK

All disputes arising out of this contract shall be arbitrated at New York in the following manner, and subject to U.S. Law:

One Arbitrator is to be appointed by each of the parties hereto and a third by the two so chosen. Their decision or that of any two of them shall be final, and for the purpose of enforcing any award, this agreement may be made a rule of the court. The Arbitrators shall be commercial men, conversant with shipping matters. Such Arbitration is to be conducted in accordance with the rules of the Society of Maritime Arbitrators Inc.

For disputes where the total amount claimed by either party does not exceed US $ ....** the arbitration shall be conducted in accordance with the Shortened Arbitration Procedure of the Society of Maritime Arbitrators Inc.

(b) LONDON

All disputes arising out of this contract shall be arbitrated at London and, unless the parties agree forthwith on a single Arbitrator, be referred to the final arbitrament of two Arbitrators carrying on business in London who shall be members of the Baltic Mercantile & Shipping Exchange and engaged in Shipping, one to be appointed by each of the parties, with power to such Arbitrators to appoint an Umpire. No award shall be questioned or invalidated on the ground that any of the Arbitrators is not qualified as above, unless objection to his action be taken before the award is made. Any dispute arising hereunder shall be governed by English Law.

For disputes where the total amount claimed by either party does not exceed US $ ....** the arbitration shall be conducted in accordance with the Small Claims Procedure of the London Maritime Arbitrators Association.

* *Delete para (a) or (b) as appropriate*

** *Where no figure is supplied in the blank space this provision only shall be void but the other provisions of this clause shall have full force and remain in effect.*

If mutually agreed, clauses .... to ...., both inclusive, as attached hereto are fully incorporated in this Charter Party.

C.56 Printed and sold by
Witherby & Company Limited, 32/36 Aylesbury Street,
London EC1R 0ET.
by authority of The Baltic and International Maritime Council,
(BIMCO), Copenhagen.

APPENDIX "A"

To Charter Party dated ....

Between...**Owners**

and ....**Charterers**

Further details of the Vessel:

附件 11

大副批注常用术语选

1. 关于箱装货：

seal off(seal missing)	封条掉(失落)
nails off	铁钉脱落
nails starting(nails loose)	松钉
case with nail doles	箱板有钉洞
case renailed	箱子反钉
case board broken(badly,slightly)	箱板破(严重、轻微)
case board dented	箱板凹进
case board bulged	箱板凸起
case upside down(arrow mark down)	箱子倒置(箭头倒了)
empty case	空箱
case board stained by moisture	箱子板湿
smelling out	气味外出
case stained by contents	箱子被箱内货污染
second hand cases	旧箱
case stained by dry water	干水残
case stained by oil	油残
content unknown	内货不详
case boards patched	箱子补修
damaged owing to collision	撞损
damaged owing to pressing	挤损
damaged owing to crushing	压损

2. 关于袋装货：

seam slack	缝口松
seam open	缝口松开
cover with small holes	袋皮有小洞
bags leaky	袋子漏
bags torn	袋皮破
bags empty	空袋
bag cover dirty(dirty stained)	袋皮有脏渍
sticked	戳伤
hook holes	钩洞
resewed	缝补
second hand bags	旧袋皮

3. 关于包装货：

hoop missing	箍失落
bale slack	松包
bale off	散包
cover torn	包皮破
cover torn by hand hooks	手钩扯破包皮
cover dirty	包皮脏渍

4. 关于捆装货：

bundle off	散捆
hoops off	箍脱落
hoops missing	箍失落
rings off	圆箍脱落
rings missing	圆箍失落
bundle slack	松捆
bundle transfigured	捆变形
metal envelope rusty	金属包皮锈
cover off	包皮脱落
cover missing	包皮失落
edge folded	卷边
corner folded	卷角
pipes bent	管子弯曲
pipe ends split	管子口裂
pipe dented on both end	管子两头凹进
chafed	擦损
frayed	磨损
scratched	抓损
chipped	切损
holed by forklift hands	铲车齿洞

5. 关于桶装货：

drums leaking	桶漏
drums lids off(missing)	桶盖掉
drums lids loose	桶盖松
drums empty	空桶
drums rusty	桶锈
bottom off	底掉
drums dented	桶瘪

6. 关于卡车残损批注：

no air	没有气
front left small light broken(split)	左边前小灯破(裂)
rear right big light broken(split)	右边后大灯破(裂)

tyre split	轮胎裂
bumper dented	保险杠瘪
mud guard dented	挡泥板瘪
windshield broken	挡风玻璃破
windshield wiper missing	雨刷遗失
top of the car dented	车顶瘪
car body dented	车身瘪
reflector mirror missing(broken)	反光镜遗失(破)
indicator broken	指示灯破
door's handle out of order	门把手失灵
hub cap dented	轴盖瘪
valve pin missing	气门心遗失
rim dented	钢圈瘪
gas pipe broken	汽管坏
gutter dented	排水沟瘪
tool box missing(broken)	工具箱遗失
no keys	无车钥匙
spare tyre missing	无备用轮胎
door opened before discharging	卸货前车门已开
all seals open	全部铅封都开了
second hand car	旧车
tarpaulin missing	油布盖失落
× × × not fixed	×××没安装上
side wall plank broken	边挡板破损
body paint off	车身漆掉
paint slightly scratched	油漆轻度擦损
tyre qunctured	轮胎(刺孔)漏气

7. 其他批注:

marks mixed	混标志
marks obliterated	标志消失
marks indistinct	标志不清
contents exposed	内容外露
contents leaking out	内容漏出
oil stained	油渍
dry oil stained	干油渍
water stained	水渍
dry water stained	干水渍
wet stained	湿渍
wet with water	水湿
wet with rain	雨湿

wet with moisture	潮湿
sweated	汗湿
mouldy, mildewy, rotten, melted	霉、霉点、霉烂、溶化
damaged by insects(worms)	昆虫(蛀虫)损
worm eaten	虫蛀(玉米、豆类等)
rat eaten	鼠咬
seal off	铅封脱落
caked	(水泥等)结块

附件 12

大副收据常见批注用语

1.关于装货时客观情况的批注:

(1)RAIN WORK AT SHIPPER REQUEST(由于货主要求雨天装载)

(2)NIGHT WORK AT SHIPPER REQUEST(由于货主要求晚上装载)

(3)SNOW WORK AT SHIPPER REQUEST(由于货主要求在下雪时装载)

2.关于装船时件数短少的批注:

(1)SHORT SHIPPED FIVE CASES(短装 5 箱——指比装货单上所记件数实际少装的数字)

(2)SHORT SHIPPED TEN BAGS(短装 10 袋)

3.由于工人操作不慎货物掉入水中的批注:

(1)ONE BUNDLE OF PIECE GOODS FALLEN OVERBOARD BY STEVEDORES(由于装卸工人操作不慎,一捆布匹掉入水中)

(2)TWO BALES OF COTTON FALLEN OVERBOARD BY STEVEDORES(由于装卸工人操作不慎,2 包棉花掉入水中)

4.船方与理货人员数字有出入而又不能重理时的批注:

SHORT IN DISPUTE(短少在争执中)

5.关于货物残损的批注:

1)袋装货(包括 Cargo in bags/sackes/bales)

(1)FIVE BAGS BROKEN N/R FOR CONSEQUENTIAL LOOS OR SHORTAGE & CONDITION OF CONTENTS(N/R = not responsible)(5 袋破损,船方不对灭失或短少及内容状态负责)

(2)ONE BAG COVER TORN & RESEWN, WEIGHING 23KGS(一袋撕破并重缝,重仅 23 公斤)

(3)TWO BAGS BROKEN & REFELLED, WEIGHING 41 & 43 KILOS RESPECTIVELY(两袋破损并重装,其重量分别为 41 和 43 公斤)

(4)THREE BALES BURST, N/R FOR CONSEQUENTIAL LOSS OR SHORTAGE OF CONTENTS(3 包破裂,船方对内容的灭失或短少不负责)

(5)TWO BALES POORLY TORN, CONTENTS EXPOSED, N/R FOR LOSS OR SHORTAGE & CONDITION OF CONTENTS(两包全撕破,货物暴露,船方对灭失或短少和内容状态不负责)

(6)SIXTY BAGS WET DUE TO THE CONTENTS MELTING(由于货物内容溶化,致使 60 袋湿)

(7)FIVE BAGS, CAKED(5 袋结块——指粉状货物)

(8)TRREE BAGS DETERIORATED(EVAPORATED, MELTED)(3 袋变质、或蒸发、溶化)

(9)BALES NOS.5,6,13, WRAPPERS TORN CONTENTS EXPOSED(第 5,6,13 号包皮撕破,货物露出)

(10)BAGS HOLD BY CARGO HOOKS PRIOR TO LOADING(装船前袋上有手钩洞)

(11)TWO BAGS LOOSE, COLLECTED(两袋散开重装)

(12)THREE BAGS SPLIT CONTENTS SPILLING(3 袋破裂,货散)

(13)ONE BALE(NO.235) WET STAINED WITH CHAFED EDGES(第 235 号一包湿渍,边缘磨损)

(14)SIX BAGS TORN & SLACK(6 袋撕破,已松散)

2)罐、坛装货(cargo in cans/jars)

(1)ONE JAR CRACKED N/R FOR CONDITION OF CONTENTS(一坛有裂纹,船方对内容状态不负责)

(2)TWENTY - SIX JARS SLIGHTLY LEAKING N/R FOR LEAKAGE(26 坛微漏,对此船方不负责任)

3)桶装货(cargo in drum/barrels/tins/cask)

(1)THREE BARRELS(NO.15)STAVES OFF N/R FOR LOSS OR SHORTAGE & CONDITION OF CONTENTS (第 15 号鼓型桶桶板脱落,船方对内容灭失,短少及状态不负责)

(2)ONE DRUM NO.3 LEAKING AT PLUGS(3 号桶塞渗漏)

(3)BARRELS NOS.5,13,HOOPS(BANDS)OFF,FOUND LEAKING N/R FOR LOSS OR SHORTAGE CONDITION OF CONTENTS(第 5,13 号桶箍脱落,桶漏,船方对内容的灭失,短少及内容不负责)

(4)TWO DRUMS,NOS.3,5,BADLY DENTED N/R FOR CONDITION OF CONTENTS(第 3,5 两桶严重碰凹,船方对其内容不负责)

4)箱装货(cargo in cases/boxes/chests/cartons/cartons)

(1)THREE CASES (NOS.56,98,121)NAILS OFF & RENAILED N/R FOR CONSEQUENTIAL LOSS OR SHORTAGE & CONDITION OF CONTENTS(第 56,98,121 号三箱钉脱落,重钉,船方对内容的灭失,短少及内容不负责)

(2)ONE BOX(NO.1)NAILS STARTED(一箱钉松)

(3)TWO CASES SPLIT PANELS(两箱镶板裂开)

(4)ONE CHEST BROKEN,CONTENTS OK(一箱破损,内容无损)

(5)FOUR CARTONS(NOS.5 - 8)CONTENTS RATTLING(第 5 ~ 8 四个纸箱摇动时有破裂声)

(6)CASE NO.39 SPLIT PANELS (第 39 号箱板皮破裂)

(7)TWO CARTONS OPEN FLAPS(两纸箱盖松开)

(8)TWO BOXES CRASHED,CONTENTS EXPOSED(两箱打碎,货物暴露)

(9)TWO CASES NO.5 & 11 BOARDS TOUCH(第 5,11 号两箱箱板碰弯)

(10)ONE CARTON TORN & DENTED,CONTENTS UNKNOWN (一个纸箱撕破,碰扁,内容不明)

5)捆装货(cargo in bundles)

(1)N/R FOR NUMBER OF PIECES CAUSED BY BONDLES OFF(散捆后船方对件数不负责)

(2)BANDS(HOOPS)OFF CRUSTED(箍脱落,生锈)(对棉花等货物)

(3)ALL TIMBER LOADED WET(全部木材装船水湿)

(4)FOUR LOOSE PIECES(四捆零散)

6.关于包装不固的批注

(1)INSUFFICIENT PACKING(包装不充分)

(2)UNSECURELY PACKED(包装不固)

(3)FRAIL CASES(箱体脆弱)

(4)CASES NOS.3-10 FRAIL N/R FOR BREAKAGE,LEAKAGE & LOOSE OF CONTENTS(第3~10号箱脆弱,船方对内容破损,渗漏与损失不负责)

7.对水、油污的批注:

(1)TWO BAGS(SLIGHTLY)WET BY OIL(BY FRESH WATER,BY SEAWATER,BY RAIN ,BY SWEAT, BY SPRAY,BY SNOW)(两袋被油或淡水、海水、雨水、发汗、溅水、雪所污染)

(2)ONE BUNDLE(NO.31)OF PIECE GOODS STAIND BY RUST BEFORE SHIPMENT(第31号一捆棉布装船前已被锈污)

(3)ONE BALE OF RUBBER STAINED BY WATER(一包橡胶水渍)

(4)ONE CARTON NO.23 MIDDEW STAINED(第23号纸箱有霉迹)

(5)SIX CASES SOAKED AND SPOILED (MILDEWED,MOULDED)(六箱泡水并腐烂或发霉)

8.关于货物标志的批注:

(1)NO MARK(无标记)

(2)VARIOUS MARKS(标志不一)

(3)OTHER MARKS XMIXED,N/R FOR SORTING OFF MARKS & NUMBERS(货物标志混杂,船方不负分标志责任)

(4)MARKS INDISTINCT(INVISIBLE,INRECOGNIZABLE)N/R FOR SORTING OFF MARKS & NUMBERS (货物标志模糊,船方不负分标志责任)

9.鲜货类的批注:

(1)PERISHABLE CARGO AT SHIPPERS RISK(易腐货物,发货人自负风险)

(2)N/R FOR PUTREFACTION(船方不负货物腐烂之责)

(3)N/R FOR WITERING(船方不负货物黄萎之责)

(注:该三点如因船方未按该类货物正常的装运保管条件与措施进行处理而造成的损坏仍由船方负责)

10.贵重品的批注:

(1)ALL CASES SEALED N/R FOR CONTENTS(全部箱封妥,船方不负内容之责)

(2)ONE CASE(NO.2)SEAL OFF,N/R FOR SHORTAGE(第2号箱封条脱落,船方不负内容短少责任)

(3)ALL SEAL BROKEN & REPAIRED,N/R FOR SHORTAGE OF CONTENTS(全部封条破裂后重封,船方不负内容短少责任)

(4)SEAL CRACKED & RESEALED ON BOARD,N/R FOR SHORTAGE OF CONTENTS(封条撕裂装船后重封,船方不负内容短少责任)

11.无包装的钢材、机器、车辆等货物的批注:

(1)THREE STEEL TUBES BENT(三条钢管弯曲)

(2)FIVE STEEL PLATES CONCAVE AND THREE CONVEX(钢板五块凹、三块凸)

(3)TOP SHEET RUSTY(顶层板生锈)

(4)PAINT(SURFACE)SLIGHTLY SCRATCHED(油漆轻度刮伤)

12.关于粮食作物的批注:

(1)MOULDERED(MOULD)N/R FOR LOSS OR SHORTAGE(发霉,船方对其损失或短少不负责)

(2)DAMAGED BY VERMINS(RATS)(有虫或被鼠咬)

(3)CARGO SWEATED,N/R FOR LOSS OR SHORTAGE & CONTENTS(货物发汗,船方对货物损失,短少和内容不负责)

附件 13

装卸时间事实记录及计算用语

一、船舶抵达

抵达引航锚地　Anchored(Arrived)at pilot Anchorage
抵达检疫锚地　Arrived at Quarantine Anchorage
等候引航员　Awaiting pilot/Waiting for pilot
等候进口联检　Awaiting Entry(Inward)Joint Inspection
等候办理进口手续　Awaiting Entry Formalities
检疫通过　Free Pratique granted
联检完毕　Joint Inspection completed
进口手续办理完毕　Entry Formalities completed
等候潮水/最大潮进港　Awaiting tide/highest tide for entry
等候进港　Awaiting entry
船系××号浮筒　moored at buoy No.…

二、装卸准备

等候泊位　Awaiting berth
准备装卸　Preparation for loading/discharging
首次开舱　First opening of hatches
整理吊杆　Rigging derricks
清扫舱(船员/工人)　Cleaning holds(by crew members/shore labourers)
等候铺垫舱　Awaiting dunnage
铺垫舱　Dunnaging holds
水密检验通过　Water tight test passed
接油管　Connecting pipe(s)
拆油管　Disconnecting pipe(s)
搭雨篷　Erecting rain tent(s)
拆雨篷　Taking off rain tent(s)
搭防动设备(第×舱)　Erecting grain fittings(at hatch No.…)
搭防动板(第×舱)　Erecting shifting boards(at hatch No.…)
拆防动板(第×舱)　Dismantling shifting boards(at hatch No.…)
工人上船作准备　Stevedores boarded for preparation of holds
商检人员上船验舱　Cargo surveyors boarded for inspection of holds
验舱不合格　Inspection of holds not passed
验舱合格　Inspection of holds passed

第×舱商检合格　Inspection of hold No. passed
全部货舱商检合格　All holds inspection passed
安放漏斗　Erecting feeders
等候装卸　Awaiting loading/discharging

三、装 卸 作 业

开始装卸　Loading/discharging commenced
继续装卸　Loading/discharging continued
恢复装卸　Loading/discharging resumed
装卸完毕　Loading/discharging completed
在雨篷下装卸　Loading/discharging under rain tents
装卸长件货　Loading/discharging lengthy cargo
装卸重件货　Loading/discharging heavy lifts
装卸危险品　Loading/discharging dangerous cargo
平舱　Trimming of cargo
特殊平舱　Special trimming of cargo
公估　Determining thequantity of cargo on board by draft surveyor

四、装 卸 中 断

因不良天气停工　Loading/discharging suspended owing to bad weather
因雨停工　Loading/discharging suspended owing to rain/shower
因防下雨停工　Loading/discharging suspended owing to precaution
因间断下雨停工　Loading/discharging suspended owing to intermittent rain
因雾停工　Loading/discharging suspended owing to fog
因雪停工　Loading/discharging suspended owing to snow
因大浪停工　Loading/discharging suspended owing to heavy surf
因潮水上码头停工　Loading/discharging suspended owing to tide flooding over the wharf
因台风信号停工　Loading/discharging suspended owing to typhoon warning signal
因大风/台风停工　Loading/discharging suspended owing to strong wind/typhoon
因港口受台风影响停工　Loading/discharging suspended owing to the port affected by typhoon
台风警报解除　Typhoon alarm released
因扫沟水停工　Loading/discharging suspended owing to sweeping the bilge water
因扫雪停工　Loading/discharging suspended owing to sweeping snow
×舱因绞车故障停工　Loading/discharging suspended in hatch No.…owing to winch breakdown (trouble)

×舱因吊货钢丝故障停工　Loading/discharging suspended in hatch No.…owing to cargo wire trouble

×舱因稳绳故障停工　Loading/discharging suspended in hatch No.…owing to guyrope trouble

×舱因货灯故障停工　Loading/discharging suspended in hatch No.…owing to failure of cargo light

×舱更换滑轮停工 Loading/discharging suspended in hatch No.…owing to replacing block

×舱更换钢丝绳停工 Loading/discharging suspended in hatch No.… owing to replacing cargo wire

因蒸汽不足停工 Loading/discharging suspended owing to insufficient steam

因船舶停电停工 Loading/discharging suspended owing to suspension of ship' s power

因灯光不足停工 Loading/discharging suspended owing to insufficient light

因主机(辅机)故障停工 Loading/discharging suspended owing to main engine(auxiliary engine) trouble

因油泵故障停工 Loading/discharging suspended owing to pump trouble

等候舱口照明 Awaiting cargo light

等驳船/车皮 Awaiting lighters/wagons

等加载 Awaiting arrangement for additional cargo

等待租方装货安排 Awaiting charterers loading arrangement

因调整前后吃水停工 Loading/discharging suspended owing to adjusting drafts

因修改积载图停工 Loading/discharging suspended owing to revising stowage plan

五、船舶动态

驶往××锚地联检 proceeding to … anchorage for Joint Inspection

因……不能进港 Failed to enter owing to…

驶往××装卸泊位 proceeding to …berth for loading/discharging

起锚驶往××装卸泊位 Heaved up(weighed)anchor and Proceeding to…berth for loading/discharging

驶靠第×号码头 Proceeded and berthed alongside wharf No.…

驶至第×号浮筒 proceeded and moored at buoy No.…

从浮筒移至××装卸泊位 Shifting from buoy No.… to loading/discharging berth

因……返回锚地 Turning back to anchorage owing to …

移泊 Shifting

准备移泊 Preparation for shifting

等候移泊 Awaiting shifting

移至……避风 Shifting to … for taking shelter against typhoon

准备恢复装卸 Preparation for resuming loading/discharging

船舶前后移动××米 Moving for ward/astern… metres alongside the wharf

由于低潮船往外拉 Ship being kept off the wharf owing to low water

船舶回靠码头 Ship being hard up against wharf(指重新紧靠码头)

六、油区装卸

排放压舱水 Deballasting

接管线 Connecting pipe lines/hoses

验舱 Surveying tanks

开泵 Pumping commenced

因泵故障停工　Loading/discharging suspended owing to pump trouble
舱内积油　Scraping within tanks
量舱　Taking ullage
泵毕　Pumping completed
清扫管线　Pipe lines/hoses blowing
拆管线　Disconnecting pipe lines/pressure

七、熏　　蒸

准备熏蒸　Preparation for fumigation
商检人员通知熏蒸　Advice of fumigation as per cargo surveyors
熏蒸开始　Fumigation commenced
船熏蒸　Fumigation conducted
投药　Chemical gas applied
放毒气　Poisonous gas released from holds
熏蒸完毕　Fumigation completed
船员离船　Crew ashore
船员返船　Crew returning on board
商检人员(植检人员)发现舱内有虫　Insects found in all holds by surveyors/plant quarantine inspectors
船舶安全　Vessel found in safe condition

八、加 注 部 分

开几条路(几个头)装卸　Loading/discharging with… gangs
装卸备妥通知书于……递接　Notice of Readiness tendered and accepted
×日×至×日是元旦、春节、"五一"节、国庆节法定假日　…to…is(are) the legal holiday(s) of New Year's Day/Spring Festival/May Day/National Day of the people's Republic of China
所有条款、条件及免责事项均以……日签署的租约(协议)为依据　All terms, conditions and exceptions as per C/P(Agreement) dated…

九、装卸时间计算

递交备妥通知书　Notice of Readiness tendered
接受备妥通知书　Notice of Readiness accepted
收到备妥通知书　Notice of Readiness received
开始计算时间　Time commenced to count
用于装/卸的时间　Time used for loading/discharging
不计时间　Time not to count
按租约(协议)不计时间　Time not to count as per C/P(Agreement)
扣除 1/5 时间　Time deducted by 1/5
星期日不计时间　Time not to count on Sunday
元旦、春节、"五一"节、国庆节不计时间　New Year's Day/Spring Festival/May Day/National

Day of the People's Republic of China, time not to count

星期六下午不计时间　Saturday afternoon, time not to count

例假日前一天××时前不计时间　The day before holiday, time not to count after … hours

例假日后一天 0800 时前不计时间　The day after holiday, time not to count before 8 a.m.

星期一 0800 时前不计时间　Monday, time not to count before 8 a.m.

星期一从 0800 时起算时间　Monday, time to count from 8 a.m.

冷却吸物机时间　Time for cooling the motor of sucker

装卸重货不计时间　Time not to count for loading/discharging heavy lifts

雨篷下装卸不计时间　Loading/discharging under rain tents, time not to count

雨篷下装卸时间按 50% 计算　Loading/discharging under rain tents, 50% of the time to be counted

注:本“用语”供参照使用及套用,如有特殊情况,可酌情另拟文表达。